Drachenfelser Chronik

Geschichte eines Berges, seiner Burg und seiner Burggrafen

Winfried Biesing

Drachenfelser Chronik

Geschichte eines Berges, seiner Burg und seiner Burggrafen

1980
Rheinland-Verlag GmbH · Köln
in Kommission bei
Rudolf Habelt Verlag GmbH · Bonn

Gedruckt mit Unterstützung
des Kultusministers von Nordrhein-Westfalen
und des Landschaftsverbandes Rheinland

CIP-Kurztitelaufnahme der Deutschen Bibliothek

Biesing, Winfried:
Drachenfelser Chronik : Geschichte e. Berges,
seiner Burg u. seiner Burggrafen / Winfried
Biesing. [Hrsg. vom Heimatverein Siebengebirge
e. V., Königswinter]. — Köln : Rheinland-Verlag;
Bonn : Habelt [in Komm.], 1980.
   ISBN 3-7927-0559-1

Herausgegeben vom Heimatverein Siebengebirge e.V., Königswinter
in der Rheinland-Verlag-GmbH, Abtei Brauweiler, 5024 Pulheim 2
© Winfried Biesing, Königswinter
Herstellung: Publikationsstelle des Landschaftsverbandes Rheinland
Gestaltung: Gregor Kierblewsky
Lithos: Peukert und Co., Köln
Druck: Druckhaus B. Kühlen GmbH & Co. KG, 4050 Mönchengladbach 1
Printed in Germany
ISBN 3-7927-0559-1

Inhaltsübersicht

Einleitung

Satzungsmäßiger Zweck des Heimatvereins Siebengebirge e. V. Königswinter ist es u. a., die Geschichte des Siebengebirgsraumes zu erforschen und die Kenntnis über ihn, insbesondere seine Geschichte zu verbreiten.

Im Sinne dieses satzungsmäßigen Zweckes brachte der Heimatverein aus Anlaß seines 50jährigen Bestehens im November 1976 eine seit langem geplante bebilderte Darstellung der Geschichte des Siebengebirges und der Stadt Königswinter als Festschrift heraus. Die Ersteller dieses Heimatbuches waren sich von Anfang an darüber klar, daß sich die geschichtliche Darstellung des Geschehens am Siebengebirge mit dieser Buchherausgabe nicht erschöpfen konnte und sollte.

Nach meiner Wahl zum Vorsitzer des Heimatvereins im September 1970 begann ich mit der Sammlung mittelalterlicher Urkunden des Siebengebirgsraumes. Um sie einer interessierten Öffentlichkeit zugänglich machen zu können, mußten die lateinischen und mittelhochdeutschen Urkundentexte ins Hochdeutsche übertragen werden. Besonders zahlreich fanden sich Drachenfelser Urkunden. Nach und nach veröffentlichte ich einzelne Urkunden für den Heimatverein im „Echo des Siebengebirges".

Anregungen zu dem vorliegenden Buch gab Herr Jochen Cremer aus Königswinter — Ittenbach, der sich mit der Erforschung der Burganlagen im Siebengebirge beschäftigte. Gemeinsam fertigten wir Fotos der erhaltenen Teile der Burg Drachenfels. Herr Cremer zeichnete aufgrund der gewonnenen Erkenntnisse eine Grundrißskizze der gesamten Burganlage.

Ursprünglich beabsichtigten wir die Erstellung eines Drachenfelser Bildbandes mit kurzen geschichtlichen Erläuterungen. Trotz des bereits vorhandenen zahlreichen Urkundenmaterials stellte sich sehr bald heraus, daß es zur Fertigung einer Zeittafel einer weiteren Erforschung der Drachenfelsgeschichte bedurfte. Der damit verbundene Zeitaufwand machte es Herrn Cremer wegen seines Studiums in Aachen unmöglich, sich weiterhin an der Gestaltung des geplanten Buches zu beteiligen. Hinzu kam, daß sich aus der Fülle des anfallenden Materials die Schaffung einer bisher fehlenden ausführlichen Gesamtdarstellung der Geschichte des Drachenfels, seiner Burg und seiner Burggrafen anbot.

Früheste authentische Kenntnis über das Geschehen am Drachenfels geben die Reste der am Westhang des Berges und in den Felsenmeeren des Rüdenet und Großvaterstuhls betriebenen Römersteinbrüche, die Herr Dr. Josef Röder erforscht hat. Meiner Arbeit kam zugute, daß ich an der letzten Führung von Herr Dr. Röder durch die Römersteinbrüche teilnehmen konnte. Er gestattete mir noch kurz vor seinem Tode, seine Abhandlung „Römische Steinbrüche am Rüdenet" in das 1976 erschienene Heimatbuch aufzunehmen.

Die mittelalterliche Geschichte des Drachenfels, seiner Burg und seiner Burggrafen war nur anhand von Urkunden zu ermitteln, die in den verschiedensten Urkundenbüchern, Archiven und geschichtlichen Abhandlungen zu finden sind. Mein Bestreben bei der Erstellung der Drachenfelser Chronik war, nicht nur den Ablauf der gesamten Drachenfelsgeschichte möglichst lückenlos zu erfassen, sondern auch einen Überblick über das Leben und die Wertvorstellungen der Menschen am Siebengebirge bis in die neuere Zeit zu vermitteln. Dazu bedurfte es nicht nur der Wiedergabe von Urkunden, sondern auch der Verwertung zeitgenössischer Berichte, geschichtlicher Abhandlungen, Zeitungsnachrichten sowie bildlicher Darstellungen aus alter und neuer Zeit.

Zum besseren Verständnis der Drachenfelser Chronik habe ich das Buch in zahlreiche Abschnitte unterteilt. Urkunden und Abbildungen wurden in den Buchtext eingearbeitet. In einen eigenen Urkundenanhang wurden 79 Urkunden aufgenommen. Ein bebilderter Burgrundgang soll das Gesamtbild abrunden. Es erschien zweckmäßig, das wechselvolle Schicksal der Burggrafen von Drachenfels in der Einleitung kurz zu erläutern.

Der Höhepunkt der Macht der Drachenfelser Burggrafen wurde unter dem VI. Burggrafen Gottfried von Drachenfels erreicht, der erstmals zu Beginn des Jahres 1388 im Zusammenhang mit einer großangelegten Fehde gegen die Stadt Aachen urkundlich Erwähnung findet. Der Kölner Erzbischof Dietrich von Moers verpfändete ihm am 13. 5. 1425 wegen einer Schuld von 10 000 Gulden Burg und Amt Wolkenburg mit Königswinter. Diese Pfandschaft sollte bis in den Beginn des 19. Jahrhunderts bestehenbleiben und mitursächlich dafür sein, daß der mit einer „Stadtmauer" umwehrte Ort Königswinter erst nach 1803 Stadtrecht erhielt. Burggraf Gottfried von Drachenfels war bereits Herr des „Ländchens Drachenfels" und erweiterte diese linksrheinisch gelegene Herrschaft 1402 durch den Erwerb der Burg Gudenau, die im Verlaufe der weiteren Geschichte der Burggrafen von Drachenfels eine große Rolle spielen sollte.

Der Niedergang der Macht der Drachenfelser Burggrafen begann mit dem Tode des VII. Burggrafen Johann von Drachenfels im Jahre 1455. Sein ältester Sohn Godart von Drachenfels und Olbrück verstarb schon 1457, ohne zur tatsächlichen Ausübung des Burggrafenamtes gekommen zu sein. Seit damals wurde die Geschichte der Burggrafen von Erbstreitigkeiten zwischen Heinrich von Drachenfels, dem Bruder Godarts, und seinen Nachkommen einerseits und den Nachkommen Godarts von Drachenfels und Olbrück andererseits geprägt, die u. a. auf der Burg Gudenau residierten. Heinrich wurde 1457 als IX. Burggraf mit Burg und Herrschaft Drachenfels belehnt. Sein Sohn Heinrich erschlug 1493 seinen älteren Vetter Klaus von Drachenfels und Olbrück in Gegend der heutigen Nibelungenhalle am Eselsweg. Er mußte außer Landes gehen und wurde erst nach langen Sühneverhandlungen und großen Sühneleistungen mit Burg und Herrschaft Drachenfels belehnt. Im Zusammenhang mit der Tat von 1493 bedurfte es eines Eingehens auf das unstete Leben des um seine Erbrechte kämpfenden Klaus von Drachenfels und Olbrück.

Als Heinrich als XI. Burggraf 1530 verstarb, wurde seine Nichte Agnes Augusta, Tochter Godarts von Drachenfels und Frohnenbroich und seiner Frau Elisabeth von Montfort bzw. ihr Ehemann Dietrich von Mirelaer und Millendonk mit der Burg Drachenfels belehnt und nicht einer der Nachkommen Godarts von Drachenfels und Olbrück. Dies führte in der Folgezeit zu erheblichen erbrechtlichen Auseinandersetzungen.

In die Millendonksche Zeit fällt der Truchseß'sche Krieg, der auch zu Kämpfen bei Königswinter führte. Das Stadtarchiv Stuttgart hat zur Aufhellung des damaligen Geschehens den Bericht Burkhart Stickels für die Drachenfelser Chronik zur Verfügung gestellt. Wesentlich zur Klarstellung der erbrechtlichen Auseinandersetzungen trug die von Eberhard de

Claer „in den Herbstmonaten der Jahre 1878, 1879 und 1880 verfaßte Geschichte der Burgen Drachenfels und Wolkenburg bei, die von Herrn August Heinen 1955 abgeschrieben und von seinem Sohn Dr. Elmar Heinen 1975 in das Archiv des Siebengebirgsmuseums eingebracht worden ist.

Als der XIV. Drachenfelser Burggraf Johann Herr zu Millendonk und Drachenfels 1622 kinderlos verstarb, wurde der Sohn seiner Schwester Gertrudis von Bronkhorst und Anholt mit Burg und Herrschaft Drachenfels belehnt. Er heiratete die Gräfin Maria Cleophe von Hohenzollern, die nach seinem Tode versuchte, ihrer Tochter Johanna Katharina Elisabeth die Belehnung mit Burg und Herrschaft Drachenfels zu verschaffen. Ebenso erfolglos wie ihre Bemühungen waren die des kurländischen Edelmannes Rudolf von Drachenfels, der mit Hilfe des polnischen Königs Sigismund Erbrechte an Burg und Herrschaft Drachenfels geltend machte. Mit dem Burggrafenamt wurde schließlich als XVI. Burggraf Freiherr Ferdinand Waldbott von Bassenheim zu Gudenau belehnt, ein Nachkomme Godarts von Drachenfels und Olbrück. Daraufhin kam es zu erbrechtlichen Auseinandersetzungen zwischen ihm und Graf Philipp von Croy und dessen Frau Johanna Katharina Elisabeth von Batenburg und Anholt. Erst deren Sohn Herzog Karl Eugen von Croy verzichtete 1695 vergleichsweise gegen eine erhebliche Abfindung auf sein Drachenfelser Erbrecht. In der Folgezeit spielten sich weitere Erbstreitigkeiten zwi-

schen den einzelnen Zweigen der Linie Drachenfels-Olbrück ab. Sie fanden erst 1778 ihr Ende, als Freiherr Clemens August von der Vorst — Lombeck zu Gudenau als XXII. und letzter Burggraf Burg und Herrschaft Drachenfels endgültig zu Lehen erhielt.

Mein herzlicher Dank gilt den Archiven, Instituten, Institutionen und allen, die durch Zurverfügungstellung von Urkunden, Abhandlungen, Zeitungsberichten, Abbildungen und Fotos sowie durch Sachangaben meine Arbeit unterstützt haben. Insbesondere danke ich dem Staatsarchiv Dresden/DDR und dem Zentrales Staatsarchiv, Dienststelle Merseburg, Merseburg/DDR, die in entgegenkommender Weise im Herbst 1977 Urkundenfotokopien und einen Urkundenmikrofilm übersandten.

Mein Dank gilt auch den Bibliotheken, die es mir ermöglicht haben, anhand der verschiedenen Abhandlungen der Drachenfelser Geschichte nachzugehen. Weiter danke ich Herrn Dr. E. Kubuschok aus Bad Honnef, dem Vorsitzenden der Studiengesellschaft Seilbahn Rhöndorf e. V., und Familie Profittlich aus Bad Honnef — Rhöndorf für die Zurverfügungstellung von Unterlagen. Der im Juni 1979 verstorbenen Frau Dr. Ursula Lewald vom Institut für Geschichtliche Landeskunde der Rheinlande der Universität Bonn verdanke ich zahlreiche Hinweise auf Drachenfelser Urkunden. Für die Überlassung von Unterlagen und Abbildungen danke ich weiterhin den Herrn Dr. F. Feller und Dr. J. Tegethoff, Königswinter.

Königswinter, im November 1980

Winfried Biesing

Inhaltsverzeichnis und Zeittafel

Geschichtliche Darstellung

Die Sage von den sieben Riesen

Der Sage nach war das Rheinbett im heutigen Siebengebirgsraum durch gewaltige Erdbewegungen und Erdauffaltungen unterhalb von Honnef versperrt worden. Damals gab es den Flecken Königswinter noch nicht. Das steigende Rheinwasser drohte das hochgelegene Dorf Honnef zu überfluten. Sieben Riesen, die weit hinter dem Westerwald wohnten, eilten den verängstigten Honnefern zu Hilfe. Mit ihren gewaltigem Spaten gelang es den hilfsbereiten Riesen, binnen kurzem das Rheinbett wieder zu öffnen. Nach Vollendung ihrer Arbeit klopften die Sieben ihre Spaten auf der rechten Rheinseite ab und wanderten reich beschenkt heimwärts. Dort, wo sie ihre Spaten abgeklopft hatten, waren sieben Berge entstanden.

Die Entstehung des Siebengebirges

Das Siebengebirge ist ein Teil des Rheinischen Schiefergebirges. Sein aus Meeresablagerungen der Devonzeit (vor 450 bis vor 350 Millionen Jahren) gebildetes Grundgestein, Grauwacke und Schiefer, wurde in der Karbonzeit (vor 350 bis vor 280 Millionen Jahren) bei der Entstehung des Variskischen Gebirges, das sich von der Bretagne bis nach Polen hinzog, zusammengepreßt und aufgefaltet. Im Laufe der Zeit wurde dieses Gebirge — und mit ihm das Siebengebirge — durch Erosion und Denudation zu einer welligen Hochfläche eingeebnet.

Vor etwa 23 Millionen Jahren kam es im Zusammenhang mit dem Absinken der Niederrheinischen Bucht zu starker vulkanischer Tätigkeit im Siebengebirgsraum und im Westerwald. Unter Durchbrechung des devonischen Grundgesteins wurden große trachytische Aschen- und Schlackenmengen aus dem Erdinnern ausgestoßen, die sich als mächtiger Tuffmantel über dem Siebengebirgsraum absetzten. Aus dem Erdinnern drangen schließlich glutflüßige trachytische Gesteinsschmelzen (Magma) nach oben, die den Tuffmantel zwar durchbrachen, aber in den Vulkanschloten, Vulkantrichtern und Gängen (Erdrissen) erstarrten. Es folgten an einzelnen Stellen in geringerem Umfang Eruptionen von latitischen Aschen und Schlacken und schließlich von latitischen Gesteinsschmelzen, die den Trachyttuff durchbrachen. Dann drangen basaltische Aschen und Schlacken, gefolgt von basaltischen Gesteinsschmelzen, nach oben. Die latitischen und basaltischen Gesteinsschmelzen erstarrten ebenso wie die trachytischen im Tuffmantel des Siebengebirgsraumes. Das so entstandene Gebirge mit seinen im Tuff erstarrten vulkanischen Quell — oder Staukuppen unterlag im Laufe der Zeit der Verwitterung und Abtragung durch Wasser und Wind. Lediglich das resistente Vulkangestein

Abb. 1: Hellgrauer Drachenfelstrachyt mit besonders ausgeprägten Sanidinkristallen. Maße des Steinstücks: 10 × 7 cm, des rechten Sanidinkristalles: 3 × 4,5 cm; Siebengebirgsmuseum.

blieb zurück. So enstanden Vulkanruinen, deren festes Gestein das Gerippe des heutigen Siebengebirges bildet.

Eine dieser Vulkanruinen ist der 321 Meter hohe Drachenfels mit seinem Trachytgestein, das den devonischen Schiefer durchbrochen hat. Wegen des am untereren West- und Südhang noch vorhandenen Schiefers ist dieses Gebiet für den Weinanbau geeignet.

Drachenfelstrachyt

Typisch für das vulkanische Trachytgestein des Drachenfels sind die in die Gesteinsmasse eingebetteten bis zu 4 cm großen und bis zu 1 cm dicken tafelartigen Sanidinkristalle. „Da sie reichlich Natron neben Kali führen, muß man sie genauer als Natronsanidine bezeichnen. Sie liegen als Einsprenglinge in einer sehr viel feiner strukturierten Grundmasse eingebettet, die beim frischen Trachyt grau, beim verwitterten weißlich ist. Für das bloße Auge erscheint die Grundmasse dicht. Der weitere Mineralbestand des Trachyts (Plagioklas, Biotit, Augit, Hornblende, farbloses Glas, daneben: Magnetit, Apatit, Titanit reichlich, Zirkon selten, Tridymit nesterweise) ist erst unter dem Mikroskop festzustellen. Als der zuletzt festgewordene Bestandteil dieser Grundmasse zieht sich etwas farbloses Glas zwischen den übrigen Gemengteilen hindurch. Das Glas ist ein charakteristischer Bestandteil vulkanischer Gesteine." — [1]

Die früh im Magma gebildeten Sanidine hatten sich beim Aufsteigen der Gesteinsschmelzen parallel zu den Seitenwänden der Vulkanschlote — und trichter gelegt. Anhand der Lage der Sanidine läßt sich noch jetzt der frühere Umfang und die frühere Höhe der ursprünglichen vulkanischen Quell- bzw. Staukuppe des Drachenfels feststellen.

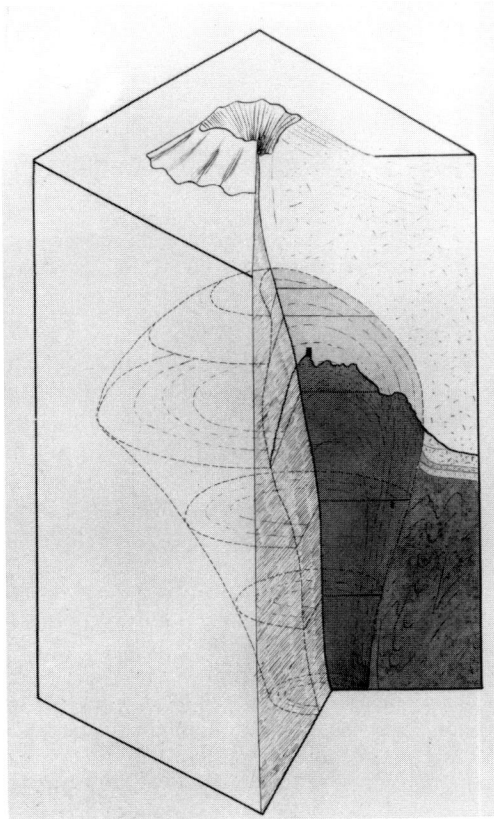

Abb. 2: Drachenfelsvulkan mit Quellkuppe im Tuff-mantel. Das im Siebengebirgsmuseum befindliche Bild ist nach Prof. Cloos erstellt.

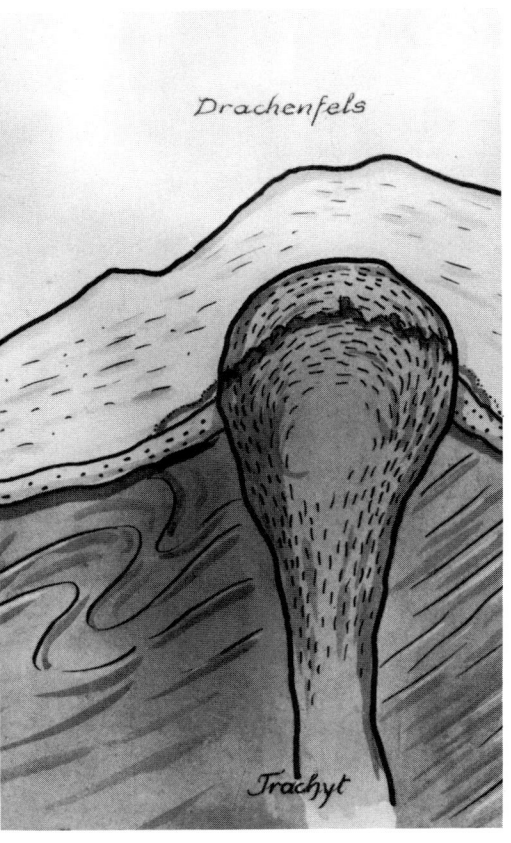

Abb. 3: Quellkuppe des Drachenfels mit noch dar-überliegendem Tuffmantel, der bereits zum Teil abgebaut ist. Im Trachyt angedeutete Sanidinkri-stalle. Das im Siebengebirgsmuseum befindliche Bild ist nach Prof. Cloos erstellt.

Die Entstehung des Rheintales

Während der letzten 450 000 Jahre der langan-dauernden Herausbildung der heutigen Sie-bengebirgslandschaft durchbrach der Rhein, unterstützt von Nebenflüssen und Bächen, das Rheinische Schiefergebirge. In stetem Kampf zwischen Wasser und Stein, bei zeitweiser Anhebung des Gebirges und Terrassenbil-dung, entstand das heutige Rheintal. Wo harter Fels der Wasserkraft widerstand, suchte der Strom sich in weniger widerstandsfähigem Gestein seinen Weg. Dies machen die zahlrei-chen Krümmungen des Rheinverlaufs ab Bin-gen besonders deutlich.

Am Siebengebirge stellte sich der Trachytke-gel des Drachenfels dem Rheinstrom in den Weg und zwang ihn, dieses Hindernis in nord-westlicher Richtung zu umgehen. Dies wird besonders deutlich bei einem Blick von Unkel zum Siebengebirge, der glauben lassen könnte, der Rhein ende am Fuße des Drachen-fels.

Abb. 4:
Blick von Unkel
auf den Drachenfels; 1977.

20

Abb. 5: Altes Aquarell aus dem Siebengebirgsmuseum.

Mammute am Drachenfels

Das Mammut, der eiszeitliche Riesenelefant, lebte vor etwa 250 000 bis vor etwa 15 000 Jahren in Europa. Tiere dieser ausgestorbenen Rasse haben auch am Drachenfels ihre Weidegründe gehabt. Verschiedene Funde der langen gekrümmten Stoßzähne dieser Riesenelefanten in dem Gebiet zwischen dem Siebengebirge und dem Rheinufer geben hierüber Auskunft.

Die höchste Fundstelle befindet sich an dem, dem Drachenfels vorgelegenem Hardberg, über den heute der „Eselsweg" zum Drachenfels verläuft. Hier fanden im Juli 1893 Arbeiter bei der Anlage einer Wasserleitung am damaligen Haus „Rudolf Rhein" in einer Tiefe von 4 bis 5 Fuß einen gut erhaltenen Mammutzahn. Möglicherweise ist die Horde von Rentierjägern der Cro-Magnon-Rasse, die vor etwa 16 000 Jahren ihren Lagerplatz an der Raben-

lay bei Oberkassel hatte, an den unteren Drachenfelshängen der Mammutjagd nachgegangen.

Bandkeramiker am Drachenfels

Auskunft über das Lager einer Horde von Rentierjägern der Cro-Magnon-Rasse an der Rabenlay bei Oberkassel geben das dort 1914 aufgefundene Doppelgrab eines älteren Mannes und einer jüngeren Frau sowie deren Grabbeigaben. Die Menschen der damaligen Zeit waren Jäger und Sammler von Wildfrüchten. Im Gegensatz zum Neandertaler lebten sie nicht mehr ausschließlich in Höhlen oder unter überstehenden Felsen, sondern auch schon in Zelten aus Tierhäuten. Vor etwa 3500—3000 Jahren vollzog sich in Mitteleuropa der Übergang vom Jäger und Beerensammler zum Ackerbauer. Der Mensch wurde seßhaft. Geschliffene Steingeräte kamen auf. Die ersten

Holzhäuser entstanden. Aus wildlebenden Tieren entwickelten sich Haustiere.

Die Kunst des Tonbrennens im Feuer wurde zu einer Errungenschaft, mit der ein tönernes Zeitalter eingeleitet wurde, auf das etwa 2000 Jahre später die Bronzezeit folgte. Die Tongefäße der damaligen Zeit wurden mit Ornamenten verziert. Nach dem jeweiligen Ornamentenschmuck dieser Gefäße unterscheidet man die einzelnen Kulturkreise des tönernen Zeitalters. Eine dieser Kulturen war der „Bandkeramische Kreis", dessen Name sich daraus herleitet, daß die Menschen dieses Kulturkreises ihre Tongefäße mit Bandverzierungen schmückten. Sie siedelten insbesondere auf Lößboden. Beim Löß handelt es sich um Ablagerungen von Flugstaub der eiszeitlichen Moränen und Gletscher. Das Hinterland des Siebengebirges besteht zu einem Teil aus fruchtbarem Lößboden, der sich in geringerem Umfang auch im Siebengebirge findet.

Kenntnis davon, daß sich am Nordhang des Drachenfels einmal Bandkeramiker aufgehalten haben, gibt ein Streufund, der 1912 am „Eselsweg" beim Bau der Nibelungenhalle gemacht worden ist. Er bestand aus dem durchbohrten Kopf eines Steinbeils aus Grauwacke und einem Meißel aus Phonolith. Bei diesen Gegenständen handelt es sich um Geräte der Bandkeramikerzeit. Steinbeile wurden nicht nur als handwerkliche Geräte, sondern auch als Waffen benutzt.

500 Jahre Römer am Rhein

Mit dem Eintreffen der römischen Legionen unter dem Feldherrn Gajus Julius Caesar am Rhein im Jahre 58 v. Chr. begann eine bedeutungsvolle und langandauernde Phase der Geschichte des Rheinlandes. Bekannt sind die beiden Rheinübergänge Caesars auf Holzbrücken bei Neuwied in den Jahren 55 und 53 v. Chr.. Damals wurden die Grenzen des Römischen Reiches bis an den Rhein vorgeschoben.

Etwa im Jahre 40 v. Chr. begann die Übersiedlung der Ubier, zu deren Unterstützung Caesar jeweils für kurze Zeit zweimal den Rhein bei Neuwied überquert hatte, auf die linke Rheinseite in den Kölner Raum. Hier entstand die Ubiersiedling „oppidum Ubiorum". In Rom faßte man den Plan, das Gebiet zwischen Rhein und Elbe in das Römische Imperium einzugliedern. Als Basen für die geplanten Eroberungsfeldzüge entstanden 15 v. Chr. auf der linken Rheinseite in den ehemals von Kelten gegründeten Niederlassungen Bingen, Boppard, Koblenz, Andernach, Sinzig, Remagen, Bonn, Köln, Neuss, Xanten und Nymwegen römische Kastelle.

In Bonn wurde damals das „Drusus-Kastell" zwischen der heutigen Brüdergasse (Minoritenkirche) und der heutigen Rathausgasse erbaut. Zwischen 12 v. Chr. und 9 n. Chr. kam es zu verschiedenen erfolgreichen römischen Vorstößen in das Gebiet zwischen Rhein und Elbe.

Die römischen Legionen unter dem Feldherrn Quintilius Varus wurden jedoch im Jahre 9 n. Chr. im Teutoburger Wald vernichtend durch die Germanen unter der Führung des Cheruskerfürsten Arminius geschlagen. In den folgenden Jahren kam es nur noch zu einigen wenig erfolgreichen römischen Vorstößen in das Gebiet zwischen Rhein und Elbe.

Die im rechtsrheinischen Gebiet gemachten Kriegserfahrungen veranlaßten Rom im Jahre 16 n. Chr., den Plan einer Ausdehnung der römischen Reichsgrenze über den Rhein hinaus bis zur Elbe aufzugeben. Zur Absicherung des römisch besetzten linksrheinischen Gebietes entstanden damals am linken Rheinufer römische Legionsfestungen und Auxiliarkastelle. Köln wurde Standort zweier römischer Legionen. Etwa um 40 n. Chr. wurden diese nach Neuss und Bonn verlegt. Bonn blieb seitdem bis zum Ende der Römerzeit am Rhein Legionsstandort. Die Bonner Legionsfestung lag nördlich des heutigen Bonner Stadtkerns zwischen den Straßenzügen „Rosenthal, Rheindorfer Str. und Augustus-Ring" am Rhein.

Im Jahre 50 n. Chr. erhielt die Ubiersiedlung Köln das Stadtrecht. Damals wurde mit der Ummauerung dieser neuen Stadt begonnen, die zunächst den Namen „Colonia Claudia Ara Agrippinensis" und später den Namen „Colonia Claudia Augusta Agrippinensis" (C.C.A.A.) führte.

Beim Bataveraufstand (69—70 n. Chr.) wurde u. a. die Bonner Legionsfestung zerstört und nach Niederschlagung der Rebellion in Stein wiedererrichtet. Unter dem römischen Kaiser Domitian (81—96 n. Chr.) wurde das bis dahin eroberte Gebiet an Rhein und Main in die Provinzen „Niedergermanien" mit der Hauptstadt Köln und „Obergermanien" mit der Hauptstadt Mainz unterteilt. Die östliche Grenze Niedergermaniens — der Niedergermanische Limes — verlief von Nymwegen aus am linken Rheinufer bis zum Vingstbach, der oberhalb der Ahrmündung in den Rhein fließt. Am Vingstbach begann das Gebiet Obergermanien, zu dem auch wesentliche Teile des rechtsrheinischen Gebietes gehörten. Die rechtsrheinische Grenze Obergermaniens — der Obergermanische Limes — begann am Rheinufer bei Rheinbrohl und zog sich von dort aus über den Westerwald und über die Saalburg bis Bad Homburg und von dort aus weiter in südöstlicher und dann südlicher Richtung hin.

Der Obergermanische Limes war mit Gräben, Wällen, Palisaden, Wachttürmen und Kastellen befestigt. Die Sicherung des Niedergermanischen Limes oblag nicht nur den römischen Soldaten in den Legionsfestungen und Auxiliarkastellen, sondern auch der starken römischen Rheinflotte, die ihre Häfen u. a. in Bonn und Köln hatte. Im Schutze des Niedergermanischen Limes entwickelte sich auf linksrheinischem Gebiet ein intensives Wirtschaftsleben. Zahlreiche Straßen im Hinterland der Limesstraße, die die Rheinorte, Kastelle und Legionsfestungen verband, entstanden und dienten sowohl militärischen als auch zivilen Zwecken. Wasserleitungen aus dem Hinterland versorgten die größeren Plätze am Rhein mit Wasser.

Eine rege Bautätigkeit entwickelte sich. Die „Holz-Erde-Mauern" der Befestigungsanlangen wurden durch Steinmauern ersetzt. Unter größtmöglicher Ausdehnung der landwirtschaftlichen Nutzungsflächen wurde eine intensive Landwirtschaft betrieben. In großer Zahl entstanden Handwerksbetriebe. Lehrmei-

Abb. 6: Geräte der Bandkeramikerzeit. Fundort: Nibelungenhalle. Maße des Steinbeils: 17,5 cm lang, 3,5 cm breit, 2,2 cm hoch; Siebengebirgsmuseum.

ster der einheimischen Bevölkerung waren die Soldaten der römischen Rheinarmee. Unter Ausnutzung der Wasserstraßen des Rheins und der Mosel, der Limesstraße und der Straßen im Hinterland entwickelte sich der Handel zusehends. Zwischen der Mitte des 2. und 3. Jahrhunderts erreichte das Wirtschaftsleben in Niedergermanien einen absoluten Höhepunkt. Diese stetige Entwicklung wurde unterbrochen, als seit Mitte des 3. Jahrhunderts immer wieder germanische Stämme den Rhein überschritten, nach Westen vordrangen und das Römische Imperium verunsicherten. Wenn danach auch jeweils die Rheingrenze wiederhergestellt werden konnte, so war doch die Zeit der Ruhe und des Friedens vorbei, die ein Vierteljahrhundert angedauert hatte.

Im Jahre 306 n. Chr. schlug Konstantin der Große die nach Belgien vorgedrungenen Franken wieder über den Rhein zurück. Zur Absicherung der römischen Rheingrenze erbaute er 310 n. Chr. das Kastell Deutz (castrum divitensium), das er durch eine feste Rheinbrücke mit der Stadt Köln verband. Die Wiedergewinnung der Rheingrenze war jedoch nur von relativ kurzer Dauer. Weitere fränkische Rheinübergänge folgten. Unter wechselvollen Kämpfen gingen nach und nach wesentliche Teile des linksrheinischen römischen Gebietes verloren.

Zuletzt hielten sich nur noch einige römische Städte am Rhein, während sich das Hinterland bereits in fränkischem Besitz befand. Die 500jährige Römerzeit am Rhein endete etwa um die Mitte des 5. Jahrhunderts, als die letzten römischen Truppen zunächst Bonn, dann schließlich Köln aufgaben und sich nach Westen zurückzogen.

Römersteinbrüche am Drachenfels

Die hochentwickelte Baukunst der Römer brachte es nach Bildung der Rheingrenze und Konsolidierung der römischen Macht auf linksrheinischem Gebiet mit sich, daß dort in zunehmendem Maße Steinbauten errichtet wurden. Zur steinmetzmäßigen Bearbeitung besonders geeignete Lothringer Jurakalke aus dem Raum Metz und später Weißsandsteine

Abb. 7: 1972 rekonstruierter römischer Limes-Wachtturm bei Rheinbrohl; 1977.

aus der Gegend von Trier fanden in großem Umfang Verwendung. Darüber hinaus gingen die Römer bereits in der ersten Hälfte des 1. nachchristlichen Jahrhunderts dazu über, das Trachytgestein des Drachenfels abzubauen, das relativ leicht zum Rheinufer geschafft, dort auf Schiffe verladen und abtransportiert werden konnte.

Die Eröffnung der römischen Steinbrüche am Drachenfels und deren Betrieb waren jedoch nur möglich, wenn dieses Gebiet militärisch abgesichert war. Von einer solchen Absicherung des Drachenfelsgebietes, das außerhalb des Niedergermanischen Limes lag, muß ausgegangen werden. Es ist allerdings nicht bekannt, wie weit sich die militärisch abgesicherte römische Exklave auf dem rechten Rheinufer nach Süden, Osten und Norden erstreckte. Nach H. Neu haben die Römer

gegenüber von Bonn einen Streifen rechtsrheinischen Landes unter ihre Kontrolle gebracht.

„Die Legionen erhielten hier ein Gebiet, das dazu bestimmt war, die Soldaten mit lebensnotwendigen Produkten und Bodenschätzen zu versorgen. Die Bonner Legion hatte hier auf dem rechten Rheinufer ihre Weiden, wie uns eine Steininschrift bezeugt, die im Jahre 1969 im Siegschotter gefunden wurde: Die Inschrift besagt, daß die Legion, die in Bonn stationiert war, das Weideland erweitert habe. Sie nennt uns auch den Namen dieses Landes: Es hieß Aureliana. Das heißt offensichtlich, daß das Weideland in der Zeit des Kaisers Marcus Aurelius (Anm.: 160—180 n.Chr.) erweitert wurde."[2]

Grabungs- und Bodenfunde nördlich des Drachenfels, die im wesentlichen auf linksrheinischem Gebiet gemacht wurden, und römische Spaltspuren am Drachenfels weisen eine intensive römische Steinbruchtätigkeit am Westhang des Berges aus. Blaugraues Trachytgestein aus dem unteren Westhang des Berges wurde bereits zur Erstellung der Mauerunterzüge der Baracken des römischen Doppellegionslagers in Köln verwendet. Es fand auch bei der Füllung der im Jahre 50 n.Chr. begonnenen römischen Stadtmauer von Köln Verwendung.

Steinmetzmäßig konnte das in der unteren Hälfte des Westhanges des Drachenfels anstehende Gestein nicht verarbeitet werden, da es außerordentlich hart war und leicht splitterte. Im Laufe der Zeit trieben die römischen Arbeitskolonnen die Steinbrüche bis in die obere Hälfte des Drachenfelshanges vor, wo das zur Herstellung von Werksteinen besonders geeignete graue Trachytgestein anstand. Darüber hinaus bauten die römischen Steinbrecher auch das Trachytvorkommen in den Felsenmeeren des „Großvaterstuhls" im jetzigen Park des Schloßes Drachenburg und des „Rüdenet" ab. Das Trachytgestein dieser Felsenmeere war ebenso wie das Gestein in der oberen Hälfte des Drachenfels zur steinmetzmäßigen Bearbeitung geeignet. Werksteine und Architekturteile aus Drachenfelstrachyt sind auch bei der Erbauung der Kölner Stadt-

Abb. 8: Römerstein am Eselsweg kurz vor dem Hotelplateau; 1977.

die das Endergebnis mittelalterlicher und neuzeitlicher Steinausbeutung sind.

„Diese Großbrüche entstanden aus kleineren Brüchen in etwa Zweidrittel der Bergeshöhe. Es besteht der begründete Verdacht, daß ein Teil dieser freilich später stark überstörten ursprünglichen Brüche römischen Ursprungs ist."[4]

Bei seinen Nachforschungen ist Röder am Eselsweg unterhalb der Burgruine auf ein Felsstück gestoßen, das die Römer zum Abbau vorbereitet, aber aus einem unbekannten Grund nicht abgebaut haben. Dieser Römerstein findet sich auf einer kleinen Terrasse rechts vom Eselsweg in einer Entfernung von etwa 75 Schritt vom Hotelplateau. In das Felsstück ist im vorigen Jahrhundert eine Steinbank geschlagen worden, die einem beim Aufstieg zum Hotelplateau direkt ins Auge fällt.

Oben auf dem Felsstück befinden sich regelmäßig gehauene und eng aneinandergesetzte Keillöcher in einer Schalrinne. Solche Schalrinnen wurden von den Römern am Drachenfels jeweils zu Beginn des Gesteinabbaus geschlagen, um die vorgesehene Durchtrennungslinie von störendem lockeren Gestein zu säubern.

mauer verwendet worden. Nachdem die beiden Kölner Legionen im Jahre 40 n.Chr. nach Neuss und Bonn verlegt worden waren, ist Drachenfelstrachyt in Köln nicht mehr in großem Umfang verwendet worden.

Röder hat die Römersteinbrüche am Drachenfels und die Verwendung von Drachenfelstrachyt in römischer Zeit erforscht. Er führt u.a. aus: „Die Hauptverbreitung in römischer Zeit hatte der Drachfelstrachyt im Bonner Legionslager und in der Lagervorstadt. Hier scheint er ein Großteil des Baumaterials geliefert zu haben, vom Grobzuschlag im Mörtel über kleine Handquader für das Zweischalenmauerwerk bis zu großen auch skulptierten Werkstücken. Teile der von H. Lehner und späterhin im Bonner Münster gefundenen Architekturteile aus Trachyt sind heute neben dem Chor der Münsterkirche wieder aufgebaut. Auffällig,

aber in dieser Übersicht nicht näher belegbar, ist die Tatsache, daß Weihealtäre aus Trachyt, die in Remagen, Bonn (hier mit deutlichem Schwerpunkt in der Anzahl), Köln, Xanten und Nymwegen gefunden wurden, durchweg von Militärpersonen gesetzt sind. Vermutlich konnten die Weihenden einfach auf militärische Lagerbestände zurückgreifen. Es wird also auch daraus eine besondere Beziehung unseres Trachyts zum Militär und speziell zur Bonner Legion deutlich."[3]

Der Römerstein am Drachenfels

Röder führt in seiner 1971 erschienen Abhandlung „Römische Steingewinnung am Rüdenet beim Drachenfels" u.a. aus, daß das obere Drittel des Drachenfelshanges von riesigen verlassenen Steinbruchgebieten durchzogen wird,

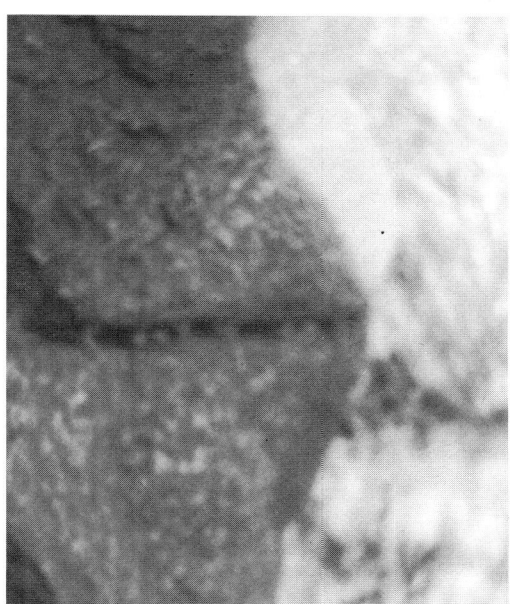

Abb. 9: Keillöcher im Römerstein; 1977.

In die Schalrinnen wurden mit Eisenmeißeln tiefe Keillöcher geschlagen, die zur Aufnahme von Eisenkeilen bestimmt waren. Diese wurden mit wuchtigen Hammerschlägen in das Gestein getrieben. Durch den dabei entstehenden Wangendruck wurde das Gestein in der vorgezeichneten Linie förmlich auseinandergerissen. Die Entdeckung des Römersteins gibt die Gewißheit, daß die Römer ihre Steinbrüche zumindest bis in seine Höhe und wahrscheinlich auch noch weiter nach oben vorgetrieben haben.

Abb. 11: Schalrinne für eine vorgesehene Kopfspaltung; 1977.

Römische Steinrutschen am Drachenfels

Außer dem Römerstein wurden neben einigen römischen Felsspuren im oberen Teil des Westhanges des Drachenfels zwei römische Felszeichen gefunden, die ebenfalls bestätigen, daß die römischen Steinbrüche am Drachenfelshang weit nach oben getrieben worden sind. Nach allem muß davon ausgegangen werden, daß die Römer dort in nicht unerheblichem Umfang den für die Herstellung von Werksteinen geeigneten Trachyt gebrochen haben. Zum Abtransport benutzten die Römer Schlitten, auf denen sie die Steinstücke über sog. Steinrutschen zu Tal ließen. Zur Verringerung des Reibungswiderstandes wurden die Rutschen, die z. T. in den Fels geschlagen wurden, mit Holz ausgefüttert. Es ist nicht bekannt, ob die Schlitten mit ihrer Last abgeseilt oder ohne jegliche Sicherung hangabwärts gelassen worden sind.

Abb. 12: Keillöcher einer geplanten Kopfspaltung; 1977.

Die Felsenmeere
des Großvaterstuhls und des Rüdenet

Bei dem Gesteinsvorkommen dieser beiden Felsenmeere handelt es sich um zwei unmittelbar zusammenhängende Trachytgänge. Die riesigen Felsblöcke dieser Gänge sind vor langer Zeit am Hang abgerutscht und zum Teil dabei aufeinangergeschoben worden. Hierbei erhielten sie ihr brotlaibförmiges Aussehen. Die Römer haben auch im Bereich der beiden Felsenmeere Felsblöcke abgebaut. Die Steingewinnung war hier leichter als an den Klippen des Westhanges des Drachenfels. Zunächst mußten die Trachytblöcke von dem sie umge-

Abb. 10:
Partie im Felsenmeer des Rüdenet; 1977.

Abb. 13: Unvollendete Stoßspaltung; 1977.

Abb. 14: Blick vom Weinhaus Rüdenet auf den Domsteinplatz mit der Linde. Links davon eine auf Honnefer Gebiet liegende Buhne; 1977.

benden Erdreich freigelegt werden. Nachdem Schalrinnen geschlagen worden waren, wurden die Blöcke durch Keilspaltung zerteilt. Man unterschied dabei Kopf-, Stoß- und Hebespaltungen. Bei den Kopfspaltungen wurden die Felsblöcke scheibenweise, bei der Stoßspaltung der Länge nach senkrecht und bei der Hebespaltung horizontal zerteilt. Auf diese Weise konnten die benötigten Werkstücke bereits in grober Form gewonnen werden. An Ort und Stelle wurden sie noch vor ihrem Abtransport vorbossiert. Alsdann wurden die gewonnenen Stücke auf Schlittenkufen über Holzrollen bei gleichzeitiger Seilsicherung zum Rheinufer transportiert.

Römische Verladestellen
am Drachenfelser Rheinufer

Das Gelände zwischen dem unteren Westhang des Drachenfels und dem des Felsenmeeres

des Rüdenet einerseits und dem Rheinufer andererseits ist seit der Römerzeit stark verändert. Diese Veränderung wurde jedoch nicht durch die im Mittelalter angelegten Weinberge, den Betrieb der mittelalterlichen und der gegen Ende des 18. und zu Beginn des 19. Jahrhunderts wiedereröffneten Steinbrüche verursacht, sondern durch den Bau der „Kunstchaussee" Königswinter-Honnef (1848), die Errichtung des Bahndammes der rechtsrheinischen Eisenbahn (1869/1870) und den Bau der Straßenbahnlinie Königswinter-Rhöndorf (1925). Bei der Anlage des Bahnkörpers der Straßenbahn wurde das abfallende Gelände zwischen der Landstraße Königswinter-Rhöndorf und dem Rheinufer aufgeschüttet und zum Rhein hin durch eine hohe Basaltmauer befestigt.

Mit einer weiteren Geländeveränderung war der Bau der EB 42 oberhalb des Bahnkörpers

Abb. 15: Blick vom Domsteinplatz in nordwestlicher Richtung auf die Buhne, die zu Königswinter gehört. Davor ein Teil des „Gründchens". Südlich und nördlich der Buhne erkennt man einen Teil der „Reih"; 1977.

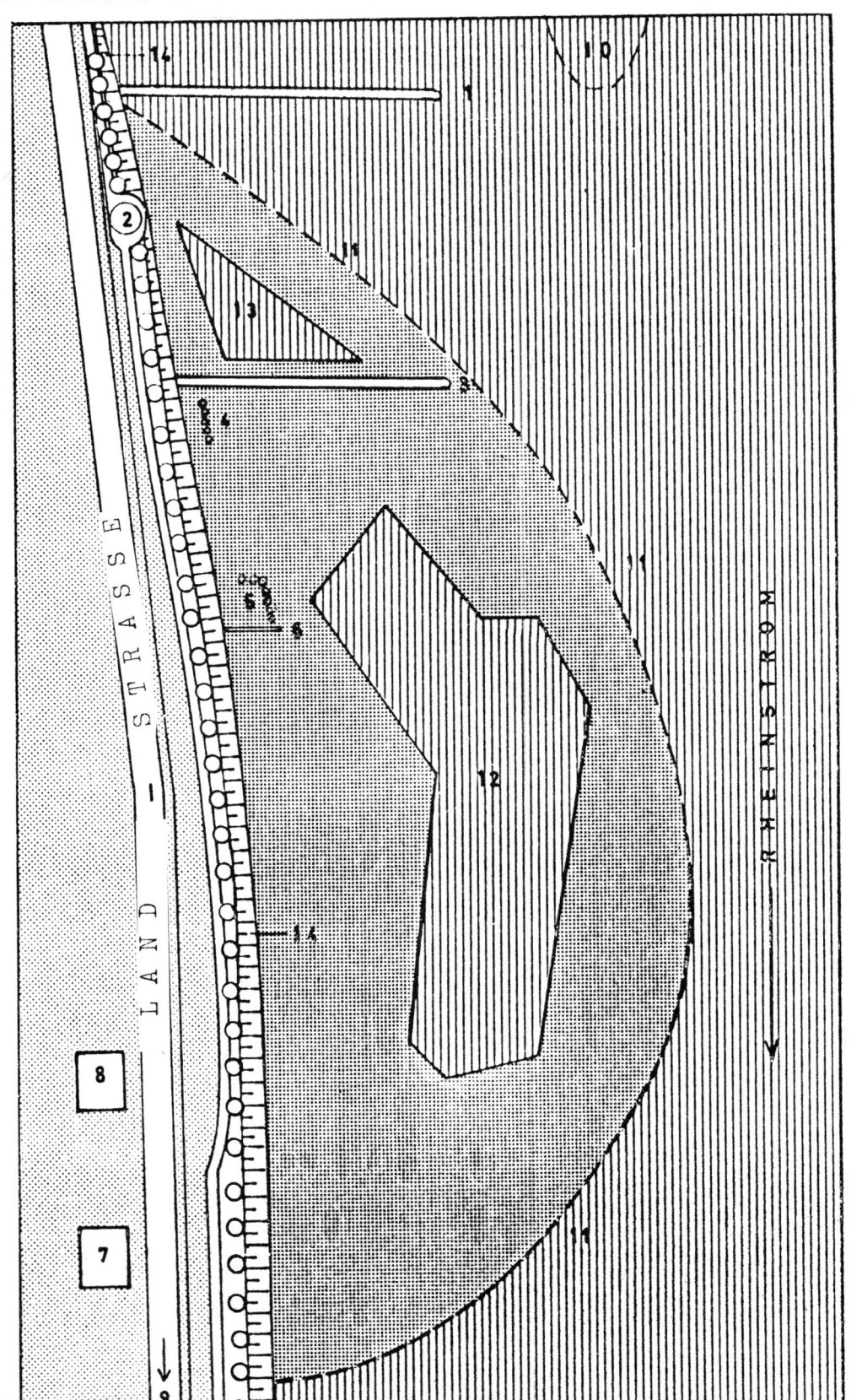

Abb. 16: Vereinfachte Darstellung des „Gründchens"
 1 Buhne auf Honnefer Gebiet
 2 Domsteinplatz
 3 Buhne auf Königswinterer Gebiet
 4 Reste einer älteren Ufermauer
 5 Reste eines alten Verladepodiums
 6 Kanalrohr
 7 + 8 Vorletztes und letztes Haus auf
      Königswinterer Gebiet
 9 Zur Aussichtsbastion am „Fahr"
10 Nördliches Ende des Rhöndorfer Grundes
11 Die „Reih"
12 Großes Becken im „Gründchen"
13 Becken am Domsteinplatz
14 Ufermauer aus Basalt zwischen Rheinallee und
   Ufer.

der Bundesbahn verbunden. Über dieses inzwischen so weitgehend veränderte Gelände wurden zur Römerzeit die Schlitten mit ihren Steinlasten durch Unterlegen von Holzrollen zu den Verladeplätzen am Rheinufer befördert. Für das Verladegeschäft legten die Römer Kaimauern (Ufermauern) und in den Strom vorspringende Verladepodien an.

Die Hauptsteinrutsche der mittelalterlichen Zeit am Westhang des Drachenfels, die bereits zur Römerzeit vorhanden gewesen sein dürfte, endete an der „Steingaß", die in nordwestlicher Richtung zum Rheinufer verlief. Sie fand ihr Ende am Rheinufer in Gegend des heutigen Domsteinplatzes. Der Domsteinplatz wurde 1925 auf einer zum Rheinufer hin vorspringenden Aussichtsbastion der Ufermauer errichtet. In der Mitte dieses Platzes steht eine kugelförmige Linde, um die sich eine Rundbank zieht.

Im Bereich des Domsteinplatzes dürften sich die für die Verladung des Drachenfelstrachyts bestimmten römischen Anlagen befunden haben, während sich die römischen Verladestellen für den Trachyt der beiden Felsenmeere weiter nördlich, also stromabwärts, befunden haben dürften. Bei der Erforschung der römischen Steinbruchtätigkeit am Drachenfels und in den beiden Felsenmeeren hat Röder am Rheinufer nördlich des Domsteinplatzes Reste einer Ufermauer und weiter stromabwärts Reste eines vorspringenden Verladepodiums entdeckt, die aus der Römerzeit stammen können.

Zwischen der Aussichtsbastion „Am Fahr" (Straßenbahnhaltestelle Denkmal) und dem Domsteinplatz zieht sich eine Untiefe hin, die das „Gründchen" genannt wird. Sie springt vom Fahr und vom Domsteinplatz aus bogenförmig in den Rhein vor. Am rheinseitigen wallförmigen Rand dieser Untiefe finden sich zahlreiche mehr oder weniger große Trachytfelsblöcke, die zum Teil Spuren menschlicher Bearbeitung zeigen. Der südliche Teil der Untiefe ist durch eine Buhne unterbrochen, die sich nördlich vom Domsteinplatz befindet. Bei Mittelwasserstand sind die Felsblöcke — genannt „die Reih" — nicht zu sehen. Erst bei Niedrigwasser sind sie sichtbar. Bei extremem

Abb. 17: Blick aus Richtung „am Fahr" auf das „Gründchen" und einen Teil der „Reih"; 1977.

Niedrigwasser kommt zwischen „der Reih" und dem Rheinufer ein Becken zutage, in dem vereinzelte Trachytblöcke liegen. Es beginnt im Norden in Höhe des zweitletzten Königswinterer Hauses vor Rhöndorf und endet vor der Buhne nördlich des Domsteinplatzes. Das Gebiet um dieses Becken ist mit vereinzelten Felstücken durchsetzt und enthält Kies- und Sandanlandungen. Röder hat nördlich der auf Königswinterer Gebiet liegenden Buhne „den Rest einer älteren Ufermauer (mit dahinterliegendem Kleinschlag der Hinterfüllung) entdeckt, deren Material aus grauem Trachyt besteht."[5] Möglicherweise stammt diese Ufermauer noch aus römischer Zeit. Weiter stromabwärts hat Röder am Rheinufer südlich eines in den Rhein führenden Kanalrohres (Höhe des Ortsausgangsschildes Königswinter) die Reste „zweier Seiten der Mauerfront eines bis in das

Becken vorspringenden ehemaligen Podiums aus größeren und kleineren Blöcken aus grauem Trachyt „ausfindig gemacht.[6] Bei diesem Verladepodium kann es sich um eine ehemalige römische Verladeanlage handeln, die in örtlichem Zusammenhang mit dem Felsenmeer des Rüdenet stand. In Ufernähe befinden sich im übrigen einzelne Trachytblöcke, die noch Keilspuren aufweisen.

Röder vermutet, daß sich südlich des bereits erwähnten Beckens im „Gründchen" noch ein weiteres Becken in Höhe des Domsteinplatzes befunden hat, das seiner Ansicht nach z. T. durch den Bau der auf Königswinterer Gebiet liegenden Buhne zerstört worden ist. In Bezug auf diese beiden Becken führt Röder u. a. aus: „An den Rändern der Becken liegt besonders viel Blockmaterial, das z. T. menschlichen

Abb. 18: Am Ufer liegender Trachytblock mit Keillöchern; 1977.

Angriff zeigt. Teilweise liegen noch Blöcke in den Becken, doch scheinen sie im Allgemeinen frei von großen Steinen zu sein. Alles in allem hat sich bei den Beobachtungen der Eindruck gebildet, daß die beiden Becken zwar durch natürliche Ausspülung entstanden sind, dann aber vom Menschen — in ganz trockenen Jahren — weitgehend von dem freigespülten Gestein durch dessen Aufarbeitung ausgeräumt wurden.

Es entstand somit zweimal eine natürliche Hafensituation. Der Randwall schützte auch im überfluteten Zustand die Transportschiffe vor der Gewalt des Stromes".[7]

Es fragt sich, ob sich zur Römerzeit oder später im „Gründchen" tatsächlich zwei voneinander getrennte Becken befunden haben, da es durchaus möglich ist, daß die gesamte Untiefe nur ein einziges langgestrecktes Becken enthalten hat. Dies wird deutlich bei einem Blick auf die vereinfachte Darstellung des „Gründchens" (s. Seite 30).

Häfen oder einen Hafen mit Hafenmauern hat es jedenfalls am Drachenfelser Rheinufer weder zur Römerzeit noch im Mittelalter gegeben.

Der Mittelwasserstand lag zur Römerzeit und auch im Mittelalter wesentlich höher als heute. Stiche aus dem 17. Jahrhundert, die u. a. das Drachenfelser Rheinufer zeigen, lassen dies jedenfalls erkennen. Hinzu kommt, daß der Mittelwasserstand am Drachenfelser Rheinufer um 1800 noch mindestens etwa 1,50 m höher als der heutige lag. Das Absinken des Mittelwasserstandes um mindestens 1,50 m hat seine Ursache in der Coupierung des Rheinarmes zwischen der Insel Grafenwerth und dem Honnefer Rheinufer. Nachdem dieser Rheinarm erstmals 1790, dann 1817 und schließlich 1835/1836 geschlossen worden war, trat als Folge „der jetzt weniger starken Wasserführung unterhalb der Insel ein Anwachsen des Rhöndorfer Grundes auf, der bereits vorher zu einer übergroßen Strombreite vor Rhöndorf geführt hatte. Um einer weiteren Verwilderung des Stromes vorzubeugen, wurden in den Jahren 1861 und 1862 insgesamt 16 Buhnen, beginnend an der Einmündung des Honnefer

Armes (Toter Arm) und endend „am Fahr" in Königswinter in den Strom gebaut, die das rechte Ufer bis zu 180 m vorgeschoben haben. Heute sind nur noch 11 Buhnen anzutreffen, 3 extrem kurze Buhnen vor Königswinter zwischen dem Domsteinplatz und „Am Fahr", sowie 2 kürzere Buhnen ausgangs des Honnefer Rheinarmes sind verfallen bzw. nicht erhalten worden, vermutlich hatten sie für die Regulierung nicht die gewünschte Bedeutung".[8]

Bei der am Domsteinplatz auf Königswinterer Gebiet liegenden Buhne handelt es sich um die nördlichste der eben erwähnten 11 Buhnen. Neben den Flußregulierungsmaßnahmen der Jahre 1861/62 wurden „1881/82 vor Mehlem 17 kurze Buhnen angelegt, die das linke Ufer rd. 50 m vorschoben. Hierdurch und durch die bereits vorher angelegten Buhnen zwischen Honnef und Königswinter wurde die durch den Rhöndorfer Grund hervorgerufene übergroße Strombreite im Mittel- und Niedrigwasserbett beseitigt".[9]

Weitere Flußregulierungsmaßnahmen wurden damals im Bereich der Insel Nonnenwerth und oberhalb derselben auf der linken Rheinseite durchgeführt. In den Jahren 1882/83 wurde der Rhöndorfer Grund abgebaggert, der im Rheinbett außerhalb der Buhnenköpfe und zwar südlich und südwestlich des Domsteinplatzes liegt (s. Seite 30). Durch die Anlage der Buhnen auf der rechten und linken Rheinseite und die in regelmäßigen Abständen wiederholte Abbaggerung des Rhöndorfer Grundes, die auch heute noch von Zeit zu Zeit erfolgt, wurde das Fahrwasser im Rhein vertieft und sank andererseits der Mittelwasserstand am Drachfelser Rheinufer.

Unter Berücksichtigung dieser Umstände muß man davon ausgehen, daß zur Römerzeit der Mittelwasserstand so hoch war, daß die Transportschiffe ohne Schwierigkeit „die Reih" auf dem Weg zu den Verladeplätzen am Ufer überfahren und auf demselben Wege mit ihren Steinlasten das Fahrwasser wieder erreichen konnten. Das dürfte auch bei Niedrigwasser noch möglich gewesen sein, so daß die beiden Becken bzw. das eine langgestreckte Becken im „Gründchen" allenfalls bei extremem Nied-

Abb. 19: Römisches Deckelgefäß, heller Ton mit dunkelbraunem Anguß; Höhe 7,5 cm, Randdurchmesser 13,3 cm. Gefunden um 1900. Siebengebirgsmuseum.

rigwasser hafenähnliche Bedeutung gehabt haben können.

Man kann im übrigen davon ausgehen, daß im Bereich des „Gründchens" ein Vorkommen von blauem Trachyt ansteht. Im Januar 1899 wurden hier nämlich Bohrversuche gemacht, um festzustellen, ob der Untergrund aus Fels besteht. Eine Abbaggerung der Untiefe war damals für den Fall geplant, daß dort kein felsiges Gestein anstand. Die Bohrversuche ergaben dann aber, daß die Untiefe durch Abbaggerung nicht beseitigt werden konnte.

Militärische Absicherung
der römischen Drachenfels-Exklave

Trotz des Bestehens des Niederrheinischen Limes gab es zur Römerzeit, jedenfalls in fried-

lichen Zeiten, Handel und Wandel über die Rheingrenze hinweg. Trotzdem dürften die römischen Steinbrüche und Verladeplätze am Drachenfels, insbesondere ab Mitte des 3. Jahrhunderts, militärisch abgesichert gewesen sein. Man kann wohl davon ausgehen, daß am äußeren Bereich der römischen Drachenfels-Exklave an einzelnen besonders geeigneten Plätzen militärische Beobachtungsposten stationiert waren. Außerhalb dieser Linie dürften zusätzlich Streifen eingesetzt gewesen sein. Die Lage des bereits erwähnten Römersteins am Eselsweg läßt darauf schließen, daß sich auch oben auf dem Drachenfels ein militärischer Posten befunden hat. Entsprechende Bodenfunde sind jedoch bisher nicht gemacht worden. Ein evtl. Anhaltspunkt für die Nahsicherung der Drachenfelser Steinbrüche könnte der Streufund eines römischen Deckelgefäßes aus der 2. Hälfte des 3. Jahrhunderts sein. Dieses Deckelgefäß wurde um 1900 am damaligen Restaurant „Zur schönen Aussicht" auf dem Hardberg nördlich des Weges „Auf der Helte" und westlich des Eselsweges gefunden.

Ende der römischen Steinbruchtätigkeit am Drachenfels

Bodenfunde im Bereich des römischen Kastells Deutz weisen aus, daß bei der Errichtung dieser Befestigung Drachenfelstrachyt verwendet worden ist. Da das Kastell 310 n.Chr. errichtet worden ist, sind demnach die Römischen Steinbrüche am Drachfels noch zu Beginn des 4. Jahrhunderts betrieben worden. Etwas früher dürfte der Steinabbau in den Felsenmeeren des Großvaterstuhls und des Rüdenet zum Erliegen gekommen sein.

Besiedlung des Uferstreifens zwischen Rhein und Siebengebirge

Schon lange bevor die Römer das linksrheinische Gebiet endgültig aufgaben, hatten die zum Rhein vordringenden Franken das rechtsrheinische Gebiet im Raum Bonn-Köln stark besiedelt. Fränkische Gräber zwischen Oberdollendorf und Bergheim (unterhalb der Siegmündung) weisen dies aus. Einer dieser fränkischen Reihengrabfriedhöfe, der von Schwarzrheindorf, stammt aus dem 4. Jahrhundert. Der Uferstreifen zwischen Rhein und Siebengebirge weist keine fränkischen Siedlungsfunde auf. Erst südlich des Drachenfels finden sich wieder fränkische Gräber. Eines dieser Gräberfelder aus der Zeit um 700 n.Chr. wurde in Rhöndorf am „Frankenweg" entdeckt. Grabungsfunde auf dem Petersberg, die 1936/37 gemacht wurden, geben die Gewißheit, daß sich bereits im 7. Jahrhundert Franken auf dem Bergplateau aufgehalten haben.

Die Grabungen auf dem Petersberg dienten der Erforschung des Ringwalles aus dem 1. vorchristlichen Jahrhundert, der sich mit seinen Resten noch 1879 um den ganzen Berg verfolgen ließ. Bei den Grabungen entdeckte man u. a. eine bronzene Preßmodel und eine Riemenzunge aus der 2. Hälfte des 7. Jahrhunderts. Der Uferstreifen zwischen Rhein und Siebengebirge dürfte mit Sicherheit erst im 10. Jahrhundert besiedelt worden sein. Einen Anhaltspunkt insoweit gibt eine Urkunde König Heinrichs II. (1002—1024) aus dem Jahre 1015. In dieser Urkunde findet Königswinter unter dem Namen „Winetre" erstmals urkundliche Erwähnung. König Heinrich II. schenkte damals dem Bonner Frauenstift Dietkirchen das Gut, das ihm Graf Wilhelm und sein Bruder Boppo in dem im Auelgau gelegenen Dorf Winetre überlassen hatten.[10]

Diese ersten Angaben über Königswinter lassen darauf schließen, daß mit der Urbarmachung und Besiedlung des Uferstreifens zwischen Rhein und Siebengebirge spätestens im Zuge der zu Beginn des 10. Jahrhunderts einsetzenden langandauernden Phase neuer Landnahme begonnen worden ist, deren Ursache in einer Übervölkerung lag. Der Name „Winetre" und seine Herkunft aus dem Lateinischen (Vinum = Wein, vinitor = Winzer) sowie die spätere Umwandlung des Wortes vinum in „win" (= Wein) und die frühmittelalterliche Bezeichnung „tre", die soviel wie Baum, Strauch oder Stock bedeutet, weisen darauf hin, daß die Urbarmachung und Besiedlung im Raum Königswinter in erster Linie zum Zwecke des Weinanbaues erfolgt sind. Die große Zahl der mittelalterlichen Weinberge an den Westhängen des Siebengebirges und der Weingärten auf dem Uferstreifen zwischen Gebirge und Rhein, die zu einem großen Teil noch bis in die Mitte des 19. Jahrhunderts bestanden, bestätigen dies. Den Namen Königswinter findet erst sehr viel später Verwendung.

Wiedereröffnung der Steinbrüche am Drachenfels im Mittelalter

Anhaltspunkte dafür, daß in fränkischer Zeit das Trachytgestein des Drachenfels gebrochen und bei der Errichtung von Bauten verwendet worden ist, gibt es nicht. Zu Beginn des 11. Jahrhunderts wurde der Drachenfelstrachyt als geeignetes Material für die Errichtung sakraler Bauten entdeckt. Damals dürften die alten römischen Steinbrüche am Westhang des Drachenfels wieder freigelegt und hergerichtet worden sein.

Das gebrochene Gestein wurde ebenso wie zur Römerzeit über Rutschen zum Drachenfelser Rheinufer geschafft und an Verladeplätzen in Gegend des heutigen Domsteinplatzes auf Transportschiffe verladen. Urkundliche Erwähnung von Hafenanlagen in diesem Zusammenhang gibt es nicht. Das bestätigt, daß die Römer, die durchaus dauerhafte Hafenmauern zu errichten verstanden, am Drachenfelser Rheinufer keine Häfen mit Hafenmauern unterhalten haben. Kenntnis von dem Wiederbetrieb der Steinbrüche am Drachenfels geben die Säulen der Krypta der Kölner Kirche „St. Maria im Capitol". Die Weihe des Kreuzaltares dieser Kirche erfolgte am 29. 6. 1049 durch Papst Leo IX. bei Anwesenheit Kaiser Heinrichs III. Da damals die Trachytsäulen der Krypta bereits gestanden haben dürften, muß man davon ausgehen, daß der Abbau von Trachyt am Drachenfels in mittelalterlicher Zeit bereits in der ersten Hälfte des 11. Jahrhunderts begonnen hat.

Röder führt hierzu u. a. aus: „Die früheste mittelalterliche Verwendung von Drachenfelstrachyt begegnet uns in den Säulen der Krypta von St. Maria im Capitol. Trachytquader im Oktogon Karls des Großen zu Aachen dürften römische Spolien sein, die vom Rhein nach Aachen gebracht wurden. Zusammen mit dem Tuffstein vom Brohltal und Pellenz ist der Trachyt auch verantwortlich für die durchweg graue bis gelblich-graue Färbung rheinischer Kirchen, wodurch sie sich auch vom Material her gegenüber anderen Materialprovinzen — etwa dem Rotsandsteingebiet — absetzen. Der rheinische Kirchenbau vom 11. bis 16. Jh. ist ohne die Verwendung des Drachfelstrachyts nicht vorstellbar. Während der Tuffstein vor allem zu Verblendung der Wände und wegen seines geringen Gewichtes auch zu Gewölberippen und zu Maßwerken benutzt wurde, bildet der Trachyt fast das ausschließliche Material für alle konstruktiven Teile der Innen- und Außenarchitektur."[11]

Königswinter und das Siebengebirge
gelangen in den Machtbereich
der Kölner Erzbischöfe
2. Hälfte des 11. Jahrhunderts

Königswinter und das Siebengebirge lagen im bereits erwähnten Auelgau, der urkundlich erstmals 882 n.Chr. erwähnt wird. Der weltlichen Organisationsform der Gaue entsprachen auf kirchlichem Gebiet die Christianitäten. Bei ihnen, die etwa zu Beginn des 9. Jahrhunderts gebildet worden sind, handelte es sich um die späteren Dekanate. Die Grenze der Christianität Siegburg und damit auch die des Auelgaues begann auf der rechten Rheinseite unterhalb von Linz und lief von dort aus über Oberlahr, Ehrenstein, Altenkirchen, Hachenburg, Wissen, Friesenhagen, Römershagen, Belmicke, Wiedenest, Marienheide, Gimborn, Ründeroth, Overath, Neuhohnrath, Altenrath, Liebur und Niederkassel zum Rhein, der die westliche Grenze bildete.

Herr des Auelgaues war um die Mitte des 11. Jahrhunderts Pfalzgraf Heinrich aus dem Ezzonengeschlecht geworden, der damals bereits Herr des Bonn-, Zülpich- und Roergaues war. In dem Kölner Erzbischof Anno II., der am 3. 3. 1056 geweiht worden war, erwuchs dem Pfalzgrafen ein gefährlicher Gegner. Als Heinrich mehrmals plündernd in das Kölner Gebiet eingedrungen war, kam es zu kriegerischen Auseinandersetzungen mit Anno II. Diese endeten mit der Gefangennahme des Pfalzgrafen, der in das Kloster Gorze eingewiesen wurde. Es gelang ihm jedoch zu entfliehen und eine neue Streitmacht aufzustellen.

Im Verlaufe der neuen Auseinandersetzungen mußte sich Heinrich in die Burg Cochem an der Mosel zurückziehen. Während der Belagerung der Burg durch die Streitmacht Annos II. „spaltete Pfalzgraf Heinrich in einem Anfall von Raserei, mit eigener Hand, seiner Gattin das Haupt. Als er diese Tat unter wahnsinnigem Lachen seinen Dienstleuten erzählt hatte, brachte man ihn ins Kloster Echternach, wo er starb. Seines Sohnes nahm sich der Erzbischof von Köln väterlich an, indem er ihn später mit eigenen Lehen ausstattete, die dem Pfalzgrafen zugehörige Siegburg, aber wurde für den Kölner Stuhl gewonnen."[12]

Abb. 20: Blick von der Südostecke der Aussichtsplattform des heutigen Drachenfels-Restaurants auf den Südhang der Wolkenburg, Mai 1979.

Damals und in der Folgezeit dürften Königswinter, das Siebengebirge — mit Ausnahme des Löwenberges (Löwenburg) — und wahrscheinlich später noch Ittenbach in den Herrschaftsbereich der Kölner Erzbischöfe geraten sein. Dieser Vorgang ist urkundlich nicht belegt. Anno II. gründete im Jahre 1064 auf dem Siegberg, auf dem sich eine pfalzgräfliche Burg befunden hatte, das Benediktinerkloster St. Michael. In der für Königswinter und das Siebengebirge urkundslosen Zeit liegt die Amtszeit der Nachfolger Annos II., nämlich Hildolf (1065—1075), Sigwin (1079—1089) und Hermann (1089—1099). Gegen Ende des 11. Jahrhunderts gab es die ersten Ansätze zur Bildung von Territorien, in deren Verlauf es schließlich u. a. zur Bildung des im wesentlichen auf linksrheinischem Gebiet liegenden Rheinischen Erzstifts des späteren Kurfürstentums Köln kam.

Im Gegensatz zu Siegburg, das nicht in das Rheinische Erzstift, das Stammland des Kurfürstentums Köln, eingegliedert wurde, gelangten Königswinter, das Siebengebirge und Ittenbach, mit Ausnahme des Löwenberges, in den Herrschaftsbereich der Kölner Erzbischöfe. Eine weitere Ausdehnung der weltlichen Macht der Kölner Erzbischöfe auf der rechten Rheinseite über den Siebengebirgsraum hinaus dürften die mächtigen Grafen von Sayn verhindert haben, die um 1200 die Löwenburg auf dem Löwenberg erbauten.

Die erzbischöfliche Festung Wolkenburg, 1118

Unter dem Kölner Erzbischof Friedrich I. von Schwarzenburg (1100—25. 10. 1131) war die weltliche Macht der Kölner Erzbischöfe am Siebengebirge jedenfalls so weit konsolidiert, daß er auf dem Wolkenberg die festungsähnliche

Abb. 21: Die Festung Wolkenburg mit ihren markantesten Bauteilen. Ausschnitt aus einer Lagenkarte des 17. Jahrhunderts, Siebengebirgsmuseum.

es auch heute noch oft vorkommt. Während die Kuppe des Berges Steinbrüchen zum Opfer fiel, wurde auch ihr Südhang durch Steinbrüche, die vom Rhöndorfertal nach oben getrieben wurden, erheblich in ihrem Bestand beeinträchtigt.

Die stärkste Höhenburg mit festungsähnlichem Charakter im rheinischen Raum dürfte die Wolkenburg erst unter dem Kölner Erzbischof Konrad von Hochstaden (1257—1261) geworden sein, der sie mit „neuen Türmen und festen Mauern" versehen ließ. Erzbischof Friedrich war auch der Erbauer der Burg Rolandseck, der die Aufgabe zugedacht war, das sich auf linksrheinschem Gebiet langsam herausbildende „Rheinische Erzstift" des späteren Kurfürstentums Köln nach Süden abzusichern. Eine ähnliche Funktion wird die Festung Wolkenburg auf rechtsrheinischem Gebiet zur Absicherung des späteren kurkölnischen Amtes Wolkenburg gehabt haben. Die Grenze dieser über den Rhein in Sayn'sches Gebiet hineinragenden Kurkölnischen Exklave begann am Rheinufer in Gegend des heutigen Domsteinplatzes und zog sich von hier aus über die Steingaß am Drachenfelshang aufwärts bis zum heutigen Hotelplateau. Hier verlief die Grenze über das Plateau in östlicher Richtung

„Wolkenburg" errichten konnte. Sie war bereits 1118 fertiggestellt. Diese Festung, die später nach dem Schutzpatron der Kölner Erzdiözese St. Petrus auch Petersschloß genannt wurde, soll der Lieblingsaufenthalt Friedrichs I. gewesen sein. Dies schließt man u. a. daraus, daß Friedrich I. im Jahre 1118 Bischof Theoger von Metz als seinen „Staatsgast" auf der Wolkenburg bewirtet hat.

Der Biograph Bischof Theogers von Metz berichtet insoweit u.a.: „Der Kölner Erzbischof führte Bischof Theoger in Begleitung einer großen Schar Bewaffneter zu der gleichermaßen durch die Natur und Baukunst befestigten Burg (castrum), die wegen ihrer bis in die Wolken reichenden Höhe den Namen Wolkenburg trägt."

Heute weist die Wolkenburg, die im Jahre 1118 nicht unwesentlich höher gewesen sein dürfte, eine Höhe von 324 m ü NN auf. Sie ist also nur noch drei Meter höher als der Drachfels. Die heute unbekannte ursprüngliche Höhe der Wolkenburg fiel ab Beginn des 17. Jahrhunderts den auf der Kuppe des Berges eröffneten Steinbrüchen zum Opfer. Man darf sich jedoch nicht vorstellen, daß die Wolkenburg den Drachenfels wesentlich überragt hätte. Als die Wolkenburg ihren Namen erhielt, war sie die einzige Burg im Siebengebirge. Das Interesse richtete sich damals deshalb im wesentlichen auf diesen Berg mit seiner Burg. Nicht nur die Wolkenburg, sondern auch die anderen Berge „ragten" bei schlechtem Wetter bis in die Wolken oder verschwanden im Nebel, wie

Abb. 22: Siegelbild des Zunftsiegels.

36

zur oberen Südseite der Wolkenburg und von dort aus über den Schallenberg bis zum Lohrberg, der noch zu kurkölnischem Gebiet gehörte. Schließlich erreichte die Grenze den Logebach und zog sich, dessen Verlauf und dem des Pleisbaches folgend, nach Norden bis zum Dorf Nonnenberg hin. Hier bog sie nach Westen ab und erreichte unter Einbeziehung des Ölberges das Plateau des Petersberges und den Rhein.

Generell ist man der Ansicht, daß es keine authentische Bildwiedergabe der erzbischöflichen Festung Wolkenburg gibt, da Abbildungen des Berges vom 15. bis zum 18. Jahrhundert lediglich den Bergfried und keine Einzelheiten der Anlage zeigen.

Diese Ansicht dürfte jedoch nicht zutreffend sein. Im Heimatbuch (Festschrift des Heimatvereins Siebengebirge aus dem Jahre 1976) ist auf Seite 36 eine Lagenkarte des 17. Jahrhunderts veröffentlich worden, die u. a. die Wolkenburg und die Burg Drachenfels im Bild wiedergibt. Der unbekannte Kartenzeichner hat relativ authentisch die beiden Befestigungsanlagen, mit ihren markantesten Bauteilen, dargestellt. Diese ergibt sich u.a. aus einem Vergleich des Bildes der Festung Wolkenburg mit dem Siegelbild des Zunftsiegels des „WOLKENBURGER STEINHAUER UND MAURER AMBT KÖNIGSWINTER", dessen Erstellungsdatum unbekannt ist. Das Siegelbild zeigt ebenfalls die Festung Wolkenburg. Vergleicht man beide Bilder, so stellt man eine übereinstimmende Darstellung der Festungsanlage, jedoch aus verschiedenen Perspektiven fest.

Der Geodät hat die Festungsanlage von einem nördlichen Standort aus dargestellt (s. Abb. 21). Man erkennt links im Kartenbild, also im Osten des Berges, den Bergfried, westlich davon ein großes turmartiges Gebäude mit Zinnen und im Westen einen kleineren Bergfried. Einzelheiten der Umwehrung sind nicht zu erkennen. Angedeutet sind jedoch einige Zinnen. Im Siegelbild sind dieselben markanten Bauteile wiedergegeben, jedoch von einem nordöstlichen Standpunkt aus. Da die Wolken-

Abb. 23: Unterer Teil der Nordseite des Bergfrieds. Man erkennt die einzelnen Buckel-Quadern mit ihrem glatten Randschlag. Bei der von felsigem Gestein umgebenen, beckenartig vertieften ebenen Fläche im Vordergrund könnte es sich um den Rest einer Zisterne im ehemaligen kleinen Innenhof der Kernburg handeln. Der im Hintergrund von links nach rechts verlaufende und aus Sicherheitsgründen angebrachte Eisenzaun, der auf einem von Norden nach Süden verlaufenden Mauerwerk steht, markiert den früheren Verlauf der östlichen Mauer der räumlich nicht sehr großen Kernburg; 1977.

burg gegen Ende des 16. Jahrhunderts bereits stark in Verfall geraten war, muß angenommen werden, daß ihre Bildwiedergabe in der Lagenkarte des 17. Jahrhunderts nach einer älteren Vorlage gefertigt worden ist. Bei der Abb. 21 handelt es sich um eine wesentliche Vergrößerung des Bildes der erzbischöflichen Festung Wolkenburg aus der Lagenkarte.

Das Petschaft des Zunftsiegels befindet sich im Besitz der Geschichts- und Altertumsvereins für Siegburg und den Rhein-Sieg-Kreis.

Das Bonner St. Cassius-Stift
Eigentümer von Ländereien am Drachenfels
1131

Das Bonner St. Cassius-Stift, das schon früh Ländereien in Königswinter und am Drachenfels besaß, wurde nach St. Cassius benannt, der gemeinsam mit St. Florentius und St. Mallusius in der Römerzeit den Märtyrertod in Bonn erlitten hat. Königin Helena, die Mutter Kaiser Konstantins des Großen, soll die Gebeine der 3 Märtyrer „erhoben" und in eine zu diesem Zweck neu erbaute Kirche „ver-

Abb. 24: Nordseite des Bergfrieds; 1977.

setzt" haben. Zu dieser Kirche gehörte später ein Kloster, das gegen Ende des 9. Jahrhunderts in ein Kanonikerstift umgewandelt wurde. Es war besetzt mit einem edelfreien Propst, einem Dechant und 40 Kanonikern. Zum Stift gehörten 28 Vikarien.

Die Pröpste des Stifts waren nicht nur dessen Vorsteher, sondern auch Prälaten der Bonner Kirche und Archidiakone des Archidiakonalbezirks Bonn. Als Archidiakonen stand ihnen die Jurisdiktion über die Christianitäten im Auelgau (Christianität Siegburg), Ahrgau, Eifelgau und Zülpichgau zu. Einer der mächtigsten und einflußreichsten Pröpste des St. Cassius-Stifts, die den ersten Rang unter den Archidiakonen und Pröpsten des Erzbistums Köln einnahmen, war in der Zeit von 1124—1169 Gerhard von Are. Er erwirkte eine Bestätigung des Grundbesitzes, der Einkünfte und der Rechte des Stiftes durch eine Bulle Papst Inocenz II. vom 21. 3. 1131. In dieser Urkunde wird ausdrücklich u.a. der Hof des Stiftes in „Wintere" (Königswinter) bestätigt. Es handelte sich hierbei um den späteren Kucksteinhof oberhalb der heutigen Nibelungenhalle westlich des Eselsweges.

Erzbischof Arnold I. von Köln erbaut die Burg Drachenfels nach 1138

Propst des Kölner St. Andreas-Stiftes war im Jahre 1138 Arnold von Randerode. Er wurde im Februar 1138 vom Kölner Domkapitel zum Erzbischof von Köln gewählt und am 3. 4. 1138 im Kölner Dom geweiht. Arnold I. ist der Erbauer der Burg Drachenfels. Urkundliche Belege über den Baubeginn existieren nicht. Es ist jedoch anzunehmen, daß der Bergfried und wesentliche Gebäude der „Kernburg" auf dem Drachenfels spätestens im Jahre 1146 fertiggestellt waren. Zu dieser Annahme berechtigt die Tatsache, daß Arnold I. während der dem zweiten Kreuzzug (1147—1149) vorausgehenden Judenverfolgungen die erzbischöfliche Festung Wolkenburg der Kölner Judengemeinde als Zufluchtsstätte zur Verfügung gestellt hat. Einem zeitgenössischen Bericht verdanken wir die Kenntnis, daß sich während

dieser Zeit kein Christ innerhalb der Festungs-
mauern aufhalten durfte.

Man kann davon ausgehen, daß Arnold I. die
Festung Wolkenburg der Kölner Judengemeinde nicht zur Verfügung gestellt hätte,
wenn nicht die Burg Drachenfels funktions-
tüchtig und besetzt gewesen wäre. Die noch
nicht vollendete Burg Drachenfels, deren Bergfried mit Sicherheit damals bereits stand, hatte
Arnold I. seinem Neffen, dem Bonner Vogt
Adalbert von Saffenburg gegen 100 Gewichtsmark in Silber zu Lehen gegeben.

Übertragung der Burg Drachenfels auf den Propst des Bonner St. Cassius-Stifts, 1149

Die Besatzung der Burg Drachenfels hatte bis
zum Jahre 1149 wegen ihrer Plündereien in den
Dörfern der Umgebung und wegen Zerstörung
von Feldern und Weinbergen mehrfach Anlaß
zu Beschwerden bei Erzbischof Arnold I. gegeben. Besondere Schäden scheinen die Besitzungen des Bonner St. Cassius-Stifts erlitten
zu haben. Propst Gerhard von Are hatte deshalb des öfteren den Kölner Erzbischof dringlich gebeten, ihm und dem St. Cassius-Stift die
Burg Drachenfels zu übertragen. Erst als
Arnold I. vom „Schlagfuß gerührt" worden war
und ihm die Gelder zur endgültigen Fertigstellung der Burg Drachenfels ausgegangen
waren, gab er dem Drängen des Bonner
Propstes nach. Voraussetzung für die erbetene Übertragung war jedoch, daß Adalbert
von Saffenburg zunächst durch Zahlung von
100 Gewichtsmark in Silber abgefunden wurde.
Nachdem Probst Gerhard von Are und das
Bonner St. Cassius-Stift diesen Betrag aufgebracht, dem Kölner Erzbischof übergeben hatten und Adalbert von Saffenburg abgefunden
worden war, übertrug Arnold I. im Jahre 1149
urkundlich die Burg Drachenfels an Gerhard
von Are.[13]

Der Bergfried der Burg Drachenfels

Der über 830 Jahre alte Bergfried der Kernburg
auf dem Drachenfels ist in den Fels des Berg-
gipfels hineingebaut worden. Durch diese Bau-
weise wurde verhindert, daß Feinde, die in die

Abb. 25: Westseite des Bergfrieds mit schmalem Eingang; 1977.

Abb. 26: Ostseite des Bergfrieds mit dem im Mittelgeschoß liegenden Eingang. Man erkennt die Maueröffnungen, in die das Balkenwerk der Balustrade eingesetzt war. Später dürfte sich hier unter Benutzung der Maueröffnungen ein Anbau befunden haben, von dessen Dach aus der Eingang des Bergfrieds mittels einer Leiter oder Strickleiter erreicht wurde. Oberhalb der Maueröffnungen dürfte ein flaches Dach in das Mauerwerk hineingereicht haben; 1977.

lassen, um dem tragenden Holzgestell mehr Halt zu geben. Von der Balustrade aus konnte man den Eingang in den Bergfried nur mit Hilfe einer Leiter erreichen, die sicherlich eingezogen werden konnte. Strickleitern müssen im Innern des Bergfrieds für den Fall bereitgelegen haben, daß ergebnislos abziehende Feinde die Balustrade zerstört haben sollten.

Erstaunlicherweise hat man bei der Erbauung des Bergfrieds dem Erfordernis keine Rechnung getragen, daß eine Burgbesatzung sich möglichst in den Bergfried zurückziehen sollte, ohne direktem Beschuß durch angreifende Feinde ausgesetzt zu sein. Die Kernburg der Burganlage konnte aufgrund der örtlichen Verhältnisse lediglich von Osten und an ihrer Nordostecke, wo der Eingang der Kernburg lag, eingenommen werden. Hatten die Angreifer erst einmal die östliche Mauer erstiegen oder den Toreingang der Kernburg erobert, so konnten sie von dort aus die Burgbesatzung, die sich zum hochgelegenen Eingang des Bergfrieds zurückzog, unter vollen Beschuß nehmen.

Die fehlerhafte Anlage des Eingangs in den Bergfried, die auch an anderen mittelalterlichen Burgen gegeben war, hat man nachträglich — vielleicht erst beim Aufkommen der Pulverwaffen gegen Ende des 15. Jahrhunderts — dadurch beseitigt, daß man einen zweiten Ein-

Kernburg eingedrungen waren, das Fundament des Bergfrieds, der letzten und mächtigen Verteidigungs- und Zufluchtsstätte der Burgbesatzung, untergraben konnten. Bei der Errichtung des Bergfrieds verwandte man das oben am Berg und im Bereich der heutigen Terrasse am Restaurant anstehende Trachytgestein. Wenn es auch mühevoll war, einen großen Teil des Baumaterials auf den Berggipfel zu schaffen, so bedurfte es doch keines zeitraubenden Antransports der Steine aus den tieferliegenden Hängen des Berges. Bei der Erstellung des Mauerwerks des Bergfrieds wurden an den Außenseiten sogenannte Buckel- oder Bossensteine und an der Innenseite glatte Steine als Mantel für den aus Bruchsteinen und Mörtel bestehenden Mauerkern verwandt. Die viereckigen Buckelsteine — auch Buckel = Quader oder Bossen-Quadern genannt —

wurden in der Ansichtsfläche des Mauerwerks mit einem Randschlag nur roh vorbossiert.

Der Bergfried der Burg Drachenfels „mit seinen großen regelmäßigen Quadern ist neben der Burg Sponheim seitlich der Nahe, das interessanteste Beispiel reinen Quaderbaues unter den seltenen rheinischen Bauten dieser Art".[14]

In dem viereckigen etwa 25 Meter hohen Bergfried waren drei Geschosse untergebracht. Der Eingang zum Bergfried lag auf dessen Ostseite im mittleren Geschoß und konnte nur mit Hilfe von Leitern erreicht werden. Zur Erleichterung des Einstiegs diente eine unterhalb des Einganges angebrachte hölzerne Balustrade, die auf Holzpfeilern ruhte. Zu einem unbekannten Zeitpunkt wurde die obere Balkenlage, wie man anhand der noch vorhandenen Mauerlöcher erkennen kann, in das Mauerwerk einge-

Abb. 27: Teil der Ostseite des Bergfrieds mit den Maueröffnungen. Man erkennt die senkrechte Schießscharte, in die später ein Kragstein eingesetzt worden ist; 1977.

gang auf der Westseite des Bergfrieds anlegte. Wegen des steilabfallenden Hanges an der Westseite des Berges konnte dieser relativ tiefliegende neue Eingang von Angreifern nicht unter Beschuß genommen werden. Er lag aber immer noch so hoch, daß er nur mit Hilfe einer Leiter erreicht werden konnte.

Das Untergeschoß des Bergfrieds dürfte außer zu Verteidigungszwecken auch als Lagerraum und von Zeit zu Zeit als Verlies zur Unterbringung von Gefangenen gedient haben.

Über dem Obergeschoß des Bergfrieds befand sich ein mit mannsbreiten Zinnen gekrönter Wehrgang, von dem man nicht nur einen guten Ausblick hatte, sondern auch Feinde, die in die Kernburg eindringen wollten oder schon eingedrungen waren, unter gezielten Beschuß nehmen konnte.

Die hohe Sohlenlage der Fenster, Lichtöffnungen und Schießscharten des Bergfrieds sollte bewirken, daß die Turminsassen vor Zugwind, einer evtl. Ausräucherung durch Feinde und vor feindlichen Geschossen möglichst geschützt waren. Obwohl im 12. Jahrhundert Fensterglas schon bekannt war, verwendete man beim Burgenbau damals keine Glasfenster. Als Fensterverschluß kannte man damals bei Burgen nur hölzerne Vorsetzläden, aus Stroh geflochtene Vorhänge, Decken oder Tierhäute, in die man zum Lichteinfall geöltes Pergamentpapier oder durchsichtige Hornplatten einsetzte.

Die Böden und Decken der oberen Geschosse des Bergfrieds bestanden aus Holzbalken und Bohlen. Zur Herstellung wurden beim Bau des Bergfrieds Kragsteine bzw. Konsolen in die Innenwand eingelassen. Auf diese nach innen vorspringenden Werksteine wurden entlang der Wände Balken aufgelegt, die durch Querbalken verbunden wurden. Auf ihnen ruhte der aus Bohlen bestehende Fußboden. Es mag sein, daß die Fußböden des Bergfrieds mit einem Estrich oder mit Stein- oder Tonplatten belegt waren. Noch vorhandene Reste von Anlagen im Innern des Bergfrieds lassen erkennen, daß sein Mittel- und Obergeschoß im Gegensatz zu anderen Bergfrieden nicht nur kriegerischen, sondern auch Wohnzwecken diente.

Edmung Renard, der die Burganlage Drachenfels erforscht hat, führt u. a. aus: „Die Südwestecke des Bergfrieds ist vollkommen abgestürzt und hat die beiden Obergeschosse der Westmauer mitgerissen, ebenso je einen schmalen Mauerstreifen von den oberen Partien der Süd- und Nordseite. Das Erdgeschoß zeigt nach der Ostseite eine Lichtscharte, in die später eine Konsole eingefügt worden ist, ebenso nach der Südseite; der kleine Durchbruch an der Nordseite und die Türöffnung der Westseite sind modern; in der Laibung der letzteren wird ein sorgfältig ausgeführter, in der Nordwestecke des Turmes liegender, wohl von einem Abort herrührender Schacht sichtbar. In dem Mittelgeschoß vereinzelte Lichtschlitze, nach Osten die ursprüngliche Eingangstür, daneben der mächtige, innen mit Tuff ausgemauerte Kamin, dessen Wangen noch die ursprünglichen, nur flach aus der Wand vortretenden profilierten Auskragungen der romanischen Kaminanlagen zeigen." „Neben dem Kamin ein Wandschrank. Das Obergeschoß hatte an jeder Seite ein großes Fenster; von dem südlichen ist nur die eine Laibung erhalten, das nördliche zeigt unter einem älteren Sturz eine zweiteilige spätgotische Einfassung des 15.—16. Jh. aus Basaltlava, das östliche die alte romanische Gliederung mit zwei Bogen und Mittelsäule. Der Säulenschaft und das Würfelkapitäl sind neu, die Basis ist ursprünglich. Im Äußeren zeigt der Bau an allen Seiten mit Ausnahme der Nordseite, an der der kleine Binnenhof sich anschloß, die Spuren späterer Anbauten. Im Inneren in allen Geschoßhöhen kräftige Konsolen; der Wehrgang hinter den relativ hohen Zinnen kragte etwas nach innen vor. Spuren einer in der Mauerstärke liegeden Treppe zum Wehrgang zeigen sich an der Südseite."[15]

Gerhard von Are beginnt mit dem Bau
der Bonner Münsterkirche
(um 1150)

Die Kirche des Bonner St. Cassius-Stifts wurde in der 2. Hälfte des 11. Jahrhunderts durch eine dreischiffige kreuzförmige Basilika ersetzt. Etwa um 1150 begann Gerhard von Are diese

aus dem 11. Jahrhundert stammende Basilika durch einen Kirchenneubau zu ersetzen, der erst in der 2. Hälfte des 13. Jahrhunderts vollendet wurde. Bei der Errichtung dieser neuen Kirche, des heutigen Bonner Münsters, und des gleichzeitig begonnenen Kreuzganges wurde als Baumaterial u. a. Drachenfelstrachyt verwandt. Hier und auch an allen anderen Sakral- und Profanbauten, die unter Verwendung von Drachenfelstrachyt errichtet worden sind, erkennt man das noch nicht verwitterte Trachytgestein an seiner Gesteinsfarbe und an seinen mehr oder weniger großen Einschlüssen aus Sanidinkristall.

Papst Viktor IV. bestätigt den Erwerb
der Burg Drachenfels
durch Propst Gerhard von Are
11. 9. 1162

„Papst Viktor, Diener der Diener Gottes, dem auserwählten Sohne in Christus, Propst Gerhard von Bonn, und seinen Nachfolgern im Amt in Ewigkeit!

. . . Außerdem bestätigen wir Dir und Deinen Nachfolgern die auf dem Drachenberg (in Monte draconis) gelegene Burg, die Du mit viel Mühe und Deinem Geld zur Sicherheit und zum Schutze der Bonner Kirche aus der Hand des inzwischen verstorbenen Kölner Erzbischofs Arnold erworben hast, dessen wir ehrend gedenken. Diese Burg soll auf immer und unverletzlich mit der Bonner Kirche verbunden bleiben . . ."[16]

Fertigstellung der Kernburg
(vor 1167)

Das genaue Datum der Fertigstellung der Kernburg der Burganlage Drachenfels ist nicht bekannt. Sie dürfte aber spätestens im Jahre 1167 vollendet gewesen sein. Einen Anhaltspunkt gibt eine Urkunde des Kölner Erzbischofs Reinald von Dassel aus dem Jahre 1167, in der dieser dem Propst des Bonner St. Cassius-Stifts dessen Besitzungen und Rechte bestätigt hat. In dieser Urkunde findet u. a. die Burg Drachenfels ausdrücklich Erwähnung.[17]

1296.

Abb. 28: Beschädigter Abdruck des Siegels der Burggrafen von Drachenfels (Dragewels), veröffentl. in CODEX DIPLOMATICUS, II. Teil, Tab. XI Nr. LVIII.

Ministerialis Godart de Drachenvels 1176

Die Verwaltung der Burg auf dem Drachenfels übertrug der Propst des Bonner St. Cassius-Stifts einem seiner Ministerialen. Die Bezeichnung „ministerialis" ist aus dem lateinischen Wort ministerium (= Dienst) abgeleitet. Die mittelalterlichen Ministerialen waren also Dienstmannen. In einer Urkunde des Kölner Erzbischofs Phillip von Heinsberg aus dem Jahre 1176 wird als einer der Urkundszeugen „ministerialis Godart de Drachenvels" aufgeführt. Diesem Dienstmann Godart von Drachenfels (Godart = Godefridus = Gottfried), der neben seiner Dienstbezeichnung zur näheren Kennzeichung seines Dienstamtes bereits den Namenszusatz „von Drachenfels" führte, war also bereits vor 1176 die Verwaltung der Burg Drachenfels übertragen worden.

Stadtarchivar Langen vertritt die Ansicht, Godart von Drachenfels sei ein Sohn des Ministerialen Rudolf von Wolkenburg gewesen.[18] Urkundlich findet „ministerialis Rudolfus de Wolkenburch" lediglich einmal als Urkundszeuge in einer Urkunde des Kölner Erzbischofs Friedrich I. von Schwarzenburg aus dem Jahre 1125 Erwähnung.[19] Ihm hatte Friedrich I. die Verwaltung der erzbischöflichen Festung Wolkenburg übertragen. Ein Sohn Rudolfs von Wolkenburg dürfte Godart von Wolkenburg gewesen sein, der als Urkundszeuge mit der Dienstbezeichnung „minsterialis" in Urkunden der Jahre 1154, 1166, ohne Dienstbezeichnung in Urkunden der Jahre 1167, 1170 und ab 1182 als Burggraf von Wolkenburg Erwähnung findet. Es wird wohl nicht endgültig zu klären sein, ob Godart von Drachenfels identisch mit Godart von Wolkenburg und somit ein Sohn Rudolfs von Wolkenburg war. Jedenfalls aber dürfte Godart von Drachenfels der Stammvater des späteren Burggrafengeschlechts von Drachenfels sein, das den rechtsgekehrten silbernen Drachen auf rotem Feld im Wappen führte.

Die Burggrafen von Drachenfels Lehnsleute des Bonner St. Cassius-Stifts (um 1200)

Die Kosten der Unterhaltung der Burg Drachenfels und der Burgbesatzung müssen so groß gewesen sein, daß die Pröpste des St. Cassius-Stifts und dieses selbst sich schließlich genötigt sahen, sich dieser lästigen Unkosten dadurch zu entziehen, daß sie den Ministerialen von Drachenfels die Burg gegen Zubilligung von Einkünften zu Lehen übertrugen. Urkundliche Belege über den ersten Akt der Belehnung gibt es nicht. Einen Anhaltspunkt insoweit bietet jedoch eine Urkunde, über die Ernst Weyden u. a. ausführt:

„Da die Kosten der Unterhaltung und Bemannung der Veste Drachenfels dem Cassiusstifte zu groß wurden, übergab es dieselbe ganz ihrem Burggrafen mit bedeutenden Zehnten von seinen um den Drachenfels und anderwärts gelegenen Gütern, mit denen er die Burg unterhalten und die Burgmannen zum Schutze der Veste und des Erzstifts besolden sollte."

In einem alten Register der Zinsgüter der Propstei hieß es:

„Item Burggravius de Drachenfeltz habet decimas in Roerscheidt, Zuveren et in Westerhausen, de quibus tenet Castrum Drachenfeltz nomini Propsti et remunerat Custodes Turri et castri."[20]

Diese Urkunde, deren Errichtungsdatum nicht bekannt ist, hatte Weyden in einer im Besitz „des Hrn. Essing befindlichen Handschrift" eingesehen.

Man kann wohl davon ausgehen, daß die Belehnung der Drachenfelser mit der Burg in zeitlichem Zusammenhang mit der Schaffung des Burggrafenamtes erfolgt ist. Dies dürfte um 1200 geschehen sein. Ab 1225 nennen sich die Drachenfelser jedenfalls nicht mehr Ministerialen, sondern Burggrafen von Drachenfels.

Die Bezeichnung der Drachenfelser als Burggrafen könnte vermuten lassen, daß sie als Burggrafen rangmäßig dem Grafenstand und somit dem hohen Adel zuzurechnen gewesen seien. Tatsächlich war das jedoch nicht der Fall. Als ehemalige Ministerialen gehörten die Drachenfelser dem Ritterstand, also dem niederen Adel an. Man muß deshalb die damalige Bezeichnung „Burggraf" weniger als Titel, sondern vielmehr als eine Art ritterlicher Amtsbezeichnung der Drachenfelser ansehen.

Die ihnen lehnsweise übertragene Burg besaßen die Burggrafen von Drachenfels als eine Art Untereigentum. Insoweit waren sie relativ selbständig, unterlagen jedoch einer unbedingten Treuepflicht gegenüber ihren Lehnsherrn unter strikter Beachtung des den Kölner Erzbischöfen seit 1149 in Bezug auf die Burg Drachenfels zustehenden Öffnungs- und Besetzungsrechtes. Das Lehen wurde bald erblich und ging als Mannlehen nur auf die männlichen Abkömmlinge des jeweiligen Burggrafen über. Die Drachenfelser, deren Abhängigkeit von den Lehnsherrn im Laufe der Zeit geringer wurde, machten die Burg Drachenfels zu ihrem Stammsitz.

I. Burggraf

Heinrich von Drachenfels 1225

Im Gegensatz zu den Ministerialen bzw. Burggrafen von Wolkenburg, die in der zweiten Hälfte des 12. und in der ersten Hälfte des 13. Jahrhunderts häufig urkundlich Erwähnung fanden, tauchen die Ministerialen bzw. Burggrafen von Drachenfels nur in wenigen Urkunden dieser Zeit auf. Es ist deshalb anzunehmen, daß sie damals noch nicht das Ansehen, die Bedeutung und den Einfluß der Wolkenburger besaßen. Die fehlenden urkundlichen Belege über die Drachenfelser erschweren die Aufhellung ihrer frühen Familiengeschichte.
In verschiedenen Abhandlungen des 19. Jahrhunderts vertraten deren Verfasser u. a. im Hinblick auf gleichlautende Vornamen der Drachenfelser und Wolkenburger die Ansicht, daß die beiden Geschlechter miteinander in einem engen verwandschaftlichen Zusammenhang gestanden haben. So hat z. B. von Ledebur eine Stammtafel der Drachenfelser über mehrere Generationen, beginnend mit Rudolf von Wolkenburg (1125), aufgestellt, in der abwechselnd Wolkenburger und Drachenfelser mit ihren Familienangehörigen auftauchen.[21]
Urkundlich wird einmalig Burggraf Heinrich von Drachenfels in einer Schiedsurkunde des Kölner Erzbischofs Engelbert von Berg vom August 1225 erwähnt. Mit seinem Schiedsspruch gedachte der Erzbischof einen längeren Streit zwischen der Kirche des hl. Martin zu Lüttich und den Drachenfelser Burggrafen um den Zehnten von Mehlem, der für die Einkünfte des Burgkaplans auf dem Drachenfels bestimmt war, zu schlichten.

Der Drachenfelser Burgkaplan Heinrich 1219

Aus einer Urkunde des Kölner Dekans und Archidiakons Konrad aus dem Jahre 1219 ergibt sich, daß der Herrin Sophia, Heinrich, dem Kaplan auf dem Drachenfels, und seiner Mutter der Zehnte von Mehlem seitens der Kirche des hl. Martin zu Lüttich gegen Zahlung von 30 „libri" auf die Dauer von 3 Jahren ohne Zubilligung eines Erbrechts überlassen worden war.[22]

Es gab also damals schon einen Burgkaplan auf dem Drachenfels. Ob die Burgkapelle zu dieser Zeit auch schon bestand, ist nicht bekannt.

In einer Urkunde des Jahres 1225 hat der Kölner Erzbischof Engelbert von Berg einen Streit zwischen Sophia von Drachenfels und deren Söhnen Lambert und Wilhelm einerseits und der Kirche des hl. Martin zu Lüttich andererseits dahin geschlichtet, daß die drei Drachenfelser auf die von ihnen in Mehlem innegehaltenen Besitzungen der Lütticher Kirche verzichteten.[23]

Ein weiterer Schiedsspruch des Kölner Erzbischofs Engelbert erging im August 1225 zugunsten der Kirche des hl. Martin zu Lüttich, wonach Burggraf Heinrich von Drachenfels und seine Miterben dahin beschieden wurden, daß ihnen kein Recht an dem Zehnten von Mehlem zustehe. Nach Zahlung von 80 Mark seitens der Lütticher Kirche sollten Burggraf Heinrich und sein Bruder Adolf freiwillig auf den Zehnten von Mehlem verzichten.[24]

Höchstwahrscheinlich war Sophia von Drachenfels die Witwe des Ministerialen Godart von Drachenfels. Die Namen ihrer Söhne Lambert und Wilhelm sind nahezu vergessen. Burggraf Heinrich und sein Bruder Lambert

Abb. 29—32: Das Drachenfelser Missale ist mit kunstvollen farbenprächtigen Initialen versehen. Es stammt aus dem 13. Jahrhundert.

dürften ebenfalls Söhne Godarts von Drachenfels sein. Man kann davon ausgehen, daß Heinrich der älteste Sohn seines Amtsvorgängers auf dem Drachenfels war, da das Ministerialen- bzw. Burggrafenamt, wie die weitere Geschichte der Drachenfelser beweist, in der Regel auf den ältesten Sohn überging.

Burggraf Heinrich von Drachenfels dürfte jedoch nicht identisch mit seinem Namensvetter „Henricus de Drachenvelz" sein, der in einer Urkunde vom 20. 3. 1212, die ein Bündnis zwischen Kaiser Otto IV. und Markgraf Dietrich von Meißen beinhaltet, als einer der Bürgen des Kaisers aufgeführt ist.[25]

Gegen die Annahme einer solchen Identität spricht, daß die weiteren in der Urkunde aufgeführten Bürgen des Kaisers im wesentlichen aus Sachsen stammten. Der Bürge Heinrich von Drachenfels dürfte zwar von dem rheinischen Drachenfelser Geschlecht abstammen, aber der Drachenfelser Linie angehört haben, die sich auf dem Drachenfels an der Mulde in der Nähe des Dorfes Wolkenburg in Sachsen niedergelassen hatte.[26]

Die Urbanus-Kapelle; 1247

Als Rittern oblag den Drachenfelser Burggrafen ein frommer und christlicher Lebenswandel. So kam es, daß die Drachenfelser ebenso wie andere Burggrafen und Burgherrn schon

früh dafür Sorge trugen, daß auf ihrer hochgelegenen Burg regelmäßig Gottesdienste abgehalten wurden. Es ist daher verständlich, daß spätestens 1219 — wahrscheinlich schon früher — ein Burgkaplan zu den Burgbewohnern gehörte, für dessen Lebensunterhalt die Burggrafen von Drachenfels zu sorgen hatten. Burgkaplan Heinrich dürfte damals einer der wenigen des Lesens und Schreibens kundigen Burggbewohner gewesen sein.

Möglicherweise hat Burgkaplan Heinrich die hl. Messe zunächst in einem Burgraum abgehalten, der nebenher auch anderen Zwecken diente. Aus einer Urkunde des Bonner Propstes Gottfried aus dem Jahre 1247 ist zu entnehmen, daß damals bereits eine Burgkapelle auf dem Drachenfels stand. In dieser Urkunde wurden die Einkünfte der Burgkapelle geregelt.[27]

Im Jahre 1247 bestand die Burganlage Dra-

chenfels lediglich aus dem Bergfried mit der ihn umgebenden Kernburg. Die Unterburg, die sich unterhalb der Kernburg um den Berggipfel herumzog, war zu diesem Zeitpunkt noch nicht erbaut. Man hat damals, wie noch auszuführen sein wird, die Burgkapelle außerhalb der Kernburg und zwar nördlich von ihr auf dem dort befindlichen langestreckten Plateau errichtet. De Claer führt bezüglich der Burgkapelle aus: „Weiter nordwestlich (Anm.: von der Kernburg) schritt man in die hart am westlichen Abhang gelegene dem hl. Urbanus geweihte Burgkapelle, aus welcher uns heute (Anm.: 1880) ein altes in der Pfarrkirche zu Königswinter aufbewahrtes Missale (Anm.: Meßbuch) gezeigt wird."[28]

Anhand dieses Missales, das de Claer zur Einsicht zur Verfügung stand, dürfte er entnommen haben, daß die Burgkapelle auf dem Drachenfels dem hl. Urbanus gewidmet war. Zu einem unbekannten späteren Zeitpunkt wurde der hl. Pankratius Schutzpatron der Burgkapelle. Der hl. Urban (Anm.: Papst von 222—230) wurde im Mittelalter als Patron der Winzer verehrt. Es erscheint deshalb verständlich, daß die Burgkapelle auf dem Drachenfels oberhalb der zahlreichen Weinberge dem hl. Urban gewidmet worden ist. Bildlich wird er im päpstlichen Ornat mit Buch, Schwert und Weintraube dargestellt.

Das Drachenfelser Missale
(13. Jahrhundert)

Auch heute noch befindet sich das Drachenfelser Missale im Besitz der katholischen Pfarrgemeinde St. Remigius in Königswinter. Es ist mit kunstvollen farbenprächtigen Initialen versehen und stammt mit Sicherheit aus dem 13. Jahrhundert. Sein aus späterer Zeit stammender verzierter Ledereinband enthält 251 Pergamentblätter und später hinzugefügte 59 Papierblätter des Formats 33 cm x 23 cm. Dem lateinischen Text des Missales ist ein leider nicht mehr vollständiges Kalendarium vorgesetzt, das Angaben über Todestage der Drachenfelser Burggrafen und ihrer Familien enthält. Die einzelnen mit Ornamenten und Bildern geschmückten Initialen des Missales sind jeweils auf goldenem Untergrund aufgetragen.[29]

Der Teufel und die Burgen
Drachenfels und Wolkenburg
um 1200

Das von Caesarius von Heisterbach verfaßte und mit zahlreichen farbenprächtigen Initialen versehene Werk der „libri XII. dialogorum de miraculis, visionibus et exemplis suae aetatis"

stammt aus der 1. Hälfte des 13. Jahrhunderts. Caesarius war etwa 1170 in Köln geboren und trat 1199 als Mönch in die Zisterzienser-Abtei Heisterbach ein. Nach kurzer Zeit wurde er in die Abtei Villers in Brabant versetzt, wo er seine schriftstellerische Arbeit mit der Abfassung von Predigten begann. Im Jahre 1210 kehrte er als Prior und Novizenmeister nach Heisterbach zurück. Hier schuf er neben anderen Werken das geschichtlich und kulturgeschichtlich besonders bedeutsame aus 12 Unterabschnitten bestehende Werk das "Dialogs über die Wunder, Visionen und Beispiele ihrer Zeit". Bei diesen „dialogus" handelt es sich um die Wiedergabe einer belehrenden Unterhaltung zwischen dem Novizenmeister und einem seiner Schüler. In Nr. 37 des Unterabschnitts „de daemonibus" erwähnt Caesarius u. a. die erzbischöfliche Festung Wolkenburg und die Burg Drachenfels. Alexander Kaufmann hat den lateinischen Text ins Deutsche übersetzt und in einer Geschichte zusammengefaßt.

„Als Ritter Walter von Endenich einmal schwer erkrankt war und ganz allein auf dem Bette lag, erschien ihm zu Füßen des Bettes der Teufel in sichtbarer Gestalt. Er hatte, wie uns Walter selbst erzählt, ein Gesicht wie ein Affe und Bockshörner. Anfangs erschrak der Ritter, faßte sich jedoch bald und sagte: „Wer oder was bist Du? Woher kommst Du und was begehrst Du?" Das Ungetüm entgegnete: „Ich bin der Teufel und komme, um Deine Seele zu holen!" Als der Ritter erwiderte: „Hebe Dich von hinnen, Verführer! Meine Seele sollst Du nicht haben, ich empfehle sie Christo", fiel der Teufel ein: „Wenn Du mir zu Willen sein willst und mit huldigst, mache ich Dich nicht bloß wieder gesund, sondern werde auch Dich und Deine Nachkommenschaft reich machen." Der Ritter anwortete: „Ich habe genug und frage nichts nach Deinen trügerischen Reichtümern. Woher wirst Du auch Deine Schätze nehmen?" — „Innerhalb der Grenzen Deines Hofes liegen unzählige verborgen", erwiderte der Teufel. Da die Unterhaltung mit demselben dem Ritter Spaß zu machen anfing, frug dieser: „Sag mir doch, wo befindet sich jetzt wohl die Seele meines verstorbenen Herrn, des Grafen Wilhelm von Jülich?" Darauf der Teufel: „Kennst

Du die benachbarten Schlösser Wolkenburg (Wolkinburg) und Drachenfels (Drachinfels)?" — „Die kenn' ich." — „So versichere ich Dich: wenn diese Schlösser so wie die Berge, auf welchen sie stehen, von Eisen wären und dorthin versetzt würden, wo sich die Seele des Grafen Wilhelm befindet, sie würden schmelzen bevor man ein Auge öffnet und wieder schließt." Dann fügte er lachend bei: „Diese Hitze ist für ihn noch ein Milchbad; künftig, wenn die Seele den Körper wieder gewinnt, erhält er erst die ihm gebührende Strafe."[30]

Der Bau des Kölner Doms
ab 15. 8. 1248

Unter dem Kölner Erzbischof Konrad von Hochstaden beschloß das Kölner Domkapitel im Jahre 1247 den Abbruch des aus dem 9. Jahrhundert stammenden und zum Teil beschädigten Kölner Hildebold-Domes sowie den Bau einer neuen Domkirche. Diese sollte als Metropolitankirche die zahlreichen romanischen Kölner Kirchen an Größe und Schönheit übertreffen. Die Grundsteinlegung zum heutigen Kölner Dom fand am 15. 8. 1248 statt. Da während des Baues des neuen Domes der alte Dombau noch für Gottesdienste benötigt wurde, riß man diesen jeweils nur in dem Umfang ab, wie es der Fortschritt des Neubaus erforderlich machte. Das Steinmaterial für die Fundamente und den Bau des neuen Domes wurde in einem Steinbruch des Kölner Domkapitels am Drachenfels gewonnen. Erst ab 1337 stand für die Fundamenterrichtung das Basaltgestein des auf der linken Rheinseite Unkel gegenüber liegenden Unkelsteins zur Verfügung. Der Dombau scheint nur langsam in Gang gekommen zu sein. Erst ab 1267 scheinen die Bauarbeiten intensiviert worden zu sein. Dies ergibt sich indirekt aus einer Urkunde des Kölner Erzbischofs Engelbert von Falkenburg vom 26. 4. 1264. Th. J. Lacomblet berichtet über den Inhalt dieser Urkunde:

„Sämmtliche Kirchenvorstände wurden in ihr aufgefordert, dem entsandten Provisor des Dombaues (dilecto nobis in christo magistro Gerardo sacerdoti, provisori fabrice nostre Coloniensis) in allem, was diesen Gegenstand betreffe, volle Unterstützung zu

Abb. 33: Der erst 1840 eröffnete Domsteinbruch; 1977.

gewähren; dabei verhieß Engelbert II. ihnen und jedem, welcher zu dem Baue beisteuern werde, reichlichen Ablaß, verordnete Gebete und Andachten für solche Wohltäter und befahl den Geistlichen, sich ausschließlich dieser Angelegenheit zu widmen."[31]

Obwohl der Domsteinbruch am Drachenfels bereits 1248 eröffnet gewesen sein muß, findet er urkundlich erstmals am 26. 8. 1267 Erwähnung und zwar im Zusammenhang mit dem Erwerb eines vom Domsteinbruch zum Rheinufer führenden Weges seitens des Kölner Domkapitels. Bereits 10 Tage vorher hatte „das Capitel zu Bonn dem Kölner Domcapitel ein Stück Weingarten am Drachenfels käuflich überlassen."[32] Lacomblet berichtet bezüglich dieses Weingartenstücks: „Mit Urkunde d. d. crastino assumptionis b. Marie 1269 bezeugt das Capitel zu Bonn, daß das Weingartenstück (vinea que sita est apud Wintere juxta Drachenfels), welches es dem Cantor Ulrich (Anm.: Dombaumeister) verkauft habe, von aller Abgabe und Abhängigkeit frei sey".[33]

Das Kölner Domkapitel hat sicherlich damals dieses Weingartenstück zum Betrieb des Kölner Domsteinbruchs benötigt.

II. Burggraf
Gottfried von Drachenfels
3. 2. 1258

Erst 33 Jahre nach der einmaligen Erwähnung des Burggrafen Heinrich von Drachenfels taucht sein Sohn als sein Nachfolger im Burggrafenamt in einer von ihm selbst errichteten Urkunde vom 3. 2. 1258 auf. Es ist der Kastellan Gottfried von Drachenfels, der in einer Urkunde des Kölner Erzbischofs Konrad von Hochstaden vom 17. 4. 1259 unter dem Namen „Godefridus borggravius de Drachenvelz" als Urkundszeuge aufgeführt worden ist.[34]

Aus der Urkunde vom 3. 2. 1258 ergibt sich, daß der Streit zwischen der Kirche des hl. Martin zu Lüttich und den Drachenfelsern um den Zehnten von Mehlem, trotz der beiden Schiedssprüche des Kölner Erzbischofs Engel-

bert von Berg aus dem Jahre 1225, weiter angedauert haben muß. Er wurde erst dadurch beendet, daß Burggraf Gottfried von Drachenfels in der Urkunde vom 3. 2. 1258 ausdrücklich erklärte, ihm stehe am Zehnten von Mehlem kein von seinen Voreltern oder Eltern erworbenes oder ererbtes Recht zu. [35]

Der alte Domsteinbruch am Drachenfels lag oberhalb des heutigen Weinhauses Domstein auf Rhöndorfer Gebiet. Es handelte sich bei diesem Bruch nicht um den direkt hinter dem Weinhaus liegenden Steinbruch, der heute noch gut zu erkennen ist. In diesem unteren Bruch direkt hinter dem Weinhaus wurden erst ab 1840 Steine für den Kölner Dombau gebrochen.

Im Jahre 1267 wurde der Erwerb eines Weges vom alten Domsteinbruch zum Rheinufer zum besseren Abtransport der gebrochenen Steine erforderlich. Mittels Urkunde vom 26. 8. 1267 verkaufte Burggraf Gottfried von Drachenfels, also nicht sein Lehnsherr, der Propst des Bonner St. Cassius-Stifts, dem Kölner Domkapitel diesen dringend benötigten Weg zum Rheinufer.[36]

Burggraf Gottfried von Drachenfels schließt mit dem Kölner Domkapitel einen Vertrag
über den Betrieb des Domsteinbruchs
31. 1. 1273

Der Propst des Bonner St. Cassius-Stifts bzw. das Stift selbst hatte keine Verfügungsbefugnis, nähere Bestimmungen über den Betrieb des Domsteinbruchs am Drachenfels zu treffen. Die Verfügungsbefugnis insoweit lag vielmehr in den Händen seines Lehnsmannes, des Burggrafen Gottfried von Drachenfels. Deshalb war das Kölner Domkapitel genötigt, sich bezüglich aller Einzelheiten, die den Betrieb des Domsteinbruchs anbetrafen, mit Burggraf Gottfried zu einigen. Diese Einigung ist in der Urkunde vom 31. 1. 1273 festgehalten.[37] Hiernach durfte das Domkapitel, das 20 Mark Köln. an den Burggrafen gezahlt hatte, auf die Dauer von 4 Jahren mit 3 Steinbrechern und 3 Vorschlägern, die der Burggraf aussuchte, für die Zwecke des Kölner Dombaues Steine im

Domsteinbruch brechen und abtransportieren lassen.

Friedrich von Drachenfels, Kanoniker der Bonner Kirche
31. 1. 1273—1304

Die Urkunde des Burggrafen Gottfried von Drachenfels vom 31. 1. 1273 war u. a. mit dem Siegel seines Bruders Friedrich, Kanoniker des Kapitels der Bonner Kirche, gesiegelt worden. Friedrich war demnach Stiftsherr des Bonner St. Cassius-Stifts. Die enge Verbindung zwischen dem Stift und der Familie der Burggrafen von Drachenfels macht es verständlich, daß ein Sohn dieser Familie als Kanoniker bzw. Stiftsherr in das St. Cassius-Stift eingetreten ist. Bereits 1293 hatte Friedrich von Drachenfels den Rang eines Thesaurars der Bonner Kirche erlangt. Diese Stellung entsprach etwa der eines Schatzkämmerers oder eines Vermögensverwalters. In einer Urkunde aus dem Jahre 1293, die von Johann von Thurm — Bewahrer des Schlosses Are — in Andernach ausgefertigt worden ist, wird als einer der Urkundszeugen „Fridericus thesaurus ecclesie Bunnensis" erwähnt.[38] Letztmalig findet Friedrich von Drachenfels als Thesaurar der Bonner Kirche in einer Urkunde vom 1. 4. 1304 Erwähnung, über deren Inhalt Wilhelm Kisky ausführt:

„Das Kapitel von St. Cassius in Bonn bekundet, daß der Propst Reinhard von Bonn sich mit den Testamentsvollstreckern des verstorbenen Bonner Dekans Hermann von Neunkirchen, nämlich dem Thesaurar Friedrich von Drachenfels und dem Thesaurar von Dietkirchen (Anm.: Bonner Frauenstift) Gerhard, wegen eines Hauses verglichen hat."[39]

III. Burggraf

Heinrich von Drachenfels
17. 3. 1280

Die Eheleute Johann und Jutta von Ludendorf verkauften dem Kloster Heisterbach durch schriftlichen Vertrag vom 17. 3. 1280 ihre in Müttinghoven gelegenen Güter und baten die Burggrafen Johann von Wolkenburg und Heinrich von Drachenfels, die Kaufvertragsurkunde

zu siegeln. Dieser Bitte folgten die beiden Burggrafen. Demnach ist Burggraf „Henricus de Draghinvels" spätestens 1280 seinem Vater Gottfried im Burggrafenamt nachgefolgt.

Burggraf Heinrich erneuerte den von seinem Vater Gottfried mit dem Kölner Domkapitel am 31. 1. 1273 geschlossenen Vertrag über den Betrieb des Domsteinbruchs am Drachenfels in den Jahren 1285 und 1294. Über den Inhalt dieser beiden Urkunden berichtet Th. J. Lacomblet: „Über eine zweimalige Erneuerung des Vertrages vom 31. 1. 1273 zwischen Henricus burggravius de Drachenvels und dem Domkapitel sind die Urkunden d.d. 1285 und crastino dominice 1294 noch vorhanden. Magister Rudenger ist nun der Fabrikvorsteher, in jener „procurator", in dieser „provisor fabrice ecclesie Coloniensis" genannt, und für gezahlte 15 Mark wird dem Capitel das fernere Steinbrechen mit vier Brechern und drei Vorschlägern, dort auf zwei, hier auf drei Jahre gestattet. Im übrigen stimmen beide Urkunden mit der vom 31. 1. 1273 wörtlich überein."[40]

Das Sgrafitto (S. 49) zeigt die Burg Drachenfels, nachempfunden nach einem Kupferstich von Merian, und im Hang des Berges drei „Brecher" sowie am Rheinufer vier „Vorschläger" des Kölner Domsteinbruchs.

Graf Adolf von Berg erobert die Burg Drachenfels
1287

Im Jahre 1280 verstarb Herzog Walram von Limburg. Nach seinem Tode entbrannte der Limburgische Erbfolgestreit um die Nachfolge des verstorbenen Herzogs. Die bedeutendsten Erbberechtigten im Limburger Erbfolgestreit waren die Grafen Reinald von Geldern und Adolf von Berg. Nachdem Graf Reinald das limburgische Territorium besetzt hatte, trat Graf Adolf, der sich zur Durchsetzung seiner Erbansprüche zu schwach fühlte, seinen Erbanspruch am 13. 3. 1283 für 32 000 Mark an Herzog Johann von Brabant (Anm.: genannt der Siegreiche) ab. Siegfried von Westerburg, der 1275 Erzbischof von Köln geworden war, stellte sich in dem sich immer weiter ausbreitenden Limburgischen Erbfolgestreit auf die

Seite der geldrischen Partei, deren Führung er übernahm. Im Laufe der Zeit nahmen die bedeutendsten Fürsten des nordwestdeutschen Raumes für die eine oder andere Seite Partei. Am 16. 8. 1284 schloß der Kölner Erzbischof Siegfried von Westerburg mit Graf Reinald von Geldern einen Vertrag, in dem er dem Grafen versprach, ihm gegen „alle seine Feinde beizustehen, insbesondere gegen Herzog Johann von Brabant, Graf Adolf von Berg, dessen Bruder Heinrich von Windeck und Graf Everhard von der Mark mit ganzer Macht, auf eigene Kosten und solange er lebt, nur nicht gegen den römischen König."[41]

Nachdem es bereits 1283 und 1284 zu kriegerischen Auseinandersetzungen gekommen war, entbrannten diese im September/Oktober 1286 aufs neue. „Vergebens versuchte König Rudolf zu vermitteln; auf einer Zusammenkunft zu Neuß, am 16. 2. 1287, beschlossen die Bundesgenossen des Erzbischofs von Köln einen Einfall in das Gebiet der Grafen von Berg und Mark. Diese waren aber auch nicht müßig. Adolf von Berg erstürmte die Burg Drachenfels und verheerte das angrenzende Gebiet. Everhard von der Mark drang in den westfälischen Teil des Kölner Erzstifts und hauste dort ähnlich."[42]

Über die Erstürmung der Burg Drachenfels hat lediglich E. Podlech berichtet, ohne dabei eine urkundliche Quelle anzugeben. Seine Angaben in Bezug auf die Burg Drachenfels sind deshalb nicht nachprüfbar.

Die Schlacht von Worringen
5. 6. 1288

Nach den kriegerischen Auseinandersetzungen des Jahres 1287 war es zu einem Waffenstillstand gekommen, der jedoch nicht lange anhielt. Im Mai 1288 trat Graf Reinald von Geldern sein Recht an der Limburgischen Erbschaft an die Grafen von Luxemburg für 40 000 Mark ab. Daraufhin drang Herzog Johann von Brabant, den die Kölner Bürger im Mai 1288 die Tore ihrer Stadt öffneten, bis in den Raum Bonn vor. Nachdem die Kölner Bürger sich der Partei des Herzogs von Brabant angeschlossen hatten, zog dieser mit seinen Truppen und Verbündeten nach Worringen, wo er die Burg

Abb. 34: Sgrafitto, Helmut Georg, 1953, Siebengebirgsmuseum.

des Kölner Erzbischofs belagerte, der seinerseits seine Truppen und Verbündeten sammelte und mit ihnen bei der Abtei Brauweiler ein Lager bezog. Am 5. 6. 1288 kam es zu einem blutigen Kampf zwischen den beiden feindlichen Heeren. Den Verlauf dieser größten Ritterschlacht auf rheinischem Boden hat Jan von Heelu in seinem 1291/1292 begonnenen Werk „Rymkronyk betreffende den Slag von Woeringen" in 5 000 Versen besungen. Richard Knipping berichtet über den Hergang der Schlacht u.a.:

„Auf die Nachricht vom Anmarsch des Kölner Erzbischofs und seiner Verbündeten hatte Herzog Johann I. von Brabant von der Belagerung der Burg Worringen Abstand genommen und war sodann über den Pletschbach vorgerückt und stand, nachdem er mit der Front nach Süden eine Stellung eingenommen hatte, die rechts durch das Worringer Bruch, links durch den Rhein gedeckt war, mit dem Adel Brabants und den Milizen der brabantischen Städte selbst auf dem rechten Flügel. Unmittelbar anstoßend bildeten das Mitteltreffen die Grafen Arnold v. Loon, Walram v. Jülich, Ruprecht v. Virneburg, dessen Bruder Heinrich, die Herren Gerard v. Weilnau, Johann v. Bedbur, Hermann v. Tomberg, Gerlach v. Dollendorf (Anm.: Eifel), Scheifart, Drost v. Jülich, und die v. Reifferscheidt, Wildenberg und Greifenstein, während auf dem linken Flügel die Grafen von Berg, dessen Bruder Heinrich v. Windeck, Everhard v.d. Mark, Simon v. Tecklenburg, Otto v. Waldeck, Ludwig v. Ziegenhagen mit den bergischen Bauern und den Kölner Bürgern den Raum zwischen der Römerstraße und dem Rhein ausfüllten.

Erzbischof Siegfried von Westerburg hatte sein, gleichfalls in drei Schlachthaufen geteiltes, an Zahl dem Feinde überlegenes Heer in östlicher Richtung in Bewegung gesetzt. Er selbst führte das erste Treffen mit den Grafen Adolf und Heinrich von Naussau, Dietrich v. Hülschrath, Dietrich v. Moers und Wilhelm von Neuenahr, den Burggrafen v. Ahr, Drachenfels, Hammerstein, Rheineck und (Alten-) Wied, seinen Brüdern Heinrich v. Westerburg und Reinhard, Propst von Bonn, den Herren v. Berg-

heim, Burscheid, Isenburg, Löwenberg (Anm.: Löwenburg) u.a. Ihm folgte als zweites Treffen Graf Heinrich v. Luxemburg mit seinen limburgischen Parteigängern, während Graf Reinald v. Geldern den Beschluß bildete."[43]

Der erbitterte Kampf tobte vom frühen Morgen bis zum späten Nachmittag. Nach wechselvollem Kampf wurde der Kölner Erzbischof, der gegen Herzog Johann von Brabant angestürmt war, schließlich gefangengenommen. Der Kampf näherte sich, wie Dr. R. Knipping ausführt, „seinem Ende, als die keulenbewaffneten bergischen Bauern und die Kölner, die nach ungeduldigem Warten auf dem äußersten Flügel endlich an den Feind herankommen können, unter Anführung des Laienbrüders Walter Dodde den Erzbischöflichen in den Rücken fallen und damit das Schicksal des Tages entscheiden."[44]

Die Angaben über die Zahl der Kämpfer gehen auseinander. Zum Teil wird die Ansicht vertreten, daß sich in der Schlacht 50 000 Streiter und noch mehr einander gegenübergestanden hätten. R. Knipping führt u. a. aus: „Zuverlässig erscheint die Nachricht der Notae Colon., daß auf erzbischöflicher Seite gegen 3 600 Reiter gefochten hätten, daß die Reiterei stärker, das Fußvolk aber schwächer als beim Gegner gewesen sei. Nimmt man dazu die Angaben von Heelu, daß dem Herzog 1 500 Reiter auf seinem Zug ins Kölnische gefolgt seien und daß in der Schlacht das erzbischöfliche Heer um 1 200 oder 1 100 Reiter den herzoglichen überlegen gewesen sein, so standen den 3 600 Berittenen des ersteren auf brabantischer Seite etwa 2 500 gegenüber und betrug, das Fußvolk auf 1 400 bzw. 2 500 Mann geschätzt, die Gesamtzahl der Streitenden etwa 10 000."[45]

Burggraf Heinrich von Drachenfels und sein Bruder Rutger
geraten in Gefangenschaft
5. 6. 1288

Burggraf Heinrich und sein Bruder Rutger hatten ebenso wie ihr Lehnsherr, der Propst des Bonner St. Cassius-Stifts, auf der Seite des Kölner Erzbischofs an der Schlacht von Wor-

ringen teilgenommen. Beide gerieten am Tage der Schlacht in die Gefangenschaft des Herzogs von Berg. Jan Heelu berichtet, daß in der Schlacht von Worringen u. a. folgende Personen in Gefangenschaft geraten sind:

„Die proefst van Bonne ende her Jan van Leeuwenberge ende sijn neve Sire sister sone her Loef van Cleve, her Everaert ende Salatijn van Ysenborch op dem Rijn.

Alle die borchgraven gemeine van Rinegge, van Hamersteine, van Are, van Drakevelt, van Wede, Ende menich vrome ridder mede."[46]

Aus einer Urkunde des Burggrafen Heinrich von Drachenfels vom 21. 1. 1289 ergibt sich, daß 1288 nicht nur er, sondern auch sein Bruder Rutger in Gefangenschaft geraten ist. Außer Johann von Löwenburg ist damals auch Burggraf Ludwig von Wolkenburg, der verständlicherweise auf der Seite des Kölner Erzbischofs an der Schlacht teilgenommen hat, gefangengenommen worden.

Die Folgen der Schlacht von Worringen

Durch die Schlacht von Worringen wurden nicht nur der Limburger Erbfolgestreit (Limburg kam zum Herzogtum Brabant) und die seit langem bestehenden Streitigkeiten zwischen den Kölner Erzbischöfen und der Stadt Köln im wesentlichen beendet, sondern auch die politische Bedeutung des Erzstifts Köln erheblich beeinträchtigt. Damals verloren die Kölner Erzbischöfe die weltliche Macht über die Stadt Köln. Siegfried von Westerburg mußte die Freiheit der Stadt beschwören. Ihm blieben in Köln nur noch die Hochgerichtsbarkeit, einige Zölle und Einnahmen. Seit damals residierten die Kölner Erzbischöfe nur noch auf den Schlössern in der Umgebung der Stadt, bis schließlich Bonn ihre ständige Residenz wurde. Die Folgen der Schlacht von Worringen für die Bundesgenossen und Mitstreiter des Kölner Erzbischofs waren verschieden. Einige von ihnen wurden genötigt, ihre Besitzungen und Burgen ganz oder zum Teil den Siegern zu Lehen aufzutragen, die so zusätzlich Macht und Einfluß erlangten. Dieses Schicksal traf auch den Edelherrn Johann von Löwenburg, der zwar nicht die Löwenburg, wohl aber seine zwischen Honnef und Rhöndorf gelegene Burg Reitersdorf dem Grafen von Jülich zu Lehen auftragen mußte. Um ihre Freiheit wiederzuerlangen, mußten die Gefangenen den Siegern Urfehde schwören. Der Schwur ging dahin, in Zukunft Frieden zu wahren und keine Rache für Niederlage und Gefangenschaft zu nehmen. So schworen z. B. Johann von Löwenburg am 31. 7. 1288 und Burggraf Ludwig von Wolkenburg am 8. 10. 1288 gegenüber den Siegern der Schlacht von Worringen Urfehde. Der Wortlaut der Urfehde des Edelherrn Johann von Löwenburg entspricht dem der Urfehde des Vogtes Dietrich von Roermond vom 22. 6. 1288.[47]

Burggraf Heinrich von Drachenfels
und sein Bruder Rutger werden Lehnsmänner
des Grafen Adolf von Berg
21. 1. 1289

Burggraf Heinrich von Drachenfels behielt zwar seine Burg, wurde aber andererseits gezwungen, Lehnsmann des Grafen Adolf von Berg zu werden. Die Belehnung geschah in der Weise, daß er gegen Erhalt von 6 Mark dem Grafen von Berg für sich und seine Erben versprechen mußte, diesem auf immer als Lehnsmann in Treue verbunden zu bleiben. Eine ähnliche Verpflichtungserklärung gab Rutger von Drachenfels ab, der seitens des neuen Lehnsherrn jedoch nur einen Betrag von 3 Mark erhielt. Damit hatte es aber nicht sein Bewenden; denn die beiden neuen Lehnsleute mußten sich gegenüber dem Grafen von Berg gesamtschuldnerisch verpflichten, diesem aus Anlaß ihrer Gefangennahme 300 Mark zu zahlen. Darüber hinaus wurde es Burggraf Heinrich auferlegt, die von ihm gefangen gehaltenen Kölner Bürger unter der Voraussetzung eines Friedensschlußes, den Graf Adolf von Berg vermitteln sollte, wieder auf freien Fuß zu setzen.[48]

Es ist nicht bekannt, wann und wie es unter der Vermittlung des Grafen Adolf von Berg zu einem Friedensschluß zwischen der Stadt Köln und Burggraf Heinrich von Drachenfels gekommen ist, da Urkunden hierüber nicht vorhanden sind.

Am 6. 7. 1289 wurde der Kölner Erzbischof Siegfried von Westerburg, nachdem er mit den bedeutendsten Gegnern aus der Schlacht von Worringen Friedensverträge geschlossen hatte, aus der Gefangenschaft des Grafen Adolf von Berg entlassen. Papst Nikolaus IV. entband am 18. 1. 1290 nicht nur den Kölner Erzbischof, sondern auch dessen Bundesgenossen und Mitstreiter aus der Schlacht von Worringen von den ihnen auferlegten Eiden und von den von ihnen eingegangenen vertraglichen Verpflichtungen. Damit waren u. a. Burggraf Heinrich von Drachenfels, sein Bruder Rutger, der Edelherr Johann von Löwenburg und Burggraf Ludwig von Wolkenburg formell nicht mehr an die zwangsweise von ihnen geleisteten Eide und geschlossenen Verträge gebunden. Es dauerte aber trotzdem noch viele Jahre bis zur endgültigen Beseitigung der Folgen der Schlacht von Worringen.

Burggraf Heinrich von Drachenfels
beurlaubt den Kölner Bürger Heinrich Gryn
aus der Gefangenschaft
5. 1. 1290

Zu Beginn des Jahres 1290 war der Kölner Bürger Heinrich Gryn schon längere Zeit Gefangener des Burggrafen Heinrich von Drachenfels. Wahrscheinlich war Heinrich Gryn einer der gefangenen Kölner Bürger, zu deren Freigabe sich Heinrich von Drachenfels am 21. 1. 1289 verpflichtet hatte. Am 5. 1. 1290 beurlaubte er Heinrich Gryn auf die Dauer von 4 Wochen aus der Haft. Dem ging voraus, daß sich verschiedene Bürgen verpflichteten, Burggraf Heinrich 150 Mark in Kölner Denaren zu zahlen, wenn Heinrich Gryn sich nicht nach Ablauf der 4 Wochen zur Verbüßung der weiteren Haft auf der Burg Drachenfels stellen werde. Graf Adolf von Berg trug mit dazu bei, daß Heinrich Gryn aus der Haft beurlaubt wurde; denn er verpflichte sich, Heinrich Gryn gefangen zu nehmen und dem Burggrafen von Drachenfels zuzuführen, falls dessen Gefangener nach Ablauf von 4 Wochen nicht auf die Burg Drachenfels zurückkehren sollte.[49]

Erzbischof Siegfried von Westerburg
weist Burggraf Heinrich von Drachenfels
die Einnahmen aus dem halben Zoll
zu Königswinter an
24. 6. 1291

Nach der Schlacht von Worringen hatte sich der Kölner Erzbischof Siegfried von Westerburg verpflichten müssen, dem Grafen Adolf von Berg 12 000 Mark zu zahlen. Im Zusammenhang damit dürfte ein Darlehen von 300 Mark stehen, das Burggraf Heinrich von Drachenfels dem Kölner Erzbischof zur Verfügung gestellt hatte. In einer Urkunde vom 24. 6. 1291 erkannte Siegfried von Westerburg an, dem Burggrafen von Drachenfels 300 Mark aus Darlehen zu schulden. Die Rückzahlung des Darlehensbetrages wurde dadurch sichergestellt, daß der Kölner Erzbischof die Einnahmen aus dem halben Zoll zu Königswinter an Heinrich von Drachenfels abtrat. Insoweit ging man davon aus, daß das Darlehen auf diesem Wege bis zum 20. 2. 1292 abgegolten sei. Für den Fall, daß dies nicht möglich sein sollte, wurde vereinbart, daß von diesem Tage an das Dorf Unkel an Burggraf Heinrich von Drachenfels bis zur Abtragung der Darlehensschuld als verpfändet gelte.[50]

Burggraf Heinrich von Drachenfels
beurlaubt den Kölner Bürger
Heinrich Overstolz aus der Gefangenschaft
27. 12. 1292

Es ist nicht bekannt, wann und aus welchem Anlaß Heinrich Overstolz Gefangener des Burggrafen von Drachenfels geworden ist. Auch er wurde, wie aus der Urkunde vom 27. 12. 1292 folgt, für längere Zeit aus der Gefangenschaft beurlaubt. Voraussetzung hierfür war auch diesmal, daß ein Bürge sich verpflichtete, dem Burggrafen 100 Mark für den Fall zu zahlen, daß der Gefangene sich nicht termingerecht auf der Burg Drachenfels einfinden sollte.[51]

Burggraf Heinrich von Drachenfels
trägt seinen Hof Beyenrode
dem Grafen von Berg zu Lehen auf
25. 2. 1299

Graf Adolf von Berg war am 28. 9. 1296 verstorben. Burggraf Heinrich von Drachenfels trug am 25. 2. 1299 seinen Hof Beyenrode im Kirchspiel Winterscheidt dem Grafen Wilhelm von Berg für empfangene 100 Mark zu Lehen mit dem Versprechen auf, daß er und seine Erben dem Grafen und dessen Nachfolgern auf ewig als Vasallen in Treue verbunden bleiben würden.[52]

Gerhard von Blankenheim wird
aus der Gefangenschaft des Burggrafen
Heinrich von Drachenfels entlassen
14. 3. 1300

Der Kölner Erzbischof Siegfried von Westerburg war am 7. 4. 1297 in Bonn verstorben. Dem Bemühen seines Nachfolgers Wikbold von Holte hat es Gerhard von Blankenheim zu verdanken, daß Burggraf Heinrich von Drachenfels ihn schließlich nach längerer Gefangenschaft wieder auf freien Fuß setzte.[53]

Burggraf Heinrich von Drachenfels
und seine Frau Katharina
1. 5. 1303

Urkundlich findet Katharina von Drachenfels erstmals Erwähnung am 1. 5. 1303. Aus dieser Urkunde und auch weiteren Urkunden ist nicht zu entnehmen, aus welchem Geschlecht Katharina von Drachenfels stammt. Die Urkunde, in der ein Grundstückstausch mit der Abtei Rommersdorf schriftlich niedergelegt worden ist, enthält Angaben darüber, daß Burggraf Heinrich damals 2 Söhne namens Gobelinus und Rutger hatte, die dem Grundstückstausch ausdrücklich zugestimmt haben. Deren Schwester Elise findet erstmals urkundliche Erwähnung im Jahre 1306.[54]

Ein Streit zwischen Graf Wilhelm von Berg
und Burggraf Heinrich von Drachenfels
wird beigelegt
18. 11. 1303

Burggraf Heinrich von Drachenfels und sein Bruder Rutger waren nach der Schlacht von Worringen zwangsweise im Jahre 1289 Lehnsleute des Grafen Adolf von Berg geworden. Zehn Jahre später gelang es dessen Nachfolger, Graf Wilhelm von Berg, die Drachenfelser durch Belehnung mit dem Hof Beyenrode noch stärker an das Haus Berg zu binden. Diese Zwangsbindung mußte im Laufe der Zeit zu Differenzen führen, da sich Burggraf Heinrich von Drachenfels mit Sicherheit mehr dem St. Cassius-Stift und den Kölner Erzbischöfen als dem Grafen von Berg verbunden fühlte. Schon bald kam es auch tatsächlich zu nicht unerheblichen Streitigkeiten zwischen dem bergischen Lehnsherrn und seinem Lehnsmann auf dem Drachenfels, die dazu führten, daß Graf Wilhelm von Berg das mit den Drachenfelsern begründete Lehnverhältnis aufkündigte. Die aus dieser Kündigung herrührenden Folgen dürften für beide Parteien so negativ gewesen sein, daß Burggraf Heinrich schließlich um Wiederbelehnung bat, die ihm Graf Wilhelm offensichtlich bereitwillig zusagte, wobei er jedoch auf zukünftigem Wohlverhalten der Burggrafen von Drachenfels bestand.[55] Urkundenbelege über die auch tatsächlich erfolgte Wiederbelehnung liegen nicht vor. Auskunft insoweit gibt aber indirekt eine Urkunde des Burggrafen Rutger von Drachenfels (Anm.: Nachfolger seines Vaters Heinrich im Burggrafenamt) vom 28. 1. 1308, in der er den Grafen Adolf VIII. von Berg (Anm.: Neffe und Nachfolger des Grafen Wilhelm von Berg) ausdrücklich als seinen Herrn bezeichnet.

Die Deutschordenskommende Ramersdorf

Der „Deutsche Orden" (Deutschritterorden — Kreuzritterorden) wird auf die Gründung des Hospitals St. Marien im Jahre 1118 in Jerusalem zurückgeführt. Die Brüder dieses Ordens lebten nach den Ordensregeln des hl. Augustinus und setzten sich nur aus Deutschen zusammen. Das Hospital hieß dementsprechend „Hospital St. Marien vom Deutschen Hause". Papst Coelestin II. bestimmte im Jahre 1143 ausdrücklich, daß unter die „Brüder vom Deutschen Hause" nur Deutsche aufgenommen werden sollten. Im Zusammenhang mit den Kreuzzügen gründeten Bremer und Lübecker Bürger in Akkon ein deutsches Hospital. Aus den Gründern dieses Hospitals ist, wie H. Neu ausführt, „eigentlich eine Ordensgemeinschaft erwachsen, die vor allem nicht mehr wie die Brüder bei dem überkommenen Hospital in Jerusalem dem Hochmeister der Johanniter unterstand. Das Hospital in Akkon wurde eine Keimzelle für weitere Niederlassungen in Palästina."[56] Es wurde 1198 zu einem Ritterorden nach dem Vorbild der vorwiegend romanischen Templer und Johanniter umgebildet. Dieser neue Orden übernahm ebenso „wie es die Brüder der Gemeinschaft bei dem in Jerusalem bestehenden Marienhospital schon lange getan hatten, den Dienst des Soldaten. Sie nahmen den weißen Mantel (Anm.: mit dem schwarzen Kreuz), der das Kennzeichen der Templer war, dessen praktische Bedeutung aber in der Farbe unter der Sonne Asiens lag und dessen Weiß endlich nur noch eine symbolische Bedeutung zukommen mochte."[57]

Der Orden erwarb umfangreichen Besitz in Palästina, Süditalien und insbesondere in Deutschland. Im Jahre 1211 wurde der Deutsche Orden in Siebenbürgen und ab 1226 im „Pruzzenland" eingesetzt. Die Unterwerfung dieses Landes und die Bekehrung seiner Einwohner zum Christentum begann der Landesmeister Hermann Balk im Jahre 1230 von Thorn und Kulm aus. Bald darauf faßte der Orden auch in Livland Fuß. In den Häusern des Deutschen Ritterordens weilte jeweils ein Konvent von Ordensbrüdern, der sich aus gleichberechtigten Ritter — und Klosterbrüdern zusammensetzte, die sich dem Gelübde von Gehorsam, Armut und Keuchheit verpflichtet hatten. Jedem Haus, einer Kommende, stand ein Komtur vor. Zu den Provinzialorganisationen des Deutschen Ordens, die man „Ballei" nannte, standen die Kommenden in einem gewissen Abhängigkeitsverhältnis. „Die Häuser in Deutschland wurden übrigens in gewisser Hinsicht die Alterssitze der Ritter, die an der Front, das heißt im Orient oder in Preußen, in ihren guten Jahren dem Orden gedient hatten."[58]

Die Deutschordenskommende Ramersdorf wird urkundlich erstmals im Jahre 1271 erwähnt. „Es ist kaum ein Zweifel daran möglich, daß Graf Heinrich III. von Sayn (Anm.: † 2. 1. 1247), der über Ramersdorf gebot, mit seiner Gattin der Gründer des Hauses in Ramersdorf war. Wie nahe er dem Hause gestanden hat, sagt noch im Jahre 1271 Erzbischof Engelbert von Köln: Dieser bestimmte damals als Schiedsrichter, daß Johann von Löwenburg die Brüder des Deutschen Hauses und ihr Gut so verteidigen und schützen solle, wie es einst Graf Heinrich von Sayn getan habe."[59]

Zobbo von Drachenfels — Komtur der Kommende Ramersdorf 1301—1324

Zobbo von Drachenfels war ein Bruder des Burggrafen Heinrich von Drachenfels. Urkundlich wird Zobbo erstmals im Jahre 1301 erwähnt. H. Neu führt hierzu u. a. aus, daß „auf den im Jahre 1296 erwähnten Komtur der Deutschordenskommende namens Serradus der in der urkundlichen Überlieferung in den Jahren 1301—1324 erwähnte Komtur Zobbo von Drachenfels folgte, der also in der nächsten Nähe der Kommende, auf der über Königswinter gelegenen Burg Drachenfels beheimatet war."[60]

Wilhem Kisky berichtet u. a.: „1304 Nov. 18. Br. Zobbo von Drachenvelz, Komtur, und die Brüder des Deutschordenshauses zu Ramersdorf verkaufen dem Deutschordenshause zu Koblenz Güter zu Lannesdorf für 400 Mark."[61]

Abb. 35: Das Bild zeigt die Siegfriedfelsen und einen Teil des Weinberggeländes, das 1306 dem Kölner Domkapitel zum besseren Betrieb des Domsteinbruchs verkauft worden ist. In der linken unteren Felspartie befindet sich das Drachenloch; 1977.

Burggraf Heinrich von Drachenfels gewährt dem Kölner Domherrn Ludolf von Dyck ein Darlehen von 100 Mark

Burggraf Heinrich von Drachenfels scheint sehr begütert gewesen zu sein. So hatte er bereits dem Kölner Erzbischof Siegfried von Westerburg ein Darlehen von 300 Mark gegeben. Am 10. 4. 1305 gewährte Burggraf Heinrich seinem Freund, dem Kölner Domherrn Ludolf von Dyck, ein Darlehen von 100 Mark. Man kann wohl davon ausgehen, daß dem Burggrafen von Drachenfels erhebliche Einkünfte aus den Steinbruchbetrieben am Drachenfels zugeflossen sind. Außer dem Domsteinbruch wurde damals auch der sogenannte „Gemeine Bruch" betrieben, in dem das Baumaterial für die verschiedensten sakralen und profanen Bauten des Rheinlandes gewonnen wurde. Die Auszahlung des Darlehens an sei-

nen Freund Ludolf von Dyck machte Burggraf Heinrich davon abhängig, daß ein Bürge gestellt wurde, der sich im Falle der Nichtrückzahlung des Darlehens in ein Quartier nach Bonn bis zur Tilgung des Darlehens zu begeben hatte.[62]

Der Drachenfelser Kastellan Heinrich von Nuwenrod 22. 1. 1306

Einer Urkunde des Edelherrn Heinrich von Löwenburg über einen in seinem Beisein gefällten Schiedsspruch der Dollendorfer Schöffen vom 22. 1. 1306 in einem Rechtsstreit zwischen dem Bonner St. Cassius-Stift und der Abtei Heisterbach, ist zu entnehmen, daß Burggraf Heinrich von Drachenfels schon

einige Zeit vor 1306 auf der Burg Drachenfels einen Kastellan eingesetzt hatte. Ein solcher hatte im Mittelalter die Funktion eines Burgvogts bzw. Burghauptmanns. Im Schiedsspruch vom 22. 1. 1306 entschieden die Dollendorfer Schöffen, daß ein in der Nähe der Abtei Heisterbach gelegenes Waldstück mit der Flurbezeichnung „Honrebusch" der Abtei Heisterbach und nicht dem Dollendorfer Propsteihof des St. Cassius-Stifts zu Eigentum gehöre und zwar „mit allen dazugehörigen Rechten so, wie der Abtei das Waldstück einst von dem Kastellan der Burg Drachenfels, welches Amt jetzt Heinrich von Nuwenrod ausübt, mit Erlaubnis des Edelherrn Heinrich von Löwenburg verkauft worden ist."[63] Einer der Zeugen bei der Abfassung der in Latein verfaßten Urkunde war der Kastellan Heinrich von Nuwenrod.

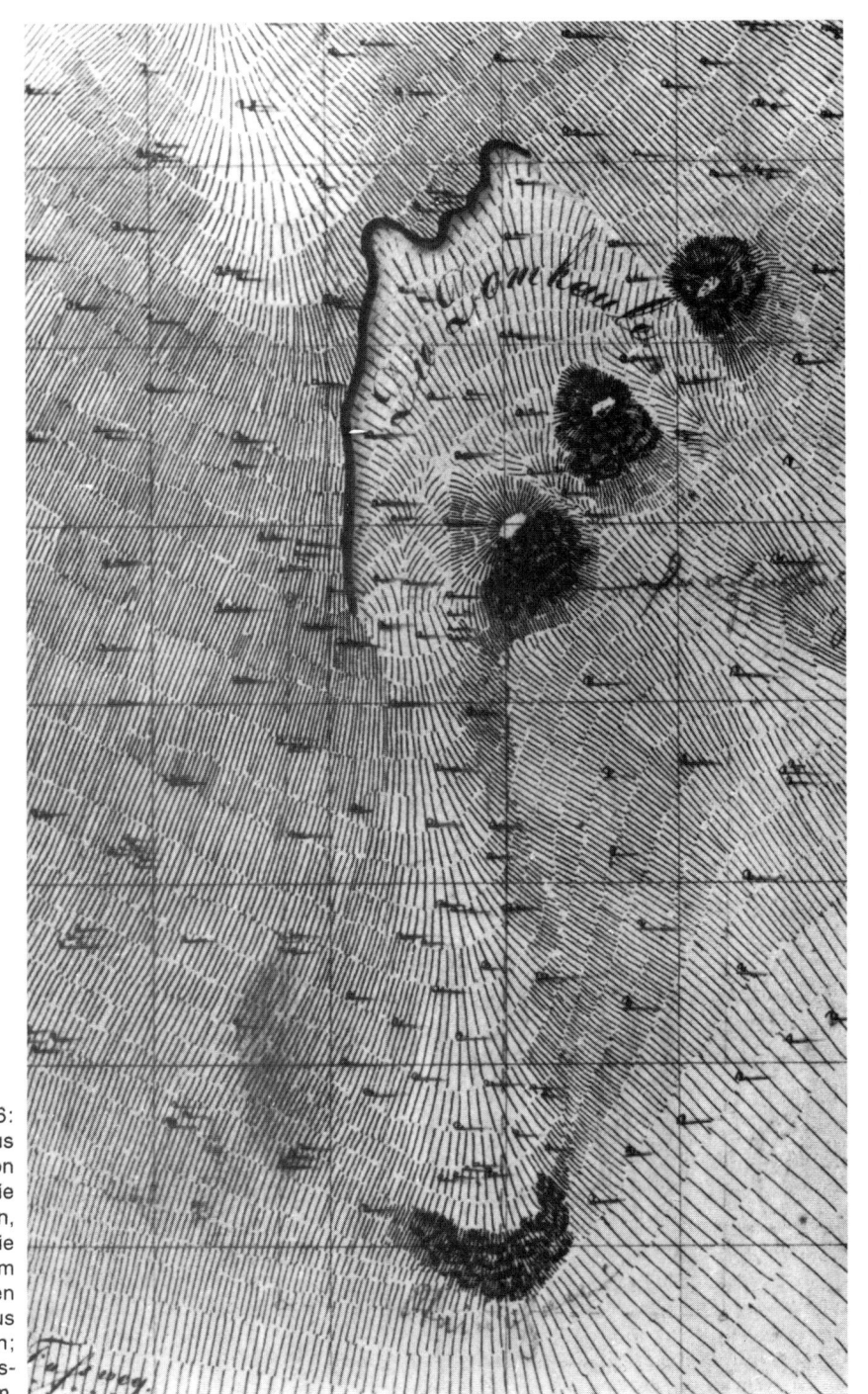

Abb. 36:
Ausschnitt aus
der Karte von
Behner, oben die
3 Siegfriedfelsen,
unten die
Felspartie am
späteren
Weinhaus
Domstein;
Siebengebirgs-
museum.

Burggraf Heinrich von Drachenfels
und das Gefecht von Junkersdorf bei Köln
8. 6. 1306

Die Streitigkeiten zwischen den Kölner Bürgern und Burggraf Heinrich von Drachenfels,
die ihre Ursache in der Schlacht von Worringen
gehabt haben dürften, waren anscheinend im
Jahre 1306 noch nicht beendet. Am 8. 6. 1306
richtete nämlich Burggraf Heinrich ein Schreiben an die Stadt Köln, aus dem sich ergibt, daß
er wohl kurz vorher gemeinsam mit anderen
Rittern bei Junkersdorf in der Nähe von Köln
ein Gefecht mit Bundesgenossen der Kölner
Bürger gehabt hat.[64] Nähere Einzelheiten insoweit sind nicht bekannt.

Der Domsteinbruch am Drachenfels
wird zu Beginn des 14. Jahrhunderts erweitert

Der Kölner Dombau sollte zu Beginn des 14.
Jahrhunderts intensiviert werden. Im Rahmen
des ersten großen Bauabschnitts ging es
damals darum, das Hochchor des Doms baldigst fertigzustellen. Im Jahre 1297 war dessen
Bau schon so weit fortgeschritten, daß bereits
Gottesdienste in den Kapellen des Chores
abgehalten werden konnten. Die vorgesehene
Intensivierung der Bauarbeiten setzte eine
Erweiterung des Domsteinbruches voraus, in
dem anscheinend kein geeignetes Gestein
mehr anstand. Nachdem die erforderliche
Zustimmung des Burggrafen Heinrich von Drachenfels erteilt worden war, wurde der Domsteinbruch, der südlich der sogenannten
„Gemeinen Bruches" lag, in südöstlicher Richtung erweitert. Der so entstandene neue
Domsteinbruch lag direkt oberhalb der sogenannten Siegfriedfelsen, die diesen Namen erst
im 19. Jahrhundert erhalten haben. Das hier
gewonnene Steinmaterial konnte nicht direkt
zum Fuße des Berges abgelassen werden, da
unterhalb der Siegfriedfelsen Weinberge der
Burggrafen von Drachenfels lagen. So blieb
zunächst nichts anderes übrig, als auf
umständliche Weise die gebrochenen Steine in
nördlicher Richtung zum alten Domsteinbruch
zu transportieren, von wo aus sie über eine
Rutsche hangabwärts befördert und alsdann
zu den Schiffsanlegeplätzen in Gegend des
heutigen Domsteinplatzes geschafft wurden.

Schließlich gelang es dem Kölner Domkapitel nach sicherlich längeren Verhandlungen, 4 Morgen Weinberge, die unterhalb der Siegfriedfelsen lagen, im Jahre 1306 von Burggraf Heinrich und seiner Frau Katharina mit Zustimmung ihrer Kinder Rutger und Elise für 250 Mark zu erwerben, „um so endlich den Domsteinbruch auf lange Sicht besser und ergiebiger als bisher betreiben zu können."[65]

Bei Abschluß des Kaufvertrages wurde zwischen den Vertragsparteien auch vereinbart, daß das Domkapital für den Betrieb des Domsteinbruchs an den Burggrafen jährlich 5 Mark zu zahlen habe. Es blieb generell dabei, daß 7 von dem Burggrafen auszusuchende und zu beaufsichtigende Steinbrucharbeiter — und zwar 4 Becher und 3 Vorschläger — für das Kölner Domkapital zum Zwecke des Dombaues Steine brechen und an Ort und Stelle vorbearbeiten durften. Schon bald nach Vertragsschluß dürfte man damit begonnen haben, das gebrochene Gestein zwischen den Siegfriedfelsen und seitlich von ihnen in das ehemalige Weinberggelände hinabzulassen. Da anzunehmen ist, daß seitdem nur noch der neue Domsteinbruch benutzt wurde, dürfte die Rutsche des alten Domsteinbruchs ihre Bedeutung verloren haben. Die Verladeplätze, die sich vorher in Gegend des heutigen Domsteinplatzes am Rheinufer befanden, wurden damals in südlicher Richtung in die Gegend des „Steinchens" (Anm.: in der Nähe der Bundesbahnunterführung) und weiter südlich verlegt. Dagegen wurden die Verladeplätze in Gegend des heutigen Domsteinplatzes weiterhin zum Verladen des Steinmaterials benutzt, das im „Gemeinen Bruch" gewonnen wurde.

Seit dem Beginn des 14. Jahrhunderts wurde der Domsteinbruch im Laufe der Zeit in wechselnder Breite, die jeweils durch die Qualität des Trachytgesteins bedingt war, hangaufwärts getrieben. Inzwischen ist der Domsteinbruch mit Baumbestand und Buschwerk so überwachsen, daß man sich kaum noch vorstellen kann, daß oberhalb der Siegfriedfelsen das Steinmaterial für den Bau des Kölner Doms bis in die zweite Hälfte des 16. Jahrhunderts gebrochen worden ist. Als damals der Kölner Dombau für Jahrhunderte eingestellt wurde,

Abb. 37: Blick in den Domsteinbruch und auf einen der Siegfriedfelsen; 1977.

hatte der Domsteinbruch das heutige Hotelplateau auf dem Drachenfels erreicht. Durch den Betrieb des Steinbruchs wurde die Burg Drachenfels in ihrem Bestand nicht gefährdet, da sie weiter nördlich von den Ausläufern des Domsteinbruchs lag. Der Königl. Preuß. Oberreviersteiger Behner hat am 28. Mai 1828 die Drachenfelssteinbrüche vermessen.

IV. Burggraf

Rutger von Drachenfels
28. 1. 1308

Rutger von Drachenfels dürfte die Nachfolge seines Vaters Heinrich im Burggrafenamt am 24. 2. 1307 angetreten haben. Aus einer Eintragung im Drachenfelser Missale ist nämlich zu schließen, daß Burggraf Heinrich am 24. 2. 1307 verstorben ist.[66] Urkundlich wird

Burggraf Rutger von Drachenfels erstmals am 28. 1. 1308 erwähnt.

Graf Adolf von Berg zahlt eine Schuldsumme an Rutger von Drachenfels zurück
28. 1. 1308

Graf Wilhelm von Berg hatte seinem Lehnsmann Burggraf Heinrich von Drachenfels, dem er 160 Mark schuldete, das Rheinamt (Anm.: wahrscheinlich das von Duisburg) verpfändet. Diesen Schuldbetrag zahlte Graf Adolf VIII. von Berg an Burggraf Rutger von Drachenfels aus, der daraufhin am 28. 1. 1308 urkundlich erklärte, daß ihm gegenüber seinem Herrn, Graf Adolf, aus der Verpfändung des Rheinamtes keinerlei Ansprüche mehr zustünden.[67] Aus dem Urkundeninhalt ist zu schließen, daß das 1289 begründete Lehnsverhältnis zwi-

55

schen dem Hause Berg und den Drachenfelsern, das 1303 erneuert worden sein dürfte, immer noch bestand.

Johann von Drachenfels — Dekan der Bonner Kirche 1311

Johann von Drachenfels dürfte ein Bruder des Burggrafen Rutger von Drachenfels gewesen sein. Ebenso wie Friedrich von Drachenfels Kanoniker des St. Cassius-Stifts und schließlich zugleich Thesaurar der Bonner Kirche war, ist Johann von Drachenfels zu einem unbekannten Zeitpunkt Kanoniker des Bonner Stifts und schließlich Dekan der Bonner Kirche geworden. Als solcher findet er erstmals urkundlich Erwähnung in einer Urkunde des Kölner Erzbischofs Heinrich von Virneburg vom 6. 5. 1311, in welcher dieser einen Schiedsspruch zwischen Propst Friedrich von Hammerstein und dem Kapitel von St. Andreas (Anm.: in Köln) gefällt hat.[68]

Aus einer weiteren Urkunde des Kölner Erzbischofs vom 28. 6. 1311, der vom St. Cassius-Stift mit der Neuregelung der Besetzungsverhältnisse der Kanonikate des Stifts beauftragt worden war, ergibt sich u. a., daß „eine der beiden damals vakanten Kanonikerstellen mit dem Heinrich — Sohn des Edmund von Gymnich — besetzt werden sollte, und zwar auf Grund der ersten Bitten des Dekans Johann von Drachenfels".[69]

Burggraf Rutger und seine Frau Mechthild verkaufen ihren Hof in Weiler der Siegburger Zelle zu Oberpleis 26. 5. 1315

Burggraf Rutger von Drachenfels, der noch am 28. 1. 1308 den Grafen Adolf von Berg als seinen Herrn bezeichnet hatte, genoß trotzdem das Vertrauen des Kölner Erzbischofs Heinrich von Virneburg, dem er besonders ergeben gewesen zu sein scheint. Als nämlich der Kölner Erzbischof in den Jahren 1308 und 1311 in vier Fällen hohe Schuldverpflichtungen einging, leistete Burggraf Rutger als einer der Bürgen

des Erzbischofs Gewähr dafür, daß die eingegangenen Schuldverpflichtungen auch eingehalten wurden.

Am 26. 5. 1315 verkauften Burggraf Rutger und seine Frau Mechthild ihren Hof in Weiler „der Siegburger Zelle zu Oberpleis". Bei dieser Zelle handelte es sich um die Propstei in Oberpleis, die von den Siegburger Benediktinermönchen kurz vor 1105 gegründet worden war. Nach der Urkunde „verkaufen Burggraf Rutger von Drachenfels und seine Frau Mechthild ihren Hof in Weiler mit allem Zubehör der S. Zelle zu Oberpleis für 356 Mark gängigen Geldes, die ihnen von dem derzeitigen Propst der Zelle Heinrich gezahlt worden sind. Sie verzichten auf ihre Rechte vor den vertrauenswürdigen Männern Rutger, gen. Balg zu Königswinter, dem Knappen Lambert von Rhöndorf, . . . und vor den Schöffen der Höfe Walfeld und Oberpleis."[70]

Burggraf Rutger von Drachenfels verspricht Lambert von Heinsberg und Blankenberg Beistand 2. 11. 1315

Aus dem Inhalt dieser Urkunde ergibt sich, daß Lambert von Heinsberg und Blankenberg dem Burggrafen Rutger besonderes Wohlwollen entgegen gebracht hat. Aus diesem Grunde verpflichtete sich Rutger, seinem Wohltäter mit allen Kräften und auch mit der Burg Drachenfels gegen jedermann Beistand zu leisten. Es fällt auf, daß in dieser Urkunde Graf Adolf von Berg keine Erwähnung findet, wohl aber der Kölner Erzbischof, den Rutger als seinen Herrn bezeichnet. Darüber hinaus bezeichnet sich Rutger als Ministerialen des Kölner Erzbischofs, zu dessen Gunsten in der Beistandserklärung Vorbehalte gemacht wurden. Es scheint, daß das alte Abhängigkeitsverhältnis zum Hause Berg nicht mehr bestand oder jedenfalls stark eingeschränkt war. In der Urkunde fehlt ein Hinweis auf den Propst des St. Cassius-Stifts, dessen Ministerialen die Drachenfelser ursprünglich waren.[71]

Burggraf Rutger von Drachenfels und die Prokuratoren des Kölner Dombaus schließen einen Vertrag 1319

Die Arbeit im Domsteinbruch am Drachenfels war dadurch behindert worden, daß gebrochene Steine und Steinreste in den Domsteinbruch geschüttet worden waren. In der Urkunde aus dem Jahre 1319 verpflichtete sich Burggraf Rutger, dem die Beaufsichtigung der Steinbrucharbeiter im Domsteinbruch unterstand, weitere Behinderungen zu unterbinden und den entstandenen Schaden auf eigene Kosten zu beseitigen. Er behielt sich vor, für eigene Zwecke im Domsteinbruch 100 Fuß Steine brechen zu dürfen.[72]

Burggraf Rutger von Drachenfels — Bürge des Kölner Erzbischofs Heinrich von Virneburg 23. 10. 1319

In einem besonderen Anschreiben bat der Kölner Erzbischof den ihm ergebenen Burggrafen Rutger, einen beiliegenden Brief zu siegeln und gegenüber dem Herrn von Valkenburg für den Inhalt dieses Briefes zu bürgen. Der Inhalt des Briefes spricht für ein besonderes Vertrauensverhältnis zwischen dem Erzbischof und Burggraf Rutger.[73]

Burggraf Rutger von Drachenfels tilgt Schuldverpflichtungen durch Weinlieferungen 23. 3. 1322 und 31. 10. 1325

Burggraf Rutger muß über zahlreiche Weinberge verfügt haben. Er war deshalb in der Lage, relativ hohe Schuldbeträge durch Weinlieferungen zu begleichen. In einer Urkunde vom 23. 3. 1322 verpflichtete er sich, eine Schuld von 130 Pagamentmark durch Lieferung eines guten Weines aus seinen Weinbergen zu begleichen. Zur Sicherung der Weinlieferung mußte Burggraf Rutger Bürgen stellen.[74] Am 31. 10. 1325 hatte Burggraf Rutger der Druda von Geldern, wohnhaft in der Trankgasse zu Köln, eine Pachtsumme durch Lieferung von zwei Fuder Wein abgegolten.[75]

Abb. 38: Ausschnitt aus dem Sgrafitto „Alte Gemeindeverfassung von Königswinter", Helmut Georg, Siebengebirgsmuseum, 1953.

Lysa von Drachenfels
1. 2. 1327

Lysa von Drachenfels, die Schwester des Burggrafen Rutger von Drachenfels, wird in einer Urkunde der Vilicher Äbtissin Jutta von Sayn vom 1. 2. 1327 erwähnt. Aus der Urkunde ergibt sich, daß Ritter Heinrich von Bachem und seine Frau Lysa von Drachenfels ihren bei Nonnenberg gelegenen Hof dem Vilicher Kanonikus Leo verkauften, den Leo seinerseits am 1. 2. 1327 dem Vilicher Frauenstift schenkte. Aus den Einnahmen des Hofes sollten Jahrgedächtnisse der Familienmitglieder der Grafen von Sayn finanziert werden.[76]

Burggraf Rutger von Drachenfels gelobt Treue gegenüber den Kölner Erzbischöfen und ihrer Kirche
14. 6. 1327

Ließ schon der Inhalt der Urkunde vom 2. 11. 1315 darauf schließen, daß das nach der Schlacht von Worringen zwangsweise begründete Lehnsverhältnis der Drachenfelser zu den Grafen von Berg gelockert war, so folgt aus einer Urkunde des Burggrafen Rutger von Drachenfels vom 14. 6. 1327, daß er zu dieser Zeit dem maßgeblichen Einfluß der Grafen von Berg nicht mehr unterlag. In der Urkunde bekannte Burggraf Rutger uneingeschränkt seine Treuepflicht gegenüber den Kölner Erzbischöfen und der Kölner Kirche, denen er in bezug auf die Burg Drachenfels ein fast absolutes Öffnungsrecht einräumte bzw. wieder einräumte. Dieses Öffnungsrecht bedeutete, daß der damalige Kölner Erzbischof und seine Nachfolger im Falle der Not die Burg Drachenfels besetzen, sie zu ihren Zwecken einsetzen und sich in ihr aufhalten durften. In der Urkunde übernahm Burggraf Rutger für sich und seine Erben die Verpflichtung, den Feinden des Kölner Erzbischofs die Burg Drachenfels weder direkt noch indirekt zur Verfügung zu stellen. Darüber hinaus erklärte er, er sei sich darüber klar, daß ihm im Falle einer Verletzung der übernommenen Treuepflicht die Burg Drachenfels entzogen werde. Einer der Zeugen dieser Urkunde war Ritter Heinrich von Bachem.[77]

**Mechtild von Drachenfels
wird vom Kirchenbann gelöst
13. 11. 1330**

Es ist nicht bekannt, wann Burggraf Rutger von Drachenfels verstorben ist. Seine Witwe Mechthild wurde am 13. 11. 1330 durch den Kantor der Kirche des hl. Bartholomäus zu Lüttich im Auftrage des Abtes des Klosters „Moustier — Neuf" und des Konvents des Ordens von Grandmont zu Meinello vom Kirchenbann gelöst. Mechthild von Drachenfels war wegen ihrer (nicht näher erläuterten) beharrlichen Widerspenstigkeit in apostolischen Dingen mit dem Kirchenbann belegt worden. Die Urkunde macht deutlich, wie weiträumig schon damals die Interessen und Beziehungen der Drachenfelser gestaltet gewesen sein müssen. Das Kloster Moustier — Neuf lag in Poitiers in Frankreich. Es handelte sich bei ihm um ein von Guido von Aquitanien gestiftetes Kloster des Kluniazienser Ordens. Der Orden von Grandmont war vom hl. Stephan von Thiers im Jahre 1076 auf dem Berge Murat bei Limoges gegründet worden. Das in der Urkunde vom 13. 11. 1330 erwähnte Kloster dieses Ordens zu Meinello lag in der französischen Diözese Beauvais, nördlich von Paris und östlich von Rouen.[78]

V. Burggraf

**Heinrich von Drachenfels
21. 2. 1331**

Für unbekannte Schuldner des Lombarden Georgius Garreti, dessen Brüder und Geschäftspartner hatte Burggraf Rutger von Drachenfels am 18. 2. 1307 die Bürgschaft übernommen. Diese Angelegenheit, über die nichts näheres bekannt ist, fand am 21. 2. 1331 dadurch ihren Abschluß, daß Georgius Garreti den Burggrafen Heinrich von Drachenfels, den Nachfolger seines Vaters Rutger im Burggrafenamt, von dieser Bürgschaftsverpflichtung freistellte. Aus der Urkunde, die von dem Offizial der „Kölner Kurie" errichtet worden ist, ist nicht zu entnehmen, wann und von wem die Gläubiger durch Zahlung der Schuldsumme befriedigt worden sind.[79]

Lombarden werden ebenso wie Juden in mittelalterlichen Urkunden in bezug auf Geldgeschäfte mehr oder weniger häufig, auch in Drachenfelser Urkunden erwähnt. Bei den Lombarden handelte es sich um italienische Geldwechsler aus der Lombardei, die kraft besonderer Erlaubnis der einzelnen Landesherrn und des Kaisers berufsmäßig Gelder an Schuldner verliehen, die nicht nur Zinsen zu zahlen, sondern darüberhinaus die Geldforderungen der Lombarden durch Gestellung von Pfändern abzusichern hatten. Gewerbsmäßige Geldgeschäfte waren im Mittelalter den Lombarden und Juden gestattet, der übrigen Bevölkerung aber untersagt. Auch heute noch tätigen Banken in Wertpapiergeschäft sogenannte Lombardgeschäfte mit Zinsverpflichtung der Schuldner bei gleichzeitiger Pfandgestellung durch dieselben. Im Falle des Verzuges sind die Banken berechtigt, die Pfänder freihändig zu verwerten.

**Der Drachenfelser Hof in Limperich
4. 3. 1343**

Die Pröpste der Kirche von Meschede besaßen in Limperich einen Hof. Aus einer Urkunde des Propstes Wilhelm von Arnsberg, der der Mescheder Kirche vorstand, ist zu entnehmen, daß bereits Burggraf Rutger von Drachenfels den Hof der Mescheder Kirche in Limperich gepachtet hatte. Das Pachtverhältnis blieb bestehen, als Heinrich von Drachenfels das Burggrafenamt nach dem Tode seines Vaters übernahm. Wie schon sein Vater blieb auch Burggraf Heinrich mit der Zahlung der Pacht in Rückstand. Dies führte dazu, daß der Propst von Meschede das Pachtverhältnis kündigte. Nachdem daraufhin Burggraf Heinrich von Drachenfels die gesamte rückständige Pacht gezahlt hatte, wurde ihm, wie aus der Urkunde vom 4. 3. 1343 folgt, der Limpericher Hof erneut verpachtet.[80]

**Burggraf Heinrich von Drachenfels
und seine Frau Christine
4. 10. 1343**

Der Kölner Erzbischof Walram von Jülich belehnte durch Urkunde vom 4. 10. 1343 Burg-

graf Heinrich von Drachenfels mit dem Hof Vulenbach. Wenn auch Burggraf Heinrich wegen seiner vom Erzbischof ausdrücklich erwähnten Verdienste mit diesem Hof belehnt worden war, so hing die Belehnung doch auch damit zusammen, daß Burggraf Heinrich insoweit als Lehnsmann des Kölner Erzbischofs an die Stelle des kurz vorher verstorbenen Ritters Peregrin von Deutz trat, dessen Tochter Christine Burggraf Heinrich geheiratet hatte.[81] Peregrin von Deutz hatte bereits am 21. 2. 1331 als Urkundszeuge bei der Erstellung einer Urkunde mitgewirkt, in der der Lombarde Georgius Garreti Burggraf Heinrich von einer Bürgschaftsverpflichtung freigestellt hatte.

Die Belehnung des Burggrafen Heinrich von Drachenfels erfolgte mit der Einschränkung, daß der Nießbrauch des Hofes der Schwester des Ritters Peregrin von Deutz namens Christine vorbehalten blieb. Diese schenkte, wie sich aus einer Urkunde des Offizials der Kölner Kirche vom 28. 12. 1354 ergibt, der Abtei Deutz ein am Fuß des Drachenfels gelegenes Weingut von 7½ Morgen mit der Flurbezeichnung „An der Schale" mit der Auflage, daß die Einkünfte aus diesem Weinberg für Jahrgedächtnisse für Christine und deren Vorfahren zu verwenden seien.[82] Zu diesem Weingut gehörten ein Haus, eine Hofstatt und eine Kelter in den Kirchspielen Königswinter und Honnef. Von der Schenkung wurden jedoch ausgenommen die Einkünfte und Zinsen von 20 Mark Kölner Pagaments an Geld und Hühnern in Siegburg und Orken.

Bei der Schenkung bestimmte Christine, daß sie ebenso wie ihr Vater Ruprecht von Deutz, ihre Mutter und ihr Bruder Peregrin in der Abtei Deutz beigesetzt zu werden wünsche.

Zur Rechtswirksamkeit dieser Schenkung bedurfte es jedoch der Genehmigung des Burggrafen von Drachenfels und seiner Frau Christine von Deutz, die am 2. 6. 1357 erteilt wurde.[83]

**Das kurkölnische Amt Wolkenburg
30. 11. 1344**

Zu Beginn des 14. Jahrhunderts wurde das rheinische Erzstift verwaltungsmäßig in Ämter unterteilt. Der Kölner Erzbischof Walram von Jülich erneuerte in einer Urkunde vom 29. 6. 1341 eine Urkunde seines Vorgängers Heinrich von Virneburg vom 21. 1. 1319, in dem dieser dem Burggrafen Heinrich von Wolkenburg den Befehl erteilt hatte, die Güter der Abtei Altenberg im Amt Wolkenburg von Steuer, Bede und Schatz frei zu lassen.[84] Urkundlich findet seitdem Heinrich von Wolkenburg keine Erwähnung mehr. Am 30. 11. 1344 verlieh Erzbischof Walram dem Domkanoniker Heinrich von Rennenberg die Amtmannschaft von Wolkenburg auf Lebenszeit. In der Urkunde, in der erstmals ein kurkölnischer Amtmann von Wolkenburg erwähnt wird, wurden die Rechte und Pflichten des Heinrich von Rennenberg genau bestimmt. Es wurden ihm das Haus und die Burg Wolkenburg mit dem Gericht (ausgenommen Totschlag), mit Dörfern (Anm.: Königswinter und Ittenbach), Höfen, Büschen, Feldern, Wiesen, Weingärten und mit dem Zoll am Rhein, mit Leuten und Renten übertragen. Heinrich von Rennenberg mußte Haus und Burg Wolkenburg in gutem baulichen Zustand halten.

Die Weinbede, eine im Herbst auf jungen Wein zu erhebende Weinabgabe, behielt sich der Erzbischof vor; jedoch sollte dem Amtmann aus der Weinbede genügend Wein zum eigenen Verbrauch zur Verfügung gestellt werden. Den Kölner Erzbischöfen blieb es vorbehalten, sich nach Belieben auf der Burg Wolkenburg aufzuhalten und sie in kriegerischen Zeiten mit Reisigen zu besetzen. Nach dem Tode des Amtmanns Heinrich von Rennenberg sollten Haus und Burg Wolkenburg mit allem Zubehör ohne jegliche Einschränkung wieder an die Kölner Erzbischöfe fallen.[85]

Bei den in der Urkunde nicht näher bezeichneten Höfen, die außerhalb der Dörfer Königswinter und Ittenbach lagen, dürfte es sich u. a. um den bereits in einer Urkunde des Burggrafen Heinrich von Drachenfels und seiner Frau Katharina vom 30. 1. 1304 erwähnten Wülsdorfer Hof am Fuße des Drachenfels gehandelt haben.[86]

Damals stand auch schon der zur Abtei Heisterbach gehörige Wintermühlenhof, der urkundlich erstmals 1402 erwähnt worden ist.[87] In einer Urkunde vom 1. 2. 1350 wurde bereits der Stöckerhof (curtis dicta Stucken) in Ittenbach erwähnt.[88] Wesentlich älter war der Kucksteinhof des Bonner St. Cassius-Stifts.

Der Kölner Erzbischof Friedrich von Saarwerden bestellte im Jahre 1372 „den Johann von Bonn, genannt Pastoir, zum Amtmann von Wolkenburg, jedoch auf Widerruf, welcher auch schon im folgenden Jahr erfolgt sein mag, da er mit Urkunde von 1373 up sent Johans dach zu midden sumere dem Heinrich Vuys v. Lechenich die Amtsstelle, nämlich die Burg und das Amt Wolkenburg nebst dem Dorfe Königswinter und der Vogtei Vilich, mit allen dazu gehörigen Gefällen und dem Kürweine zu Königswinter verlieh. Der Erzbischof behielt sich nur die Brüchten, welche an Leib und Gut gehen, sowie die Juden und Lombarden zu Königswinter und sonst in dem Amte bevor. Auch sollte die Amtmannschaft nicht eingezogen werden, bevor dem Inhaber oder seinen Erben das Darleih von 3 800 Goldgulden erstattet worden.“[88]

Die Burggrafen von Drachenfels —
Mitinhaber des Patronatsrechts
der Kirche von Winterscheidt
1345

Den Drachenfelser Burggrafen war seitens des Bonner St. Cassius-Stifts aus Anlaß ihrer Belehnung mit der Burg Drachenfels u. a. der Zehnte von Zuveren, Westerhausen und Roerscheidt zur Finanzierung der Burgunterhaltung und zur Sicherstellung der Besoldung der Burgbesatzung zugewiesen worden. Damals oder jedenfalls nicht wesentlich später übertrug das St. Cassius-Stift aus denselben Gründen den Drachenfelsern auch den dritten Teil des Zehnten von Winterscheidt. Der restliche Teil des Winterscheidter Zehnten stand den Herrn von Stein zu. Darüber hinaus waren die Drachenfelser zu $1/3$ und die Herrn von Stein zu $2/3$ Inhaber des Patronatsrechts der Winterscheidter Pfarrkirche. Als Patronatsherrn (Collatoren) waren sie gewissermaßen Schutzherrn dieser Kirche. Ihnen oblag es, gemeinsam für die Unterhaltung der Kirche und die Besoldung des Pfarrers aufzukommen.

Andererseits stand ihnen aber auch das Recht zu, bei einer erforderlichen Neubesetzung der Winterscheidter Pfarrstelle den neuen Pfarrer vorzuschlagen. Bestand insoweit keine Einigkeit unter den Patronatsherrn, so lag das Vorschlagsrecht praktisch allein bei den Herrn von Stein, da sie insoweit über die Majorität verfügten. Eine Urkunde des Heinrich von Virneburg vom 25. 8. 1348 gibt Auskunft darüber, daß sich damals die Herrn von Stein über den Wunsch des Burggrafen Heinrich von Drachenfels, seinem Bruder die Pfarrstelle zu Winterscheidt zu verschaffen, hinweggesetzt haben. Selbst die Einschaltung des Heinrich von Virneburg, Burgmann zu Blankenberg, zugunsten des Bruders des Burggrafen Heinrich von Drachenfels blieb erfolglos.[89]

Burggraf Heinrich von Drachenfels
und sein zum Priesterstand
bestimmter Bruder Rutger schließen
einen Auseinandersetzungsvertrag
4. 3. 1345

Die von Burggraf Heinrich von Drachenfels angestrebte Besetzung der Pfarrstelle von Winterscheidt mit seinem Bruder Rutger setzte zwangsläufig eine vermögens — und erbrechtliche Auseinandersetzung der beiden Drachenfelser voraus. Am 4. 3. 1345 kam es zum Abschluß eines entsprechenden Auseinandersetzungsvertrages, zu dessen Zustandekommen Freunde und Verwandte der beiden Vertragspartner beigetragen hatten. In diesem Vertrag wurden Rutger von Drachenfels der Zehnte zu Bonn und Dietkirchen, der von der Mescheder Kirche gepachtete Limpericher Hof und das in der Unterburg (nyderste burch) gelegene Haus Nuwenrode zugewiesen.[90]

Bei diesem Haus dürfte es sich um die frühere Dienstwohnung des Burghauptmanns Heinrich von Nuwenrod handeln, der in der bereits erwähnten Schiedsurkunde des Edelherrn Johann von Löwenburg vom 22. 1. 1306 ausdrücklich als Burghauptmann der Burg Drachenfels erwähnt worden ist und einer der damaligen Urkundszeugen war.

Vielfach wird die Ansicht vertreten, daß die Unterburg der Burganlage Drachenfels, die die höher liegende Kernburg umgab, erst im 15. Jahrhundert errichtet worden ist. Der Inhalt des Auseinandersetzungsvertrages vom 4. 3. 1345, in dem erstmals die Unterburg der Burganlage Drachenfels erwähnt worden ist, weist aber aus, daß die Unterburg — jedenfalls schon im wesentlichen — bereits 1345 fertiggestellt war.

Abgesehen davon, daß der Vertrag vom 4. 3. 1345 interessante Einzelheiten über die Durchführung einer vermögens — und erbrechtlichen Auseinandersetzung unter ritterlichen Brüdern enthält, gibt der Urkundeninhalt auch Hinweise über weitere Familienmitglieder und Verwandte der Drachenfelser. Einer der Urkundszeugen war nämlich Johann Klaus von Drachenfels. Da er nicht als Partei an der Auseinandersetzung beteiligt war, muß davon ausgegangen werden, daß er ein Onkel der beiden Vertragspartner war.

Der ebenfalls als Urkundszeuge erwähnte Ritter Heinrich von Gymnich war ihr Blutsverwandter. Dies ergibt sich aus einer Urkunde der Gebrüder Edmund und Raeboyde von Gymnich vom 25. 11. 1362, in der sie Burggraf Heinrich von Drachenfels als ihren Neffen bezeichnen und darauf hinweisen, daß ihre Großmutter Hadwig aus dem Hause Drachenfels stammte.[91]

Burggraf Heinrich von Drachenfels — Bürge des Godart von Sayn
21. 6. 1346

Aus einer Urkunde des Suyskin, Sohn des Meyer aus Siegburg, und seines Schwagers Alexander ergibt sich, daß sich Burggraf Heinrich von Drachenfels ihnen gegenüber für eine Schuld des Godart von Sayn, Herr zu Homburg und Salantin, in Höhe von 800 Mark in Kölner Denaren verbürgt hatte. Die beiden Gläubiger, Kölner Juden, erklärten am 21. 6. 1346 Burggraf Heinrich seiner Bürgschaftsverpflichtung für ledig.[92]

Leonard Korth vermerkt zu dieser Urkunde: „Der Jude Meyer von Siegburg war in einen langwierigen Streit mit der Stadt Köln verwickelt. Am 9. Mai 1334 erkannten die Schöffen von Bonn ihn und seinen Sohn Joylmann des Todes schuldig, weil er einem Fälscher zur Flucht verholfen hatte. Das Urteil scheint vollzogen worden zu sein, denn am 21. Oktober desselben Jahres vergleichen sich seine Hinterbliebenen, unter ihnen Suyskin, mit der Stadt Köln. Rheinischen Edelherren scheint er öfter ausgeholfen zu haben."[93]

Ein Streit zwischen
Burggraf Heinrich von Drachenfels
und dem Kölner Domkapitel
über den Betrieb des Domsteinbruchs
wird verglichen
1347

Zwischen dem Kölner Domkapitel und Burggraf Heinrich von Drachenfels war es zu einem unbekannten Zeitpunkt zu Streitigkeiten über den weiteren Betrieb des Domsteinbruchs am Drachenfels gekommen. Während Burggraf Heinrich die Ansicht vertrat, dem Domkapitel stehe weder ein allgemeines noch ein spezielles Recht zum Betrieb des Domsteinbruchs zu, beharrte das Kölner Domkapitel auf dem Standpunkt, daß ihm durchaus ein solches Recht zustehe. Nach sicherlich langwierigen Verhandlungen einigten sich die Parteien 1347 dahin, daß das Domkapitel den Domsteinbruch weiter betreiben dürfe.[94]

In der Urkunde aus dem Jahre 1347 wird erstmals erwähnt, daß das Domkapitel mit seinen Knechten und Gehilfen den Domsteinbruch betreiben und mit eigenen Gespannen und Karren das gebrochene Gestein abtransportieren darf. Es wird verabredet, daß das Domkapitel für den Betrieb des Steinbruchs jährlich 30 große Turnosen alter Art, „wie sie der König von Frankreich geprägt hat", und außerdem 5 Mark jährlich zu zahlen hat.

Die Burg Drachenfels wird in der Urkunde als dem Burggrafen Heinrich gehörig bezeichnet. Andererseits wirkt im Gegensatz zu der bereits wiedergegebenen Urkunde aus dem Jahre 1307 u. a. der Propst des Bonner St. Cassius-Stifts bei der Urkundenerstellung mit. Hierbei wird erwähnt, daß die Drachenfelser Burggra-

fen die Burg und den Berg Drachenfels vom St. Cassius-Stift zu Lehen erhalten haben und besitzen. Das Lehnverhältnis hatte also auch die Zeit überdauert, in der die Burggrafen von Drachenfels aufgrund der Folgen der Schlacht von Worringen längere Zeit Lehnsleute der Grafen von Berg gewesen waren. Die Rechtsgültigkeit des Vertrages wurde noch dadurch unterstrichen, daß nicht nur der Propst des St. Cassius-Stifts, sondern auch Erzbischof Walram von Köln den Urkundeninhalt ausdrücklich genehmigten.

Metza, de alde vrauwe van Dragchinvelz —
Witwe des Burggrafen Rutger von Drachenfels
26. 12. 1347

Die Burggräfin Mechthild von Drachenfels, die am 13. 11. 1330 urkundlich erstmals als Witwe bezeichnet worden ist, hat ihren Mann lange überlebt. Ihren Witwensitz nahm sie nicht auf der Burg Drachenfels, sondern in Königswinter. Schließlich führte sie unter Abkürzung ihres Vornamens offiziell den Namen „Metza, de alde vrauwe van Dragchinvelz". Als solche bekannte sie am 26. 12. 1347 gemeinsam mit ihrem Sohn Rutger, ihrem Schwiegersohn Konrad von Seghenhoven und Ernst von Uitgenbach, Propst von St. Peter zu Mainz, den lombardischen Kaufleuten Dominicus Palladus und Franz Palleta 140 Mark zu schulden. Die 4 Schuldner verpflichteten sich in der Urkunde, diesen Schuldbetrag am nächsten Weihnachtstag zu Köln oder zu Remagen zurückzuzahlen, ihn sonst aber mit 2 Hellern wöchentlich zu verzinsen. Den beiden Gläubigern wurde das Recht eingeräumt, die Eintreibung der Schuld irgendeinem weltlichen oder geistlichen Herrn zu übertragen und die Schuldner „zum Einlager" zu Remagen oder Köln anzuhalten.[95]

Aus dem Inhalt bereits mitgeteilter mittelalterlicher Urkunden ergibt sich, daß Gläubiger bei der Beurkundung eines Schuldversprechens oder Schuldanerkenntnisses vielfach von ihren Schuldnern die Abgabe einer Erklärung dahin verlangten, daß die Schuldner sich für den Fall der Nichtzahlung des Schuldbetrages verpflichteten, sich in ein von den Gläubigern zu bestimmendes ehrenhaftes Quartier zu begeben und dort bis zur Zahlung des Schuldbetrages zu verbleiben.

Diese Art der zusätzlichen Absicherung eines Schuldversprechens oder Schuldanerkenntnisses nannte man im Mittelalter „Einlager". Es handelte sich bei diesem Einlager um einen persönlichen Arrest, der in etwa dem heutigen „persönlichen Arrest" aus § 918 ZPO i. V. mit § 916 ZPO entspricht. Es gibt heute neben dem persönlichen Arrest auch einen dinglichen Arrest (§ 917 ZPO). Der persönliche und der dingliche Arrest aus den §§ 916 ff. ZPO dient zur Sicherung der Zwangsvollstreckung in das Vermögen eines Schuldners, wenn „zu besorgen ist, daß ohne Verhängung des Arrestes die Vollstreckung des Urteils vereitelt oder wesentlich erschwert werden würde".

Agnes von Drachenfels 1348

Der in der Urkunde vom 26. 12. 1347 erwähnte Konrad von Seghenhoven war mit Agnes von Drachenfels verheiratet. Dies führt jedenfalls de Claer aus, der sich insoweit auf eine Schuldverschreibung vom 16. 12. 1348 beruft, deren einleitender Text dem der bereits erwähnten Urkunde vom 26. 12. 1347 entspricht.

„non erint universi quod nos metza de alde vrauwe von Draghinvelz nuncupata commorans in Kunygswinterin, Rudeger filius meus, Conradus van me Zegehove gener meus, et Ernst de Oetchimbach prepositus ecclesie sancti Petri in Maguncia tenemur et obligati sumus".

Als Quelle insoweit gibt de Claer an: „Urkunde des Gudenauer Archiv de 16. 12. 1348 Fam. v. Anxtel".[96]

Katharina von Drachenfels 1340

Nach de Claer hat Katharina von Drachenfels den Ritter von Hohenfels 1340 geheiratet, „in welchem Jahr er sich in einem Streit mit dem Erzbischof Walram von Cöln (1333 — 1349) auf seinen Schwager (Anm.: wohl Burggraf Heinrich von Drachenfels) als Schiedsrichter

bezog. Catharina war bekannt als eine Wohltäterin der dem hl. Urbanus geweihten Burgkirche".[97]

Burggraf Heinrich von Drachenfels und die Benediktinerabtei St. Michael 1357

Im Jahre 1125 war den Grafen von Berg durch den Kölner Erzbischof Friedrich von Schwarzenburg das Vogteirecht über die Benediktinerabtei St. Michael auf dem Siegberg übertragen worden. Im Laufe der Zeit kam es zu immer wieder ausbrechenden Zwistigkeiten zwischen der Abtei St. Michael und den Grafen von Berg, die als Vögte bemüht waren, die „Landesherrschaft" und Reichsunmittelbarkeit der auf bergischem Gebiet liegenden Abtei, in die auch die Stadt Siegburg mit einbezogen war, zu beschränken bzw. zum Erliegen zu bringen. In ihrem Kampf um die Erhaltung ihrer hoheitlichen Rechte gingen die Äbte der Abtei aus den verschiedensten Gründen u. a. dazu über, sich zu ihrer Unterstützung adelige Herrn zu verpflichten. Einer von ihnen war Burggraf Heinrich von Drachenfels, der in einer Urkunde vom 22. 3. 1357 allgemein bekannt machte, daß ihn der Abt der Siegburger Benediktiner Abtei zu seinem Lehnsmann gemacht habe. Zur Begründung des Lehnsverhältnisses hatte einerseits Abt Reinhard dem Burggrafen 150 alte gute Goldschilde ausgezahlt, während sich andererseits Burggraf Heinrich verpflichtet hatte, dem Abt jährlich 15 alte gute Goldschilde oder den Wert derselben in der jeweils gängigen Kölner Währung aus den Einkünften von zwei im Kirchspiel Königswinter gelegenen Weinbergen namens „dat Henechin" und „in der Winkelgassen" zu zahlen.[98]

In bezug auf diese Belehnung des Burggrafen Heinrich von Drachenfels durch Abt Reinhard führt Heinekamp aus, daß Heinrich von Drachenfels 1357 gegen einen Pachtzins als abteiliches Grundstück den Stadtgraben vor dem „Grömmelsthor" in Siegburg zu Lehen übernommen habe.[99]

Damals dürften Burggraf Heinrich von Drachenfels und seine Frau Christine zu Siegburg ein Haus am Steinweg erworben haben, über

das ihre Söhne Gottfried und Pilgrim am 27. 10. 1405 einen Pachtvertrag mit einem Siegburger Ehepaar schlossen. Die Beziehungen zwischen der Siegburger Benediktiner Abtei und der Burggrafenfamilie von Drachenfels müssen sich ausgezeichnet entwickelt haben; denn Pilgrim von Drachenfels trat zu einem nicht feststellbaren Zeitpunkt als Mönch in die Abtei auf dem Siegberg ein. Bereits 1385 wird er urkundlich als Scholaster (kindemeister) der Abtei erwähnt. Als solcher vertrat er die Abtei bei einem Schiedsspruch der Siegburger Schöffen vom 15. 10. 1385, die über einen Rechtsstreit zwischen der Abtei einerseits und Herrn Dietrich von Brohl andererseits zu entscheiden hatten. Urkundszeugen insoweit waren u. a. Burggraf Heinrich von Drachenfels und Ritter Heinrich von Bachem.[100]

In einer Urkunde vom 27. 4. 1387 wird Pilgrim von Drachenfels bereits als Abt der Benediktiner Abtei auf dem Siegberg erwähnt.[101]

Schiedsleute verweisen einen Rechtsstreit des Burggrafen Heinrich von Drachenfels an die zuständigen Gerichte 20. 10. 1366

„Wir — Wilhem van Hain ritter ind Johan van Hairheym, knappe — schryven ind bekennen in desim offenen breyve, dat wir uns eynre schedingen geladen hatten tusschen deim burchgreven van Drachenvelcz, heirren Wilhem Quaden ind der partien ind Herrmanne van Slijcheym ind der partien, also dat wir sy goitlichin ind mit mynnen, of wir kunden ind moeghten, scheiden soelden, ind hatten ouch dat vur uz gescheiden, of wir si neit goitlichin ind mit mynnen gescheiden in kunden ind wir den heiren neit na ryden inwolden, so moeghten wir si wisen an alle dye steede da dy guyt gelegen weren ind gehoirich weren. ind want mir si nu neit mit mynnen goitlich gescheiden in kunnen, so wisen wir vurschreven raitlude Wilhem ind Johan dese vurschreven partien in alle dy steede mit reychte da dy guyt geschreven sint ind gehoirich sind. Ind dis zoe geczughe der wairheit hain wir Wilhem ind Johan unse segel an desin breiff gehancghen".[102]

Burggraf Heinrich von Drachenfels wird in der Zeit von 1366 — 1382 verschiedentlich als Urkundszeuge erwähnt. Aus Kölner Stadtrechnungen ergibt sich, daß die Stadt Köln am 3. 3. 1372 einen Boten an Burggraf Heinrich gesandt hat. An Unkosten entstanden der Stadt insoweit 8 Schillinge.[103] Die Gründe der Entsendung des Boten der Stadt Köln sind unbekannt.

VI. Burggraf

Gottfried von Drachenfels
31. 3. 1388

Nachfolger des Burggrafen Heinrich von Drachenfels im Burggrafenamt war sein Sohn Godart, der zu Beginn des Jahres 1388 in eine Fehde mit der Stadt Aachen verwickelt war. Auskunft hierüber geben verschiedene Fehdebriefe seit dem 31. 3. 1388. Godart, der der bedeutendste Vertreter des Burggrafengeschlechts von Drachenfels war, wird in den nachfolgenden Ausführungen zur Unterscheidung von anderen Familienmitgliedern, die denselben Vornamen trugen, unter dem Vornamen Gottfried aufgeführt.

Fehde Gottfrieds von Drachenfels
mit der Stadt Aachen
„von wegen seines swegerherren"
Scheiffart von Merode zu Hemmersbach
31. 3. 1388 — 26. 1. 1389

Erste Auskunft über die Fehde Gottfrieds von Drachenfels mit der Stadt Aachen gibt ein Fehdebrief vom 31. 3. 1388, in dem Engilbracht (Anm.: Engelbert) von Selbach gemeinsam mit acht „Genossen" als Helfer des Ritters Gottfried (Godard) von Drachenfels der Stadt Aachen Fehde ankündigte. Die Burg Hohenselbach lag bei Daaden im Kreis Altenkirchen/ Westerwald. Der Fehdebrief hat folgenden Wortlaut:

„Wißet burgermeystere, rayt, burgere und stad gemeynliche zu Aeche,/ daz wir Engilbracht von Selbach, Herhart Wolff von Selbach, Kirstian/ von Sasenrode, Johann von Muden, Tylman von Wyderbach, Conrat/ von Hunffe (Anm.: Honnef), Godebracht von

Morsbach, Herhart von Dadenbach und Wyprecht von Gebertzhan woln ure fynde syn umbe willen hern . . . Godartz von Drachenfels, ritters und wollen unser ere des gen uch bewart han myt dysem Brybe under ingesigil myn Engilbracht vurgenant, des wir vurgeschreven alle gebruchen".[104]

Auf der Rückseite der Urkunde befindet sich der gleichzeitige Registraturvermerk „Van heren Scheyvartz wegen". Bei diesem Scheiffart von Merode zu Hemmersbach handelte es sich um den Schwiegervater Gottfrieds von Drachenfels. Dies ergibt sich aus einer Urkunde Gottfrieds von Drachenfels vom 26. 1. 1389, in der er „Scheyvart von Merode, Herrn zu Heymersbach als seinen swegerherren" bezeichnet. Wann Gottfried von Drachenfels und Adelheid von Merode, die Tochter Scheiffarts von Merode, geheiratet haben, ist nicht bekannt. Urkundlich wird Adelheid von Merode als Ehefrau des Burggrafen von Drachenfels erstmals am 13. 3. 1393 erwähnt. Die Burg Hemmersbach lag bei Düren. Über die Gründe, die zu der Fehde zwischen Scheiffart von Merode zu Hemmersbach und der Stadt Aachen geführt haben, ist nichts bekannt. Jedenfalls aber hat sich Gottfried von Drachenfels in dieser Fehde auf die Seite seines Schwiegervaters gestellt und seinerseits zahlreiche Fehdehelfer gewonnen, wie sich u. a. aus der bereits zitierten Urkunde vom 31. 3. 1388 ergibt.

Ebenfalls unter dem 31. 3. 1388 „kündigten Albrecht von Gebertzhan und dreissig Genossen als Helfer des Ritters Gottfried von Drachenfels der Stadt Aachen die Fehde an". Diese Urkunde hat folgenden Wortlaut:

„Wißet burgermeystere, rayd, burgere und stad gemeynlich zu Aechen,/ daz wir Albrecht von Gebertzhan, Engelbracht von Selbach der junge, Dyderich Wolff von Wydersteyn, Frydrich von Bracht, Rohrich/ Ebirhart, Pylgrym und Philips, gebrudere von Wyze, Johann von Ymhusen, Dyderich und Otte von Sasen, Gerlach vome Gruben, Hydenrich von Wydershan, Duyngyn von Bertelsbach, Hermann vome Gryndel, Dyderich von Rensdorff, Johann von Kalberdal,

Gerlach Kruder von Aldenwyde, Henrich, syn bruder, Arnolt und Henne von Wyngersdorff, Henrich von Betzdorff, Gerlach von der Horpach, Hermann Contzgin und Heydenrich von Schurfelden, Mathys von Wyderbach, Conrat von Walmerade, Werner von Nuynkirchen, Henne von Schurfelden, Johann von Meyen und Gerlach von Eckenhan wollen alle ure fiende syn umbe willen hern Godartz von Drachenfels, ritters, und wollen unser ere des gen uch vurwart han, under ingesigil mayn Friderichs von Bracht, des wir ander vurgeschreven alle gebruchen myt yme"[104]

Die Gebrüder von Ysengarten kündigten am 31. 3. 1388 der Stadt Aachen ebenfalls Fehde zugunsten des Burggrafen Gottfried von Drachenfels an. Dieser Fehdebrief hat bei freier Übertragung aus dem Mittelhochdeutschen folgenden Wortlaut:

„Wisset Bürgermeister, Rat, Bürger und Stadtgemeinde zu Aachen, daß wir — Symon, Wilhelm Tylman, Gebrüder von Ysengarten, sowie Sebracht vome Hobe und Conrat myt der Ryncken vome Ransbach — auf Wunsch des Ritters Gottfried von Drachenfels Eure Feinde sein wollen. Wir wollen unsere Ehre Euch gegenüber durch diesen Brief bewahrt haben, der mit meinem, des vorgenannten Tylman, Siegel versehen ist, das wir alle benutzen".[104]

Die Zahl der Fehdehelfer des Burggrafen Gottfried in seiner Fehde mit der Stadt Aachen war damit aber noch nicht erschöpft, denn ebenfalls unter dem 31. 3. 1388 kündigten die Gebrüder Gerhard, Arnold und Johann von Selbach mit 9 „Genossen" als Helfer des Burggrafen Gottfried von Drachenfels der Stadt Aachen die Fehde an. Es waren außer den Gebrüdern von Selbach: „Rudolff von Lennhusen, Arnolt von Ymhusen, Dyderich von Selbach, Johan von Muden/ genannt Steynrutz, Johan von Derenbach, Rorich von Gebertzhan, Johan von Gebertzhan, Gerhart von Hairdorff und Peter von der Kirchen".

Unter dem 6. 4. 1388 trat Junggraf Gerhard von Sayn und Herr zu Homburg als Fehdehelfer auf die Seite des Burggrafen von Drachenfels.

Auch Reinhard von Westerburg trat im Fehdestreit auf die Seite des Burggrafen von Drachenfels und zwar gemeinsam mit 27 „Genossen". Bei ihnen handelte es sich um:

„Wolf van Sottenbach und Cohe und Johan und Gerhart, gebruder, Gerhart von Schonenburn, Henrich van Nuwenrode und Cone und Frederich, gebruder, Rorich van Heymdorf und Frederich, gebruder, Johan van Walpmeshusen, Gerhart van Irmetrode und Gilbricht, gebruder, Syvard van Sidenstein, Hermann van Muden, Hene Nusel, Henne van Eymsse, Herman van Frankenbach, Lutzegin van Ottenstein und Kirstgin, gebruder, Peter van Staloven, Werner van Bertelshain, Johan vam Steyne, den man nennet Schauf, Everhart van Schonenberg, Peter van Eltzvil sowie Henrich van Husen und Gerhart, gebruder".

Darüber hinaus kündigten zugunsten des Burggrafen von Drachenfels weitere 16 Fehdehelfer der Stadt Aachen die Fehde an. Es waren: „Johan van Heymbach, Henrich van Wederbach, Otte van Derinbach, Everhart van Wise und Rorich, gebruder, Wipricht von Steintenbach der junge, Wolff van Wederbach, Wilhelm van Steinenbach und Wygant, gebruder, Wilhelm van Betzdorff und Arnult, gebruder, Gerhart van Hirtzberg, Herman van Etzijgenhusen, Henne von Hachenburg, Ailf van Schurvelt der junge und Henne von Waldenrode".

Ebenfalls kündigten als Helfer des Burggrafen von Drachenfels der Stadt Aachen die Fehde an: „Robin van Bickan und Conraid van Ensse, Rorich von Staloven, Hentze van Frusburg, Paulus van Frusburg, Otte van Moderspach, Henrich van der Stroit, Arnuld van Haselbach, Herman van Crumbach, Dederich van Gerentorff der junge und Henrich van Huzenrode".

Burggraf Gottfried von Drachenfels selbst kündigte am 6. 4. 1388 als Helfer seines Schwiegervaters Heinrich Scheiffart von Merode, Herrn zu Hemmersbach, der Stadt Aachen die Fehde wie folgt an:

„Wyst burmeister, raid ind stait gemynlichen zu Aiche, dat ich Goitdart van Draichenveltz, rittere, dat ich ur vyant wyl seyn umb dat unreicht, dat ir an her Scheyffatz van Roidde, here Hemmersbaich, gelaicht haid,/

ind wyl des myn ere intgene uch beward han under myn sigel".[104]

Ebenfalls ergingen zugunsten des Burggrafen Gottfried von Drachenfels am 7. April 1388 Fehdebriefe des Johann von Hovelz und des Wilhelm von Rennenberg. Im Fehdebrief des Johann von Hovelz sind als Helfer aufgeführt: „Wyangt van Weltzenens, Gerlaiche ind Roilman gebrodere van Glytberch, Johan van Becht de iunche, Johan van der Heisse, Ailff van Muych, Syffartz/ Snetze ind This van Syberche". Im Fehdebrief des Wilhelm van Rennenberg sind als Helfer erwähnt: „Arnuld van Grensauwe, Henne, Heinze gebrodere van Weidenkaussen genant Hoillen ind Heinze Tunnenbercher".[104]

Unter dem 8. April 1388 kündigten Ritter Sifrid und „Johan von Bicken, ritter, Ebirhart von Bracht, Conrat von Walmerode, Wyprecht von Gebertzhan, Rorig von Wyze und Johan von Schurfelden" als Helfer des Burggrafen Gottfried von Drachenfels der Stadt Aachen die Fehde an.

Die Fehde mit der Stadt Aachen wurde am 26. Januar 1389 durch Sühne abgeschlossen.

„Auch der Schwager Godarts, Johann Scheiffart IV. von Merode stand mit Aachen in Fehde. Am 4. April 1392 verglich er sich mit der Stadt wegen des Schadens, den ihm Aachener Söldner bei der Belagerung des Schlosses Hemmersbach zugefügt hatten, und trat in ihren Manndienst ein".[104]

Burggraf Gottfried von Drachenfels verkauft einen Hengst für 70 Goldgulden 20. 12. 1388

Johann von Virneburg erwarb am 20. 12. 1388 von Burggraf Gottfried von Drachenfels einen Hengst zu einem für damalige Verhältnisse hohen Kaufpreis von „70 Gulden aus gutem Gold und schwer von Gewicht". Diesen Kaufpreis konnte Johann von Virneburg aber nicht aufbringen. Deshalb verpfändete er als Sicherheit für den Kaufpreis einen Stall zu Virneburg und zwei Wiesen. Aus dem Inhalt der Urkunde ist zu entnehmen, daß beide Vertragsparteien mehr oder weniger davon ausgingen, daß der verpfändete Stall und die verpfändeten Wiesen aller Wahrscheinlichkeit nach für immer in den

Besitz des Burggrafen Gottfried übergingen. Der Ausgang der Sache ist unbekannt.[105]

Burggraf Gottfried von Drachenfels und seine Frau Adelheid von Merode

Es ist nicht bekannt, wann Gottfried von Drachenfels und Adelheid von Merode geheiratet haben. Anhaltspunkte insoweit ergeben sich daraus, daß ihr Sohn Heinrich von Drachenfels bereits 1398 geheiratet hat.[106]

Wie es im Mittelalter allgemein üblich war, hatten die Eltern der Brautleute Gottfried von Drachenfels und Adelheid von Merode vor der Heirat ihrer Kinder einen Ehevertrag zu deren Gunsten geschlossen. In diesem Vertrag war genau festgelegt, welche Vermögenswerte Gottfried von Drachenfels in die Ehe einbrachte und welches Heiratsgut die Brauteltern ihrer Tochter und damit auch ihrem zukünftigen Schwiegersohn zur Verfügung zu stellen hatten.

Wenn auch der Ehevertrag nicht mehr erhalten ist, so folgt doch aus einer Urkunde vom 20. 9. 1407, daß die Brauteltern ihrer Tochter und ihrem Schwiegersohn eine erhebliche Geldzahlung zugesagt haben müssen, die dann nicht oder jedenfalls nicht in voller Höhe gezahlt worden ist.

Adelheid von Merode war bereits verstorben, als sich ihr Bruder Scheiffart von Merode, Herr zu Hemmersbach, am 20. 9. 1407 verpflichtete, seinem Schwager Gottfried von Drachenfels das rückständige Heiratsgut „zu einem Betrage von 2 000 Gulden zur Hälfte in bar und zur Hälfte durch Überweisung von Gütern zu zahlen".[107]

Insoweit übertrug Scheiffart von Merode mit Einwilligung seines Sohnes Scheiffart seinem Schwager Gottfried, Herr zu Drachenfels, für einen Betrag von 400 Gulden das Gut Ohlert bei Siegburg und für einen Betrag von 600 Gulden das Lehen, „dat myn selige vader mir geerft hait anmyme genedigen heren dem ... ertzebusschof van Triere" und für den Rest das Gut zu Sechtem „na formen ind ynnehalde zwiger principailbrieve die darup sunderlinge gemacht ind besiegelt synt", indem er sich zugleich für die spätere Zustimmung seines noch unmündigen Sohnes Friedrich verbürgte.[108]

Burggraf Gottfried von Drachenfels und seine Frau Adelheid erwerben eine Erbrente von 200 Rheinischen Goldgulden 13. 3. 1393

Gottfried von Drachenfels muß in guten Vermögensverhältnissen gelebt haben; denn sonst hätte er sicherlich nicht erst nach dem Tode seiner Frau die Auszahlung des Heiratsgutes verlangt. Dies findet seine Bestätigung durch den Inhalt einer Urkunde vom 13. 3. 1393, die ausweist, daß Burggraf Gottfried von Drachenfels und seine Frau Adelheid für sich und ihre Erben von „Wilhelm von Jülich, von Gottes Gnaden Herzog von Berg, Graf von Ravensberg und Herr zu Blankenberg, sowie dessen Frau Anna von Bayern, Herzogin, Gräfin und Herrin der vorgenannten Lande, eine jährliche Erbrente von 200 „rijnsschen gulden guet und swair an goulde ind gewichte as zer zijt zo Coelne genege ind geve sijnt" gegen Zahlung eines Kaufpreises von 2 000 Gulden erworben haben. Die Zahlung der jährlichen Erbrente hatte am Weihnachtstag auf dem dem Burggrafen Gottfried gehörigen Haus „Schruchelenberg" zu Königswinter zu erfolgen. Zur Sicherstellung der Zahlung der Erbrente hatte Wilhelm von Jülich 10 Bürgen zu stellen. Darüber hinaus wurde ein Einlager besonderer Art vereinbart. Die Bürgen hatten im Falle der Nichtzahlung der Erbrente auf Verlangen des Burggrafen von Drachenfels berittene Knechte auf ihre Kosten in ein noch von dem Burggrafen zu bestimmendes Quartier zu Köln zu stellen.[109]

Burggraf Gottfried von Drachenfels stellt dem Trierer Erzbischof Werner bewaffnete Freunde und Diener für einen Ritt nach Welchland zur Verfügung 13. 5. 1394

Es ist nicht bekannt, was Burggraf Gottfried von Drachenfels bewogen hat, dem Trierer Erzbischof bewaffnete Freunde und Diener zur Verfügung zu stellen. Der Ritt nach Welchland, den Freunde des Trierer Erzbischofs durchführten, war offensichtlich verlustreich. Dies

folgt daraus, daß Erzbischof Werner schließlich an Burggraf Gottfried von Drachenfels zum Schadensausgleich einen Betrag von 200 Gulden gezahlt hat. Durch Urkunde vom 13. 5. 1394 bekannte Gottfried von Drachenfels dem Trierer Erzbischof, daß durch die Zahlung der 200 Gulden alle Schäden und Verluste seiner, des Burggrafen, Freunde und Diener ausgeglichen seien.[110]

Einnahmen des Burggrafen Gottfried in den Jahren 1395 — 1398

Auskunft über die Einnahmen und Ausgaben des Burggrafen Gottfried von Drachenfels in den Jahren 1395 — 1398 geben die von seinem Verwalter bzw. Rentmeister erstellten Haushaltrechnungen. Leonard Korth hat 1892 diese Haushaltrechnungen auszugsweise veröffentlicht. Er berichtet darüber u. a.:

„Die Rechnungen bilden zwei mit Pergamentumschlägen versehene Bändchen von starkem Papier, welches als Wasserzeichen dem Ochsenkopf mit dem Stern aufweist, beide im Schmalfolio-Format. Das eine enthält auf 33 Blättern ein Verzeichnis der Ausgaben vom 8. August 1395 bis zum 22. November 1398, während das andere auf 10 Blättern — mit Einschluß der beiden zum Teil beschriebenen Umschläge — die Einnahmen etwa für den gleichen Zeitraum aufführt".[111]

Korth hat bei der Wiedergabe der „Einnahme — Rechnungen" wegen der naturgemäß sehr gleichförmigen Aufzeichnungen (lediglich) eine kurze Übersicht über ihren Inhalt gegeben. Insoweit führt er u. a. aus:

„In erster Reihe stehen die baaren Erträge des Schatzes (schetzinge, exacciones), derjenigen Steuer also, zu welcher die Unterthanen dem Besitzer der Grafschaft, der Vogtei, der Gerichtsbarkeit verbunden sind".[112]

Die nachfolgenden wiedergegebenen Mitteilungen von Korth machen deutlich, daß Burggraf Gottfried von Drachenfels bereits gegen Ende des 14. Jahrhunderts Grundherr und Inhaber der Gerichtsbarkeit in einem Teil des linksrhei-

nisch gelegenen Gebietes war, in dem sich im Laufe der Zeit die Herrschaft Drachenfels, das Drachenfelser Ländchen, entwickelte.

„Die baaren Erträge des Schatzes fließen, soweit es die Rechnungen übersehen lassen, nur aus drei Orten: in Bachem erreichen sie die Höhe von 500 Mark, „up deme Geuwe" betragen sie sogar 700 Mark jährlich, während sie in Pissenheim (Anm.: jetzt Werthoven) die Summe von 100 Gulden nicht überstiegen zu haben scheinen. Hierneben stehen noch die eigentlichen Gerichtsgefälle. So wird einmal verzeichnet: „van deme rechter von Bachem 100 m." Ein anderes Mal heißt es etwas anschaulicher: „zu Bacheem 1 m. van eyme de sich hatte geslaggen mit juncker Teilgins sone van Gimmersdorp".

Pacht und Zins begegnen nur sehr vereinzelt und in geringfügigen Beträgen: jährlich 2 Gulden zahlt die Mühle zu Bech, 17, auch blos 5 Schillinge werden in Geislar erhoben, 11 Mark in Limperich, 16 Mark und 10 Schillinge in Königswinter. Es ist jedoch wahrscheinlich, daß Einnahmen in verwandter Art auch in Aufzeichnungen wie den folgenden zu suchen sind:

ich han entfangen van Hovemann 100 m. ond 26 m. Hovemann gaff mir 32 m. des irsten sundages in der vasten.

zu Lyns 61 m. gaff mir Claysgin der boyde. Peter Clockener 100 m. ond 6 m. 16 m. bracht mir Hanze van Lair (Anm.: Sieglar) Barbara virginis.

Claisgin van Lyns 50 m. 10^{1}/$_{2}$ m. van dem boyden van Asbagh. 16^{1}/$_{2}$ m. gaff mir de boyde van Nuenstat. ich haen gehaven zu Unkel 116 m. vigilia Remigii u. a. m.

Einen Blick in recht schlichte Verhältnisse eröffnen uns die Notizen des Rentmeisters über kleine Vorschüsse, die ihm der Burggraf selber gelegentlich leistet:

8 alb. gaff mir myn herre zu Wynteren in der kugghen. ich haen entfanghen zu Sibergh ipso die undecim milium virginum a domino meo drij meczer gl. 9 m. myn herre gaff mir

zu Wynteren 12 m. myn 4 sch. myn herre gaff mir 19 m. up deme huse. myn herre gaff mir 8 m. zu Drachenvelz. 3 m. nam ich in myns herren tesschen zu Duysseldorp. ipso die Elizabet gaff mir myn herre 30 rynscher gl. uz den hundert gl. de ich eme gaff van der schetzinghen van Pijssenhem. 15 m. nam ich zu Bunne uz myns herrn teschen. 7 gulden, 20 alb, fur eynen gl., gaff mir myn herre zu Laer vigilia Marie up der kemenaiden. 20 m. gaff mir myn herre zu Laer up der stoven feria quinta ante palmarum. 8$\frac{1}{2}$ m. nam ich zu Drachenvelz up der kameren do myn herre zu Vranckenvort voir.

Sehr beträchtliche Summen ergibt der Verkauf und Ausschank des Weines und es gewährt zugleich wieder ein lebendiges Bild patriarchalischer Zustände, wenn wir den burggräflichen Rentmeister die Volksfeste benutzen sehen, um das Erzeugnis der ausgedehnten und trefflich verwalteten Weinberge an den Mann zu bringen:

up sent Jacobs dagh zapde ich eyn stuck wyns zu Pissenheim dat heilte 4 amen ond 1 veirdel, de quart 10 maur., de summa 45 m.ich haen gehaven van den wynen van Mundorp (Anm.: Mondorf) 46 m. de mir gebraiggen. Pyssenhem $\frac{1}{2}$ voyder wyns ond eynen ember, de quart 10 maur., de summa 10 gl. ond 37 sch. up sent Lamberth dagh 18 rynscher gl. ond 15 sch. van eyme stucke wyns.

ich verkoyffde zwey stuck wyns fur 77 m. ond 3 sch., des beheilte ich 6 rynsche gl., dat ander gaff ich myne herren.

10 amen wyns haen ich verkoefft minus unius sextarii, dat foyder 14 gl., de summa 77 m. ond 5 sch.

ich zapde zu Pyssenhem eyn stuck wyns ipso die Jacobi, dat heilte 4 amen ond eynen ember, de quart 1 sch., de summa 28 m.

1 stucke zue Vilpe zue der kirmyssen 1 ember ond 4 amen".[113]

Weitere nicht unerhebliche Einkünfte erzielte Burggraf Gottfried von Drachenfels aus dem An- und Verkauf von Getreide in Pattern bei Jülich, den sein Verwalter vornahm.

Abb. 39: Winzer beim Ramhauen, Aquarell, Helmut Georg, 1953, Siebengebirgsmuseum.

„200 m. ond 7$\frac{1}{2}$ m., 3 maur. minus, nam ich zu Patteren vur 92 malder korns, dat malder 13$\frac{1}{2}$ alb.
10 m. van zwen malder weys (Anm.: Weizen) van deme goide zu Molenarck.
8 m. vur 2 malder korns.
4 m. vur 1 malder korns.
ich haen verkoeft zu Patteren 92 malder korns ond 1 sumbren, dat malder vur 3 m., de summa 277 m. ond 1 sch.
42 m. ond 1 sch. vur 9 malder weyss, dat malder 5 m.,
4 sch. yn.
10 alde schilde van deme weysse den ich brachte van Patteren.

Irgend ein Handelsgewinn aus der Viehzucht ist nicht ersichtlich, es sei denn, daß die Häute der geschlachteten Ochsen zu ansehnlichen Preisen veräußert oder gelegentlich ein paar Hühner und Gänse verkauft werden:

22 m. van den irsten oyssenvellen; van den lesten vellen van zwen vellen 7 m. ond 4 sch.
10 m. van 4 oyssenvellen, quamen zu van Lair.
8 m. vur dru oyssenvel.
14 alb. vur zwei vel, eyn kalffvel, eyn koyvel.
3 alb. vur zwey hoenre.
9 alb. zu Wynteren vur 6 hoenre.
1 alb. vur 4 hoenre zu Geislair.
9 alb. vur dri gense.

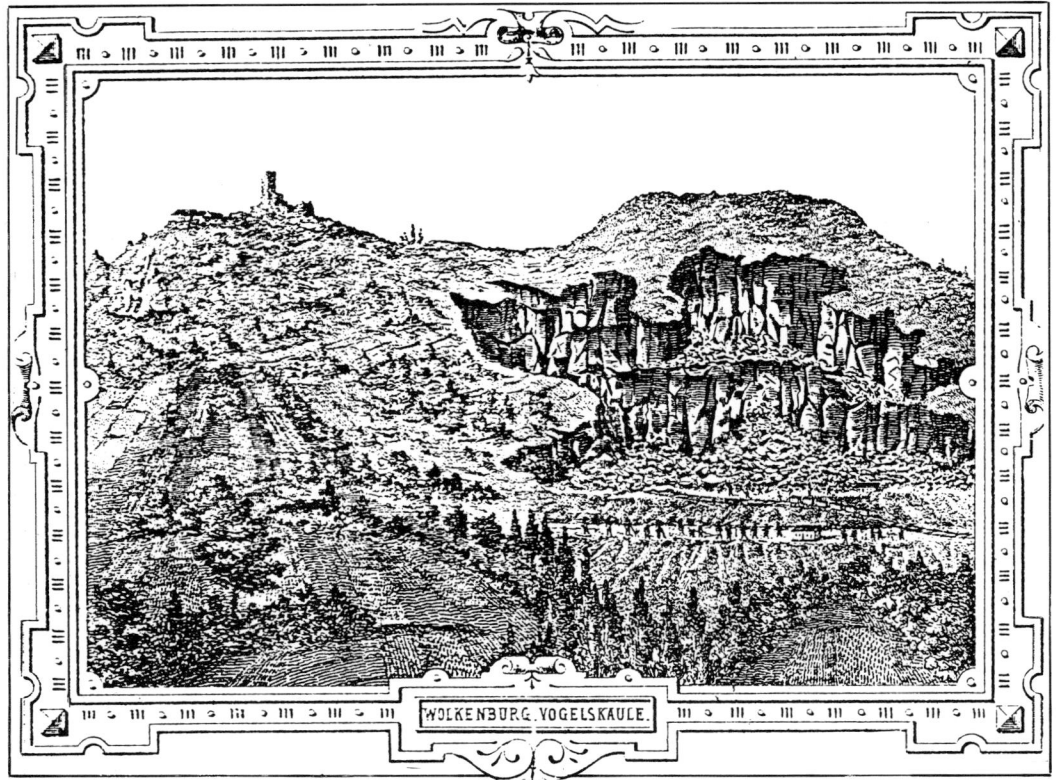

Abb. 40: Druck aus dem Jahre 1895; Siebengebirgsmuseum.

die Namen der hauptsächlichsten Abnehmer kennen zu lehren:

„Henne Ros ond syn geselle 15 veirdel steyn ond 3 voysse, de summa 17 m.

Teil Maenze 7 veirdel steyn 3 voys vigilia Bartholomei, summa 8 m., 3 sch. myn.

vigilia annunciacionis beate Marie virginis Hen Ros ond syn geselle 11 veirdel steyne ond 3 voysse, de summa 12 m. ond 9 maur.

Henne Ros ond Teil Maenze octava exaltacionis 400 steyne ond 6 voysse, de summa 16 m.

de deghen ond syn geselle ipso die Lamberti 9 veirdel steyne, 6 voysse myn, de summa 10 m. ond 9 maur.

feria secunda post Dionisii der deghen ond syn geselle 12 veirdel, 8 voys myn, de summa 13 m. ond 2 sch.

Ob unter dem häufig begegnenden „deghen" der Dechant und Bauherr einer Stiftskirche, ..., zu verstehen ist, wird sich schwerlich je ermitteln lassen. Im Zusammenhang mit dem Steinhandel stehen wahrscheinlich die ziemlich oft verzeichneten Einnahmen an Pferdemiethe und Fuhrlohn".[115]

(Anmerkung: „m = Mark; sch. = Schillinge; maur. = Mörchen oder Heller")

Weitere Anhaltspunkte über den Betrieb des Gemeinen Bruchs und die damit verbundenen Einnahmen der Burggrafen von Drachenfels geben Unterlagen über Steinlieferungen an das Domkapitel in Xanten zum Bau des Xantener St. Viktor-Doms, der 1190 begonnen und 1530 vollendet wurde. Felten führt hierzu 1925 u. a. aus: „Für den Bau des Viktor-Domes in Xanten am Niederrhein wurden fast zwei Jahrhunderte lang die Bausteine vom Siebengebirge bezogen. Das Kapitel von Xanten war zu arm, um eigene Steinbrüche pachten zu können und sein Kirchenbau war auch nicht bedeutend genug. Die Baurechnungen ergeben die fortlaufende Verwendung von Drachenfelser Gestein mit Bestimmtheit wenigstens vom Jahre 1368 bis zum Jahre 1517.

Das Xantener Stift konnte nur langsam und in Zwischenräumen bauen, weil die hohen Transportkosten den Preis der Steine verdoppelten und ungeheure Summen verschlangen. Aber

Von noch geringerer Bedeutung ist es, wenn kleine Summen für Heu und Stroh oder gar für alte Weinbergspfähle (alde ramen) vereinnahmt werden".[114]

Einnahmen des Burggrafen Gottfried und seiner Nachfolger aus dem Betrieb des „Gemeinen Bruchs" am Westhang des Drachenfels im 14. und 15. Jahrhundert

Wie bereits ausgeführt, ist der rheinische Kirchenbau vom 11. bis 16. Jh. ohne die Verwendung des Drachenfelstrachyt nicht vorstellbar. Während das Gestein für den Bau des Kölner Doms im Domsteinbruch gewonnen wurde, wurde das Steinmaterial für alle anderen kirchlichen Bauten, aber auch für Profanbauten nur im sogen. „Gemeinen Bruch" nördlich des Domsteinbruchs auf der Westseite des Drachenfels gewonnen. Aus dem Betrieb des Gemeinen Bruchs flossen den Burggrafen von Drachenfels erhebliche Einkünfte zu. Anhaltspunkte für diese Einkünfte, die zu erheblichem Reichtum der Burggrafen von Drachenfels führten, geben die bereits erwähnten Haushaltsrechnungen der Jahre 1395 — 1398. Leonard Korth berichtet insoweit:

Mit besonderem Interesse wird man wahrnehmen, eine wie große Bedeutung dem Betrieb der Drachenfelser Steinbrüche beizumessen ist. Die Steine werden verkauft im Hundert, aber auch nach Drittel, Viertel und Fuß; hin und wieder erscheinen „Ortsteyne", also fertig behauene Ecksteine. Einige Auszüge aus den Rechnungen sind geeignet, uns neben den überraschend vielgestaltigen Preisen zugleich trotzdem mußte man sich zu dem teuren Bruchsteinbau verstehen, weil die Kirche, die kein Gewölbe, sondern flache Decken von Holz hatte, schon fünfmal durch Brand heimgesucht worden war. Eine große Schiffsladung von fünfundzwanzig Wagen „Gadelsteen" und „Drakkenfelds" im Jahre 1405 verschlang die Baumittel des ganzen laufenden Jahres. Neue Massen Drachenfelser Steine wurden im Jahre 1415 herbeigeschafft. Unter den Steinmetzgesellen nahm der schon seit 1406 erwähnte Hermann von Wintern eine ziemlich selbständige Stellung ein. Er wurde immer wieder mit dem Ankauf der Steine in seiner Heimat betraut. 1421 reiste er zum Siebengebirge, wo er 200 Fuß „Drachenveltzer" für 18 1/3 Xantener Mark kaufte und 30 Wagen Gadelsteine für 213 Kölner Mark. In den folgenden Jahren holte er 32 Wagen Gadelsteine (Anm.: Bruchsteine) und 175 Fuß „Drachenveltzer". Über 10 Jahre mußte dann der Bau ruhen. 1436 übernahm Hermann von Wintern als Steinmetz des Kapitels die Verpflichtung, auf eigene Gefahr und Kosten die nötigen Steine zu beschaffen. Wieder ging er zum Drachenfels, von wo er 500 Fuß „Drachenvels", 265 Fuß Bogensteine und Rinnsteine, 6 1/2 Wagen Gaelscheider und 50 Stück Tannenbord mitbrachte. Ein großer Kirchenpfeiler aus massiv Drachenvelser Stein wird 1481 in Auftrag gegeben. Von 1488 bis 1517 häuften sich die Steineinkäufe, die die Xantener Bauhütte im Siebengebirge macht":[116]

Die Ausführungen von Korth und Felten machen beispielsweise deutlich, daß die im Gemeinen Bruch am Drachenfels gewonnenen Steine in der Regel nach Maß oder Zahl bei entsprechenden Preisen bezogen worden sind, während das Kölner Domkapitel aufgrund seiner Vorzugsstellung für den Betrieb des Domsteinbruchs unabhängig von der gewonnenen Steinmenge lediglich einen Festpreis zu zahlen hatte.

Ausgaben des burggräflichen Haushalts in der Zeit vom 7. 8. — 20. 12. 1395

Die von dem Verwalter bzw. Rentmeister des Burggrafen Gottfried von Drachenfels in den Jahren 1395 — 1398 erstellten Ausgabenrech-

nungen, die Korth 1892 lediglich auszugsweise veröffentlicht hat, geben nicht nur einen Überblick über das Leben, die Lebensführung und den Lebensstandard der Burggrafenfamilie, sondern auch generell über die damaligen Einkommensverhältnisse, das Wirtschaftsleben im Siebengebirgsraum, in dessen weiterem Bereich und in einem Teil des linksrheinisch gelegenen späteren „Drachenfelser Ländchens".

Für die Zeit vom 7. 8. — 20. 12. 1395 enthalten die Ausgabenrechnungen u. a. Angaben über die damals üblichen Lebensmittel, Getränke, Gewürze und Haushaltmittel. Insoweit werden regelmäßig als Lebensmittel erwähnt: „frischer Fisch, gepökelter Hering und Bücking, Hühner, Eier, Käse (auch Wagenkäse), Schmalz, Butter, Brot, Weißbrot, gewürztes Backwerk und Plattenkuchen, Zucker, Salz, Zwiebeln, Senf, Ingwer, Safran, Galgantwurzeln, Pfeffer, Birnen und Nüsse".

Soweit die Einkäufe und zwar nicht nur von Lebensmitteln erkennbar direkt für die Burggrafenfamilie bestimmt sind, wird die Ware in das burggräfliche Haus in Königswinter, auf die Burg Drachenfels und nach Sieglar (Lair) geliefert. Dies macht deutlich, daß die Burggrafenfamilie sich nicht ständig auf der Burg Drachenfels oder in ihrem Haus in Königswinter, sondern auch in Sieglar aufgehalten hat. Der zeitweilige Aufenthalt des Burggrafen Gottfried auf der Burg Drachenfels findet im Zusammenhang mit Lebensmitteleinkäufen stets besondere Erwähnung. Zusätzliche Lebensmitteleinkäufe sind aus Anlaß des Besuches der Töchter des Burggrafen auf der Burg Drachenfels vermerkt. Die Töchter des Burggrafen wurden nämlich in einer Art Internat des Frauenklosters auf der Rheininsel Nonnenwerth erzogen und ausgebildet. Damals hieß die Insel noch Ruleicheswerth (Rolandwerth). Ausdrücklich werden in diesem Zusammenhang die Jungfern Styngin und Lyngin erwähnt. Anhand der Ausgabenrechnungen erfährt man auch, daß Elisabeth Scherffgin aus dem Hause Gudenau, die 1398 Junker Heinrich von Drachenfels geheiratet hat, sich mehrmals gemeinsam mit den Töchtern des Burggrafen zu Besuchen auf der Burg Drachenfels und in Königswinter aufgehalten

hat. Auch mehrere Besuche des Abtes Pilgrim von Siegburg, des Bruders des Burggrafen Gottfried, in Königswinter waren mit zusätzlichen Lebensmitteleinkäufen für dessen Bewirtung verbunden.

Im übrigen geben die Ausgabenrechnungen Auskunft über Weinanbau und Landwirtschaft und die damit verbundenen Unkosten, die Tätigkeit von Winzern, Handwerkern und Arbeitern sowie deren Entlohnung, die teils in bar und teils in Form von Naturalien erfolgte.

In diesem Zusammenhang werden neben Königswinter die Orte Gimmersdorf, Mondorf, Sieglar, Eil bei (Porz-) Urbach, Winterscheidt und Soeven erwähnt.

Erstmalig findet unter dem 19. 9. 1995 das Haus Rüdenet (Rodenroid) urkundlich Erwähnung. Insoweit ist in der Ausgabenrechnung erwähnt, daß der Rentmeister des Burggrafen 5 Mark für Misttragen am Haus Rüdenet und an der „dugburgh" gezahlt hat.[117]

Ausgaben des Burggräflichen Haushalts in der Zeit vom 4. 1. — 22. 12. 1396

In den Ausgabenrechnungen des Jahres 1396 tauchen immer wieder die bereits erwähnten Lebensmittel usw. auf. Zusätzlich werden erwähnt: „gepökeltes Fleisch und grünes (frisches) Fleisch, Hammelfleisch, Milch, Maifisch, Öl, Mandeln, Rosinen und Petersilie". Besondere Ausgaben waren im April 1396 erforderlich, als Burggraf Gottfried von Drachenfels Vorbereitungen für die Teilnahme an einem Turnier in Düsseldorf traf. In diesem Zusammenhang wurden umfangreiche Neuanschaffungen und Ausbesserungen an Ritterrüstung und Bekleidung erforderlich. Junker Heinrich von Drachenfels erhielt 17 Albus für die Anschaffung eines „Sarrock", eines leinenen Gewandes, das unter der Ritterrüstung getragen wurde. Die Fahrt nach Düsseldorf wurde per Schiff unternommen. Als Burggraf Gottfried und sein Verwalter am 28. 4. 1396 wieder in Köln waren, wurde für den Burggrafen ein Paar Holzschuhe zum Preis von 1 Albus gekauft. Am 13. 5. 1396 übergab der Verwalter des Burggrafen der „vrauwen van Ulmen" 1

Albus für Weißbrot, als diese zur Insel Nonnenwerth fuhr. Bei dieser Frau von Ulmen dürfte es sich um die bereits erwähnte Jungfer Styngin von Drachenfels handeln, die inzwischen den Ritter Dietrich Huysten, Herr zu Ulmen, geheiratet hatte.

Im übrigen ergeben die Ausgabenrechnungen des Jahres 1396, daß der landwirtschaftliche Betrieb, der Weinanbau und die Unterhaltung von Haus und Burg Drachenfels neben der Zahlung von Löhnen auch Neuanschaffungen und Reparaturen erforderlich machten.[118]

Ausgaben des burggräflichen Haushalts in der Zeit vom 31. 1. — 10. 11. 1397

Unter den im Jahre 1397 eingekauften Lebensmitteln fällt besonders auf der Ankauf eines Korbes Feigen mit einem Gewicht von 84 „punt" zum Preis von $8^1/_2$ Mark. Auch in diesem Jahr wird die Ausrüstung des Burggrafen Gottfried von Drachenfels erneuert. Vermerkt ist auch, daß 1 Gulden Miete für das Haus gezahlt worden ist, von dem aus man das Turnier beobachtet hatte. Als Burggraf Gottfried am 9. 4. 1397 zur Beichte ging, hatte er 2 Albus Beichtgeld zu zahlen. Bei einem Besuch des Abtes Pilgrim in Siegburg waren aus dem burggräflichen Haushalt für den Verzehr Aufwendungen erforderlich. Aus Anlaß eines Besuches in Siegburg wurde für die armen Leute ein Schilling ausgegeben. Aus den Ausgabenrechnungen ist auch zu entnehmen, daß Garn für die Kleider der Töchter des Burggrafen, nämlich die Jungfern Greytgin und Lyngin gekauft wurde. Jungfer Greytgin von Drachenfels heiratete später den Ritter Dietrich von Grenzau. Am 20. 5. 1397 wurde 5 Schillinge zum Kauf von Weißbrot für die Töchter der Burggrafen im Internat des Klosters Nonnenwerth ausgegeben. Erstmalig finden am 17. 6. 1397 die Backofen — Kuhlen indirekt Erwähnung; denn am diesem Tage werden 3 Schillinge für das Brechen von Ofensteinen „up der Drenken" verausgabt. Weiterhin ergibt sich aus den Eintragungen des Verwalters, daß er mit dem Meister Stheffin Honre nach Kaub ritt, um Dachschiefer anzukaufen. Die Rückfahrt mit dem angekauften Dachschiefer erfolgte per

Schiff, was die Entrichtung von Zöllen an verschiedenen Rheinzollstellen mit sich brachte. Die Ausgabenrechnungen weisen auch aus, daß im Oktober 1397 1 Albus „eyme, de trat eyn bode wyns", gezahlt wurde, das heißt, daß dieser Mann die Weintrauben in einer Bütte getreten hat.[119]

Die Beziehungen der Burggrafenfamilie von Drachenfels zu dem Kölner Schöffen Philipp Scherffgin und seiner Frau Lyse 15. 11. 1362 — 23. 1. 1398

Ritter Hermann von Gudenau zu Altenahr besaß die Burg Gudenau als Lehen der Kölner Erzbischöfe. Am 15. 11. 1362 beurkundete er einen Ehevertrag zwischen seiner Schwester Lyse und Philipp, dem Sohn des Kölner Schöffen Johann Scherffgin. Im Rahmen dieses Vertrages erfolgte eine erbrechtliche Auseinandersetzung unter Regelung des Mitgiftanspruchs der Schwester Lyse dahin, daß Hermann von Gudenau ihr und seinem Schwager Philipp den elterlichen Hof zu Königswinter im Wert von 6 000 Mark übertrug.[120] Dies macht es verständlich, daß einer der Zeugen der Urkunde Burggraf Heinrich von Drachenfels war. Hermann von Gudenau behielt sich vor, das Gut zu Königswinter gegen Zahlung von 6 000 Mark einzulösen. In Abänderung dieses Vorbehalts übernahm er schon am 12. 5. 1363 von „myme lieven swager Philippe Scherfgin scheffen zu Colne ind van Lysen synre suster syme elichen wyve" (also von seinem lieben Schwager Philipp, Schöffe zu Köln, und dessen Ehefrau Lise, seiner Schwester) gegen Zahlung einer jährlichen Rente von 600 Mark den Hof zu Königswinter.[121] Wiederum war Burggraf Heinrich von Drachenfels einer der Urkundszeugen.

Im Jahre 1366 verkauften Hermann von Gudenau und seine Frau Helena ihrem Schwager Philipp Scherfgen, Schöffen zu Köln, und dessen Gattin Lisa, Schwester Hermanns von Gudenau, ihr freies Erbe „Haus Gudenau" für eine Erbrente von 100 Mark, welche mit 1 000 Mark abgelöst werden konnte, und stellten dafür die Güter zu Merle und Gießberg zum Unterpfand".[122] Es ist anzunehmen, daß auch

bei der Errichtung dieser Urkunde Burggraf Heinrich zu Drachenfels als Zeuge mitgewirkt hat. Zur Rechtswirksamkeit des Verkaufs der Burg Gudenau war die Genehmigung des Lehnsherrn derselben, des Kölner Erzbischofs erforderlich. Dementsprechend nahm der Kölner Erzbischof Engelbert von der Mark am 27. 2. 1366 „von Hermann von Gudenau, seinem Burgmanne zu Ahr, das Schloß Gudenau mit Zubehör nebst 300 Morgen Acker, Weinberg und Wald, dem Kirchenpatronat zu Villip, dem Weinzapf, Zehnten und Dinghof daselbst entgegen und belehnte damit dessen Schwager, den Kölner Schöffen Philipp Scherfgin".[123] Einer der Urkundszeugen war auch diesmal Burggraf Heinrich von Drachenfels. Philipp Scherffgin und seine Frau Lyse hatten zwei Töchter namens Elisabeth und Katharina. Aus den bereits erwähnten Ausgabenrechnungen des Verwalters des Burggrafen Gottfried von Drachenfels ist zu entnehmen, daß bereits 1395 Elisabeth Scherffgin und Junker Heinrich von Drachenfels verlobt waren. Lise Scherffgin war bereits verstorben, als ihr Mann Philipp Anfang Januar 1398 verstarb und am 5. 1. 1398 beerdigt wurde. Am 23. 1. 1398 „beredeten Hermann Scherffgin, Schöffe am hohen Gericht zu Köln, und Hermann von Gudenau eine Ehe zwischen ihrer Nichte Elisabeth, der Tochter des verstorbenen Philipp Scherffgin, oder deren Schwester Katharina einerseits und Heinrich von Drachenfels, dem ältesten Sohne des Burggrafen Gottfried oder dessen nächstältestem Bruder andererseits".[124]

Junker Heinrich von Drachenfels heiratet Elisabeth Scherffgin zu Gudenau Ehevertrag vom 23. 1. 1398

Mit dem Tode des vermögenden Schöffen Philipp Scherffgin übernahmen dessen Schwager Hermann von Gudenau und dessen Bruder Hermann Scherffgin, Schöffe am Hohen Gericht zu Köln, die Vormundschaft über ihre beiden verwaisten Nichten Elisabeth und Katharina Scherffgin. Am 23. 1. 1398 „beredeten" die beiden Vormünder mit Burggraf Gottfried von Drachenfels und seiner Frau Adelheid die Heirat des Junkers Heinrich von Drachenfels mit Elisabeth Scherffgin.

In diesem Ehevertrag, der spätestens binnen 3 Jahren vollzogen werden sollte, wurde vorsorglich auch abgesprochen, daß im Falle des Versterbens eines der beiden Verlobten vor oder nach der Heirat dessen Bruder bzw. Schwester an die Stelle des Verstorbenen treten solle. Als Mitgift sollte Elisabeth Scherffgin oder evtl. deren jüngere Schwester Katharina u. a. die Burg Gudenau mit allem Zubehör und Junker Heinrich oder evtl. sein nächstältester Bruder den Hof zu Eil, den im halben Drachenfelshang gelegenen Weinberg Rüdenet und den Hof zu Kochenbach in die Ehe einbringen. Im Falle des Versterbens des Burggrafen Gottfried von Drachenfels sollte Junker Heinrich oder evtl. sein nächstältester Bruder die „Oberste Burg" der Burganlage Drachenfels erhalten, also Nachfolger des Vaters im Burggrafenamt werden.[125]

Es kam dann auch zur Eheschließung zwischen Junker Heinrich von Drachenfels und Elisabeth Scherffgin, die ihren gemeinsamen Wohnsitz auf der Burg Gudenau nahmen. Die Heirat dürfte 1398 erfolgt sein. Am 10. 5. 1398 wurden von Königswinter aus 3 Fässer Wein zur Burg Gudenau geliefert. Pferde aus Gudenau wurden zum Arbeitseinsatz nach Königswinter abgestellt, die am 22. 11. 1398 für 6 Albus neu beschlagen werden mußten.[126]

Dietrich Huysten,
einer der Herrn von Ulmen,
und seine Frau Stine von Drachenfels
2. 9. 1398

Stine von Drachenfels, eine der Töchter des Burggrafen Gottfried von Drachenfels, die Dietrich Huysten von Ulmen geheiratet hat, wird noch am 25. 1. 1395 in den Ausgabenrechnungen des burggräflichen Haushalts Drachenfels gemeinsam mit ihrer Schwester Lyngin als Jungfer Styngin erwähnt.[127] Am 12. 11. 1395 scheint sie bereits mit Dietrich Huysten von Ulmen verheiratet gewesen zu sein, da der Verwalter des Burggrafen Gottfried an diesem Tage vermerkte, daß er „mynre vrauwen van Ulmen" 3 Albus für Weißbrot gegeben habe.[128] Dietrich Huysten weilte am 7. 3. 1396 zu Besuch auf der Burg Drachenfels. Seine Frau

Abb. 41: Teilansicht der Burg Gudenau; Siebengebirgsmuseum.

scheint im Frühjahr 1396 einige Zeit zu Besuch auf der Burg Drachenfels gewesen zu sein. Am 13. 5. 1396 übergab ihr nämlich der Verwalter des Burggrafen 1 Albus für Weißbrot, als sie die Insel Nonnenwerth besuchte.

In einer Urkunde vom 2. 9. 1398 bestätigten Dietrich Huysten, einer der Herrn zu Ulmen, und seine Frau Stine, daß Burggraf Gottfried von Drachenfels und seine Frau Adelheid ihnen 1 500 gute Rheinische Goldgulden in bar gezahlt hätten, womit sämtliche Mitgiftansprüche der Eheleute von Ulmen erledigt seien.[129]

Burggraf Gottfried von Drachenfels
und seine Frau Adelheid
verpachten einen Weinberg
21. 9. 1398

Den Eheleuten Aillf und Grete Doysser gaben Burggraf Gottfried von Drachenfels und seine

Frau Adelheid am 21. 9. 1398 den Weinberg „Hijdestein" in Erbpacht. Die Pächter hatten keinen Pachtzins zu bezahlen, da die nicht näher bezifferte Pachtsumme den Pächtern praktisch als unkündbares Darlehen gegeben wurde, das sie mit der Hälfte des Ertrages des Weinberges zu verzinsen hatten. Burggraf Gottfried behielt sich in der Urkunde vor, die Weinlese jeweils durch seine eigenen Leute durchführen zu lassen. Gleichzeitig mit dem Weinberg wurden den Pächtern die Büsche „In der Vogelskaule" und „In der Eysselssleypen" verpachtet.[130]

Bei diesen Büschen handelte es sich um sogen. „rambüsche", Waldparzellen, in denen im Mittelalter und auch noch bis in das 19. Jahrhundert hinein Weinbergpfähle (ramen) geschlagen wurden. Das Wort „ramen" ist aus dem lateinischen Wort „ramus" (= Ast oder Zweig) abgeleitet. Die Rambüsche hatten in der Regel einen Buchenbestand, dessen Stämme man in einer Höhe von etwa einem Meter über dem Erdboden gekappt hatte. Oben an den Baumstümpfen bildeten sich zahlreiche Triebe, die man so lange wachsen ließ, bis sie als Weinbergpfähle verwendet werden konnten. Mit der „hape" (einem schweren gebogenen Haumesser) wurden die Buchenstangen oben am Baumstumpf abgeschlagen. Waren die nachwachsenden Triebe wieder groß genug, konnte erneut mit dem Ramhauen begonnen werden.

Die Eheleute Doysser hatten es in der Urkunde vom 21. 9. 1398 übernommen, den ihnen in Erbpacht gegebenen Weinberg „gut zu pflegen und zu düngen, wie es ehrbare Winzer zu tun pflegen". Darin einbegriffen war auch die Pflege der beiden mitverpachteten Rambüsche. F. Schmitz führt in Bezug auf die Weinberge der Abtei Heisterbach u. a. aus:

„Jeder Weinbergparzelle fügte man zur Deckung des Bedarfs an Pfählen ein entsprechendes Stück Waldung, in der Regel einen bis zwei Morgen zu dem Morgen Weinberg je nach dem Holzbestande hinzu. Der Pächter übernahm die Verpflichtung, den Wald, damit er nicht verwachse und zur Pfahlgewinnung unbrauchbar werde, „in gutem Hau", den Weinberg „in gutem Bau" zu halten und ihn jährlich teilweise so zu düngen, daß er mindestens alle 7 Jahre eine Düngung erhalte".[131]

In einer Zeitpachturkunde der Abtei Heisterbach vom 30. 5. 1791 ist u. a. festgelegt worden, daß die Pächter aus den Büschen die Weinbergpfäle nach Bedarf entnehmen, sonst aber kein Nutzholz, namentlich keine Eichen fällen dürften.[132] Eichenholz wurde damals generell als Nutz- bzw. Bauholz benötigt.

Bei der Vielzahl der Weinberge auf der Westseite des Siebengebirges war dessen Waldbestand noch zu Beginn des 19. Jahrhunderts bis zum Ölberg hin mit zahlreichen Rambüschen durchsetzt. Es wurden eigens Pfade unterhalten, auf denen man die Weinbergpfähle mit einer Schürreskarre (einachsige Schubkarre) abtransportierte. Noch heute kann man im Siebengebirge an einigen Stellen Buchenbaum-

stümpfe erkennen, die früher der Ramengewinnung gedient haben. Sie sind inzwischen jedoch über die ursprüngliche Höhe hinausgewachsen.

Der den Eheleuten Doysser verpachtete Rambusch „In der Vogelskaule" lag auf der Südseite der Wolkenburg, so daß man vermuten kann, daß der ihnen verpachtete Weinberg nicht allzu weit entfernt von dort lag.

Ausgaben des burggräflichen Haushalts in der Zeit vom 5. 1. — 22. 11. 1398

Aus einem Vermerk des Verwalters des Burggrafen Gottfried von Drachenfels ist zu entnehmen, daß Philipp Scherffgin am 5. 1. 1398 beerdigt wurde. Des Burggrafen Schwester „Lisebet" wurden am 16. 3. 1398 aus dem Steueraufkommen von Bachem 30 Mark gezahlt. 6 Albus wurden am 6. 4. 1398 für Osterwecken ausgegeben. Am Abend der Stromberger Kirmes (Petersberg Kirmes am Weißen Sonntag) wurde für 3 Schillinge Fisch gekauft. Die bereits in den Jahren 1395 — 1397 erwähnten Ausgaben für Weinbau, Landwirtschaft usw. wiederholen sich. 3 Faß Wein wurden am 10. 5. 1398 zur Burg Gudenau geschafft. Die Schröder, die diesen Transport durchführten, finden in den burggräflichen Ausgabenrechnungen des öfteren Erwähnung. Ihnen ausschließlich oblag der Transport der Weinfässer in die Keller und zu ihrem späteren Bestimmungsort.[133]

Die Schröder waren in einer Zunft zusammengeschlossen. Ebenso wie die Röder, die den Wein in den Fässern maßen, hatten sie eine besondere Vertrauenstellung. Die alte Formel eines Eides der Königswinterer Schröder, den sie gegenüber dem Essener adeligen Frauenstift, das einen Hof zu Königswinter besaß, geleistet haben, macht dies ganz besonders deutlich.

„Wir glauben und schwören zu Gott und seinem h. Evangelio unserem hochgräflichen Stift zu Esen etc. treu u. holt zu seyn, desselben bestes zu werben und arges zu warnen und daß nach unserem bestem Vermögen zu kehren, einem jeden vor die gebühr mit in und aus zuschroden jeder Zeit behülflich, und in denen Kelleren nicht verhinder-

lich seyn, noch einige Verborgene sachen, so unserem ambt nicht zustehet auf zu dekken oder auf zu thun, in schauen weniger etwas entfrembden oder verkürtzen, auch mit eßen und drinken uns nicht übernehmen wollen, damit kein schaden noch ungleich geschehe, sondern nach gethaner arbeit und empfangenen lohn mit dem schrodge zeug friedlich abweichen und alles dasjenige thuen was einem frommen und ehrlichen Mann disfals eigenet und gebühret ohn arglist, und wann der schrödermeister uns thut bescheiden ungeweigert ein behülfliche Hand bey tag und bey der nacht zu leisten und zu pariren: im Keller kein taback zu rauchen; Kein pfeifgen nach zutragen, womit man aus den faßeren thut trinken, wan solcher ertapt würde derselbe nach der gebühr abstrafen zu laßen.

Darzu Hilf uns gott und sein Heiliges Evangelium, im anfang war das worth, und das worth war bey gott und gott war das worth".[134]

Der Text der Eidesformel dürfte aus dem 18. und frühestens aus der zweiten Hälfte des 17. Jahrhunderts stammen. Tabak kannte man im 14. und 15. Jahrhundert in Westeuropa noch nicht. Da sich mittelalterliche Eidesformeln bis zum Beginn des 19. Jahrhunderts gehalten haben, dürften die Schröder um 1400 in Königswinter einen Eid geleistet haben, der in etwa der oben wiedergegebenen Eidesformel entspricht.

Burggraf Gottfried von Drachenfels und seine Frau Adelheid erwerben die Burg Gudenau 13. 5. 1402

Junker Heinrich von Drachenfels, der Elisabeth Scherffgin 1398 geheiratet hatte, war bereits vor dem 5. 11. 1401 verstorben. Dies ergibt sich aus dem Inhalt eines Ehevertrages, der unter diesem Datum zwischen Katharina Scherffgin, der Schwester Elisabeths, und Ritter Teylgin „vamme Cusin" geschlossen wurde.[135]

Nach dem Inhalt des Ehevertrages vom 23. 11. 1398 hatte Elisabeth nach dem Tode ihres

Mannes Junker Heinrich von Drachenfels das Recht, die von ihm in die Ehe eingebrachten Höfe und Ländereien auf Lebenszeit zu besitzen. Dieses Recht verlor sie durch ihre 1401 erfolgte Heirat mit Gerhard von Bell, dem Sohn des Ritters und Vogtes Eberhard von Bell.

Sie blieb jedoch, da ihre Ehe mit Junker Heinrich von Drachenfels kinderlos geblieben war, im Besitz der Burg Gudenau mit ihren Zubehörungen. Trotzdem mußte sie bereits am 13. 5. 1402 dieses elterliche Erbteil an ihre ehemaligen Schwiegereltern Burggraf Gottfried von Drachenfels und seine Frau Adelheid übertragen.

Diese hatten nämlich seit der Heirat ihres Sohnes Heinrich einen nachgewiesenen Geldbetrag von 2 600 Gulden für Bau- und Ausbesserungsarbeiten in der anscheinend überholungsbedürftigen Burg Gudenau investiert. Nach der Heirat ihrer Schwiegertochter Elisabeth mit Gerhard von Bell verlangten Burggraf Gottfried und seine Frau Adelheid Rückzahlung des von ihnen aufgewendeten Betrages von 2 600 Gulden. Anscheinend waren die Eheleute von Bell aus finanziellen Gründen nicht in der Lage, den Betrag von 2 600 Gulden aufzubringen. Nach sicherlich längeren Verhandlungen übertrugen Gerhard und Elisabeth von Bell „auf den Rat guter Freunde und zur Vermeidung weiterer Schadens" durch Urkunde vom 13. 5. 1402 die Burg Gudenau mit ihren Zubehörungen und das Haus Merl gegen einen Kaufpreis von 4 000 Rheinischen Gulden an Burggraf Gottfried von Drachenfels und seine Frau Adelheid. Auf diesen Kaufpreis wurden die von den Käufern verauslagten 2 600 Gulden angerechnet. Der Restkaufpreis von 1 400 Rheinischen Gulden war Gerhard und Elisabeth von Bell bereits bei Abschluß des Vertrages vom 13. 5. 1402 ausgezahlt worden.[136]

Zur Rechtswirksamkeit des Verkaufs der Burg Gudenau bedurfte es, da es sich bei ihr um ein Lehen der Kölner Erzbischöfe handelte, der Einwilligung des Kölner Erzbischofs Friedrich von Saarwerden. Der Einfachheit halber bestätigte dieser bereits in der Urkunde vom 13. 5. 1402 unter Beifügung seines Siegels, daß er mit dem Verkauf einverstanden war.

Zugleich belehnte der Erzbischof Gottfried von Drachenfels und dessen Frau Adelheid mit der Burg Gudenau einschließlich des gesamten Zubehörs. Die Burg verblieb ab 1402 im Besitz der Familie von Drachenfels und ihrer Nachkommen.

Durch ihren Ausbau in der Zeit ab 1402 bis zum Ende des 18. Jahrhunderts wurde die Burg Gudenau zu einer beeindruckenden Wasserburg umgestaltet. In ihren verschiedenen Baustilen bietet sie einen malerischen Anblick.

Kinkel schreibt angesichts der Burg Gudenau: „In einem weiten Viereck von Ställen und Haushaltungsgebäuden, dessen hintere Seite den großen Garten bildet, liegt von breitem Wasser umflossen der barocke Schloßbau, dessen Vorderfront mit zwei starken Ecktürmen und dazwischen mit zwei Erkern aus dem Wasserspiegel sich erhebt. Das mittlere Thor, das wir auf der Brücke erreichen, bringt uns in einem zweiten Hofraum, der sich hinten durch zwei verfallene Thorpfeiler aus roth und weißem Stein in den Garten öffnet — auf den drei übrigen Seiten liegen dann wieder in ganz verschiedenem Stil, die herrschaftlichen Wohngebäude, ein Architekturbild, wie nur Eichendorffs Feder es zu zeichnen vermöchte. Und erst das Innere, in welches uns der dort wohnende Förster einführt! Eine wahre Musterkarte des Geschmacks in Zimmerdekoration: denn bis zur Revolutionszeit wohnten noch die Herrn von Gudenau dort, die sich erst damals nach Oesterreich zurückzogen. Da sehen wir das feste Thurmgemach mit der eisernen Thür, in welchem die Archive sicher vor dem Brande lagen, daneben die Zimmer mit verblichenen Gobelins aus den Niederlanden und Papiertapeten von den ältesten an, die erfunden wurden, durch die chinesischen hindurch bis zum japanischen Geschmack, der am Ende des vorigen Jahrhunderts geherrscht haben muß".[137]

Das „Ländchen Drachenfels"

Burggraf Gottfried von Drachenfels war bereits gegen Ende des 14. Jahrhunderts Herr eines wesentlichen Teiles des späteren Drachenfelser Ländchens auf der linken Rheinseite. Aus

den Drachenfelser Haushaltsrechnungen der Jahre 1395 — 1398 ergibt sich, daß er bereits damals Gerichtsherr des Bachemer Gerichts war. Außerdem stand ihm damals schon der Schatz zu Bachem, Pissenheim (jetzt Werthoven) und „up deme Geuwe" zu. Die Gerichts- und Schatzhoheit des Burggrafen erstreckte sich auch auf den oberhalb von Bachem liegenden Ort Berkum. Diese Ortschaft und das zu ihr gehörige Gebiet wird in den Drachenfelser Haushaltsrechnung unter der Bezeichnung „up deme Geuwe" erwähnt. Wenn in Bezug auf das Gericht zu Bachem kein Unterschied zwischen Nieder- und Oberbachem gemacht worden ist, so liegt das daran, daß es damals noch keine endgültige Unterscheidung zwischen Nieder- und Oberbachem gab. Maaßen führt 1899 u. a. aus, daß Niederbachem (Baecgheym inferius) urkundlich erstmals im Jahre 1324 erwähnt worden ist.[138] In den Drachenfelser Haushaltsrechnungen wird „Niederbacheym" nur einmal unter dem 29. 1. 1395 erwähnt, während sich sonst nur die Ortsbezeichnung „Bachem" findet. Die Dörfer Niederbachem, Oberbachem und Berkum bildeten früher für eine kirchliche Gemeinde mit je einer Kirche in Nieder- und Oberbachem. Der Pfarrmittelpunkt lag in Niederbachem, da dort die älteste Kirche stand. In Berkum wird ein eigener Pfarrer urkundlich erstmals 1498 erwähnt. Dies macht es verständlich, daß gegen Ende des 14. Jahrhunderts in Bezug auf die Gerichtsbarkeit lediglich Bachem erwähnt wird, obwohl sich diese Gerichtsbarkeit auf Nieder- und Oberbachem sowie die Ortschaften Berkum, Ließem, Gimmersdorf, Kürrighoven und Züllighoven erstreckte. Daß in bezug auf den Schatz die verhältnismäßig kleine Ortschaft Pissenheim in den Haushaltsrechnungen ausdrücklich Erwähnung gefunden hat, hat seinen Grund darin, daß Pissenheim eine eigene Dingbank, ein Gerichtshaus besaß, dessen Gerichtsherr ebenfalls Burggraf Gottfried von Drachenfels war.[139]

Das gesamte Gebiet von Nieder- und Oberbachem mit Ließem, Gimmersdorf und Kürrighoven sowie von Berkum mit Pissenheim und Züllighoven bildete, wie aus den Drachenfelser

Haushaltsrechnungen folgt, bereits gegen Ende des 14. Jahrhunderts eine Herrschaft. Sie unterstand Burggraf Gottfried von Drachenfels, dem Inhaber der Gerichtsbarkeit und des Schatzes. Er war jedoch nicht der alleinige Grundherr in diesem Gebiet, besaß aber dort die wichtigsten hoheitlichen Befugnisse. In seiner Eigenschaft als Herr dieses Gebietes war Burggraf Gottfried von Drachenfels gewissermaßen dessen Landesherr. Diese Herrschaft „Ländchen Drachenfels" unterlag jedoch nicht der absoluten Herrschaft des Burggrafen, sondern war Bestandteil des Rheinischen Erzstifts des Kurfürstentums Köln. Oberster Landesherr war also jeweils der Kölner Erzbischof.

Maaßen führt bezüglich der Herrschaft „Ländchen Drachenfels" aus: „Hier hatten die Herren von Drachenfels die von einem Schultheißen verwaltete hohe und niedere Gerichtsbarkeit, Fischerei, Jagd, Dienstleistung und Burgschatz, der im 16. Jahrhundert 800 Gulden eintrug, daneben zahlreiche Geldgefälle von abhängigen Höfen und Ländereien der Unterthanen".[140]

Hierzu ist festzustellen, daß der Schatz, wie die Haushaltsrechnungen des Verwalters des Burggrafen Gottfried von Drachenfels ausweisen, gegen Ende des 14. Jahrhunderts in Bachem 500 Mark, in Pissenheim 100 Gulden und „up dem Geuwe" 700 Mark ausmachte. Mit dem Erwerb der Burg Gudenau samt deren Zubehör am 13. 5. 1402 vergrößerten sich der Grundbesitz und der Machtbereich der Burggrafen von Drachenfels im „Ländchen Drachenfels". Ihre Rechtsposition war in der Herrschaft Drachenfels auf der linken Rheinseite wesentlich stärker ausgebildet als die auf rechtsrheinischem Gebiet.

„Haus Gudenau war eine Burglehen des Schlosses Altenahr, zu welchem außer Zinsen, sonstigen Angaben und Diensten etwa 300 Morgen an Äcker, Wiesen und Busch gehörten. Die Eichel-, Brand- und Bauholz-Gerechtigkeit des Hauses im Kottenforst wurde fortwährend vom Lehnsherrn (der Abtei Siegburg) bestritten. Vom Erzstifte Köln waren außer dem Hause Gudenau noch als dessen Zubehörungen lehnrührig: das Patronat zu Villip, der

Zehnte daselbst, wovon der Pfarrer ein Drittel bezog, der sogenannte Reinsheimer Hof zu Holzem mit 115 Morgen Acker, 6 Morgen Wiesen und die Oerter im Holzemer Busche, 2 Mühlen in und bei Villip mit Mahlzwang im Jülich'schen und im Ländchen Drachenfels und endlich der Dinghof oder das Hofgericht mit seinen Einkünften. Letzterm stand außer der eigentlichen Hofgerichtsbarkeit auch die Erkenntniß über einzelne Criminalfälle zu. Es wurde in einem Wirthshause gehalten, welchem als Bestandteil des Kölnischen Lehns das Recht des Wein — und Bierzapfens anklebte".[141]

Wegen des Zehnten und des Weinzapfes kam es in der Folgezeit zu Auseinandersetzungen zwischen Burggraf Gottfried von Drachenfels und Reinhard von Sechtem. Diese Auseinandersetzungen wurden durch einen Schiedsspruch des Kölner Erzbischofs vom 8. 7. 1407 zugunsten des Burggrafen von Drachenfels entschieden.

Der bereits erwähnte Kottenforst gehörte dem Abt der Benediktiner Abtei St. Michael zu Siegburg. Graf von Mirbach berichtet insoweit: „Zu Muffendorf ward auch das Gericht des Waldes gehalten. Als Vasallen der Abtei hatten die sogenannten ‚Viermänner', nämlich die Besitzer der Güter Odenhausen, Adendorf—Münchhausen und zweier Höfe in Friesdorf, das Recht, ihr Brennholz aus dem Kottenforst zu holen und in denselben je dreißig Schweine und einen Zuchteber einzutreiben. Dieses Recht bestätigen die vorhandenen Lehnbriefe über Odenhausen, so der von 1398 für Roland von Odenhausen, und jener von 1494 für Emmerich von Sechtem. Im Laufe der Zeit aber versuchten auch andere in der Nähe des Kottenforstes angesessene Burg- und Hofesherrn, hier Holz zu holen und Schweine einzutreiben. Nur von Zeit zu Zeit ließ die Abtei Siegburg es sich angelegen sein, dem Unwesen zu steuern; diese Versuche halfen aber nicht für lange (Anm.: „Pylgrym von Drachenfeltz von gotz gnaden abt zu Syberch" unternahm in Jahre 1413 einen solchen Versuch) ... Von den Holzrechten ist hier garnicht die Rede, und doch sollte man meinen es wäre sehr nöthig gewe-

sen, auch diese zu fixieren. Der Probst des Bonner Cassiusstifts wird seine Mitbenutzung der Mast wohl rechtlich erworben haben; hundert Jahre später maßten andere Klöster und Stifte sich allerhand Rechte im Kottenforste an. Die Besitzer des Schlosses Gudenau bei Villip pflegten schon im 15. Jahrhundert ungestört Bau- und Brennholz aus dem Walde zu holen, so Otto Waldbott von Bassenheim, der nach 1477, in Folge seiner Vermählung mit Appolonia von Drachenfels, Inhaber von Gudenau geworden war".[142]

Das Territorium der Herrschaft „Drachenfelser Ländchen" — auch Herrlichkeit Drachenfels genannt — wurde räumlich im Jahre 1659 durch den Erwerb des Kirchspiels und des Dorfes Villip erweitert.[143] Im Jahre 1663 wurde auch noch die Burg Odenhausen erworben.[144] Der Erwerb dieser Burg regelte auch die bis dahin strittige Berechtigung, im Kottenforst Bau — und Brennholz zu schlagen. In dem Umfang des Jahres 1663 blieb die Herrschaft „Drachenfelser Ländchen" bis zum Ende des 18. Jahrhunderts bestehen.

Pilgrim von Drachenfels,
23. Abt der Siegburger Benediktinerabtei
21. 2. 1388 — 14. 11. 1417

In einer Urkunde vom 3. 12. 1394 wird Pilgrim von Drachenfels als 23. Abt der Siegburger Benediktinerabtei erwähnt.[145] Als Abt hatte er bereits in 4 Urkunden des Jahres 1387 Erwähnung gefunden, als Papst Urban VI. am 21. 2. 1388 bekannt gab, „daß er, nachdem das Kloster Siegburg der Leitung seines Abtes beraubt worden war (abbatis regimine destitulo), mit dem Rat seiner Brüder den Pilgrim wegen seiner Verdienste zum Abt ernannt habe".[146] Im Zusammenhang damit dürfte stehen, daß Marinus, Kardinaldiakon von S. Maria nova und päpstlicher Legat, am 17. 3. 1388 bekannt machte, daß „Abt Pilgrim ihm zur Begleichung bestimmter Schulden, die er bei der römischen Kammer hatte, 27 Goldgulden, 35 Schilling und 5 Pfennige römischen Geldes und für die Dienste der Familiaren und Beamten 11 Goldgulden, 33 Schilling und 4 Pfennige römischen Geldes" habe auszahlen lassen.[147]

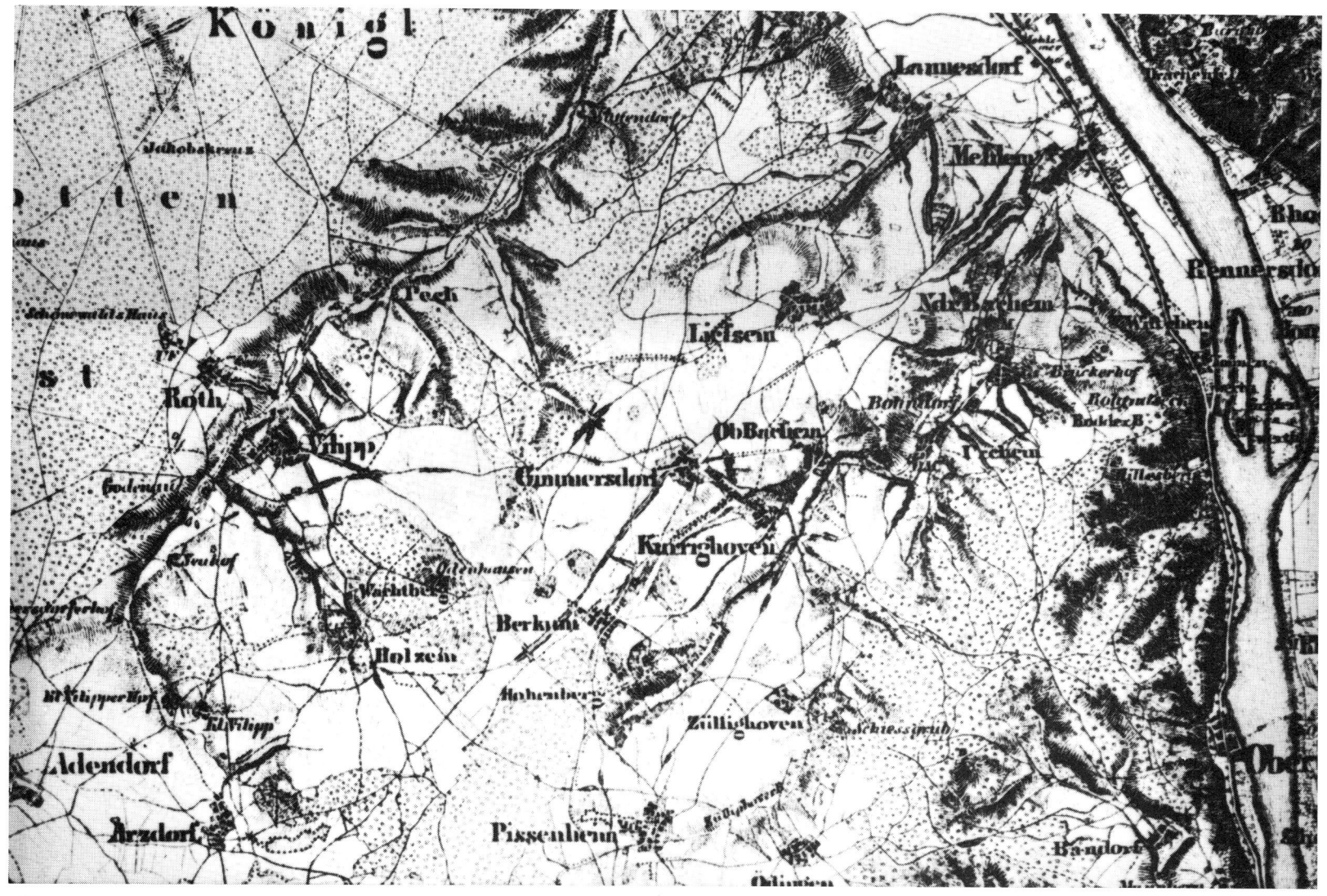

Abb. 42: Das „Drachenfelser Ländchen", Kartenausschnitt aus der ersten Hälfte des 19. Jahrhunderts, Archiv des Rhein-Sieg-Kreises.

Bereits unter dem 15. 10. 1385 findet Pilgrim von Drachenfels, Scholaster (kindemeister) der Abtei, in einer Urkunde der Siegburger Schöffen Erwähnung. Vor ihnen vertrat der Scholaster Pilgrim die Interessen seiner Abtei gegenüber Herrn Dietrich zu Brohl. Einer der Zeugen dieser Urkunde war Burggraf Heinrich von Drachenfels, der Vater Pilgrims.[148]
Heinekamp führt 1897 u. a. aus: „Pilgrim von

Drachenfels hatte manche Jahre der Klosterschule vorgestanden und sich durch Strenge und Wissenschaftlichkeit vor seinen Ordensgenossen ausgezeichnet. Das Gebieten war ihm bei seinen Zöglingen zur Gewohnheit geworden und den Mönchen imponierte er durch seine Zucht und unverdrossene Thätigkeit. Um die Liebe zum Studium in ihnen zu wecken und namentlich den Schülern den Weg zu zeigen,

wie sie sich Achtung und Ehre vor der Welt erwerben könnten, schickte er fünf von ihnen auf die neu gegründete Universität zu Köln (Anm.: gegründet 1388)".[149]
Seit der Gründung der Abtei Siegburg waren die Grafen von Berg deren Schirmvögte. „Sie betrachteten dieses Amt als eine ihnen erblich zustehende Gerechtsame, obgleich jeder zur Regierung gelangende Regent der Abtei von

73

Siegburg beim Antritt der Vogtei einen Revers ausstellte und eidlich versicherte, daß er sein Amt nicht durch irgend ein Erbrecht, sondern durch die freie Wahl des Abtes und aus seiner Gunst besitze."[150] Graf Wilhelm von Berg war am 21. 5. 1380 zum Herzog erhoben worden. Er bekannte am 13. 1. 1389 gemeinsam mit seiner Frau Anna von Bayern, zugleich auch für seine Erben, daß „sie aus besonderer Gnade und Gunst gegenüber der Abtei und der Stadt Siegburg und vor allem wegen einer Summe Geld, die ihnen die Stadt Siegburg gegeben hat, den Zoll zu Troisdorf abschaffen, so daß die Abtei, Schöffen, Bürgermeister, Bürger und Einwohner der Stadt wie auch des Burgbanns von Siegburg für alle Zeiten keinen Zoll, Wegegeld oder Umgeld zwischen Bonn und Siegburg bzw. zwischen Köln und Siegburg von welchen Gütern auch immer bezahlen sollen. Sie bestätigten alle Freiheiten und Privilegien der Äbte, des Klosters und der Stadt, besonders die, die von ihnen und ihren Vorfahren erteilt worden waren".[151]

Abt Pilgrim, der der Verpflichtung aus dem allgemeinen Servitium zur Zahlung eines Geldbetrages nicht nachgekommen war, war aus diesem Grunde exkommuniziert worden. Nachdem er dieser Verpflichtung durch Zahlung von 40 Goldgulden nachgekommen war, befreite ihn Marinus, Kardinaldiakon von S. Maria nova und päpstlicher Kämmerer, am 12. 2. 1389 von Rom aus von der Exkommunikation.[152]

Burggraf Gottfried von Drachenfels, der Bruder des Abtes, sowie Ritter Scheiffart von Rode, Herr zu Hemmersbach entschieden am 14. 5. 1390 einen Streit zwischen Abt und Abtei einerseits und Johann von Gymnich andererseits durch einen Schiedsspruch.[153]

Herzog Wilhelm von Berg war gezwungen worden sich mit seinem Sohn, dem Jungherzog Adolf, und dessen Brüdern in der Regierung zu teilen. „In einer Fehde mit Gerhard von Sayn und Johann II. von Loen behufs Wiedergewinnung der ihnen verpfändeten Schlösser und Dörfer im Blankenbergischen bemächtigte sich Adolf 1400 auch der Vogtei Siegburg und schonte weder die eigenen noch auch des Abtes Unterthanen. Die Zollfreiheit zu Troisdorf ward aufgehoben und den Gütern der Mönche

ein Schaden zugefügt, den diese, niedrig angeschlagen, auf 20 000 Goldgulden berechneten. Abt Pelegrin mochte das Schlimmste befürchten, wenn Adolf einmal in den Vollbesitz aller Rechte seines Vaters gelangt wäre, und schloß deshalb zu Lebzeiten desselben schon einen Vertrag mit Johann von Loen, demgemäß dieser nach dem Tode Wilhelms die Schirmvogtei über Siegburg wahrnehmen und den etwaigen Ansprüchen Adolfs entgegen treten sollte. Empört über das Vorgehen sammelte Adolf daher im Frühjahr 1403 ein Häuflein bewaffneter Knechte, um sich mit Gewalt in Besitz des Städtchens zu setzen. Die Mönche hatten keine Ahnung von dem Vorhaben desselben, und Johann von Loen war nicht zur Stelle; da ereignete sich denn das Verhängnisvolle, daß der Jungherzog mit behendigkeit in Syburg quam ind die stat alleyne vunne, ind die Stadt moyste dem hertzogen hulden. Die Treulosigkeit der Bürger war eine unerhörte, und die Ratlosigkeit der Mönche steigerte sich fast bis zur Verzweiflung. In dieser Not griff man zu einem Mittel, das vielleicht nicht auf die Rechnung der Abtei zu setzen ist, sondern dem Einfalle eines Untergebenen zugeschrieben werden muß. Man schoß vuyr van dem berge in die Stat, so daß diese viel nae alltzomaill affbrannte, ind die Burger und burgerschen mit den Bergschen uysroymen moysten. . . An ein Löschen war bei dem Mangel an Wasser und den strohbedeckten Häusern nicht zu denken, und der Herzog ohne weiteres abgezogen".[154]

Wie Heinekamp weiter ausführt, wurde bald nach dem Brand mit dem Wiederaufbau begonnen. Er führt insoweit u. a. aus: „Das Servatiusfest hatte Hunderten von Pilgern die leergebrannten Stätten gezeigt und mit der Bitte um Segen sich die Freigebigkeit derjenigen verbunden, welche Mitleid mit den Trostlosen empfanden. Die Nachbarn der Umgegend lieferten Holz und Steine, die Mönche Lebensmittel, und noch ehe der Herbst herannahte, war manches Haus wieder aufgebaut und mit besseren Einrichtungen versehen. Von der Holzgasse aus wurde der „neue Weg", die jetzige Kaiserstraße, angelegt und dadurch ein Terrain erschlossen, welches bisher nur mit Wein- und Obstgärten bedeckt gewesen war".[155]

Der Wiederaufbau der zerstörten Stadt dürfte aber doch wesentlicher länger gedauert haben. So war z. B. ein Haus der Burggrafenfamilie von Drachenfels am Steinweg in Siegburg im Jahre 1405 noch nicht wiederaufgebaut. Es war von Burggraf Heinrich von Drachenfels und seiner Frau Christine einem Siegburger Ehepaar in Erbpacht gegeben worden. Erbpächter waren 1403 die Eheleute Hencken und Else Schorne. Sie waren entweder nicht willens oder nicht in der Lage, das beim Brand stark beschädigte Haus am Steinweg wieder aufzubauen. Nachdem sie ihr Erbpachtrecht dem Ehepaar Johann und Nesen Ketzgin übertragen hatten, die zum Wiederaufbau bereit waren, befreiten Abt Pilgrim und sein Bruder Burggraf Gottfried von Drachenfels in einer Urkunde vom 27. 10. 1405 die neuen Pächter auf die Dauer von 8 Jahren von der Verpflichtung der jährlichen Erbzinszahlung von 20 Mark.[156]

Die Stadt Siegburg hatte vor dem Jahre 1403 als eine besonders starke Festung zwischen dem Herzogtum Berg, dem Erzstift Köln und der Grafschaft Blankenberg gegolten. Ihre Einnahme durch Jungherzog Adolf mit seinen Bewaffneten war im wesentlichen durch Überrumplung gelungen. Über den Wiederaufbau berichtet Dornbusch: „Der reiche Abt Pelegrin von Drachenfels gab der Stadt und dem abteilichen Berge neue Mauern und Thürme, nachdem er im Jahre 1403 bei Gelegenheit des Einfalles bergischer Rebellen beinahe die ganze Stadt vom Kloster aus in Brand geschossen hatte, um den Feind zu vertreiben".[157]

Hundeshagen führt in den Bezug auf den Wiederaufbau Siegburgs aus: „Abt Pelegrin, ein Edler von Drachenfels, zeichnete sich durch den neuen Chorbau, wie früher die Palatine durch den Thurmbau der dasigen karolingischen Pfarrkirche aus, und setzte sich dadurch, so wie durch die Ringmauern, womit er dieselbe Stadt umgab, ein unvergangenes Denkmal".[158]

Es würde so weit führen, die weiteren Auseinandersetzungen ab 1403, die sich auch innerhalb der Familie des Herzogs von Berg abspielten, wiederzugeben. Herzog Wilhelm verstarb 1408. Heinekamp führt über die Folgen der

Vorkommnisse des Jahres 1403 u. a. aus: „Pelegrins Verhältnis zum Hause Berg gestaltete sich mit der Zeit freundlicher, und die Liebe der Siegburger suchte er auf jede Weise wiederzugewinnen. Auf dem Reichstage zu Konstanz 1414 bewog er Kaiser Siegismund, ihnen wie die Aggerbrücke, so auch den Steg resp. die Brücke über die Sieg im Mülldorfer Gebiete zu überlassen mit der Berechtigung, beide unter Umstände aufwärts oder abwärts von dem damaligen Standpunkte zu verlegen und auch von denen, welche bei niedrigem Wasserstand die Fuhrt benutzen, 4 alte Heller von jedem Vieh oder Karren erheben zu dürfen. . . Pelegrin starb 1417 am 14. November, hoch geehrt und tief betrauert, so daß sein Name jetzt noch im Munde des Volkes fortlebt".[159]

Am 25. 2. 1423 entsagten Abt Wilhelm Spieß von Büllenheim und der Konvent des Klosters zu Siegburg gegen eine Abfindungssumme allen Ansprüchen auf das Haus Heinsberg am Holzmarkt in Köln, das Abt Pilgrim seinem Bruder Gottfried, Herr zu Drachenfels „testamentarisch verschrieben hatte".[160]

Dietrich von Grenzau
und seine Frau Greta von Drachenfels
Ehevertrag vom 25. 11. 1405

Im Ehevertrag verschrieb Dietrich von Grenzau seiner zukünftigen Frau Greta von Drachenfels, der Tochter des Burggrafen Gottfried von Drachenfels, den von Junker Johann, Graf zu Sayn, lehnrührigen Zehnten zu Anhausen und den zur Hälfte um 500 Gulden an Herrn Salentin zu Isenburg verpfändeten Zehnten zu Kettig. Burggraf Gottfried von Drachenfels und seine Frau Adelheid versprachen ihrerseits, eine Mitgift von 800 Rheinischen Gulden ihrer Tochter Greta und ihrem zukünftigen Schwiegersohn zu zahlen.[161]

Am 28. 5. 1406 bekannten Dietrich von Grenzau und seine Frau Greta, daß Burggraf Gottfried von Drachenfels an sie 400 Rheinische Gulden an Mitgift gezahlt habe.[162] Aus der Urkunde ist nicht zu entnehmen, ob der zweite Teil der Mitgift von insgesamt 800 Rheinischen Gulden bereits gezahlt war.

Erzbischof Friedrich von Köln
schlichtet einen Streit
zwischen Reinhard von Sechtem
und Burggraf Gottfried von Drachenfels
8. 7. 1407

Nachdem Burggraf Gottfried von Drachenfels und seine Frau Adelheid 1402 die Burg Gudenau mit deren gesamtem Zubehör erworben hatten, kam es bald zu Auseinandersetzungen mit Reinhard von Sechtem. Dieser bestritt nämlich das Recht der Burggrafenfamilie, von seinem Besitz zu Villip den Zehnten verlangen zu können. Außerdem war er der Ansicht, daß der Burggrafenfamilie der Weinzapf von Villip nicht zustehe. Am 8. 7. 1407 fällte der Kölner Erzbischof Friedrich von Saarwerden auf Wunsch der streitenden Parteien nach Aufklärung der Sach- und Rechtslage einen Schiedsspruch. Dieser ging dahin, daß Reinhard von Sechtem von seinen Besitzungen in Villip den Zehnten an Burggraf Gottfried von Drachenfels zu zahlen habe. Der Schiedsspruch besagte auch, daß Reinhard von Sechtem den Weinzapf des Burggrafen in Villip zu dulden habe.[163]

Es fällt bei diesem Schiedsspruch ebenso wie bei anderen mittelalterlichen Schiedssprüchen auf, daß am Ende der Urkunde ein Vorbehalt dahingehend gemacht wurde, daß alles anders sei, wenn z. B. Reinhard von Sechtem „in rechtlich einwandfreier Weise beweise, daß er weder zur Zahlung des Zehnten noch zur Duldung des Weinzapfs verpflichtet sei".

Über das Weinzapfrecht, wie es im Mittelalter in Königswinter gehandhabt wurde, gibt das Hofweistum „eines hochwürdigen Capituls ad Apostolos binnen Cöln Hofgerichts zu Königswinter" Auskunft:

„Zum anderen:

wie es dan mit dem weinzapf, und sonst was zum gemeinen Kaufe ins Fleck und Kirchspiel Königswinter einkombt, und außgestalt, pflege gehalten zu werden, haben wir erkennt, und erkennen, daß einem ehrwürdigen Capitul bei ihrer regierung, wie auch anderen obgl. Herren bei ihrem regierenden Jahr die accis von dem, was zum gemeinen Kauf eingebracht und sonst ausgesatzt werde, zukomme, und daß Keinem wirth in

dem fleck und Kirchspiel Königswintheren eingen Wein ohne erlaubnus des schultheißen, und zeitlicheren Bürgermeisteren einzubringen noch zu verzapfen zugelassen, sondern daß dem schultheißen und geschworen mit des Kirchspels Bürgermeistereien frei stehet, so offt ihnen gefällt, Weck und Broot, nach der Ordnung des Hauptgerichts zu Bonn zu wiegen, die Kannen bei den wiethen zu stechen, und den Wein nach der probation und valoren zu schätzen".[174]

Burggraf Gottfried von Drachenfels
erlangt im Wege der Zwangsvollstreckung
den Tomberger Hof zu Königswinter
30. 9. 1407

Friedrich, Herr zu Tomberg (bei Rheinbach) und Landskron, schuldete Burggraf Gottfried von Drachenfels zu Beginn des 15. Jahrhunderts einen Geldbetrag von 1400 Rheinischen Gulden. Da diese Schuldsumme nicht bezahlt wurde, mußte sich Burggraf Gottfried zur Durchsetzung seiner Ansprüche des weltlichen Gerichts zu Königswinter bedienen, das aus dem Amtmann des Amtes Wolkenburg und 7 Schöffen bestand. Dieses Gericht sprach auf Antrag des Burggrafen die Pfändung des Tomberger Hofes in Königswinter mit seinem gesamten Zubehör aus. Hierüber benachrichtigten die „geswoeren boede" (die geschworenen Boten) Herrn Friedrich zu Tomberg und Landskron.

Der weitere Ablauf des Geschehens stellt ein anschauliches und interessantes Beispiel für Zeitdauer und Formalitäten eines Zwangsvollstreckungsverfahrens in Immobilien in mittelalterlicher Zeit dar.

Nach Ausbringung der Pfändung des Tomberger Hofes mit dem gesamten Zubehör und der Benachrichtigung des Schuldners Friedrich zu Tomberg und Landskron wurden 3 Gerichtstage in einem Abstand von jeweils 14 Tagen vor dem Amtmann und den 7 Schöffen des Königswinterer weltlichen Gerichts durchgeführt, auf denen Burggraf Gottfried von Drachenfels jeweils ohne jegliche Widerrede des Schuldners erklärte, daß die Pfändung wegen

einer Forderung von 1 400 Gulden durchgeführt worden sei. Die Folge des Fehlens jeglicher Widerrede brachte es mit sich, daß der Amtmann dem Burggrafen urkundlich bestätigte, daß die Pfändung des Tomberger Hofes mit Zubehör wegen einer Forderung in Höhe von 1 400 Gulden zuzüglich der Gerichtskosten zu Recht erfolgt sei.

Daraufhin wurde Burggraf Gottfried von Drachenfels jeweils auf den in Königswinter gelegenen Höfen des adeligen Frauenstifts zu Essen, des St. Apostelnstifts zu Köln und des Frauenstifts Dietkirchen zu Bonn vor den Schultheißen und jeweils 2 Geschworenen dieser Höfe der unmittelbare Besitz des Tomberger Hofes mit allem Zubehör übertragen. Diese Besitzübertragung mußte auf allen 3 Höfen erfolgen, da das Zubehör (Ackerland, Weingärten, Wiesen, Büsche, Zinsen und Pachten) seitens der Herrn der oben aufgeführten 3 Höfe dem Schuldner Friedrich zu Tomberg und Landskron bzw. dessen Vorfahren zu Lehen gegeben worden war.

Ehe das Zwangsvollstreckungsverfahren weiter durchgeführt werden konnte, mußte Burggraf Gottfried von Drachenfels den Tomberger Hof mit dessen Zubehör mehrere Jahre in unmittelbaren Besitz gehalten haben. Nachdem diese Frist abgelaufen und von den 3 Schultheißen und den Geschworenen der 3 Höfe bestätigt worden war, daß Burggraf Gottfried den unmittelbaren Besitz in dieser Zeitspanne ausgeübt habe, wurde er erneut vor das weltliche Gericht zu Königswinter geladen. Hier ließ er sich berechtigt durch einen Fürsprecher vertreten, der nochmals die Erklärung abgab, daß der unmittelbare Besitz ausgeübt worden sei, und fragte, wie nunmehr mit der Pfandschaft verfahren werden solle.

Die Entscheidung hierüber übertrug der Amtmann den Schöffen des weltlichen Gerichts, die sich (anscheinend wegen der Bedeutung des Falles) eine Frist zur Verkündung ihres Schöffenspruches ausbaten. Als die Schöffen sich dann trotzdem nicht einig werden konnten, wies der Amtmann sie nach dem damals üblichen Brauch an, ein Rechtsgutachten der „weisen" Bonner Schöffen einzuholen. Nach Eingang dieses Gutachtens fällten die Königs-

Abb. 44: Königswinterer Schöffengerichtssiegel; Siebengebirgsmuseum.

winterer Schöffen in einer Sitzung des weltlichen Gerichts einen entsprechenden Schöffenspruch.

In diesem Spruch wurde Burggraf Gottfried von Drachenfels angewiesen, den Tomberger Hof mit allem Zubehör in den Kirchen und auf allen Straßen zum Verkauf anzubieten. Es meldete sich jedoch kein Kaufinteressent. Zum weiteren Fortgang des Verfahrens war es deshalb erforderlich, den Wert der gesamten Pfandschaft zu schätzen. Diese Schätzung, die auf Anweisung des Amtmannes unter Einschaltung der in Betracht kommenden Nachbarn und anderer verständiger Leute vorgenommen wurde, ergab einen Schätzwert von 1 360 Gulden und 1 Ort.

Ein geschworener Bote des weltlichen Gerichts teilte dieses Ergebnis der Schätzung dem Schuldner Friedrich zu Tomberg und Landskron mit und wies ihn gleichzeitig daraufhin, daß er die Pfandschaft binnen 14 Tagen durch Zahlung ablösen könne. Er erschien daraufhin auch in Königswinter, löste aber die Pfandschaft nicht ab. Bei dieser Gelegenheit wurde er von Burggraf Gottfried von Drachenfels darüber unterrichtet, daß dieser seit der Pfändung für den Tomberger Hof und dessen

Zubehör 39 Gulden, 3 Schillinge und 2 Pfennige aufgewendet habe. Dabei wurde dem Schuldner erklärt, daß dieser Betrag von der Schuldforderung von 1 400 Gulden in Abzug gebracht werden könne, da der Burggraf den unmittelbaren Besitz der Pfandschaft längere Zeit ausgeübt hatte.

Da die Pfandschaft nicht eingelöst wurde, fällten die Schöffen des Königswinterer weltlichen Gerichts am 30. 9. 1407 einen weiteren Schöffenspruch.[165] In diesem Schiedsspruch erklärten sie, daß Burggraf Gottfried von Drachenfels für sich und seine Erben nunmehr den Tomberger Hof mit dem gesamten Zubehör als eigenes Erbe und Gut mit der Einschränkung nutzen könne, daß die Rechte der 3 Lehnsherrn nicht beeinträchtigt werden dürften. Im übrigen wurde der Vorbehalt gemacht, daß unmündige Kinder, evtl. außerhalb des Landes weilende Kinder des Schuldners oder die Vormünder von Erben berechtigt seien, den Tomberger Hof mit dem gesamten Zubehör durch Zahlung einzulösen.

Der Amtmann des kurkölnischen Amtes Wolkenburg war als Vertreter des Kölner Kurfürsten und Erzbischofs, wie auch die Urkunde vom 30. 9. 1407 ausweist, Vorsitzer bzw. Herr des weltlichen Gerichts zu Königswinter, das später den Namen „Kurkölnisches Land- und Hauptgericht Königswinter" führte.[166] Diesem Gericht oblag keinerlei Rechtsprechung auf strafrechtlichem Gebiet. Neben seiner Funktion als Vorsitzer bzw. Herr des weltlichen Gerichts zu Königswinter war der Amtmann jedoch als Einzelrichter bei der Ahndung leichterer Delikte tätig, die mit Brüchten (Geldstrafen) gesühnt wurden. In ihrer Eigenschaft als Einzelrichter waren die Amtmänner des kurkölnischen Amtes Wolkenburg die richterlichen Nachfolger der Burggrafen von Wolkenburg, die Vorgänger der Friedensrichter der napoleonischen und preußischen Zeit sowie der seit dem 1. 10. 1879 am Amtsgericht Königswinter tätigen Amtsrichter.

An ihre Urkunde vom 30. 9. 1407 hängten die Schöffen des Königswinterer weltlichen Gerichts ihr „gemeynes scheffenampts ingesegele", ihr Schöffengerichtssiegel.

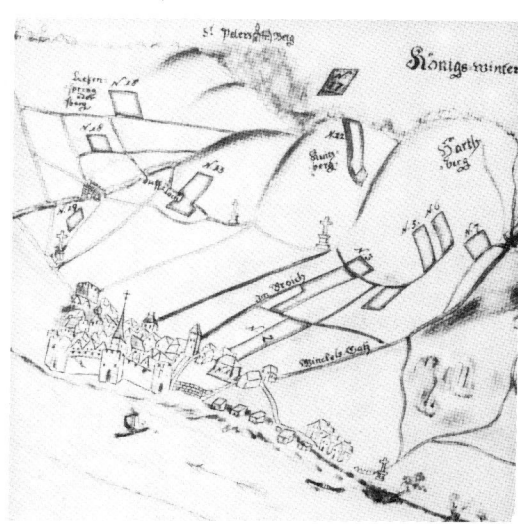

Abb. 45: Nicht authentische Darstellung des umwehrten Fleckchens Königswinter in einem Lagenplan des Jesuiter Hofes aus dem Jahre 1722; Siebengebirgsmuseum.

Die Burgen Drachenfels und Wolkenburg im Siegelbild des Königswinterer Schöffengerichtssiegels 1402 — 1806

Der Siegelabdruck des Königswinterer Schöffengerichtssiegels, das auch die Schöffen des Weltlichen Gerichts zu Königswinter am 30. 9. 1407 benutzt haben, symbolisiert im Bild das kurkölnische Amt Wolkenburg mit seinen Burgen Drachenfels und Wolkenburg und mit seinem Hauptort, dem wehrhaften kurkölnischen Flecken Königswinter.

Urkundlich nachgewiesen ist das Königswinterer Schöffengerichtssiegel erstmals in den Jahren 1402, 1407, 1427 und 1429. In den Jahren 1258 und 1276 und auch nachher mußten sich die Königswinterer Schöffen zur Beglaubigung ihrer Schöffensprüche und von Vertragsurkunden die Siegel der Pfarrer von Königswinter und Niederdollendorf ausleihen, da sie damals noch nicht über ein eigenes Siegel verfügten.

Mitentscheidend für die Gestaltung des Siegelbildes des Schöffengerichtssiegel war, daß gegen 1400 die „Stadtmauer", die sich um Königswinter herumzog, fertiggestellt worden war. Mit ihrem Bau dürfte in der 2. Hälfte des

14. Jahrhunderts begonnen worden sein. Diese Umwehrung des kurkölnischen Fleckens Königswinter, der im Mittelalter das Stadtrecht nicht erworben hat, muß für die damalige Bevölkerung beeindruckend gewesen sein. Es ist deshalb verständlich, daß diese Mauer bei der Gestaltung des Siegelbildes Berücksichtigung gefunden hat.

Das Siegelbild zeigt auf der rechten Seite einen mit Zinnen bewehrten Turm mit einer linksgewendeten Fahne, die das kurkölnische Kreuz trägt. Dieser Turm symbolisiert die festungsähnliche „Wolkenburg" des Landesherrn. Der links abgebildete Turm, der ebenfalls Zinnen trägt, stellt mit der auf ihm befindlichen rechtsgewendeten Fahne mit dem Reichsadler die Burg Drachenfels dar, deren Lehnsherrn die Pröpste des Bonnes St. Cassius-Stifts waren. Ihnen war seit 1384 die Führung des Reichsadlers gestattet.

Die zinnenbewehrte Mauer — Mauerkrone — mit Tor und heraufgezogenem Fallgatter zwischen den beiden Türmen symbolisiert den wehrhaften kurkölnischen Flecken Königswinter mit der gerade erst fertiggestellten Umwehrung.

Beherrschend schwebt über der Mauerkrone zwischen den beiden nach innen gewendeten Fahnen das Wappen der Kurfürsten und Erzbischöfe von Köln mit dem Kölner Kreuz. Es symbolisiert deren Herrschaft über das kurkölnische Amt Wolkenburg.

Das Siegel des Königswinterer Schöffengerichts, das bis 1806 verwendet worden ist, schmückte mit Sicherheit das im Süden der „Stadtmauer" gelegene „Obere Tor". Dieses Tor, das östliche Kirkestor und das nördliche „Untere Tor" waren als vorspringende Turmtore ausgebaut. Im Gegensatz hierzu war das westliche Tor, das „Rheintor", lediglich als einfaches Tor angelegt, da man bei der Erbauung der Stadtumwehrung wegen des schmalen Uferstreifens zwischen Rhein und „Stadtmauer" von der Rheinseite her mit keinem ernsthaften Angriff zu rechnen brauchte.

Die in der Lagenkarte eingezeichnete „Winckels-Gaß" war der Beginn des Ritterweges, der sich ab Ende dieser Gasse im Verlauf des Helteweges zu den Burgen Drachenfels und Wolkenburg hinzog.

Das Rheintor liegt rechts neben den beiden Stützpfeilern des mit einem kleinen Turm versehenen großen Gebäudes. Die kleine Toröffnung links davon dürfte im 17. oder 18. Jahrhundert gebrochen worden sein. Das Bild zeigt authentisch das Rheintor. Authentische Bildwiedergaben der anderen drei Tore gibt es nicht.

Burggraf Gottfried von Drachenfels erlangt einen Anteil an der Herrschaft Ulmen 18. 3. 1409

Stine von Drachenfels, die Tochter des Burggrafen Gottfried von Drachenfels, hatte 1395 Herrn Dietrich Huysten, einen der Herrn von Ulmen, geheiratet. Aus dieser Ehe stammte die Tochter Lucia von Ulmen. Ihre Eltern waren 1409 bereits verstorben. Lucia erbte von ihnen deren Anteil an der Herrschaft von Ulmen. Es war das Bemühen ihres Großvaters Gottfried, im Interesse seiner Enkeltochter auch die anderen Anteile an dieser Herrschaft zu erwerben.

Anteilsberechtigt insoweit waren ursprünglich Peter von Karden und seine Frau Beatrix von Ulmen, die bereits vor 1409 von ihrem Sohn Johann von Karden beerbt worden waren.

Am 18. 3. 1409 übertrug Johann von Karden im Einverständnis seines Lehnsherrn, des Kölner Erzbischofs Friedrich von Saarwerden, seinen Anteil an der Herrschaft Ulmen an Burggraf Gottfried von Drachenfels.[167] Die entsprechende Urkunde gibt keine Auskunft, ob Burggraf Gottfried für diese Übertragung ein Entgelt gezahlt hat.

Phillip, Herr zu Ulmen, entsagt zugunsten des Burggrafen Gottfried von Drachenfels und ihrer gemeinsamen Enkelin Lucia allen Ansprüchen auf das Haus Ulmen 21. 12. 1412

Um seiner Enkeltochter Lucia von Ulmen auch den restlichen Anteil an der Herrschaft Ulmen verschaffen zu können, mußte Burggraf Gottfried von Drachenfels auch eine Einigung mit Philipp von Ulmen herbeiführen. Dieser entsagte am 21. 12. 1412 zugunsten seiner Enkelin Lucia und des Burggrafen Gottfried von Drachenfels allen Ansprüchen auf das Haus zu Ulmen.[168]

Johann von Hadamar und seine Frau Lucia von Ulmen 18. 12. 1421

Leonard Korth berichtet über den Inhalt der Urkunde vom 18. 12. 1421: „Ritter Godart, Herr zu Drachenfels, gibt dem Johann von Hadamar seine Enkelin Lucia von Ulmen zur Frau und überweist ihr als Aussteuer Haus und Schloß Ulmen mit Gericht, Herrlichkeit und allem Zubehör, während Johann seiner Braut seine gesammten Besitzungen und insbesondere auch das Witthum seiner Mutter Nyngel, Witwe des Ritters Syfart von Hadamar, nach deren Ableben zusichert; Lucia verzichtet inzwischen auf alle Drachenfelser Erbschaft, es sei denn, daß ihr Oheim Johann kinderlos sterbe, in welchem Falle aber auch über Burg und Berg Drachenfels und über das Gericht zu Bachem bei Mehlem nach dem Vertrage mit Dietrich Huyste bestimmt werden soll".[169]

Bereits am 2. 12. 1421 hatte „Lucia von Ulmen die von ihrem Großvater Godart Herrn zu Drachenfels zur Heirath ausgesteuert („mit synre groesser gaven uss bestadt") und sonst mit Wohlthaten bedacht worden ist, allen weiteren Ansprüchen an diesen und seinen Sohn, ihren Oheim Johann von Drachenfels entsagt".[170]

Burggraf Gottfried von Drachenfels erwirbt Besitzungen und Rechte 8. 2. 1413 — 26. 9. 1414

Gottfried von Drachenfels war als Herr der Burg Drachenfels Lehnsmann des jeweiligen Propstes des Bonner St. Cassius-Stifts. Am 8. 2. 1413 wurde er in einem anderen Zusammenhang wiederum Lehnsman und zwar des damaligen Bonner Propstes Dietrich von Moers. Er erwarb damals nämlich von dem Knappen Roland von Odenhausen den von der Bonner Propstei lehnrührigen Zehnten von 20 Morgen Weingarten unterhalb und innerhalb von Bonn. Die dadurch erforderlich gewordene Beleh-

Abb. 46: Das Rheintor in Gegend der heutigen Drachenfelsstraße, Nachzeichnung eines Aquarells aus der Zeit um 1800; Siebengebirgsmuseum.

Burggraf Gottfried von Drachenfels bleibt im Besitz des Gutes Ohlert bei Siegburg 22. 8. 1415

Adelheid von Merode, die Frau des Burggrafen Gottfried von Drachenfels, war vor dem 20. 9. 1407 verstorben. Nach ihrem Tode hatte ihr Bruder Scheiffart von Merode, Herr zu Hemmersbach, Burggraf Gottfried von Drachenfels am 20. 9. 1407 versprochen, diesem das rückständige Heiratsgut von 2 000 Gulden zur Hälfte in bar und zur anderen Hälfte durch Überweisung von Gütern zu zahlen. Insoweit hatte Scheiffart von Merode mit Einwilligung seines Sohnes an Burggraf Gottfried von Drachenfels für einen Betrag von 400 Gulden den Hof Ohlert bei Siegburg und für 600 Gulden ein vom Trierer Erzbischof erhaltenes Lehen und ein Gut zu Sechtem übertragen. Am 22. 8. 1415 erklärte Scheiffart von Merode, daß „die Verschreibung des Gutes zu Ohlert an seinen Schwager Godart Herrn zu Drachenfels in Kraft bleibe, wie wail derselver her Godart ... na datum des briefs den scheydebrieff zo eynre kunden mit anderen mynen herren ind vrunden tusschen Scheyvart ind Friedrich mynen zween sonen besiegelt hait, da ouch dat guyt van Uylroide ynne geschreven steit".[175]

nung des Burggrafen nahm Propst Dietrich vor den Bonner Schöffen Johann von Ahrweiler und Johann von Plittersdorf gegen „eynen syden budel ind vunff marck colsch pagaments" vor.[171]

Am 18. 2. 1413 erklärte Propst Dietrich von Moers zu Bonn, „daß er die Güter und Einkünfte zu Ahrweiler, die er von dem Ritter Gumprecht von Alpen, Vogt zu Köln, und dessen Frau Swenoldis erworben hatte, seinerseits dem Ritter Godart Herrn zu Drachenfels verkauft und diesem auch alle darauf lautenden Urkunden übergeben habe".[172]

Der Knappe Johann von Plittersdorf und seine Frau Elsa verkauften am 26. 9. 1414 an Burggraf Gottfried von Drachenfels ihren Hof „up me Rongin" nebst Zubehör (dat mannsguet is der heirschaff van Molenarcken).[173]

Burggraf Gottfried von Drachenfels schließt Frieden mit den Gebrüdern von Soleuvre 13. 1. 1414

Mit dem bereits vor dem 13. 1. 1413 verstorbenen Tilgin von Soleuvre sowie dessen Söhnen Konrad und Tilgin war Burggraf Gottfried von Drachenfels verfeindet gewesen. Der Stammsitz seiner Gegner „Soleuvre" lag südwestlich von Luxemburg. Gegenstand der Streitigkeiten war das Gericht von Herrenbach, das der Äbtissin des adeligen Frauenstifts zu Essen lehnrührig war. Der Gerichtsort lag zwischen Virneburg und Nürburg. Am 13. 1. 1413 verglichen sich die beiden Gebrüder von Soleuvre mit Burggraf Gottfried von Drachenfels gegen ein Mannlehen von 20 Rheinischen Gulden.[174]

Junker Johann von Drachenfels und seine Frau Margaretha von Wevelinghoven Ehevertrag vom 20. 1. 1417

Leonard Korth berichtet über den Ehevertrag: „Friedrich Herr zu Wevelinghoven und sein Sohn Wilhelm Herr zu Grebben einerseits, Godart Herr zu Drachenfels und sein Sohn Johann andererseits vereinbaren einen Ehevertrag zwischen Margaretha von Wevelinghoven, der Tochter Friedrichs, und Johann von Drachenfels; die Braut erhält eine Mitgift von 2 000 rhein. Gulden, von denen die eine Hälfte sogleich oder in einer Jahresrente von 100 Gulden gezahlt werden soll unter Verpfändung des Schlosses Rheindorf bei Walberberg, während die anderen 1 000 Gulden durch Wilhelm von Wevelinghoven nach dem Tode des Vaters zur Auszahlung gelangen; Burggraf Godart überweist dem Bräutigam sein Haus zu Virneburg,

79

das Schloß Neuerburg (Anm.: an der Wied), welches ihm durch den Erzbischof von Köln verpfändet ist, den Hof Stopperich, den er von dem Junker Wilhelm Herr zu Reichenstein (Anm.: Kreis Neuwied) in Pfandbesitz hat, den Hof zu Eil, das von der Äbtissin von Essen lehnrührige Gericht Herresbach zwischen Virneburg und Nürburg, 100 Gulden am Zoll zu Bonn, „die ich nam zo hylychsgelde mit wilne hern Scheyffartz dochter myne eligen wijve die myns sons Johans moeder was"; als Witthum werden der Braut bestimmt das Schloß Neuerburg, die Höfe Stopperich und Eil, Haus und Hof des Burggrafen zu Königswinter und endlich der Hof „genant Eysdorp die was wilne hern Wilhems Pupachs ritters gelegen boven Godisbergh in dem kirspel zu Vilpe mit dem zienden" etc.

Es sollen siegeln: 1. der Erzbischof von Köln „want disse hilichsvurworden ind ouch medegave ind wedem geschiet syn mit wist willen inde reede unss alregnedichsten heren", 2. das Domkapitel (Siegel ad causas), 3. Friedrich und 4. Wilhelm von Wevelinghoven, 5. Godart und 6. Johann von Drachenfels, 7. Johann von Lynepe Herr zu Helpenstein Propst zu S. Gereon und Domkanoniker in Köln, 8. Ritter Roilman von Dadenbergh, 9. Johann von Eynenberg Herr zu Landskron, 10. Lambrecht Huntgyn von dem Busch, 11. Arnold von Brempt, 12. Rolant von Odenhausen, 13. Friedrich von Huls".[176]

Ritter Roilmann von Dattenberg bei Linz wirkte auch als Urkundszeuge bei der Erstellung der bereits erwähnten Urkunde vom 18. 12. 1421 mit. Er heiratete Lysa von Drachenfels, die Tochter des Burggrafen Gottfried.

Burggraf Gottfried von Drachenfels
und sein Sohn Johann stiften
ein Ewiges Licht
im Münster St. Theobald zu Thann
6. 4. 1417

Burggraf Gottfried von Drachenfels hatte urkundlich erstmals in einem Fehdebrief vom 31. 3. 1388 Erwähnung gefunden. Aus Urkunden vom 6. 4. 1417, 4. 5. 1420 und 22. 6. 1421 ergibt sich, daß Burggraf Gottfried 30 Jahre

nach der Übernahme des Burggrafenamtes, in denen er erheblichen weltlichen Besitz angesammelt hatte, Vorsorge für sein Seelenheil, das seiner Vorfahren und auch das seiner Nachkommen zu treffen begann. Entsprechend den Gepflogenheiten der damaligen Zeit, Kirchen und Klöstern Geldspenden zu machen, ließen Burggraf Gottfried und sein Sohn Johann dem damals im Bau befindlichen Theobaldusmünster zu Thann im Elsaß einen Geldbetrag von 35 Gulden zukommen.

In Thann am Flüßchen Thur in der Nähe der Straße zwischen Mülhausen und Colmar, der alten Nord — Südverbindung, stand bereits 1287 eine dem heiligen Theobald geweihte Kirche. Zu Beginn des 14. Jahrhunderts war hier mit einem Kirchenneubau begonnen worden. Im Jahre 1351 hatte man die Errichtung des Chors, das etwa 1422 vollendet wurde, und des Glockenturmes in Angriff genommen. Erst 1631 war der Kirchenbau vollendet.

In einer Urkunde vom 6. 4. 1417 machten die damaligen „Pfleger und Baumeister unseres lieben Herrn und Himmelsfürsten Gotteshauses St. Theobald zu Thann" bekannt, daß sie Burggraf Gottfried von Drachenfels und seinem Sohn Johann ein Ewiges Licht für 35 Gulden verkauft hatten, das „Tag und Nacht zur Ehre Gottes vor dem Heiligtum unseres lieben Herrn und Himmelsfürsten St. Theobald" brennen sollte.[177]

Nach dem Inhalt der Urkunde ist davon auszugehen, daß dieses Ewige Licht seinen Platz in der damals bereits stehenden Theobalduskapelle, dem ältesten Raum des prächtigen gotischen Münsters, gefunden hat. Hier thront unter der niedrigen Gewölbedecke über einem modernen Altar die aus dem 15. Jahrhundert stammende Sitzfigur des hl. Theobald.

Burggraf Gottfried von Drachenfels
und sein Sohn Johann stiften
ein Ewiges Licht
in der Benediktiner-Abtei Einsiedeln
4. 5. 1420

Der hl. Theobald galt allgemein als großer Wundertäter. Zu seiner Verehrung zogen im Mittelalter zahlreiche Pilger, auch aus dem Rheinland, zum Theobaldusmünster in Thann. Noch

größer war der Pilgerzustrom zur Benediktiner-Abtei Einsiedeln in einem Hochtal am Etzelpaß mitten „im Herzen der Schweiz".

Hier hatte der hl. Meinrad (ermordet am 21. 1. 861) im „Finstern Wald" neben seiner Zelle eine Kapelle errichtet, die in die hier 948, 1039 und 1226 errichteten Münsterbasiliken miteinbezogen wurde. Im Volksmund wurde diese Kapelle bereits im 12. und 13. Jahrhundert als Marienkapelle bezeichnet. Zu Beginn des 14. Jahrhunderts setzten Wallfahrten zu „Unseren Lieben Frau von Einsiedeln" ein. Gegen Ende des 14. Jahrhunderts war die Abtei weithin bekannt. Schon bald darauf zählte sie zu den größten christlichen Wallfahrtsorten.

Burggraf Gottfried und sein Sohn Johann spendeten der der hl. Maria geweihten Gnadenkapelle, wie aus einer Urkunde des Abtes Burkhard vom 4. 5. 1420 folgt, einen Betrag von 35 Goldgulden für ein Ewiges Licht, das „Tag und Nacht zur Ehre Gottes, seiner lieben Mutter, Unserer Lieben Frau" zum Seelenheil des Burggrafen, seines Sohnes Graf Johann und aller ihrer Erben leuchten sollte".[178]

Burggraf Gottfried von Drachenfels
stiftet der Abtei Heisterbach
80 Gulden für vierteljährliche Jahrgedächtnisse
22. 6. 1421

Ein Gründungskonvent der Zisterzienser-Abtei Himmerod ließ sich am 22. 5. 1188 mit einem Gründungskapital von „4 solidos Trierisch" in dem ehemaligen Augustiner Kloster auf dem Stromberg (Petersberg) nieder. Bereits 1192 begannen die Mönche mit dem Bau einer Abtei im Heisterbachtal, die 1199 fertiggestellt wurde. Damals besaß die Abtei nur eine Holzkirche. Mit dem Bau der Heisterbacher Abteikirche, deren Chorruine heute noch steht, wurde im März 1202 begonnen. Als Baumaterial verwendete man das Latitgestein des Stenzelberges. Im Jahr 1227 war der Bau der Abteikirche so weit fortgeschritten, daß in der Zeit vom 28. 1. 1227—6. 2. 1227 14 Altäre geweiht werden konnten. Am 29. 1. 1227 weihte Wetzelin, Erzbischof von Semgallen, 4 Altäre, darunter auch den Altar der hl. Maria Magdalene. Die gesamte Kirche wurde am 18. 10. 1237 feierlich geweiht.

Die Burggrafen von Drachenfels hatten in der Heisterbacher Abteikirche ihr Erbbegräbnis. Es befand sich im Chor der Kirche vor dem Altar der hl. Maria Magdalena. Die ergibt sich aus einer Urkunde vom 22. 6. 1421. In dieser Urkunde bestätigten der Abt und der Konvent der Abtei, daß „der fromme und strenge Ritter Gottfried, Herr zu Drachenfels, für sein eigenes und das Seelenheil seiner Eltern 80 Rheinische Gulden gegeben habe", damit an den 4 Quatembertagen (1. Tag eines Vierteljahrs) „auf ewig eine hl. Messe zum Gedächtnis des Burggrafen Gottfried und seiner Vorfahren an dem Altar der hl. Maria Magdalena gelesen werde." In der Urkunde heißt es, daß sich vor diesem Altar das Erbbegräbnis des Burggrafen und seiner Eltern befinde. An den 4 Quatembertagen sollte der Küster während der hl. Messe 4 brennende Kerzen auf die Grabstätte stellen.[179]

Kenntnis davon, daß das Erbbegräbnis der Burggrafen von Drachenfels auf der rechten Seite des Chores der Abteikirche liegt, gibt ein Bericht des Konstantin von Schönebeck „Mahlerische-Reise am Nieder-Rhein" aus dem Jahre 1784. Hier führt Schönebeck u.a. aus:

„Heisterbach ist ein anmuthiges Thal hinter den 7 Bergen, wo sich die Mönche Cisterzienser-Ordens, welche im Jahre 1188 Erzbischof Philipp von Heinsberg aus dem Kloster Hemmenrode nahm, und auf den Sromnun Petersberg, pflanzte, nach vier Jahren angebauet haben. In der Kirche rechter Hand des Chores, vom Eingange an zu rechnen, sieht man drey länglichte horizontelle Grabsteine: auf dem linken steht: Anno Domini 1513. die 4 Januarii obijt nobilis vir Johannes Dominus in Drachenfelz, cuius anima requiescat in pace. Der mittlere hat folgende Aufschrift: Anno Domini 1530. die — Maij obiit nobilis vir Henricus Dominus in Drachenfelz, cujus anima requiescat in pace. Auf diesen beyden Grabsteinen findet man das Familienwappen der Verstorbenen, einen geflügelten Drachen. Der dritte hat gar keine Aufschrift, sondern nur den Drachen, und scheint viel älter als die beyden anderen zu seyn."[180]

Erzbischof Dietrich von Köln verspricht Freistellung des Burggrafen Gottfried von Drachenfels von zahlreichen Bürgschaften 11. 12. 1417

Burggraf Gottfried von Drachenfels genoß nicht nur das Vertrauen des Kölner Erzbischofs Friedrich von Saarwerden, sondern auch das des Nachfolgers Erzbischof Dietrich von Moers (1414—1463). Dies brachte es mit sich, daß Burggraf Gottfried von ihnen vielfach als Urkundszeuge, Berater und als Bürge in Anspruch genommen wurde.
U. a. schloß Burggraf Gottfried gemeinsam mit dem Grafen von Leiningen und Johann von Reiferscheidt am 23. 3. 1406 für „unss lieven gnedigen herrn Fridrichs ertzschenbusschofs zo Colne ind der steede van Colne" mit dem ebenfalls durch Grafen und Rittern vertretenen Jungherzog Adolf von Berg Frieden.[181]
Erzbischof Friedrich von Köln und Herzog Reinald von Jülich und Geldern übertrugen am 12. 9. 1407 die Entscheidung über die gegenseitig geltend gemachten Ansprüche auf Gerechtsame zu Zülpich 6 von ihnen benannten Räten. Einer dieser Räte war, wie es in Bezug auf den Erzbischof heißt, „unse lieve rede, andechtigen ind getruwen Ritter Godart von Drachenveltz".[182]
Herzog Reinald war am 19. 4. 1411 Schiedsrichter bei einer Auseinandersetzung zwischen dem Kölner Erzbischof Friedrich und Herzog Adolf von Berg, bei der es u. a. um die Abstellung der zölle in Düsseldorf und im Lande Berg ging. Unter dem 20. 4. 1411 übernahm es Reinald, einen Bündisvertrag zwischen den beiden Parteien zu entwerfen. Dementsprechend kam es im Mai zu einem Bündnis, in dem die Parteien den Schiedsspruch vom 19. 4. 1411 annahmen. Einer der Mitbesiegler des Bündnisvertrages war Burggraf Gottfried von Drachenfels.[183]
Konstantin von Lyskirchen verkaufte am 4. 10. 1413 dem Kölner Erzbischof Friedrich die Grafschaft Arsberg. Einer der Mitbesiegler dieser Urkunde war Burggraf Gottfried von Drachenfels.[184]
Der Kölner Erzbischof Dietrich von Moers

nahm Burggraf Gottfried von Drachenfels besonders oft als Bürgen in Anspruch. Mit einer Urkunde vom 11. 12. 1417 versprach der Erzbischof „unseren lieben Rat und Getreuen Godart, Herr zu Drachenfels", der für ihn zahlreiche Urkunden mitbesiegelt hatte, von allen Bürgschaftsverpflichtungen freizustellen.[185]

Burggraf Gottfried von Drachenfels schädigt den Handel der Stadt Köln 26. 1. 1419 — 21. 9. 1419

Streitigkeiten zwischen Herzog Adolf von Berg und dem Kölner Erzbischof Dietrich von Moers waren durch Friedensschluß vom 13. 12. 1416 und Schiedsspruch König Sigismunds beendet worden. Diese günstige Situation nahm Erzbischof Dietrich zum Anlaß, „die längst abgetanen Ansprüche seiner Vorgänger auf die volle Herrschaft über die Stadt Köln hervorzuholen, und geriet dadurch in langwierige Zänkereien und Verhandlungen, die ihm keinen wesentlichen Erfolg brachten. Anlaß bot ihm zunächst der Widerstand des Kölner Magistrats gegen seine Forderung, die Juden in gewissen Fällen vor sein geistliches Gericht laden zu dürfen, und sodann die Verordnung desselben Magistrats, daß bei jedem Weinverkauf der Ertrag des sechsten Fuders als Akzise an die Stadtkasse abgeliefert werde. Dietrich gewann die andern rheinischen Kurfürsten und den Herzog Reinald von Jülich-Geldern für sich, während die Stadt den Herzog Adolf von Berg zum Verbündeten hatte".[186]
Die Stadt Köln wandte sich beschwerdeführend an König Sigismund, der sich damals in Zons aufhielt. Seiner Aufforderung, die Kölner unbeschwert zu lassen, kam Erzbischof Dietrich nicht nach. „Deshalb schlossen jene am 12. Juni 1418 ein Bündnis mit Adolf von Berg und später noch mit Braunschweig und Hessen. Mit dem Erzbischof dagegen verbanden sich die Kurfürsten von Mainz, Trier und Pfalz und Herzog Reinald von Jülich-Geldern. Am 26. Januar 1419 wurde der Krieg förmlich erklärt. Von beiden Seiten suchte man sich in Brand, Plünderung und Verwüstung zu überbieten, besonders Adam von Uedesheim zu Boklemünd und Göddert von Drachenfels thaten sich durch empfindliche Schädigung des Köl-

ner Handels hervor. Die Kölner brandschatzten dafür die Lehensleute des Erzbischofs in Bonn, Boklemünd, Rheindorf, Hackenbroich, Königswinter, Walberberg und anderen Orten, dann zogen sie vereint mit dem Herzog von Berg vor Worringen, raubten den Ort aus, steckten ihn und das erzbischöfliche Schloß in Brand und zogen mit fünfundachtzig Gefangenen ab."[187]

So entstanden erhebliche Schäden auf beiden Seiten, ohne daß die eine oder andere Partei entscheidende Vorteile erringen konnte. Schließlich kam es unter Vermittlung des Erzbischofs von Trier am 21. 9. 1419 zum Friedensschluß, wonach "die Stadt Köln Erzbischof Friedrich den unbehinderten Besitz der geistlichen und weltlichen Oberherrschaft zugestehn mußte, der Erzbischof aber mußte die Freiheiten und Rechte der Stadt gemäß dem Vertrage seines Vorgängers Friedrich anerkennen."[188]

Burggraf Gottfried von Drachenfels
verpachtet den Bonner Hof
„Auf der Sandkaule"
27. 5. 1422

Die Bonner Schöffen Gerhard von Meckenheim, Hermann Keverney und Tilmann Clotzgijn beurkundeten am 27. 5. 1422, daß Burggraf Gottfried von Drachenfels den Eheleuten Henkin und Greta Kuychen von Seelscheid den Bonner Hof „up der Santkulen" zu einem Jahreszins von 14 Mark in Erbpacht gegeben hatte. Die Erbpächter verpfändeten dem Burggrafen zur Sicherstellung seiner Erbzinsforderung ein Viertel Weingarten „in der Molenproffen" unterhalb von Bonn, den sie von „Nesa vamme Houls, Klosterfrau zu Dietkirchen", zu Lehen erhalten hatten.[189]

Der Knappe Hermann von Mitteldorf
kauft sich mit Hilfe
des Burggrafen Gottfried von Drachenfels
aus der Gefangenschaft frei
24. 7. 1424

Der Knappe Hermann von Mitteldorf (Mitteldorf bei Neunkirchen im Rhein-Sieg-Kreis) war in die Gefangenschaft des Dietrich Hetterscheid

„in der czijt geraten do hey amptman was zo der Nuwerstat (Neustadt bei Gummersbach) myt syner geselschaff dy doy zu der czijt myt yme yn syme dijnste weren as ich Johanne van Plettenbrecht gedynet was". Am 24. 7. 1424 bekannte Hermann von Mitteldorf, von Burggraf Gottfried von Drachenfels eine Entschädigung von 40 Gulden erhalten zu haben „damyt ich mich uiss deme gefencknisse geloest hain".[190]

Der Kölner Erzbischof Dietrich von Moers
verpfändet
Burggraf Gottfried von Drachenfels
das Amt Wolkenburg
13. 5. 1425

Burggraf Gottfried war am 13. 5. 1425 bereits Amtmann des kurkölnischen Amtes Wolkenburg. Er hatte im Dienst des Kölner Erzbischofs Friedrich von Saarwerden an zahlreichen Kriegszügen teilgenommen und dabei erhebliche Kosten aufgewendet und Verluste an Hengsten, Pferden, Harnischen und Zehrung usw. erlitten. Die hieraus herrührende Forderung des Burggrafen machte einen Betrag von 7 000 Rheinischen Gulden aus. Darüberhinaus hatte Gottfried dem Kölner Erzbischof Dietrich von Moers 1 000 Gulden geliehen und ihm kurz danach am 13. 5. 1425 weitere 2 000 Gulden als Darlehen gegeben. Wegen der Gesamtforderung von 10 000 Gulden verpfändete Erzbischof Dietrich dem Burggrafen am 13. 5. 1425 das Kurkölnische Amt Wolkenburg mit dem Dorf Königswinter mit allen Gerichten, Rechten und Einkommen einschließlich eines jährlichen Betrages von 500 Gulden aus dem Steueraufkommen zu Königswinter.

Aufgrund dieser Verpfändung trat Burggraf Gottfried, der bereits Herr des Ländchens Drachenfels war, im Amt Wolkenburg an die Stelle des Landesherrn, des Kölner Erzbischofs. Dieser behielt sich jedoch in der Verpfändungsurkunde vor, daß die Rechte aller Mannen, Burgleute und Dienstleute sowie Untersassen, Christen und Juden, „die zu unserem Schloß oder zu unserem Dorf Königswinter gehören", unangetastet bleiben müßten. Dem Burggrafen wurde insoweit die Verpflichtung auferlegt, die-

sen Personenkreis in der Weise zu beschützen und zu beschirmen, wie dies der Erzbischof bisher getan hatte.

Außerdem wurde dem Burggrafen auferlegt, die Wolkenburg mit guten und getreuen Pförtnern, Turmknechten, Wächtern und Gesinde zu versehen und die Burg in gutem baulichen Zustand zu erhalten. Ausdrücklich wurde bestimmt, daß sich der Erzbischof im Falle der Not jederzeit der Wolkenburg und des Dorfes Königswinter mit seinen Befestigungsanlagen bedienen dürfe.

Die Pfandschaft sollte bis zur vollen Rückzahlung des Darlehens von 10 000 Gulden bestehen bleiben, evtl. Abschlagszahlungen sollten sie also nicht beeinträchtigen. Der Erzbischof war andererseits berechtigt, das Pfand nach seinem Belieben einzulösen, übernahm jedoch die Verpflichtung, eine solche Einlösung ein halbes Jahr vorher anzukündigen.[191]

Den Kölner Erzbischöfen war es in der Folgezeit nicht möglich, das Darlehen zurückzuzahlen. Die Pfandschaft blieb deshalb bis zur Auflösung des Kurfürstentums Köln im Jahre 1803 bestehen. Während dieses langen Zeitraumes zogen die Burggrafen von Drachenfels und deren Nachfolger die ihnen am 13. 5. 1425 eingeräumten Einkünfte als Zinsen.

Die Verpfändung des kurkölnischen Amtes Wolkenburg an die Burggrafen von Drachenfels machte sie praktisch zu Herrn der Pfandschaft. Dennoch blieben sie Untertanen der Kölner Erzbischöfe.

Königswinter, das gegen 1400 mit einer festen Mauer umgeben worden war, erlangte während der Zeit der Pfandherrschaft der Burggrafen von Drachenfels und ihrer Nachfolger kein Stadtrecht, obwohl der ummauerte Flecken städtisches Gepräge hatte. Erst unter dem Regiment der Herzöge von Naussau-Usingen (1803—1806) ging der alte Wunsch der Königswinterer nach Verleihung des Stadtrechts in Erfüllung. Nach den gegebenen Umständen muß wohl davon ausgegangen werden, daß die Pfandherrn des Fleckens Königswinter der Verleihung des Stadtrechts widersprochen haben.

Abb. 47: Eine Nachzeichnung des „CHUR COLLNISCHEN AMBT WOLEKENBURG" im Jahre 1772.
1 Wülsdorfer Hof
2 Rübenkempgen
3 Burg Hof
4 Margarethenkreuz
5 Schlagbaum
6 Döttscheidermühle
7 Acher Hof
8 Kapelle auf dem Petersberg
9 Longenburg
10 Wintermühlen Hof
11 Pottscheid
12 Am Fahr
13 Gut Kuckstein

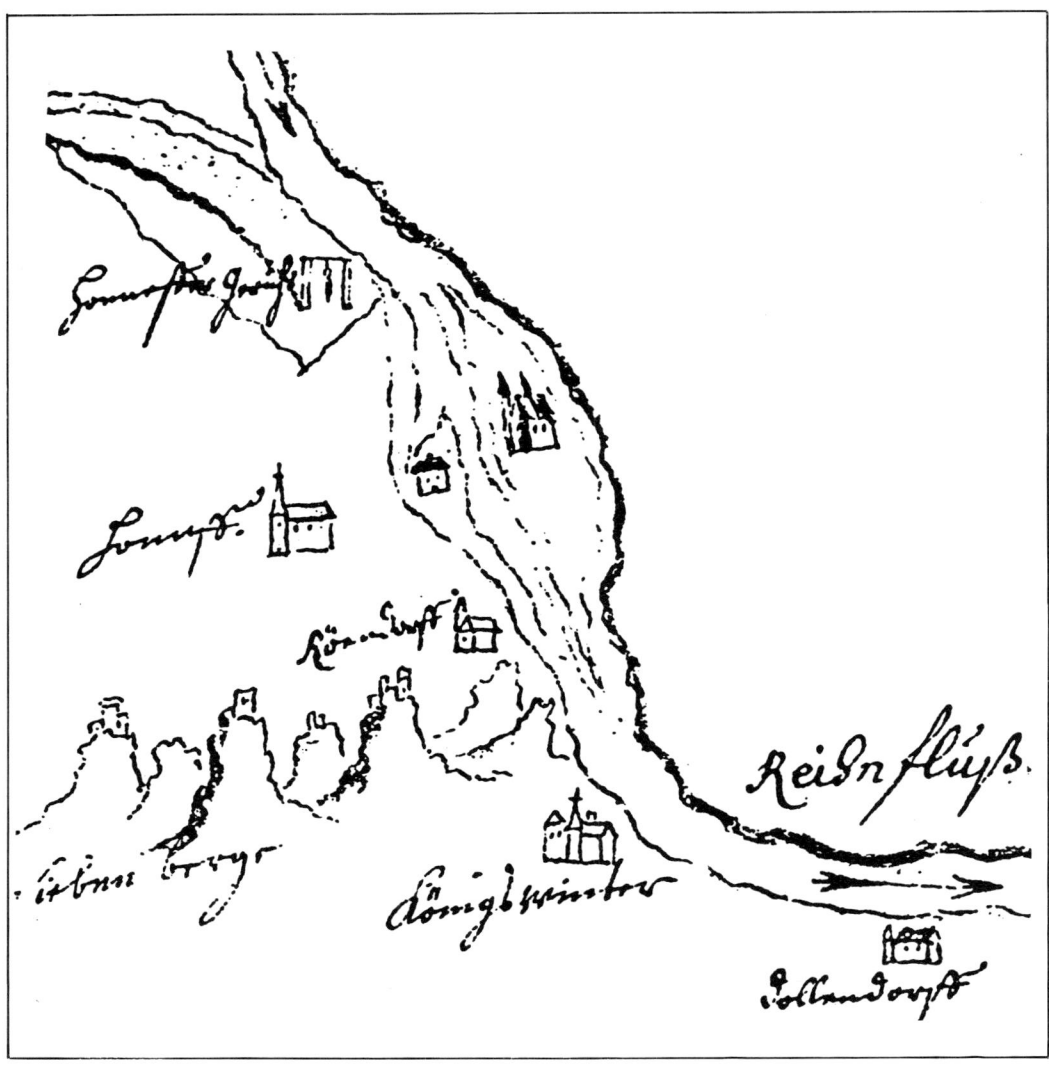

Abb. 48: Kartenausschnitt aus dem Jahre 1676; Siebengebirgsmuseum.

Ritter Roilmann von Dattenberg
und seine Frau Lysa von Drachenfels
1. 12. 1425

Lysa von Drachenfels, eine Tochter des Burggrafen Gottfried, findet erstmals unter dem 14. 4. 1397 in den Drachenfelser Ausgabenrechnungen urkundliche Erwähnung. Unter diesem Datum ist vermerkt, daß Garn für die Kleider der Junfern Greytgin und Lysgin gekauft worden ist. Das Datum der Heirat der Junfer Lysa mit Ritter Roilmann von Dattenberg ist nicht bekannt. Roilmann wirkte als Urkundeszeuge bereits bei der Abfassung des Ehevertrages „Junker Johann von Drachenfels und Margarethe von Wevelinghoven" vom 20. 1. 1417 und des Ehevertrages „Johann von Hadamar und Lucia von Ulmen" vom 18. 12. 1421 mit.

Am 1. 12. 1425 stellten „Ritter Roilman von Dadenberg und Lysa von Drachenfels seine Gattin das Heirathsgeld von 2140 Gulden, das ihnen ihr Schwiegervater und Vater Ritter Godart Herr zu Drachenfels gezahlt hatte, unter Verzicht auf alles andere Erbe für den Fall des kinderlosen Absterbens sicher durch ihre Höfe zu Klein-Villip (1200 Gulden) und zu Wadenheim (940 Gulden)".[192]

Lysa von Drachenfels verstarb am 7. 2. 1430.[193]

Ritter Roilmann war noch am 6. 7. 1432 einer der Schiedsrichter in einem Rechtsstreit des Kölner Erzbischofs Dietrich von Moers mit Herzog Adolf von Jülich und Berg.[194]

Der Bergfried und Ruinenteile der Burg Dattenberg oberhalb von Linz stehen noch heute.

Burggraf Gottfried von Drachenfels
erwirbt eine Erbrente von 12 Malter Korn
29. 1. 1428

Das letzte urkundlich belegte Rechtsgeschäft nahm Burggraf Gottfried am 29. 1. 1428 vor. Damals erwarb er von den Eheleuten Johann und Fya van Emme eine Erbrente von „12 Malter Korn bonner Masses, die diese alljährlich auf S. Remigiustag dem Drachenfelser Kellner (Verwalter) an die Fähre zu Mehlem in ihren eigenen Säcken liefern und in Königswinter aufmessen sollten".[195]

Wenn auch der Kölner Erzbischof Dietrich den Burggrafen von Drachenfels am 13. 5. 1425 mit dem Amt Wolkenburg auch das Gericht übertragen und ihnen aufgegeben hatte, es mit guten Richtern, Schultheißen und Schöffen zu besetzen, so erlangten sie damals doch nicht die hohe Gerichts- bzw. Blutgerichtsbarkeit, sondern nur die niedere Gerichtsbarkeit, die bisher auch den Amtmännern zugestanden hatte. Aus diesem Grunde gab es weder in Königswinter noch sonst im Amt Wolkenburg eine Richtstätte bzw. einen Galgen. Dies macht auch der wiedergegebene Kartenausschnitt aus dem Jahre 1676 deutlich, der u.a. den Galgen des Honnefer Gerichts zeigt.

Zur Sicherstellung der von ihnen übernommenen Lieferungsverpflichtungen nahmen die Eheleute van Emme zahlreiche Verpfändungen zu Gunsten des Burggrafen Gottfried vor.

Der Ring des Burggrafen von Drachenfels

Burggraf Gottfried verstarb am 18. 3. 1428.[196] Er könnte der Drachenfelser Burggraf gewesen sein, über dessen Ring die nachfolgend wiedergegebene Anekdote aus dem Jahre 1838 berichtet.

„Als einst die Ritterschaft des Landes versammelt war und Jeder die Kostbarkeit der Edelsteine in seinen Ringen rühmte, zog der von Drachenfels auch seinen Ring hervor, in welchem er ein Stückchen von den Hausteinen seines Berges sorgfältig hatte einfassen lassen und pries denselben als etwas ganz besonders Kostbares. Als ihn nun alle darob verhöhnten, sagte der Eigenthümer: „Wenn auch dieser Stein kein glänzendes Ansehen hat, so schätze ich ihn doch mehr, als alle Eure Edelsteine zusammen, die Euch keinen Nutzen bringen, dieser aber, (indem er auf den Stein zeigte), bringt mir von den kölnischen Domherren zur Erbauung ihrer Kirche jährlich viele hundert Gulden ein“.[197]

Abgewandelt schildert sie nachfolgend wiedergegebene Anekdote aus dem Jahre 1898 den Vorfall.

„Einstmals war Herr Diether von Drachenfels, einer der reichsten Ritter, vom Erzbischofe und Kurfürsten von Köln zu einem Hoffeste nach Bonn geladen. Auch viele andere Ritter und Damen waren zugegen. Während des Mahles kam die Rede auf köstliches Edelgestein, und Herren und Damen zeigten ihre Diamanten in goldenen und silbernen Reifen gefaßt. Herr Diether wurde von einer Dame angesprochen, ob er nicht auch einen Stein im Siegelring trage, den er zeigen wolle. „Wenn ich meinen Stein zeige“, entgegnete der Ritter, „so wird er als der beste und kostbarste anerkannt werden müssen, wie es unser Herr, der Kurfürst, gewiß zugestehen wird“.

Da riefen alle, daß er den Stein zeige, und als er es that, erhob sich ein Gelächter, denn es war kein leuchtender Edelstein, sondern ein grauer Granit, wie am Drachenfels gebrochen wird und wovon die Burg des Ritters gebaut war.

„Dieser Stein“, sagte Diether, „ist von dem Felsen, der mein Schloß unüberwindlich gemacht hat und von höherem Wert, als irgend ein Edelstein im Lande“. „Der Ritter hat Recht!“ rief der Erzbischof, denn er kannte des Drachenfels Wert am besten und hätte wohl alle seine Edelsteine dafür gegeben“.[198]

Das Kapellengut
der Burgkapelle Drachenfels zu Mehlem
29. 1. 1428

Die erste urkundliche Nachricht über die Burgkapelle auf dem Drachenfels stammt aus dem Jahre 1219. In einer Urkunde dieses Jahres wird der Drachenfelser Burgkaplan Heinrich erwähnt. Die Einkünfte der Kapelle wurden in einer Urkunde des Jahres 1247 geregelt.

Weitere Auskunft über die Einkünfte des Kaplans und der Burgkapelle auf dem Drachenfels gibt die bereits erwähnte Urkunde vom 29. 1. 1428, durch die Burggraf Gottfried von Drachenfels eine Erbrente von 12 Malter Korn erworben hat. Die Eheleute van Emme, die dieses Korn zu liefern hatten, verpfändeten zur Absicherung dieser Verpflichtung am 29. 1. 1428 u.a. „den Seilbacher Hof zu Mehlem, der an den Essig anstößt; 1 Mgn. Weingarten zu Mehlem „up dem Moelshaen ghaen der hoifstat her Johans van Zefel“; 3 Mgn. Land „in der Nederster Auwen“ oberhalb Mehlem, darunter ein Stück am Molenarker Gute; 1 Morgen Land „op dem Kesterfelde boven Nesselberg“; 1 Mgn. Land „boeven Plenczeren langz Dorns guit; ind dit vurschreven huyss hoff ind waninge gnant Seilbacher ysz zoesaemen capellenguit op die burch zoe Drachenfeltz ind gilt man alle yare davan eym capellaen op dieselbe burch eyne ame wijns ind helt emel geswoiren boiden ind gilt man yairs van deym morgen wingartz op deym Moelshaen deimselven cappelain 8 penninge zinss ind in Molenarcker hoff 16 veirdelle wijns; die ander vurschreven guede sint fry eygen“.[199]

VII. Burggraf
Johann von Drachenfels
12. 11. 1432

Nachfolger seines Vaters Gottfried im Burggrafenamt war Burggraf Johann von Drachenfels. Unter dem 12. 11. 1432 wies ihm der Trierer Erzbischof Ulrich von Manderscheid zum Ersatz „versessener Lehen“ eine Rente von 50 Gulden auf den Moselzoll zu Koblenz an. Gleichzeitig versprach ihm der Erzbischof Ersatz für alle in seinen Diensten erlittenen Schäden.[200]

Burggraf Johann von Drachenfels
und seine Frau Margarethe von Wevelinghoven

Bald nach dem breits erwähnten Ehevertrag vom 20. 1. 1417 dürften Johann von Drachenfels und Margarethe von Wevelinghoven geheiratet haben. Aus ihrer Ehe stammten die Söhne Gottfried und Heinrich sowie die Töchter Katharina, Margarethe und Adelheid.

Burggraf Johann von Drachenfels
Drost des Landes Löwenberg
7. 4. 1433

Johann von Drachenfels war nicht nur Herr des Drachenfelser Ländchen und Pfandherr des Amtes Wolkenburg, sondern darüber hinaus auch noch Drost (Amtmann) des Landes Löwenberg (Löwenburg). In einer Urkunde vom 7. 4. 1433 versprach „Johann, Herr zu Drachenfels und Drost des Landes Löwenberg, den Köner Bürgern Johann Steyne und Godart die Zahlung eines Betrages von 348 Gulden von dem Wasserschatz aus dem Honnefer Herbstschatz des Landes Löwenberg“, weil diesen beiden ein zugesagter Betrag von 330 Gulden aus dem Schatz zu Honnef nicht gezahlt worden war, für dessen Zahlung sich der Dinger Hyntzo von Freusberg und die Schöffen „daselbst“ verbürgt hatten.[201]

Möglicherweise hat Burggraf Johann das Amt des Drostens des Landes Löwenberg im Zusammenhang mit der am 6. 7. 1432 von Johann von Loon, Herr zu Jülich, Heinsberg und Löwenberg lehnsweise vorgenommenen Übertragung der Dörfer „Rheidt, Sieglar, Niederkassel und Rodenkirchen" auf den Kölner Erzbischof Dietrich von Mörs erhalten. Diese Übertragung auf den Kölner Erzbischof erfolgte, nachdem dieser die Herrlichkeit Guytrode aus seinem Lehnsverband entlassen hatte.[202]

Zum Lande Löwenberg gehörten damals außer den bereits erwähnten Dörfern noch Honnef, Aegidienberg, Nieder- und Oberdollendorf, Heisterbach, Oberkassel und Küdinghoven mit Beuel.

**Die Beziehungen
des Burggrafen Johann von Drachenfels
zu den Herrn des Landes Löwenberg
7. 4. 1433—14. 12. 1452**

Wilhelm von Loon, Herr zu Jülich, Graf zu Blankenheim und Herr zu Löwenberg, stellte am 3. 12. 1435 Burggraf Johann von Drachenfels „einen Schadlosbrief" aus, der sich für ihn mit dem Dinger Heinrich von Freusberg und den Schöffen von Honnef bei Peter Engelbrecht wegen einer Forderung von 220 Gulden verbürgt hatte.[202]

Die Gebrüder Johann von Loon, ältester Sohn zu Heinsberg, und Wilhelm, Graf zu Blankenheim, versprachen am 11. 12. 1436, den Burggrafen Johann von Drachenfels nicht weiter zu belästigen, der sich für ihren Vater Johann von Loon, Herr zu Heinsberg und Löwenberg, „versegelt ind verbrieft" hatte.[203]

Am 2. 11. 1438 „verordnete Gerart von Loen Herr zu Gülich und Graf zu Blankenheim, daß Werner von Flatten das Schloß Lewenberg in die Hand des Johan v. Drachenfeltz überantworten solle".[204]

Philipp, Graf zu Nassau und Saarbrücken, Herr zu Löwenberg, belehnte am 14. 12. 1452 Burggraf Johann von Drachenfels mit einer Rente von 20 Gulden aus dem Schatz des Landes Löwenberg, die der Dinger zu Honnef auszahlen sollte.[205]

**Burggraf Johann von Drachenfels
Schiedsrichter in Rechtsstreitigkeiten
des Kölner Erzbischofs
29. 4. 1433 und 18. 5. 1436**

Ebenso wie sein Vater Gottfried scheint Burggraf Johann von Drachenfels das Vertrauen des Kölner Erzbischofs Dietrich von Mörs besessen zu haben. Allerdings ist dies nicht durch zahlreiche Urkunden belegt. Am 29. 4. 1433 war Burggraf Johann gemeinsam mit Ritter Roilmann von Dattenberg und zahlreichen anderen Rittern sowie mit dem Kölner Domkapitel und der Stadt Köln einer der Schiedsrichter in einem Rechtsstreit zwischen dem Kölner Erzbischof Dietrich und Herzog Adolf von Jülich und Berg. Als Schiedsrichter wirkte bei der Fällung des Schiedsspruches vom 29. 4. 1433 auch die Ritterschaft von Jülich und Berg mit. Dabei ging es u.a. auch um Teile des kurkölnischen Amtes Wolkenburg.[206]

Auch bei einem Schiedsspruch 18. 5. 1436 war Burggraf Johann von Drachenfels einer der Schiedsrichter in einer Auseinandersetzung zwischen dem Kölner Erzbischof Dietrich und der Stadt Neuß. Anlaß der Auseinandersetzung war, daß die Stadt Neuß den Kölner Erzbischof genötigt hatte, den wegen Raubfehde verhafteten Johann von Krieckenbeck — genannt Spoere — auszuliefern.[207]

**Daym von Burchauwe und
seine Frau Margarethe von Drachenfels
Ehevertrag vom 30. 8. 1437**

Über diesen Ehevertrag berichtet Leonard Korth: „Daym von Burchauwe Sohn Johanns von Burchauwe und der Alveradis von Birgel schliesst einen Ehevertrag mit Margareta ältester Tochter von Johann Herrn zu Drachenfels; der Bräutigam erhält als Heiratsgut von seinem Vater „den hoff ind die dorpere zo Stockheym ind zo Stepperoide" mit 200 Gulden Einkünften, von seinem Oheim Simon von Birgel den gegenwärtig von dem Herrn von Moers lehnrührigen Hof Strijthagen im Lande Valkenburg „beheltlich Johanne van Schoynroide myme (Symons) swager zwentzich gulden geltz jairs an deme hoyve zo behalden na doide Johans van Birgell myns oemen ind vrauwen Hellenberg van Bynsfelt elude die mit zwenhondert gulden auffsteent zo loesen as dat Johans hylichsbrieve van Schoynroide tuschen yem ind Lutgart mynre nichten

gemacht, cliert ind uyswijst"; die Braut empfängt von ihrem Vater den Hof „as zo Patteren gelegen is in dissijde der Ruyren up der sijden da Guylge lijgt de vur 91 malder roggen ind 1 gulden uysgepacht is ind Scheyffart herren zo Heimersberg zo loesen steit vur 1000 gulden", außerdem auf Allerheiligen 1438 in bar 1200 rhein. Gulden oder aber eine Jahresrente von 120 Gulden, für welche das Dorf „zo Neder-Bacheym gelegen bij Mielem" verpfändet wird".[208]

Mituntersiegler der Urkunde vom 30. 8. 1437 waren u. a.: „Johann von Drachenfels, Godart ältester Sohn zu Drachenfels, und Walrave Scheiffart von Merode".

**Ritter Johann von Hatzfeld
und seine Frau Katharina,
älteste Tochter zu Drachenfels
Heiratsvertrag vom 11. 3. 1441**

Über diesen Heiratsvertrag berichtet Leonard Korth: „Erzbischof Dietrich von Köln vermittelt einen Heirathsvertrag zwischen Ritter Johann von Hatzfeld genannt ‚die Ruwe' Herrn zu Wildenburg und Katharina, der ältesten Tochter der Eheleute Johann Herr zu Drachenfels und Margareta von Wevelinghoven; die Braut erhält 2000 rhein. Gulden als Mitgift, der Bräutigam bestimmt ihr zum Witthum die Nutzniessung von seinem gesammten Erbe und insbesondere eine Rente aus dem Gute ‚‚zo Marten gelegen in deme lande van Blanckenberg".[209]

Mituntersiegler der Urkunde vom 11. 3. 1441 waren u. a.: „Erzbischof Dietrich, Johann von Hatzfeld und Johann von Drachenfels; auf Seiten der Braut: Junker Wilhelm Herr zu Wevelinghoven und zu Alfter Erbmarschall des Stiftes Köln, Ritter Godard Sohn zu Drachenfels und Dietrich von Monreal".

Am 6. 4. 1446 bekannte Ritter „Johann die Ruwe von Hatzfeld Herr zu Wildenburg, von seinem Schwiegervater Johann, Herr zu Drachenfels 2000 Gulden als Mitgift seiner Frau Katharina erhalten zu haben.[210]

Godart, ältester Sohn zu Drachenfels,
Herr zu Olbrück
sowie Vogt zu Waldorf,
und seine Frau Lysa von Eich
1445/1446

Urkundlich ist nicht belegt, wann Godart und Lysa geheiratet haben. Als „ältester Sohn zu Drachenfels" hatte er als Urkundszeuge bei dem Ehevertrag seiner Schwester Margarete und bei dem Heiratsvertrag seiner Schwester Katharina mitgewirkt. Unter der Namensbezeichnung „Ritter Godart, Sohn zu Drachenfels" hatte er am 13. 9. 1445 gemeinsam mit seinem Vater Burggraf Johann ein Rechtsgeschäft getätigt.[211] Am 14. 9. 1445 belehnte Graf Dietrich zu Sayn den „Ritter Godart Herrn zu Drachenfels", mit seinen Leuten „jenseits des Rheines in der Pflege zu Breisig, welche vorher der Vogt zu Waldorf zu Lehen getragen".[212]

Diese Belehnung Godarts dürfte im Zusammenhang mit der Übertragung des Vogtamtes zu Waldorf stehen.

Es ist davon auszugehen, daß Godart von Drachenfels gegen Ende des Jahres 1445 oder in der ersten Hälfte des Jahres 1446 die Ehe mit Lysa von Eich geschlossen hat. Bereits am 5. 7. 1446 übertrug nämlich Godart „ältester Sohn zu Drachenfels, Herr zu Olbrück und Vogt zu Waldorf" dem Trierer Erzbischof Jakob auf die Dauer von 10 Jahren ein Drittel der Burg Olbrück, die sogenannte Vogtsburg. In dieser Urkunde heißt es u. a.: „habe ich den Erzbischof, seine Nachfolger und das Trierer Stift in das vorgenannte Drittel durch meinen heutigen Brief eingesetzt und ihm gelobt, daß die Pförtner, Turmknechte und anderes Burggesinde, die zur Zeit auf der Burg sind und später dort eingesetzt werden, ihm in Bezug auf das ihm eingeräumte Drittel der Burg gehorsam sein werden ... Und hat mein gnädiger Herr, der Erzbischof, im Hinblick auf diesen Brief dem gemeinen Burgfrieden zu Olbrück gelobt".[213]

Godart hatte also am 5. 7. 1446 die in der Eifel gelegene Herrschaft Olbrück in Besitz, d. h. daß er damals schon mit Lysa von Eich verheiratet war, die die Burg Olbrück mit in die Ehe

eingebracht hatte. Die Familie von Eich war in den Besitz der Herrschaft Olbrück, ein Lehen der Grafen von Wied, dadurch gelangt, daß ihr deren Lehnsmänner, die Herren von Eppenstein und Isenburg diese Herrschaft verpfändet hatten.[214]

Als Godart von Drachenfels Lysa von Eich zu Olbrück heiratete, war deren Vater Peter von Eich bereits verstorben. „Am Mittwoch nach St. Ulrich des Jahres 1446 belehnte der Trierer Erzbischof Jakob Herrn Godart von Drachenfels und Olbrück mit einem Drittel der Burg Rauschenberg und einem Theile der Vogtei Beulich, inmaßen wie sein Schwiegervater Peter von Eich die innegehabt".[215] Ehefrau des Peter von Eich und Mutter von Lysa von Eich war Gertudis von Saffenberg.

Auch nach der Übertragung des Drittels der Burg Olbrück auf den Trierer Erzbischof blieb Godart von Drachenfels Herr der Herrschaft Olbrück, wie aus einer Urkunde vom 29. 6. 1453 folgt. In dieser Urkunde waren „Godart eldste son zo Drachenfeltz herre zo Oilbruck vait (Vogt) zo Waldorp ritter" und sein Bruder Heinrich Mitbesiegler einer Urkunde des Burggrafen Johann von Drachenfels, der in ihr „den Eheleuten Johann vom Zwijvel Vogt zu Lülsdorf und Nesa, welche sich für ihn bei der Kölnerin Witwe Adelheid Drijveltz wegen einer Schuld von 200 oberl. Gulden verbürgt hatten, seinen Hof zu Eil im Kirchspiel Urbach verpfändete".[216]

Rechtsgeschäfte
des Burggrafen Johann von Drachenfels
2. 3. 1439 — 29. 6. 1453

Der Schultheiß Hermann Noyss sowie die Vilipper Geschworenen Peter Koytze, Henken Vylenbach, Teilgin Roese, Jakob von Linz und Coyntz Walrave beurkundeten am 2. 3. 1439, daß „Peter von Sechtem, den man nennet Beneven ave", dem Junker Johann, Herrn zu Drachenfels und zu Gudenau, seine „moelen zo Hopgarden" mit 6 Morgen Acker und ein Halb Morgen Wiese verkauft habe.[217]

Am 10. 8. 1439 verpflichtete sich Rutger Frentz, Herrn Johann zu Drachenfels ein Darle-

hen von 25 rheinischen Gulden auf S. Remigiustag zu erstatten.[218]

Burggraf Johann von Drachenfels und Ritter Godart, Sohn zu Drachenfels, verpflichteten sich am 13. 9. 1445 gegenüber den Kölner Eheleuten Hermann und Metzgin von Sechtem, ein Darlehen in Höhe von 2000 oberländischen Gulden binnen 6 Jahren an einen nicht näher genannten Darlehensgeber zurückzuerstatten. Zu dieser Verpflichtungserklärung kam es, weil sich die Eheleute von Sechtem gegenüber dem Darlehensgeber zu Gunsten des Burggrafen Johann verbürgt hatten. Zur Absicherung der Bürgen hinterlegten Burggraf Gottfried und sein Sohn den das Amt Wolkenburg betreffenden Hauptpfandbrief vom 13. 5. 1425.

Als Bürgen hatten die Eheleute von Sechtem eine Anzahl von Erbzinsen dem Darlehensgeber verpfändet, nämlich: „20 Gulden „von den Monichshuyse gelegen by den Augustijnen in Coelne", 20 Gulden von dem Hause „zo der Roeder duyr boeven Marportzen", zusammen verschrieben für 800 Gulden an Daem von Loeven; 40 Gulden von dem Hause „zer Poe up der Santkuylen entgain dem huyse zom Qwatter mart", verschrieben für 800 Gulden an Johann Schilling; 16 Gulden von dem Hause „zer Poe in der Hellen", verschrieben für 400 Gulden an Wilhelm Wichterich".[219]

Am 13. 6. 1447 erklärte „Hermann von Plittersdorf, daß von den 500 rhein. Gulden, welche ihm Johann Herr zu Drachfels verschrieben hatte, die Jahresrente von 50 Gulden jedesmal in Abzug gebracht werden solle".[220]

Johann vom Zwijvel, Vogt zu Lülsdorf, und seine Frau Nese pachteten am 14. 5. 1453 von Burggraf Johann von Drachenfels den Hof zu Eil im Kirchspiel Urbach gegen einen jährlichen Pachtzins von 12 Malter Korn auf die Dauer von 24 Jahren. Dieser Verpachtung stimmten die Söhne des Burggrafen, nämlich „Ritter Godart Herr zu Oelbrück Vogt zu Waldorf und Heinrich", ausdrücklich zu. Der jährliche Zins von 12 Malter Korn war in Mondorf zu leisten.[221]

Diesen Hof verpfändete Burggraf Johann von Drachenfels mit Einwilligung seiner Söhne Godart und Heinrich am 29. 6. 1453 den vorstehend erwähnten Eheleuten vom Zwijvel, da sich diese für Burggraf Gottfried gegenüber der „Kölnerin Witwe Adelheid Drijvels wegen einer Schuld von 200 oberländischen Gulden verbürgt hatten".[222]

Es sollte aber nach der Absicht des Burggrafen Johann nicht lange bei der Verpfändung des Hofes zu Eil an die Eheleute Johann und Nese vom Zwijvel bleiben; denn noch am 29. 6. 1453 übernahmen die Eheleute Gerhard und Adelheid Foele gegenüber Burggraf Johann die Verpflichtung, den Hof zu Eil bis Weihnachten einzulösen.

Gerhard und Adelheid Foele, die in der Urkunde Burggraf Johann von Drachenfels als ihren Schwager bezeichneten, hatten nämlich von diesem vorher ein Darlehen von 200 Gulden erhalten, das sie nunmehr durch Einlösung des Hofes zu Eil tilgen sollten. Zur Sicherstellung der von ihnen übernommenen Verpflichtung verpfändeten sie am 29. 6. 1453 an Burggraf Johann „ihren Hof zu Kurle unter Landskronen gelegen nebst einer Mühle zwischen Sinzig und Westum".[223]

Die Königswinterer Schöffen geloben
Burggraf Joahann von Drachenfels
Schadlosstellung von einer Bürgschaft
31. 5. 1454

Die Königswinterer Schöffen Johann Kerll Schultheiss, Heyman Weckesser, Hermann Costis son, Arnold Kelners, Johann von Bonn, Heinz Finkerney, Hannes Schoultissen und Thijs von Reymbach gelobten am 31. 5. 1454 Burggraf Johann, ihn von der Bürgschaft schadlos zu stellen, die er für sie bei dem Kupferschläger „Heinrich von Wynteren und anderen Kölner (Königswinterer?) Bürgern geleistet hatte".[224]

Die Ritter Godart und Heinrich
von Drachenfels versprechen,
eine Schuld ihres verstorbenen Vaters
Burggraf Johann von Drachenfels einzulösen
7. 8. 1455

Die Eheleute Hermann und Metzgin von Sechtem hatten sich am 13. 9. 1445 für Burggraf Johann von Drachenfels wegen eines Darlehens von 2000 oberländischen Gulden ver-

bürgt. Am 7. 8. 1455 versprachen die Ritter Godart und Heinrich, Herren zu Drachenfels, „den Kölner Bürgern Jakob und Konrad von Sechtem bis Weihnachten Zahlung der 2000 oberländischen Gulden, für welche sich die inzwischen verstorbenen Eheleute von Sechtem (Anm.: Eltern von Jakob und Konrad von Sechtem) um des inzwischen verstorbenen Johann Herrn zu Drachenfels willen verbürgt hatten".[225]

Das genaue Datum des Todes des Burggrafen Johann von Drachenfels ist nicht bekannt. Die letzte Nachricht über ihn zu seinen Lebzeiten findet sich in der Urkunde der Königswinterer Schöffen vom 31. 5. 1454.

VIII. Burggraf

Godart von Drachenfels und Herr zu Olbrück
1455

Godart von Drachenfels und Herr zu Olbrück kann nur indirekt als Burggraf von Drachenfels bezeichnet werden, da es anscheinend zu einer formellen Übernahme des Burggrafenamtes nicht gekommen ist.

Als ältestem Sohn des verstorbenen Burggrafen Johann von Drachenfels hätte ihm eigentlich das Burggrafenamt übertragen werden müssen. Da er sich jedoch nicht auf der Burg Drachenfels, sondern auf der Burg Olbrück aufhielt, andererseits sein jüngerer Bruder Heinrich noch auf der Burg Drachenfels beheimatet war, dürfte die Regelung der Nachfolge im Burggrafenamt schwieriger als sonst gewesen sein. Ob es insoweit eines Testaments Johanns von Drachenfels bedurft hätte und ob ein solches vorlag, ist nicht bekannt. Erschwerend kam hinzu, daß Godart von Drachenfels Herr zu Olbrück und Vogt zu Waldorf bereits vor dem 15. 9. 1457 verstorben ist.

Auskunft hierüber gibt eine Urkunde vom 15. 9. 1457, in der „Philipp Graf zu Nassau und Saarbrücken als Herr zu Löwenberg den Heinrich Herrn zu Drachenfels mit 20 Gulden Manngeld aus dem Schatze zu Honnef belehnte, wie sie dessen Vater und dessen Bruder Godart innegehabt".[226]

Diese Urkunde weist nicht nur aus, daß Godart

von Drachenfels Herr zu Olbrück damals bereits verstorben war, sondern auch, daß Burggraf Johann von Drachenfels mit dem Manngeld belehnt war und daß nach seinem Tode sein Sohn Godart damit belehnt worden ist. Das bedeutet, daß Graf Philipp von Nassau und Saarbrücken davon ausgegangen sein dürfte, daß Godart Nachfolger seines Vaters Johann im Burggrafenamt wär.

Nachfolger seines Vaters Godart im Burggrafenamt Drachenfels hätte eigentlich dessen ältester Sohn Nikolaus bzw. Klaus werden müssen. Dem stand aber entgegen, daß Klaus von Drachenfels und Olbrück damals ebenso wie seine Geschwister noch minderjährig war. Ihre Eltern hatten erst 1445/1446 geheiratet. Die Minderjährigkeit der Kinder Godarts von Drachenfels/Olbrück und seiner Frau Lysa von Eich machte die Einrichtung einer Vormundschaft erforderlich. Demtensprechend wurde Graf Ruprecht von Virneburg und Herr zu Saffenberg zum Vormund der Kinder Klaus, Godart, Peter, Johann und Apollonia bestellt.

Ihr Onkel Heinrich von Drachenfels führte nach dem Tode seines Bruders Godart vorübergehend die Amtsgeschäfte des Burggrafen von Drachenfels, ohne selbst mit dem Burggrafenamt belehnt zu werden.

Heinrich Herr zu Drachenfels
Amtmann des Amtes Wolkenburg
14. 2. 1457

Ritter Johann von Eylenberg Sohn zu Landskron versprach am 22. 11. 1456 „Schadloshaltung des Ritters Heinrich Herrn zu Drachenfels, der sich für ihn bei dem Vogte Johann von Aire wegen einer Schuld von 670 oberländischen Gulden verbürgt hatte".[227]

Am 3. 2. 1457 gaben Arnold von Freusberg, Dinger zu Honnel, und die Honnefer Schöffen Ritter Heinrich von Drachenfels, der sich bei Reinart von Landsberg für 150 oberländische Gulden „as van der gefangenen wegen zo Hunffe" verbürgt hatte, das Recht zu beliebiger Pfändung ihres gemeinen Gutes, falls er deshalb zu Schaden kommen sollte".[228]

Im Zusammenhang mit Burggraf Johann von

Drachenfels wurde bereits ein Honnefer Dinger namens Heinrich von Freusberg erwähnt. Der „Dinger" war ein Beamter des Honnefer Gerichts.

Ritter Friedrich von Merode Herr zu Bornheim gelobte am 6. 2. 1457 seinem Neffen Ritter Heinrich Herrn zu Drachenfels Schadloshaltung aus einer Bürgschaft, die Heinrich für ihn in Höhe von 600 oberländischen Gulden gegenüber Ritter Johann von Kriekenbeck eingegangen war.[229] Wegen Johann von Kriekenbeck war es bereits 1436 zu einem Streit zwischen dem Kölner Erzbischof Dietrich von Moers und der Stadt Neuss gekommen, der durch einen Schiedsspruch vom 18. 5. 1436 beendet worden war. Einer der Schiedsrichter war damals Burggraf Johann von Drachenfels.

Als Amtmann zu Wolkenburg wurde Heinrich von Drachenfels in einer Urkunde vom 14. 2. 1457 erwähnt. In ihr versprachen „Hermann Costis son, Heymann Weckesser u. a. Schöfen zu Königswinter, Johann Kerll Schultheiss und drei Eingesessene daselbst Ritter Heinrich Herrn zu Drachenfels Schadlosstellung aus einer Bürgschaft, die er in Höhe von 101 Gulden gegenüber Tiel Smeetz eingegangen war".[230]

Sache der Burggrafen von Drachenfels war es seit der Verpfändung des Amtes Wolkenburg im Jahre 1425, den Amtmann dieses Amtes zu bestellen. Es fragt sich, ob Heinrich von Drachenfels bereits von seinem Vater zum Amtmann des Amtes Wolkenburg bestellt worden ist oder ob ihm der Kölner Erzbischof dieses Amt übertragen hat, da das Amt des Burggrafen jedenfalls seit dem Tode Godarts von Drachenfels und Olbrück unbesetzt war.

IX. Burggraf

Heinrich Herr zu Drachenfels
18. 10. 1457

Heinrich von Drachenfels wurde praktisch dadurch Burggraf von Drachenfels, daß er am 18. 10. 1457 für die Dauer der Minderjährigkeit der Kinder des verstorbenen Godart von Drachenfels und Olbrück mit den Burgen Drachenfels und Gudenau belehnt wurde.

Über den Inhalt der Urkunde vom 18. 10. 1457

berichtet Leonard Korth: „Erzbischof Dietrich von Köln vereinbart zwischen Heinrich Herrn zu Drachenfels und den Kindern von dessen verstorbenen Bruder Godart folgendes:

jede Partei soll einen vereideten Knecht halten zur Erhebung der Einkünfte von Drachenfels und Gudenau u.s.w. behufs gleicher Vertheilung; Heinrich soll aus seiner Hälfte das Schloss Drachenfels, der Rentmeister der Kinder das Schloss Gudenau im stande halten; die Schulden, welche die verstorbenen Johann und Godart von Drachenfels, sowie Johanns zwei Töchter hinterlassen, sollen sie gemeinschaftlich abtragen; bis zur Mündigkeit der Kinder nimmt Heinrich beide Schlösser zu Lehen.

Siegel: Erzbischof Dietrich, Roprecht Graf zu Virneburg und Neuenahr Herr zu Saffenberg zugleich für seinen Bruder Wilhelm. Heinrich von Drachenfels".[231]

Die vorläufige Belehnung Heinrichs von Drachenfels mit der Burg Gudenau nahm der Lehnsherr Erzbischof Dietrich von Köln vor; mit seiner Zustimmung erfolgte die vorläufige Belehnung Heinrichs von Drachenfels mit der Burg Drachenfels durch den Propst des Bonner St. Cassius-Stifts.[373]

In der Folgezeit sollte die Familie Drachenfels aus dem Hause Olbrück auf den Besitz der Burg Gudenau mit Villip beschränkt bleiben, obwohl es ihr Bestreben blieb, in den Besitz der Burg Drachenfels zu gelangen. Andererseits sollte der Wille der Drachenfelser aus Königswinter dahin gehen, im Besitz der Burg Drachenfels zu bleiben. Dabei sollte das Drachenfelser Ländchen noch eine besondere Rolle spielen.

Ritter Johann von Hatzfeld
Herr zu Wildenburg und seine Frau
Katharina von Drachenfels erhalten 500 Gulden
aus dem Hause Drachenfels
21. 2. 1458

Ritter Johann von Hatzfeld und seine Frau Katharina von Drachenfels waren im Ehevertrag vom 11. 3. 1441 durch den Burggrafen Johann von Drachenfels 2000 Gulden als Mit-

gift zugesprochen worden. Bereits am 6. 4. 1446 hatte Ritter Johann von Hatzfeld bekannt, von seinem Schwiegervater 2000 Gulden als Mitgift Katharinas von Drachenfels erhalten zu haben.[209][210]

Anscheinend enthielt der Ehevertrag noch weitere Mitgiftansprüche für den Fall des Todes des Burggrafen Johann von Drachenfels; denn am 21. 2. 1458 bescheinigten „Ritter Johann von Hatzfeld und seine Frau Katharina von Drachenfels dem Junker Ruprecht Grafen zu Virneburg etc. als Vormund der Kinder Godarts von Drachenfels sowie ihrem Schwager und Bruder Heinrich von Drachenfels den Empfang der 500 oberländischen Gulden, welche ihnen laut Ehevertrag nach dem Tode Johanns von Drachenfels zufallen sollten".[232]

Ruprecht Graf zu Virneburg
als Vormund der Kinder Godarts und Heinrich
von Drachenfels erhalten
vorschußweise vom
Kölner Domkapitel 100 rh. Gulden
22. 2. 1458

Das Kölner Domkapitel und Burggraf Heinrich von Drachenfels hatten 1347 einen Vertrag über den Betrieb des Domsteinbruchs am Drachenfels geschlossen. Nach diesem Vertrag hatte das Domkapitel für den Betrieb des Steinbruchs u. a. jährlich „30 große Turnosen" bzw. „30 Schillinge in großen alten Turnosen des Königs von Frankreich" zu zahlen. — UrknNr. 38.

Diese vertragliche Regelung galt auch noch zu Beginn der zweiten Hälfte des 15. Jahrhunderts. Die minderjährigen Kinder des verstorbenen Burggrafen Godart von Drachenfels und ihr Onkel Heinrich befanden sich nach dem Tode Godarts in einer schlechten Vermögenslage. So hatten sie am 21. 2. 1458 an Johann von Hatzfeld und dessen Frau Lysa 500 Gulden zahlen müssen. Um die Vermögenslage aufzubessern, schlossen Graf Ruprecht zu Virneburg als Vormund der Kinder Godarts und deren Onkel Heinrich von Drachenfels am 22. 2. 1458 einen Vertrag mit dem Kölner Domkapitel, das ihnen als Vorschuß einen Betrag von

100 Gulden auszahlte, der mit den jährlichen Zahlungen des Kölner Domkapitels in Höhe von „30 Schillingen in alten großen Turnosen aus der Münze des Königs von Frankreich" verrechnet werden sollte.[233]

Heinrich Herr zu Drachenfels
wird zu Köln in die Gemeinschaft des Gebetes und der guten Werke aufgenommen
16. 3. 1458

Der Prior des Karthäuser Klosters St. Barbara zu Köln nahm am 16. 3. 1458 „Ritter Heinrich von Drachenfels in die Gemeinschaft des Gebetes und der guten Werke auf".[234]

Sicherlich war damit eine finanzielle Zuwendung Heinrichs an das Kloster verbunden.

Graf Ruprecht zu Virneburg
und Heinrich Herr zu Drachenfels
nehmen als Vormünder der Kinder
des verstorbenen Burggrafen Godart von Dra-
chenfels
ein Darlehen von 2000 Gulden auf
28. 10. 1458

Leonard Korth berichtet über den Inhalt der Urkunde vom 28. 10. 1458: „Ruprecht Graf zu Virneburg und Heinrich Herr zu Drachenfels als Vormünder der von dem verstorbenen Godart von Drachenfels Herrn zu Olbrück und Vogt zu Waldorf hinterlassenen Kinder nehmen bei Otto Walpod von Bassenheim ein Darlehen von 2000 rhein. Gulden auf, um den Ritter Johann von Hatzfeld 620 Gulden rückständigen Heirathsgeldes zu entrichten, bei den Brüdern Sijbichen und Johann von Neunkirchen zu Neuss mit 900 Gulden den Pfandbrief über Wolkenburg und Königswinter einzulösen und die Witthumsangelegenheiten der kürzlich verstorbenen Witwe Godarts „Lijse von Eich" zu ordnen; sie verpfänden ihm dafür „dat slossgin" Gudenau nebst den Dörfern Berkum, Gimmersdorf, Liesheym, Kurenkoven und Zullenkoven, Oberbachem und Niederbachem und setzen außerdem als Bürgen die Ritter Johann von Hatzfeld Herrn zu Wildenburg, Johann von Eynenberg Herrn zu Landskrone und Johann von Hoemen sowie Scheiffart „van me Rode zu Clermont".[235]

Die beabsichtigte Auszahlung weiterer 620 Gulden an Ritter Johann von Hatzfeld verwundert im Hinblick auf den bereits erwähnten Ehevertrag vom 11. 3. 1441 sowie die Auszahlung von 2000 Gulden am 6. 4. 1446 und von 500 Gulden am 21. 2. 1458.

Die Beziehungen
Heinrichs Herr zu Drachenfels
zu den Herrn des Landes Löwenberg
13. 7. 1459

Die bereits erörterten Beziehungen der Burggrafen von Drachenfels, die seit Burggraf Johann Droste des Landes Löwenberg waren, zu den Herrn des Landes Löwenberg bestanden auch nach dem 15. 9. 1457 fort. Dies ergibt sich aus einer Urkunde vom 13. 7. 1459, in der „Johann Graf zu Nassau und zu Saarbrücken Herr zu Löwenburg Diest Sichem etc. Schadloshaltung Heinrichs Herr zu Drachenfels verspricht, der sich für ihn bei Gerhard von Loen Herrn zu Jülich und Grafen von Blankenheim wegen 700 rheinischen Gulden mit verbürgt hat".[236]

Graf Wilhelm zu Virneburg
und Heinrich Herr zu Drachenfels
als Vormünder der Kinder
des verstorbenen Burggrafen
Godart von Drachenfels nehmen ein Darlehen
von 1050 Gulden auf
12. 12. 1460

Leonard Korth berichtet über den Inhalt der Urkunde vom 12. 12. 1460: „Wilhelm Graf zu Virneburg und Ritter Heinrich Herr zu Drachenfels als Vormünder der von Godart Herrn zu Drachenfels hinterlassenen Kinder verschreiben Otto Walpod von Bassenheim gegen ein Darlehen von 1050 rhein. Gulden eine Rente von 84 Gulden aus den Ortschaften Berchem (Berkum), Pissenheym, Girmersdorff, Lyssem, Kulinckoven, Zollekoven, Oberbachem und Niederbachem sowie 20 Malter Hafer, 2 Wagen Heu und die Gerichtsgefälle, indem sie dafür Ritter Johann von Eynenberg Herrn zu Landskron, Heinrich Wilpurg, Karl von Monreain (Monreal) und Johann von Breitbach als Bürgen setzen mit der Verpflichtung zum Einlager in Koblenz oder Andernach.

Siegel: Aussteller und Bürgen sowie für Schultheiss und Schöffen der verpfändeten Dörfer Roilman von Dadenberg Pfarrer zu Oberbachem und Junker Dietrich von Landsberg".[237]

Am 21. 12. 1460 erklärten die vorstehend erwähnten beiden Vormünder der Kinder Godarts, „daß die Pfandverschreibung (vom 12. 12. 1460) für Otto Walpott von Bassenheim durch etwaige Beschädigung nicht entkräftet werden solle".[238]

Heinrich Herr zu Drachenfels
setzt sich für verurteilte Verbrecher ein
23. 6. 1461

Drei in Königswinter gefaßte Verbrecher, darunter ein Königswinterer Faßbindermeister, waren in Bonn nach Folterung zu Tode verurteilt worden. Sie wurden auf Fürsprache Heinrichs von Drachenfels durch den Kölner Erzbischof begnadigt, nachdem sie geschworen hatten, sich an keinem der Verfahrensbeteiligten zu rächen. Auskunft über das ganze Geschehen gibt eine von den drei Verurteilten am 23. 6. 1461 errichtete Urkunde, die auf ihren Wunsch von den Königswinterer Schöffen mit deren „gemeyn scheffenamptz segell" gesiegelt wurde.[239]

Heinrich Herr zu Drachenfels
begnadigt
den verbannten Königswinterer Johann Kerll
20. 9. 1461

Der aus Königswinter stammende Johann Kerll war eine Zeit lang aus Königswinter verbannt gewesen. Möglicherweise handelte es sich bei diesem Verbannten um den bereits erwähnten Schultheiß Johann Kerll. Wie sich aus einer Urkunde vom 20. 9. 1461 ergibt, wurde Kerll von dem Kölner Erzbischof Dietrich und von dem Amtmann des kurkölnischen Amtes Wolkenburg Heinrich Herr zu Drachenfels damals begnadigt. Auch in diesem Falle setzte die Begnadigung voraus, daß Kerll zunächst den Verfahrensbeteiligten Urfehde schwor.[240]

Heinrich Herr zu Drachenfels
und seine Frau Alveradis von Palant
27. 3. 1462

Es ist nicht bekannt, wann Heinrich von Drachenfels und Alveradis von Palant — Tochter des Johann von Palant und zu Wildenberg und seiner Frau Fulgyn von Merode — geheiratet haben. Am 27. 3. 1462 gelobten „Heinrich Herr zu Drachenfels und Alverait von Pallant seine Gattin, die Kleinodien, welche der Kölner Syffart Vyeschrijver für sie bei Mathias von Speye um 50 oberl. Gulden versetzt hatte, nämlich „eyn kroesen mijt eyme overgulden kroengyn boyven, noch eyn gedryet kroesgyn oyven mit eyme wijssen thoerngin, item noch zwien bechere oyven die bort oeverguldet ind eyn mengevas mit eyme oevergulden Joeris dat zosamen wijget aeys marck ind zwey loyt" vor Weihnachten einzulösen oder in Köln Einlager zu halten".[241]

Kurze Zeit darauf, am 1. 5. 1462, schwor Johann Bunre, Untersasse der Festung Königswinter, nach erfolgter Begnadigung Urfehde.[242]

Heinrich Herr zu Drachenfels und sein Neffe Klaus von Drachenfels Herr zu Olbrück wirken bei der Verabschiedung der Erblandesvereinigung des Erzstifts Köln mit 26. 3. 1463

Der Kölner Erzbischof Dietrich von Moers war am 14. 2. 1463 nach einer Amtszeit von 49 Jahren verstorben. Die finanzielle Lage des Erzstifts war damals verzweifelt. Die sogenannte „Soester Fehde", die Teilnahme an den Hussitenkriegen und andere militärische Auseinandersetzungen sowie mit den Kriegskosten verbundene Verpfändungen hatten es mit sich gebracht, daß der neue Kölner Erzbischof Ruprecht von der Pfalz nach seiner Wahl zum Kölner Erzbischof das Erzstift verschuldet und verarmt übernahm. Noch vor seiner Wahl (30. 3. 1463) verabschiedeten „die Kölner Domherrn und die übrigen Stände, die Ritter und Städte des rheinischen Stiftsgebietes am 26. 3. 1463 die sog. Erblandesvereinigung, d. h. ein Staatsgrundgesetz".[243]

Podlech führt insoweit aus: „Der Erzbischof soll den Adel und die Städte ungestört im Genusse ihrer Privilegien lassen, die Untersassen des Erzstifts oder deren Hab und Gut nicht verpfänden, einen ständigen Rath von Geistlichen und Laien haben, ohne Zustimmung des Domkapitels keine Schulden machen, und ohne Wissen desselben und der anderen Stände keinen Krieg unternehmen. — Das Kapitel ist berechtigt, so oft es ihm nützlich erscheint, die Grafen, Ritter und Städte zur Ständeversammlung zu berufen und ist dazu verpflichtet, wenn dieselben solches verlangen. — Wenn das Kapitel einen Erzbischof gewählt hat, so wird demselben die Huldigung nicht eher geleistet, als er diese Vereinbarung angenommen und beschworen hat; sollte er sie aber übertreten und auf die Mahnung des Kapitels nicht abstehen, so sollen die Stände ihm nicht ferner zu Gehorsam verpflichtet sein".[244]

Unter den Mitgliedern des Ritterstandes, die bei der Verschiedung der Erblandesvereinigung mitgewirkt haben, werden aufgeführt: „Henrich herre zo Drachfeltz und Clais van Drachfeltz herre zo Oilbrucke".[245]

Nachdem Klaus von Drachenfels, Herr zu Olbrück, bei der Verabschiedung der Erblandesvereinigung vom 26. 3. 1463 mitgewirkt hatte, hätte es eigentlich nahe gelegen, daß er nicht nur die Herrschaft Olbrück als Erbe nach seinem Vater Godart, sondern auch das Burggrafenamt Drachenfels von seinem Onkel Heinrich übernommen hätte. Tatsächlich sollte er erst sehr viel später und zwar nur einmal den Titel Burggraf führen.

Bürgschaften Heinrichs Herr zu Drachenfels 7. 1. 1464—27. 5. 1468

Nachdem Heinrich Herr zu Drachenfels, der das Burggrafenamt praktisch immer noch ausübte, am 29. 11. 1463 eine Quittung für Johann Herr zu Helfenstein Erbmarschall des Stiftes Trier und dessen Frau Katharina von Gymnich mitbesiegelt hatte, wurde er in den folgenden Jahren mehrfach als Bürge tätig.

Am 7. 1. 1464 gelobte „Philipp Graf zu Virneburg und zu Neuenahr Schadlosigkeit Heinrichs von Drachenfels, der sich bei Bernard von Aldenbrugge gen. von Velbrucke für ihn wegen 1000 rhein. Gulden mitverbürgt hatte".[246]

Ruprecht von der Pfalz, der am 15. 8. 1464 sein Amt als Erzbischof von Köln angetreten hatte, gelobte am 1. 4. 1465 gemeinsam mit dem Kölner Domkapitel Schadloshaltung Heinrichs Herrn zu Drachenfels „wegen der Bürgschaftsleistung bei Heinrich von Breitbach, dem für 8300 rhein. Gulden die Einkünfte des Amtes Bonn verpfändet waren".[247]

Am 8. 7. 1467 gelobte „Johann von Nesselrode Drost des Landes Berg Schadloshaltung des Ritters Heinrich Herrn zu Drachenfels, der sich für ihn bei Dietrich Lantzberg wegen 3300 rhein. Gulden mitverbürgt hatte".[248]

Johann Graf zu Nassau und Saarbrücken gelobte am 27. 5. 1468 Schadloshaltung Heinrichs Herrn zu Drachenfels, den „er an Stelle von Henne Roede dem Cone von Riffenburg als Bürgen gesetzt hatte".[249]

Rechtsgeschäfte
Heinrichs Herr zu Drachenfels
7. 3. 1467 — 15. 6. 1467

Ritter Heinrich Herr zu Drachenfels belehnte am 7. 3. 1467 den Hermann Munt und dessen Frau Else mit seinem Anteil an „dem seinem verstorbenen Bruder Godart und ihm gemeinschaftlich gewesenen Gute 'zer Nuwerbuch' gelegen an dem kelterhuse genannt Bonnengut ... jairs doinde drittehalff malder haveren ind wese gelegen in der Fockenbach jairlinx dienende vunff marck coilsche".[250]

Am 16. 5. 1467 verpfändete ein Herr Heinrich von ... seine beiden Höfe zu „Droisdorp und unterhalb Lair" an Ritter Heinrich Herr zu Drachenfels.[251]

Friedrich vom Steyne gen. Schouff und seine Frau Adelheid von Drachenfels 12. 4. 1468 — 12. 7. 1469

Es ist nicht bekannt, wann Friedrich von Stein und Adelheid von Drachenfels, eine Tochter des Burggrafen Johann von Drachenfels, geheiratet haben.

Erste Auskunft über sie gibt eine Urkunde vom 12. 4. 1468, in der „Friedrich vom Steyne gen. Schouff und seine Gemahlin Adelheid von Drachenfels, denen die Herren Heinrich, Clais und

Godart von Drachenfels eine Jahresrente von 150 Gulden aus ihrem Viertel des Neusser Zolles verschrieben haben, verzichten auf alles andere Erbe, ausgenommen den Hof zu Linz und den Nachlaß der verstorbenen Margareta Ehefrau des Ritters Daym von Auwe".[252]

In dieser Urkunde wirkte erstmals Godart von Drachenfels und Olbrück, ein Bruder des Klaus von Drachenfels und Herr zu Olbrück mit. Ritter Heinrich Herr zu Drachenfels und seine beiden Neffen Klaus und Godart stellten gleichzeitig am 12. 4. 1468 die Jahresrente aus dem Neusser Zoll „sicher durch ihre Einkünfte zu Königswinter".[253]

Durch eine weitere Urkunde vom 12. 4. 1468 stellten Heinrich, Klaus und Godart die Eheleute von Stein zusätzlich sicher durch das Versprechen, „die Verschreibung bei Heinrich Lijtze dem Praeceptor von S. Antonius in Köln zu hinterlegen, unter Genehmigung ihres Schwagers Heinrich Herr zu Ghemen".[254]

Am 28. 9. 1468 vereinbarten die Ritter Heinrich und Clais zu Drachenfels und Godart von Drachenfels mit Friedrich vom Steyne gen. Schouff und dessen Frau Adelheid von Drachenfels, daß „diese auf Grund der von Erzbischof und Domkapitel ausgestellten Anweisung auf 300 Mark Rente vom Zolle zu Neuss, welche im Kloster S. Antonius zu Köln hinterlegt ist, ihre Jahresrente von 150 Mark erheben" sollten.[255]

Leonard Korth berichtet über den Inhalt einer weiteren Urkunde vom 12. 7. 1469: „Die Ritter Heinrich Herr zu Drachenfels und Clais Herr zu Drachenfels und zu Oilbrück, welche Ihrem Schwager Friedrich vom Steyn gen. Schouff und dessen Frau Adelheid 2000 Gulden Heirathsgut ausgezahlt haben, empfangen 1000 Gulden als Darlehen auf zwei Jahre zurück, wogegen sie sich für diese Zeit zur Leistung einer jährlichen Rente von 90 Gulden verpflichten und dafür ihre Dörfer Curynckhoyven, Pissenheim und Girmersdorp verpfänden.

Siegel: Heinrich, Clais und Godart von Drachenfels, die Ritter Lucius Quaide Herr zu Tomburg und zu Landskron, Johann von Hoemen Herr zu Ailstorp, ferner für die verpfändeten Dörfer Johann Kille Pastor zu Niederba-

chem und Adolf Brunts „kirchherre zo Overbach".[256]

Ebenfalls unter dem 12. 7. 1469 einigten sich Heinrich Herr zu Drachenfels sowie die beiden Brüder Klaus und Godart dahin, daß Heinrich aus dem Darlehen 500 Gulden und die beiden Brüder zusammen 500 Gulden erhalten sollten. Sie verpflichteten sich untereinander zur Erstattung des jeweils auf sie entfallenden Anteiles.[257]

Friedrich von Stein dürfte einer der Nachkommen der Herrn von Stein gewesen sein, die 1345 als Mitinhaber des Patronatsrechts der Pfarrkirche von Winterscheidt verhindert hatten, daß Rutger von Drachenfels damals Pfarrer dieser Kirche wurde.[258]

Godart Herr zu Drachenfels und Olbrück räumt mit Einwilligung seines Bruders Klaus dem Trierer Erzbischof ein 10jähriges Öffnungsrecht an den Burgen Olbrück und Königsfeld ein Montag nach Weihnachten 1468

Godart, der zweitälteste Sohn des verstorbenen Burggrafen Godart Herr zu Drachenfels und Olbrück, war urkundlich erstmals in den vorstehend erwähnten beiden Urkunden vom 12. 4. 1468 in Erscheinung getreten. Am Montag nach Weihnachten 1468 errichtete er allein eine Urkunde, in der er sich selbst als „Godart Herr zu Drachenfels und Olbrück" bezeichnete. Gemeinsam mit seinem Bruder Klaus war er damals aber auch einer der Herrn der Burg Königsfeld.[259]

In der Urkunde vom Montag nach Weihnachten 1468 gewährte Godart dem Trierer Erzbischof ein zehnjähriges Öffnungsrecht an den Burgen Olbrück und Königsfeld. Dazu erbat er sich in der Urkunde die Einwilligung „des strengen Herrn Klaus Herrn zu Drachenfels und Olbrück, Ritters, seines lieben Bruders".

Zur Gewährung des Öffnungsrechtes kam es, nachdem der Trierer Erzbischof Herrn Godart zu Drachenfels und Olbrück zu seinem Diener und in seine „Verspruchnis" gleich anderen aus seiner Ritterschaft für die nächsten 10 Jahre genommen hatte. Die Urkunde ist ein

interessantes Beispiel für die Handhabung eines Öffnungsrechtes durch die Parteien eines solchen „Vertrages". Keinesfalls durften die Rechte eines Burgherrn durch das Öffnungsrecht beeinträchtigt werden.[260]

Godart scheint jedenfalls später alleiniger Herr der Burg Königsfeld gewesen zu sein; denn Kaiser Friedrich III. belehnte am 14. 11. 1488 nach dem „abgang weilent Goderten von Trachenfels" den Kölner Erzbischof Hermann IV. von Hessen „mit dem dem Reiche heimgefallenen Schlosse nebst der Stadt Königsfeld".[261]

Die Bemühungen des Kölner Erzbischofs Ruprecht von der Pfalz um die Wiedererlangung der von seinen Vorgängern verpfändeten Güter

Ruprecht, der drittälteste Sohn des Pfalzgrafen Ludwig II. und seiner Frau Mathilde von Savoyen, hatte das Amt des Kölner Erzbischofs am 15. 8. 1464 angetreten. Seine Belehnung mit den Regalien durch den deutschen Kaiser erfolgte erst am 1. 8. 1471 zu Regensburg.

Über die finanzielle Lage des Kölner Erzstifts beim Amtsantritt Ruprechts gibt in etwa ein Brief Auskunft, den er am 24. 2. 1472 an seinen Bruder, Kurfürst Friedrich von der Pfalz richtete. Hier heißt es u. a.:

„Es ist Euch bekannt, in welcher Armuth und Zerrüttung wir unser Stift beim Antritte gefunden haben. Nicht ein Schloß, nicht eine Stadt, nicht einen Zoll haben wir unverpfändet angetroffen, außer Poppelsdorf, weil es keine Renten hatte".[262]

Ley führt zur Person Ruprechts u. a. aus: „Ruprecht, an das üppige Leben am Hofe des Pfalzgrafen, seines Vaters und Bruders, gewöhnt, war nicht (nach Köln) gekommen, die Sparsamkeit zu üben, welche seine geringen Einkünfte notwendig machten, ließ sich seine Anwartschaft auf die Erbfolge in der Pfalz abkaufen und schreckte nicht davor zurück, den eingegangenen Verpflichtungen zuwider, die dem Domkapitel verpfändeten Städte Bonn, Andernach, Brühl, besonders aber Zons und Kaiserswert mit ihren Zöllen gewaltsam in seinen Besitz zu bringen. Dabei bediente er sich der Hilfe seines Bruders, des Kurfürsten Friedrich von der Pfalz, dem er den letztgenannten Ort als Ersatz für die aufgewendeten Kriegskosten überließ".[263]

Über den Versuch Ruprechts, sich zur Aufbesserung seiner finanziellen Lage die verpfändeten Güter wiederzubeschaffen, führt Podlech u. a. aus: „Zur Abtragung der von seinem Vorgänger überkommenen Schulden und Herstellung besserer Finanzen glaubte Ruprecht die Beihilfe der Geistlichkeit und der weltlichen Stände in Anspruch nehmen zu dürfen; aber jene erklärte, sie könne nichts geben, da sie durch die Kriege Dietrichs ganz verarmt sei; und diese weigerten sich gleichfalls neue Beiträge zu leisten und verwiesen ihn auf die von ihm beschworenen Bestimmungen des Landesunion. Ruprecht suchte jetzt mit Gewalt sich in den Besitz der verpfändeten Güter zu setzen, jedoch nicht in der Absicht, die Zahlung der darauf haftenden Schulden zu verweigern; sondern, da die Güter natürlich mehr einbrachten als wofür sie verpfändet waren, so konnte er hoffen, wenn er sie selbst verwaltete, bei einiger Sparsamkeit die Pfandsummen bald zurückzahlen zu können. Allein die Pfandinhaber setzten sich zur Wehr; denn es war ihnen nicht sehr um die Summen zu thun, sie zogen den Profit vor, welchen sie aus den Gütern zogen und hätten diese am liebsten ganz behalten".[264]

Klaus Herr zu Drachenfels und Olbrück im Kampf der Wölfe und Böcke

Podlech führt weiter aus: „Auch die meist verpfändeten Städte waren wenig geneigt, zum Erzbischof zu stehen, nur die Neußer leisteten ihm thätige Hilfe. Pfalzgraf Friedrich, des Erzbischofs Bruder, schickte demselben Reiter, die den Namen Böcke führten, und mit ihrer Hilfe gewann er Kaiserswerth, Linn, Uerdingen, Rheinbach, Nürburg, Meckenheim, Brühl und andere verpfändete Städte und Schlösser. Die Pfandherrn einigten sich zu bewaffnetem Widerstande und stellten Truppen ins Feld, welche sie Wölfe nannten, an deren Spitze Graf

Wilhelm von Blankenheim stand, der in einem Gefecht bei Wichterich fiel. Darauf verbanden sich die Pfandherren mit dem Herzog Johann von Cleve; Ruprecht dagegen mit dem Herzog Adolf von Geldern, mit dessen Hilfe er die beiden von seinem Vorgänger Dietrich abgetretenen Städte Xanten und Soest wiederzuerlangen hoffte. Darüber geriet er in heftigen Streit mit Neuß, weil diese Stadt einem Heere des Erzbischofs den Durchzug verweigerte, als derselbe dem Herzog von Geldern bei der Belagerung von Wachtendonk zu Hilfe kommen wollte. — Von den Pfandherren that besonders einer, der Ritter Johann von Palandt, welchem Brühl verpfändet war, dem Erzbischof und dem ganzen Stifte mit Rauben und Brennen großen Schaden".[265]

In dieser Auseinandersetzung zwischen dem Kölner Erzbischof und den Pfandherrn stand Ritter Klaus Herr zu Drachenfels und Olbrück auf der Seite der Pfandherrn. Er soll sogar einer der Anführer der Wölfe gewesen sein. De Claer führt insoweit aus: „Als sich 1468 in dem kölnischen Erzstifte zwischen dem Erzbischof Ruprecht von der Pfalz und den Ständen Streitereien erhoben, weil diese ihm keine Steuern bewilligen wollten und keine Mittel die von seinem Vorgänger Theoderich (Dietrich) verpfändeten Güter einzulösen, wußte Gödert (Godart Herr zu Drachenfels und Olbrück) sich auf seiner Burg kühn zu behaupten, als der Bruder Ruprechts, der Pfalzgraf Friedrich mit seinen Reitern und Fußknechten (die sich Böcke und Steiger nannten) heranzog und bald Linz, Nürburg, Altenahr und Rolandseck eroberten. Die Städte und Edelen des Stiftes warben ihrerseits aber auch und gaben ihren Kriegsknechten zum Abzeichen auf den Ärmeln einen Wolf. Gödert von Drachenfels war ein Führer des Wölfe und stand dem Pfalzgrafen mit keckem Mut und vielem Glück entgegen".[266]

De Claer, der nicht angibt, woher seine Kenntnis über „Gödert von Drachenfels als einen der Führer der Wölfe" stammt, täuscht sich; denn nicht Godart von Drachenfels, sondern Ritter Klaus Herr zu Drachenfels und Olbrück stand damals auf der Seite der Pfandherrn im Kampf gegen den Kölner Erzbischof Ruprecht und dessen Bruder Friedrich von der Pfalz. Von

Ledebur führt insoweit aus: „1468. Claes von Drachenfels erobert und verteidigt das Schloß Broelle (Brühl ? oder Burg Broel ?) gegen den Erzbischof Rupert von Cöln. („Burg Drachenfels und Bewohner".)[267]

Tatsache ist, daß Ritter Klaus von Drachenfels (und zu Olbrück) am 16. 1. 1469 dem Kölner Erzbischof Urfehde schwor und in der von ihm insoweit errichteten Urkunde u. a. erklärte: „Ich mache kund, daß ich eine Zeit lang ein Feind des hochwürdigen und hochgeborenen Fürsten und Herren, Herrn Ruprecht, Erzbischof zu Köln, und seines Stifts gewesen und deshalb bei ihm in schwere Ungnade gefallen bin".[268]

Was Burg und Stadt Brühl anbetrifft, so kam es „am 20. 2. 1469 zur Sühne einer Fehde zwischen dem Erzbischofe Ruprecht v. Cöln und Johann von Palant Herrn zu Wildenburg, welcher Schloß und Amt Brühl abtreten muß und eine Verbriefung über 8 000 Gulden erhält".[269]

Über die Rolle des Burggrafen Heinrich von Drachenfels und der von ihm innegehaltenen Burg Drachenfels während der Auseinandersetzungen zwischen dem Kölner Erzbischof Ruprecht und den Pfandherrn ist nichts bekannt. Podlech führt im übrigen aus, daß Erzbischof Ruprecht „mit bewaffneter Macht vor das Städtchen (Brühl) zog und es einnahm, das Schloß aber nicht in seine Gewalt bringen konnte. Doch gelang es ihm, den von Palant und andere Ritter in seine Gewalt zu bringen; er ließ sie in Poppelsdorf, Godesberg und Rolandseck gefangen setzen. Im Frühling des folgenden Jahres mußte sich das Schloß Brühl ergeben".[270]

Klaus Herr zu Drachenfels und Olbrück schwört dem Kölner Erzbischof Urfehde 16. 1. 1469

Anscheinend ist Klaus Herr zu Drachenfels und Olbrück im Zuge der Auseinandersetzungen mit dem Kölner Erzbischof nicht in Gefangenschaft geraten. Seine Aussöhnung mit Erzbischof Ruprecht von der Pfalz war mit erheblichen Auflagen verbunden.

Aus der Urkunde vom 16. 1. 1469 ergibt sich, daß der Erzbischof dem unbotmäßigen Ritter Klaus „das Schloß Gudenau, Amt und Pfandschaft Wolkenburg und Königswinter in der Absicht genommen hatte, Klaus weiter zu verfolgen". Nur dank der Fürsprache seiner Freunde und auf „seine demütige Bitte" hin gelang es Klaus am 16. 1. 1469, sich mit Erzbischof Ruprecht zu versöhnen, der ihn gegen das Versprechen lebenslanger Treue in seinen Ritter- und Hofdienst aufnahm.

Außerdem übertrug der Erzbischof alle zum Schloß Gudenau gehörigen Einkommen und Renten wieder auf Klaus und dessen Geschwister. Das Schloß selbst behielt Erzbischof Ruprecht. Insoweit behielt er sich vor, das Schloß mit den dazu gehörigen Äckern und Wiesen Zeit seines Lebens in unmittelbarem Besitz zu halten und das erforderliche Bau- und Brennholz aus den zum Schloß gehörigen Waldungen und Gehölzen zu entnehmen.[271]

In der Urkunde vom 16. 1. 1469 verzichtete Klaus für sich und seine Geschwister auf alle entsprechenden Rechte, die ihnen erst mit Tode des Erzbischofs wieder zufallen sollten. Klaus versprach in der Urkunde, diese auch durch seinen Bruder Godart besiegeln zu lassen.

Die Urkunde vom 16. 1. 1469 weist zum einen aus, daß Klaus Herr zu Drachenfels und Olbrück, seine Brüder und seine Schwester Apollonia. die ausdrücklich erwähnt worden ist, als Kinder des verstorbenen Burggrafen Godard Herr zu Drachenfels und Olbrück, damals im Besitz der Burg Gudenau und Mitinhaber der Pfandschaft Wolkenburg waren. Zum anderen weist die Urkunde indirekt aus, daß Burggraf Heinrich von Drachenfels weiterhin unmittelbarer Besitzer der Burg Drachenfels war.

In einer weiteren Urkunde vom 16. 1. 1469, die in Godesberg errichtet worden ist, nahm der Kölner Erzbischof Ruprecht von der Pfalz „Ritter Claiß von Drachenfels, na dem er van synen vuralderen ind langen guten herkommen ein geboiren Colschmann ind unsers styfftes undertain ist", in seine Dienste auf.[272]

Klaus, Godart und Apollonia von Drachenfels und Olbrück und das Kloster Marienforst
6. 12. 1470

Das Kloster Marienforst an der Landstraße zwischen Godesberg und Pesch bzw. Villip war im 12. Jahrhundert als Prämonstratenserinnenkloster gegründet worden. „Während die Klosterfrauen sich anfangs durch ihr andächtiges und sittenreines Leben auszeichneten, änderte sich dieses bei dem wachsenden Reichtum des Klosters. Die Nonnen weigerten sich, die vorgeschriebene Klausur zu halten und das regelmäßige Klosterleben zu führen, so daß sich Erzbischof Dietrich II. gezwungen sah, daß Kloster im Jahre 1450 aufzuheben und die Gebäulichkeiten am 12. Juni 1450 dem Brigittenorden zu überlassen. Von jetzt an erhielt es den Namen Marienforst und war ein Doppelkloster für männliche und weibliche Ordensleute, die in getrennten Häusern wohnten, aber gemeinschaftlich eine Kirche benutzten".[273]

Am 6. 12. 1470 nahm Bruder Johann von Kame nebst den übrigen Brüdern und Schwestern des Klosters Marienforst „des heilgen selichmechers und sant Birgitten orden" Ritter Claes Herrn zu Drachenfels und Oelbroeck Vogt zu Waldorf, Junker Godart seinen Bruder und Apollonia ihre Schwester in die Gemeinschaft des Gebetes und der guten Werke auf".[274]

Die Urkunde macht deutlich, daß Klaus Herr zu Drachenfels und Olbrück als ältester Sohn des verstorbenen Burggrafen Godart ebenso wie sein Vater auch das Amt eines Vogts zu Waldorf ausgeübt hat.

Wertvollste Reliquie des Klosters Marienforst war eine Relique des hl. Sebastian, der allgemein als Schutzheiliger gegen die Pest verehrt wurde. Zum Kloster pilgerten die Königswinterer im Pestjahr 1622 „auf St. Laurentii Tag" und seitdem an diesem Tag jährlich bis zum Jahre 1794. In diesem Jahr besetzten die französischen Revolutionstruppen die linke Rheinseite. Seitdem ging die Pestprozession zum Petersberg, „bis am 28. Juli 1819 das Erzbischöfliche Generalvikariat anordnete, daß fortan die Prozession um die Stadt (Königswinter) herum geführt werden solle".[275]

Inzwischen erinnern nur wenige baulichen Reste an das Kloster Marienforst.

Provisional-Vergleich
zwischen Heinrich von Drachenfels
und seinem Neffen Klaus von Drachenfels
und Herrn von Olbrück
11. 5. 1470

Gemeinsam mit seinem Onkel Heinrich von Drachenfels, der am 18. 10. 1457 vorläufig mit den Burgen Drachenfels und Gudenau belehnt worden war, hatte Klaus von Drachenfels Herr zu Olbrück bei der Verabschiedung der Erblandesvereinigung des Rheinischen Erzstifts vom 26. 3. 1463 mitgewirkt.

Eine Erbauseinandersetzung nach Burggraf Johann von Drachenfels, der zu seinen Lebzeiten urkundlich letztmalig am 31. 5. 1454 erwähnt worden ist, hatte bis zum Jahre 1470 noch nicht stattgefunden. Es hatten sich insoweit auseinanderzusetzen sein Sohn Heinrich von Drachenfels und die Kinder des Sohnes Godart Herr zu Drachenfels und Olbrück. Eine maßgebliche Rolle insoweit führte Klaus Herr zu Drachenfels und zu Olbrück, der älteste Sohn Godarts.

Einzelheiten der Erbauseinandersetzung aus der Zeit vor 1470 sind nicht bekannt. Daß eine solche Auseinandersetzung versucht worden ist, ergibt sich aus einem Provisional-Vergleich vom 11. 5. 1470. Über das Zustandekommen und Einzelheiten dieses Vergleichs berichtet de Claer:

„Vielleicht nach mannigfachen Streitigkeiten gaben beide Teile 1470 die Entscheidung ihrer Angelegenheiten Freunden und Verwandten in die Hände. Johann von Hatzfeld Herr zu Wildenburg, Johann von Hoemen und Odenkirchen Herr zu Alsdorf Ritter, Caeselis von Palant Herr zu Breidenbent, Johann von Palant Herr zu Wildenburg, Johann Huyss Marschall und Friedrich vom Steyne genannt Schouff brachten am 11. 5. folgenden Provisional-Vergleich zu Stande:

Erstlich sollte Ritter Heinrich die Häuser Gudenau und Virnenburg zu seinem Teile erhalten und sobald ihm dieselben eingeräumt worden, die Burg Drachenfels an Ritter Clais und seine Geschwister abtreten und darauf Verzicht leisten.

Zweitens sollen beide Teile alle Renten, Gülden, Lehngüter, Pfand und Erbschaften, so Johann Herr zu Drachenfels, ihr Vater und Ahnherr, hinterlassen, gleich brüderlich teilen, so daß Heinrich die eine und Clais sowie seine Geschwister die andere Hälfte erhielten.

Wörtlich heißt es in dem Provisional-Vergleich: „ind sullen die vurs. partheyen op dynstach nyest hilgen dagen (Anm.: Pfingsten) nyest kommende zo Cölne syn by einander myt yrre eyn dem anderen fruntlich zu doin.

Zum Schluß heißt es in der Urkunde: „samen ind mallich alle vurs. puncten vast stede ind onverbruchlich zo halden ind herweder nyet zo doyn myt worden noch myt wercken".[276]

Zu einer endgültigen Einigung bzw. Durchführung des Provisional-Vergleichs kam es jedoch weder zu Zeiten Heinrich von Drachenfels noch später. Im Zuge der Streitigkeiten um das Erbe nach Burggraf Johann von Drachenfels wurde Klaus von Drachenfels und Olbrück im Jahre 1493, wie noch näher auszuführen sein wird, durch seinen wesentlich jüngeren Vetter Heinrich von Drachenfels erschlagen.

Der Täter versuchte seine Tat in einem Schreiben zu entschuldigen, das er „post severini 1493" an den Kölner Erzbischof sandte. In diesem Schreiben führte Heinrich von Drachenfels, wie de Claer mitteilt, folgendes aus: „Während 20 Jahren hätten alle Verhandlungen zu keinem Ziel geführt, derselbe (Anm.: Klaus von Drachenfels und Olbrück) sei nur darauf bedacht gewesen, ihn (Anm.: Heinrich) und seinen Bruder zu verderben. Ungeachtet sie großen Summen für ihn bezahlt, habe er sie doch um das ihrige gebracht. Er habe ihnen den Schatz im Ländchen und den Steinberg genommen und sei Tag und Nacht darauf ausgewesen, das Haus Drachenfels zu kriegen. Mehr als zu einer Zeit sei Clais mit seinen Knappen in ihren Wammesseren mit Stäben vor den Weinhäusern von Wintern wehrlicher Hand gegangen, um zu sehen, ob sein, Heinrichs, Bruder oder er selbst darinnen gewesen".[277]

Der Ablauf des Geschehens ab 11. 5. 1470 bis zum Jahre 1493 stand weitgehend unter dem Einfluß der erbrechtlichen Streitigkeiten zwischen der Familie Heinrichs und der seines wesentlich älteren Vetters Klaus aus dem Hause Olbrück.

Ritter Klaus zu Drachenfels und Olbrück läßt die Reichsacht über die Dörfer des Landes Löwenberg verhängen
18. 6. 1471

„Als ritter uff dem hove zu Rotwil" beantragte Klaus zu Drachenfels und Olbrück bei dem Reichshofrichter zu Rottweil Graf Johann von Sulz die Verhängung der Reichsacht über die Dörfer des Landes Löwenberg. Nach Durchführung eines entsprechenden Verfahrens verhängte Johann von Sulz am 18. 6. 1471 die Reichsacht über die Dörfer „mit namen Huynff, Dollendorf, Layr, Cudenkoven, Reyde und Cassel".[278]
Die näheren Umstände, die zur Verhängung der Reichsacht geführt haben, sind nicht bekannt. Möglicherweise lagen dem Antrag auf Durchführung des Verfahrens finanzielle Forderungen zu Grunde.

Burggraf Heinrich von Drachenfels hinterläßt bei seinem Tode sechs unmündige Kinder
6. 4. 1472

Das letzte Rechtsgeschäft Heinrichs, das urkundlich belegt ist, war die am 26. 12. 1471 erfolgte Bezahlung des Kaufpreises für ein braunes Pferd, das Heinrich für 31 oberländische Gulden von Johann von Türnich gen. „von der Zinselsmar" gekauft hatte. Für die Zahlung des Kaufpreises hatte sich Heinrich von Royde verbürgt[279]
Heinrich Herr zu Drachenfels verstarb am 6. 4. 1472.[280] Er hinterließ sechs unmündige Kinder namens Heinrich, Johann, Werner, Godart, Tonis und Katharina.[281] Vormund der Kinder wurde Heinrich von Roide. Dies ergibt sich aus einer Urkunde vom 4. 4. 1480. Über den Inhalt dieser Urkunde berichtet Leonard Korth:

„Die Brüder Heinrich, Johann, Godart und Werner Herren zu Drachenfels versprechen Schadloshaltung ihres Vormundes Heinrich von Roide und seiner Frau Barabara, die für sie bei Johann vom Zwyvell und dessen Frau Jutta 320 Gulden entliehen und davon Heinrich von Permont 250 Gulden bezahlt haben, indem sie ihnen zugleich ihre Höfe zu Eil im Kirchspiel Urbach, zu Siegler (Segelair) und zu Limperich sowie den Zehnten zu Soevenroide verpfänden".[282]

Adelheid, die Witwe des Burggrafen Heinrich von Drachenfels, wird vom Predigerkloster zu Köln in die Gemeinschaft des Gebetes und der guten Werke aufgenommen
9. 6. 1472

Pater Jokobus Sprenger, Prior des in der deutschen Ordensprovinz gelegenen Klosters des Predigerordens zu Köln, verfaßte am 24. 3. 1473 die nachfolgende Urkunde:

„In domio Jesu Christo sibi dilecte domine domine Aleydi de Palant domine in Drachenvels Coloniensis dyocesis frater Jacobus Sprenger prior conventus Coloniensis ordinis predicatorum provincie Theutonie salutem in domino et spiritualium donorum semper participacione gandere. Exigente vestre pie devontionis affectu quem ad nostrum ordinem et conventum Coloniensem geritis vobis omnium missarum etc. que dominus noster Jesus Christus sua gratia per fratres predicti conventus fieri dederit participacionem concedo in vita pariter et in morte, ut multiplici suffragiorum presidio et hic augmentum gratie et in futuro mereamini eterne vite gaudia copiosus possidere".[283]

Gefechte am Siebengebirge nach der Wahl des Landgrafen Hermann von Hessen zum Verweser des Erzstifts und Erzbistums Köln
1473/1474

Die finanziellen Schwierigkeiten des Kölner Erzbischofs Ruprecht von der Pfalz waren auch nach Wiedererlangung der verpfändeten Güter nicht wesentlich besser geworden. Als Ruprecht die Stände des Erzstifts deshalb um die Bewilligung zur Ausschreibung neuer Steuern bat, „war dies mit ein Anlaß dafür, daß das Kölner Domkapitel der Mißwirtschaft des Erzbischofs nach langem Zögern ein Ende machen wollte. Am 24. März 1473 erkor es einstimmig den Domherrn und Dechanten zu St. Gereon, Landgraf Hermann von Hessen, zum Administrator des Erzstifts und Erzbistums mit dem Versprechen, ihn nach erfolgter Abdankung Ruprechts zu dessen Nachfolger zu wählen".[284]

Gleichzeitig forderte das Kölner Domkapitel „die Edelleute. Ritter, Städte und Untertanen des Erzstifts auf, in Zukunft den von ihm gewählten Stiftsverweser, Landgraf Hermann von Hessen, zu gehorchen.[285] Fünf Tage später, am Montag nach Lätare (29. 3. 1473) sagten sich auf Betreiben des Kapitels fünfzehn Grafen, Ritter und die Städte Bonn, Neuß, Andernach, Ahrweiler, denen später noch Uerdingen, Zons, Hülchrath, Boppard beitraten, förmlich von Ruprecht los".[285]

Ritter Klaus Herr zu Drachenfels und Olbrück, der am 16. 1. 1469 Erzbischof Ruprecht Urfehde geschworen und ewige Treue gelobt hatte, gehörte ebensowenig wie sein Bruder Godart zu den Unterzeichnern der Urkunde vom 29. 3. 1473.

Schmitz führt zu dem weiteren Geschehen ab 24. 3. 1473 u. a. aus: „Von den Städten und Ortschaften des Stiftes standen Linz, Sinzig, Remagen, Erpel, Unkel und Königswinter noch auf Ruprechts Seite; er ermahnte sie am 6. April 1473, treu und standhaft zu ihm als ihrem Herrn zu stehen und sich nicht durch falsche Gerüchte von großen reisigen Zügen erschrekken zu lassen. Das Hülfskorps, welches seinen Gegnern zugezogen, sei nicht stärker als 150 Mann und ein Geschütz. Damit hoffe er fertig zu werden. An demselben Tage machte der Erzbischof den allerdings vergeblichen Versuch, auch die stark befestigte Stadt Ahrweiler, an deren Haltung ihm viel gelegen zu haben scheint, für seine Sache zu gewinnen, obwohl sie sich offen unter die Fahne des Kapitels gestellt hatte".[286]

„Auch die Stadt Köln", so führt Podlech aus, „wendete sich von Ruprecht ab und schloß mit seinen Gegnern am 5. 6. 1473 ein Bündnis auf hundert Jahre. Von den Städten des Stifts waren Bonn und Andernach die ersten, welche dem Administrator huldigten; dagegen blieben Linz, Erpel, Unkel, Remagen, Königswinter dem Erzbischofe treu. Hermann ließ „Donnerbüchsen und andere Gerätschaften" aus seiner Heimat kommen und begann den Krieg im Oberstift; im Siebengebirge kam es zu verschiedenen kleinen Gefechten, in denen er meist siegte. Auch das Schloß zu Poppelsdorf nahm er ein, wo er beträchtliche Vorräthe erbeutete. Dabei fehlte es auf beiden Seiten nicht an Plünderungen und Gewaltthätigkeiten".[287]

Königswinter steht im Neusser Krieg auf seiten des Kölner Erzbischofs Ruprecht 1474/1475

Im Juli 1473 war ein päpstlicher Legat in Deutschland erschienen, der trotz Androhung erheblicher Kirchenstrafen die um das Kölner Erzstift und Erzbistum streitenden Parteien nicht versöhnen konnte. Auch ein Vermittlungsversuch des deutschen Kaisers Friedrich III. am 30. 11. 1474 blieb erfolglos. Ruprecht ernannte „den Herzog (Karl den Kühnen) von Burgund förmlich zum Vogt und Schirmer des Erzstifts, und dieser sandte Boten aus, um überall seine Vogtei zu verkünden und sein Wappen anzuheften. Friedrich bestellte daraufhin seinerseits am 14. Januar 1474 den Bruder Hermanns, den regierenden Landgrafen Heinrich von Hessen, zum Beschirmer des Erzstifts und ermächtigte ihn, Fürsten und Stände um Hilfe anzugehen. Inzwischen lud das Domkapitel den Herzog von Burgund zu Friedensverhandlungen ein, die dieser zum Scheine anknüpfte und solange hinzog, bis er im Süden seines ausgedehnten Herzogtums freie Hand bekam. Immer drohender sammelten sich seine Truppen und Söldner bei Mastricht".[288]

Schließlich zog Herzog Karl von Burgund mit einem starken Heer vor die Stadt Neuss, die von dem Administrator des Erzstifts und Erzbistums Köln, dem Landgrafen Hermann von Hessen, verteidigt wurde. Es kam Ende Juli 1474 zur Belagerung von Neuss, die insgesamt 46 Wochen andauern sollte. Kaiser Friedrich III. verkündete am 26. 9. 1474 den Reichskrieg, worauf sich im Oktober und November 1474 ein riesiges Reichsheer zum Entsatz von Neuss im Raume Koblenz sammelte. Auf der rechten Rheinseite versperrte die stark befestigte Stadt Linz dem Reichsherr den Marsch nach Norden.

„Am 8. 9. 1474 schrieben der Bürgermeister, die Schöffen und der Rat zu Sinzig an die Stadt Köln: „Haben den Brief der Stadt Köln empfangen, in welchem diese von den Gebotsbriefen des Kaisers schrieb, der Stadt Köln und dem Domkapitel und ihrem Anhange gegen den Eb. Ruprecht Beistand zu thun und „begern uch wyssen zo laissen, off wyr uns in schirm und troist der gehorsamheyt ergeven willen, wie dat yr schryft mit andern worden innehelt, hayn wyr hoeren lesen und wyr en wissen van geynre ungehorsamheit ouch van gheym anderem schirme oder troeste dan unseme genedigen lieven lantfursten und hern van Colne der uns van deme Ers. Domcaputel zo eynem hern gegeven, vom Papste konfirmiert und vom Kaiser mit den Regalien belehnt ist. Auch wissen sie nicht, daß er entsetzt sei und wollen sich zu ihm halten. Bitten um Antwort. Wenn sie Ungebührliches getan, wollen sie sich vor einem der vier Kurfürsten verantworten.

Fast wörtliche Übereinstimmung zeigt der Brief der Städte Linz, Remagen, Erpel, Unkel, Königswinter und der dazu gehörigen Ortschaften im hist. Arch. d. St. Köln".[289]

Kaiser Friedrich III. konnte sich nicht entschließen, Linz direkt anzugreifen. „Um zunächst die schwächeren kleinen Ortschaften unschädlich zu machen, zog Landgraf Heinrich von Hessen einem kaiserlichen Befehl gemäß am 7. Januar (1475) zur Einnahme von Erpel, Unkel und deren Nachbarorten aus seinem Lager bei Leutesdorf ab. Bei Hönningen, eine Meile oberhalb Linz, machte er halt. Dorthin folgten ihm am 12. Januar die Bamberger, Würzburger, Nürnberger, Frankfurter, Ulmer, Wormser und Speierer, die alsdann mit den Hessen vereint ostwärts das Gebirge überschritten, um in dessen Schutz Linz zu umgehen."[290]

Die Orte Erpel, Unkel, Scheuren, Rheinbreitbach und Königswinter ergaben sich den Truppen des Landgrafen Heinrich von Hessen bei deren Anmarsch. Darüber gibt ein Brief der Stadt Köln vom 20. 1. 1475 Auskunft, in dem es u. a. heißt:

„Am heil. Christtage ist der Kaiser mit grossem Volke in das Stift Köln gekommen bei Andernach, zehn Meilen oberhalb Köln, um den Rhein, der durch einige ungehorsame Städte und Dörfer eine Zeit lang gesperrt gewesen ist, zu öffnen. Die Städte und Dörfer Sinzig, Remagen, Breysig, Erperl, Scheuren, Breitbach, Unkel und Königswinter und was dazu gehört, haben sich dem Kaiser ergeben. Auch Linz, dat eyn steitgen is ind eynen zoll hait, hätte sich ergeben, doch war es vermaent ind onleden und wollte sich nicht ergeben. Deshalb haben die Fürsten das Städtchen belagert und es wird sich nicht mehr lange halten können, da es für nicht mehr als 3 bis 4 Tage Lebensmittel hat".[291]

Linz selbst wurde nicht im Sturm genommen. Es ergab sich vielmehr am 6. März 1475, als der Besatzung freier Abzug zugesagt worden war.

X. Burggraf
Nicolaus burggravius in Drachenfeltz dominus in Oilbruck
4. 10. 1476

Burggraf Heinrich von Drachenfels war am 6. 4. 1472 verstorben. Er hatte nicht mehr die Übergabe Königswinters an Kaiser Friedrich III. erlebt. Das Burggrafenamt Drachenfels war seitdem unbesetzt. Es hätte allerdings nahe gelegen, daß nunmehr Klaus von Drachenfels und Olbrück als ältestes männliches Mitglied der Familien Drachenfels und Drachenfels/Olbrück das ihn schon seit langem zustehende Amt des Burggrafen von Drachenfels übernommen hätte.

Die Übernahme dieses Amtes hing jedoch von einer Belehnung mit der Burg Drachenfels ab, die der Propst des Bonner St. Cassius-Stifts mit Erlaubnis des Kölner Erzbischofs vorzunehmen hatte. Es ist urkundlich nicht belegt,

daß eine solche Belehnung nach dem Tode Heinrichs von Drachenfels erfolgt wäre. An sich hätte der Kölner Erzbischof Ruprecht von der Pfalz im Hinblick auf die von Klaus von Drachenfels und Olbrück geleistete Urfehde vom 16. 1. 1469 eine solche Belehung gestatten können. Dies scheint jedoch aus nicht mehr aufklärbaren Umständen nicht geschehen zu sein. Die kriegerischen Wirren der Jahre 1473/1475 dürften ein übriges getan haben.

Jedenfalls hat sich Klaus von Drachenfels und Olbrück selbst als Burggraf von Drachenfels angesehen; denn am 4. 10. 1476 bezeichnete er sich selbst als „Nicolaus burggravius in Drachenfeltz dominus in Oilbruck". Erst Ende Mai 1475 hatte sich Kaiser Friedrich III. mit seinem Heer der hart bedrängten Stadt Neuss genähert. Dies hatte dazu geführt, daß Herzog Karl von Burgund von einer weiteren Belagerung der Stadt Abstand nahm. Zu einer Schlacht kam es nicht. Auf Grund einer Vereinbarung vom 8. 9. 1475 zog sich Herzog Karl von Burgund wieder in sein Land zurück. Dies führte jedoch nicht zu einer Beendigung der Auseinandersetzungen um das Erzstift und Erzbistum Köln. Erzbischof Ruprecht von der Pfalz setzte nämlich den Krieg fort. „Er besaß damals noch die Städte Kempen, Zülpich, Uerdingen, Linn, Lechenich, Brühl, Rheinbach, Adenau und Altenahr; und außer seinem Bruder Friedrich standen noch immer die Herren von Aremberg, Reifferscheid, Drachenfels, Tomberg, Nürburg, Orsbeck, Eil, Harff, Spies-Büllesheim, Burtscheid, Meorde, Hersel, Fischenich, Hüls und andere weniger bekannte Namen zu ihm".[292]

Aus dieser Situation heraus ist es verständlich, daß sich die Erzbischof Ruprecht noch ergebnen „Edelmannen, Ritter und Städte" am 4. 10. 1476 an Papst Sixtus IV. mit der Bitte wandten, „dem Hermann v. Hessen zu befehlen, sich Erzbischof Ruprecht zu unterwerfen".

Die Urkunde vom 4. 10. 1476 zählt alle Edelleute, Ritter und Städte auf, die dem Kölner Erzbischof Ruprecht von der Pfalz damals noch ergeben waren. Zu ihnen gehörten „Nicolaus burggravius in Drachenfeltz dominus in Oilbrück miles" und „Gottfridus in Drachenfels dominus in Oilbrück und Königsfeld".[293]

Die Tatsache, daß Klaus von Drachenfels in der Urkunde vom 4. 10. 1476 ausdrücklich als „Burggraf von Drachenfels" aufgeführt worden ist, zeigt nicht nur auf, daß er gemeinsam mit seinem Bruder Godart auf Seiten Ruprechts stand, sondern auch, daß Klaus sich jedenfalls als rechtmäßiger Burggraf von Drachenfels ansah. Ob er tatsächlich insoweit auch mit der Burg Drachenfels belehnt war, wird sich wohl nicht mehr klären lassen. In der Folgezeit wurde Klaus von Drachenfels und Olbrück urkundlich nicht mehr als Burggraf aufgeführt. Zu Zeiten des späteren Kölner Erzbischofs Hermann von Hessen ist Klaus von Drachenfels und Olbrück mit Sicherheit nicht mehr offiziell Burggraf von Drachenfels geworden.

Eine Fehde
zwischen Graf Philipp von Virneburg und Wilhelm van Bruynsberg einerseits und Herrn Klaus zu Drachenfels und Gerhard Quaide anderseits wird beendet
26. 7. 1477

Am 26. 7. 1477 vermittelten die Räte des Herzogs von Jülich eine Übereinkunft, wonach Erzbischof Ruprecht, unter Beibehaltung des Titels, auf das Erzbistum zu Gunsten des Landgrafen Hermann von Hessen verzichtete und eine Leibrente von 4000 Gulden erhalten sollte. Zu diesem Zweck wurden Ruprecht das Schloß und Amt Lechenich nebst dem Hause Heimerzheim eingeräumt. Im übrigen wurde die Bildung einer Kommission abgesprochen, die die von Erzbischof Ruprecht an Stelle der eingezogenen Pfandschaften ausgestellten Schuldverschreibungen überprüfen sollte.[294]

Auffallend ist, daß in der Übereinkunft vom 26. 7. 1477 auch eine Fehde des Herrn Klaus zu Drachenfels und des Gerhard Quaist einerseits mit dem Grafen Philipp zu Virneburg und Herrn Wilhelm von Bruynsberg andererseits bis zum St. Remigiustag vorerst beendet wurde.

Während dieser Zeit sollten auch die Auseinandersetzungen zwischen Erzbischof Ruprecht und Hermann von Hessen ruhen. Alle Streitigkeiten sollten bis zum St. Remigiustag durch

Schiedsspruch eigens auserwählter Räte und Freude beendet werden.[295]

Die erforderliche päpstliche Genehmigung des Schiedsspruchs vom 26. 7. 1477 blieb aus. Als Ruprecht, der sich zunächst in das Erzstift Mainz begeben hatte, zu der ihm ergeben gebliebenen Stadt Arnsberg, reisen wollte, wurde er gefangengenommen und an Hermann von Hessen ausgeliefert. Ley führt insoweit aus: „Am 6. 7. 1478 kam ein neuer Vertrag zustande, kraft dessen Ruprecht auch auf den Titel eines Erzbischofs verzichtete und sich anheischig machte, zur Erlangung der päpstlichen Bestätigung für Hermann mitzuwirken. Doch erst, als Ruprecht am 16. Juli 1480 gestorben und am 11. August zu Köln eine Nachwahl vorgenommen war, erfolgte die päpstliche Bestätigung Hermanns von Hessen am 15. November und wurde demselben am 6. Februar 1481 das erzbischöfliche Pallium im Dome zu Köln feierlich überreicht".[296]

Über den Ausgang der Fehde zwischen Klaus von Drachenfels und Olbrück mit dem Grafen von Virneburg ist nichts bekannt.

Otto Waldbott Herr zu Bassenheim
und seine Frau Apollonia
von Drachenfels und Olbrück
23. 3. 1477

Wie de Claer ausführt, haben Waldbott und Apollonia am 23. 3. 1477 geheiratet. Mitbesiegler des Ehevertrages waren Apollonias Brüder Klaus, Godart und Peter. Nach dem Ehevertrag, der einige Zeit vor der Heirat geschlossen wurde, sollte Otto Waldbott „als Hillichsgude seben ind zwentzig hundert gulden" erhalten. Außerdem wurde vereinbart, daß Apollonia „des elterlichen Erbes und Anfalles nicht enterbt und abgeschieden sein solle".[297] Bald nach der Hochzeit sollte es schon zu Streitigkeiten um das Erbrecht Apollonias kommen.

Die Ritter Klaus und Godart
Herrn zu Drachenfels und Olbrück
verpflichten sich,
ihre Schwester Apollonia
vor Ansprüchen ihres Bruders Johann
auf ihr Heiratsgut sicherzustellen
25. 3. 1477

Johann von Drachenfels und Olbrück vertrat schon bald nach der Hochzeit seiner Schwester Apollonia mit Otto Waldbott die Ansicht, daß Apollonia keinerlei Ansprüche auf ihr elterliches Erbe und Heiratsgut zuständen. Klaus und Godart stellten sich jedoch auf die Seite ihrer Schwester Apollonia und ihres Schwagers Otto Waldbott. Sie verpflichteten sich deshalb am 25. 3. 1477, ihren Schwager und ihre Schwester vor Ansprüchen ihres Bruders Johann auf Apollonias Heiratsgut zu bewahren.[298]

Erzherzog Maximilian von Österreich
belehnt Klaus von Drachenfels und Olbrück
mit einer Rente von 100 Gulden
9. 10. 1478

Klaus von Drachenfels und Olbrück scheint bald nach dem Schiedsspruch vom 26. 7. 1477 „außer Landes gegangen" und in die Dienste des österreichischen Erzherzogs getreten zu sein. Erzherzog Maximilian von Österreich bekundete nämlich am 9. 10. 1478, daß sein „besonders lieber Klaus von Drachenfels ihm bisher und zwar insbesondere gegen den König von Frankreich treue und willige Dienste geleistet habe". Deshalb gewährte Maximilian ihm unter der Voraussetzung weiterer treuer Dienste eine jährliche Rente von 100 Gulden.[299]

Der Trierer Erzbischof Johann
nimmt Ritter Klaus von Drachenfels und Olbrück
auf die Dauer von fünf Jahren
in seine Dienste
17. 6. 1479

Über den Inhalt der Urkunde vom 17. 6. 1479 berichtet de Claer: „. . . ernennt Johann Erzbischof von Trier Ritter Clais auf 5 Jahre zu seinem und des (Trierer) Erzstifts Diener also, daß dieser ihm auf sein Gesinnen mit Harnischhalfen und wohlgerüstet mit 5 oder 6 Pferden dienen solle gegen alle diejenigen, da er des Noth habe; ausgenommen jedoch Dienste gegen seinen Oemen den Erzbischof von Cöln und seinen Neffen von Wiede.

Dazu solle Clais ihm die 5 Jahre sein Schloß Olbrück öffnen, damit er oder sein Marschall und seine Diener sich zu allen Zeiten Tags und Nachts, so oft sie des Noth haben, mit viel oder wenig Gewappeneten daraus und darinnen behelfen mögen. Und für solche Dienste solle Clais jährlich 50 Gulden erhalten".[300]

Otto Waldbott Herr zu Bassenheim
und seine Frau Apollonia
von Drachenfels und Olbrück
erhalten seitens des Papstes die Erlaubnis,
an einem tragbaren Altar
die Messe lesen zu lassen
14. 3. 1481

Papst Sixtus IV. gestattete am 14. 3. 1481 „dem edlen Herrn Otto Waldbott und dessen edler Frau", auf deren Bitten, für sich und deren „Hausgenossen die hl. Messe an einem tragbaren Altar lesen zu lassen".
Insoweit heißt es in Bezug auf die Eheleute Waldbott: „Hinc est quod nos vestris devotis supplicacionibus inclinati, ut liceat vobis et quilibet vestrum habere altare portabile cum debita reverentia et honore, super quo in locis ad hoc congruentibus et honestis per proprium vel alium sacerdotem ydoneum missam et alia divina officia sine iuris alieni preiuditio in vestra et familiarum vestrorum domesticorum presentia celebrari facere possitis devotioni vestre tenore presentium indulgemus".[301]

Der Trierer Erzbischof Johann
beendet einen Streit zwischen
Klaus Herr zu Drachenfels und Olbrück und
den Eheleuten Otto und Apollonia Waldbott
durch einen Schiedsspruch
26. 6. 1481

Klaus von Drachenfels und Olbrück, der noch am 25. 3. 1477 seinem Schwager Otto Waldbott Herr zu Bassenheim und seiner Schwester Apollonia versprochen hatte, sie vor Ansprüchen seines Bruders Johann auf das Heiratsgut Apollonias zu bewahren, bestritt schließlich selbst, daß seine Schwester noch Ansprüche habe. „Otto erhob 1481 Klage gegen Klaus von Drachenfels und Olbrück in Betreff des Hiligbriefs, als welcher preßhaft an Siegeln sei. Zwei der angeblichen Zeugen hätten ihre Siegel nicht angehängt, daher könne Apollonia, die „unverzichtete Tochter, ihres väterlichen und mütterlichen Guts nicht verlustig werden".

Der Streit wurde vor den Erzbischof Johann von Trier als erbetenen Schiedsrichter gebracht. Dieser erkannte, „sinthemalen Apollonia, Clasens von Drachenfels eheliche Süster, und ihres anerstorbenen väterlichen Erbes eine unverziehene dochter, sei derselbe von Drachenfels verpflichtet, der benannten seiner Süster Theilung zu thun über alles dasjenige, das ihr am väterlichen und mütterlichen Erbtheil, und darzu sie geboren ist, von Rechtswegen und nach Landesgewohnheit zu ihrem Erbtheil billig gebühren solle.

Dieß Ritterlich zum Schiedsspruch haben Wir Johannes Erzbischof von Trier an diese Urkunde unser Siegel gehangen. Geben uff Dienstag nach Unseres Herrn Lichnams Tag 1481".[302]

Klaus von Drachenfels und Olbrück
verkauft den Drachenfelser Anteil
an der Herrschaft Olbrück
an den Grafen Friedrich zu Wied
1485

Wie bereits ausgeführt, handelte es sich bei der Herrschaft Olbrück um ein Lehen der Grafen von Wied. Nach de Claer verkaufte Klaus von Drachenfels und Olbrück im Jahre 1485 den Drachenfelser Anteil an der Herrschaft Olbrück dem Grafen Friedrich von Wied.[303]

Seitdem wurden weder Klaus noch seine Geschwister urkundlich im Zusammenhang mit der Herrschaft bzw. Burg Olbrück erwähnt.

Kaiser Friedrich III. gestattet
dem Kölner Erzbischof Hermann von Hessen,
trotz verkündeten Landfriedens
die Ritter Klaus und Johann von Drachenfels
zu verfolgen
19. 3. 1486

Podlech führt über den Kölner Erzbischof Hermann von Hessen u. a. aus: „Hermann von Hessen war 1442 geboren und galt für einen gelehrten und dabei demütigen Mann, sowie für einen Freund und Förderer der Wissenschaften und schönen Künste. Dabei war er, was besonders in die Waagschale fiel, von entschieden friedfertigem Charakter, der eher eine Beleidigung übersah, als sie rächte, und seine Gegner lieber mit Geschenken versöhnen, als mit den Waffen bekämpfen wollte. Er erhielt deshalb den Beinamen: der Friedfertige".[304]

Um so bemerkenswerter ist es, daß Erzbischof Hermann von Kaiser Friedrich III. die Erlaubnis erbat, trotz des am 16. 1. 1486 „zu Frankfurt von Kaiser und Kurfürsten des Reiches beschlossenen Landfriedens" gegen Klaus von Drachenfels und dessen Bruder Johann sowie gegen Herzog Johann von Kleve und Dietrich von Battenberg vorgehen zu dürfen. Dies wurde Erzbischof Hermann durch Urkunde Kaiser Friedrichs III. vom 19. 3. 1486 gestattet.

In dieser Urkunde heißt es u. a.: „Der ehrwürdige Hermann, Erzbischof von Köln, unser lieber Neffe und Kurfürst, hat vorgebracht, daß er vor etlicher vergangener Zeit gegen Klaus von Drachenfels wegen dessen Verhaltens habe vorgehen müssen. Dieser habe nämlich gegen die eidlich gelobte Verpflichtung, dem Kölner Erzbischof als seinem Landesherrn in aller Verbundenheit zu dienen, gemeinsam mit etlichen seiner Räte, Diener und Untersassen und mitsamt seinem Bruder Johann von Drachenfels, mit dem er in ungeteilter Erbengemeinschaft verbunden ist, verstoßen. Wie der vorerwähnte Erzbischof und Kurfürst vorgetragen hat, hat er sich dieserhalb in einer großen Notlage befunden und sich zur Wehr setzen müssen".

Die von Erzbischof Hermann erwähnten Streitigkeiten betrafen das Schloß Alpen, eine der vier Säulen des Rheinischen Erzstiftes, das die

vorerwähnten Gegner des Erzbischofs trotz eines Schiedsspruchs Maximilians, des Sohnes des Kaisers, in ihre Gewalt gebracht und nicht herausgegeben hatten.

In der Kaiserlichen Urkunde heißt es u. a. weiter: „Dem haben Wir uns auch aus anderen Gründen nicht verschließen können und haben daher aus diesen Gründen gesetzt, verordnet und deklariert, daß der vor wenigen Tagen beschlossene Landfriede unseren lieben Neffen und Kurfürsten von Köln sowie seine Räte, Diener, Helfer, sein Land und seine Leute sowie alle, die auf seiner Seite stehen, nicht hindern soll, gegen die Gebrüder von Drachenfels, ihre Helfer sowie Sympathisanten und auch gegen unseren Onkel und Fürsten von Kleve, Dietrich von Battenberg und ihre Helfer fehdemäßig wegen des Schlosses Alpen vorzugehen. Insoweit soll der Landfrieden unseren Neffen, Erzbischof und Kurfürsten von Köln nicht daran hindern, wegen des von den Drachenfelsern, ihren Anhängern und Helfern durch Raub und Missetaten zugefügten Schadens das erforderliche zu unternehmen".[305]

Die Urkunde macht deutlich, daß Klaus von Drachenfels, der auf Seiten des Kölner Erzbischofs Ruprecht von der Pfalz gegen den späteren Kölner Erzbischof Hermann von Hessen gekämpft hatte und auch nachher noch ein erbitterter Gegner Hermanns war, das ihm zustehende Burggrafenamt Drachenfels nicht ausüben konnte. Dafür spricht auch, daß Klaus von Drachenfels sich u. a. am 17. 6. 1479 als Dienstmann des Trierer Erzbischofs Johann verpflichtet hatte.

Klaus von Drachenfels und Olbrück
wird Pfandherr des Amtes Cronenburg
21. 6. 1486

Durch Urkunde vom 21. 6. 1486 übertrug Werner vom Huntbusche dem Ritter Klaus zu Drachenfels, der den Junggrafen Georg und Wilhelm von Virneburg 2000 Gulden geliehen hatte, einen Pfandbrief über das von ihm verwaltete Amt Cronenburg einschließlich der dazu gehörigen Burg.[306]
Über das erforderliche Geld zur Darlehenshergabe dürfte Klaus von Drachenfels auf Grund

des Verkaufs der Herrschaft Olbrück verfügt haben.

Nach dem Tode Godarts
aus dem Hause Drachenfels und Olbrück
belehnt Kaiser Friedrich III.
den Kölner Erzbischof Hermann
mit Stadt und Schloß Königsfeld
14. 11. 1488

In der Urkunde des Kaisers vom 14. 11. 1488 heißt es u. a., daß „uns der erwirdig Herman ertzbischof zu Collen unser lieber neve und churfurst diemutiglich hat anruffen und bitten lasen, das wir ym sloss und stat Kunigsfelt mit yren rechten, herlicheiden, renten, zinsen, nutzen, gulten und zubehorungen, so von uns und dem h.reiche zu lehen ruret, nach abgang weilent Goderten von Trachenfels als vermant und verswigen uns und dem h.reiche ledig worden und heimgefallen sein soll, als unser und des reichs heimgefallen lehenschafft zu lehen zu verleihen gnediglich geruchten: des haben wir angesehen solich sein dientig zimlich bete, auch die annemen getrewen und nutzlichen dinste, so er uns und dem h.reiche getan hat und hinfure kunftig zeit wol tun mag und sol, und darumb demselben das slos und stat Kunigsfelt mit seinen zubehorungen als unser und des reichs vermant und heimgefallen lehenschafft zu lehen gnediglich verlihen, und verleihen ym das also von Romischer keyserlicher macht wissentlich ob krafft diss briefs . . .“[307]

Es steht zu vermuten, daß Klaus von Drachenfels, der Bruder des vor dem 14. 11. 1488 verstorbenen Godart von Drachenfels, wegen seiner in der Urkunde Kaiser Friedrichs III. vom 19. 3. 1486 erwähnten Taten auf Betreiben des Kölner Erzbischofs Hermann von Hessen nicht mit Burg und Herrschaft Königsfeld belehnt worden ist.

Der Trierer Erzbischof Johann
bestellt Klaus von Drachenfels
zum Amtmann in Baldeneck
20. 3. 1491

Leonard Korth berichtet über den Inhalt der Urkunde vom 20. 3. 1491: „Erzbischof Johann von Trier bestellt den Ritter Clais von Drachenfels zu seinem Amtmanne in Baldeneck; dieser soll u. a. die Eingesessenen bei ihren alten Rechten belassen, „das gewelde getruwelich tun hueden und hegen, es nit schedelich verwusten noch verhauwen laissen"; dafür erhält er jährlich 50 Gulden — 14 Gulden mehr als sein Vorgänger Michel Waldecker von Keympt —, außerdem die bisher abgelieferten Zinshühner etc."[308]

Alveradis von Drachenfels,
die Witwe des Burggrafen Heinrich von Drachenfels,
heiratet Vincenz von Schwanenburg
4. 4. 1478

Über den Inhalt der Urkunde vom 4. 4. 1478 berichtet Leonard Korth: „Vincenz von Swaenenburg Sohn des Ritters Gauwyn, schließt einen Ehevertrag mit Alveradis von Palant (Witwe Heinrichs von Drachenfels); der Bräutigam bringt 300 Gulden Erbrente ein, nämlich 75 Gulden und 2 Malter Erbsen von dem Zehnten zu Vlaistorp, 30 Malter 1 Sümmer Roggen zu Dornwijs, 16 Malter Roggen zu Kirberch, 12 Malter an der Ruhrmühle, 24 Kaufmannsgulden aus der Fischerei in der Wupper, 70 oberl. Gulden aus dem Schatz zu Mettmann, 40 oberl. Gulden von der Vogtei zu Siegburg; die Braut: den Hof zu Volkershoven, 25 Malter Hafer von dem Hof Stuytgen, die Waldnutzung zu S. Joeris und Witauwe, die Pfandverschreibung auf das Amt Wilhelmstein etc.

Siegel: die Brautleute, Ritter Gauwyn von Swaenenburg, Joh. vom Huyss Marschall, Herh. von den Heysteren, Joh., Werner und Godart von Palant, Heinrich und Joh. von Drachenfels zugleich für ihre Geschwister Werner, Godart, Thonis und Katharina aus der Ehe der Alveradis mit Heinrich von Drachenfels, endlich die Schöffen von Jülich".[309]

Die Urkunde vom 4. 4. 1478 besagt u. a., daß die Brüder Heinrich und Johann von Drachenfels am 4. 4. 1478 bereits volljährig waren. Sie waren im übrigen wesentlich jünger als Klaus von Drachenfels und Olbrück.

Alveradis von Schwanenburg, die Witwe des Burggrafen Heinrich von Drachenfels, weist nach, daß Heinrich im Jahre 1460 einen Betrag von 700 Gulden an Witwe Elisabeth Herrin zu Drachenfels und Olbrück gezahlt hat
15. 1. 1479

Leonard Korth berichtet über den Inhalt der Urkunde vom 15. 1. 1479: „(12. indiction — zo Colne in huyse ind wononogen Arntz van Broich den man nennt vamme Spiche in der stoven . . . in sent Lupus kirßpell). — Der Notar Joh. Rave von Siegen Mainzer Diöz. beurkundet auf Wunsch der Alveradis von Palant die Aussage Belgins von Spich, wonach Ritter Heinr. von Drachenfels im Jahre 1459 nach Köln gekommen sei, um der Witwe Elsiabeth Herrin zu Drachenfels und Olbrück 500 Gulden für die Gebrüder von Sechtem zu übergeben, daß er jedoch unverrichteter Dinge hätte heimkehren müssen; im folgenden Jahre aber seien 700 Gulden gezahlt worden".[310]

Offensichtlich wurde der Teilbetrag von 700 Gulden auf den Schuldbetrag von 2000 oberländischen Gulden gezahlt, den Burggraf Johann von Drachenfels den Eheleuten von Sechtem geschuldet hatte und dessen Bezahlung Heinrich von Drachenfels und sein Bruder Godart von Drachenfels und Olbrück am 7. 8. 1455 übernommen hatten.[225]

Kardinal Julian
Legat des apostolischen Stuhls
für Frankreich und andere Gebiete
verspricht dem Johann von Drachenfels
eine Kanonikerstelle an St Severin
5. 2. 1480

Von Tours aus sagte „Julian, durch Gottes Gnade Bischof der Hl. Römischen Kirche zu Sabina, Kardinal von St. Peter ad vincula. Großpönitarier unseres Herrn Papstes, Legat des apostolischen Stuhles für Frankreich und andere Gebiete" am 5. 2. 1480 urkundlich auf Fürsprache der Tochter des verstorbenen Herzogs von Geldern dem Johann von Drachenfels den Erhalt der nächstfreiwerdenden Kanonikerstelle an der Kirche St. Severin zu Köln zu.

In der Urkunde wurden u. a. die hervorragenden charakterlichen Eigenschaften Johanns besonders erwähnt.[311]

Der Urkundeninhalt läßt offen, ob es sich bei Johann um den jüngsten Sohn des Burggrafen Godart von Drachenfels und Olbrück und dessen Frau Lysa von Eich oder um den zweitältesten Sohn des Burggrafen Heinrich von Drachenfels und seiner Frau Alveradis von Palant gehandelt hat. Die größere Wahrscheinlichkeit spricht dafür, daß Johann aus der Königswinterer Drachenfelsfamilie die Kanonikerstelle erhalten sollte.

Heinrich „elste broeder
ind herre zu Drachenfels" sowie seine Brüder
tilgen eine Schuld ihres Vaters
aus dem Jahre 1460
19. 3. 1480 — 25. 4. 1486

Graf Ruprecht von Virneburg und Burggraf Heinrich von Drachenfels hatten am 28. 10. 1458 als Vormünder der minderjährigen Kinder des Burggrafen Godart von Drachenfels und Herr zu Olbrück bei Otto Walpod von Bassenheim ein Darlehen von 2000 Gulden aufgenommen.[237] Ein weiteres Darlehen in Höhe von 1050 Gulden gewährte ihnen Otto Walpod von Bassenheim am 12. 12. 1460.[239]

Das Darlehen in Höhe von 1050 Gulden war 1480 noch nicht zurückerstattet. Schließlich wurden die Söhne des am 6. 4. 1472 verstorbenen Burggrafen Heinrich von Drachenfels, der das Darlehen am 12. 12. 1460 mitaufgenommen hatte, auf Rückzahlung in Anspruch genommen. Es gelang ihnen erst nach etwa 6 Jahren, die Schuldforderung von 1050 Gulden zu tilgen. Die Einzelheiten ihrer Bemühungen um die Schuldentilgung ergeben sich aus den nachstehend mitgeteilten Rechtsgeschäften.

Inhaber der Darlehensforderung von 1050 Gulden, die im Laufe der Zeit aufgrund der zu zahlenden Zinsen erheblich höher geworden war, waren 1480 „Heinrich Sohn zu Pyrmont und zu Ehrenberg sowie dessen Frau Metze Walbot". Dieser Heinrich erklärte am 19. 3. 1480, daß „ihm auf die Forderung an die Erben des † Heinrich von Drachenfels, welche ihm seine

Schwiegermutter Fyhe von Gülpen Herrin zu Eltz als Heiratsgut ihrer Tochter Metze Wailpott verschrieben, gemäß der zu Hönningen getroffenen Abmachung 250 Gulden durch Heinrich von Roide gezahlt worden seien".[312]

Eine Urkunde vom 4. 4. 1480 gibt Auskunft darüber, wie es zur Zahlung durch Heinrich von Roide gekommen ist. In dieser Urkunde versprachen nämlich Heinrich, Johann, Godart und Werner von Drachenfels „Schadloshaltung ihres Vormundes Heinrich von Roide und dessen Frau Barbara, die für sie bei Johann Zwyvell und dessen Frau Jutta 320 Gulden entliehen und davon Heinrich von Permont 250 Gulden bezahlt hatten, indem sie ihnen zugleich ihre Höfe zu Eil im Kirchspiel Urbach, zu Sieglar und Limperich sowie den Zehnten zu Soevenroide verpfändeten".[313]

Über die Höhe der Darlehensschuld von 1050 Gulden vom 12. 12. 1460 gibt eine Urkunde vom 18. 3. 1481 Auskunft. In dieser Urkunde bekannten „Heinrich und Godart Herrn zu Drachenfels dem Heinrich Sohn zu Pyrmont und zu Ehrenburg und dessen Frau Metze Walpott zu Bassenheim 2000 oberländische Gulden schuldig zu sein und setzten dafür als Bürgen Ritter Johann von Breitbach, Karl von Monreal, Cono von Eynenberg Herrn zu Landskron und Godart Huißt Herrn zu Ulmen mit der Verpflichtung zum Einlager in Koblenz, Boppard oder Andernach".[314]

Am 14. 8. 1482 gelobten „die Brüder Heinrich und Godart von Drachenfels, den Johann von Palant Herrn zu Wildenburg wegen der Bürgschaft bei Ritter Paul von Breitbach bzw. Heinrich Permont schadlos zu halten, und stellten ihn sicher durch ihre Pfandbriefe über Wolkenburg und Königswinter".[315]

Die Darlehensschuld von 1050 Gulden vom 12. 12. 1460 war am 10. 12. 1482 trotz der am 19. 3. 1480 erfolgten Teilzahlung von 250 Gulden auf 2000 Gulden angestiegen. Dies folgt aus einer Urkunde vom 10. 12. 1482. In ihr einigten sich „Heinrich Sohn zu Pyrmont und Ehrenburg und seine Frau Metze Walbot von Bassenheim mit Ritter Johann von Breitbach, Coene von Eynenberg Herr zu Landskron und Karl Monreal über die Tilgung einer durch die † Wile-

helm Grafen zu Virneburg und Heinrich von Drachenfels verbriefte Schuld von 1050 oberländischen Gulden, die inzwischen auf 2000 Gulden angewachsen war".[316]

Kurz vor dem 25. 5. 1486 war die Darlehensschuld aus dem Jahre 1460 dann endlich beglichen. Am 25. 5. 1486 waren nämlich die am 14. 8. 1482 von den Gebrüdern Drachenfels verpfändeten Pfandbriefe über Wolkenburg und Königswinter wieder in deren Hand. Insoweit führt Korth aus:

„Ritter Vincentius von Swanenberg und seine Frau Alveradis von Palant nehmen (am 25. 5. 1486) von den Söhnen der Alveradis Heinr. Joh. Godart, Werner und Toenis Herrn zu Drachenfels, welche den ihnen übertragenen Palant'schen Hof zu Niedermerz dem Reinhard Bormanns Kellner zu Kinzweiler verkauft haben, die Pfandbriefe über Wolkenburg und Königswinter als Sicherheit für die Pachtzahlung von jährlich 110 Gulden aus dem Herbstschatze zu Königswinter entgegen".[317]

Am 25. 7. 1486 gaben „Ritter Laner von Breitbach und seine Frau Jutta von Lüppenau den Brüdern Heinrich, Johann, Godart, Werner und Thoenis Herren zu Drachenfels den Zehnten zu Flamersfeld und den Hof zu Stopberch, welche diese ihnen wegen der Bürgschaft bei Heinrich von Pirmont auf 10 Jahre verpfändet hatten, wieder zurück, behielten sich jedoch die Erhebung der Einkünfte vor".[318]

Letzte Klarheit über die Rückzahlung des Darlehens aus dem Jahre 1460 gibt eine weitere Urkunde von 25. 7. 1486, in der die „Ritter Johann Laner von Breitbach, Cono von Eynenberg Herr zu Landskron und Karl Monreal Herr zu Malberg erklärten, daß die Brüder Heinrich, Godart und Johann Herren zu Drachenfels sie der Bürgschaft bei Heinrich Sohn zu Pyrmont und dessen Frau Metze Walpott durch Zahlung entledigt hätten".[319]

Die oben erwähnte Urkunde vom 18. 3. 1481 trägt das Siegel „Heinrich elste broeder ind herre zo Drachenfels". In einem Zusammenhang mit der Darlehensangelegenheit mag eine Urkunde vom 25. 7. 1481 stehen, in der „Heinrich namens seiner Geschwister seinem Oheim Johann von Palant Herrn zu Wildenburg und

Gerhard von Heistern versprach, sie schadlos zu halten, die für die Geschwister von Drachenfels „yre sylveren pende" um 200 Gulden Rentkapital versetzt hatten".[320]

In einer Urkunde vom 12. 5. 1481 hatten sich Heinrich und Godart von Drachenfels „mit dem Grafen Gerhard von Syn dahin geeinigt, daß dieser ihnen 710 Gulden verfallener Mannlehen in sieben Teilzahlungen entrichtete".[321]

Werner von Drachenfels
erhält im Schloß zu Brühl
die ersten priesterlichen Weihen
26. 4. 1483

Die Urkunde vom 26. 4. 1483 hat bei freier Übersetzung ihres lateinischen Textes folgenden Wortlaut:

„Wir — Hermann, durch Gottes Gnade Erzbischof zu Köln, Erzkanzler des heiligen Römischen Reiches durch Italien — machen durch diese unsere Urkunde bekannt, daß Werner von Drachenfels, unser Scholaster, durch uns mit Hilfe des Heiligen Geistes am Samstag nach ‚domincam jubilate' des Jahres 1483 die ersten priesterlichen Weihen erhalten hat".[322]

Werner und Thoenis von Drachenfels
treten in den Deutschen Orden ein
18. 5. 1487

Heinrich, Johann und Godart Herren zu Drachenfels verschrieben am 18. 5. 1487 ihren Brüdern Werner und Thoenis, die sich „in dem Duytschen orden gode van hemel zo dienen ergeven", Leibrenten von je 20 Gulden aus dem Hofe zu Mondorf, zahlbar an das Deutsche Haus zu Köln".[323]

Heinrich Herr zu Drachenfels
und das bergische Amt Löwenburg
26. 8. 1487

Philipp Graf zu Nassau und Saarbrücken, Herr des Landes Löwenburg, hatte am 14. 12. 1452 Burggraf Johann von Drachenfels mit einer Rente von 20 Gulden aus dem Schatz des Landes Löwenburg belehnt.[205]

Erbin des Landes Löwenberg war die 1459 geborene Gräfin Elisabeth von Nassau, die am 10. 10. 1472 den Herzog Wilhelm von Jülich und Berg heiratete. Damals gelangte das Land Löwenberg an das Herzogtum Jülich-Berg. Seitdem bildete es das 17. Amt dieses Herzogtums.

Am 26. 8. 1487 belehnte Herzog Wilhelm von Jülich und Berg „Heinrich Herrn zu Drachenfels mit einer Rente von 20 rheinischen Gulden aus dem Schatz zu Honnef".[324]

Ritter Vincenz von Schwanenburg
und sein Stiefsohn Heinrich von Drachenfels
31. 10. 1487 — 9. 6. 1489

Die Verbindung der Söhne aus dem Königswinterer Hause Drachenfels zu ihrem Stiefvater Vincenz von Schwanenburg, der ihre Mutter Alveradis von Palant geheiratet hatte, muß ausgezeichnet gewesen sein. Im Verlaufe der weiteren Geschichte des Hauses Drachenfels findet er urkundlich noch des öfteren Erwähnung.

Am 31. 10. 1487 versprachen Ritter Heinrich von Schwanenburg und seine Frau Alveradis von Palant Schadloshaltung Heinrichs von Drachenfels, der sich für sie wegen einer Forderung des Everhard von Fischenich gen. von Bell in Höhe von 150 oberländischen Gulden verbürgt hatte.[325]

Ritter Heinrich von Schwanenburg Marschall versprach am 22. 3. 1489 Schadloshaltung seines (Stief-) Sohnes Heinrich von Drachenfels wegen der bei Wilh. vom Huiß geleisteten Bürgschaft für 100 Gulden, zahlbar „as man dat hillige sacrament zo Colne dreyt".[326]

Am 9. 6. 1489 bescheinigte „Ritter Vincenz von Swanenburg Marschall, daß ihm seine Stiefsöhne Heinr. und Godart von Drachenfels die Rente von 160 Gulden für die Jahre 1487 bis 1490 gezahlt hätten".[327]

Godart von Drachenfels
und seine Frau Elisabeth von Montfort
Ehevertrag vom 18. 11. 1489

Über den Inhalt dieses Ehevertrages berichtet Leonard Korth:

„Godart, der Sohn des verstorbenen Ritters Heinrich Herr zu Drachenfels schließt einen Ehevertrag mit Elisabeth der jüngsten Tochter des verstorbenen Ritters Johann von Monfort Herrn zu Hasserswoude (Hasserswouwe) Steinkirchen etc.; der Bräutigam bringt ein die Hälfte von Schloß und Herrlichkeit Drachenfels mit dem Steinberg, die Hälfte der bergischen Güter, sein mütterliches Erbtheil und seinen Antheil an der kölnischen Pfandverschreibung von 11 000 Gulden aus dem Ländchen Wolkenburg; die Braut erhält das väterliche Erbe in der Herrschaft Monfort, die Herrschaft Hasserswalde bei Leyden in Holland, ihren Antheil an den Herrschaften Tongerneel, Steinkirchen und Wamfartis im Hennegau, den durch ihre Mutter Elisabeth von Goir ihr zugewiesenen Nachlaß ihrer Schwester Beatrix von Wolkenstein, die zum Hause Goir gehörigen Lehngüter im Lande Ysselstein; Godart übernimmt dagegen die Bezahlung einer Schuld von 500 oberl. Gulden und 1 000 Gulden „current geltz" zur Entlastung der Eheleute Elisabeth von Goir gen. von Monfort und Heinrich von Doynraide gen. Dobbelstein, welchen auch das Haus Goir sowie die Herrschaft Vronenbroich nebst dem Ruytbroicker Hofe im Lande Wachtendonk, „die Plen van Henssen" und das Gut bei Tiell vorbehalten wird.

Siegel: Godart, Heinr. und Johann von Drachenfels, Elisabeth von Goir, Heinr. von Doinrade, Ritter Vincenz von Swanenberg Marschall des Stifts Köln, Joh. von Palant Herr zu Wildenberg und zu Berge, Joh. von Humpesch Herr zu Poillun, Daem von Myrraede Herr zu Schloßberg, Daem von Harff Herr zu Alsdorf, Ritter Joh. von Boitenberg Erbmarschall von Geldern, Reinhard von Wijhe Herr zu Kierven Drost von Geldern und Thomas Heym „zor tzijt vaigt in der vadijen".[328]

Godart Herr zu Drachenfels
wird von dem Herzog von Geldern
mit „Zoelen" und „Avesait" belehnt
9. 9. 1492

Herzog Karl von Geldern bekundete am 9. 9. 1492, daß sein Lehnsstatthalter „der Pronotar

Jakob von Croy den Godart von Drachenfels als Ehemann der Lisbets von Monfort nach zutfenschem Rechte mit Zoelen und Avesait belehnt habe".[329]

Ritter Klaus Herr zu Drachenfels wird von seinem Vetter Heinrich Herr zu Drachenfels erschlagen 1493

Die Auseinandersetzungen zwischen Ritter Klaus Herr zu Drachenfels (und Olbrück) und Ritter Heinrich Herr zu Drachenfels und dessen Brüdern hatten 1493 noch nicht ihr Ende gefunden, obwohl es 1489 zu einem Vertrag zwischen Ritter Heinrich aus dem Königswinterer Hause Drachenfels und Ritter Klaus Herr zu Drachenfels gekommen war.

Auskunft über den Abschluß eines solchen Vertrages, dessen Inhalt leider nicht bekannt ist, gibt eine Urkunde vom 1. 1. 1489. In ihr versprach Gerhard Graf zu Sayn den „Brüdern Heinr., Godart und Joh. zu Drachenfels, das ihm übergebene Vidimus eines Vertrages zwischen Heinr. und Clais von Drachenfels geheim zu halten".[330]

Anscheinend war dieser Vertrag ebensowenig geeignet, den Streit zu beenden, wie der bereits erwähnte Provisional-Vergleich vom 11. 5. 1470.[276]

Über das unheilvolle Ende des Streites zwischen Klaus und Heinrich von Drachenfels berichtet Maaßen: „Es war im Jahre 1493, als Klaus beim Erzbischof (Anm.: von Köln) wieder zu Gnaden aufgenommen, vom Vetter (Anm.: Heinrich) Einlaß und Wohnung auf dem Drachenfels begehrte. Solches ward ihm aber verweigert. Da machte sich Klaus, den die Vettern einen Verwüster und Verschleuderer des Familienguts nannten, mit seinen Knappen auf nach Königswinter, um Jene zu treffen, und als nun Heinrich in Begleitung von Knechten ihm von oben entgegen gegangen, kam es zu einem Wortwechsel, wobei Heinrich den älteren Vetter erschlug. Das geschah am unteren Burgweg, in der Richtung auf Königswinter, am zweiten Kucksteiner Hof".[331]

Abb. 49: Wegekreuz am Drachenfelsweg — Eselsweg — unterhalb der beiden Kuckstein Höfe, im Hintergrund das Gelände der heutigen Nibelungenhalle; 1977.

Im Volksmund wird auch heute noch allgemein das alte Wegekreuz am Eselsweg — hier führte früher der vom Helteweg herkommende Ritterweg zur Burg Drachenfels und zur Wolkenburg vorbei — als die Stätte bezeichnet, an der Ritter Klaus Herr zu Drachenfels erschlagen worden ist.

De Claer führt in Bezug auf das Geschehen aus: „Ritter Clais ist 1493 auf gewaltsame Weise zu Tode gekommen, aber nicht in ritterlichem Zweikampf, sondern von seinem Vetter Heinrich Herrn zu Drachenfels und dessen Knechten Friedrich Stylling und Claes von Forsbach in den Weinbergen bei Rhöndorf mit Knütteln erschlagen worden. Ein Kreuz soll bis in unsere Tage (Anm.: 1878—1880) die Stelle bezeichnet haben. Die Mordstelle wird indessen verschieden bezeichnet; während einige sagen, die Stelle sei unterhalb des zweiten sogenannten Kucksteines, wo der Weg nach dem Drachenfels aufwärts wendet, sagen andere, die Stelle sei höher aufwärts gewesen, und zwar dort, wo der Weg nach der Wolkenburg sich vom Drachenfelser Weg abzweigt, welch letztere Ansicht mir die richtige zu sein scheint, um so mehr, als sich an der fraglichen Stelle unterhalb des zweiten Kucksteines bereits ein altes Steinkreuz (Anm.: siehe Abb. 49) befindet mit anderer Inschrift".[332]
Man kann noch heute an Ort und Stelle feststellen, daß der Hinweis von de Claer auf eine „andere Inschrift" zutreffend ist.

Ritter Heinrich Herr zu Drachenfels
versucht seine Tat zu entschuldigen
Ende Oktober 1493

Es ist bereits auszugsweise mitgeteilt worden, daß Heinrich von Drachenfels sich mit einem Schreiben „1493 post severini") an den Kölner Erzbischof gewendet hat, um seine Tat zu entschuldigen.[313] Dieses Datum (der Namenstag des hl. Severin wird am 26. 10. gefeiert) besagt nicht viel; denn der Totschlag muß bereits eine ganze Zeit vorher erfolgt sein, da es anscheinend eine ganze Zeit gedauert hat, bis der Kölner Erzbischof zu Sühnemaßnahmen schritt.
Über den weiteren Inhalt des Schreibens Heinrichs berichtet de Claer: „. . . Mehr als zu einer Zeit sei Clais mit seinen Knappen in ihren Wammessern mit ihren Stäben vor den Weinhäusern von Wintern wehrlicher Hand gegangen, um zu sehen, ob sein Bruder und er (Heinrich) darinnen wären, „so hat sich begeven, her Claes zo Wintern up dem Steine (Anm.: Kuckstein?) mit einem knecht genant Claes Tricht gegangen hait und haint mallig einen guden Statt gehabt. So bin ich auch mit meinen knecht da kommen gain" und habe Herr Clais durch ungebührliches Verhalten ihn, Heinrich, zum Äußersten gebracht".[333]

Die Gebrüder Johann und Godart
von Drachenfels kapitulieren mit den Burgen
Drachenfels und Wolkenburg
vor dem Kölner Erzbischof
2. 11. 1493

Nach der „Cronica van der hilligen Stat van Coellen" muß es längere Zeit gedauert haben, bis der Kölner Erzbischof Hermann von Hessen sich zu einer Strafexpedition zum Drachenfels entschloß. „Als komen was bequemheit der tzijt tzoich de Buschoff dair vur mit macht". Als die Streitmacht des Bischofs heranrückte, verließ Heinrich die Burg Drachenfels und ging „außer Landes", während seine Brüder Johann und Godart auf der Burg verblieben. Wären die Burg Drachenfels und die auch im Drachenfelser Besitz befindliche Wolkenburg mit genügend zur Verteidigung bereiten Reisigen besetzt gewesen, dann hätte sich deren Eroberung sicherlich längere Zeit hingezogen und wären sie wahrscheinlich letzten Endes nur duch Aushungerung zu bezwingen gewesen. Dazu kam es aber nicht.

Nach sicherlich längeren Verhandlungen kapitulierten Johann und Godart von Drachenfels am 2. 11. 1493 vor Erzbischof Hermann.

In der Kapitulationsurkunde wurde vereinbart, daß der Kölner Erzbischof ein Drittel der Burg Drachenfels „mit aller Herrlichkeit" und Zubehör in Besitz nehmen solle. Bei diesem Drittel handelte es sich um den Anteil Heinrichs an der Burg Drachenfels.

Die beiden anderen Anteile, die zu je einem Drittel auf Johann und Godart von Drachenfels entfielen, sollte deren Stiefvater Ritter und Marschall Vincenz von Schwanenburg für das Kölner Domkapitel in Besitz nehmen und sie diesem auf Aufforderung übergeben. Einen Monat später sollten die Mitglieder des Landtages unter Ausschluß etwa befangener Mitglieder und Verwandter des Hauses Drachenfels nach Anhörung des Erzbischofs und der beiden Gebrüder von Drachenfels über deren Anteil an der Burg entscheiden, falls Johann und Godart ein Mitverschulden an der Tat ihres Bruders Heinrich nachgewiesen werden sollte; andernfalls sollten sie ihren Anteil an der Burg Drachenfels zurück erhalten.[334]

Der Kölner Erzbischof
Hermann von Hessen besetzt
die Burgen Drachenfels und Wolkenburg
3. 11. 1493

Bericht der „Cronica van der hilligen Stat Coellen"

„In demselben jair (1493) des derden dages in aller hilligen maent gewan Buschoff Herman von Coellen dat starcke Sloss up dem Rijn boven Bonne Drachenfels genoempt. Ind dat ander darby Wolkenberch genoempt. Ind dat quam alsus. Idt was eyn Ritter genoempt her Clais van Drachenfels, ind der was eyn tzijt lanck in unwillen ind ungnaden des Buschoffs van Coellen darumb he uyss dem lande moyst. Ind hier enbinnen so waren syn neven (Anm. Neffen) up dem Sloss tzo Drachenfels, nu quam idt dat he widder quam in des Buschoffs genanden der vursscreven Ritter. Dae he widder tzo lande was komen ind gesan up syn Sloss Drachenfels in tzo gain, so wart eme dat geweygert van synen maegen (Anm.: Verwandten).
So begaff idt sych, dar de vursscreven Ritter up eyn tzijt sass hieneden mit synen knechten. Ind dae quam syn neve van dem Sloss ind etzliche ander me. Der Ritter sprach eme vruntlich tzo ind syn neve sprach: Du bis niet myn oeme (Anm: Ohm) noch ich dyne neve ind van stunt an overviel he yn ind stach eme vif (Anm.: fünf) doit wunden, also dat der Ritter starff up der stat.
Dar nae wart der Buschoff vermaent van anderen fursten, dat he sulchen jemerlichen

mort niet liess ungewrochen. As he ouch dede.

Ind darumb as was komen bequemheit der tzijt tzoich de Buschoff dair vur mit macht ind gewan idt binnen eynre kurtzer tzijt als vursscceven. Ind stach do syn wimpell uys ind behelt die noch".[335]

Godart Herr zu Drachenfels
und seine Frau Elisabeth Montfort
geloben dem Herzog von Kleve,
ihm von ihrem Ländchen Frohnenbroich aus keinen Schaden zuzufügen
16. 10. 1495

Die in der Kapitulationsurkunde vom 2. 11. 1493 vorgesehene Überprüfung einer evtl. Beteiligung Johanns und Godarts von Drachenfels an der Tat ihres Bruders Heinrich war noch nicht erfolgt, als Godart von Drachenfels und seine Frau Elisabeth am 16. 10. 1495 die nachfolgend wiedergegebene Urkunde verfaßten:

"Wir — Godart zu Drachenfels und Frohnenbroich und Elisabeth von Montfort, Eheleute — machen bekannt, daß der durchlauchtigste und hochgeborene Fürst, unser lieber gnädiger Herr, Herr Johann Herzog von Kleve und Graf von der Mark uns nunmehr mit einigen Lehen bedacht hat, die seiner Gnaden wieder anheim gefallen waren.

Aus diesem Grunde bekennen wir für uns und unsere Erben, daß wir freiwillig und voller Dankbarkeit für unsere insoweit erfolgte Belehnung in guter Treue und an Eidesstatt versichert und gelobt haben, daß wir unserem gnädigen Herrn und Herzog von Kleve und Gafen von der Mark sowie seiner Gnaden Erben ab sofort und zwar auf ewig aus unserem Hause und Ländchen Frohnenbroich keinerlei Schaden zufügen werden.

Insoweit bestätigen wir ohne irgendwelche Arglist, daß wir dem vorerwähnten Herzog und Grafen, seinen Erben und Nachkömmlingen sowie seinem Lande und auch sonst überhaupt keinerlei Schaden — sei es durch Fehden oder auf andere Art und Weise — zufügen werden.

Ind dis in oirkunde der warheit ind vaster stedicheit heb ick Gaedert vur my ind myne huysfrouwe mynen segell an desen brieff gehangen".[336]

Kaiser Maximilian
setzt sich beim Kölner Erzbischof
für die Gebrüder von Drachenfels ein
15. 10. 1505

Auch im Jahre 1505 war es trotz der Kapitulationsurkunde vom 2. 11. 1493 zwischen dem Kölner Erzbischof und den Brüdern Johann und Godart von Drachenfels noch nicht zu einer Regelung der Drachenfelser Angelegenheit gekommen. Der "rheinische Antiquarius" berichtet insoweit: "Die durch solche Capitulation in Aussicht gestellte gütliche Vereinigung kam indessen nicht zu Stande, Johann von Drachenfels, seine Brüder und Helfer wurden des Erzstifts Feinde, dermaßen lästige Feinde, daß Erzbischof Hermann, um doch einmal der Fehde Ende zu sehen, die Hand zur Versöhnung bot".[337]

Urkundlich ist über diese beabsichtigte Versöhnung lediglich belegt, daß Erzbischof Hermann "auf Donnerstag nach Jacobi 1502 die beiden Gebrüder von Drachenfels einlud, "Freitags zu Abend nach Brühl zu kommen zu einem gutlichen tage, der Samstag zu Morgen" gehalten werden solle, und bekannte er, daß er ihnen, um "in Ire sicher gewarsam ond enthalt zu kommen zu wahser ond zu lande, gut stark ond sichere ond ongeverlich gleit" gegeben habe.[338]

De Claer, der die obigen Angaben über das Jahr 1502 gemacht hat, führt weiter aus: "Aber dem Erzbischof fiel es schwer, sich von der Unschuld der beiden Brüder zu überzeugen und darum hat er denn nicht nur ihr Schloß Drachenfels in Besitz gehalten, sondern ihnen auch den Genuß der Pfandschaft Wolkenburg vorenthalten, ungeachtet der Kaiser sich für dieselben verwendete.

In einem Rescript (Anm.: des Kaisers) de 15. 10. 1505 heißt es nämlich also: "Daruff sollen vorbenannte Unsere Räthe an bemelten Unseren Neffen von Collen von Unseren wegen mit

fleihs begeren, S. L. wollen dem gemelten Johan von Drachenfeltz und seinem Bruder (Anm.: Godart), so an obberurtem Todtschlag nit schuldig, das Schloß Drachenfeltz und andere Güter, auch die Pfandschaft Wolkenburg mit sambt aller nutzung bemelter Schlöser und guter, so ihnen S. L. umb gedachter Uhrsache wegen genomen gehabt. wiederumb inantworten und sie darin kommen lahsen".[339]

Fehdebrief Johanns von Drachenfels
an den Kölner Erzbischof Hermann von Hessen
1507

"Dem durchlauchtigsten Hochgeborenen Fürsten Erzbischof von Köln, Kurfürst etc. lasse ich Johann, Herr zu Drachenfels, füglich wissen, daß ich vielemale vor und nach mein väterlich Erb und Gut gütlich nachgesucht und mit hoher Ehrerbietung darum gebeten habe. Ich habe mein Recht eifrig gefordert, hat es aber bis jetzt nicht ausgeschlagen, und muß bis heute mein Eigentum entbehren.

Ich bin nicht länger gewillt, dies zu erleiden, und schreibe dies hier mit meinem Wort allen denjenigen, die mir feindlich entgegenstehen mögen oder gestanden haben, Helfern oder Helfershelfern, daß ich unsere Ehre sicherstellen werde von allem, was von meinetwegen geschehen mag sein oder noch geschehen sollte. Not und Gewalt nötigt mich, das Meinige zu fordern mit Raub, Brand und Totschlag und anderer Art und Weise, so wie mir dies gefallen wird auszuüben an all denen und an allen Orten, wo ich es kann und mag und die dem Stift Köln zugehörig sind, ob geistlich oder weltlich. Danach möge man sich richten.

In Urkunde der Wahrheit habe ich Johann, Herr zu Drachenfels hierauf mein Siegel ausgedrückt".[340]

Godart Herr zu Drachenfels
und Frohnenbroich löst den Pfandbrief
über das Amt Wolkenburg bei seinem
Stiefvater Vincenz von Schwanenburg ein
22. 6. 1506

Die Gebrüder Heinrich, Johann, Godart, Werner und Thoenis von Drachenfels hatten am 25.

Abb. 50: Älteste bildliche Darstellung des Siebengebirges mit der hellen Steinrutsche des „Gemeinen Bruchs" am Drachenfels, 2. Hälfte des 15. Jahrhunderts — Meister der Verherrlichung Mariae: Flügel eines Altars WRM 120, Innenseite: Anna Selbdritt u. d. hl. Christophorus, Gereon und Petrus mit dem Kölner Stadtbild und dem Siebengebirge, Eichenholz, 131 × 146 cm, Wallraf-Richartz-Museum, Köln. Bei der Abbildung 50 handelt es sich um einen Bildausschnitt.

5. 1486 den Pfandbrief vom 13. 5. 1425 über das Amt Wolkenburg als Sicherheit für eine von ihnen jährlich zu zahlende Pachtzahlung an ihren Stiefvater Vincenz von Schwanenburg ausgehändigt.[317]

De Claer führt aus: „Godart Herr zu Drachenfels und Vronenbroich bringt (1506) den Pfandbrief, sprechend auf Wolkenburg, der seinem Stiefvater Vincentius von Swanenberg Ritter und Hofmeister wegen 110 current. Gulden Leibzuchtrenten zum Unterpfande gestellt worden war, wieder zu seinen Händen und verpfändet ihm dagegen alle seine Güter, bewegliche und unbewegliche, wo die auch immer gelegen sein mögen.

Imgleichen verbinden sich „Heinrich ind Johan gebroedere zo Drachenfeltz", ihren Stiefvater, falls er jener Rente wegen Schwierigkeiten haben würde, schuldlos halten zu wollen und verschreiben ihm gleichfalls ihre Güter im Lande von Jülich und Berg und anderswo gelegen „es sy lehen erffguet oder ander guet, der wir gebroedere mit yeme ond hey mit ons angedeilt ond ongescheiden synt".[341]

Leonard Korth berichtet: „1506 Juni 22. — Die Brüder Heinr. und Joh. zu Drachenfels versprechen Schadloshaltung ihres Bruders Godart Herren zu Dr., der nach dem Tode ihrer Mutter Alveradis von Palant sich ihrem Stiefvater Vincenz von Swanenberg wegen des Pfandbriefes über Wolkenburg zur Zahlung von 110 Gulden jährlicher Leibrente verpflichtet hat".[342]

Otto Waldbott Herr zu Bassenheim
und seine Frau Apollonia
von Drachenfels (und Olbrück)
werden Lehnsbesitzer der Burg Gudenau
1493

Die Burg Gudenau war am 16. 1. 1469 von dem Kölner Erzbischof Ruprecht von der Pfalz im Rahmen der an diesem Tage von Ritter Klaus Herr zu Drachenfels und Olbrück geleisteten Urfehde mit Beschlag belegt worden. Der Erzbischof hatte sich jedoch den Besitz der Burg mit ihren Äckern und Wiesen nur bis zu seinem Lebensende vorbehalten, während er die Einkünfte und Renten aus der Burg Gudenau Ritter Klaus und dessen Geschwister belassen hatte[271]

Es sollte jedoch nicht lange bei der Beschlagnahme bleiben; denn schon am „13. 3. 1469 überließ Erzbischof Ruprecht den Geschwistern aus dem Hause Drachenfels und Olbrück die Burg mit der Bedingung, sie nach seiner Aussöhnung mit dem Domcapitel gegen 2000 Gulden wieder einlösen zu können. Außerdem mußten sie versprechen, in dem zum Hause gehörenden Wildbann weder zu jagen noch jagen zu lassen".[343]

De Claer berichtet weiter: „Obwohl diese Aussöhnung niemals stattfand, Ruprecht vielmehr abgesetzt wurde, blieben sie (Anm.: Klaus und seine Geschwister) im ungestörten Besitz von Gudenau, an welchem Hause um diese Zeit, nicht unbedeutende Reparaturen namentlich an den Dächern und Giebeln vorgenommen werden mußten, wie die noch erhaltenen Ausgaberechnungen beweisen.

1462 waren die Einnahmen folgende: Auf dem selbst bewirtschafteten Lande wuchsen 13 Malter Weizen, 132 Malter Roggen, 232 Malter Hafer, 8 Malter Erbsen; der Zehnte zu Vilip ergab 57 Malter Roggen, 45 Malter Hafer, der zu Pech 6 Paar, der zu Merl 4 Paar, der zu Holzheim 2 Malter Roggen. An Fruchtzins kommen ein zu Vilip und Merl 15 Malter Roggen und 18 Malter Hafer, an Pfennigsgeld zu Vilip 18 Mark 8 Schillinge; die oberste Mühle gab 18 Paar Korn, die Hofgarten Mühle 10 Malter Roggen; ferner lieferte man an das Haus (Anm.: Gudenau) vom Dorfe Vilip 3 Pfund Wachs, 3 Gänse, 45 Hühner, 20 Pfund Oel. Aus den Büschen kommen 9 Fuder Rahmenholz à 4 Mark, die Weincreszens zu Bonn, Muffendorf und Walporzheim ergab 1 Fuder und 5 Ohm".[344]

Maaßen führt aus: „Clais von Drachenfels blieb nach Absterben seines kinderlosen Bruders (Anm.: Godart von Drachenfels und Olbrück) im alleinigen Besitz des Lehens (Anm.: Gudenau). Er wurde, gleichfalls kinderlos, im Jahre 1493 durch seinen Vetter Heinrich erschlagen. Haus Gudenau fiel an seine Schwester Apollonia. Ihr war in der Eheberedung bei etwaigem kinderlosen Absterben der Brüder ihr Erbrecht vorbehalten".[345]

Bereits am 8. 1. 1495 präsentierte Otto Waldbott von Bassenheim, der praktisch den Lehensbesitz als Ehemann seiner Frau Apollonia ausübte, „dem Bonner Stiftspropste den Andreas von Seenheim als Pfarrer zu Villip, nachdem Symon von Elrich freiwillig Verzicht geleistet hatte".[346]

Apollonia von Drachenfels,
Witwe des Otto Waldbott von Bassenheim,
und ihre Söhne Antonius und Johann
20. 7. 1499

Johann Graf zu Manderscheid und zu Blankenheim belehnte „am 29. 7. 1499 Antonius Walpott Herr zu Bassenheim als Sohn der Witwe Apollonia zu Drachenfels mit den Blankenheim'schen Gütern im „hoegerichte Drachenfels".[347]

Am 10. 8. 1501 verschrieben ;Apollonia Tochter zu Drachenfels Witwe Otto Waldbotts sowie ihre Söhne Antonius und Johann dem Hilger Irmgartz von Ahrweiler für 250 Gulden Darlehen zur Einlösung des Pfandbriefes über Oberbachem, Pissenheim und Girmersdorf 12½ Gulden Rente aus dem Ländchen Drachenfels und Gudenau".[348]

Leonard Korth teilt über den Inhalt einer Urkunde vom 24. 2. 1504 mit: „Richard Grieffenclae von Volraitz Kanonikus und Kantor des Domstiftes zu Trier befiehlt in dem Kurialprozeße Wilhelms von Steyn gegen Apollonia, die Witwe Otto Walpots zugleich namens seines Nebenrichters des Stiftsherrn Otto von Breitbach Archidiakons von S. Mauritius zu Tholey die öffentliche Aufhebung der über Apollonia verhängten Exkommunikation".[349]

Anton und Johann Waldbott von Bassenheim verabreden eine Erbteilung
16. 9. 1507

„Godart von Hatzfeld Herr zu Wildenburg, Karl Boiß von Waldeck, Dietrich von Orßbeck Herr zu Oilbruck und Dietrich von Monreal vereinbaren eine Erbtheilung zwischen Anton und Joh. Waltpot von Bassenheim.

Anton erhält u. a. das Haus Bassenheim, die Eigenleute „uff dem Hundsrucke", die „wynehoiff" zu Burgau und zu Vallendar, Haus, Städtchen und Herrlichkeit Königsfeld sowie die Herrlichkeit Sevenbach und Hereßbach;

Johann das Haus Gundenau, die Weinrenten zu (Königs) Winter und Rhöndorf, die Häfte der Gefälle im Ländchen Drachenfels mit dem Blankenheimer Lehen etc."[350]

Johann Herr zu Drachenfels
vergleicht sich wegen der Burg Drachenfels
mit dem Kölner Domkapitel
Sonntag nach St. Ursula 1508

Wie bereits ausgeführt, waren „Johann von Drachenfels, seine Brüder und Helfer schließlich des Erzstifts Feinde, dermaßen lästige Feinde, daß Erzbischof Hermann von Hessen, um doch einmal der Fehde Ende zu sehen, die Hand zur Versöhnung bot".[338] Der „rheinische Antiquarius" berichtet weiter: „. . ., zu welchem Ende Tagfahrt auf der hh. Eilftausend Mägde Abend 1508" in dem Predigerkloster zu Cöln angesetzt war. Hermann starb jedoch bevor jener Termin erschienen, die Unterhandlung wurde aber von Domcapitel und Landschaft mit denen von Drachenfels fortgesetzt und führte zum Vergleich vom Sonntag nach St. Ursula 1508 (Anm.: der Namenstag der hl. Ursula wird am 21. 10. gefeiert).[351]

Das Kölner Domkapitel bewilligt
die Rückgabe der Burg Drachenfels
an Johann von Drachenfels
Sonntag nach St. Ursula 1508

Die Urkunde vom Sonntag nach St. Ursula nimmt zunächst Bezug auf die Streitigkeiten um die Burg Drachenfels und die Pfandschaft Wolkenburg und verweist darauf, daß die für den „Abend des Tages hh. Eilftausend Mägde" vorgesehene gütliche Einigung wegen des Todes des Kölner Erzbischof nicht habe herbeigeführt werden können.

Weiter heißt es in der Urkunde, daß inzwischen

die Grafen, Edelleute, Ritter und Städte des Erzstifts die ganze Angelegenheit überprüft und dem Domkapitel, um weiteren Schaden zu verhüten, empfohlen hätten, den Streit zu Gunsten Johanns von Drachenfels zu beenden.

Unter Berücksichtigung aller Umstände bestimmten das Kölner Domkapitel und der „Chorbischof", daß Johann von Drachenfels binnen eines Monats nicht nur die Burg Drachenfels und die Pfandschaft Wolkenburg zurückerhalten, sondern als Entschädigung 1000 Gulden erhalten solle. Dieser seinerseits sollte jedoch gleichzeitig dem Kölner Domkapitel und dem noch zu wählenden Kölner Erzbischof ewige Treue schwören.

Weiter wurde in der Urkunde festgelegt, daß sich die Landstände des Erzstifts bei dem noch zu wählenden Kölner Erzbischof mit „allem Fleiß" dafür einsetzen wollten, daß Heinrich von Drachenfels begnadigt werde und wieder in das Erzstift zurückkehren könne.[352]

Am Tage der Urkundenerstellung (Sonntag nach St. Ursula) wurden „Heynrich van Wede kelner (Anm.: Kellner = Verwalter) zo Drachenfeltz und N. van Meckenheim kelner zo Wolckenburg" angewiesen, beide Schlösser dem Johann von Drachenfeltz zu übergeben".[353]

Der Kölner Erzbischof Philipp von Daun
beansprucht
den Anteil Heinrichs von Drachenfels
an der Burg Drachenfels
1509 post Lamberti

Das Kölner Domkapitel hatte am 11. 11. 1508 den Kölner Domdechanten und Straßburger Dompropst Philipp von Daun zum Erzbischof von Köln gewählt, welcher sich verpflichten mußte, die Erblandesvereinigung vom 26. 3. 1463 einzuhalten. Er beanspruchte „1509 post Lamberti den dritten Teil der Burg Drachenfels, so dem Heinrich von Drachenfels zuständig, und verlangte, daß Johann von Drachenfels ihm die Nutzung davon handreiche, widrigenfalls er sich einen eigenen Kellner bestellen werde".[354]

Die Gebrüder
Johann und Godart von Drachenfels
nehmen eine Erbteilung
mit den Gebrüdern
Anton und Johann Waldbott von Bassenheim
auf
Donnerstag nach St. Kilians Tag 1509 vor

Über den Inhalt der 1509 vorgenommenen Erbteilung berichtet de Claer: „Auf Donnerstag nach St. Kilians Tag 1509 sind die Gebrüder Johann und Godart mit den Gebrüdern Anton und Johann Walpode von Bassenheim in Cöln zusammengekommen und haben sich mit denselben unter Vermittlung des Erbmarschalls Bertram von Nesselrode u.a. Freunde in folgender Weise vereinigt und vertragen:

„das Schloß Drachenfels mit seinen Zubehörungen sollen die Gebrüder von Drachenfels, die beiden Häuser Gudenau und Virneburg mit allem Zubehör sollen die Gebrüder Walpode erblich haben und behalten.

Die beiden Steinkaulen unter dem Drachenfels (die Dom- und die Gemeine Steinkaule), an denen die Walpoden bisher Gerechtigkeit zu haben vermeint, sollen fortan die Gebrüder von Drachenfels gebrauchen, dagegen aber den Walpoden die Weizen-Renten zu Harff und Caster (im Betrage von 26 Maltern) überlassen. Das Schloß und Amt Wolkenburg mit seinen Gerechtigkeiten, Renten und Gülden, zusammt der Steinkaulen, im Amte gelegen, sollen beide Parteien zu gleichen Teilen haben und gebrauchen.

Und sodann die von Drachenfels vermöge Briefs, Siegel und Quitancien verschiedene Summen von den Walpoden zu fordern haben, so ist abgeredet und vertragen, daß diese jenen in zwei Terminen 1650 Goldgulden auszahlen sollen".[355]

Die Gebrüder Anton und Johann Waldbott
von Bassenheim
versöhnen sich
mit Heinrich von Drachenfels
Donnerstag nach St. Kilians Tag 1509

Wenn man bedenkt, daß Anton und Johann Waldbott von Bassenheim nach dem Tode ihrer Mutter Apollonia von Drachenfels und Olbrück Erben nach ihrem 1493 erschlagenen Onkel Klaus von Drachenfels waren und daß es bisher zu keiner Erbteilung in Bezug auf den Nachlaß des 1455 verstorbenen Burggrafen Johann von Drachenfels gekommen war, so wird klar, warum es „Donnerstag nach St. Kilians Tag 1509" zu einer Erbteilung gekommen ist.

Diese Erbteilung setzte aber auch eine Einigung bezüglich Heinrichs von Drachenfels voraus, der seinen Vetter Klaus von Drachenfels 1493 erschlagen hatte. Diese Regelung erfolgte deshalb ebenfalls „am Donnerstag nach St. Kilians Tag 1509. Über den Inhalt der entsprechenden Urkunde berichtet de Claer:

„An demselben Donnerstag bekennen die Gebrüder Anton und Johann Walpode von Bassenheim, daß sie auf Fürbitten folgender Herren: „Bertram von Nesselrode Ritter, Erbmarschall Vincentius von Swanenberg Ritter Hofmeister, Emont von Palant Herr zu Maubach, Frechem und Bachem, Johann von Palant Herr zu Wildenberg und Berge, Heinrich von Nesselrode Amtmann zu Nuwerburg, Johann und Godart Gebrüder Herren zu Drachenfels" den Zorn und Unwillen, den sie gegen Heinrich Herrn zu Drachenfels getragen, darum, daß er ihren Oheim Clais Herrn zu Drachenfels selig vom Leben zum Tode gebracht, fallen gelassen und ihm vergeben haben.

Dafür aber solle Heinrich ihrem Oheim dort, wo er begraben liegt, ein seinem Stande angemessenes Begängnis mit Messen, Vigilien, Commendationen und Beleuchtung halten, den Armen eine Spende verabreichen und auf der Stelle, wo er tot geblieben, ein steinernes Kreuz setzen lassen.

Ferner solle Heinrich für ihn Bittfahrten gehen lassen, nämlich eine zu Unserer Lieben Frauen zu Einsiedeln, eine zum Heiligen Blute, fünf zu Unserer Lieben Frauen zu Aachen und fünf zu Düren.

Sodann solle er zu Heisterbach, da Herr Clais begraben liegt, eine Wochenmesse stiften, auf daß der allmächtige Gott, Maria, seine gebenedeite Mutter und alle Heiligen der Seelen gnädig und barmherzig sein wollen.

Und würde Heinrich wieder inländig und wollte er beeiden, daß seine Knechte Friedrich Stellinck und Claes von Forsbach zu dem Totschlag nicht ihren Rat gegeben, und würden diese gleicherweise zu Gott und den Heiligen schwören, daß die Tat ohne ihre Mitwirkung geschehen, so bekennen die Gebrüder Walpode, daß sie auch diesen verzeihen wollen".

Heinrich von Drachenfels
wird wieder „inländig" und gemeinsam
mit seinem Bruder Johann
Amtmann des Amtes Wolkenburg
20. 9. 1510

Nach de Claer soll Heinrich von Drachenfels vor dem 23. 3. 1510 wieder „inländig" geworden sein.[357] Tatsache ist, daß die Brüder Johann und Heinrich „Herren zu Drachenfels Amtmänner zu Wolkenburg am 20. 9. 1510 dem Gewandmacher Peter von der Duyssel auf Lebenszeit ihr Haus Heinsberg auf dem Holzmarkte zu Köln verpachtet und ihn verpflichtet hatten, 200 Gulden daran zu verbauen, sich aber gleichzeitig ausbedungen hatten, dieses Haus als Herberge nutzen zu dürfen".[358]

Heinrich von Drachenfels war also schon einige Zeit vor dem 20. 9. 1510 von dem Kölner Erzbischof Philipp von Daun begnadigt worden und daraufhin in das Erzstift zurückgekehrt.

Das Haus Heinsberg zu Köln hatte Burggraf Gottfried von Drachenfels von seinem Bruder Abt Pilgrim ererbt und insoweit am 25. 2. 1423 den Siegburger Abt und Konvent durch Zahlung eines Geldbetrages abgefunden.[160]

Wenn auch Heinrich von Drachenfels begnadigt worden und gemeinsam mit seinem Bruder Amtmann des Amtes Wolkenburg geworden ist, so sollte es doch noch lange dauern, bis er wieder voll in seine Rechte als einer der Erben aus dem Hause Drachenfels eingesetzt wurde. Dies dürfte u.a. seinen Grund darin gehabt haben, daß er der ihm von den Gebrüdern Anton und Joahnn Waldbott von Bassenheim auferlegten Sühne zunächst nicht nachgekommen war.

Die Heinrich von Drachenfels
am „St. Kilians Tag 1509"
gemachten
Sühneauflagen werden verändert

De Claer berichtet insoweit: „Die Heinrich auferlegten Sühnewerke sind indess nach Jahr und Tag noch nicht in Ausführung, sondern erst später wieder zur Sprache gekommen. Ich berichte nämlich nach dem, was vorliegt: Zunächst bietet sich ein Documentum sine dato dar, worin die Gebrüder Walpode folgende fünf Puncte in Vorschlag bringen:

1) Solle an Stelle, wo Ritter Clais todt geblieben, eine Kapelle aufgerichtet werden, mit einer Wochenmesse zu ewigen Tagen.

2) Solle ein Begängniß an dem Tage in der Woche, wo er todt geblieben, sammt einem siebten und einem dreißigsten, mit Vigilien, Commendationen und Beleuchtung, wie es sich für einen Ritter wohl gebühret, gehalten und den Armen zugleich eine angemessene Spende verabreicht werden.

3) Sollen in der Begräbniskirche zwei ewige Messen, nebst Beleuchtung auf dem Grabe während jeder Messe gestiftet weren.

4) Zu den oben erwähnten Bittfahrten wird noch eine andere hinzugefügt, nämlich nach St. Jacob (San Yago de Compostella) und solle auf jeder Bittfahrt ein nahmhaftes Opfer und von jedem eine glaubhafte Bescheinigung gebracht werden.

5) Solle auf Tag und Stunde seines Todes zu Heisterbach ein Jahrgedächtnis zu den ewigen Tagen mit zehn Priestern gehalten und zehn Arme gespeist werden".[359]

Mit diesen Vorschlägen war die Angelegenheit noch nicht erledigt, so daß in der Folgezeit noch weitere Vorschläge gemacht werden mußten.

Johann Waldbott von Bassenheim
wird mit dem Haus Gudenau belehnt
26. 12. 1517

Johann Waldbott von Bassenheim hatte bei der Erbteilung vom 16. 9. 1507 (— 350) u.a. das Haus Gudenau erhalten. Der Kölner Erzbischof

Philipp von Daun „belehnte am 26. 12. 1517 zu Brühl Herrn Johann Waldbott von Bassenheim mit dem Hause Gudenau, einem Burglehen, zu Ahr, Kirchengift, Hofgericht, Zehnten und Weinzapf zu Villip und mit der Mühle zu Hofgarten".[360]

Die Deutschordensritter
Werner und Thoenis von Drachenfels
1487—1514

Werner und Thoenis von Drachenfels, die Brüder Heinrichs von Drachenfels, der seinen wesentlich älteren Vetter Klaus von Drachenfels und Olbrück erschlagen hatte, waren am 18. 5. 1487 gemeinsam in den Deutschen Orden eingetreten (— 325). Von Ledebur führt unter Quellenangaben aus: „Werner von Drachenfels erscheint in Preußen als Oberster Trapier des Hochmeisters von 1494—1495, als Pfleger zu Tapiau 1495 13. Oct. und 1497 20. Juli, als Vogt zu Soldau 1506. 7. Juli 1512. 22. Nov. 1514. 22. Febr."[361] Nach Hans Limburg ist Thoenis von Drachenfels „zum letzten Male in Preußen erwähnt unter dem 12. Januar 1500".[362] De Claer führt aus: „Thoenis, der jüngste Sohn Teutsch Ordens Ritter war 1506 bereits mit dem Tode abgegangen gemäß Schreiben seines Bruders Werner, damaligen Vogts auf Soldau".[363]

Johann und Godart von Drachenfels
† 1513 † Januar 1518

Johann von Drachenfels, dem das Kölner Domkapitel am „Sonntag nach St. Ursula 1508" die Rückgabe der Burg Drachenfels bewilligt hatte, verstarb kinderlos im Januar 1513. Sein gegen Ende des 19. Jahrhunderts in Heisterbach noch vorhandener Grabstein trug die Inschrift:

„1513 die . . . Januarii obiit nobilis vir Johannes dominus in Drachenfeltz cuius anima requiescat in pace"[364]

Godart Herr zu Drachenfels, der 1489 Elisabeth von Montfort geheiratet hatte, verstarb 1518. Er hinterließ eine Tochter namens Agnes Augusta. Die Nachricht vom Tode Godarts von Drachenfels ergibt sich aus einem Schreiben „Albrechts Hochmeisters des Deutschen Ordens

Markgraf zu Brandenburg Herzog zu Stettin Pommern der Kassuben und Wenden Burggraf zu Nürnberg und Fürst zu Rügen" vom 7. 10. 1518, in dem der Hochmeister „dem Vogt zu Rastenburg Werner von Drachenfels die Vollmacht gab, die nach dem Tode seines Bruders (Anm.: Godart von Drachenfels) ihm zugefallenen Erbgüter gemäß den Privilegien des Ordens einzuziehen".[365]

Der Deutschordensritter Werner von Drachenfels
versucht den Besitz
der Erbschaft Drachenfels zu erlangen
ab 7. 10. 1518

Mit Schreiben vom 7. 10. 1518 hatte der Hochmeister des Deutschen Ordens nach dem Tode Godarts von Drachenfels dem Rastenburger Vogt die Ermächtigung erteilt, die diesem zugefallenen Erbgüter nach den Privilegien des Ordens einzuziehen.

De Claer berichtet über den Inhalt der Urkunde vom 7. 10. 1518: „Wir thun kunt mit dissem unserem Brieffe das uns der Edel und geistliche unser lieber andechtiger her Werner von Trachenfels, Vogt zu Rastenburg, fur gebracht wie totlichen abgang seines Bruders gotzeliger syne nachgelahsene gutter auff Inen als eynen naturlichen erben geerbt und komen seyn, derhalben er gemeynt sich anheym zu fugen, dieselben aguter zu fordern, die ferner in unsers Ordens nutz und fromen zu wenden, mit onertenigen bitten Ime des gnedige erlaubnus ond macht zu geben. Dieweyl ons dan unsers Ordens gedeyen wal geliebet, haben wir in ansehung des gemelten hern Wernhers gutter meynung nachdem er mit solchen seinen guttern onsers Ordens beßerung schaffen wil, Ime vergunst und macht gegeben dieselben angeerbten gutter beweglichen oder onbeweglichen welcherlei die seyn mogen mit gutte freundschafft geistlichen oder weltlichen gerichten nach anweysung onsers Ordens privilegien ond freyheiten onserm Orden zu gut zu fordern aufzuheben zu entphaen die auch zu verpfenden zu verkauffen notdorfftige Quitan-

zen ond verzicht davon zu geben ond alles das sich zu solchem fahl begibt zu thun oder zu lahsen".[366]

Werner von Drachenfels hatte also nach dem Tode seines Bruders Godart die Absicht, das Drachenfelser Erbe für sich und damit zu Gunsten des Deutschen Ordens geltend zu machen. Hans Limburg vertritt die Ansicht, daß sich Heinrich von Drachenfels an seinen Bruder Werner gewandt habe, um über diesen den Familienbesitz Drachenfels zu retten.[367]

Dazu ist zu vermerken, daß Heinrich von Drachenfels inzwischen zwar Amtmann der Pfandschaft Wolkenburg, aber noch nicht wieder in den Besitz der Burg Drachenfels eingewiesen war.

Jedenfalls begab sich Werner von Drachenfels auf Grund der Ermächtigung des Hochmeisters des Deutschen Ordens vom 7. 10. 1518 ins Rheinland. Mit Schreiben vom 23. 5. 1519 berichtete er dem Hochmeister über den Stand der Verhandlungen mit dem Erzbischof und Kurfürsten von Köln Hermann von Wied, daß „man sich zwar auf einen langwierigen Handel mit dem Kölner Erzbischof gefaßt machen müsse, daß er sich aber auf alle Weise bemühen werde, den väterlichen Besitz nicht aus der Hand zu geben".[368]
Es ist nicht mehr nachzuvollziehen, welche Überlegungen Werner von Drachenfels damals veranlaßt haben, einen relativ positiven Bericht zu erstatten. Seine rechtliche Position war nämlich nicht besonders gut, hatte doch Godart von Drachenfels immerhin eine Tochter hinterlassen, die in Bezug auf das Drachenfelser Erbe erbberechtigt war. Diese Tochter Godarts, Agnes Augusta, hatte 1516 Herrn Dietrich von Mirelaer Herrn zu Millendonk geheiratet.

Heinrich und Werner von Drachenfels
und ihr Schwager Dietrich von Mirelaer
Herr zu Millendonk
erlangen je einem Anteil
des Drachenfelser Erbes
1519

Die Erbberechtigung der Tochter Godarts von Drachenfels leitete sich naturgemäß aus den

Rechten ihres Vaters an der Burg Drachenfels ab.

Insoweit war alles erforderliche im Ehevertrag Godarts mit Elisabeth von Montfort vom 18. 11. 1489 festgelegt worden. Der Inhalt dieses Ehevertrages ist bereits unter „330" mitgeteilt worden. Genauere Einzelheiten ergeben sich aber aus dem Originaltext, über dessen Wortlaut de Claer berichtet:

„In den yrsten So brengt Goedart an Junffer Lyhsbecht zo Reichter hylichs vur warden die helffte van dem slohs (Anm.: Drachenfels) heirlicheit dorffer ind undersaihsen ind alle ind yecklichem syme zobehoere myt dem Steynbergh zo Drachenfeltz gehoerende, ind ouch absulche guedere imme lande van dem berge gelegen as her Heynrich selige (Anm.: der am 6. 4. 1472 verstorbene Burggraf Heinrich von Drachenfels) hatte ind na syme doide gelaihsen wilch slohs land dorffer ind heirlicheit ind guedere vurs. Heynrich her zo Drachenfeltz des vurs. Goedarts elste broder (Anm.: Herrn Heinrich zu Drachenfels, des vorgenannten Godarts ältester Bruder) die eyne helffte ind Goedart here zo Drachenfeltz vurs. die ander helffte hauen ind an syne huystrauwe brengen sall.

Vortme sal Goedart an syn huysfrouve vurs. brengen alle alsulche ersterff ind goit as yem anersterben mach na doide der Eirsamer vrauwen Aluserait van Palant synre lieuer moider, dehselnen gelychen syne andeyll hie hait off dem hernamails bebueren sall van Eylffduysent gulden hie ind syne broder hauen an den lentgyn van Wolkenburgh na lude der versdaynongen da van sprechende".

De Claer führt über den Urkundeninhalt weiter aus: „Und herantgegen bringt Elisabeth an ihren Hausherrn die Güter ihres Vaters in der Herrschaft Montfort gelegen, sowie auch die Herrlichkeit Haperswalde gelegene bei Leyden in Holland, sodann ihr Anteil der Herrlichkeit von Tongernseel, Steynkirchen und Wanfartis im Hennegau und das Erbe so ihr nach dem Tode ihrer älteren Schwester Beatrix von Wol-

Abb. 51: Stahlstich von Hundeshagen; Siebengebirgsmuseum.

kensteyn anerfallen ist und endlich das Lehngut im Lande von Ihselsteyn so zum Hause Goer gehört, wogegen das Haus Goer und die Herrlichkeit Vronenbroich die Mutter ihr Leben lang zu gebrauchen sich vorbehält".[369]

Je eine Hälfte der Burggrafschaft Drachenfels stand also nach dem Inhalt des Ehevertrages vom 18. 11. 1489 Heinrich und Godart von Drachenfels zu. Die Godart von Drachenfels zustehende Hälfte an der Burgherrschaft Drachenfels war mit seinem Tode seiner Tochter Agnes Auguste angefallen. Zur Ausübung der Rechte von Heinrich und Godart von Drachenfels hätte es im Hinblick auf den Totschlag an Klaus von Drachenfels und Olbrück und das Geschehen nachher der Erlaubnis des Kölner Erzbischofs bedurft, die vor 1519 offensichtlich noch nicht erteilt war.

Interessant ist übrigens, daß die Urkunde den Wert des Pfandbriefes über das Amt Wolkenburg mit 11 000 Gulden angibt.

De Claer führt aus: „Agnes Auguste von Drachenfels brachte ihrem Gemahl Dietrich von

Mirlaer Herr zu Millendonk, Schönau und Meiderich, Pfandherr zu Ruhrort die Güter der Heinrich'schen Linie. Er wurde belehnt mit der Burggrafschaft Drachenfels. Heinrich und Werner trugen anfangs Bedenken und weigerten sich, Dietrich als Teilerbe ihrer Güter anzuerkennen. Allein 1519 wurde „entschieden", daß Dietrich von Mirelaer und Millendonk sowie die Brüder Heinrich und Werner von Drachenfels alle Güter zu gleichen Teilen besitzen sollten; $\frac{1}{3}$ an Drachenfels Schloß, Land, Leuten und Rentteilen behalten sollten, doch behielt sich Heinrich das Prädicat Burggraf vor. Werner starb bald darauf und so waren Heinrich und seines Bruders Tochter resp. deren Gemahl alleinige Besitzer".[370]

Da de Claer ausführt, die „Dreiteilung" der Burggrafschaft Drachenfels sei „entschieden" worden, muß davon ausgegangen werden, daß der Kölner Erzbischof Hermann von Wied diese Entscheidung getroffen hat und daß die „Dreiteilung" nicht zwischen den beiden Gebrüdern von Drachenfels und Dietrich von Mirelaer Herr zu Millendonk gütlich vereinbart worden ist.

Werner von Drachenfels
† Februar 1524

Werner von Drachenfels scheint sich mit der Entscheidung aus dem Jahre 1519 nicht zufrieden gegeben zu haben; denn in den Jahren 1519—1521 kam es zu einem längeren Briefwechsel zwischen ihm und dem Hochmeister des Deutschen Ordens über die Notwendigkeit weiterer Verhandlungen um die Erbschaft Drachenfels. Schließlich wurde Werner von Drachenfels aufgefordert, seine Bemühungen um den Erhalt der Erbschaft Drachenfels einzustellen und in den Ordensstaat zurückzukehren. Im Hinblick auf weitere Berichte Werners von Drachenfels über den Stand der Verhandlungen wurden die Aufforderungen zur Rückkehr annulliert. Die Angelegenheit fand, wie auch de Claer ausführt, ihren Abschluß mit dem Tod Werners von Drachenfels im Jahre 1524. In einem Schreiben des Koblenzer Landkomturs vom 11. 2. 1524 teilte dieser dem Hochmeister des Deutschen Ordens den Tod Werners von Drachenfels mit.[371]

Verhandlungen der Gebrüder
Anton und Johann Waldbott von Bassenheim
mit Dietrich zu Mirelaer Herrn zu Millendonk
über Sühneleistungen
Heinrichs von Drachenfels
Samstag nach Quasimodo genitis 1524

In einer Urkunde „sine dato"[358] hatten die Gebrüder Anton und Johann Waldbott von Bassenheim fünf „Artikel" über die von ihnen gewünschten Sühneleistungen Heinrichs von Drachenfels aufgestellt.

De Claer führt über die Verhandlungen vom „Samstag nach Quasimodo genitis 1524" aus: „Über diese fünf Artikel ist nun auf Samstag nach Quasimodo genitis 1524 zwischen den Gebrüdern Walpode einesteils und Dietrich Herrn zu Millendonk von wegen seines Anhanges andernteils im Minderbrüder Closter zu Cöln vor Jhann Quad Herrn zu Landscron und Thomberg und Thomas Marschall und Johann Scheiffard von Merode zu Hemmersbach Amtmann zu Liedberg nachfolgendergestalt verhandelt worden:

1) den ersten Artikel hat Johann von Walpode von wegen sein und seines Bruders, mit Rate seiner Freundschaft, fallen lassen, dergestalt, daß anstatt der Kapelle ein Kreuz mit Wappen und Umschrift, wie es einem Ritter wohl geziemet, sonder Verzug aufgerichtet und dermaßen befestigt werde, daß ein böser Bub das nicht leicht umwerfen oder zerbrechen möge und ob das hernachmals über kurz oder lang geschähe, daß alsdann die Gegenpartei und ihre Erben von Stund an auf ihre Kosten ein anders solches aufrichten lassen sollen.

2) Den Artikel betreffend das Begängnis, hat die Gegenpartei angenommen. Damit aber allem Zweifel und Gerede, ob dasselbe dem Stande gemäß gehalten worden, vorgebeugt werde, so sind beide Parteien zu folgendem Beschluß gekommen: daß zu solchem Begängnis des ersten Tags zweihundert, des anderen einhundert und des dritten sechzig Priester bestellt und mit gebührlichen Präsentien versehen werden. Es sollen auch zu solchem Begängnis drei Äbte beschieden werden und dabei sein. So soll man auch der Zeit allen armen Leuten, so daselbst erscheinen, und des begehren, Speck und Erbsen und grün Fleisch nach ziemlicher Notdurft, desgleichen jeglichem derselben ein Roggen- und ein Weißbrod und je zu vieren eine Bönnisch Maaß Wein geben.

3) Der dritte Artikel wird von der Gegenpartei angenommen und zugleich bewilligt, daß die Gebrüder Walpode und ihre Erben Aufseher und Handhaber selbiger drei Messen sein und bleiben sollen, also, wenn dieselben hernachmals nicht der Stiftung gemäß gehalten würden, daß alsdann die Walpoden und ihre Erben Macht haben sollen, alles das was der Abt und Convent zu Heisterbach in der Grafschaft Neuenar liegen oder fallen haben, an sich zu nehmen und die drei Messen ihres Gefallens anderswo zu bestellen. Und darum sollen sich Abt und Convent mit Verwilligung ihrer Obern, den Walpoden gegenüber zu aller Sicherheit verschreiben.

4) Den vierten Artikel, berührend die Wallfahrten, hat die Gegenpartei auch also angenommen, mit dem Unterschiede, daß Heinrich von Drachenfels Macht haben solle, diejenigen so er nicht in eigener Person tun würde, durch fromme Biederleute ausführen zu lassen.

5) So ist auch der letzte Artikel, betreffend das Jahrgedächtnis, nach Ausweisung seines Buchstabens angenommen worden.

Ich zweifele nicht, daß die vier letzten Artikel nun endlich vollzogen worden sind. Aber mit dem letzten ist Heinrich immer noch im Rückstand geblieben."[372]

XI. Burggraf
Heinrich von Drachenfels
nach Ostern 1526

Heinrich von Drachenfels wurde „nach Ostern 1526" seitens des Kölner Erzbischofs als Mitbesitzer der Burg Drachenfels (zu ½) anerkannt und dementsprechend von dem Propst des Bonner St. Cassius-Stifts belehnt. Im Gegensatz zu Dietrich von Mirelaer und Millendonk, der bereits mit der anderen Hälfte belehnt worden war (— 370), führte Heinrich seitdem das „Prädicat" Burggraf, das er sich 1519 vorbehalten hatte.

Auskunft über die Belehnung Dietrichs von Mirelaer und Heinrichs von Drachenfels gibt eine Urkunde des „Johann Valentin Canonich zu Bonn und Churfürstlichen Registrators" vom 29. 6. 1526, in der dieser bescheinigte, „daß er auf Befehl seines gnädigen Herrn Erzbischofen zu Cöln von dem Junker Heinrich Herrn zu Drachenfels absolchen Vertragsbrief auf 1000 Gulden unter anderem sprechend als hiebevor 1508 die Ehrwürdigen. Chorbischof und Domkapitel dem Johann von Drachenfels versiegelt gegeben[352], empfangen habe mitsammt dem Vertrage, so zwischen seinem gnädigen Herrn und Junker Heinrich jetzt nach letzt vergangenen Ostern aufgerichtet worden".[373]

De Claer bemerkt zu dieser Urkunde „nach Ostern 1526", daß Heinrich von Drachenfels

„wahrscheinlich um ein schweres Opfer seitens des Kölner Erzbischofs mit dem ganzen Schloß Drachenfels belehnt worden zu sein scheine".[374]

Insoweit ist es nicht zutreffend, daß Heinrich von Drachenfels „mit dem ganzen Schloß Drachenfels" belehnt worden ist; es erfolgte nur eine Belehnung mit der Hälfte des „Schlosses". Der Inhalt des Vertrages zwischen dem Kölner Erzbischof Hermann von Wied und Heinrich von Drachenfels „nach Ostern 1526" ist allerdings nicht näher bekannt. Man kann jedoch aus den Angaben de Claers entnehmen, daß es bis zu diesem Vertragsschluß nicht zur Auszahlung der Johann von Drachenfels am „Sonntag nach St. Ursula 1508 zugesagten 1000 Gulden gekommen ist; denn Heinrich von Drachenfels hat eben diese Urkunde „nach Ostern 1526" dem Kölner Erzbischof wieder ausgehändigt.

Daß Heinrich von Drachenfels und auch Dietrich von Mirelaer Herr zu Millendonk mit ihren Anteilen an der Burg Drachenfels durch den Propst des Bonner St. Cassius-Stifts belehnt worden sind, ergibt sich aus einer Urkunde, über deren Inhalt de Claer folgendes berichtet:

„Nun findet sich ein Extrakt, der von einem Propste, allem Anschein nach von Probst Johann Gröpper, gemacht worden. Darin sind einige ältere Belehnungen erwähnt und namentlich, daß 1460 Ritter Heinrich mit dem Schloß Drachenfels von der Probstei belehnt worden.

Ferner ist darin vermerkt: Nachdem das Schloß denen von Drachenfels wieder eingegeben worden, seien dieselben, und nach ihnen des von Millendonk Vater bei Zeiten des Grafen Friedrich von Weda Probsten, und der von Millendonk bei seiner (Johannis Gropperi) Zeit, das Schloß (Anm.: lehnsweise) zu empfangen aufgefordert worden; dawider sie auch nichts zu sagen gewußt, dann sie solches zu thun wohl willig, wenn sie es ohne Ungnade des gnädigen Herrn zu Cöln thun könnten".[375]

Bei dem in dem „Extrakt" erwähnten „Millendonk Vater" handelte es sich um Dietrich von

Abb. 52: Chorruine Heisterbach, Aquarell von H. J. van der Wyck, 31. 5. 1821; Siebengebirgsmuseum.

Mirelaer Herrn zu Millendonk, den Ehemann der Agnes Augusta von Drachenfels. Er war bereits mit der Burg Drachenfels belehnt worden, ehe es zu der Aufteilung der Burgherrschaft Drachenfels auf ihn, Heinrich und Werner von Drachenfels im Jahre 1519 kam. Nach dem Tode Heinrichs von Drachenfels wurde Dietrich von Mirelaer Herr zu Millendonk mit der gesamten Burgherrschaft Drachenfels belehnt und nach ihm sein gleichnamiger Sohn Dietrich von Mirelaer Herr zu Millendonk.

Der Extrakt, dessen Inhalt de Claer mitgeteilt hat, besagt also mehr oder weniger klar, daß der Propst des Bonner St. Cassius-Stifts Heinrich von Drachenfels († 6. 4. 1472), Johann von Drachenfels († 1508), Godart von Drachenfels († 1518), Dietrich von Mirelaer und Millendonk, Heinrich von Drachenfels († 3. 5. 1530) und Dietrich zu Millendonk und Drachenfels jeweils mit Zustimmung des Kölner Erzbischofs mit der Burgherrschaft Drachenfels belehnt hat.

Heinrich Herr zu Drachenfels verkaufte dem Bonner St. Cassius-Stift eine Rente von 40 Gulden aus dem Schatz zu Königswinter 15. 6. 1526

Im Hinblick auf den Mitbesitz Dietrichs von Mirelaer Herr zu Millendonk an der Burgherrschaft Drachenfels bedurfte Burggraf Heinrich von Drachenfels bei der Tätigung von Rechtsgeschäften der Zustimmung Dietrichs von Mirelaer Herr zu Millendonk.

In einer Urkunde vom 15. 6. 1526 verkaufte Heinrich Herr zu Drachenfels dem Stift St. Cassius zu Bonn „eine Rente von 40 Gulden aus dem Schatz zu Königswinter und der Pfandherrschaft Wolkenburg".[376]

Die Urkunde wurde gesiegelt von dem Erzbischof von Köln, Heinrich Herrn von Drachenfels, seinem Schwager Dietrich Herr zu Millendonk und zu Meiderich sowie den Schöffen von Königswinter.

Heinrich von Drachenfels
und Dietrich von Mirelaer
Herr zu Millendonk einerseits
und die Gebrüder von Bassenheim andererseits
vereinbaren
eine baldige Erbteilung
1528

Die seit 1509 überfällige Erbauseinandersetzung zwischen dem Hause Drachenfels und der Familie Waldbott von Bassenheim war auch 1528 noch nicht erfolgt.

Im Jahre 1528 schlossen die Beteiligten einen Vertrag, über dessen Inhalt de Claer berichtet: „In einem Vertrag von 1528, worin Heinrich Herr zu Drachenfels und Dietrich Herr zu Millendonk und Meyderich einesteils und Anton und Johann Walpode von Bassenheim ande-

Abb. 53: Grabstein Heinrichs von Drachenfels.

rernteils sich dahin vereinbaren, daß die noch in Gemeinschaft bestehende Erbschaft zu Drachenfels (nämlich Äcker, Wiesen, Büsche und verschiedenes andere) an einem bestimmten Tage in Freundschaft geteilt werden solle, so daß kein Teil vor dem anderen einigen Vorteil habe, — heißt es also:

„Dieweil sich auch Heinrich Herr zu Drachenfels verwilligt und verpflichtet, den Tod des Herrn Clais, der laut der zu Cöln bededinckten Aufzeichnung zu verbessern, so solle gemelter Heinrich das Kreuz von Stein mit Schild und Helm hauen lassen und myt guedten groben bochstaben dair an gehauwen diese wordt:

„Anno 14. off den ... tag des monats ... ist der Strenge her Clais here zu Drachenfeltz Ritter uff dieser stadt doet bleben, des selen got genedych wulle syn"[377]

Burggraf Heinrich von Drachenfels
† 3. 5. 1530

Burggraf Heinrich von Drachenfels verstarb am 3. 5. 1530. Mit ihm erlosch das Geschlecht der Burggrafen von Drachenfels im Mannesstamm. Heinrich fand seine letzte Ruhestätte im Drachenfelser Erbbegräbnis in der Heisterbacher Abtei-Kirche vor dem Altar der hl. Maria Magdalena auf der rechten Seite des Chors.

De Claer führt insoweit aus: „Heinrich wurde, wie die meisten seiner Vorfahren im benachbarten Kloster Heisterbach begraben. Sein dortiger mit dem Familienwappen geschmückter Grabstein wurde jedoch später nach Abbruch der Klosterkirche gerettet und durch Herrn Ehsing in Rhöndorf an die Ostseite der dortigen Kapelle angesichts der alten Stammburg eingemauert."[378]

Die alte Rhöndorfer Kapelle war 1689 abgebrannt. Mit dem Bau der neuen Kapelle, an deren Ostseite der Grabstein eingemauert worden ist, wurde 1714 begonnen. Sie wurde am 8. 6. 1716 unter den Namen „Visitatio Beatae Mariae Virginis" geweiht. Im Sommer 1930 wurde der Grabstein Heinrichs von Drachenfels „im Mauerwerk am Turm der neuen Rhöndorfer Pfarrkirche angebracht".[379]

Der Grabstein
Heinrichs von Drachenfels

Über den Grabstein Heinrichs von Drachenfels führt von Lebur aus: „Ein vor einigen Jahren zu Heisterbach, dem Erbbegräbnisse der Herren von Drachenfels, unter dem Schutte hervorgezogener Grabstein, hat, die Abkürzungen aufgelöst, folgende Umschrift:

„Anno domini 1530 tercia die mensis May. obiit nobilis vir Hinricus dominus in Drachenfeltz cujus anima requiescat in pace."

Diese Umschrift umgiebt, nach einer vorliegenden Zeichnung, das Wappen, zeigend im Schilde einen rechts gewendeten und auf dem Helme wachsenden Drachen. Unter dem Schilde liegt ein Todtenkopf mit über Kreuz gelegten Knochen und dem Spruchbande:

„O homo memento mori."

Von Ledebur führt über den Grabstein Heinrichs von Drachenfels weiter aus: „Die vier Ecken an der Umschrift zeigen die Wappen der vier Ahnen des Verstorbenen, oder vielmehr, wie dies bei derartigen Anordnungen gewöhnlich der Fall ist, das eigene Wappen, so wie das der Mutter und der zwei Großmütter, nämlich oben rechts der Drache, der Symetrie wegen links gewendet, der von Drachenfels, oben links die fünfmalige Balkenteilung der von Paland, unten rechts die zwei Querbalken der Herren von Wevelinghoven, unten links drei von einem Querbalken überdeckte Zepter. Die Mutter der Alveradis von Paland wird (Robens, Adel des Niederrheins II. 186—215) Friederike von Schalmen, Erbin zu Laurensberg genannt; ohne Zweifel dasselbe Geschlecht, welches Fahne (Geschichte der Cöln.-Jül.-Bergsch. Geschlechter I. 379) die von Lintlar genannt Schallenberg, nennt, hier aber das Wappen so darstellend, daß ein Querbalken nach oben und nach unten mit drei Lilien besteckt erscheint.

Dies ergibt folgende Ahnentafel:

Johann Burggraf von Drachenfels

Margaretha von Wevelinghoven

Johann von Paland zu Kinsweiler

Friederike Schalmen Erbin von Laurensberg"[380]

Abb. 54: Aquarell der Rhöndorfer Marien-Kapelle, Gerald Smits.

XII. Burggraf von Drachenfels
Dietrich von Mirelaer
Herr zu Millendonk Schönau und Meiderich
Pfandherr zu Ruhrort
1530

Mit dem Tode Heinrichs von Drachenfels ging die Burggrafschaft Drachenfels auf Dietrich von Mirelaer Herrn zu Millendonk Schönau und Meiderich Pfandherr zu Ruhrort über. Dementsprechend wurde er mit Zustimmung des Kölner Erzbischofs durch den Propst des Bonner St. Cassius-Stifts belehnt.

Im Hinblick auf diese Belehnung führte er den Namen „Dietrich Herr zu Millendonk Drachenfeltz und Ruland, Mitherr zu Wolkenburg und Königswinter, Burggraf des Erzstifts Cöln, Ritter".[381]

Man erkennt, daß Dietrich lediglich Mitherr des Amtes bzw. der Pfandschaft Wolkenburg war. Mitherr im übrigen war insoweit außerdem die Familie Waldbott von Bassenheim. Ein Hinweis auf die Herrschaft Drachenfels bzw. das „Ländchen Drachenfels" fehlt im Namen des neuen Burggrafen.

Dietrich Herr zu Millendonk und Drachenfels und Anton Waldbott von Bassenheim, Amtleute des Amtes Wolkenburg
10. 4. 1531

„Arnt Meilsbach von Königswinter, der durch Junker Dietr. Herrn zu Millendonk zu Drachenfels und zu Meiderich und durch den Junker von Gudenau Amtleute zu Wolkenburg wegen Gewaltthätigkeit in Haft gehalten worden, schwor am 10. 4. 1531 bei seiner Begnadigung Urfehde".[382]

Es erstaunt, daß auch Dietrich Herr zu Millendonk und Drachenfels in dieser Urkunde als Amtmann bezeichnet worden ist. Bei der Urkundenerrichtung vom 10. 4. 1531 war Johann, der Bruder Antons Waldbott von Bassenheim, bereits unverheiratet zu Kastellaun verstorben.

Dietrich von Millendonk
Herr zu Kirsmich und Drachenfels,
Mitinhaber des Patronats
der Kirche zu Winterscheidt
5. 2. 1540

Die Burggrafen von Drachenfels waren schon seit langem Mitinhaber des Patronats der Pfarrkirche zu Winterscheidt. Am 5. 2. 1540 verfügte „der Offizial von Bonn die Einführung des durch Bertram von Nesselrode Herrn zu Stein sowie durch Dietrich von Millendonk Herrn zu Kirsmich und Drachenfels paesentirten Priesters Betram Haese als Pfarrer von Winterscheidt".[383]

Dieses Mal war man sich also anders als die Vorfahren der beiden Patronatsherrn über die Präsentation eines neuen Pfarrers einig (— 35), — 36).

Dietrich Herr zu Millendonk Drachenfels Frohnenbroich und Meiderich
Drost zu Montfort
und Amtmann zu Wolkenburg
10. 5. 1540

Winand Rubges etc. „Schöffen zu Königswinter beurkundeten am 10. 5. 1540 auf Anweisung Dietrichs Herr zu Millendonk Drachenfels Vroenbroich und Meiderich Drost zu Montfort und Amtmann zu Wolkenburg Aussagen über die Zugehörigkeit des Busches „Pijtzijt" am Hirtzberge zu der Burg Drachenfels".[384]

Dietrich Herr zu Millendonk und Drachenfels schließt mit dem Amt der Steinmetzen zu Köln einen Vertrag über die Ausbeutung der Steinbrüche „am Meynsberch"
10. 12. 1544

Über den Betrieb des „Gemeinen Bruchs" am Drachenfels berichtet Felten: „Der Meister Langenberg reiste 1493 (Anm.: von Xanten aus) nicht weniger als fünfmal nach Andernach und zum Drachenfels. Der große Bogen am Xantener Dom war 1492 mit Drachenfelser Stein fertiggestellt worden. Den Drachenfelser Trachyt verwandte man überhaupt an allen tragfähigen Stellen und an solchen, die der Witterung widerstehen mußten. Für das Innere

der Kirche und die inneren Teile des Portals, die dem Wetter weniger ausgesetzt waren, gebrauchte man münsterländische Steine. Die hohen Transportkosten des Drachenfelser Steins, dessen man besonders für die Strebebogen, für Ecksteine und Gesimse bedurfte verzögerten den Bau des Xantener Domes so sehr, daß er an dreihundert Jahre dauerte. Zollabgaben, größere Trinkgelder und andere Unkosten kamen dazu. Die Xantener Herren hatten 1488 dem Burggrafen von Drachenfels für die Zulassung zu den Steinbrüchen neun Kölnische Mark und für je 100 Steine noch zwei Mark zu zahlen; 1493 war die Forderung noch höher. Im Jahre 1495 zahlte Meister Langenberg dem Burgvogt „für sein Recht = 20 $2/3$ Mark und den Arbeitern, die ihm die Steine brachen, 52 $1/2$ Mark".[385]

Am 10. 12. 1544 schloß „Dietrich Herr zu Millendonk Drachenfels Ruland und Meiderich Drost zu Montfort etc. mit dem Amt der Steinmetzen zu Köln einen Vertrag über die Ausbeutung der Steinbrüche „am Meynsberch" bei Drachenfels".[386]

Der „Meynsberch" ist heute nicht mehr zu lokalisieren, da sein Name nicht erhalten geblieben ist. Das „Amt der Steinmetzen zu Köln" darf nicht mit der „Kölner Dombauhütte" verwechselt werden.

XIII. Burggraf von Drachenfels
Dietrich Herr zu Millendonk und Drachenfels
1549

Dietrich Herr zu Millendonk und Drachenfels, Ehemann von Agnes Augusta von Drachenfels, verstarb im Jahre 1549. Sein ältester Sohn Dietrich übernahm das Burggrafenamt Drachenfels als XIII. Burggraf.[387] Seine Belehnung mit der Burgherrschaft Drachenfels nahm der Propst des Bonner St. Cassius-Stifts mit Zustimmung des Kölner Erzbischofs vor.

Als XIII. Burggraf von Drachenfels führte Dietrich den Namen „Herr zu Millendonk und Drachenfels". Darüber hinaus nahm er den „geflügelten silbernen Drachenfelser Drachen auf rotem Grund" in sein Familienwappen auf.

Anton, Johann
und Otto Waldbott von Bassenheim
1539

Anton Waldbott von Bassenheim, der am 10. 4.
1531 gemeinsam mit Dietrich von Mirelaer und
Herr zu Millendonk als Amtmann des Amtes
Wolkenburg aufgeführt worden war, war 1531
nach dem Tode seines unverheirateten Bru-
ders Johann mit der Burg Gudenau samt deren
Zubehör belehnt worden.[388] Aus der Ehe
Antons Waldbott von Bassenheim mit Elisa-
beth Greifenklau stammten die Söhne Anton,
Johann und Otto Waldbott von Bassenheim.
Nach dem Tode ihres Vaters (19. 3. 1539)
wurde der Vormund der drei Minderjährigen
Anton, Johann und Otto Waldbott von Bassen-
heim Georg von der Leyen für sie mit der Burg
Gudenau belehnt.

Otto Waldbott von Bassenheim
1542

Im Jahre 1542 „beurkundete Clais Kremer zu
Pissenheim etc. Schöffen des Landes Gudenau und Drachenfels, daß damals Joh. Koel-
wedder zu Bech dem Otto Waldbott zu Gudenau und Bassenheim die Güter bei Gimmersdorf übertrug".[389]

Am 3. 3. 1544 „verkauften Hubert und Reinh.
Braemhaes vor dem Schultheiß Arnold v. Leys-
hem und den Schöffen von Drachenfels und
Gudenau an Otto Walpot zu Händen von Vol-
part Rytesel Herrn zu Oelbruck und Michael
Stauden 19 Morgen Land „in Graverstorper
velde".[390]

Die Eheleute „Kornelius Platzfus Schöffe zu
Koblenz und Anna Schorns von Andernach
verkauften am 5. 9. 1547 den Brüdern Anton,
Johann und Otto Waldpott von Bassenheim
Olbrück Königsfeld und Gudenau ihr Haus in
der Bonngasse und den Virneburger Hof zu
Alendorf".[391]

Anton, Johann und Otto Waldbott
von Bassenheim
Herrn von Königsfeld und Olbrück
1547

Ritter Klaus von Drachenfels und Olbrück hatte
1485 den Drachenfelser Anteil an der Burg

Abb. 55: Wappen Dietrichs Herr zu Millendonk und Drachenfels aus dem Jahre 1564, de Claer.

Olbrück verkauft. Nach dem Tode seines Bruders Godart hatte Kaiser Friedrich III. am 14.
11. 1488 „Stadt und Schloß Königsfeld" dem
Kölner Erzbischof zu Lehen gegeben. Am 5. 9.
1547 waren Anton, Johann und Otto Waldbott
von Bassenheim, die Nachkommen Apollonias
von Drachenfels und Olbrück, „wieder" im
Besitz der beiden Burgen Königsfeld und
Olbrück.

Anton, Johann und Otto Waldbott
von Bassenheim erwerben die gesamte
Burg Olbrück und die Burg Königsfeld
1547—22. 3. 1561

Gegen den Verkauf des Drachenfelser Anteils
an der Burg Olbrück durch Klaus von Drachenfels und Olbrück hatte Anton Waldbott von
Bassenheim, der Sohn Apollonias von Drachenfels und Olbrück, Einspruch eingelegt. Zur
Begründung seines Einspruchs hatte er vorgetragen, seine Mutter Apollania „habe nie ihre

Zustimmung zu dem Verkauf gegeben, ihr
habe die Erbschaft zugestanden".[392]

Dem Wiedererwerb der Burg Olbrück durch
Anton, Johann und Otto Waldbott von Bassenheim waren langwierige und erhebliche Auseinandersetzungen voraus gegangen. Wie bereits
ausgeführt, war die Burg Olbrück ein Lehen
der Grafen von Wied. Über die Bemühungen
der Gebrüder Waldbott von Bassenheim zum
Wiedererwerb der Burg Olbrück führt der
„Rheinische Antiquarius" u. a. aus:

„Schließlich hatte der Kölner Erzbischof Her-
mann von Wied, der ebenfalls persönliche
Rechte an der Burg Olbrück zu Gunsten des
Erzstifts geltend gemacht hatte, im Jahre 1442
einen Vergleich zwischen seinen Neffen
Johann IV. und Friedrich abgeschlossen und
hieß es darin: „daß Friedrich den Theil an der
Herrlichkeit Olbrück, welchen itzt Thonguts
(Anm.: Antons) Walpotten Kinder inne haben
und wir und unser Bruder seliger lange Zeit

darumb in Forderung geschwebt und noch auch ongeendet thun hangen — sobald die Sache gewonnen sei, allein inne haben soll". Dieser Graf Friedrich aber, der wohl einsah, mit welchen Gegnern er es zu Thun hatte, veräußerte unterm 22. April 1555 die Burg und Herrschaft an die drei Söhne Antons, nämlich Johann, Anton und Otto unter der Bedingung, daß die ganze Burg als Cölnisches Lehen empfangen und erkannt werde für die Summe von 15 000 Goldgulden. Der Verkauf wurde auch schon unterm 25. April desselben Jahres von seinem Bruder Johann genehmigt und in Folge dessen wurden bald darauf die Gebrüder Johann, Anton und Otto für sich und ihre Mannleibserben von Erzbischof Adolf von Köln mit „ganzer gemeiner Burg und Herrlichkeit Olbrück" und aller derselben In- und Zubehörungen, nichts davon ausgeschieden — dann allein das Orsbecker Theil, welches unseres Erzstifts Mannlehen ist — belehnt".[393]

Weiter heißt es in dem Bericht über den Erweb der Burg Olbrück durch die drei Gebrüder Waldbott von Bassenheim: „Ebenso erfolgte unterm 22. 3. 1561 eine weitere Belehnung durch Erzbischof Johann Gebhard (Anm.: von Mansfeld) für dieselben. Der Lehenbrief über den Orsbecker Theil wurde aber den drei Brüdern unter demselben Tage gegeben, und so waren sie im alleinigen und ungestörten Besitz der Burg und Herrlichkeit Olbrück".[394]

Den Erwerb der Burg Königsfeld dürften die drei Gebrüder Waldbott von Bassenheim mit ähnlicher Intensität betrieben haben.

Auseinandersetzungen um die Herrschaft
über das „Ländchen Drachenfels"
3. 5. 1551 — 1. 1. 1561

Nach der Übernahme des Burggrafenamtes Drachenfels durch Dietrich Herrn von Millendonk und Drachenfels im Jahre 1549 kam es zwischen ihm und der Familie Waldbott von Bassenheim, insbesondere aber mit Otto Waldbott von Bassenheim zu erheblichen Streitigkeiten um die Herrschaft über das Ländchen Drachenfels. Beide Seiten vertraten die Ansicht, alleinige Herrn des Ländchens

Drachenfels zu sein. Rechtsgrundlage insoweit war die Vereinbarung vom „Donnerstag nach St. Kilians Tag 1509", in der sich die Drachenfelser und die Familie Waldbott von Bassenheim dahin geeinigt hatten, daß die Drachenfelser die Burg Drachenfels mit ihren Zubehörungen sowie den Domsteinbruch und den „Gemeinen Bruch" am Drachenfels zum alleinigen Besitz erhalten sollten. Die Familie Waldbott von Bassenheim sollte dagegen den alleinigen Besitz der Burg Gudenau und des Hauses Virneburg sowie die Weizenrenten zu Harff und Caster erhalten. Im übrigen war man übereingekommen, daß „das Schloß und Amt Wolkenburg mit Königswinter" samt seinen Gerechtigkeiten, Renten und Gülden sowie die übrigen Steinkaulen im Amt beiden Familien je zur Hälfte zustand. Ein Hinweis auf die Herrschaft „Ländchen Drachenfels" fehlt jedenfalls in dem bisher bekannten Text der Vereinbarung vom Donnerstag nach St. Kilians Tag 1509. An sich wäre, da die Burg Gudenau von Burggraf Gottfried von Drachenfels und seiner Frau Adelheid von Merode am 13. 5. 1402 erworben worden war, als Burggraf Gottfried bereits Herr des Ländchens Drachenfels war, die Herrschaft über dieses Ländchen an die Person des jeweiligen Burggrafen gebunden gewesen. Der jeweilige Besitzer der Burg Gudenau hätte deshalb nur dann Inhaber der Herrschaft über das Ländchen Drachenfels sein können, wenn er zugleich Burggraf von Drachenfels gewesen wäre. Insoweit fällt auf, daß urkundlich eine Belehnung der Familie Waldbott von Bassenheim mit der Herrschaft Drachenfels nicht belegt ist, daß sich andererseits aber z. B. Otto Waldbott von Bassenheim und Herr zu Gudenau 1550 „Herr des Ländchens Drachenfels nannte.[395]

Waren schon die Gebrüder Waldbott von Bassenheim bei ihren Bemühungen um die „Wiedererlangung" der Burg Olbrück gefürchtet, so sollte auch Dietrich von Millendonk und Drachenfels die Gefährlichkeit der Familie Waldbott von Bassenheim im Streit um die Herrschaft Drachenfels zur Genüge kennenlernen.

Am 3. 8. 1551 ließ „sich Dietrich Herr zu Millendonk und Drachenfels etc. in Niederbachem durch Schultheiß, Schöffen und Eingesessene

der Herrschaft Drachenfels sein Recht auf die „die hoich- und obergerechtigkeit" daselbst gegenüber den Ansprüchen Otto Waldbotts zu Gudenau beurkunden".[396]

„Jörg Schmidt Vogt zu Tüschenbroich, Junker Dietrich von Doenradt, Amtmann zu Drachenfels und Werner von Dülken Vogt zu Millendonk ließen am 27. 10. 1560 zu Oberbachem als Bevollmächtigte Dietrichs Herrn zu Millendonk Drachenfels und Roelandt zur Heiden und Tüschenbroich die Klage der Einwohner des Ländchens Drachenfels über Belästigungen durch Otto Waldbott von Bassenheim beurkunden".[397]

Burggraf Dietrich Herr zu Millendonk und Drachenfels brachte die Klage der Einwohner des Ländchens Drachenfels vor den Kölner Erzbischof Johann Gebhard von Mansfeld, der daraufhin ein „Mandat" (Anm.: landesherrlicher Befehl) gegen Otto Waldbott von Bassenheim erließ. Der Erzbischof stand also auf Seiten Dietrichs. Das erzbischöfliche Mandat überreichten Dietrich v. Duenradt Statthalter zu Drachenfels und Werner von Dülken Vogt zu Millendonk etc. am 24. 12. 1560 Herrn Otto Waldbott von Bassenheim".[398] Dazu ist zu bemerken, daß die Burggrafen von Drachenfels zur Verwaltung der Pfandschaft Wolkenburg einen Amtmann bzw. einen Statthalter zu bestellen pflegten.

„Dietrich v. Doinradt Statthalter zu Drachenfels als Bevollmächtigter Dietr. Herrn zu Millendonk und Drachenfels überreichte ein (weiteres) Mandat des Erzbischofs am 1. 1. 1561 an Herrn Otto Waldbott, der bei der Entgegennahme auf die bereits von ihm an den Kölnischen Hof gesandte Antwort verwies".[399]

Bei der Waldbott von Basseneheim'schen Erbteilung fällt die Burg Gudenau an Otto Waldbott von Bassenheim 1554

Während der Auseinandersetzungen um die Herrschaft des Ländchens Drachenfels hatten die Gebrüder Waldbott von Bassenheim „die väterlichen Güter unter sich aufgeteilt. Sie gründeten so im Jahre 1554 „drei Waldbott von

Bassenheim'sche Linien. Anton wurde der Stammvater der Linie Bassenheim, Johann der Linie von Bornheim und Otto der Stammvater der Linie von Gudenau".[400] Die Burg Olbrück blieb dagegen in ungeteiltem Besitz der Gebrüder Waldbott von Bassenheim. Im Jahre 1642 bzw. 1643 sollte die gesamte Burggrafschaft Drachenfels einschließlich der Herrschaft „Ländchen Drachenfels" in den Besitz der Familie Waldbott von Bassenheim-Gudenau gelangen.

Otto Waldbott von Bassenheim
präsentiert den neuen Pfarrer von Villip
11. 10. 1553

„Der Offizial von Bonn verlieh am 11. 10. 1553 dem durch Otto Waldbott von Bassenheim praesentirten Georg von Fritztorf an Stelle des resignirten Dr. jur. Georg von Breitbach die Pfarrkirche St. Caecilia zu Villip".[401]

Otto von Bassenheim heiratete „gemäß Ehevertrag vom 15. 7. 1553 Johanna Tochter des verstorbenen Ulrich Scheiffart v. Merode Herrn zu Bornheim Horrem und Neurath und Ursula v. Hampuschs".[402]

Dietrich von Millendonk und Drachenfels
überträgt die Burgherrschaft Drachenfels
dem Kölner Erzbischof zu Lehen
und wird von diesem wiederbelehnt
3. 5. 1550 / 23. 3. 1561

Die Streitigkeiten zwischen Dietrich Herrn zu Millendonk und Drachenfels einerseits und dem Haus Waldbott von Bassenheim andererseits um die Herrschaft über das „Ländchen Drachenfels" müssen schon vor dem Jahre 1551 begonnen haben. Dies ergibt sich aus den nachfolgend wiedergegebenen Ausführungen von de Claer:

„Die Teilung der Herrschaft Drachenfels gab zu mancherlei Zwistigkeiten Veranlassung, so daß sich Dietrich bewogen fand, seine Hälfte der Burgherrschaft Drachenfels dem Curfürsten Adolph von Schauenburg (1547—1556) zu übertragen und von diesem als Lehen wieder zurück zu empfangen. Dies geschah am 3. 5. 1550".[403]

Die Urkunde vom 3. 5. 1550 liegt nicht vor. Da sich der Streit zwischen dem Hause Drachenfels bzw. Millendonk einerseits und dem Hause Waldbott von Bassenheim andererseits auf die Herrschaft über das „Ländchen Drachenfels" im wesentlichen beschränkte, andererseits die Pfandschaft Wolkenburg jedem der beiden Häuser zur Hälfte zustand, mag es sein, daß Dietrich „seine Hälfte der Burgherrschaft Drachenfels" dem Kölner Erzbischof am 3. 5. 1550 zu Lehen aufgetragen und sie von diesem wieder als Lehen zurückerhalten hatte.

Jedenfalls trat am 3. 5. 1550 ein Wendepunkt in der Geschichte der Burg und Burggrafschaft Drachenfels ein, da bis zu diesem Zeitpunkt jeweils der Propst des Bonner St. Cassius-Stifts die Belehnung mit der Burg Drachenfels vorgenommen hatte, wozu es jedoch seit dem 18. 10. 1457 der Zustimmung der Kölner Erzbischöfe bedurfte.
Aus dem „Mandat" des Kölner Erzbischofs vom 24. 12. 1560 und vom 1. 1. 1561[388 u. 389] kann man schließen, daß der Kölner Erzbischof trotz allem im Streit um die Herrschaft über das „Ländchen Drachenfels" auf Seiten Dietrichs von Millendonk und Drachenfels stand, der sich als Alleininhaber dieser Herrschaft fühlte.
Bemerkenswert in diesem Zusammenhang ist eine in Brühl am 23. 3. 1561 errichtete Urkunde, über deren Inhalt Korth wie folgt berichtet: „Johann Gebhard Erwählter etc. zu Köln belehnt am 23. 3. 1561 Dietr. v. Millendonk mit Schloß und Herrschaft Drachenfels. — Zeugen: Georg von der Leyen, Wilh. Scheiffart von Merode zu Bornheim, Dietrich Meschede Thürwärter".[404]

Am 23. 3. 1561 wurden also ausdrücklich „Schloß und Herrschaft Drachenfels" erwähnt. Zur Herrschaft Drachenfels aber gehörte das Ländchen Drachenfels". In engem Zusammenhang mit der Urkunde vom 23. 3. 1561 steht eine weitere Urkunde des Kölner Erzbischofs vom 23. 2. 1561, über deren Inhalt Korth ausführt:

„Johann Gebhard Erwählter etc. zu Köln belehnt Otto Walpott von Bassenheim mit Gudenau, dem Burglehen zu Altenahr".[405]

Ein Hinweis auf die Herrschaft „Ländchen Drachenfels" fehlt in den Angaben Korths zur Urkunde vom 23. 2. 1561.

Weitere Auseinandersetzungen
um die Herrschaft über das
„Ländchen Drachenfels"
1. 3. 1561 — 20. 5. 1561

Noch vor der am 23. 3. 1561 erfolgten Belehnung Dietrichs von Millendonk und Drachenfels mit „Schloß und Herrlichkeit Drachenfels" durch den Kölner Erzbischof ließ „Dietrich v. Doenrodt zu Bonn am 1. 3. 1561 als Amtmann des Ländchens Drachenfels die Aussagen von Eingesessenen des Ländchens Drachenfels beurkunden, nach denen Otto Waldbott sie durch Gewaltthat zu Frondiensten zwingen wollte".[406]

Am 21. 3. 1561 übergaben „die Eingesessenen des Ländchens Drachenfels eine Beschwerdeschrift gegen Otto Waldbott an Dietrich Herrn zu Millendonk und Drachenfels. In der Beschwerdeschrift wurde vorgebracht, Otto Waldbott habe die Eingesessenen zu ungewohnten Dienstleistungen zwingen wollen".[407]

Werner von Dülken Vogt zu Millendonk erhob am „6. 5. 1561 für Dietrich Herrn zu Millendonk und Drachenfels Einspruch gegen den Versuch des Otto Waldbott etc., die Eingesessenen des Ländchens Drachenfels zur Huldigung zu zwingen".[408]

Joh. Hoeckinck „ließ am 19. 5. 1561 in Gegenwart von Dietr. Doenrodt Amtmann zu Drachenfels etc. sowie vor Otto Waldbott beurkunden: Dietr. Herr zu Millendonk hatte die Absicht, das Herrengeding heute abzuhalten, ist jedoch durch den Herzog von Jülich in Lehnsangelegenheiten nach Wassenberg beschieden und ersucht um Vertagung; hiergegen erhebt Otto Waldbott Einspruch und fordert Eröffnung des Gedinges; die Eingesessenen beschließen, sich in Bonn Raths zu erholen; Joh. Hoeckinck besteht auf Vertagung".[409]

Das Herrengeding fand trotz des Protestes Ottos Waldbott von Bassenheim nicht statt. Schon am 20. 5. 1561 „erhob Joh. Froelich für

Otto Waldbott Einspruch gegen die Verhinderung des Herrengedings am 19. 5. 1561".[410]

Otto Waldbott von Bassenheim bezeichnet sich als Mitherrn des Ländchens Drachenfels 20. 5. 1561

Aus den bisher mitgeteilten Urkundeninhalten war zu entnehmen, daß sich sowohl Dietrich Herr zu Millendonk und Drachenfels als auch Otto Waldbott von Bassenheim jeweils als alleinige Herrn des Ländchens Drachenfels ansahen. Es fällt jedoch auf, daß Otto Waldbott von Bassenheim am Herrengeding vom 19. 5. 1561 teilgenommen und Vertagung desselben beantragt hatte.

In einer weiteren Urkunde vom 20. 5. 1561 wird Otto Waldbott von Bassenheim erstmals „als Mitherr des Ländchens Drachenfels" bezeichnet. Der bereits erwähnte Joh. Froelich legte nämlich an diesem Tage als „Prokurator am Hohen Gericht zu Bonn Einspruch ein für Otto Waldbott von Bassenheim als „Mitherrn des Ländchens Drachenfels" gegen die Aufreizung der Eingesessenen durch die Vertreter des Dietr. von Millendonk (Dietr. v. Doenraidt, Werner Vogt zu Millendonk, Joh. Hoeckinck)".[411]

Die Beanspruchung der Mitherrschaft scheint der Rechtslage eher zu entsprechen als dem Anspruch, Alleinherr des Ländchens Drachenfels zu sein. Dies ergibt sich zwar nicht aus dem bekannten Wortlaut der Vereinbarung vom „Donnerstag nach St. Kilians Tag 1509", könnte sich aber aus dem „Provisional = Vergleich" ergeben, der am 11. 5. 1470 zwischen Heinrich von Drachenfels und Klaus von Drachenfels und Olbrück geschlossen wurde. Damals wurde vereinbart, daß Heinrich von Drachenfels für sich und seine Familie die Burg Gudenau und das Haus Virneburg erhalten sollte, während die Burg Drachenfels in den Besitz Godarts von Drachenfels und Olbrück und seiner Geschwister übergehen sollte.

Wenn es auch zur Durchführung des Provisional = Vergleichs in der Folgezeit nicht gekommen ist, so war doch am 11. 5. 1470 auch vereinbart worden, daß beide Familien „alle Ren-

ten, Gulden, Lehngüter, Pfand und Erbschaften, so Johann Herr zu Drachenfels, Vater und Ahnherr der Parteien des Vergleichs, hinterlassen, gleich brüderlich so teilen sollten, daß Heinrich die eine und Claus und seine Geschwister die andere Hälfte erhielten".[277]

Bei dieser Regelung wäre das Ländchen Drachenfels an beide Parteien je zur Hälfte gefallen. Möglicherweise hat sich Otto Waldbott von Bassenheim schließlich auf diese Bestimmung des Provisional = Vergleichs berufen und hieraus sein Recht zur Mitherrschaft im Ländchen Drachenfels hergeleitet.

Weitere Auseinandersetzungen um die Herrschaft im Ländchen Drachenfels 2. 6. 1561 — 19. 1. 1562

Am 2. 6. 1561 erhob Dietrich von Doenrodt etc. Einspruch gegen die durch Otto Waldbott „perforß" betriebene Abhaltung des Herrengedings zu Oberbachem trotzdem sein Herr Dietrich von Millendonk durch den Erzbischof von Köln in Vormundschaftsangelegenheiten nach Nürburg beschieden worden sei.[412]

Die „perforß" betriebene Abhaltung der Herrngedings zu Oberbachem durch Otto Waldbott führte außerdem dazu, daß „Godart von Millendonk Herr zu Goer und Fronenbroich am 18. 6. 1561 zu Brühl am erzbischöflichen Hofe mit dem Kanzler Dr. Glaeser zugleich im Namen seines Bruders Dietr. über Maßnahmen gegen Otto Waldbott verhandelte.[413]

Am 19. 1. 1562 zu Oberbachem „(daer die dinckbanck von Grimmerstorff hin verruckt und vor den kirchhoff zu Overbachheim gesetzt worden) befragte Nellis zu Küdinghoven als Schultheiss die Schöffen, wer Herr des Ländchens Drachenfels sei, worauf diese die von Drachenfels und die von Gudenau als gleichberechtigt bezeichneten, während Werner v. Dülken namens seines Herrn Dietrich v. Millendonk Einspruch dagegen erhob etc."[414]

Der Streit dürfte weiter gegangen sein. Zu einem außergewöhnlichen Vorfall kam es 1599, als Johann Herr von Millendonk und Drachenfels, der XIV. Burggraf von Drachenfels Ein-

Abb. 56: Ausschnitt aus dem Sgrafitto „Alte Gemeindeverfassung von Königswinter", Helmut Georg, Siebengebirgsmuseum; 1953.

der Probst des Caffiusftiftes in Bonn

das Apoftelftift in Köln

der Burggraf von Drachenfels

die Ritter Haußt von Ulmen (Tomberger Hof)
und Wylich von Bernsau

die Äbtiffin des Frauenftifts in Effen

spruch gegen „die Mitherrschaft derer von Waldbott zu Gudenau im Ländchen Drachenfels erhoben und einen von ihnen bei Gimmersdorf errichten Galgen hatte absägen lassen, um ihn sofort durch einen anderen zu ersetzen".[415]

Dietrich von Millendonk und Drachenfels und seine Frau Theodora von Bronkhorst und Battenburg 1. 2. 1555

Auskunft über Dietrich von Millendonk und seine Frau Theodora gibt eine Urkunde vom 1. 2. 1555, in der beide „dem Bonner Bürger Johann Sixti damals eine Erbrente von 40 Gulden verkauften und zum Unterpfand den Drachenfelser Hof zu Mondorf stellten."[416]

Dietrich Herr zu Millendonk und Drachenfels und seine Frau Theodora tauschen mit dem Konvent des Kreuzordens Grundstücke und Renten zu Königswinter 21. 10. 1559

Bereits vor 1559 besaß der Orden der Düsseldorfer Kreuzbrüder, wie eine Lagenkarte des 15. Jahrhunderts ausweist, Grundstücke und einen Hof zu Königswinter. Am 21. 10. 1559 tauschten Burggraf Dietrich und seine Frau Theodora mit „Rud. v. Boucholt Prior, Wilh. v. Moers Subprior und dem Konvent des Kreuzordens Grundstücke und Renten am Drachenfelser Hofe". Das Hofgebäude der Düsseldorfer Kreuzbrüder lag in etwa zwischen der heutigen Klotz- und Kellerstraße innerhalb der „Stadtmauer" am Rheinufer. Bei dem am 21. 10. 1559 erwähnten Drachenfelser Hof dürfte es sich um den Millendonker Hof gehandelt haben, der auf dem Gelände des heutigen Berliner Platzes lag. Dieser Hof, der noch im 19. Jahrhundert den Namen „Millendonker Hof" führte, ist mit Gebäudeteilen auf der Abbildung Nr. 45 rechts vom Rheintor zu erkennen.

Burggraf Dietrich Herr zu Millendonk und Drachenfels — einer der fünf Regimentsherrn von Königswinter 1558

Königswinter hatte im Mittelalter eine eigentümliche Gemeindeverfassung. Das Wohl und Wehe der Gemeinde und ihrer Eingesessenen bzw. Bürger bestimmte der Regimentsherr. Insgesamt gab es fünf solcher Regimentsherrn, die sich in ihrem Amt, das sie jeweils nur für die Dauer eines Jahres ausübten, abwechselten. Einzelheiten insoweit ergeben sich aus dem Hofweistum des Kölner St. Aposteln-Stiftes aus dem Jahre 1558, das jeweils am 5. 7. 1688 und am 17. 3. 1765 überprüft und als weiterhin in Kraft bleibend festgestellt worden ist.

Das Regimentsjahr begann jeweils „auf den negsten Montag nach dem Fest der geburth St. Johannis Baptiste zu mit Sommer anfang". Regimentsherr im ersten Jahr war „ein Ehrwürdig Capitul zu St. Apostelen in Cöllen". Ihm folgte als Regimentsherr „der Ehrwürdige Herr Probsten St. Cassii Kirchen zu Bonn". Der dann folgende Regimentsherr war „der Herr zu Drachenfelts", dem „deren Ehrenvesten Philipen von Hauß und godderten Wylack von Bernsaw" gemeinsam als Regimentsherrn folgten. Fünfter Regimentsherr war „das weltliche freie stifft zu Essen".[417]

Jedem Regimentsherrn stand es zu, für die Dauer seines Regimentsjahres den „zeitlichen Bürgermeister" zu bestimmen. Aufgabe des zeitlichen Königswinterer Bürgermeisters war es, als Mitglied der Gemeindeverwaltung alle schriftlichen Arbeiten (Buch- und Rechnungsführung sowie Einziehung der anfallenden Abgaben) zu erledigen. Gemeinsam mit dem Schultheißen des regierenden Herrn (Anm.: Der Burggraf von Drachenfels stellte an Stelle eines Schultheißen seinen Verwalter bzw. Kellner) hatte der zeitliche Bürgermeister nach Anweisung des regierenden Herrn die Maße, Gewichte, Ellen und Preise zu überprüfen und „die übertretern zur gebührlicher strafe anzuhalten".

Außerdem oblag ihnen der Weinzapf und das „wiegen des Weck und des Broot, so es ihnen gefällt, nach der ordnung des Hauptgerichts zu Bonn".[164]

Das Hofweistum „eines hochwürdigen Capituls ad Apostolos binnen Cöln Hofgerichts zu Königswinter de dato Montags post Epiphania Domini Anno 1558" ist seinem Inhalt nach wesentlich älter als sein Erstellungsdatum ausweist.

Die Insassen bzw. Bürger von Königswinter waren bei der Gemeindeverwaltung durch die von ihnen gewählten beiden Vorsteher des nördlichen und südlichen Ortsteiles vertreten, die „hiesiger Königswinterer Gemeinheit, welcher sie zu gut und nutzen als Vorsteher angeordnet waren, nach ihrem besten Verständnis getreulich vorzustehen und ihr bestes mit allem fleiß zu handeln und vorzubringen hatten".

Die Verpflichtung der beiden Vorsteher ging weiter dahin, „die in der gemeinden vorgehende Unordnung unverzüglich anzuzeigen, die wahrheit ohne falschheit und gefärte zu gebrauchen, und der Gemeinheit unnutz zu vermeiden und allen Schaden und Nachteil, wie und woher solche ihr auch zustoßen und angebracht werden könnten oder wollten, auch nach obliegenheit, es sey in oder außer gericht, ohne ansehung der Person, mit allen Kräften zu widersetzen, keinen Bürger oder gemeinheit Nachbar, seyen ein- oder ausheimisch, vor anderen aus gunsten oder freundschaft, zu übersehen oder zu beschweren, sondern alles thuen und laßen zu wollen, was einem Ehrbarkeit und Redlichkeit liebenden Vorsteher der gemeinheit zusteht".[418]

Die Burggrafen von Drachenfels und die Gemeinde Dollendorf 11. 12. 1540 — 16. 4. 1555

Die Burggrafen von Drachenfels verfügten auch in Dollendorf über nicht unerhebliche Grundbesitz. Dies brachte es mit sich, daß sie gemäß Weistum des „Kirchenspiels Oberdollendorf vom 12. 11. 1540 „dem Kirchspiel Dollendorf einen geschworen halten und den schutzen vor belohnung geben sollten zwey viertel weins und ein sümber korns von einem erb und renten, die sie dan zu Dollendorf haben".[419]

Als die Schöffen des Gerichts zu Oberdollendorf auf Fragen des Abtes Johann von der Leyen zu Heisterbach am 6. 4. 1555 die Gerechtigkeiten der Abtei Heisterbach in der Mark Dollendorf und am dortigen Geding wiesen, erklärten sie u. a., daß einer der Geschworenen "von wegen des ehrenvesten herren zu Drackenfiltz verordnet und angesetzt sei".[420]

Am 16. 4. 1555 wurden die Dollendorfer Bann- oder Markgrenzen oberhalb Heisterbach am Fuße des Stromberges besichtigt. Einer der "Grenzbegeher" war "Wilhelm Linzenich, Kellner Dietherichs Herrn zu Drachenfels-Milendunck und zur Heiden".[421]

Das Drachenfelser Haus zu Bonn
in der "Wensergasse"
18. 8. 1568

Auskunft über den Drachenfelser Hof zu Bonn in der "Wensergasse" gibt eine Urkunde vom 18. 8. 1568, in der Dietrich Herr zu Millendonk und Drachenfels dieses Haus "dem kölnischen Kanzler Dr. jur. utr. Franz Burckhardt zu Lehen gab".[422]

Am 1. 8. 1569 gab "Dietrich Herr zu Millendonk und Drachenfels seine lehnsherrliche Einwilligung zu einem Vertrage zwischen dem Kanzler Dr. Franz Burckhardt und dem Brauer Gerh. Mennchen über eine Toreinfahrt auf der Bruederstrasse zu Bonn".[423]

Burggraf Dietrich von Millendonk
und Drachenfels stellt im Kölnischen Krieg
dem Kölner Domkapitel
die Burg Drachenfels zur Verfügung
August 1583

Der 30jährige Gebhard II. Truchseß von Waldburg war am 5. 12. 1577 trotz erheblicher Bedenken vom Kölner Domkapitel zum Erzbischof von Köln gewählt worden. Noch vor seiner Wahl hatte sich Gebhard Truchseß von Waldburg eidlich verpflichten müssen, noch innerhalb eines Jahres "die päpstliche Bestätigung seiner Wahl einzuholen, die Priesterweihe und die bischöfliche Konsekration zu empfan-

gen, am katholischen Bekenntnisse festzuhalten und die Aufrechterhaltung desselben im ganzen Erzbistum sich angelegen sein zu lassen".[424] Gegenkandidat Gebhards war Prinz Ernst von Wittelsbach (Bayern) gewesen, der gegen das Wahlergebnis vom 5. 12. 1577 beim Papst Protest einlegte. Papst Gregor XIII. zögerte zunächst, aber "vertrauend auf die anscheinend romfreundliche Haltung des Truchsessen, erteilte ihm am 29. Februar 1580 die Bestätigung und übersandte ihm am 14. März das Pallium. Gebhards Aufnahme in das Kurkollegium war schon im Mai 1578 erfolgt, desgleichen die Belehnung mit den Regalien durch den Kaiser".[425]

Bald schon machte sich ein Gesinnungswandel des neuen Kölner Erzbischofs bemerkbar. Er heiratete am 2. 2. 1583 in Bonn die Gräfin Agnes von Mansfeld, "eine Tochter aus einem kinderreichen und verschuldeten protestantischen Grafenhause, damals Stiftsdame zu Gerresheim".[426] Am Hochzeitstag ließ Gebhard an "den Kirchtüren und Stadttoren zu Bonn seine "Christliche Erklärung in Religionssachen" anschlagen, wodurch seine Trennung von der katholischen Kirche und der Entschluß, das Erzstift trotzdem zu behaupten, öffentlich bekundet war".[427]

Dies führte dazu, daß das Kölner Domkapitel am 1. April 1583 eine Absetzungsbulle gegen ihn erließ und auf den 23. 5. 1583 Neuwahlen für das Amt des Kölner Erzbischofs ansetzte, bei der Prinz Ernst von Wittelsbach sämtliche Stimmen der anwesenden 17 Domherrn erhielt. Es kam in der Folgezeit zu erheblichen kriegerischen Auseinandersetzungen, da Gebhard nicht auf seine Ämter verzichtete.

Am 8. 8. 1583 "versprach Ernst erwählter Erzbischof von Köln, den Burggrafen Dietr. v. Millendonk, welcher ihm das Schloss Drachenfels im Kriege gegen "den privirten Truchsess" geöffnet hatte, "nach gestilter unruhe und empörung" schadlos zu halten".[428]

Der Kölnische bzw. Truchseßsche Krieg
1583

Zu Beginn der militärischen Auseinandersetzungen befanden sich Bonn, Poppelsdorf,

Godesberg, Schwarzrheindorf, Vilich, Lülsdorf, Mülheim, Kaiserswerth und ein großer Teil Westfalens in der Hand des abgesetzten Kölner Erzbischofs Gebhard Truchseß von Waldburg. Auf seiner Seite standen u. a. die Niederlande, Pfalzgraf Johann Casimir (Anm.: ein Bruder des Herzogs Ludwig von der Pfalz) und Graf Adolf von Neuenahr und Moers.

Auf Seiten des am 23. 5. 1583 erwählten Kölner Erzbischofs Ernst von Wittelsbach und des Kölner Domkapitels standen die Stände des Erzstifts, Spanien, Bayern, Graf Salentin von Isenburg und der Graf von Reiffersheid. Graf Salentin von Isenburg war von 1567—1577 Erzbischof von Köln gewesen, hatte aber "am 13. September 1577 auf einer nach Brühl einberufenen Versammlung der Stände die Regierung niedergelegt und dem Domkapitel die Freiheit gegeben, einen neuen Erzbischof zu wählen.

Zwar hatte Papst Gregor XIII., als ihm Salentin sein Vorhaben mitteilte, verlangt, daß er den Herzog Ernst von Bayern zum Coadjutor nehme, allein das Kölner Domkapitel war entschieden dagegen, weil es dadurch sein Wahlrecht eingebüßt haben würde. Die Administration des Paderborner Stifts hatte Salentin schon am 5. September 1587 niedergelegt. Zu diesem Schritt bewog ihn einzig die Rücksicht auf seine Familie; das isenburgische Geschlecht war nämlich vom Aussterben bedroht. Da des Erzbischofs Bruder Johann 1567 ebenfalls gestorben war, und da Salentin noch keine höheren Weihen empfangen hatte, so ließ er sich in Bonn mit Antonia, der Tochter des Grafen Wilhelm von der Mark trauen".[429]

Graf Salentin von Isenburg übernahm bereits zu Beginn der Kämpfe eine aktive Rolle. Ihm wurde später der Oberbefehl über die gegen Truchseß von Waldburg kämpfenden Truppen übertragen.

Die Kämpfe des Jahres 1583 spielten sich im wesentlichen in dem für heutige Verhältnisse kleinen Raum "Köln-Deutz, Sechtem, Brühl, Bonn, Godesberg, Mehlem, Lülsdorf, Königswinter und Unkel ab".

Königswinter
wird von truchseßschen Truppen
im August 1583 besetzt

Die Truchseßschen Truppen hatten bereits vor
der Ankunft des Pfalzgrafen Johann Casimir
einen Vorstoß auf der rechten Rheinseite
unternommen und dabei Anfang August 1583
Königswinter besetzt. Einzelheiten über die
Besetzung Königswinter sind nicht bekannt.
Jedenfalls aber besetzten sie nicht die Burg
Drachenfels, die Burggraf Dietrich von Millendonk und Drachenfels dem am 23. 5. 1583
erwählten Erzbischof Ernst von Wittelsbach im
Krieg gegen den „privirten Truchseß" geöffnet
hatte. Die Verteidigung der Burg Drachenfels
oblag damals dem Burghauptmann Fonkius
(Anm.: Funck). Von Königswinter aus stießen
die Truchseßschen Truppen nach Unkel vor.
Dabei fielen Honnef, Rheinbreitbach und Heister in ihre Hand.

Burkhart Stickel berichtet
über den Truchseßschen Angriff auf Unkel
August 1583

„Als ich nun wider in das Läger khomm, spricht
mich unser Veldtherr Grave Salentin von Eisen-
burg ahn, ob ich dem Ertzstift Cöln zum
Besten ein Fendlin Knecht annemmen und
bewerben wöll. Als ich mich nun mit Ihr. Gn.
der Bestallung halben vergliechen, und eben
zuer selben Zeit die Berlemontischen geur-
laubt und abdanckht sein worden, das mir
dann zum Besten bekommen, hab ich gleich
meine Bevelchsleut unter ihnen genommen,
auch in 2 Tagen biß in die 100 Knecht geschri-
ben, dieselbigen gleich strackhs zum Theil
gehn Andernach, zum Theil gehn Unckhel
geschickht, da es die Noturft erfordert, dann
Doctor Berterich mit seinen Frantzosen schon
im Stift Mentz (Anm.: Mainz) gelegen. Nimm
auch den 9. Julii meinen Weg uff Unckhel zue,
und alsobaldt ich hinkomm, laß ich die Weiden
und andere Böhm hinweckh hawen, und wirf
eine Schantz unden und oben ahm Rhein auf,
welche zwo Schantzen uns im Sturm zum
besten bekommen, dann es wer sonst unmöglich zu erhalten gewest".[430]

Abb. 57: Ausschnitt aus einer von Merian gefertigten Karte des Erzbistums Köln; 1646.

Stickel, der daraufhin Andernach und nach
einigen besonderen Erlebnissen Linz auf-
suchte, berichtet weiter:

„Indem kompt Herr Carrl Truckhsäß (Anm.: ein
Bruder Gebhards) bis uff die viertausend
starckh und nimpt sein Nachtläger in den nechsten Fleckhen, als zue Hanf (Anm.: Honnef),
Braitbach (Anm.: Rheinbreitbach) und Hester
(Anm.: Heister), da sie dann gueten Wein
gefunden; und nimpt sich denselben Abendt
nichts um Unckhel ahn".[431]

Der erste Angriff der truchseßschen Truppen
auf Unkel wurde abgeschlagen. Stickel berichtet über das weitere Geschehen:

„Ich hab mich von wegen drey Centner Pulver
so ich und der Hauptmann zue Lintz uff unser
Trew und Glauben überkommen, allda so lang
aufgehalten, biß ich solches zuewegen

gebracht; dann er sich besorgt, er möcht solches selbst brauchen. In der Zeit hat der Rentmeister von Altenwitt auch ein zweyhundert
Bauren hineingebracht, die doch keinen sonder Nutzen geschafft haben, dann die Knecht
die Wehren von ihnen genommen (dann auch
das halb Theil khaum bewehrt gewest), damit
sie dem Feindt Widerstandt thun khönden.

Also bin ich, wie sie den andern Sturm (Anm.:
auf Unkel) angelaufen , hinein khommen, und
ein Schiff mit Proviant, Pulver und anders mit-
gebracht, und den Knechten wider ein Hertz
gemacht, und sie das ander Mahl ein Fendlin,
so der Rentmeister von Altenwitt mit sich
geführt a), uff die Wehr gebracht; welche ihnen
b) auch diese verzagt gemacht, dann dieweil
sie vorhin kein Fendlin gesehen, haben die ver-
muotet, es ihnen a) Hülf zuekhommen. Und
seindt dieselbigen Nacht in den Fleckhen bli-
ben ligen, dann sie Weins vollauf gefunden,

und ungevarlich morgens umb 3 Uhren haben sie den dritten Sturm angelaufen, welcher fast biß umb 5 Uhr gewehret, aber auch nichts erhalten und wider abgezogen mit Verlust 300 Mann, die todt geschohsen, ohn was sonst geschedigt worden ist. Und haben zween Fleckhen Braitbach und Hester in Brandt gesteckht, und wider nach Bon ihren Weg genommen".[432]

Königswinter wird gebrandschatzt
15. 8. 1583

Burkhart Stickel hat zwar nur berichtet, daß die Truchseßschen Truppen bei ihrem Rückzug Rheinbreitbach und Heister „in Brandt gesteckht haben". Tatsächlich ist aber auch Königswinter dieses Schicksal nicht erspart geblieben.

Aitzinger berichtet 1584: „Est autem pagus hic (conixvvinter), quasi ex opposito Bonnensi oppido, invlteriori Rheni ripa, que Truchsesij nomine prius occupauerat Ceturio quida Francus nomine Buijus: is imprudenti consilio postea reuocatus, pagum incedit, & igne conflagratum deseruit".[433]

„Es liegt aber dieses Dorf (Königswinter), gleichsam Bonn gegenüber, auf dem jenseitigen Rheinufer, das ein gewisser französischer Hauptmann namens Buijus bereits früher eingenommen hatte: Dieser, später auf unklugen Rat im Namen des Truchseß zurückgerufen, setzte das Dorf in Brand und räumte es, als es in Flammen aufging".

Max Lossen führt aus, daß Königswinter am 15. 8. 1583 in Brand gesteckt worden ist.[434]

Königswinter wird wieder befestigt
Anfang September 1583

Über die Kriegsvorbereitungen beider Parteien berichtet Max Lossen: „Bereits am 14. und 15. August — vor Johann Casimirs Ankunft am Rhein — war Graf Salentin von Isenburg mit den vor 14 Tagen zu Brühl eingetroffenen Wallonen des Herrn von Linden und des Marschalls Schwarzenberg über den Rhein gegangen, hatte die Besatzungen von Linz und Unkel verstärkt und zwischen Unkel und Erpel eine

Schanze aufwerfen lassen. Die Stadt Linz mußte ihm die Schlüssel übergeben. Auch in Andernach, auf dem linken Rheinufer, verstärkte Graf Salentin die Besatzung und ließ sich die Schlüssel aushändigen. Als in denselben Tagen Graf Hermann von Wied einen schon einmal gemachten Versuch wiederholte, seine Nachbarn, die Städte Andernach und Linz, durch persönliches Zureden und die Drohung mit dem bevorstehenden Anzug Johann Casimirs für Kurfürst Gebhard zu gewinnen, wurde er von beiden Städten bündig abgewiesen. Die Andernacher waren sogar dem Hauptmann Stickel behilflich, als dieser mit kecker List ein mit 14 Stück Wein beladenes Schiff des Pfalzgrafen von Koblenz nach Andernach entführte, und nahmen nachher sebst dem Grafen Hermann einige Fahrgastschiffe weg.

Am 17. August war Graf Salentin, auf die Nachricht von Casimirs Anzug, mit dem größten Teil der Wallonen wieder in das Lager nach Sechtem zurückgekehrt, aber bereits am 29. erklärte er seinem Schwager Arenberg und den anderen Offizieren der beiden königlichen Regimenter, er wolle mit den Wallonen neuerdings über den Rhein gehen, um Johann Casimirs Volk vor der Musterung anzugreifen.

Mit ungefähr 1500 Mann führte er am anderen Tag sein Vorhaben aus. Sie gingen bei Remagen über den Rhein und trafen zwischen Unkel und Königswinter auf die französischen Schützen des Freiherrn von Kriechingen, welche am 1. September stürmisch angegriffen und größtenteils niedergemacht oder gefangen genommen wurden.

Inzwischen war Johann Casimirs Volk aus der Nähe von Bonn weg, nach Norden zu, über die Sieg gezogen und hatte begonnen, bei Lülsdorf am Rhein sich zu verschanzen. Graf Salentin besetzte und befestigte ihnen im Rükken den vor 14 Tagen, am 15. August, von Kriechingens Leuten niedergebrannten Flecken Königswinter am Drachenfels und kehrte dann, am 5. September, mit einem Teil der siegesfrohen Wallonen abermals ins Lager bei Brühl zurück. Am selben Tag traf hier der Herr von Esseneux mit dem zweiten Regiment Wallonen ein, welche sofort gemustert und sodann an

den Rhein nach Wesseling, Lülsdorf gegenüber gelegt wurden, um dem Pfalzgrafen den Übergang über den Strom zu wehren".[435]

Pfalzgraf Johann Casimir beschließt Königswinter, Unkel und Andernach
zu erobern
Anfang September 1583

Der Verlag „Franz Balthasar Neuwirth zu Cölln am Rhein" brachte 1764 „mit Erlaubnus der Obern und Römisch-Kaiserlichen Majestät" eine Übersetzung aus der lateinischen Beschreibung des Arnold Meshove und Michael Issele über den Kölnischen Krieg heraus, in der u. a. heißt:

„Unterdessen daß dieser Casimirische Gesandte die Sache und Angelegenheit seines Fürsten zu Cöllen besorgte, schickte der Durchlauchtigste Herzog von Jülich einen Gesandten an den Casimir (Anm.: in Lülsdorf) ab und begerte er demselben, daß er mit allen seinen Völkern seine Lande räumen möchte, weil dieselbe das platte bergische Land durch gewaltsame Hinwegtreibung des Viehes und andere Räubereien, gänzlich verwüsteten. Damit nun Casimir theils diesem Begeren, ein Genüge leisten, theils aber auch mit einem so grossen Kriegsheer etwas grosses und merkwürdiges zu unternemen scheinen möchte: nam er sich vor, Unkel, welches in dem Cölnischen ober Bonn, jenseits des Rheines gelegen ist, mit vereinten Kräften anzugreifen und einzunemen.

Dann er hielte dafür, daß, wenn er diesen Marktflecken, eingenommen haben würde, er den Krieg desto füglicher fortsetzen könne, indem er vermittels desselben Linz/Andernach und das ganze Oberstift nach und nach einzunemen und in seine Gewalt zu bringen, vermögend seyn würde. Sollte ihm also dieser Streich glücklich von statten gegangen seyn; so würde er von allen Orten her genugsame Zufuhr gehabt haben, und dieselbe ihm nirgendwo haben abgeschnitten werden können.

Allein auf dem Wege lag ein gewisses Dorf, mit Namen Königswinter / desgleichen das Schlos Drachenfels / worinen Salentin Besatzungen hatte. Diese Oerter also musten zu erst eingenommen werden, damit er den Feind nicht im Rücken behalte. Er verließ demnach das Schlos Lülsdorf, rückte mit der Armee gegen Königswinter, und belagerte diesen Ort mit aller Macht".[436]

Die Truchseßschen Truppen nehmen eine Schanze vor Königswinter ein 11. 9. — 12. 9. 1583

Als die Truchseßschen Truppen am 11. 9. 1583 gegen Königswinter vorrückten, lag dort eine Besatzung von 1200 Wallonen unter der Führung des Herrn von Linden, die am nördlichen Ortsrand zwei Schanzen errichtet hatten. Auf der Burg Darchenfels lagen lediglich 20 Schützen unter der Führung des Burghauptmanns Funck.

In Köln gab es 1583 bereits Zeitungen, bei denen es sich allerdings nur um handgeschriebene Flugblätter handelte. In einer dieser Kölner Zeitungen heißt es (bei freier Übertragung des Textes) wie folgt:

Zeitungen aus Coln vom 16. septembris Anno 83

„Nach geschehener Musterung und als des Herzogs Casimirs Leute, Reiter und Knechte, die den Sold für einen halben Monat verlangt hatten, zum Teil besoldet worden waren, ist seine fürstliche Gnaden in der Frühe des vergangenen Mittwoch, dem 11. dieses Monats mit dem ganzen Lager von Lülsdorf aufgebrochen, willens dem Feinde, der sich vor Königswinter oberhalb von Bonn bei Vilich und Schwarzrheindorf verschanzt hatte, möglichst solchen Vorteil zu entreißen, um danach Unkel und Linz besser einnehmen zu können.

Als nun zu solchem Vorhaben der hochgemelte Casimirus zu seinem bereits mitgeführten Groben Geschütz aus Bonn noch drei Stück Grobes Geschütz heranführen ließ, mußten die Bayern bald die erste Schanze vor Königswinter räumen. Jedoch sollte dies bei der zweiten Schanze nicht so glücklich gelingen.

Da man sich nämlich der zweiten Schanze

unter starkem Schießen näherte, war der Feind mit 1200 Mann stark im Vorteil, weil die truchseßsche Reiterei wegen der für sie ungünstigen Beschaffenheit des Geländes nicht voll eingesetzt werden konnte, weshalb 100 französische Schützen bei diesem Kampf ihr Leben verloren, woher auch denselben vergangenen Donnerstag beinahe 4 Stück Grob Geschütz genommen worden, „wo etliche Pferde nicht zu guett kommen wahren".

Ob solcher geringen anfänglichen Victoria triumphieren alle Geistlichen des Orts sehr, da sie der gewissen Tröstung sind, hochbemeltem Casimirus werde es, wenn er auf der Einnahme der gewissen Orte bestehen bleibe, an Proviant fehlen, sodaß ihm nichts anderes übrig bleiben werde, als unverrichteter Sache wieder abzuziehen.

Man ist sich nämlich „manniglich" bewußt, daß die Örtlichkeit wie „Rauch- und Bößland" ist und daß der hochgemelte Casimirus mit seinen Reitern, die seine Stärke sind, darinnen steckt und der Feind sich seines Vorteils nicht begeben will, weshalb hochgemelter Casimirus nicht viel erreichen werde. Hinzu kommt, daß der Proviant nunmehr durch eigene Konvois nicht ohne große Gefahr in das (Anm.: truchseßsche) Lager geführt werden muß".[437]

Pfalzgraf Johann Casimir bittet den Grafen Johann von Nassau um Pulverlieferung und Gestellung von Pulverpferden 12. 9. 1583

Am 12. 9. 1583 hatte Pfalzgraf Johann Casimir seinen Plan, Königswinter einzunehmen und danach Unkel und Linz zu erobern, noch nicht aufgegeben. Von seinem Feldlager „oberhalb Bon oben bei der Windmühl" richtete er am 12. 9. 1583 an den Grafen Johann von Nassau ein dringlich gehaltenes Schreiben, das bei freier Übersetzung auszugsweise folgenden Wortlaut hat:

„Johann Casimir

An Euch, freundlichen Gruß zurück, wohlgeborener, freundlicher, lieber Oheim und besonderer Schwager.

Ihr wißt auch noch freundlich zu berichten, aber bloß nicht, was mit den bewußten 50 Zentnern Pulver endlich wird. Was Ihr uns (insoweit) angeboten, das werdet Ihr auch noch wissen. Es ist nämlich jetzt an dem, daß wir unseren Feind heimzusuchen bedacht sind und ihn auch bereits zum Teil zu Königswinter belagern. Und jetzt ist bewußtes Pulver zur Beförderung gewisser Sachen höchstlich von Nöten.

Das ist hiermit unser ganz freundlicher Wunsch an Euch, Ihr wollet uns diese Mal in unserer Not nicht lassen und mit dem bewußten Pulver freundlichst zu Taten kommen und auch die Anordnung geben, daß solches Pulver längs Altenkirchen geschafft wird, von wo wir es, sobald wir Nachricht von seiner Ankunft erhalten, wohl sicher zu unserem Lager kommen lassen werden".

In seinem Schreiben vom 12. 9. 1583 bat Pfalzgraf Johann Casimir weiter um die leihweise Zurverfügungstellung von Pulverpferden, da er wegen des Einsatzes des Bonner Groben Geschützes knapp an Pferden sei. Das Schreiben enthält im übrigen Zahlungsmodalitäten.[438]

Der Kampf um Königswinter 12. 9. und 13. 9. 1583

Max Lossen berichtet über den Kampf bei Königswinter u.a.: „Am 12. September erschienen die Casimirschen vor Königswinter und führten auf die nächstgelegenen Höhen einige Stücke Geschütz, um den Paß durch den Flecken und auf dem engen Weg zwischen dem Drachenfels und dem Rhein zu erzwingen.

Bereits am 12. begann man zu scharmützeln. Aber in der Morgenfrühe des 13. brachen die Bairischen Schützen vom Drachenfels herunter in das Casimirsche Lager, in das sie, selbst durch Weinberge gedeckt, durch wohlgezielte Schüsse alsbald Verwirrung brachten. Zugleich machten Lindens Wallonen einen Ausfall aus Königswinter. Nach einigen Stunden scharfen Gefechts mußten die Pfalzgräflichen das Feld räumen und konnten nur mit Mühe ihr Feldschütz wieder mit zurückbringen".[439]

Abb. 58: Der Truchseßsche Angriff auf Königswinter, kleiner Holzschnitt, veröffentlicht bei Aitzinger, Seite 354.

180 bayrische Schützen
stürmen vom Drachenfels her kommend
die Truchseßsche Geschützstellung
bei Königswinter
13. 9. 1583

Burkhart Stickel berichtet über den Angriff der 180 bayrischen Schützen auf die truchseßsche Geschützstellung bei gleichzeitigem Ausfall der Köningswinter verteidigenden Wallonen:

„. . . Hertzog Casimir zeucht wider nach Bon, des Vorhabens mich zue Unckhel heimzuesuchen. Derowegen kompt Grave Salentin von Eisenberg mit sampt dem Obersten Klotten, dem alten, und Johann Klotten, dem jungeren, mit 40 Pferdten zue mir. Es ligt aber ein Marcktfeckh zwischen Bon und Unckhel, Königswinter genannt, welchen Carl Trucksäß hat eingenommen (Anm. Augusut 1583), und mit 2 Fendlen besetzt. Als sie aber gesehen, daß vor Unckhel mit Stirmen nichts ist ausricht worden, haben sie den Marckhtfleckhen ver-

lahsen, ihn in Brandt gesteckht, und darvon gezogen[431] u. [432]. In denselben Fleckhen hat Grave Salentin den Obersten von Lindaw mit 1000 Schützen gelegt, kham Hertzog Hanns Casimir und zeücht uff ein Berglin gleich darbei 4 Stückhlen Veldtgeschütz, legt auch 2 Fendlen Teutsche und etlich Schweitzer zur bewehren daselbig, darzuo.

Nun ligt ob diesem Fleckhen uff einem hohen Felsen ein Schloß Trachenfels welches die meinen innen gehabt, und mit 20 Schützen besetzt. Von diesem Berglin (Anm.: wo sich die Geschützstellung befand) hat man in Fleckhen (Anm.: Köningswinter) khönden schiehsen, daß sie sich nit wohl haben dörfen blickhen lahsen, sondern sich das Mehrertheils in Kellern haben müehsen uffhalten.

Als der Oberst Johann Glott, der ölter, so dazuemahls sampt seinem Sohn und etlich Pferdten bei mir ze Unckhel gewest, und ich die Gelegenheit ihres (Anm.: des truchseßschen) Legers erfahren, seindt wir denselben Abendt mit 180 Schützen gehn Trachenfels uff das Schloß gezogen und morgens ein Stundt vor Tag ihnen in das Läger (Anm.: der Geschützstellung) gevallen, die Schilt- und Schaarwacht todt geschohsen, und sie übern Berg hinab gejagt, daß sie mit Müeh und Arbeit die Fendlen und Stückhlen haben darvon könden bringen.

Es hat auch der Oberst Lindaw, so mit 1000 Schützen in Königswinter gelegen, einen uhsfall gethon und dieweil die Reiterey dieser Orten halben nichts hat khönden uhsrichten, haben wir desto leichter, dieweil wir trefliche guete Schützen gehabt, sie zueruckh könden treiben. Also seindt sie nachmittag wider darvon und nach Bon gezogen, allda 4 Stuckh aus Bon von den 12 Apostel genommen und übern Westerwaldt jenseidt Rheins bei Andernach das Läger geschlagen".[440]

Burkhart Stickel, der über die dem Angriff auf die Geschützstellung und dem Ausfall der Wallonen aus Königswinter vorausgegangenen Kämpfe nicht berichtet hat, hat auch Burghauptmann Funck, dem die Verteidigung der Burg Drachenfels anvertraut war, nicht erwähnt. Nach Aitzinger hat sich aber auch

Abb. 59: Der Truchseßsche Angriff auf Königswinter, Kupferstich von Braun-Hogenberg; Siebengebirgsmuseum.

Funck an dem Angriff auf die Truchseßsche Geschützstellung beteiligt.

Im Zusammenhang damit, daß Stickel berichtet hat, die truchseßschen Truppen hätten aus Bonn 4 Apostelfiguren mitgenommen, erscheint es erwähnenswert, daß Konstantin von Schönebeck 1784 bezüglich des Hoch-

kreuzes in Bonn u.a. ausgeführt hat: „Es steht eine Viertelstunde ober Bonn und ist von Königswinterer Steinen, welche allem Anscheine nach vulkanischen Ursprungs sind, erbaut. Seine Gothische Structur ist nicht zu verkennen. Es ist viereckig, und hat drey Absätze mit einer Spitze, worauf ein Kreutz steht. Man nennt es daher das hohe Kreutz.

Jeder Absatz hat vier Nischen. In jeder Nische hat ehedem eine Statue eines Heiligen (vielleicht eines Apostels) gestanden. Dieses ist daraus zu schliessen, weil dieses Denkmal gerade zwölf Nischen hat, und also vermuthlich den zwölf Aposteln zu Ehren errichtet worden. Jetzt erblickt man nur noch einige verstümmelte Statuen in demselben. Auch sieht man ganz deutlich, daß es durch Kanonenkugeln beschädigt worden, entweder in den Unruhen des Churfürsten Gebhard von Truchseß, oder im dreysigjährigen Kriege, oder aber auch bey den Französischen und Holländischen Verheerungen am Ende des vorigen und am Anfang dieses Jahrhunderts."[441]

Der Truchseßsche Angriff auf Königswinter scheitert endgültig
14. 9. 1583

Nach Max Lossem haben die Truppen des Pfalzgrafen Johann Kasimir „am 14. 9. 1583 noch einmal, aber wieder ohne Erfolg einen Anlauf gegen Königswinter gemacht".[440]

Aitzinger berichtet 1584 über die Kämpfe bei Königswinter: „Conixvvinter wurde später (Anm.: nach dem 15. 8. 1583) durch Salentin von Isenburg wiederum befestigt und unter seinem Oberbefehl heftig gegen die Feinde verteidigt. Casimirus, das Kriegsglück versuchen wollend, griff mit Macht dieses Dorf an. Schändlich zurückgeschlagen, versuchte er mit wieder hergestellten Kräften das Kriegsglück ein zweites und ein drittes Mal zu wenden. Er wurde aber mit den Seinen zu Boden gekämpft. Obwohl er alle Kräfte aufwandte, ging dieser Kampf unrühmlich für ihn verloren.

Nicht minder vernichtend drang Hauptmann Fonkius, dem die Verteidigung der Burg Drachenfels anvertraut war, in das casimirsche Lager ein, sodaß Casimirus wegen dieser Niederlage mit seinem Heer nicht nach Unkel vordringen konnte."[442]

Die Truchseßschen Truppen ziehen nach Deutz und Mülheim ab
14. 9. 1583

Max Lossen berichtet über den Abzug der Truchseßschen Truppen: „Am nächsten Tag (Anm.: 14. 9. 1583) machten sie noch einmal einen Anlauf gegen Königswinter, aber wieder ohne Erfolg.

Darauf wich der Pfalzgraf wieder nach Norden zurück, zunächst bis zu einer Windmühle, Bonn schräg gegenüber, bei Ramersdorf.

Nach wenigen Tagen nötigten ihn jedoch der Mangel an Fourage und Lebensmitteln weiter rheinabwärts, wieder in die Nähe der Stadt Köln, nach Deutz und Mülheim zu ziehen. Vor dem Abzug steckten seine Leute die beiden Klöster Schwarzrheindorf und Vilich in Brand, damit der Feind sich dort nicht einnisten könne."[443]

In einer Fußnote zu diesen Ausführungen vermerkt Lossen: „In der bei den Quellen angeführten späteren Erzählung Aitzingers wird Lindens Wallonen, den „fliegenden Teufeln", wie Pfgf. Casimir sie genannt habe, das Hauptverdienst an der vor Königswinter dem Pfalzgrafen versetzten Schlappe zugeschrieben."

Nachzutragen ist noch, daß die truchseßschen Truppen bereits vorher, nämlich am 11. 7. 1583 die Abtei Heisterbach geplündert hatten. F. Schmitz führt insoweit aus: „Als 1583 die Truchsessische Besatzung von Bonn die Dörfer des rechten Rheinufers verheerend durchzog, pochte am 11. Juli nachts auch ein Haufe an die Klosterpforte, plünderte nach erzwungenem Einlaß das Haus und schleppte den Abt und zwei Mönche hinweg. Von diesen hat man nichts mehr gehört; den Abt befreiten die Mannen des Herzogs Ferdinand von Baiern ein halbes Jahr später aus dem Turme zu Godesberg".[444]

Die von truchseßschen Truppen besetzte Godesburg fiel am 17. 12. 1583 in bayrische Hand. Das Schloß Poppelsdorf war bereits vorher erstürmt worden. Bonn fiel am 28. 1. 1584.

Martin Schenk von Nideggen erobert Bonn
23. 12. 1587

Johann Gebhard Truchseß war 1583 der Reichsacht verfallen und zunächst nach Holland geflohen. Als er dort keine Hilfe fand, begab er sich mit seiner Frau nach Straßburg, wo er am 21. 3. 1601 verstarb.

Graf Adolf von Neuenahr und Moers setzte nach der Flucht Gebhards den Krieg fort, in dessen weiterem Verlauf das Unterstift des Rheinischen Erzstifts des Kurfürstentums Köln noch mehrere Jahre zu leiden hatte. Einer der Parteigänger des Grafen war Martin Schenk

von Nideggen, der im Verlaufe seiner Streifzüge mit 500 Mann am 23. 12. 1587 Bonn einnahm, wo er sich längere Zeit hielt.

Schenk von Nideggen vor Drachenfilz betrogen
17. 1. 1588

Das Buch Weinsberg befaßt sich auch unter dem Titel „Bonner vor Drachenfilz betrogen" mit Martin Schenk von Nideggen und dem Drachenfelser Burghauptmann Funck.

„A. 1588 den 17. jan. sind die Bonner vor dem sclloss Drachenfilz ubel angelaufen. Und ist also zugangen:

Es hat ein heubtman uff Drachenfilz gelegen, der Funck genant mach vorhin ein wingartzman gewest sin, der sich in Unkel daffer gehalten. Disser hat sich auf Bon zu Martin Schenken begeben und gesagt, die paffen bezalten ihn nit. Wan man dankbar wult sin, were er gesinnet, inne das scloss inzuraumen. Schenk hat sich mit ihm verglicht und tausend kronen geschenkt. Wie er nuhe sin kreichlude darvor geschickt, das scloss inzunemen, hat er etlich geschutz unter die laissen gain und mit den schrotten oben herab sei gekeirt, das sei getrongen, den wich zu nemen, sin vil pliben, die ubrigen gewont und geletzst auff Bon komen. Schenk so (1) gesagt haben sulcher swank were im noch nit widerfarn, doch ist er selbst nit dabei gewest.[445]

Hauptmann Funk wurde am 16. Oktober 1588 erschossen. Das Buch Weinsberg berichtet insoweit:

„A. 1588 den 16. oct. ist heubtman Funck bei Konikswintern, als er etliche angefertigte kauflude erretten wult, von freibutern erschossen und doit pliben."[446]

Die Schenkschen Truppen kapitulierten am 28. 9. 1588 in Bonn. Martin Schenk von Nideggen „ertrank bei einem verunglückten Handstreichen gegen Nimwegen im Rhein am 11. August 1589. An ihm verlor (der Kölner Erzbischof) Ernst seinen gefährlichsten Gegner, Gebhard seinen eifrigsten Anhänger und den letzten Vertheidiger seiner schlechten Sache. Ende 1589 mußte sich auch die Stadt Rheinberg ergeben, und der Krieg hatte damit ein Ende, nachdem er sieben Jahre gedauert hatte, in welchen die Erzdiözese Schreckliches erdulden mußte. Hatte doch allein das St. Cassiusstift in Bonn blos an geraubten Kirchengeräthen einen Verlust von 60 000 Thalern zu beklagen. Mit dem völligen Siege des Erzbischofs Ernst war auch das fernere Schicksal des Protestantismus im Erzstifte entschieden, er vermochte nicht mehr aufzukommen."[447]

Steinkugeln aus Drachenfelstrachyt
für Wurfgeräte oder Geschütze

Die kriegerischen Ereignisse der Jahre 1583 und 1588 in Königswinter und am Drachenfels, in deren Verlauf Grobes Geschütz und Veldtgeschütz zum Einsatz gekommen ist, geben Veranlassung, darauf hinzuweisen, daß im Mittelalter und später aus Drachenfelstrachyt nicht nur Werksteine und sonstige Steine für Bauzwecke, sondern auch Steinkugeln als Geschosse für Wurfgeräte oder Geschütze gefertigt worden sind.

Solche Steinkugeln wurden schon lange vor dem Mittelalter von Wurfgeräten in hohem Bogen gegen Verteidigungsanlagen geschossen. Im 14. Jahrhundert kamen in Europa Feuerwaffen der einfachsten Art auf. Die Handfeuerwaffen der damaligen Zeit nannte man Handbüchsen. Nach den als Geschossen verwendeten Steinkugeln nannte man die ersten Geschütze Steinbüchsen.

Das Bestreben der damaligen Zeit ging dahin, besonders große Geschütze zu bauen. Gegen Ende des 15. Jahrhunderts gab es bereits Steinbüchsen, die Steinkugeln bis zu 500 Pfund verschossen. Die Steinbüchsen hatten den Vorteil, daß ihre Geschosse in relativ horizontalem Flug gegen Befestigungsanlagen abgeschossen werden konnten. Voraussetzung war jedoch, daß die schweren Steinbüchsen — jedenfalls anfangs — nahe genug an das zu beschießende Mauerwerk herangebracht werden konnten. Gegen Ende des 15. Jahrhunderts begann man bereits mit der Verwendung von Eisenkugeln.

Der Fund von zwei Steinkugeln oben auf dem Drachenfelsplateau und unten am Westhang

des Berges am Wülsdorferhof in den zwanziger oder dreißiger Jahren dieses Jahrhunderts läßt vermuten, daß zu einer unbekannten Zeit aus Drachenfelstrachyt Steinkugeln für kriegerische Zwecke geschlagen worden sind. Ob solche Steinkugeln für Wurfgeräte oder für Steinbüchsen hergestellt worden sind, muß wohl offen bleiben. Außer den beiden erwähnten Steinkugeln, die einen Durchmesser von ca. 53 und 35 cm haben, befinden sich im Königswinterer Siebengebirgsmuseum auch kleinere, aber glattere Steinkugeln, deren Fundort unbekannt ist.

Nach einer Mitteilung des Herrn Anderson von der „Nederlandse Geologische Vereniging" aus Oldenzaal vom 6. 2. 1966 ist bei Geländearbeiten im Erdölfeld Schoonebeek eine Steinkugel aus Drachenfelstrachyt mit einem Durchmesser von 16 cm gefunden worden. Im Schreiben vom 6. 2. 1966 führte Herr Anderson u. a. aus:

„An dieser Stelle befindet sich eine alte Schanze „Katshaar", ein früheres Verteidigungswerk der Stadt Coevorden. Steinerne Kugeln wurden oft aus Findlingen hergestellt. Die Durchmesser waren verschieden, 10 bis 26 cm. So genau brauchte man sie auch gar nicht zu machen, die Läufe der Kanonen waren kegelförmig, also für verschiedene Kugelkaliber brauchbar. Weiter ist mir noch bekannt, daß es heißt, daß auch Kugeln aus „Drakenfelder en Namensche Steen" gehauen wurden".[448]

Hiernach ist davon auszugehen, daß Steinkugeln aus Drachenfelstrachyt nicht nur am Siebengebirge verwandt, sondern auch in größerer Zahl an entferntere Plätze geliefert worden sind.

Die Wolkenburg
mit nur fünf Mann besetzt
7. 3. 1499

Auskunft über die Wolkenburg in der Zeit nach dem Tode des Ritters Klaus von Drachenfels († 1493) gibt eine Urkunde vom 7. 3. 1499. Maaßen berichtet über den Inhalt dieser Urkunde:

„Erzbischof Hermann betraute am 7. März

1499 den Peter von Meckenheim mit der Verwaltung des Schlosses. Während früher die Burg mit Pförtnern, Thurmknechten, Wächtern und Gesinde wohl versehen war, war dem Verwalter nunmehr aufgegeben, nicht unter fünf Mann auf derselben zu halten und zu beköstigen. Jeder Mann empfing durch den Schultheißen von Königswinter einen Jahreslohn von 11 Gulden, 4 Malter Roggen und eben so viel Gerste. Dem Burgwart Peter von Meckenheim waren 10 Gulden Besoldung, Hofkleidung, wie jedem Burggrafen, und die Nutznießung der Äcker und Wiesen vor dem Schloß zuerkannt.

Allmälig ging das Schloß dem Verfall entgegen. Archivrath Harleß schreibt: „Derselbe wird rasch zugenommen haben, nachdem die in ihre Güter wieder eingesetzten Gebrüder Johann und Godard von Drachenfels sich durch Vergleich vom 10. Juli 1509 mit ihren Vettern Anton und Johann Walbott von Bassenheim [354] über den gemeinschaftlichen Besitz von Schloß und Amt nebst der darin gelegenen Steinkaule geeinigt haben. Diese Steinkaule hat den Burgenbau factisch absorbirt. Die Reformationskriege werden wohl ein Übriges getan haben, um der Wolkenburg ein rasches Ende zu bereiten.[449]

Die Wolkenburg verfällt
24. 4. 1592

Über den Verfall der Wolkenburg gibt eine Urkunde vom 24. 4. 1592 Auskunft, in der „die angehörigen des hoffs, zu Wintermüllen", der im Besitz der Abtei Heisterbach stand, festhalten ließen, „wehs für diensten, lasts und beschwernüssen vurgemelten hoff zugemuettet, abgefurdert und gwontlicher weihs geleistet pflegen zu werden".

Diese Urkunde hat auszugsweise folgenden Wortlaut: „Und fur erst, daß man wegen des hoffs Wintermüllen neben und mit den von Ittmich (Anm.: Ittenbach), Stockem und Wulstorf (Anm.: Wülsdorfer Hof) ein feldt, das Schifffeldt genannt, ungefehr acht mogen grundtz haltendt, zuschen dem hauhs Wolckenbergh und dem Hirtzbergh gelegen und dem hauhs

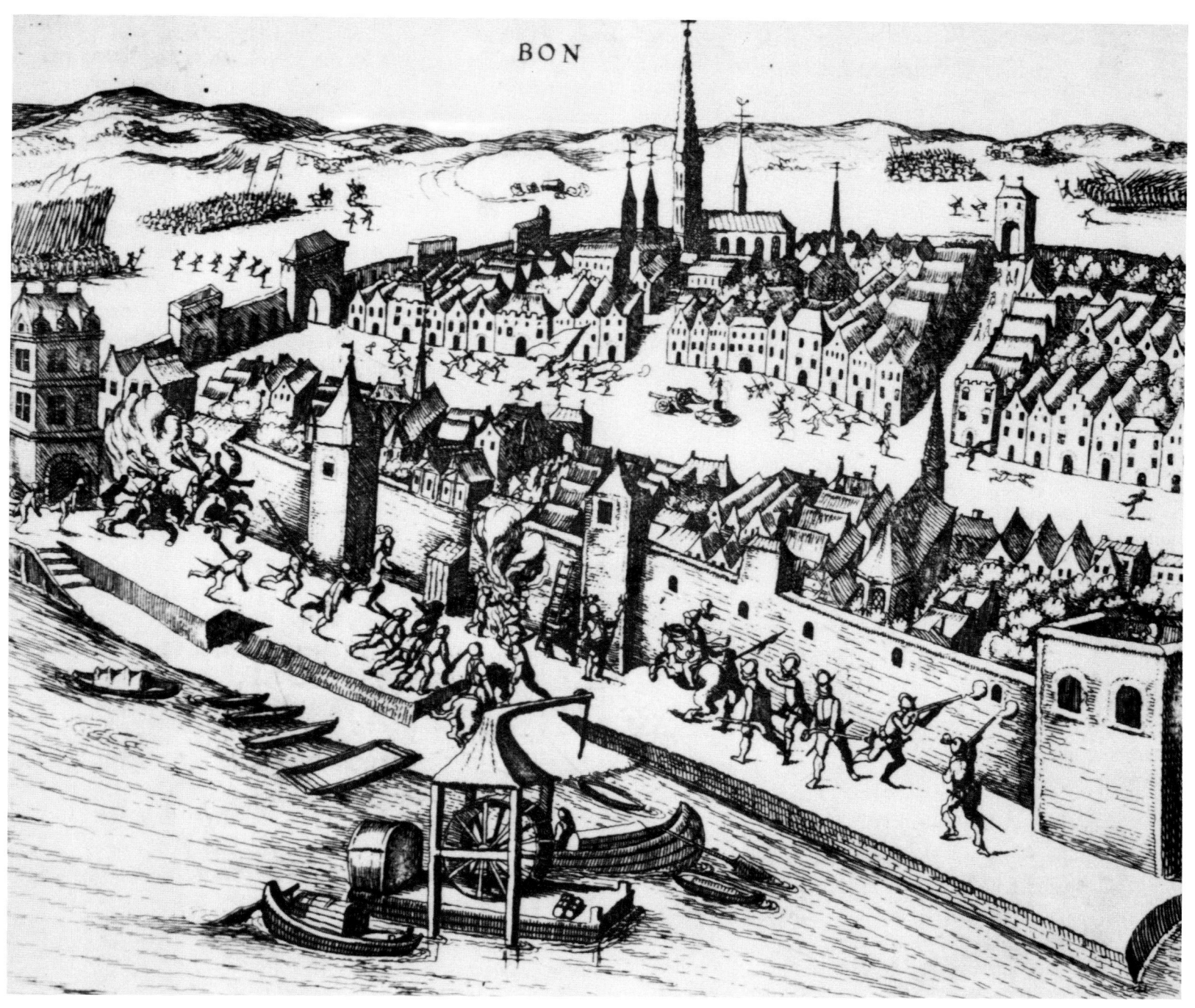

BON

Abb. 60: Eroberung von Bonn am 23. 12. 1587, Braun-Hogenberg.

131

Abb. 61: Steinkugeln aus dem Siebengebirgsmuseum, Kaliber ca. 53 und 35 cm.

chenfeldtz zu fhueren, welchs unerhört und niemalen gesehen noch geschehen sei".[450]

Die Urkunde vom 24. 4. 1592 macht deutlich, daß die Wolkenburg damals bereits ziemlich verfallen gewesen sein muß und daß bereits seit einiger Zeit die Hand- und Spannpflichtigen der Burg und des Amtes Wolkenburg die Ernte aus nachbarlicher Gunst zur Burg Drachenfels geschafft hatten.

Andererseits hatte es aber die Hand- und Spannpflichtigen empört, daß man von ihnen auch verlangt hatte, das Brandholz auf die Burg Drachenfels zu schaffen.

Die Burgkapelle des hl. Pankratius auf dem Drachenfels

Zu einem unbekannten Zeitpunkt war die St. Urbanus-Kapelle auf dem Drachenfels dem heiligen Pankratius gewidmet worden. Dies folgt aus einer Urkunde vom 7. 7. 1634 — und aus dem Weistum des Pankratius — Hofes zu Mehlem. Es ist zwar undatiert, dürfte aber aus dem 16. Jahrhundert stammen. Die Einkünfte des Mehlemer Pankratius-Hofes, der 16 Geschworene hatte, dienten dem Lebensunterhalt des Drachenfelser Burgkaplans und dem Unterhalt der Burgkapelle auf dem Drachenfels.

Jährlich fanden drei Hauptgedinge des Hofes statt. In dem als „Appertinentia des Pancratij — Hoffgedings" bezeichneten Hofweistum heißt es u. a.:

„Auf jedem dinglichen dag wird den herren zu Drachenfeltz oder dem Capelan im undt auf'm hoff erkant vor hochheit undt gerechtigkeit, wie folgt:

Erstlich eine schlössige schlaffkamer, wan der Capelan zu herbst dahin kombt, darauff ein beth, wie das behört; auff der kamer ein fink, ein eich, ein schepkessel, ein füllkahn undt ein tisch mit einer weißer deck, so der Capelan wilt essen, soll er es bestellen".[451]

XIV. Burggraf von Drachenfels

Johann Herr zu Millendonk und Drachenfels 1586

Es scheint, daß der Kölner Erzbischof Ernst

Wolckenbergh zustendich, mit allen gepürenden gewonden und allem nöttigem bauwe zur saett bereidten, alfs brachen, britten, stürtzen, ackeren, sämen und egen, auch sonsten anderen bauwe daran verrichten muesse, wie imgleichen die fruchten zur arnzeit darvon einzufhueren gefurdert werden, und seinst dieselbe, dweil auf dem hauhs Wolckenbergh kein verpleip (Anm.: weil auf der Wolkenburg kein Verbleib mehr ist), mitt dem strö, durch obgerührte angehörige dienstpferde aus nachparlicher gunst, ohne vorwissen ihrer herrschaften an das hauhs Drachenfeldtz besteldt würden; ferners auf zweien wiesen, die Wolckenberger wiesen gnandt, wird das heuw, wan ehe es jherlichs abgemehet und uff hausten geschla

gen, durch den halfen zu Wintermüllen, die von Ittenbach und andere vursch. dienstpferde ins ampt Wolckenbergh, wohin sie verwiesen, hingefhürt und pflegen zum irsten alle dienstpferde zusammen zu fharen mit den vom Ittenbach; was dan zugleich nit geladen khan werden, der Wintermüller halfen und andere dienstpferde, außerhalb die Ittenbacher, zum anderen maill, und wofern dan noch etwas übrig pleibt, die Ittenbacher zum drittenmal allein zu fhüren. . .

Letzslich angezeigt, das numehe auch vorgenommen wird, ihme, dem halfen zu Wintermüllen, mit anderen diensthalfen anzumuetten und uffzudringen, notturftig brandtholtz uff Dra von Bayern (1583 — 1612) die Burg Drachenfels nach der Beendigung des Kölner bzw. Truchseßschen Krieges (1589) nicht sofort wieder an den damaligen Burggrafen von Drachenfels herausgegeben hat. Insoweit führt von Ledebur aus: „Erzbischof Ernst, der die Wichtigkeit der Burg Drachenfels wohl einsah, hielt sie lange besetzt und gab sie erst nach vielen Bittschriften der Familie von Mylendonk, wie es scheint, erst 1590 zurück".[452]

Nachfolger seines Vaters Dietrich Herr zu Millendonk und Drachenfels im Burggrafenamt war damals dessen Sohn Johann von Millendonk und Drachenfels, der 1586 Burggraf von Drachenfels geworden war.[452] Die Erbstreitigkeiten mit der Familie Waldbott von Bassenheim um die Herrschaft Drachenfels, das Drachenfelser Ländchen, waren damals noch immer nicht beendigt. Otto Waldbott von Bassenheim, der sich gegenüber Dietrich Herrn zu Millendonk und Drachenfels eines Anspruches bzw. Mitanspruches auf die Herrschaft Drachenfels berühmt hatte, war 1583 verstorben. Der Streit setzte sich zwischen den Söhnen der beiden Kontrahenten fort.

Aus der Ehe Ottos Walbott von Bassenheim mit Johanna von Merode stammten die Söhne Otto Heinrich, Hans Anton und Hans Christoph Waldbott von Bassenheim. Am 7. 11. 1590 wurde Otto Heinrich Waldbott von Bassenheim für sich und seine beiden Brüder vom Kölner Erzbischof mit der Burg Gudenau belehnt".[453] Burggraf Johann zu Millendonk und Drachenfels ließ am 9. 4. 1599 zu Königswinter vor dem Notar Werner (v.) Dülken beurkunden, daß „er gegen die Mitherrschaft derer von Waldbott zu Gudenau im Ländchen Drachenfels Einspruch erhoben und einen von ihnen bei Gimmersdorf errichteten Galgen habe absägen und ihn sofort durch einen anderen Galgen habe ersetzen lassen".[454]

Johann Herr zu Millendonk und Drachenfels und seine Frau
Maria von Limburg-Styrum
1596

Johann zu Millendonk und Drachenfels heiratete 1596 die Gräfin Maria von Limburg-Styrum.

Bereits am 24. 11. 1589 hatte er, der in spanische Dienste getreten war, die Kommandantenstelle in Neuß übernommen.[455]
Nach kinderlose Ehe verstarb er am 2. 3. 1622.[456]

XV. Burggraf von Drachenfels

Freiherr Johann Jakob von Bronkhorst und Herr zu Anholt
1623

Nach dem Tode des XIV. Drachenfelser Burggrafen Johann Herr zu Millendonk und Drachenfels „fiel dessen Nachlaß seiner ältesten Schwester Gertrudis, der Wittwe des 1582 vor Lochen gefallenen Jacob von Bronkhorst zu Anholt zu. Dem jüngeren ihrer Söhne, dem Freiherrn Johann Jacob von Anholt, deß thatenreicher Lebenslauf Abth. II. Bd. 4 S. 413 — 439 (Antiquarius) besprochen, wurden Mylendonk und Drachenfels zu Theil".[457] Mit der Herrschaft Drachenfels" wurde Johann Jacob von Bronkhorst, der „gewöhnlich der Freiherr von Anholt" genannt wurde, im Jahre 1623 belehnt.[458]

Freiherr Johann von Bronkhorst
Herr zu Anholt und seine Frau
Gräfin Maria Cleophe von Hohenzollern

Freiherr von Anholt, der XV. Burggraf von Drachenfels, heiratete die Gräfin Maria Cleophe von Hohenzollern. Aus ihrer Ehe ging lediglich die Tochter Johanna Katharina Elisabeth hervor. Nach dem Tode des Freiherrn von Anholt „im Jahre 1632 behielt sich dessen Wittwe, Gräfin Maria Cleophe von Hohenzollern, in zweiter Ehe an Herzog Arschot vermählt, die Nutznießung (Anm.: an Burg und Herrschaft Drachenfels) vor, während ihrer Tochter Johanna Katharina Elisabeth die Belehnung unter der Bedingung in Aussicht gestellt wurde, daß sie sich mit Wissen und Willen des Lehnsherrn (Anm.: des Erzbischofs und Kurfürsten von Köln) an einen Cavalier des Erzstifts verheirathe".[459]

Das deutsche Ordensland Livland
13. Jahrhundert — 5. 3. 1562

Die Region des Ordenslandes bzw. Ordensstaates Livland, im Baltikum zwischen Estland und Kurland gelegen, mit den Bistümern Riga, Dorpat und Ösel wurde zu Beginn des 13. Jahrhunderts von den Deutschen Schwertbrüdern erobert und christianisiert.

Kurland, die Region des späteren Lettland, zwischen Ostsee und dem Meerbusen von Riga, mit der Hauptstadt Libau wurde in demselben Zeitraum vom Deutschen Orden in Besitz genommen und dem Christentum zugeführt.

Nach der Vereinigung des Deutschen Ordens mit dem Schwertbrüderorden in der ersten Hälfte des 13. Jahrhunderts wurde Kurland Bestandteil des Ordenslandes Livland. Das Ordensland Preußen und das Ordensland Livland bildeten seitdem einen zum Deutschen Reich gehörenden Staatenbund. Östlich des Ordenslandes Preußen, südöstlich von Kurland und südlich des Ordenslandes Livland lag Litauen, das sich bis 1386 jeglicher Christianisierung widersetzte. Damals wurde Litauen mit Polen vereinigt und christlich. Es kam zu heftigen kriegerischen Auseinandersetzungen zwischen dem Ordensland Preußen und dem südöstlich davon liegenden Polen.

An der Spitze des Staatenbundes „Preußen und Livland" stand der Hochmeister des Deutschen Ordens, der zunächst auf der Marienburg bei Elbing und seit 1466 in Königsberg residierte. Ihm unterstellt war der Landmeister von Livland. Die Macht des Deutschen Ordens in Preußen wurde gebrochen, als er in der Schlacht von Tannenberg (1410) den Polen und Litauern unterlag. Das Ordensland Preußen wurde schließlich (1525) in ein polnisches Herzogtum unter polnischer Oberhoheit umgewandelt.

Im Gegensatz hierzu behauptete sich das Ordensland Livland weiterhin unter dem Ordensmeister Walter von Plettenberg (1494 — 1535). Es gelang ihm, die vordringenden Russen 1502 am See Smolina zu schlagen. Auf dem Reichstag zu Augsburg (1530) wurde Walter von Plettenberg als Reichsfürst von Kaiser Karl V. mit Livland belehnt.

Das Herzogtum Kurland
5. 3. 1562 — 1795

Nach dem Zusammenbruch Livlands (1561) gelang es dem Ordensmeister Gotthard Ketteler, Kurland mit der Hauptstadt Libau zu retten. Er wurde damals vom polnischen König mit dem Herzogtum Kurland belehnt. Seitdem bestand Kurland mit Semgallen (Anm.: Erzbischof Wetzelin von Semgallen hatte 1227 in der Abteikirche Heisterbach 18 Altäre geweiht) als weltliches Herzogtum unter polnischer Herrschaft bis 1795.

Walter von Drachenfels
nach einem Epitaph in der Kirche zu Doblen

Die lateinische Inschrift auf einem aus Sandstein gehauenen Grabstein (Epitaph) in der Kirche zu Doblen in Kurland ([460]) hatte, wie von Ledebur mitteilt, folgende Inschrift:

„Herr Philipp von Drachenfels, ein Liefländischer Edelmann, hatte zum Vater den Wohlgebohren Herrn Walter von Drachenfels, der Schloßhauptmann zu Harven (Harrien?) in Liefland war, unter dem Heermeister von Plettenberg. Seine Mama war die Wohlgebohren Anna von Heringen.

Sein Großvater Herr Heinrich von Drachenfels, so beym Fluß Rheine in Deutschland liegt, herstammte. Dieser heurathete die Wohlgebohren Frau von Paland und reisete darauf nach Liefland.

Des Herrn Philipp von Drachenfels Urältervater mütterlicher-Seits war der Herr von Engelbert, ein vornehmer Ritter, und seine Urältermutter die Wohlgebohren Frau von Rennenberg.

Dieser Philipp von Drachenfels wohnete einigen kriegs — Expeditionen in Deutschland bey, stritte auch tapfer für sein Vaterland, da er mit den Moscowitern Krieg führen mußte. Hierauf wurde er von dem Liefländischen Marschall Herrn Schalk a Bill (ohne Zweifel Schall von Bell) zum Schlos-Hauptmann auf Ascheraden gemacht im Jahre Christi 1560; Endlich aber von dem Durchlauchtigsten Fürsten Gotthard, Herzog in Liefland, Kurland und Semgallen, erstlich zum Schloß-

hauptmann in Mitau und Doblinen (Anm.: Kurland) ernannet, welchen Ämtern er 30 Jahre mit Ruhm vorgestanden. Mit seiner Gemahlin, der Wohlgebohren Frauen Euphemia von Rosen hat er 5 Söhne und 3 Töchter gezeuget. Er starb Anno 1600 den 12. Juni, da er beinahe 80 Jahre alt war.

Er liegt mit seiner Gemahlin, die Anno 1600 den 20. November die Welt gesegnet, unter diesem von seinen Söhnen aufgerichteten Leichenstein und erwartet die Auferstehung der Todten und das ewige Leben".[461]

Das livländische
bzw. kurländische Geschlecht
der Edelherrn von Drachenfels

Nach der Inschrift auf dem Epitaph in der Kirche zu Dobeln müßte Walter von Drachenfels ein Sohn des am 6. 4. 1472 verstorbenen rheinischen Burggrafen Heinrich von Drachenfels und seiner Frau Alveradis von Palant sein.

Tatsächlich stellt die Inschrift keinen hinreichenden Nachweis „für die direkte Abstammung des livländischen Edelmannes Walter von Drachenfels aus dem rheinischen Burggrafengeschlecht von Drachenfels dar. Urkundlich läßt sich nämlich nicht feststellen, daß Heinrich, der IX. Burggraf von Drachenfels, jemals in Livland oder Kurland gewesen ist. Darüber hinaus findet sich der Vorname Walter weder in Drachenfelser Urkunden noch im Drachenfelser Meßbuch.

Dennoch besteht eine genealogische Verbindung des „kurländischen Geschlechts der von Drachenfels mit den gleichnamigen (rheinischen) Burggrafen. Für sie sprechen das Wappen und die Überlieferungen der älteren Generation in Kurland".[462]

Der livländische Vasall
„Henricus Drakenfelt"
und sein Sohn Walter
22. 3. 1467 — 1555

Vater des im Epitaph von Doblen erwähnten Walter von Drachenfels dürfte Henricus Drakenfelt gewesen sein. Das Genealogische

Handbuch führt in Bezug auf Henricus Drakenfelt aus:

„Über die von Drachenfels im Ordenslande Livland und im späteren Herzogtum Kurland bis ins 17. Jahrhundert ist folgendes zu erkennen: „1467 III. 22 überweist Henricus Drakenfelt mit Zustimmung aller seiner Miterben im Namen seiner Tochter Anna dem Jacob Kock u. dessen rechten Erben ein Grundstück bei der Burg Rositen zu beständigem Recht. Wir sehen in diesem Henricus einen Vasallen im Ordensgebiet Rositen, der seine Tochter, die den Vasallen Kock daselbst heiratet, mit Zustimmung seiner anderen Erben ausstattet. Als Erbe und Sohn Heinrichs wird Walter von Drachenfels genannt. Das Datum seiner vorliegenden Belehnung mit den Rositenschen Gütern, 1546 VII. 6, wenn es auch eine Erneuerung der Belehnung ist, muß auffallen; allerdings geht aus einem Prozeß, den Walter in den Jahren 1553 — 1555 mit Johann Anrep um Ländereien im Rositischen führt, hervor, daß er ein sehr hohes Alter erreicht hat. Immerhin wäre seine Geburt nach 1467 anzusetzen. Daß er, wie das Epitaph seines Sohnes Philipp angibt, unter dem Obermeister Plettenberg († 1535 II. 28) Hauptmann auf dem Ordensschloß Tarwast war, ist möglich; Philipp wurde 1520/21 geboren".[463]

Der livländische Edelmann
Philipp I. von Drachenfels
1520/1521 — 12. 6. 1600

Über Philipp von Drachenfels berichtet das Genealogische Handbuch: „Dieser Sohn (Anm.: Walters) wurde in Kurland ein bekannter und angesehener Mann. In jugendlichem Alter soll er an Kriegszügen in Deutschland teilgenommen haben; in Livland finden wir ihn im Prozeß des Vaters genannt und in den Diensten des Komturs von Marienburg, Philipp Schall von Bell, stehend. Daß dieser, der 1558 Landmarschall des Deutschen Ordens wurde, ihn zum Hauptmann auf dem zu seinem Gebiet gehörenden Schloß Ascheraden machte, ist glaubhaft, ebenso, daß er dort von dem Obermeister Gotthard Ketteler mit einem Landgut belehnt wurde. Nach der Auflösung des

Ordensstaates (1562 III. 5) berief ihn, der tapfer gegen die Moskowiter gefochten hatte, Herzog Gotthard zum Hauptmann in Mitau, 1574 in Doblen, wo er als solcher noch 1593 genannt wird. Der herzogliche Dienst brachte ihm den Besitz eines Pfandgutes im Doblenschen, aus dem das Rittergut Grausden erwuchs. Die väterlichen Güter hatte er verloren, da 1558 — 1582 die Russen das Gebiet Rositen zerstampften. 1583 produzierte er vor den polnischen Revisoren die väterliche Belehnungsurkunde von 1546 und die eigene für den Aseradschen Besitz; wir wissen nicht, ob er die Güter oder eine Entschädigung erlangte. Er starb am 12. Juli 1600 (siehe [459]), fast 80 Jahre alt".[464]

Der kurländische Edelmann
Philipp II. von Drachenfels
1615

Philipp II. war der älteste Sohn des am 12. 6. oder 12. 7. 1600 verstorbenen Philipp von Drachenfels, über den das Epitaph in der Kirche von Doblen Auskunft gibt. Im Jahre 1615 wurde Philipp II. „von Herzog Friedrich (Anm.: von Kurland), der dabei auf die fast 35jährigen treuen Dienste des Vaters hinweist, mit Grausden zu dem Recht der vom Adel schon zur Ordenszeit besessenen Güter belehnt, was König Sigismund (Anm.: von Polen) 1621 bestätigte".[465]

Der polnische König Sigismund
verwendet sich bei dem Kölner Erzbischof
für die Gebrüder Philipp II.
und Theodor von Drachenfels
in der Erbschaftsangelegenheit Drachenfels
10. 4. 1615

Ein Schreiben des polnischen Königs Sigismund vom 10. 4. 1615 an den Kölner Erzbischof Ernst von Bayern mit der Bitte, den Gebrüdern Philipp und Theodor von Drachenfels zu deren Erbanteil an der rheinischen Burg Drachenfels zu verhelfen, macht deutlich, daß sich die Gebrüder von Drachenfels bereits zu Lebzeiten des XIV. Drachenfelser Burggrafen Johann Herr zu Millendonk und Drachenfels (1586 — 2. 3. 1622) entschlossen hatten, erbrechtliche Ansprüche auf Burg und Herrschaft

Abb. 62: Wappen der kurländischen Edelherrn von Drachenfels, Genealogisches Handbuch.

Drachenfels geltend zu machen. Es ist allerdings nicht bekannt, inwieweit sie dem polnischen König urkundliche Belege über den von ihnen behaupteten Anspruch vorgelegt haben.

Bemerkenswert erscheint, daß Theodor von Drachenfels in den bisher veröffentlichten Stammbäumen des kurländischen Geschlechts von Drachenfels keinerlei Erwähnung gefunden hat.

In seinem Schreiben vom 10. 4. 1615 führte der polnische König u. a. aus, die Gebrüder von Drachenfels, die von edler Herkunft seien und sich große Verdienste für seinen Staat erworben

ben hätten, erwarteten und erhofften ihre rechtliche Gleichbehandlung in der Erbschaftsangelegenheit nach ihren Vorfahren.[466]

Bemerkenswert ist, daß dieses Schreiben erst am 31. 1. 1638 dem Kölner Erzbischof Ferdinand von Bayern zugegangen ist.

Angaben des kurländischen
Edelmannes Philipp II. von Drachenfels
über die verwandtschaftlichen Beziehungen
zum rheinischen Burggrafengeschlecht
von Drachenfels
1620

Das Genealogische Handbuch berichtet insoweit: „Philipp II., selbst Ritterbankrichter, gab 1620 auf der Ritterbank zu Protokoll, die kölnische Chronik zeige, daß die von Drachenfels schon vor 800 Jahren (!) Ritter gewesen seien und einer von ihnen die Dignität der Burggrafenschaft im Stift (Anm.: Rheinisches Erzstift des Kurfürstentums Köln) verwaltet habe. Unter den von ihm produzierten acht väterlichen Ahnen fehlen aber die rheinischen Geschlechter, die das Epitaph seines Vaters nennt.

Die Ritterbank hat in diesem Fall Namen und Wappen (siehe Abb. 62) für genügend gehalten, das Geschlecht als notorisch adelig in die erste Klasse der Matrikel eintragen zu lassen. Wir ersehen daraus wie (auch) aus der Geschlechtsfolge der rheinischen von Drachenfels des 15. und 16. Jahrhunderts, soweit sie urkundlich festgestellt ist, daß die Angaben der rheinischen Vorfahren im Epitaph nicht auf die drei ersten Generationen in Livland zurückzuführen, sondern als eine spätere Deckung der Unkenntnis zu betrachten sind".[467]

Bemühungen der
Herzogin Maria Cleophe von Arschot
ihrer Tochter Johanna Katharina Elisabeth
von Batenburg und Anholt
das Lehen Drachenfels zu verschaffen

Nach dem Tode des XV. Drachenfelser Burggrafen Johann Jakob von Batenburg und Anholt war seiner Tochter, wie bereits ausgeführt wurde ([457]), praktisch Burg und Herr-

135

schaft Drachenfels zugefallen. Es bedurfte jedoch insoweit der Belehnung durch den Kölner Erzbischof, der diese davon abhängig machte, daß Johanna Katharina Elisabeth von Batenburg und Anholt sich „mit seinem Wissen und Willen mit einem Cavalier des Erzstiftes verheirate".

Verschiedene Schreiben der Herzogin von Arschot an den Kölner Erzbischof mit der Bitte um vorzeitige Belehnung ihrer Tochter blieben erfolglos.

Der kurländische Edelmann Rudolf von Drachenfels macht Erbrechte an Burg und Herrschaft Drachenfels geltend 31. 1. 1638

Rudolf von Drachenfels war ein Sohn des kurländischen Edelmannes Philipp von Drachenfels († 12. 6. oder 12. 7. 1600). Bereits „vor 1614 war Rudolf nach Sachsen-Weimar gezogen. Er kaufte dort das Rittergut Mark-Vippach, heiratete eine v. Werthern und trat in den herzoglichen Hofdienst. 1619 ließ er seine drei kurländischen Brüder mit Mark-Vippach mitbelehnen. Bemerkenswert ist, daß Rudolf von Drachenfels sich und seine Brüder für erbberechtigte Agnaten der im Rheinland ausgestorbenen Burggrafen von Drachenfels gehalten hat".[468]

Mit Schreiben vom 31. 1. 1638 wandte er sich unter Beifügung des Schreibens des polnischen Königs Sigismund vom 10. 4. 1615 an den Kölner Erzbischof Ferdinand von Bayern mit der Bitte, ihm und seinen Brüdern als Erben „des Herrn Heinrich von Drachenfels und dessen Frau von Palandt", die sich nach Livland begeben hätten, das Stammschloß Drachenfels zu übertragen.

Rudolf von Drachenfels führte weiter aus, daß das Stammhaus Drachenfels nach dem Tode seiner Vorfahren durch Heirat den Herrn Millendonk zugeflossen sei.

Wörtlich heißt es im Schreiben vom 31. 1. 1638 u. a.: „Diese Zuweisung schmerzt mich nicht wenig. Meine Vorfahren sind nämlich seit geraumer Zeit in Livland und im Herzogtum

Kurland ansässig gewesen, nachdem mein Vorfahr Heinrich von Drachenfels sich mit seiner Frau, einer geborenen von Palandt, dorthin begeben hatte. Hätten sie ihre Ansprüche besser in Acht genommen, so hätten sie diese auch durchsetzen können.

An anderer Stelle des Schreibens vom 31. 1. 1638 heißt es weiter: „Wir bitten Euch deshalb untertänigst mit der erforderlichen Referenz, mir und meinen Brüdern das Stammhaus auszuhändigen. Diese rechtmäßige Anforderung, die durch die Interzession des polnischen Königs unterstützt wird, möge Euch bereitfinden lassen, mir und meinen Brüdern das Stammhaus ohne weiteren Prozeß und ohne lange Verzögerung auszuhändigen, ohne daß wir nur abgefunden werden wollen. Aus gutem Rechtsgrund soll alles wieder restituiert und uns eingeräumt werden".

Zur Unterstützung seiner Forderung führte Rudolf von Drachenfels auch aus, daß sein Vorfahr Freiherr von Drachenfels sich bereits mit vielen Schreiben um die Wiedererlangung des Schlosses Drachenfels bemüht und seinem Bruder Rudolf von Drachenfels schon vor 40 Jahren „genügsame Vollmacht" gegeben habe. Auch er selbst, Rudolf, habe sich bereits zu dem Herrn von Millendonk begeben und diesen mit der Angelegenheit vertraut gemacht. Dieser habe aber erwidert, daß nach seiner Kenntnis ein aus Livland stammender Drachenfelser in dieser Angelegenheit bereits in vollem Umfang abgefunden worden sei. Es werde sich aber ergeben, so führte Rudolf in seinem Schreiben vom 31. 1. 1638 aus, daß dies nicht zutreffend sei.[469]

Die Herzogin Maria Cleophe von Arschot bittet den Kölner Erzbischof, ihrem „einzigen Töchterlein" die Burg und Herrschaft Drachenfels zu übertragen 12. 6. 1638

Im Schreiben vom 12. 6. 1638 berief sich Maria Cleophe von Arschot auf die Verdienste ihres verstorbenen Mannes, des Freiherrn Johann Jakob von Batenburg und Anholt, und führte aus, sie habe „mit herzlicher Betrübnis und vol-

ler Schmerzen erfahren, daß die lange aufgeschobene Belehnung der Herrschaft Drachenfels nicht allein bis dato nicht erfolgt, sondern nunmehr auch gänzlich abgeschlagen und verweigert worden sei". Weiter heißt im Schreiben vom 12. 6. 1638; sie bitte, „die einem armen Kinde zu Schaden gereichende Resolution zu ändern, wo nit aus Recht, so doch aus Gnaden" ihre Tochter mit der Herrschaft Drachenfels zu belehnen.[470]

Der Kölner Erzbischof Ferdinand von Bayern holt ein Gutachten zu den Schreiben der Herzogin von Arschot vom 12. 6. 1638 und des Edelmannes Rudolf von Drachenfels vom 31. 1. 1638 ein 7. 10. 1638

Mit Schreiben vom 7. 10. 1638 forderte Erzbischof Ferdinand ein Gutachten seiner Räte in Bezug auf die beiden Schreiben vom 31. 1. 1638 und vom 12. 6. 1638 an und führte bezüglich des Schreibens der Herzogin von Arschot aus, daß er keinesfalls deren Tochter mit Burg und Herrschaft Drachenfels belehnen wolle, sondern allenfalls nach deren Verheiratung, wenn deren Ehemann von entsprechendem Stande sei. In bezug auf die noch offenstehende Belehnung führte Erzbischof Ferdinand aus, daß die Herzogin von Arschot „Unß und Unser Kirchen eröffnetes Lehenguett, schloß und Herrligkait Drachenfeltz in Vormunds Nahmen in Besitz" halte.

Auf das Schreiben Rudolfs von Drachenfels eingehend, erwähnte Erzbischof Ferdinand zunächst, daß diesem Schreiben ein „intercessionales" Schreiben des polnischen Königs beigefügt sei, das aber veraltet sei, da „es Anno 1615. 20. Aprilis datirt worden" sei. Hinzukomme, so heißt es weiter in dem Schreiben vom 7. 10. 1638, daß das Lehen Drachenfels seit „Anno 1550 alß nunmehr vor 88 Jahren in Milendunkschen und letzlich Anholtschen Händen gewesen und sich Keiner von Drachenfeltz inmittelst und alß in Viellmahlen verjährter Zeit um die belehnung angemeldet" habe. Deshalb sei er sich, so führte der Erzbischof aus, nicht klar darüber, ob es einer weiteren Anhörung des Rudolf von Drachenfels bedürfe und ob dieser sein Recht nicht eher gegenüber „den Inhabern und kunfftigen Vasallen" des Lehens Drachenfels geltend zu machen habe. Trotzdem wolle er, Ferdinand, gleichwohl eins oder anders Eures vernunfftigen Guttachtens erwarten".[471]

Der Kölner Erzbischof Ferdinand von Bayern belehnt Ferdinand Waldbott von Bassenheim mit Burg und Herrschaft Drachenfels 1642/1643

Rudolf von Drachenfels und seine drei Brüder Philipp II., Walter und Dietrich[472] wurden trotz des dringlichen Schreibens Rudolfs vom 31. 1. 1638 nicht mit Burg und Herrschaft Drachenfels belehnt. Das Genealogische Handbuch führt insoweit aus: „Als dort (Anm.: im Rheinland) 1642 die Burggrafenschaft von neuem an einen Deszendenten der Burggrafen in weiblicher Linie, dem Freiherrn Ferdinand Waldbott von Bassenheim, verlehnt wurde, hat er (Anm.: Rudolf von Drachenfels) bei der kölnischen Regierung protestiert und seine Erbansprüche zu begründen versucht. In Köln ist das aber nicht berücksichtigt worden, und zu einem Prozeß im Reichskammergericht scheint er sich nicht entschlossen zu haben. Ob dazu sein Abstammungsbeweis nicht genügte oder seine lutherische Konfession die Sache aussichtslos erscheinen ließ, wissen wir nicht. — Unsere Forschung bleibt bei der Wahrscheinlichkeit stehen, daß die kurländischen von Drachenfels zu einem nicht festzustellenden Zweige des Geschlechts gehören, das einst auf der gleichnamigen Burg am Rhein gesessen hat".[473]

In Bezug auf das Epitaph in der Kirche zu Doblen führt das Genealogische Handbuch nach vergleichenden Untersuchungen abschließend aus: „Da Philipp II. von Drachenfels 1620 auf der Ritterbank rheinische Vorfahren nicht angibt, und auch sein Bruder Dietrich sie 1637 nicht nennt, schließen wir daraus, daß das Epitaph sicher nach 1637 gestiftet wurde. Wahrscheinlich sind diese Vorfahren erst 1642 durch Rudolf von Drachenfels in Sachsen — Weimar entdeckt worden, als er solche zur

Begründung seiner Ansprüche auf die Burggrafschaft nötig hatte".[474]

Dazu ist zu vermerken, daß Rudolf von Drachenfels nicht erst 1642, sondern bereits 1638 den Versuch unternommen hat, Erbansprüche in Bezug auf die Burg Drachenfels geltend zu machen. Mit großer Wahrscheinlichkeit kann abschließend jedenfalls gesagt werden, daß der Kölner Erzbischof Burg und Herrschaft Drachenfels niemals einem Nichtkatholiken übertragen haben würde.

Die Linie des Edelmannes Philipp II. von Drachenfels hat „das Stammgut Grausden bis 1920 besessen. Der Barontitel wurde den kurländischen von Drachenfels durch russischen Senatsukas von 1862. IV. 3 zuerkannt".[475]
Die Söhne Rudolfs von Drachenfels" wurden nach dem Tode ihres Vaters († 1656) mit den hinterlassenen Gütern belehnt. Mit ihnen erlosch die männliche Deszendenz Rudolfs.[465]

Dagegen besteht die Linie Philipps II. von Drachenfels noch heute fort.

Die Burg Drachenfels wird zu Beginn des Dreißigjährigen Krieges in Verteidigungsbereitschaft gesetzt 1620

Zuletzt war die Burg Drachenfels von militärischer Bedeutung gewesen, als im September 1583 truchseßsche Truppen Königswinter einnehmen wollten, um nach Unkel und Linz vorzudringen. Eine ähnliche Rolle war der Burg auch im Jahre 1620 zugedacht. Bereits zwei Jahre vorher hatte der Dreißigjährige Krieg in der „Wetterecke Böhmen" seinen Anfang genommen. Dank der klugen Politik des Kölner Erzbischofs und Kurfürsten Ferdinand von Bayern war das Erzstift des Kurfürstentums Köln bis 1620 nicht in das kriegerische Geschehen einbezogen worden. Damals ging es jedoch im Zuge der sich wieder anbahnenden kriegerischen Auseinandersetzungen zwischen spanischen Truppen und Truppen der holländischen Generalstaaten um die Schaffung einer günstigen Ausgangsbasis für die eine oder andere Seite am Niederrhein. Dies sollte sich auch auf den Bonner Raum auswir-

ken. Es lag deshalb nahe, daß der Kölner Erzbischof militärische Vorsorge traf. Im Zuge dieser Vorkehrungen war es naheliegend die Burg Drachenfels in Verteidigungsbereitschaft zu setzen.

Als Lehnsherr konnte der Kölner Erzbischof die „Öffnung" der Burg Drachenfels im Interesse des Erzstifts verlangen. Dieses Recht hatte den Kölner Erzbischöfen auch schon zugestanden, als nicht sie, sondern noch die Pröpste des Bonner St. Cassius-Stifts Lehnsherrn der Burg Drachenfels waren.

Im Zuge der Bestrebungen um die Schaffung einer günstigen Ausgangsbasis am Niederrhein besetzten holländische Truppen im Herbst 1620 das „Komper Werth", eine Rheininsel in der Höhe von Grau-Rheindorf unterhalb von Bonn.

Hier auf dem „Komper Werth" errichteten die Holländer eine Schanze, die sogenannte „Pfaffenmütze". Ennen und Höroldt führen insoweit aus: „Sie sperrte den Rhein an der Schwelle zwischen Gebirge und Ebene. Ferdinand hat damals wohl die Schützen zur Landesverteidigung aufgeboten und die Burgen Drachenfels und Rheineck in Verteidigungszustand setzen lassen".[477]

Die Pfaffenschanze wurde „Ende 1622" erobert. Damit war zunächst das kriegerische Geschehen im Bonner Raum erledigt. Es sollte dann erst 1632 — Schweden hatte sich 1630 auf die Seite der protestantischen Fürsten gestellt — zu diesmal ernstlichen kriegerischen Auseinandersetzungen auf rechtsrheinischem Gebiet im Raume Siegburg/Deutz und im oberhalb von Bonn liegenden Oberstift des Rheinischen Erzstifts kommen.

Kriegerische Wirren auf der rechten Rheinseite und im Oberstift des Rheinischen Erzstifts 1632

Tilly, Feldherr der katholischen Liga, hatte am 17. 9. 1631 gegen schwedische Truppen die Schlacht bei Breitenfeld verloren. Wie Podlech ausführt, „schickte damals der Kölner Erzbischof Ferdinand von Bayern zur Unterstützung Tillys drei Regimenter Infanterie, zwei Regimenter Cavallerie und zwölf Geschütze".[478]

Damals stießen die schwedischen Truppen zum Rhein vor. Der Kölner Erzbischof schloß nach Podlech am 27. 10. 1632 einen Neutralitätsvertrag, der aber nicht lange eingehalten werden sollte. Podlech führt insoweit u. a. aus: „Der schwedische General Baudissin zog mit Heeresmacht gegen das Erzstift, um den Krieg dorthin zu verpflanzen und so Rache zu nehmen, daß der Erzbischof im Jahre zuvor jene Regimenter zu Tilly hatte stoßen lassen. Er eroberte und plünderte Andernach, Sinzig, Linz, Remagen, Ahrweiler, Oberwinter und die Klöster Nonnenwerth, Vilich und Schwarzrheindorf. Bonn vermochte er aber nicht zu nehmen; denn der Erzbischof hatte die ihm von den Ständen bewilligte Summe von 200 000 Thalern hauptsächlich auf die Befestigung der Stadt verwendet. Dagegen besetzte General Baudissin Siegburg und machte von da aus drei Jahre die ganze Umgegend bis nach Deutz unsicher, welches er eroberte und ausplünderte, ebenso Mülheim. Das Schloß Drachenfels fiel damals für immer in Trümmer".[479]

Die Burg Drachenfels wird von schwedischen Truppen erobert „2. 12. Novembr. 1632"

Die Kämpfe oberhalb von Bonn zwischen schwedischen und spanischen Truppen spielten sich mit mehr oder weniger wechselndem Kriegsglück immer wieder an dem einen anderen Ort des oben angegebenen Gebietes ab. Mattaeus Merian berichtete 1646 in seiner „Topographia Archipiscopatum Mogiuntinensis, Trevirensis et Coloniensis" u. a.:

„Es ligt aber das Stättlein Rheineck/ (so auch Reinecke/ und Rineck/ geschrieben wird) auff dem Gallischen Boden/ und Gestad des Rheins/ zwischen Brisich und Andernach/ welches im Jahr 1632. sampt den umligenden Dörfern/ von dem Schwedischen Volck/ außgeplündert; und doch/ beneben Ober-Wintern (so zwischen Rimagen/ und Rolandseck/ oberhalb Castel/ dagegen aber Konings-Winter/ ein

chur-Cöllnisches Stättlein/ am Rhein/ gelegen) starck von ihnen besetzt worden ist.

Es ligen oberhalb besagten Konings-Wintern/ Drachenfelß/ Wolckenburg/ Lewenburg/ und das Cöllnische Stättlein Breidbach".

Der Bericht Merians besagt nicht, daß die Burg Drachenfels damals von schwedischen Truppen eingenommen worden ist, Damals soll die Burg Drachenfels, wie de Claer ausführt, nicht hinreichend mit Proviant und Kriegsmaterial versehen gewesen sein".[480] An anderer Stelle führt de Claer aus: „Seit den Unruhen vom September 1583 hat keiner der Erben die Burg Drachenfels mehr bewohnt und es war ihre geringste Sorge, auf die Erhaltung eines alten Baues zu sehen, der nur den Kölner Kurfürsten zu Schutz und Frommen dienen konnte. Auch die Kurfürsten ließen es sich wenig angelegen sein, wie sie es den Lehnsbriefen gemäß wohl gemußt hätten, für die Ausbesserung, Bemannung und Verproviantierung der Veste hinreichend zu sorgen. Als die Schrecken und Stürme des 30jährigen Krieges sich auch in diese Gegend zogen, und der Schwede Baudihsen, nachdem er das Kölner Oberstift ausgeplündert hatte, (1632) auch Königswinter brandschatzte, war es ihm ein Leichtes, die Veste Drachenfels einzunehmen, da sie vom Kurfürsten weder hinreichend bemannt noch mit dem gehörigen Proviant und Kriegsbedarf versehen war".[481]

Mattaeus Merian gibt im 1643 erschienen III. Band seines „Theatri Europaei" nähere authentische Auskunft über die Eroberung der Burg Drachenfels. Er führt insoweit aus:

„Gegen Außgang monats Octobris haben die Chur-Cöllnische Soldaten im 300. starck sich unterstunden/ die von den Schwedischen gegen Lintz ober gebaute Schantze nieder zu reißen/ haben es aber also beschaffen befunden/ dz sie unverrichteter Sache sich retiriren müssen/ darauff hat Herr General Baudissin/ den 30. 31. biß 9. 10. Novembr. noch mehr Volck ober Rhein setzen lassen/ derowegen der Schrecken im Erzstifft Cöln von tag zu tag großer geworden/ Den 2. 12. Novembr. gegen Abent hat sich General Baudissin deß festen

Schlosses Drachenfelß mit Gewalt bemächtigt/ und weiter Lewenburg sich auch ergeben/ ist dazumahl der gantze Paß einseits Rheins biß Cölln den Schwedischen frey und offen gestanden. Ohnlengst hernach haben die Schwedische Syburg/ Drachenfelß/ Bensburg/ und Brück starck proviantirt".

Die schwedischen Truppen werden kurzzeitig von der Insel Nonnenwerth vertrieben 1633

Mattaeus Merian berichtet für das Jahr 1633 im „Theatri Europaei" u. a.: „Der General Baudis hat die den Spanischen abgenomen/ und darechtst offt doch vergeblich tentierte Statt Andernach ziemblich fortificieren/ und mit etlichen Schantzen verwehren lassen. Dargegen haben die Spanischen Nonnenwerth/ eine im Rhein gelegene Insul und Closter uberfallen/ in die 50. Schwedische darinnen erlegt/ und in die 100. gefangen. Als aber Herr General Baubiß sich gerüstet/ selbige Spanische daselbsten widerumb anzugreiffen/ haben sie seiner Ankunfft nicht erwartet/ sondern den Orth vor sich selbst wider verlassen".

Die Ittenbacher wollen einen Diebstahlsverdächtigen dem schwedischen Kapitän auf dem Drachenfels ausliefern

Der Königswinterer Dechant Schlösser fand in den zwanziger Jahren dieses Jahrhunderts im Königswinterer Pfarrarchiv ein Schriftstück vom 20. 10. 1640. Über den Inhalt dieses Schriftstücks berichtete Schlösser 1932/1933, daß „darin Nellis (Cornelius) Schuemacher erzählt, daß zur Zeit des Schwedeneinfalles sein Vorsatz Peter im Esdenbacher Busch in einem „Kollen" (Kuhle) Sachen gefunden habe. Infolgedessen sei er vom Schultheiß Johann zu Elsterrath „gar ungestüm gröblich angegangen, als wenn er solches gestollen solte haben". Er aber behauptete, er habe die Sachen neben der Grube, die offen gewesen, gefunden. Dies aber wollte der Schultheiß nicht glauben und er habe ihn „ohne einigen Anspruch der Obrigkeit schmerzlich peinigen lassen", er habe „ein Seil mit Knoten geknüpft um sein Haupt gefreidelt, ein bussenschloss (Daumenschraube) an seine Finger geschrauffet, dass er überlaut hat schreien müssen, so dass er mehr bekannt, als gefunden".

Dann aber habe man sein Haus durchsucht und die Sachen gefunden, aber nicht alles, was er bekannt hatte, worauf er erklärt habe, er könne die anderen Sachen nicht beschaffen „auch wenn man sein Herz mit hitzigem Oligh (Oel) verbrenne".

Daraufhin wollte man ihn dem Kapitän auf Drachenfels überliefern. Auf Fürbitte des Heinrich Dick und Kerstgen (Christian) zu Dittscheid wurde er aber freigelassen gegen Überlassung einer Handschrift über 50 Reichstaler, welche dann Heinrich und Kerstgen für 9 Reichstaler lösten. Die Eigentümer der Sachen, Thomas zu Ittenbach, der Schneider Johann daselbst und Johann Mentz zu Falkenstein nahmen „ohne einige Richter, Urteil und Scheffenerkenntnis" die Güter des Vorsatz in Beschlag und Nellis Schuemacher bitte nun den kurfürstlichen Verwalter Soentgen, um Gottes- und Rechtswillen ihm zur Hinterlassenschaft seines Vorsatzes zu verhelfen".[482]

Die Burg Drachenfels wird zur Ruine 1633/1634

Die Nachrichten über die Räumung der Burg Drachenfels durch die Schweden sind unterschiedlich. Maaßen führt insoweit aus: „Im dreißigjährigen Krieg (1633) eroberte der schwedische General Baudissin die Veste Drachenfels, ward aber noch im nämlichen Jahre von den Spaniern vertrieben. Kurfürst Ferdinand von Köln sah sich veranlaßt, die Zerstörung der Burg anzubefehlen, was anscheinend schon 1634 gründlich geschah". V. Mehring schreibt: „Im Jahre 1634 ließ der Kurfürst von Köln die schon ohnehin verfallene Burg zerstören, um nicht eine Besatzung auf derselben unterhalten zu müssen (Geschichte der Burgen, V, 5)".[483]
Von Ledebur führt aus: „Nach der Sage hausten die Schweden von der Burg Drachenfels aus übel im umliegenden Stifte, und dies vor-

züglich mag Erzbischof Ferdinand von Baiern bewogen haben, die Burg zu erobern und zu zerstören".[484]

Nach der Claer „hielten sich die Schweden nicht lange auf diesem Punkte und bald mußten sie den Spaniern wieder auf dem Drachenfels Platz machen. Es mag die Veste bei diesen mannigfachen Streifzügen und Operationen in diesen Kriegszeiten vieles erlitten haben, aber gänzlich zerstört wurde sie damals noch nicht. Erst als die Stürme des Krieges sich aus unserer Gegend verzogen hatten, ließ Kurfürst Ferdinand selbst die Veste brechen, um sie für ähnliche schwierige Zeiten den Feinden als vorteilhafte Stütze und einen geeigneten Hinterhaltspunkt zu nehmen und für sich selbst die Kosten und Furnirung zu ersparen. Wenn die Burg erhalten und genügend mit Mannschaften versehen worden wäre, würde den anliegenden Ortschaften in dem Schreckensjahr 1689 viel Leid und Drangsal erspart worden sein".[485]

Da zeitgenössische Nachrichten über die Vertreibung der schwedischen Truppen von der Burg Drachenfels fehlen, läßt sich der genaue Zeitpunkt ihrer Eroberung durch die Spanier nicht bestimmen. Jedenfalls war die Burg einschließlich der Burgkapelle bereits am 7. 7. 1634 stark zerstört.

Die Burgkapelle Drachenfels ist zerstört 7. 7. 1634

Authentische Auskunft über den Zustand der Burg und der Burgkapelle Drachenfels gibt eine Urkunde des Kölner Erzbischofs vom 7. 7. 1634. Aus der Urkunde ergibt sich aber keinesfalls, daß der Erzbischof die Burg Drachenfels hat schleifen lassen. Anscheinend befand sie sich aber, als sie von den Schweden geräumt wurde, bereits in einem derart desolaten Zustand, daß sich ihre Wiederherstellung nicht mehr lohnte.

Die erwähnte Urkunde hat im Eingang folgenden Wortlaut:

„Ferdinandus Dei gratia electus et confirmatus Archiepiscopus Coloniensis sacri

Romani Imperij per Italiam Archicancellarius, et princeps Elector, Episcopus Leodiensis, Monasteriensis et Paderbornensis, Administrator Hildesimensis, Berchtesgadensis et Stabulensis, Comes Palatinus Rheni, utriusque Bavariae, Westualiae, Angariae et Bullonis Dux, Marchio Franchimontensis universis ad quos praesentes nrae. literas pervenerint, salutem et omne bonum".

In der Urkunde heißt es (bei freier Übertragung ihres lateinischen Textes) weiter wie folgt:

„Es obliegt unserer erzbischöflichen Pflicht und Sorge, daß wir die Gottesverehrung bewahren und fördern. Insoweit geziemt es uns auch, die Pfarrkirche zu Königswinter, die nicht über genügend Einkünfte verfügt, in angemessener Weise so auszustatten, daß der Pfarrer eben dieses Ortes seinen seelsorgerischen Pflichten in vollem Umfang nachkommen kann.

Deshalb haben wir uns den dringenden Bitten des neuen Pfarrers Petrus Choll aus Gründen des Wohles seiner Kirche nicht verschließen können und übertragen durch diese unsere Urkunde der Königswinterer Pfarrkirche die Einkünfte des Altares des hl. Pankratius, der gemeinsam mit unserer Burg Drachenfels durch die Gewalttaten dieser unruhigen Zeiten zerstört worden ist.

Wir verbinden damit die Auflage, daß der jeweilige Pfarrer der vorgenannten Stadt (dicti oppidi Regiswinterer) in seiner Pfarrkirche auf ewig jeden Mittwoch (soweit und solange dem kein ernsthaftes Hindernis entgegensteht) das Opfer der Heiligen Messe gemäß der seit langem auf diesem nunmehr zerstörten Altar ruhenden Stiftung zu Ehren des Allmächtigen Gottes, der allerseligsten und unbefleckten Jungfrau Maria, aller Heiligen und des hl. Pankratius feiert und dafür die Einkünfte des Altares des hl. Pankratius empfangen und genießen möge".

Die Urkunde schließt wie folgt:

„In cujus rei fidem praesentes nostras unionis et incorporationis literas manu nostra subscriptas sigili nostri appensione comumniri jussimus. Datae in civitate nostra Bon-

Abb. 63: Turm der Königswinterer Pfarrkirche, Auszug aus einer Karte des Jahres 1743. Die Kirche wurde 1779 abgerissen. Siebengebirgsmuseum.

nensi, septima die mensi Julij anno MDCXXXIV".[486]

Die Burg Drachenfels vor und nach ihrer Zerstörung

Der Kupferstich von Merian gibt relativ authentisch die Burganlage Drachenfels wieder. Der hohe Bergfried steht inmitten der Kernburg. Links unterhalb des Bergfrieds erkennt man das langgestreckte Torhaus mit dem Eingang zur Kernburg. Das rechts vom Torhaus befindliche zinnenbewehrte Haus mit einem Fenster war tatsächlich ein zweistöckiges Steingebäude, dessen Reste mit dem im Erdgeschoß befindlichen „Kölner Fenster" heute noch stehen. Rechts unterhalb des Bergfrieds der Kernburg sieht man einen weiteren viereckigen Bergfried mit einem Zinnenkranz. Dieser niedri-

ger gelegene Bergfried dürfte, wenn er tatsächlich existent gewesen sein sollte, Bestandteil des südlichen Teiles der die Kernburg umgebenden Unterburg gewesen sein und das damals noch relativ kleine Drachenfelsplateau beherrscht haben.

Die Unterburg, die sich tatsächlich in einer Länge von ca 120 m ab Torhaus nach links, also nach Norden hin erstreckte, ist nur angedeutet. Unter der Burganlage liegt der sogenannte „Gemeine Bruch", der vielfach fälschlich als Domsteinbruch bezeichnet wird. Vom gemeinen Bruch aus zieht sich die Hauptsteinrutsche hangabwärts zum Rheinufer hin. Am linken oberen Ende des „Gemeinen Bruchs" stand in ca. 120 m Entfernung vom Torhaus der Kernburg ein die Unterburg nach Norden hin begrenzender Rundturm, dessen Fundamente heute noch stehen. Merian hat die Burgkapelle Drachenfels, die direkt oberhalb des „Gemeinen Bruchs" stand, nicht im Bild festgehalten. Im südlichen Hang des Berges sind Teile der Siegfriedfelsen wiedergegeben, von denen aus sich der Domsteinbruch zum Bergplateau hinzog.

Der Kupferstich von Waldmann zeigt die Burg Drachenfels aus einer anderen Perspektive. Auch Waldmann hat südlich des Bergfrieds der Kernburg einen weiteren Bergfried abgebildet.

Wenzel Hollar, der sich von 1632 — 1636 in Köln aufhielt, hat die wesentlichen Teile der Burganlage im Bild festgehalten, ohne auf Einzelheiten der Unterburg einzugehen. Klar herausgearbeitet ist das bereits erwähnte langgestreckte Torhaus oberhalb des „Gemeinen Bruchs". Auf der rechten Seite der Burganlage ist der bereits erwähnte niedriger liegende zweite Bergfried abgebildet (Abb 66).

Die Abb. 67 zeigt den gesamten Kupferstich von Wenzel Hollar. Links vom Drachenfels hat Wenzel Hollar ebenso wie Waldmann die Wolkenburg im Bild festgehalten.

Der Kartenausschnitt aus dem 17. Jahrhundert stellt nicht nur relativ authentisch die erzbischöfliche Festung Wolkenburg dar, sondern zeigt auch belegbar authentisch Einzelheiten des nördlichen Teiles der Unterburg der Burganlage Drachenfels (Abb 68).

Stark herausgestellt ist die Steinrutsche des Gemeinen Bruchs, die oben direkt unterhalb der Burgkapelle Drachenfels endet. Der angedeutete turmartige Giebel der Kapelle ist nach Norden gerichtet.

Links bzw. nordöstlich der am Bergabhang liegenden Burgkapelle erhebt sich ein viereckiger Turm. Weiter links bzw. nördlich schließt ein Rundturm die Unterburg nach Norden ab.

Außer dem Bergfried sind die Gebäude und Mauerteile der Kernburg nur angedeutet. Der Kartenausschnitt zeigt nicht den von Merian, Waldmann und Wenzel Hollar wiedergegebenen zinnenbewährten viereckigen Bergfried rechts unterhalb des Bergfrieds der Kernburg.

Das untere Mauerwerk des Rundturmes am Nordende der Unterburg ist noch vorhanden (Abb. 74). Die Burgkapelle selbst ist sehr bald nach 1634 bis auf ihren Nordgiebel der Steinbruchtätigkeit zum Opfer gefallen. Noch 1784 berichtete von Schönebeck über den Nordgiebel der Burgkapelle: „Außer diesem Thurme (Anm.: Bergfried der Kernburg) stehen noch ein paar alte Ruinen da, die alle Augenblicke den Einsturz drohen, und worunter eine weiter unten nach Norden stehende, weil sie denen auf dem Rheine Vorbeyfahrenden wie ein Kapuciner, der einem den Rücken gekehrt hat, vorkommt, merkwürdig ist".[487] Erst im Mai 1828 stürzte dieser „Kapuciner", der auch „Mönch" genannt wurde, ab.

Der Stahlstich, zeigt den Nordgiebel der Burgkapelle und links bzw. nördlich davon auf einer kleinen Erhebung vor einem dunklen Strauch die Reste des unteren Mauerwerks des Rundturmes am Nordende der Unterburg. Rechts oberhalb des Nordgiebels der Burgkapelle ist ein größeres Mauerstück abgebildet. Hierbei handelt es sich nicht um die Reste des bereits erwähnten viereckiges Turmes der Unterburg, sondern um den Rest der Ringmauer, die sich unterhalb der Kernburg nach rechts bzw. nach Süden hinzog.

Die Grundrißskizze nach de Claer zeigt nicht nur den Rundturm am Nordende der Unterburg und den wahrscheinlichen Standort der Burgkapelle, sondern auch den bereits erwähnten viereckigen Turm der Unterburg. Die ununter-

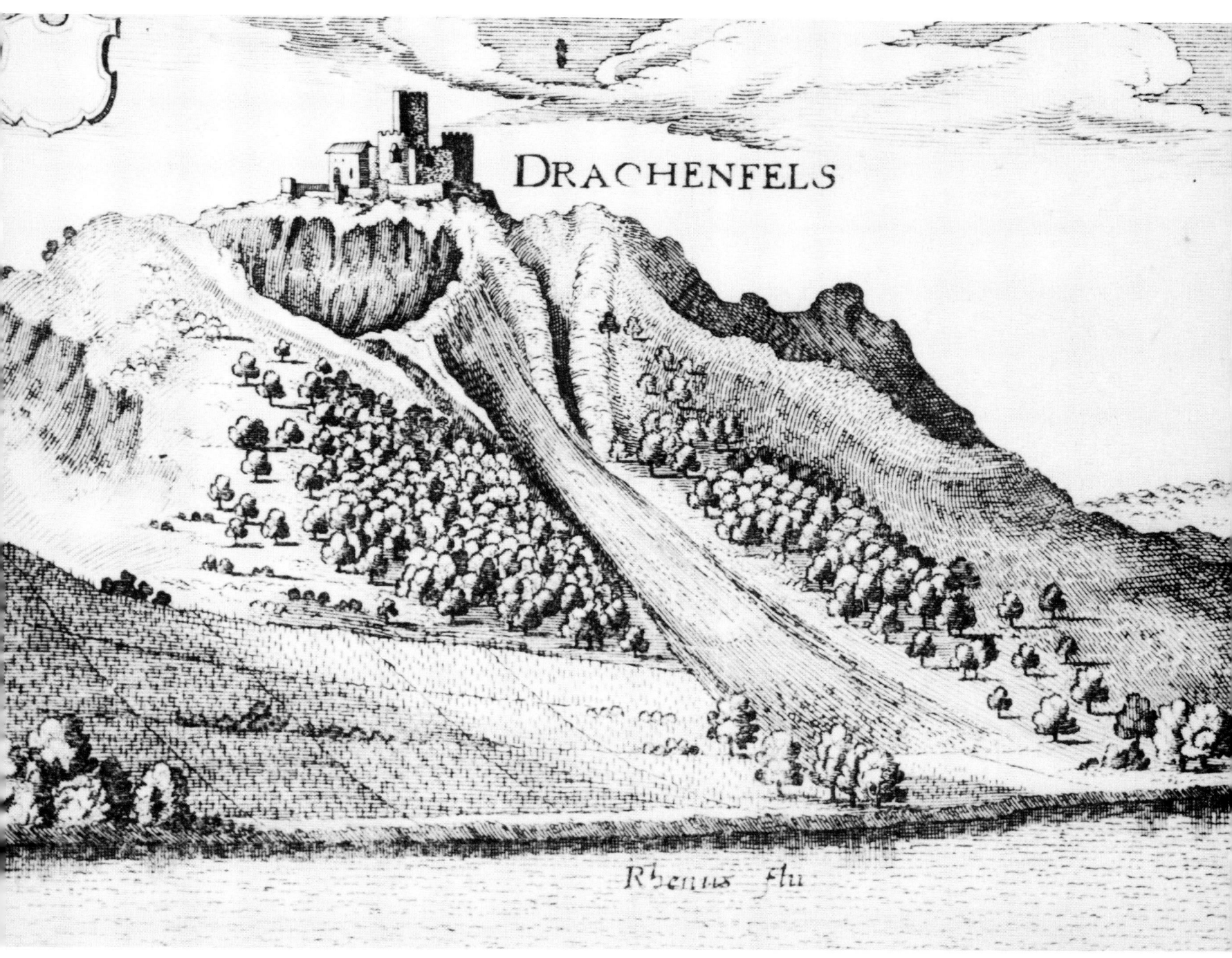

DRACHENFELS

Rhenus flu

Abb. 64: Kupferstich von Matthaeus Merian, veröffentlicht 1646, Siebengebirgsmuseum.

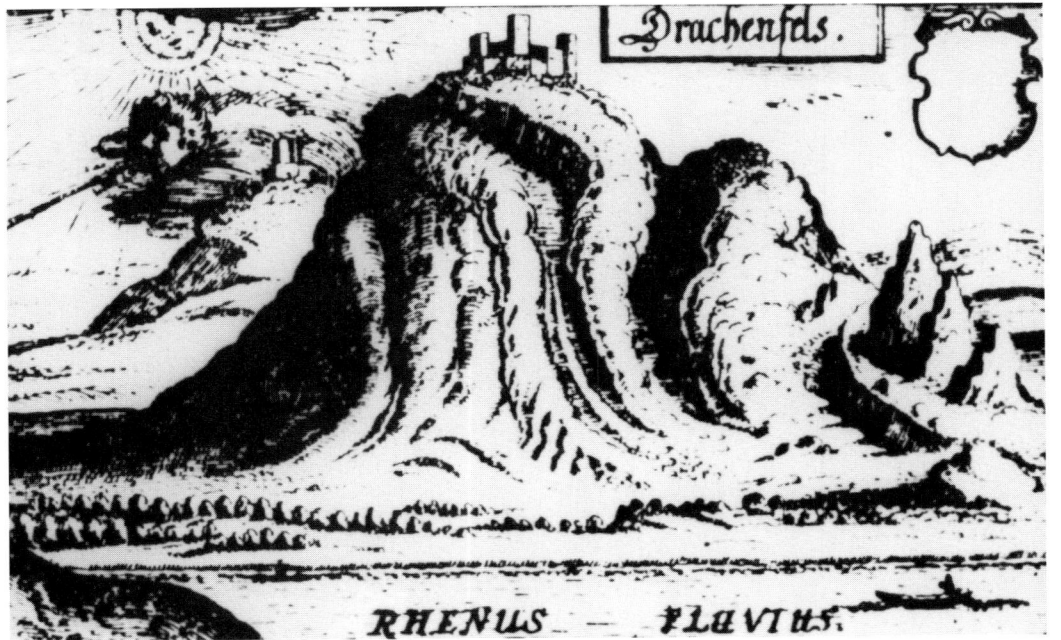

Abb. 65: Kupferstich von Johann Philipp Waldmann, 1630; Siebengebirgsmuseum.

Abb. 66: Ausschnitt aus einem Kupferstich von Wenzel Hollar; Siebengebirgsmuseum.

brochenen Linien der Skizze markieren die Teile der Burganlage, die 1878 noch standen, während die unterbrochenen Linien die damals nicht mehr vorhandenen Teile der Burganlage andeuten. Jedoch konnte bereits 1878 ebensowenig wie vorher der genaue Verlauf des Westrandes des nördlichen Teiles der Unterburg zwischen dem vermuteten Standort der Burgkapelle und dem nördlichen Rundturm festgestellt werden.

Die Grundrißskizze nach de Claer und der heute noch vorhandene Mauerkern des viereckigen Turmes der Unterburg, der über die Ringmauer nach Osten in Richtung Wolkenburg vorsprang, beweisen, daß der Kartenausschnitt aus dem 17. Jahrhundert die wesentlichen Einzelteile der Unterburg und deren Örtlichkeit den Tatsachen entsprechend wiedergegeben hat.

Es handelte sich bei dem über die Ringmauer vorragenden Turm um einen sogenannten Flankierungsturm, der den Verteidigern der Burg die Möglichkeit gab, die Angreifer vor der Ringmauer unter seitlichen Beschuß zu nehmen.

Man erkennt auf der Abb. 71 rechts einen Teil der noch mit einem Buckelsteinmantel bewehrten Ringmauer. Aus ihr springt nach links der Mauerkern des Flankierungsturmes vor, dessen Buckelsteinmantel bereits abgefallen ist.

Das Gelände westlich der Buckelsteinmauer und des Mauerkerns des Flankierungsturms ist der Steinbruchtätigkeit zum Opfer gefallen. Der erhaltene Teil der Ringmauer steht also direkt am felsigen Abgrund. Dies wird besonders deutlich durch einen Blick aus nördlicher Richtung auf die westliche Innenseite der Ringmauer (Abb. 72).

Der Zeichner der Lagenkarte des 17. Jahrhunderts hat den Standort der wesentlichen Teile der nördlichen Unterburg zwar authentisch wiedergegeben, die gesamte Burganlage aber so gezeichnet, als ob sie auf einem horizontalen Plateau läge. Tatsächlich jedoch lag die nördliche Unterburg, wie man auch schon aus der Abb. 69 entnehmen kann, tiefer als die Kernburg. Darüber hinaus fiel das Gelände der Unterburg nach Norden hin ab.

Abb. 67: Wiedergabe der Burganlage Drachenfels, Wenzel Hollar, erste Hälfte des 17. Jahrhunderts.

Der Blick aus dem hoch gelegenen „Kölner Fenster" zeigt die abfallende Felswand. Zwischen dem 2. und 3. Gitterstab von links erkennt man schwach angedeutet etwa in der Mitte die Reste des Rundturms am Nordende der Unterburg. Das Bild macht deutlich, daß die nördliche Unterburg bis auf den Rest des Nordturmes der Steinbruchtätigkeit zum Opfer gefallen ist. Nicht zu erkennen ist der bereits erwähnte Teil der Ringmauer einschließlich des Mauerkerns des Flankierungsturms.

Bei der Wiedergabe der Burganlage Drachenfels aus dem 17. Jahrhundert (Abb. 68) fällt auf, daß sowohl der Rundturm am Nordende der Unterburg als auch der Bergfried der Kernburg sich schachtelartig nach oben verjüngen. Der noch stehende Bergfried der Kernburg widerlegt diese Darstellungsart.

Weder auf den Stichen von Merian, Waldmann und Wenzel Hollar noch auf späteren Stichen ist dieser Rundturm abgebildet worden. Lediglich in dem Kopfbild einer aus Anlaß eines Limi-

tenganges vom 7. 7. 1777 gefertigten Karte ist der im oberen Teil bereits zerstörte Rundturm dargestellt (siehe Abb. 75). Da er im Vergleich zum Bergfried übertrieben groß wirkt, muß er 1777 noch besonders ins Auge gefallen sein.

Rechts oberhalb des Restes des Rundturmes erkennt man den „Kapuziner" und weiter rechts oben den Gebäuderest, in dem sich noch heute das „Kölner Fenster" befindet. Das Kopfbild zeigt im übrigen unter der Bezeichnung „A" die „Herrschaftlichen Weinberge", „B" die Stein-gahs, „C" die Parzelle „auf dem Krügelgen", „D" die Wiese auf dem Drachenfelsplateau und „E" die Stelle, wo sich die „Hahnen portz" (Hahnentor) befunden haben soll. Das Kopfbild macht im übrigen deutlich, daß sich die Grenze zwischen dem kurkölnischen Amt Wolkenburg und dem bergischen Amt Löwenburg über die Steingaß hangaufwärts zum Drachenfelsplateau hinzog. Von hier aus verlief die Grenzlinie in östlicher Richtung zum Osthang der Wolkenburg und an diesem

vorbei zum Schallenberg. Oben im Kopfbild ist ein Teil des Weges zur Burg Drachenfels eingezeichnet, der am Hahnentor endete.

Die Burg Drachenfels
im Jahre 1636

Bereits im Jahre 1634 waren die Burg und die Burgkapelle auf dem Drachenfels zerstört, wie aus der Urkunde des Kölner Erzbischofs Ferdinand von Bayern vom 7. 7. 1634 folgt. Der nachfolgend abgebildete Kupferstich von Wenzel Hollar aus dem Jahre 1636 zeigt die damalige Zerstörung der Burganlage Drachenfels deutlich (Abb. 76). Auch auf diesem Stich ist rechts unterhalb des Bergfrieds der Kernburg ein weiterer Bergfried abgebildet.

XVI. Burggraf von Drachenfels
Freiherr Ferdinand Waldbott von Bassenheim
13. 3. 1643 oder 14. 3. 1642

Nach dem Tode ihres ersten Mannes Jakob

143

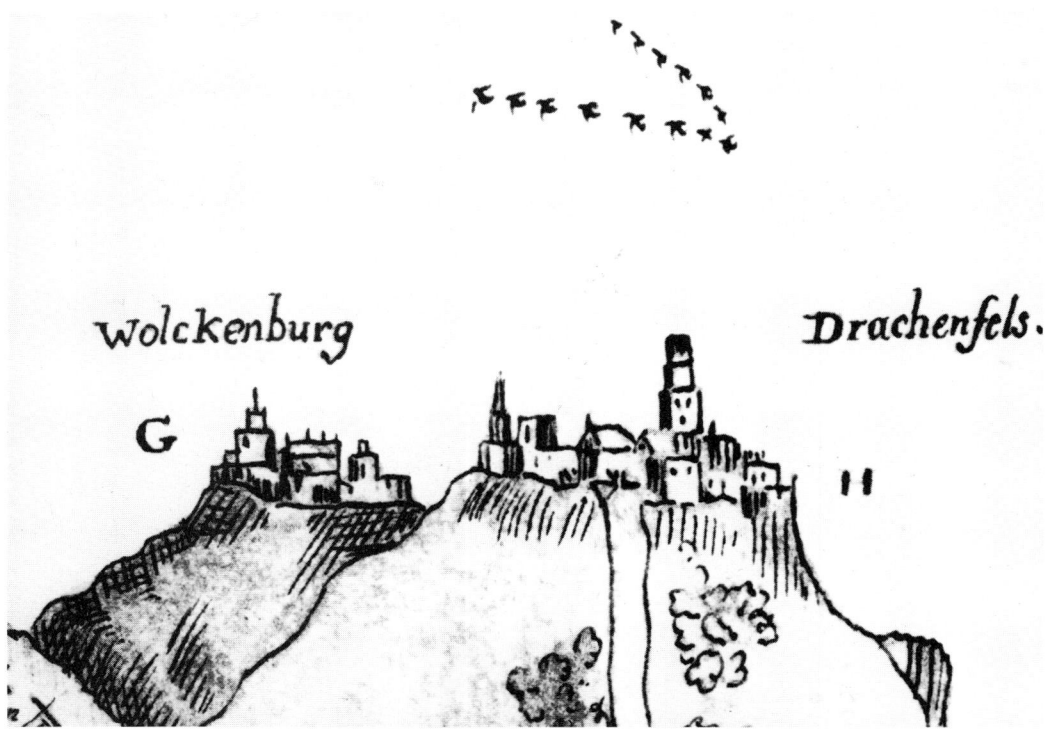

Abb. 68: Ausschnitt aus einer Lagenkarte des 17. Jahrhunderts; Siebengebirgsmuseum.

von Batenburg und Anholt, des XV. Drachenfelser Burggrafen, war es seiner Witwe trotz
intensiver Bemühungen nicht gelungen, eine
vorzeitige Belehnung ihrer Tochter Johanna
Katharina Elisabeth mit Burg und Herrschaft
Drachenfels durch den Kölner Erzbischof Ferdinand von Bayern zu erreichen. Der Erzbischof hatte sich nämlich vorbehalten, die
Erbin des letzten Burggrafen nur dann zu
belehnen, wenn sie „sich mit seinem Wissen
und Willen mit einem Cavalier des Erzstifts verheirate".

De Claer führt aus: „Johanna Catharina Elisabeth Gräfin von Bronkhorst zu Anhold, welche
sich 1631 (1641?) ohne Einwilligung des (Kölner) Kurfürsten mit dem Herzoge Philipp von
Croy vermählte. Erst jetzt nach dem Absterben

des letzten Grafen von Bronkhorst machte Ferdinand Freiherr von Walpott Bassenheim zu
Gudenau, der Ur-Ur-Enkel des Otto Walpode
und der Apollonia von Drachenfels als Rechts-
nachfolger der älteren Gotthard'schen Linie
seine Ansprüche auf alle Drachenfels'schen
Güter geltend, obgleich die jüngere Heinrich'sche Linie schon längst im Mannes-
stamme ausgestorben war. Wirklich belehnte
ihn auch der Kurfürst Maximilian Heinrich in
Folge Urtheils des Kurkölnischen Lehnshofes
de 13. 3. 1643 mit der früher (1550) Dietrich
von Millendonk als Lehn übertragenen Hälfte
(— 403), so daß sich nun in den Händen Ferdinands das ganze Besitztum wieder zusammen-
fand, nur mit dem sonderbaren Unterschied,
daß die eine Hälfte Allodial — Eigentum geblieben, während die andere lehnrührig war".[488]

Lacomblet gibt einen anderen Zeitpunkt der
Belehnung an und führt in Bezug auf Johanna
Katharina Elisabeth Gräfin von Bronkhorst und
Anholt aus: „Als sie sich dem entgegen mit
dem Grafen Philipp von Croy vermählte, verlieh
der Erzbischof Burg, Burggrafschaft und Ländchen Drachenfels unter dem 14. März 1462 —
dem Freiherrn Ferdinand Waldbott von Bassenheim zu Gudenau für sich und seine männlichen Erben katholischer Religion, ohne den
Einspruch eines Rudolph von Drachenfels aus
Liefland, der damals im Dienste des Herzogs
von Sachsen — Weimar stand und sich für den
Nachkommen eines dorthin „gegangenen"
Burggrafen Heinrich ausgab, weiter zu beachten".[489]

Im Hinblick auf das de Claer zur Verfügung
gestanden habende umfangreiche Archiv wird
man wohl davon ausgehen müssen, daß die
Belehnung Ferdinands Waldbott von Bassenheim am 16. 3. 1643 erfolgt ist. Soweit de Claer
ausführt, daß die eine Hälfte des Drachenfelser
Besitzes am 13. 3. 1643 „im Allodial-Eigentum
geblieben" sei, kann er damit nur die Erbrechte
des Hauses Bassenheim am Drachenfelser
Ländchen gemeint haben, da ja Burggraf Dietrich Herr zu Millendonk und Drachenfels das in
seinem Besitz befindliche Drachenfelser Erbe
am 5. 5. 1550 dem Kölner Erzbischof zu Lehen
aufgetragen und es von diesem als Lehen
zurückerhalten hatte.

Ferdinand Waldbott von Bassenheim war ein
Enkel Ottos Waldbott von Bassenheim, der
1553 Johanna Scheiffart von Merode geheiratet
hatte. Durch die verschiedensten Maßnahmen
hatte Otto Waldbott von Bassenheim zwischen
dem 1. 3. 1561 und dem 19. 1. 1562 sein
Anrecht auf die Herrschaft über das „Ländchen
Drachenfels" geltend zu machen versucht. Aus
der Ehe Ottos Waldbott von Bassenheim und
seiner Frau Johanna Scheiffart von Merode
stammte ihr Sohn Otto Heinrich Waldbott von
Bassenheim. Dieser „empfing die Belehnung
für sich und seine Brüder Hans Anton und
Hans Christoph am 7. November 1590. Otto
Heinrich Waldbott von Bassenheim, Herr zu
Gudenau durch Belehnung von 1615, Herr des
Ländchens Drachenfels, Merl, Rutzheim und

Abb. 69: Stahlstich von de Fries, Anfang des 19. Jahrhunderts; Siebengebirgsmuseum.

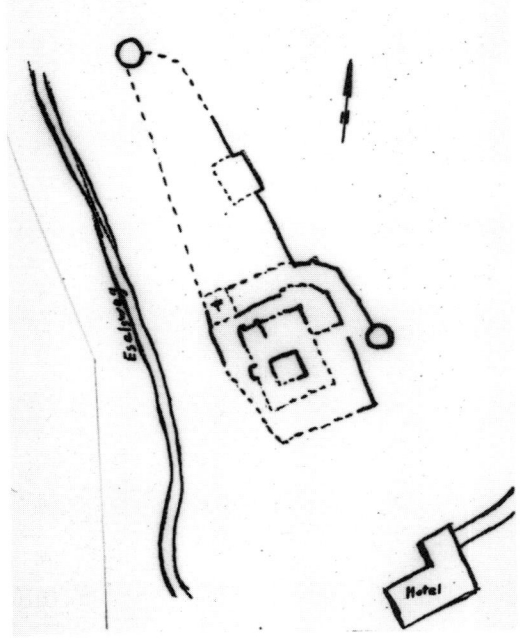

Abb. 70: Grundskizze nach „de Claer". Sie zeigt nicht nur den Rundturm am Nordende der Unterburg, sondern auch den viereckigen Turm der Unterburg.

Abb. 71: Blick aus nördlicher Richtung auf die Ringmauer und den efeubewachsenen Mauerkern des Flankierungsturmes; 1977.

Billig, zur Hälfte Pfandherr des Amtes Wolkenburg, heiratete im J. 1599 Katharina von Hochsteden zu Nothausen und hinterließ einen Sohn und drei Töchter. Es folgte im Besitz der Sohn Ferdinand Freiherr von Waldbott, heirathet im J. 1633 Maria Quad, Tochter Wilhelms von Buschfeld".[490]

In den obigen Angaben Maaßens über Ferdinand Waldbott von Bassenheim fällt auf, daß Ferdinand Waldbott von Bassenheim nicht nur als „Mitpfandherr der Pfandschaft Wolkenburg", sondern auch als „Herr des Ländchens Drachenfels" bezeichnet wird, obwohl er vor dem 13. 3. 1643 allenfalls nur Mitherr des „Ländchens Drachenfels" gewesen sein kann.

Graf Philipp von Croy und seine Frau
Johanna Katharina Elisabeth von Batenburg und Anholt
machen Erbrechte auf Burg
und Herrschaft Drachenfels geltend
ab 1642/1643

Lacomblet berichtet: „Durch das ganze 16. Jahrhundert und die erste Hälfte des 17. Jahrhunderts ziehen sich trotz mehrerer Vergleiche diese Zwistigkeiten (Anm.: um die Herrschaft Drachenfels) nun zwischen den Herren von Drachenfels und Gudenau zum großen Nachtheil der Unterthanen des Ländchens, die gar oft beiden Herren zugleich Schatz zahlen und Dienste leisten mußten.

Durch die Erwerbung des zur Burg gehörenden Antheils, die selbst indessen im Jahre 1634 bereits von dem Lehnsherrn nach Vertreibung der schwedischen Besatzung zerstört worden war, kam nunmehr die ganze Herrschaft Drachenfels in die Hände Ferdinands Waldbott zu Gudenau. Er mußte für die Verleihung 11 000 Thaler zahlen, die ihm jedoch wiedererstattet werden sollten, wenn er das Lehen in einem Prozesse verlieren würde.

Ein solcher Prozeß wurde denn auch wirklich von dem Gemahl der Bronkhorst'schen Erbtochter, dem Grafen Philipp von Croy erhoben".[491]

Der Rheinische Antiquarius berichtet über den

Grafen Philipp von Croy, der die einzige Tochter des XV. Drachenfelser Burggrafen Johann Jakob von Batenburg und Anholt geheiratet hatte, folgendes:

„Jacob Philipp von Croy führte nur den Titel eines Grafen von Croy, als er von Kaiser Leopold I. am 31. März 1664 in den Reichsstand erhoben wurde. Er bemühte sich auch um Sitz und Stimme in dem Reichsfürstenrath, erhielt zu dem Ende von dem Kaiser am 1. Sept. 1666 ein an den Erzbischof von Salzburg gerichtetes Empfehlungsschreiben, und erbot sich, als er am 31. Jan. 1669 sein Gesuch bei der Reichsversammlung erneuerte, wegen seiner Herrschaft Mylendonk für einen einfachen Römermonat zu des Reiches Anlagen 76 Gulden, für die Unterhaltung des Reichskammergerichts jährlich 76 Gulden beizutragen, konnte aber niemals diesen Zweck erreichen.

Seine silbernen Jetons (A. Ex. Vtraque. Gloria. Das gekrönte zweitheilige ovale Wappen zwischen zwei Lorbeerzweigen, unthen ein kleiner Kopf. R. Insignia. Comitatus. Hannonie. Das vierfeldige Wappen, oben die Jahreszahl 1634) sind sehr selten geworden.

Seine Gemahlin, Isabelle von Bronkhorst, verm. 1642, war des berühmten Kaiserlichen und ligistischen Feldmarschalls Johann Jacob von Bronkhorst, gewöhnlich der Freiherr von Anholt genannt, und der Gräfin Maria Cleopha von Hohenzollern einzige Tochter, und verbrachte als solche die reichsunmittelbare Herrschaft Mylendonk, die Burggrafschaft Drachenfels in dem Siebengebirge, die Bannerherrschaft Baar und Lathum in der Grafschaft Zütphen, die cölnischen Pfandschaften Rhens und Wolkenburg in die Ehe".[492]

Zu den Angaben des Rheinischen Antiquarius, Jacob Philipp von Croy sei mit Isabelle von Bronhorst verheiratet gewesen, ist festzustellen, daß sie nicht nur die Vornamen Johanna Katharina Elisabeth, sondern auch den Vornamen Isabelle geführt hat. In der Regel fand jedoch der Vorname Isabelle in Urkunden kaum Erwähnung. Nach einer von Schmitz mitgeteilten Urkunde vom 3. 5. 1678 verkauften „Philipp Herzog von Croy Graf zu Roentz und Herr zu Millendonk und Frau Johanna Katharina Elisabeth geb. Gräfin von Bronkhorst den Eheleuten Johannes Krahe, Schlutheiss zu Oberdollendorf, und Christine geb. Köhnen ihre zu Oberdollendorf gelegenen Erbzinsgüter".[493]

Die Auseinandersetzungen zwischen dem Hause Waldbott von Bassenheim und Gudenau einerseits und dem Grafen von Croy und dessen Söhnen andererseits um das Drachenfelser Erbe fanden erst gegen Ende des 17. Jahrhunderts dadurch ihr Ende, daß das Haus Croy seitens des Hauses Waldbott von Bassenheim und Gudenau finanziell abgefunden wurde. Bei den Auseinandersetzungen um die Drachenfelser Erbschaft dürfte das Haus von Croy in tatsächlicher Hinsicht, wie der Geschehensablauf

Abb. 72: Blick auf die noch mit einem Buckelsteinmantel bewehrte Innen- bzw. Westseite der Ringmauer; 1977.

ausweist, die bessere Ausgangsposition gehabt haben.

XVII. Burggraf von Drachenfels
Otto Werner Freiherr von Waldbott
zu Gudenau
1667

Nach dem Tode des XVI. Drachenfelser Burggrafen Ferdinand Freiherr Waldbott von Bassenheim und Gudenau übernahm dessen ältester Sohn Otto Werner das Burggrafenamt Drachenfels. Maaßen führt insoweit aus: „Der älteste Sohn Otto Werner Freiherr von Waldbott war Herr zu Gudenau, Erbburggraf des Erzstifts Köln, Herr des Ländchens Drachenfels, der Herrschaften Villip, Oedingen, Nierendorf, Merl, Rützheim und Billig, Pfandherr des Amtes Wolkenburg und der Trier'schen Unterherrlichkeit Horchheim, Erbsaae zu Nothausen

147

Abb. 73: Blick aus dem „Kölner Fenster" der Kernburg nach Norden; 1977.

Abb. 74: Blick aus nordwestlicher Richtung auf die Reste des Rundturmes am Nordende der Unterburg, 1977.

und Odenhausen, kurkölnischer Kämmerer, Hofrath, Amtmann zu Nürburg, Godesberg und Mehlem".[494]

Otto Werner Waldbott zu Gudenau wendet sich
gegen die 1634 erfolgte Übertragung der Einkünfte
des Pankratiusaltars
der Burgkapelle Drachenfels
auf die Pfarre Königswinter

Der Kölner Erzbischof Ferdinand von Bayern hatte am 7. 7. 1634 die Einkünfte des Altares des hl. Pankratius bzw. der Burgkapelle Drachenfels der Königswinterer Pfarre übertragen.

„Gegen diese Anordnung erhob Otto Werner von Waldbott zu Gudenau, Herr von Drachenfels Protest, indem er ausführte, die Kapelle auf der Burg sei Privat-Eigenthum der Herren von Drachenfels gewesen; es habe dem Besitzer freigestanden, einen Priester für den Gottesdienst an der Hauskapelle gegen angemessene Competenz zu dessen Lebensunterhalt anzunehmen und zu entlassen; ihm seien auch nach der Zerstörung der Burg alle damit verbundenen Rechte reserviert worden, weshalb auch die Renten nicht ohne seine Zustimmung hätten vergeben werden können. Zugleich sprach Herr Walpott den Wunsch aus, daß die Einkünfte des Pancratius-Altars der Pfarrkirche in Ittenbach überwiesen werden möchten, weil der dortige Pfarrer kein hinreichendes Einkommen besitze".[495]

Die Einkünfte des Altars
des hl. Pankratius werden
dem Pfarrer von Ittenbach zugewiesen
20. 5. 1667

Lacomblet führt bezüglich der „kirchlichen Verhältnisse zu Ittenbach" u. a. aus: „Ittenbach war bis 1667 eine Filiale von Königswinter. Pastor Laurentius von Königswinter wird am 9. August 1610 zu seinen Pfarrkindern in Ittenbach berufen, um ein Testament zu thätigen. Daß damals eine Kapelle in dem Orte sich befand, läßt sich bei der weiten Entfernung von der Pfarrkirche vermuthen, zumal es als Civil-

Abb. 75: Kopfbild der Karte des Limitenganges vom 7. 7. 1777 (Nachzeichnung).

Abb. 76: Kupferstich von Wenzel Hollar aus dem Jahre 1636. Hier ist die damalige Zerstörung der Burg Drachenfels deutlich zu erkennen.

gemeinde eine gewisse Bedeutung hatte. Beweise dafür liegen nicht vor. Erst im Jahre 1644, den 31. August, vermacht Winand Dötscheid zu Dötscheid bei Ittenbach in Gegenwart des Pastors von Königswinter, Doctor Petrus Colenius, ausser anderen Legaten ein besonderes, „damit in Ittenbach eine Kapelle erbaut und für den Stifter ein Anniversar nebst Memorie" gehalten werde. Erst im Jahre 1660 gelangte der Kapellenbau zur Ausführung, woran sich bald die Errichtung der Pfarrstelle anschloß. Inzwischen fungierte an der Kapelle ein Geistlicher, Gabriel Bußdorf, unter dem Titel eines Pastors, der den Ankauf eines Pfarrhauses im Jahre 1665 zum Abschluß brachte und bis 1667 die Verwaltung führte. Die Dotation der Pfarrstelle kam von einer Stiftung des Pancratiusaltars der Burg Drachenfels her und wurde veranlaßt durch die Zerstörung der Drachenfelser Burg und Kapelle im dreißigjährigen Krieg".[496]

Auf Veranlassung Otto Werners Waldbott zu Gudenau übertrug der Kölner Erzbischof Max Heinrich von Bayern die Einkünfte des Pankratiusaltares bzw. der Burgkapelle Drachenfels am 20. 5. 1667 dem Pfarrer zu Ittenbach.[497]

Der Kölner Erzbischof Max Heinrich von Bayern
weist den Pfarrer von Königswinter an, die Einkünfte des Altars des hl. Pankratius dem „Pastoren zu Ittenbach zu restituiren"
17. 6. 1669

Maaßen führt aus, „daß der Pfarrer von Königswinter mit der Entscheidung des Kölner Erzbischofs vom 20. 5. 1667 nicht einverstanden zu sein schien. Daher erklärte Erzbischof Maximilian Heinrich unter dem 17. 6. 1669, es sei aus den von Herrn Walpott-Bassenheim geltend gemachten Gründen billig, bei der Verordnung von 1667 es bewenden zu lassen, „und befehlen darauf Ihro Churfürstliche Durchlaucht dem jetzigen Pastoren zu Königswinter gnädigst und ernstlich, daß derselbe sich alsolcher Renten gar nit unterfangen, sondern was davon der ausgelassenen gnädigster Verordnung zuwider anmaßlich heben, solches dem Pastoren zu Ittenbach alsobald zu restituiren schuldig sein solle".[498]

Zu den Einkünften des Altares des hl. Pankratius bzw. der Burgkapelle Drachenfels ist noch nachzutragen, daß sich diese aus den Einkünften des Pankratiushofes in Mehlem und aus 4$\frac{1}{2}$ Morgen Land in Aegidienberg zusammensetzten. Der Pankratiushof lag an der Stelle, wo sich jetzt der Mehlemer Bahnhof befindet.[499]

Die Ittenbacher brechen das Gestein für den Bau ihrer Pfarrkirche an der Burg Drachenfels
9. 6. 1660

Maaßen berichtet über den Ittenbacher Kirchbau u. a.: „Im Jahre 1660 erbauten die Eingesessenen von Ittenbach auf derselben Stelle, wo jetzt die neue Kirche steht, eine Kapelle, welche nach einigen Jahren (1667) zur Pfarrkirche erhoben wurde. Die Ittenbacher brachen die Steine auf dem Drachenfels, welchen Herr von Gudenau als kurfürstliches Lehen besaß. Herr von Gudenau untersagte es. Auf desfallsige Beschwerde an den Kurfürsten erfolgte nachstehender Entscheid:

„Maximilian Heinrich an den zu Gudenau. Beygeschlossen findest du zu verlesen, waß bey Uns die Eingesessene zu Ittenbach wider dich underthänig supplicando geklagt gebettet.

Sintemahlen . . . die abführung der stein zu behuff eines Capellenbaues mit unser gnstr. bewilligung geschahen, und dan viell mehr Wir zu anderm ursach haben, daß die stein von unserm Lehenhaus Drachenfels so vielfältig abgebrochen und verführt werden, alß das diese underthanen umb deren zur göttlicher Ehr sich mit unserm belieben gebraucht zu haben, zu bestraffen; So haben Wir dich hiemit dessen erinnern wollen, zugleich gnedigst befehlendt, nit allein ermelte Ittenbacher diesertwegen niegst verpöntliches zuzumuthen, sondern sie auch in abführung der noch ferner zu vormeltem endt nötiger stein nit zu behindern, sodan wo künfftig sachen vorfallen, darin die underthanen vorzubescheiden, selbige ausserhalb unsers ambts Wolckenburg nit zu evociren, undt seindt dir . . .

gez. Maximilian Heinrich. Bonn den 9. Juni 1660".[500]

Die Urkunde vom 9. 6. 1660 gibt nicht nur Auskunft darüber, daß die Ittenbacher mit der Erlaubnis des Kölner Erzbischofs Gestein der Burg Drachenfels zum Bau ihrer Kapelle bzw. Kirche verwendet haben, sondern weist auch aus, daß Steinmaterial der Burg „vielfältig abgebrochen und verführt worden ist."

Darüber hinaus ist davon auszugehen, daß nach dem Abzug der Schweden die Steinbrüche gegen die Burganlage vorgetrieben worden sind und so schon bald zum Absturz von Burgteilen auf der Westseite und auf der Südseite des Berges geführt haben. Wenn auch der Domsteinbruch etwa ab 1560 zum Erliegen gekommen war, so wurde doch in der Folgezeit der Gemeine Bruch am Westhang des Drachenfels weiter betrieben. Zahlreiche Grabkreuze aus Drachenfelstrachyt beweisen dies. Darüber hinaus wurde Trachyt auch weiterhin für Bauten gebrochen. Ein Beispiel hierfür ist die Bonner Jesuitenkirche in der Bonngasse, mit deren Bau in der 2. Hälfte des 17. Jahrhunderts begonnen wurde.

Die Burg Drachenfels im Jahre 1657 und später

Lambert Doomer hat 1657 die Burgruine Drachenfels in einer aquarellierten Federzeichnung im Bild festgehalten. Diese Zeichnung macht deutlich, wie weit die Zerstörung der Burganlage 1657 bereits fortgeschritten war. Theo Hardenberg hat die Zeichnung von Doomer nachempfunden, aquarelliert und mit dem Zusatz „Drachenfels 1650" versehen.

Auf der Abbildung 77 ist ebenso wie bei der Federzeichnung von Doomer der Rundturm am Nordende des nördlichen Teiles der Unterburg nicht auszumachen, wohl aber der „Kapuziner". Der Bergfried der Kernburg ist noch unversehrt in seinem Bestand. Links unterhalb des Bergfrieds ist der heute noch vorhandene Erkerunterbau eines vorspringenden Fensters eines Wohnraumes angedeutet. Die Westseite der Kernburg und der nördlichen Unterburg ist im wesentlichen bereits abgestürzt.

Drachenfels 1650

Abb. 77; Siebengebirgsmuseum.

in der Zeit zwischen 1634 und 1657 durch Steinbruchbetrieb zum Absturz gekommen ist.

Auf der Abbildung 80 sieht man rechts von dem Gebäuderest, in dem sich das „Kölner Fenster" befindet, einen Teil des Bergfrieds der Kernburg. Etwas rechts über dem „Kölner Fenster" erkennt man den unteren Teil eines zerstörten Fensters des zweiten Stockes des Gebäudes. Unten links im Bild Felsarmierungsteile aus den Jahren 1971/1973.

Die Südseite der Kernburg ist ebenso wie deren Westseite abgestürzt, als Steinbrüche aus südlicher und südwestlicher Richtung gegen sie vorgetrieben wurden. Man kann deshalb nicht mehr feststellen, ob sich tatsächlich früher einmal südlich und unterhalb des Bergfrieds der Kernburg ein weiterer viereckiger Bergfried befunden hat, den die Stiche von Merian, Waldmann und Wenzel Hollar zeigen.

Ein kleines Stück der Ringmauer, die die Kernburg auf deren West-, Süd- und Ostseite umzog, ist an ihrer Südostecke erhalten geblieben. Diese Südostecke ist auf Abb. Nr. 83 abgebildet. Von dieser Ecke aus zieht sich nach Norden das noch heute erhaltene Fundament des östlichen Teiles der Ringmauer. Man kann also an Ort und Stelle noch feststellen, wie weit die Ringmauer nach Süden reichte.

Links vom Bergfried stehen noch die Reste des bereits erwähnten zweistöckigen Gebäudes am Nordende der Kernburg, dessen „Kölner Fenster" in der Nordwand des Untergeschosses alle Zerstörungen bis heute überstanden hat. Rechts vom Bergfried steht noch ein Gebäuderest. Weiter rechts unten ist ein Rest des südlichen Teiles der unterhalb der Kernburg verlaufenden Ringmauer schwach erkennbar. Die Ringmauer auf der Westseite der Kernburg ist auf der Abbildung nicht auszumachen.

Von Schönebeck berichtet 1784:

„Von dem alten Schlosse sind keine beträchtlichen Ruinen mehr übrig, außer dem viereckigten Thurme, der oben auf dem Gipfel des Berges stehet, und aus Grausteinen, die ohngefähr einen Fuß im Quadrat halten mögen,

erbauet ist. Er hat Schießscharten, und nach Süden ein enges Loch, wodurch man hineinkriechen kann. Seine westliche Seite ist ganz weggefallen, vermuthlich weil sie wegen dem daselbst befindlichen Steinbruche ihre Stütze verloren hat".[501]

Der weißliche große Stützpfeiler (Abb. 78) unterhalb der Ruine ist 1855 errichtet worden. Weiter links von ihm ist ein Restteil der Ringmauer zu erkennen, die sich früher nach rechts, also nach Süden hinzog, wo sie in Richtung Osten und schließlich wieder in Richtung Norden abbog. Der Mauerrest ist auch auf der Abb. 69 zu sehen.

Unter Berücksichtigung der bisher wiedergegebenen Ansichten der Burganlage Drachenfels bzw. ihrer Ruine ist wohl davon auszugehen, daß die gesamte Westseite der Burganlage, insbesondere aber der Unterburg, bereits

Graf Philipp von Croy bestellt Eberhard de Claer zum Statthalter des Amtes Wolkenburg 1680

In seinem Kampf um das Erbrecht an Burg und Herrschaft Drachenfels beschränkte sich Philipp von Croy nicht nur auf die Geltendmachung seiner Rechte, sondern übte dieses Recht auch tatsächlich weitgehend aus.

Dies findet seine Bestätigung in der Tatsache, daß der nicht mit Herrschaft und Burg Drachenfels belehnte Herzog Philipp von Croy „im Jahre 1680 den Eberhard de Claer, Administrator der herzoglichen Herrschaft Palandt aus Rees, zum Statthalter von Wolkenburg und Drachenfels nach Königswinter berief und ihm als Wohnung den Burghof am Markt, nach den

Abb. 78: Die Burgruine Drachenfels im Jahre 1891, Renard. Links Reste der Ringmauer, die sich um die Kernburg zog.

Abb. 79: Erkerunterbau, rechts davon die nur noch zu einem geringen Teil erhaltene Westseite des Bergfrieds, 1977.

Abb. 80: Blick aus nordwestlicher Richtung vom Eselsweg auf das „Kölner Fenster", Mai 1979.

Abb. 81: Blick aus nordöstlicher Richtung auf das von Zweigen fast verdeckte „Kölner Fenster"; 1977.

früheren Besitzern Mylendonker Hof genannt, verlieh".[502]

Herzog Karl Eugen von Croy
Herr in Drachenfels
und Pfandherr zu Wolkenburg
1681

Herzog Philipp von Croy verstarb 1681 zu Köln.[503] Aus seiner Ehe mit Johanna Katharina Elisabeth Isabelle von Bronkhorst stammten 5 Söhne. „Der jüngste, Johann Jacob, der im Jahre 1677 Domherr zu Cöln geworden, starb kurz vor seinem Vater. Philipp Heinrich wurde Domherr, Afterdechant und endlich Domdechant zu Cöln, auch Domherr zu Breslau, starb, 72 Jahre alt, zu Cöln, den 2. Mai 1724. Moritz, k. k. Hauptmann, fiel bei dem glorreichen Entsatz von Wien den 12. Sept. 1683 auf die rühmlichste Art.

Karl Eugen, der älteste der Brüder, des H. R. R. Fürst und Herzog von Croy, Marquis von Montcornet und Renty, Graf von Roeux und Megen, Freiherr von Milan, Büring, Mylendonk, Baar und Lathum, Herr in Drachenfels, Reuland, Palland, Berus, Gevres und Velzburg; Pfandherr zu Wolkenburg und Rhens, Ritter des goldenen Vließes, diente der Krone Dänemark in dem schonischen Kriege, führte in dem unglücklichen Sturm auf Malmöe (den 6. Juli 1677) eine eigene Attaque, bezwang im folgenden Jahre 1678 die wichtige Festung Helsingborg, obgleich K. Karl XI. in Person zum Entsatze herbeieilte, und behauptete sie gegen eine schwedische Belagerung im Jahre 1679".[502]

Karl Eugen von Croy trat schließlich in österreichische Dienste. „Als Feldmarschall-Lieutenant that er bei dem Entsatze von Wien an die Spitze des ihm verliehenen Infanterieregiments den ersten Angriff, und wurde er bei dieser Gelegenheit verwundet. In der glücklichen Schlacht bei Grau, 6. Aug. 1685, führte er den rechten Flügel. Bei dem Sturm auf Ofen, 27. Juli 1686, wurde er verwundet, was ihn doch nicht hinderte, in dem entscheidenden Sturm am 2. Sept. wieder ein Commando zu übernehmen, und wurde der Janitscharen Aga bei dieser Gelegenheit sein Gefangner."[504]

Abb. 82: Blick vom Fuß des Bergfrieds in nördlicher Richtung auf das „Kölner Fenster", 1977.

Diese Angaben zur Person des Herzogs Karl Eugen von Croy, der ebenso wie sein Vater Herzog Philipp Erbrechte an Burg und Herrschaft Drachenfels geltend machte, machen deutlich, daß das Haus Waldbott von Bassenheim zu Gudenau trotz der am 16. 3. 1643 erfolgten Belehnung mit Burg und Herrschaft Drachenfels nicht in der Lage war, die hieraus herrührenden Rechte in vollem Umfang in die Tat umzusetzen. Dies ergibt sich auch bereits aus der Tatsache der Einsetzung eines Statthalters von Wolkenburg und Königswinter durch Herzog Philipp von Croy im Jahre 1680 und der Tätigkeit dieses Statthalters im Jahre 1686.

Der von Croy'sche Statthalter
Eberhard de Claer ernennt
einen Küster und Lehrer für Königswinter
1686

In Königswinter war es üblich gewesen, daß der Küster, der zugleich Lehrer war, „vom Pfarrer im Einvernehmen mit den Gemeindescheffen und dem Statthalter des Amtes Wolkenburg ernannt wurde. Als im Jahre 1686 der Küster Adam Sutorius seine Stelle niederlegte, ernannte der Statthalter Eberhard de Claer mit den Gemeindescheffen ohne Zuziehung des damaligen Pfarrers Bücken einen Jakob Alberti zum Küster und Lehrer, ohne daß der damals schon hochbetagte Pfarrer dagegen Einspruch erhob. Nachdem im Anfang des Jahres 1689 Pfarrer Amendt seine Stelle in Königswinter angetreten hatte, setzte er den unrechtmäßig ernannten Küster und Lehrer ab. Er ließ ihn „adhibito manu armata säcularis auxilio" (unter Zuhilfenahme der bewaffneten Macht) die Kirchenschlüssel abnehmen und setzte einen anderen Küster ein, den aus „Filip bei Gudenau" stammenden Matthias Hüllen. Dagegen erhob der Statthalter beim Erzbischöflichen Offizialat Klage und entzog dem neuen Küster seine Einkünfte, die ihm als Lehrer aus der Gemeindekasse zukamen. Das Erzbischöfliche Offizialat entschied: wenn die Gemeindescheffen dem vom Pfarrer ernannten Küster ihre Genehmigung nicht geben wollten, so sollten sie für ihren Teil einen andern zum Schullehrer

ernennen, dem Pfarrer aber stehe das Recht zu, den Küster zu ernennen".[505]

Französische Truppen in Bonn
August 1688 — 12. 10. 1689

Das Bestreben des französischen Königs Ludwig XIV. war seit Beginn der zweiten Hälfte des 17. Jahrhunderts dahin gegangen, entscheidenden Einfluß in Westdeutschland zu gewinnen. Seine Bestrebungen wurden durch die Brüder Franz Egon und Wilhelm Egon von Fürstenberg gefördert, unter deren Einfluß der Kölner Erzbischof Maximilian Heinrich von Bayern stand.

Erzbischof Maximilian Heinrich schlug Wilhelm Egon von Fürstenberg, der bereits Bischof und Kardinal von Straßburg war, zu seinem Koadjutor vor. Bei der Koadjutorwahl vom 7. 1. 1688 erlangte Wilhelm Egon nicht die erforderliche Zweidrittelmehrheit der Stimmen im Kölner Domkapitel. Es kam zur Annullierung dieser Wahl durch Papst Innocenz XI.

Am 3. 6. 1688 verstarb Erzbischof Maximilian Heinrich. Bei der Wahl des Kölner Erzbischofs am 19. 7. 1688 erhielt Wilhelm von Fürstenberg 13 Stimmen und sein Gegenkandidat, der 18jährige Prinz Josef Clemens von Bayern, lediglich 9 Stimmen.

Daraufhin gerierte sich Wilhelm Egon von Fürstenberg als neuer Kölner Erzbischof, „beanspruchte einen Sitz im Kurfürstenkollegium, nahm die Residenz zu Bonn in Beschlag und ließ die kurfürstlichen Beamten und Offiziere den Eid der Treue schwören. Gleichzeitig zog er den französischen General Boufflers mit einer starken Truppenabteilung in das Erzstift und ließ die Städte Bonn, Rheinberg, Kaiserswerth und Neuss besetzen. Papst Innocenz XI. aber bestätigte die Wahl des Prinzen Josef Clemens durch Breve vom 20. September 1688, worin alle etwaigen Rechtsmängel dieser Wahl ergänzt und dem neuen Kurfürsten bis zu seiner Großjährigkeit der Weihbischof Johann Heinrich d'Aethan als Koadministrator in spiritualibus beigegeben wurde".[506]

Die meisten deutschen und europäischen Fürsten verbündeten sich gegen Ludwig XIV., der

Abb. 83: Restteil der südlichen Ringmauer an deren Südostecke, 1977.

aus machtpolitischen Gründen seinem Günstling Wilhelm Egon von Fürstenberg das Amt des Kölner Erzbischofs verschaffen wollte. Sehr schnell wurden die französischen Truppen im Erzstift des Kurfürstentums Köln geschlagen. In Bonn hielten sie sich jedoch noch bis zum 12. 10. 1689.

Königswinter wird von französischen Truppen eingeäschert 23. 5. 1689

Gegen Mitte Dezember 1688 hatten französische Truppen u. a. Siegburg besetzt, das zu einer Bastion ausgebaut werden sollte. Sie mußten sich jedoch vor heranrückenden Brandenburgischen Truppen nach Bonn zurückziehen.

Zum Schutze Honnefs und der südlich liegenden Orte waren Lüneburgische Soldaten eingesetzt. Diese wurden wenige Tage vor den 23. 5. 1689 wieder abgezogen. Dies war dann der Tag, „als (wie der damalige (Anm. Königswinterer) Bürgermeister Stehling schreibt) die mordbrennerischen Franzosen den Flecken Königswinter neben vielen anderen Orten eingeäschert haben".[507]

Über dieses Geschehen berichtet der Rheinische Antiquarius anhand der damaligen Aufzeichnungen des Honnefer Pfarrers Trips u. a.: „Auf einer fliegenden Brücke setzten etwa 600 Mann bei Obercassel (Anm.: von Bonn aus kommend) über den Rhein; die Bauern leisteten tapferen Widerstand, wurden aber geworfen; das Dorf wurde eingenommen, mit wilder Wuth geplündert und die protestantische Kirche nebst Pfarrhaus in Asche gelegt. Dasselbe Räubercorps zündete in Niederdollendorf die Kirche an und plünderte Königswinter".[508]

Schlösser führt anhand von Unterlagen aus dem Königswinterer Pfarrarchiv über den großen Brand von Königswinter u. a. aus: „In Königswinter wurde der Pfarrer von den Soldaten in dem Augenblick ergriffen, als er, um die konsekrierten Hostien vor der Verunehrung zu schützen, sich am Hochaltar der Kirche befand. Ohne Rücksicht auf die Heiligkeit des Ortes und des Sakraments wurde er untersucht und all seines Eigentums beraubt.

Die Stadt wurde geplündert und in Brand gesteckt. 62 Häuser, fast der ganze damalige Ort, gingen in Flammen auf. Von den wenigen Häusern, die damals dem Untergang entgingen, stehen heute (1932/1933) noch 2 in der Heisterbacherstrasse, die offenbar bei dem damaligen Brand verschont worden sind".[509]

Ein Verräter führt die französischen Truppen über den Sattel zwischen Wolkenburg und Drachenfels nach Rhöndorf

Anhand der damaligen Aufzeichnungen des Pfarrers Trips schildert der Rheinische Antiquarius das weitere Vordringen der Franzosen nach Honnef wie folgt: „Etwas oberhalb von Königswinter hatten die Bewohner von Röndorf und Honnef den schmalen Paß zwischen Rhein und Drachenfels durch einen Verhau ungangbar gemacht und durch Pfähle und Balken dergestalt verrammelt, daß hier an ein Durchkommen nicht zu denken. Hundert Röndorfer Bauern hatten sich hinter diesen Barrikaden aufgestellt, entschlossen, mit Leib und Leben den Engpaß zu vertheidigen.

Ein gewisser Lacroix aus Mehlem zeigte der feindlichen Schar einen Fußpfad zwischen dem Drachenfels und der Wolkenburg, der sie bald zum größten Schrecken der Einwohner nach Röndorf führte. Widerstand war unmöglich; Alles flüchtete nach dem Honnefer Wald und rettete, was in aller Eile mitgeschleppt werden konnte. Was die Franzosen nicht raubten, zerstörten und verbrannten sie; nichts blieb von dem armen Dorf stehen als nur der sogenannte Thurm, den Erben des 1671 verstorbenen Richters Heister gehörend. Plündernd, raubend und brennend setzten sie ihren Zug weiter nach Honnef fort. Die Einwohner hatten sich mit Allem, was nicht nagelfest, in den Wald geflüchtet; nur der Pfarrer Trips, ein Caplan und der Gerichtsschreiber Ley blieben, um ihre Archive zu schützen. Durch die grausamsten und empörendsten Mißhandlungen wurde ihre muthvolle Pflicht vergolten. . . Ein brandenburgische Schar von 2000 Mann setzte endlich diesen Mordbrennerzügen gebührende

Schranken, trieb die Räubercorps über den Rhein zurück und jagte die Franzosen aus allen Orten, die sie im Oberstift besetzt hatten: namentlich mußten sie Linz, Andernach, Sinzig und Ahrweiler räumen".[510]

Vergleich zwischen dem Hause Croy und dem Hause Waldbott von Bassenheim zu Gudenau 25. 1. 1695

Der von dem Grafen Philipp von Croy eingeleitete Prozeß um das Drachenfelser Erbe endete, wie Lacomblet ausführt, „nach einem dem Hause Croy günstigen Spruch der Universität Duisburg (Anm.: Duisburg war von 1651 — 1818 Universitätsstadt) vom Jahre 1694 mit einem Vergleich des Sohnes Philipps, des Herzogs Philipp Heinrich von Croy, mit der Witwe des Ferdinand Waldbott vom 25. Januar 1695. Gegen eine Abfindung mit 6 000 Thalern verzichtete der Herzog auf alle Ansprüche an die Herrschaft Drachenfels und trat zugleich die bereits an den Abt von Heisterbach überlassene Hälfte der Pfandschaft des Amtes Wolkenburg und Königswinter seinen Gegnern ab. Seit dieser Zeit blieben die Waldbott zu Gudenau in ungestörtem Besitze des ganzen Ländchens Drachenfels, das sie stets gleichzeitig mit jenem Hause zu Lehn empfingen".[511]

De Claer führt insoweit aus: „In der Mitte des 17. Jahrhunderts befand sich die Herrschaft Mylendonk im Besitze des Hauses Croy. Zu Ende des Jahrhunderts jedoch verkaufte der Sohn des Herzogs Philipp von Croy, der Herzog Carl Eugen, welcher u. a. Titeln auch die eines Freiherrn von Mylendonk und Herrn zu Drachenfels führte, 1695 die Herrschaft Mylendonk und seine Beteiligung an der Herrschaft Drachenfels und des Pfandamtes Wolkenburg. Carl Eugen trat zuerst in Daenische und hernach in Oesterreichische Dienste, bei welchen er sich großen Ruhm erwarb".[512]

Herzog Karl Eugen von Croy † 1702 in Reval

Wegen seines Einsatzes bei dem Sturm auf Ofen erhielt Herzog Karl Eugen von Croy „bei der ersten Occupation von Siebenbürgen, im

Herbst 1687, das Commando in dieser wichtigen Provinz und im Jahre 1688 die Würde eines Feldmarschalls, so wie das Karlstadter Generalat. In dem glücklichen Treffen bei Nissa, 1689, führte er den rechten Flügel; er nöthigte im folgenden Jahren die Türken, die Belagerung von Essek aufzuheben, als er aber, in der Meinung für Belgrad ein Gleiches zu thun, sich in die bereits eng eingeschlossene Festung geworfen (den 8. Oct. 1690) und sich zum tapfersten Widerstande bereitete, wurden die Pulvermagazine durch feindliche Bomben in die Luft gesprengt und in der darüber entstandenen Verwirrung die Wälle der Stadt erstiegen, daß er selbst nur mit genauer Noth entkam".[513]

Aus dem Bericht des Rheinischen Antiquarius ergibt sich weiter, daß Herzog Karl Eugen von Croy noch weitere kriegerische Erfolge im Kampf gegen die Türken hatte und 1699 „als Generalissimus in Peters des Großen Dienste" trat. Als solcher „commandirte er die Armee von Narwa, welche Festung zu entsetzen Karl XII. herbeieilte. Scheremetoff räumte die Pässe von Pühhajöggi und Sillameggi ohne Schwertstreich, der Zar selbst reisete am Tage der Schlacht, Morgens um 3 Uhr, mit Gollowin und Menzikoff ab, und der Herzog, jeder Stütze beraubt, hätte einzig aus der unglaublichen Schwäche des feindlichen Heeres einige Hoffnung schöpfen können, wenn es anders in dem durch die Russen zur Einöde gemachten Lande möglich gewesen wäre, sich Nachrichten von den Gegnern zu verschaffen. Die Schlacht hatte aber kaum begonnen (30. Nov. 1700), als die trägen Massen der Russen, statt dem Feinde die Stirn zu bieten, über das Gefolge des eigenen Feldherrn herfielen. Der Herzog, bespritzt mit dem Blute seiner Diener, unfähig, der Feigheit und Ungeschicklichkeit seiner Truppen zu gebieten, mußte samt dem tapfern General Hallard in dem schwedischen Lager Zuflucht suchen, und es für ein Glück ansehen, Gefangener zu werden. Von den Schweden wurde ihm die Stadt Reval zum Aufenthalte angewiesen, und er starb daselbst den 22. Jan. (1. Febr.) 1702. Wegen der gewaltigen, von ihm hinterlassenen Schuldenmasse und des Einspruchs der nordischen Gläubiger, die auf des russischen Kaisers Dazwischenkunft hofften, wurde seine Beerdigung aufgeschoben, und endlich ganz unterlassen, nur daß die Leiche, wegen eines an der sammetnen Bekleidung begangenen Diebstahls, nach der Nicolauskirche in sichere Verwahrung gebracht wurde. Hier steht sie noch (1860) hinter einem eisernen Gitter, als vollkommene Mumie, die nur etwas von den Mäusen beschädigt".[514]

XVIII. Burggraf von Drachenfels
Freiherr
Heinrich Hermann Waldbott zu Gudenau
1689

Maaßen führt aus: „Heinrich Hermann, Sohn Otto Werners von Waldbott und seiner Gattin Alexandrina Elisabeth von Vehlen empfing 1689 die Belehnung, auch als Amtmann von Godesberg und Mehlem".[515] Lacomblet berichtet, daß Heinrich Hermann Waldbott zu Gudenau als Junggeselle am 4. 4. 1701 verstorben ist.[516]

XIX. Burggraf von Drachenfels
Maximilian Hattard von Waldbott zu Gudenau
Dez. 1701

Nach dem Tode des XVIII. Burggraf Heinrich Hermann von Waldbott zu Gudenau folgte diesem im Drachenfelser Burggrafenamt sein jüngerer Bruder „Maximilian Hattard, kurfürstlicher Kämmerer und Amtmann der Ämter Godesberg und Mehlem".[517] De Claer führt zur Person des XIX. Drachenfelser Burggrafen aus: „Max Hattard, Freiherr von Walpot Bassenheim, Erbburggraf zu Drachenfels, Herr zu Gudenau, Merll, Odenhausen, Vilip, Oedingen, Nothausen, Nierendorf, Rüxheim, Billig, etc. Amtmann zu Godesberg und Mehlem, Kurköln. Kämmerer und Rat. Geb. 18. 1. 1673. cop. 1707 Maria Magdalena Rosina Adolphina Freyin Waldpot von Bassenheim Bornheim".[518]

Maximilian Hattard von Waldbott zu Gudenau
setzt einen Rechtsstreit
seines Vaters Otto Werner fort
1709

De Claer berichtet über die Aufnahme des von dem XVII. Drachenfelser Burggrafen Otto Werner von Waldbott zu Gudenau begonnenen Prozesses durch Maximilian Hattard: „Freiherr Otto Werner von Waldbott zu Gudenau, der Erwerber des Rittersitzes Odenhausen bei Berkum, spielte eine hervorragende Rolle bei dem Streite zwischen den Jülich'schen Ständen und dem Herzog Wolfgang Wilhelm. Es erwuchs ihm hieraus ein Schaden, den er, selbst auf 25 000 Thaler Capital und 53 000 Thaler Zinsen veranschlagt, 1684 vorlegte. Allein die Herrn Stände, die ihn überall vorgeschoben, ließen ihn nun im Stich und er sah von den 78 000 Thalern keinen Kreuzer wieder (Alter Katalog des Drachenfelser Archivs).

Sein Sohn der Freiherr Max Hattard regte 1709 die Sache abermals an, jedoch mit dem gleichen Erfolg. Zu der Zeit letztgenannten Freiherrn Maximilian Hattard Waldbott von Bassenheim, Erbburggraf des Ländchens Drachenfels, Pfandherr des Amtes Wolkenburg, Herr zu Gudenau und Königswinter etc. etc. hatte zwar das Vermögen, aber auch die Schulden der Familie den höchsten Grad erreicht, hauptsächlich durch ewige Prozesse, namentlich der großen um das eigentlich gar nicht so bedeutende Drachenfels und durch die bereits erwähnten großen Verluste seines Vaters Otto Werner und ebenfalls durch schlechte Verwaltung.

Es finden sich noch viele Briefe von Max Hattard, in welchen er sich über seine Beamten beklagt und auch mit ihnen Prozesse führt.

Das Prozessiren hatte damals eine schreckliche Ausdehnung gewonnen. Der alte Catalog des Drachenfelser Archivs führt 114 Prozesse an, die Max Hattard größtenteils vorgefunden, teils aber auch angefangen hat.

1730 fing er an, um den Ruin seiner Finanzen aufzuhalten, mehrere Güter zu verkaufen, diese waren: der Hof zu Groß-Aldendorf, die Weingüter zu Unkel, Burgel und Dattenberg, die Güter zu Dollendorf, Rehmig, Soeven, Winterscheid, Kurscheidt, Mondorf, Engkirchen, ferner zu Rohsingen und Oniseboel, den alten Lombecker Hof auf der Hochstraße zu Köln und den Gudenauer Hof bei St. Caecilia, die Güter zu Morcken und Koenigshoven, letztere waren die bedeutensten und erbrachten 11 000

Thaler. Sie rührten noch von der Familie von Hochstaden.

Nach dem Tode Max Hattards wurde über das Vermögen Sequester verhängt bis 1750 und während dieser Zeit für über 90 000 Thaler Güter verkauft und Schulden getilgt. Es blieben aber immer noch genug übrig".[519]

XX. Burggraf von Drachenfels
Joseph Clemens von Waldbott zu Gudenau
1734

Lacomblet führt u. a. aus: „Maximilian Hattard, Churfürstlicher Kämmerer und Amtmann der Ämter Godesberg und Mehlem, hinterließ, als er im Jahre 1734 als Geheimrath und Obermarschall starb, aus seiner Ehe mit Maria Magdalena von Waldbott-Bassenheim-Bornheim einen einzigen Sohn, Joseph Clemens, mit dessen am 31. August 1735 erfolgten Tode der Mannesstamm der Waldbott-Bassenheim zu Gudenau erlosch".[520]

XXI. Burggraf von Drachenfels
Freiherr Carl Georg Anton von der Vorst
zu Lombeck und Herr zu Lüftelberg
12. 11. 1735

Maria Alexandrine, die einzige Schwester des XX. Drachenfelser Burggrafen, war mit Carl Georg von der Vorst, Freiherr zu Lombeck und Herr zu Lüftelberg verheiratet. Lacomblet führt insoweit aus: „Diesem wurde bereits unter dem 12. November 1735 das Haus Gudenau mit allem Zubehör im Namen seiner Gemahlin verliehen, obwohl sofort die Grafen Waldbott zu Bassenheim und die Waldbott zu Königsfeld und Bornheim, Nachkommen der älteren Linie Otto's, des Stammvaters der Gudenauer Linie, mit Erbansprüchen auf das alte Lehen der Familie auftraten. Es kam zu einem Processe beim Reichskammergericht, der noch im Jahre 1746 schwebte, über dessen Ausgang aber Nachrichten fehlen".[521]

Hermann Hüffer führt über die Herkunft des Geschlechtes Vorst-Lombeck u. a. aus: „Im Jahre 1500 hatte ein Mitglied des alten, in Belgien ansässigen Geschlechts von der Vorst, Johann, der Vater des in der Reformationsge-

schichte vielgenannten Nuntius Peter von der Vorst, die Herrschaft Lombeck in der Nähe von Löwen gekauft. Ein Nachkomme, Philipp von der Vorst († 12. October 1675) war schon in früher Jugend an den kurkölnischen Hof gezogen, zu bedeutenden Aemtern gelangt und durch seine Gemahlin Elisabeth Schall von Bell Eigentümer der Herrschaft Lüftelberg geworden. Sein Enkel Karl Georg Anton Freiherr von Vorst-Lombeck, Herr zu Lombeck, Lüftelberg, Ringsheim etc. heirathete in zweiter Ehe am 28. August 1733 Maria Alexandrine Ottilie Freiin von Waldbott-Bassenheim, welche als Erbtochter einen reichen, auch wieder durch glückliche Ehebündnisse vereinigten Besitz ihm zubrachte".[522]

De Claer gibt zur Person der Ehefrau des XXI. Drachenfelser Burggrafen an: „Maria Alexandrine Odilia Theresia Freyin Waldbott von Bassenheim, † 4. 3. 1744, Erbin zu Gudenau, Vilip, Berkum usw., Pfandschaften Wolkenburg und Königswinter, cop. in II. Ehe mit Carl Georg Anton Freiherr von der Vorst-Lombeck-Lüftelberg, † zu Bonn 1. 7. 1745".[523]

Die Drachenfelser Statthalter de Claer
12. 10. 1680 — 15. 11. 1754

Graf Philipp von Croy hatte im Jahre 1680 „Eberhard de Claer, Administrator der herzoglichen Herrschaft Palandt aus Rees zum Statthalter von Wolkenburg und Königswinter gemacht".

Aufgabe des Statthalters Eberhard de Claer war es, die Interessen des Hauses von Croy in Bezug auf Burg und Herrschaft Drachenfels einschließlich der Pfandschaft Wolkenburg wahrzunehmen. Als Philipp von Croy ihn zum Statthalter machte, war Otto Werner Waldbott zu Gudenau bereits als XVII. Burggraf von Drachenfels seinem Vater Ferdinand Waldbott von Bassenheim im Burggrafenamt nachgefolgt.

Einer von Alexander von Claer „in den Jahren 1929 bis 1932 verfaßten Familiengeschichte von Claer" verdanken wir nähere Angaben über den Statthalter Eberhard de Claer. In dieser Familiengeschichte heißt es u. a.: „Im herzoglichen Dienst verwaltete Eberhard zunächst

die Herrschaft Palandt und erlangte den Rang eines Hofmeisters. Durch Bestallungsurkunde vom 12. Oktober 1680 wurde er sodann von Herzog Philipp zum Statthalter der Herrschaft Drachenfels mit dem Wohnsitz in Königswinter ernannt. Als Wohnung wurde ihm — er war damals noch unvermählt — der „Milendonker Hof" angewiesen, worin sich der Herzog bei gelegentlicher Anwesenheit ein Absteigequartier vorbehielt. Hof und dazu gehöriger Weingarten wurden ihm mit der Bestimmung übergeben, daß er und seine Erben „dieses Hoffs und Weingarts nit sollten entsetzet werden", ehe ihm nicht etwa ausgelegte Reparaturkosten und eine ihm noch von der Verwaltung der Herrschaft Palandt her zustehende Summe mit Zinsen erstattet wären".[524]

Eberhard de Claer heiratete 1690 Agnes Boshamer aus Bonn. „Im Jahre 1695 wurde das von Eberhard erbaute Claer'sche Familienhaus an der Hauptstraße in Königswinter vollendet, worauf er mit den Seinigen dahin übersiedelte. Die stattliche Front des für damalige Verhältnisse geräumigen Hauses, zu dem ein großer Obst- und Gemüsegarten und ein Kelterhaus gehörten, zeigt über der Haustür das Claer'sche Familienwappen, mit dem Boshamer'schen vereint, und die Jahreszahl 1695. Das unlängst (Anm.: 1929 — 1939) wieder instandgesetzte Haus ging, nachdem es zweihundertfünfzig Jahre ununterbrochen im Familienbesitz geblieben war, 1921 in fremde Hände über".[525] Bei diesem Haus handelt es sich um das heutige Haus „Zera", Hauptstraße 392.

Eberhard de Claer, der nach dem Abschluß des Vergleichs vom 25. 1. 1695 vom Hause Waldbott von Bassenheim zu Gudenau als Statthalter übernommen worden war, verstarb am 30. 3. 1702. Ihm folgte im Amt des Statthalters sein Sohn Philipp Heinrich de Claer. Da Philipp Heinrich beim Tode seines Vaters noch minderjährig war, lag die Wahrnehmung der Statthaltergeschäfte zunächst in der Hand seiner Mutter. „In noch erhaltenen Handschriften wird sie (Agnes) „Madame de Claer, Gouvernante de Königswinterer" oder auch „Statthalterin" genannt".[526]

Der Statthalter Philipp de Claer verstarb als

Junggeselle am 15. 11. 1754. Nach seinem Tode übernahm sein jüngerer Bruder, dem das Amt des Statthalters nicht mehr übertragen wurde, die Führung der Familiengeschäfte.[527]

Codicill des Statthalters
Philipp Heinrich de Claer
zugunsten des Baus einer neuen
Königswinterer Pfarrkirche
November 1754

Philipp Heinrich de Claer hatte am 15. 9. 1745 ein Testament errichtet und in „seinen letzten Jahren mehrfach geäußert, daß er der Gemeinde Königswinter ein Kapital zum Bau einer neuen Kirche vermachen wolle. Bei seinem Tod fand sich aber keine Bestimmung darüber vor, so daß das ältere Testament von 1745 in Kraft getreten wäre. Da meldete sich ein alter Diener des Hauses mit einem Schriftstück, das er in der Tasche eines ihm überlassenen Kleidungsstückes des Verstorbenen gefunden hatte. Es war ein seiner Unterschrift entbehrendes „Codicill" des Statthalters".[528] Dieses Codicill hat folgenden Wortlaut:

„Im Nahmen der allerheiligsten Dreyfaltigkeit Amen. Kundig undt zu wissen seye hiermit, daß im jahre 1745 untrem 15. Septembris durch mich eine testamentarische dispositio seye errichtet worden die welche dan in allen ihren puncten undt clausulen (: außer wass in puncto tertio xxx (Punkt 3) wegen einer schwartzer seithener Capel in hiesige Kirch gesetz (t) :) aufhebe, hingegen inbetracht undt innerlichen antrieb, auch Gott seye Danck bey gutem Verstande, daß hiesige Kirch für die communität zu klein, also legire zur allerhöchster Ehren Gottes undt bequemlichkeith für die communität zu einer Newen Kirchen fünff tausend reichsdahler courant, jeden zu 75 alb (us) gerechnet; dan zu einem Newen hohen Altar fünffhundert dergleichen reichsdahler, dieser gestalt, daß diese fünffhundert reichsdahler nit zur Kirche gebraucht werden sollen; die Unterste schilterey oder Bildtnuss von altar solle seyn Maria Himmelfarth, die Oberste Gott Vatter in den Wolcken, darunter Mein Wappen ausgehawen. auf die Kirch aber, umb

Abb. 84: Die neue Königswinterer Pfarrkirche, Karstein, ca. 1850, Siebengebirgsmuseum.

Keinem einige praejudiz zu machen, solle kein wappen kommen auch von keinem der es seye.
Meine im testament gestelte Erben sollen schuldig undt gehalten seyn so balt der anfang mit dem baw gemacht werden wolle, welches nach Meinem Todt inner jahrszeith geschehen solle auss gefundener bahrschaft undt wass abgehet solle aus den Capitalien genohmen werden. Versehe mich auch zu hiesiger Gemeinden daß zu erleichterung dieses Wercks mit dem beyopperen sich fleißig erzeigen werden. Zu executoren dieser codicillarischer als meiner testamen-

tarischer Dispositio/ ernenne ich den Hoch Wohl Ehrwürdigen Herren Pastoren J. Damianum Kneippen undt Meinen Hn. Bruderen Alexandrum de Claer, worbey zu observiren dass bey demnehstiegt accorden zum Kirchebaw Beischeffen mittels hiesigen Gerichts zugezogen werden sollen, den Herren Pastoren undt ge... (Zeugen) ersuchendt diese Meine eigenhändige codicillarische dispositio mit ihren unterschriften zu bestattigen. Jesu in Deine Hände befehle ich Meinen geist. So geschehen Königswinter den Tag Monaths Novembris ein tausendt siebenhundert fünffzig vier".[529]

161

Nach dem Tode
des Statthalters Philipp Heinrich de Claer
kommt es zum Prozeß
um die Gültigkeit
des Codicills vom November 1754
1756

Philipp Heinrich de Claer war am 15. 11. 1754 als Junggeselle verstorben. Sein Vater Eberhard de Claer hatte bei seinem Tode 5 Kinder namens „Philipp Heinrich (I), Agnes, Maria Gertrudis, Maria Magdalena und Franz Johann Ignaz Alexander hinterlassen".[530] Aus der Ehe des jüngsten Sohnes stammten die Kinder „1. Marie Agnes, geb. 17. November 1731 zu Vilich, gest. 1783 zu Siegburg, vermählt mit Johann Heinrich v. Ley, kurpfälzischem Hofrat und Landrentmeister des Bergischen Landes und Amtes Blankenberg, gest. 1773; 2. Philipp Heinrich (II), geb. 18. Oktober 1734, gest. 17. April 1792; 3. Maria Magdalena Francisca, geb. 1735, gest. 1748; 4. Philipp Franz Anton, geb. 1737, gest. in zartem Alter".[531]

Nach dem Tode des Statthalters Philipp Heinrich de Claer „fochten die Erben: 1. Frau v. Ley (Maria Agnes d. C.) bzw. ihr Gatte, Hofrath Heinrich v. Ley, und 2. Philipp Heinrich (II) d. C. das Codicill wegen der fehlenden Unterschrift als rechtsungültig an. Es kam zwischen ihnen und dem Königswinterer Kirchenrat zum Prozeß, der seit dem Jahre 1756 vor dem erzbischöflichen Officialat — Gericht in Cöln geführt wurde und in zwei Instanzen mit der Gültigkeitserklärung des Codicills endete. Den Erben blieb noch das Rechtsmittel an die Curie in Rom, worauf sie indessen verzichteten".[532]

Nachzutragen ist, daß Franz Johann Ignaz Alexander de Claer „im Winter 1757/1758 einen Schlaganfall erlitt, der ihn verfügungsunfähig machte. Noch zu seinen Lebzeiten entschlossen sich die Erben (Hofrat v. Ley in Vertretung seiner Gattin und Philipp Heinrich (II) zur Teilung des väterlichen Vermögens".[533]

Franz Johann Ignaz Alexander de Claer hatte 1755 erklärt: „wenn mein Eidam Hr. v. Ley diesen Codicill nit will annehmen, so will ich den willen meines Bruders seel., dessen eigenhandt ich anerkenne, auss meinem eigenen mitteln erfüllen, und dass geld, so Zur Ehren gottes Vermacht worden, absque ulla Contra-

dictione (ohne jeden Widerspruch) auszahlen".[534]

Das Codicill des Statthalters
Philipp Heinrich de Claer
wird vergleichsweise anerkannt
4. 1. 1763

Schlösser berichtet über den Ausgang des Streits um die Rechtsgültigkeit des Codicills: „In zwei Instanzen wurde der Prozeß zu Gunsten der Gemeinde entschieden, zunächst bei dem erzbischöflichen Gericht am 19. Mai 1760 und dann vom päpstlichen Nuntius am 12. Dezember 1761. Beide Male wurden die Erben verurteilt, die in dem Legat ausgesetzte Summe von 5 500 Talern nebst Zinsen und den entstandnen Kosten der Gemeinde auszuzahlen. Die Erben beabsichtigten nun noch an die höchste Instanz, den päpstlichen Stuhl, zu appellieren, da übernahm der Dechant, Pfarrer Schorn von Oberdollendorf, die Vermittlung und durch seine Bemühungen kam zwischen den streitenden Parteien am 4. Januar 1763 ein Vergleich zu Stande".[535]

Man einigte sich damals, daß die Erben einen Betrag von insgesamt 5 800 Talern auszahlten und zwar 3 000 Taler binnen 6 Wochen, den „Rest aber binnen Jahresfrist auf einmal oder zerteilt, bar oder in genugsam gesicherten Obligationen abzuführen".[536] Der Königswinterer Pastor und die Kirchenprovisoren versprachen, „die ihnen bar abgeführt werdenden Gelder bei erster Gelegenheit rentbar gerichtlich auszutun und aus den jährlich eingehenden Interessen (Zinsen) vor und nach Baumaterial anzuschaffen, somit inner 5 Jahren, dafern es sich immer tun lässt, den neuen Kirchbau anzufangen und ohne Unterbrechung zu vollenden".[537]

Es sollten aber noch 17 Jahre bis zur Benedizierung der Kirche vergehen.

XXII. und letzter Burggraf von Drachenfels
Freiherr Clemens August
von der Vorst-Lombeck zu Gudenau
1778

Nach dem Todes des XXI. Drachenfelser Burggrafen Carl Georg Anton von der Vorst-Lom-

beck zu Gudenau († 1. 7. 1745) gelangten Burg und Herrschaft Drachenfels an dessen Sohn Clemens August von der Vorst-Lombeck zu Gudenau. Hermann Hüffer führt insoweit aus: „Durch die Erbtochter Maria Alexandrina Ottilie Theresia Freyin Waldbott von Bassenheim gelangten Burg und Herrschaft Drachenfels einschließlich der Burg Gudenau an ihren Sohn, den Freiherrn Clemens August von Lombeck-Gudenau, während Josef Clemens, ein Sohn erster Ehe (Anm.: des XX. Burggrafen von Drachenfels), eine Linie von der Vorst-Lombeck-Lüftelberg stiftete. Freilich gelangte Clemens August erst nach einem langwierigen Prozeß 1778 in den Besitz der mütterlichen Erbschaft, war dann aber unzweifelhaft eines der angesehensten, am reichsten begüterten Mitglieder des landsässigen Adels und zugleich durch wissenschaftliche Bildung zu amtlicher Wirksamkeit befähigt.

Im kurkölnischen Hofkalender von 1761 erscheint er im Alter von 27 Jahren — er war 1734 geboren — als Amtmann zu Godesberg und Mehlem. Der glückliche Ausgang des Prozesses mag dazu beigetragen haben, ihm eine Stellung am Hofe zu sichern. 1781 finden wir ihn als Obersilberkämmerling, adlichen Geheimde- und Hofrath; 1787 als Oberküchelmeister; 1788 als Exellenz und Obristmarschall, bis er 1792 Rang und Titel eines Conferenzministers und den Vorsitz des Oberappellationsgerichts erhält. Nimmt man hinzu, daß er auch in der landständischen Vertretung den wichtigen Posten eines Directors des Ritterstandes bekleidete, dass unter den 76 Mitgliedern des Ritterstandes, die im Hofkalender für 1794 erscheinen, seine Söhne: Max Friedrich 1788; Josef Clemens 1791, Karl Otto Anton 1792, ferner sein Neffe Max Friedrich von der Vorst-Lombeck 1783 aufgeschworen wurden; so erhält man eine Vorstellung von dem Einfluss und dem Besitz der Familie".[538]

Clemens August von Gudenau
errichtet das Fundament des Turmes
der neuen Königswinterer Pfarrkirche
1778/1779

Mit dem Bau der neuen Königswinterer Pfarrkirche, die heute noch steht, wurde 1779 begonnen. Dem war der Abriß der alten Kirche vorausgegangen. „Das Vermächtnis de Claer war mittlerweile auf 9 111 Taler angewachsen, für verkauftes Gerüstholz löste man 600 Taler, das Kloster Vilich (Anm.: als Patronatsherr der Königswinterer Pfarrkirche) hatte 300 Taler gespendet, so daß noch 1 450 Taler Schulden zu decken waren. Zu diesem Zweck nahm die Kirchengemeinde bei den Erben de Claer ein Kapital von 1 200 Talern auf und verpfändete dafür den ihr gehörigen Hof in Berkum ... Zugleich mit der Kirche wurde 1779/1780 auch der Turm neu errichtet und zwar von der Zivilgemeinde, die nach altem in einigen rechtsrheinischen Gebieten der Diözese heute noch (Anm.: 1932/1933) bestehenden Rechte zum Bau und Unterhalt des Turmes verpflichtet ist".[539] Der Bau der Kirche und des Turmes wurde mit Hilfe weiterer Spenden und mit Hilfe freiwilliger Hand- und Spanndienste der Königswinterer durchgeführt. „Die Zivilgemeinde nahm noch ein Kapital von 400 Talern für den Bau des Turmes auf, dessen Fundament der Freiherr Clemens August von Vorst-Lombeck zu Gudenau anlegen ließ, wie eine Inschrift an der Rheinseite des Turmes uns belehrt:

SVper basl a barone CLeMente aVgVst GVDenaV gratlose poslta reCens erlgebar
(1779)

zu deutsch:

Ich wurde neu errichtet auf dem von Baron Clemens August von Gudenau gnädigst gelegten Fundament.

Zugleich mit der neuen Kirche und dem neuen Turm wurden auch neue Glocken angeschafft. Dieselben wurden gegossen von dem Glockengiesser Mabilon aus Saarburg. Die Firma besteht heute (Anm.: 1932/1933) noch und besitzt noch das Zeugnis, welches ihr damals die Gemeinde Königswinter über die gelieferten Glocken ausstellte. Es lautet:

„Clemens August von Lombeck zu Gudenau, Herr zu Villip, Bilich, Roitzheim, Merl, Vettelho-

fen, Nierendorf und Oedingen, Burggraf zu Drachenfels, Herr des Ambtes Wolkenburg undt Königswinter, Seiner Kurfürstlichen Gnaden zu Cölln Oberst — Silberkämmerer, adtlicher Geheimb- und Hofrath, Kammerer, Oberamtmann deren Aemter Reinberg, Mehlem und Godesberg, fort statthalter, scheffen des Kurköllnischen Land- und Hauptgericht, Königswinter, sams Bürgermeister und Vorsteher bescheinigen hiermit dass Urbanaus Mabilot, kurfürstlich Trierischer wohl- Patentisierter stück- und glockengiesser und Bürger von Saarburg dahier 3 neue schwehre Glocken in dem schönsten, anmuthigen und stark läutenden Ton ut re mi also gegossen, dass wir und ein jeder kenner, fort die gantze gemeinheit und Bürgerschaft ihnen hierüber das grösste Lob und Wohlzufriedenheit aussprechen und selbiger an anderen Oerther seiner Kunst, Fleiss und Wohlverhalten zu recommendieren bestens verdienet anbey wird solches durch unsere aufgedruckten einsiegel und eigenhändige Unterschrift bekräftiget.

So geschehen Königswinter den 10ten monath junii im Jahre 1781. Urban MabILot aVs SaarbVrg hat Vnsere gLoCken gVt Vnd Lebhafft gegossen. L. Windeck statthalter des Amtes Wolkenburg und Königswinter. Ignatius Kneipen pastor. Wilhelm Genger Gerichtsschöffe Johann Urban Maurer Gerichtsschöffe. Nikolaus Schäfer scheffe und Gerichtsschreiber".[540]

„Philipp Heinrich de Claer (II) starb am 17. April 1792 in Königswinter und wurde am Eingang der Pfarrkirche bestattet. Der wappengeschmückte Grabstein trug zuerst die Aufschrift: „Er liebte seinen Gott und baute Ihm diese Kirche". Bei der Erneuerung des Steines trug Franz Bernhard den besonderen Verdiensten seines Vaters um den Kirchenbau Rechnung durch die Worte „Templi Hujus Conditori" (Dem Erbauer dieser Kirche", zum Unterschied von dem älteren Philipp Heinrich, dem „Stifter" der Kirche). Nach wiederholten Beschädigungen, wodurch die Inschrift verwischt war, wurde der bisher liegende Stein aufgerichtet und in die Mauer am Kircheneingang eingelassen. Die jetzige Inschrift lautet:

I. M.
NOBILIS. VIRI.
PHILIPPI. HENRICI. de CLAER.
NAT. XVIII. OCT. MDCCXXXIV.
MORT. XVII. APRIL. MDCCXCII.
HERES. EX. TESTAMENTO. AVUNCULI.
HOC. TEMPLUM. F. F.
A. MDCCLXXIX.

(Zum Gedenken an den Edelmann Philipp Heinrich d. Cl., geb. 18. Oct. 1734, gest. 17. April 1792. Erbe nach dem Testament des Oheims, ließ er im Jahre 1779 diese Kirche erbauen).[541]

Dazu ist nachzutragen, daß Philipp Heinrich de Claer nach Abschluß des Vergleichs vom 4. 1. 1763 den Kirchenbau erheblich gefördert hat. Er heiratet 1779 Maria Gertrudis Bennerscheidt. Sein Enkelsohn Eberhard de Claer († 13. 12. 1899) ist der Verfasser der Schrift „Geschichte der Burgen Drachenfels und Wolkenburg nebst betr. Stammtafeln der Bewohner. Geschrieben zu Königswinter in der Herbstzeit der Jahre 1878, 1879 und 1880 von ... de Caer".

Eberhard de Claer und seinen Brüdern wurde durch kaiserliche und königliche „Allerhöchste Cabinetsordre, de dato Wiesbaden den 28. April 1882" gestattet, fortan den Namen von Claer zu führen.[542]

Die Burgruine Drachenfels
1725 — 1789

Es ist nicht bekannt, ob noch im 18. Jahrhundert Steine am Drachenfels und an der Burgruine gebrochen worden sind. Jedenfalls aber dürfte der Verfall der Burgruine als Spätfolge der vorher betriebenen Steinbrüche fortgeschritten sein. Darstellungen des Drachenfels aus dem 18. Jahrhundert machen dies ganz besonders deutlich.

Auf der Zeichnung von Roidkin (Abb. 85) ist auf der linken Seite der Burgruine der „Kapuziner" bzw. „Mönch" zu erkennen. Der Rundturm am Nordende der Unterburg ist nicht sichtbar. Dagegen scheint der Bergfried der Kernburg noch unversehrt zu sein. Direkt rechts neben ihm ist ein schmaler hoher Gebäude- oder

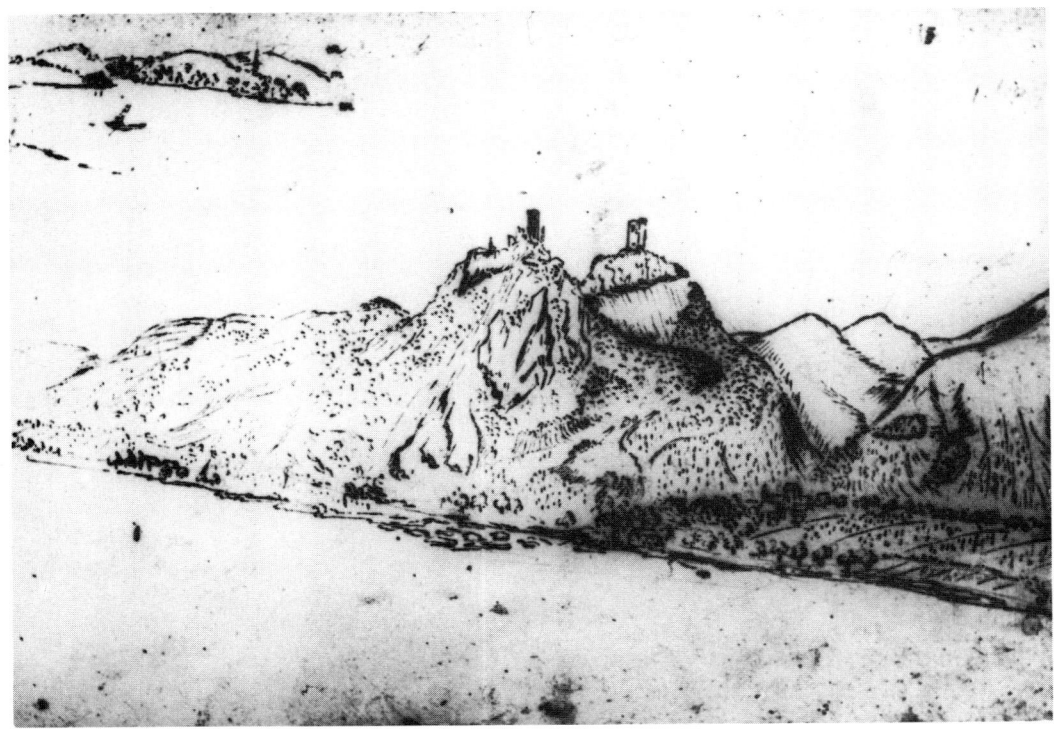

Abb. 85: Zeichnung von Roidkin, 1725, Siebengebirgsmuseum.

Abb. 86: Ausschnitt aus einer Karte des Pastorats-
zehnten von Honnef, 1731, Hauptstaatsarchiv Düsseldorf.

Turmrest schemenhaft abgebildet. Vom Bergsattel zwischen Drachenfels und Wolkenburg
aus scheint ein ansteigender Weg an der Südseite der Wolkenburg zu einem auf der Ostseite des Berges liegenden Burgeingang zu
führen.

Der Kartenausschnitt aus dem Jahre 1731
(Abb. 86) zeigt rechts vom Bergfried der Kernburg die Reste eines niedriger gelegenen Turmes, bei dem es sich um den bereits erwähnten Bergfried handeln kann, der das Drachenfelsplateau beherrschte. Im Vordergrund sind
Weinberge und der Ort Rhöndorf abgebildet.

Der Kupferstich (Abb. 87) zeigt die Burganlagen Drachenfels und Wolkenburg. Die Burganlage Drachenfels wird überragt vom Bergfried
der Kernburg. Rechts vom Bergfried erkennt
man einen weiteren Bergfried, bei dem es sich

um den bereits erwähnten Turm handeln kann,
der das Drachenfelsplateau beherrscht hat,
oder um den an der Ostseite des Drachenfels
liegenden runden Torturm. Links vom Bergfried
der Kernburg ist ein relativ hoher Gebäuderest
abgebildet, bei dem es sich um die Reste des
Gebäudes zu handeln scheint, in dem sich
heute noch das „Kölner Fenster" befindet.
Links unterhalb des Gebäuderestes ist ein Teil
der Ringmauer der Unterburg sichtbar. Weiter
links davon ist der Kapuziner bzw. Mönch
abgebildet.

Der Kupferstich aus dem Jahre 1789 (Abb. 88)
läßt zunächst erkennen, daß die Burgruine Wolkenburg den seit dem 17. Jahrhundert auf der
Bergkuppe betriebenen Steinbrüchen zum
Opfer gefallen ist. Die Darstellung der Burg-

ruine Drachenfels gleicht der in dem Kupferstich aus dem Jahre 1797.

Auf dem Foto des Jahres 1977 (Abb. 89)
erkennt man oben links an der Ruine des Torturms den Ansatz des Torbogens. Der Torturm
ist in der Grundrißskizze nach de Claer (Abb.
70) mit einem Kreis markiert. Im unteren Teil
der Torturmruine ist eine Schießscharte zu
erkennen. Es sind unterschiedlich große
Schießscharten vorhanden. Rechts am Turm
schließt sich die Ringmauer des nordöstlichen
Teiles der Unterburg der Burganlage Drachenfels an. Der Torturm dürfte wesentlich höher
gewesen sein und die Ringmauer weit überragt
haben. Unten rechts im Bild erkennt man in der
Betonwand die verschlossenen Öffnungen,
hinter denen sich die Lager der Anker befinden, die den Gipfel des Drachenfels zusam-
menhalten (Abb. 90).

Abb. 87: Beknoopte Beschreijving van den Rheystroom, B. Saakens, 1797; Siebengebirgsmuseum.

Abb. 88: Kupferstich aus „Orographische Briefe", 1789; Siebengebirgsmuseum.

Die Burgruine Drachenfels im Jahre 1784

Konstantin von Schönebeck berichtet 1784 über seinen Besuch auf dem Drachenfels: „Um zu dem Thurme zu kommen, muß man einen engen Pfad auf Händen und Füssen hinaufkriechen. Und nahe jenem Thurme sieht es sehr gefährlich aus, theils weil die Ruinen den Einsturz drohen, theils weil die Anwohner an der westlichen Seite des Berges den Graustein ganz weggebrochen haben, so daß die noch dahängenden Klumpen recht fürchterlich lassen, auch aus angeführten Ursachen viele Risse haben. Vor ohngefähr sieben oder zehen Jahren ist wirklich ein solcher fürchterlicher Klumpen herabgerollt, der die Weinstöcke mit samt der Wurzel ausgerissen hat, und bis nahe an den Wölfsdorfer Hof gelaufen ist. Unvernünftig und tollkühn ist es gehandelt; und es sollte nur verboten seyn, bis so nahe unter dem Thurme zu graben und zu brechen, indem diesem dadurch seine Fundamente genommen werden, und es darnach nur noch auf die geringste Veranlassung, (von Sturm und Erdbeben will ich hier gar nicht reden,) ankömmt, daß er einfalle, und unter seinen Ruinen Land und Leute begrabe. Ich erinnere mich sehr wohl eines Beyspiels, da solch ein altes Stück Mauer plötzlich einfiel, und einen Fuhrweg, sammt einem Wassergraben gänzlich verschüttete. Warum so gefährliche Ruinen nicht eher je lieber geschleift?"[543]

Der Kölner Erzbischof Max Franz von Habsburg gibt ein ländliches Fest auf dem Drachenfelsplateau 1788

Nose berichtet 1789: „Vom ziemlich jähen Absturz des großen Hirschberg an der Südseite kömmt man in ein angenehmes Thal, in welchem ein Quell des reinsten Wassers eingefaßt ist, gen Burghof einem Hofe von wenig Häusern, die etwas links am Fuße der Wolkenburg liegen bleiben, dann über einige Felder, die diesen Berg mit dem Drachenfels von einer Seite verbinden, und gelangt auf einem schmalen jedoch gebahnten Wege, der sich spiralmäßig hinaufwindet, an der Ostseite zu einer Art von Plattform, die zu einem ländlichen Feste,

Abb. 89: Blick aus südlicher Richtung auf die Ruine des Torturms der Burganlage Drachenfels auf der Ostseite des Berges; 1977.

Abb. 90: Blick auf den Torturm aus nordöstlicher Richtung; 1977.

Abb. 91: Blick auf den Torturm aus westlicher Richtung; 1977.

das der Churfürst von Cölln im verwichenen Jahre daselbst gab, geräumig genug ist. Rechts steigen nackte, schrof weggebrochene Felsen aus einer beträchtlichen Tiefe hoch empor, im Ansehen dem Wolkenburger oder Stenzelberger ähnlich. Von dieser Stelle ist das Gestein zum Bau des Doms in Cölln gebrochen und behauen, sie heißt daher noch jetzt der Dombruch. Auf den Felsen ruhen die Ruinen eines alten Schlosses, wovon die Besitzer den Namen Herren von Drachenfels führen".[544]

Die Burgruine Drachenfels
im Jahre 1789

Nose berichtet weiter: „Das niedrigere Gehänge und der Fuß des Berges von dieser

Seite ist mit vielen Weinstöcken besetzt, die bis an den Rhein gehen, der nahe bey diesem Berge vorbeyfließt, auch liegen da einige Häuser (Anm.: Wülsdorfer Hof). Links der Plattform, wenn man nemlich den Rhein vor sich hat, ist gen Süden noch ein alter Steinbruch, an welchem in einiger Entfernung, der Niederung zu, Rhöndorf liegt. Nach Südost zu liegt der ziemlich weitläufige Ort Honeff am Fuße der davon benannten Gebirge. Oestlich verbindet sich der Drachenfels vermittelst einer Anhöhe mit hohlem Rücken, das Röpekämmerchen genannt, mit der Wolkenburg von einer andern Seite.

Ein steiler von Mittag nach Morgen sich krümmender Pfad führt zur höchsten ungleichen Kuppe; die verfallenen Mauern sind aus Quadern des dortigen Gesteins erbaut, wozwi-

schen sich zuweilen, wie an allen zerstörten Schlössern dieser Gegend, Traßstücke von der zuvor beschriebenen Art befinden. Die Witterung hat ihnen, soviel ich bemerken konnte, noch nichts angehabt.

Die perpendiculäre Höhe des Drachenfels trigonometrisch bestimmt, vom Rheinufer an zu rechnen, giebt Herr Thomas bis an den Fuß des Thurms zu 1473 Fuß, und die Höhe des noch darauf befindlichen, obwohl auch nicht mehr vollständigen Thurms auf 70 Fuß an".[545]

Der Chemieprofessor Georg Pick
aus Würzburg berichtet über einen Besuch des Drachenfels
1793

„Heute früh sah ich (Anm.: in Godesberg) zum

Fenster hinaus, so gegen den sieben Bergen zu, und da stach mir wieder der Drachenfels in die Augen. Ey, dachte ich, da mußt du itz geschwinde hingehen, und machte mich auf den Weg. Der geht nun gerade auf der Koblenzer Landstraße fort, bis bald ans Dorf Mehlem, das man immer vor Augen hat, und nur eine kleine halbe Stunde von Godesberg abliegt. Durch einen kleinen Feldweg geht man Häuser an, wo die Schifleuthe einzukehren pflegen, und Nachen; fährt über, und ist schon am — aber noch nicht auf dem Drachenfels, denn da ists noch dreyviertel Stund hinauf. Anfangs führt der Weg durch die Weinberge, von diesen hat man so schön die schönste Aussicht auf den Rhein und die umliegende Gegend, und ich wurde herzlich böse, als ich sie wieder aus dem Gesicht verlohr, denn so, wie man itzt auf den breiten, mit großen Steinen gepflasterten alten Burgweg kommt, sieht man nichts als höheres Gebürg um sich her; doch war ich auch wieder zufrieden, da ich einen sehr ergiebigen Steinbruch (Anm.: Wolkenburg) gewahr wurd, denn ich ward itzt wieder um so viel gescheiter, und wußte nun das Pläzgen, wo man in den umliegenden Städten und in der großen Stadt Köln die Steine zum Bauwerk herholt, die fast einzig dieser Steinbruch liefern soll. Dieser geräumige Weg verliert sich aber nach und nach wieder, wenn man in den Wald kommt, und spitzt sich endlich so zu, daß man sich durchs Gesträuch durcharbeiten muß, um vollens an die wenige aber ehrwürdige Ueberbleibsel des alten Schlosses hinauf zu kommen. Hier ists nun mit einmal als wenn der Vorhang fiel, und man wird von der herrlichsten Aussicht überrascht.

Ich weiß, Sie haben schon in mehreren Reisebeschreibungen die Schilderung der schönen und fruchtbaren hiesigen Rheingegend gelesen, und nun machen Sie sich einmal eine Idee davon, wie der Anblick seyn muß, wenn man diese von oben herab, wie eine Landkarte, sovor sich da liegen sieht. Nur ungern stieg ich von diesem Berg herab, und gieng itzt auf das Echo loß, das gleich unten am Rhein, oberhalb dem Städtgen Königswinter ist. Hier kann man seine verliebten Seufzer auf Wucher auslegen, denn für jeden, den man seiner Schönen zuschickt, bekommt man achte wieder zurück. Das ist aber auch vielleicht das einzige Pläzgen in der Welt, wo man von seiner Geliebten so ordentlich bedient wird; und Liebhaber, die etwa schon drey bis vier Jahre umsonst seufzen müssen, sollten alle hierher kommen.

Aber außer diesem Pläzgen hatte ich itzt noch ein anderes aufzusuchen, das mir ebenso nah am Herzen lag, weil ich schon viel Schönes von ihm gehört hatte. Ich gieng also durchs Städtgen Königswinter, das recht hübsch ist. Viele reiche Leute, aus Bonn und Köln, haben schöne Häuser da gebaut, von denen sie meistenteils die Aussicht auf den Rhein haben, und sie sind Sommerszeit da".[546]

Durch Professor Pick erfährt man, daß der obere Teil des Ritter- und Karrenweges bis zum heutigen Hotel Burghof anscheinend gepflastert war. Das von Pick erwähnte Echo konnte man am Rheinufer in Gegend des heutigen Torsoplatzes hören. Noch um die Mitte des 19. Jahrhunderts wurde von diesem besonders beeindruckenden Echo berichtet.

Freiherr Clemens August
von der Vorst-Lombeck zu Gudenau
in Arnsberg
Oktober 1794 — 21. 3. 1798

In Frankreich war im Jahre 1789 die Revolution ausgebrochen. 1792 kam es zum ersten Koalitionskrieg Preußens und Österreichs gegen Frankreich. Nach der „Kanonade von Valmy" (20. 2. 1792) mußten sich die verbündeten Truppen vor den französischen Revolutionstruppen zurückziehen. Die Österreicher wurden am 6. 11. 1792 bei Jemappes geschlagen. Brüssel fiel in die Hand der Franzosen. Der Kölner Erzbischof Max Franz aus dem Hause Habsburg hatte wegen der heranrückenden Revolutionstruppen im Dezember Bonn verlassen müssen, konnte jedoch am 21. 4. 1793 nach Bonn zurückkehren, da sich das Kriegsglück gewendet hatte. Anfang Oktober 1794 mußte Max Franz dann endgültig fliehen. Kurz darauf, am 8. 10. 1794 besetzten französische Truppen Bonn und tauchten am 22. 10. 1794 auf der linken Rheinseite gegenüber Neuwied auf.

Nach Rheinübergängen französischer Truppen am 6. 9. 1795 bei Uerdingen und am 19. 9. 1795 bei Neuwied spielten sich Kämpfe zwischen Reichstruppen, insbesondere Österreichern, und den französischen Revolutionstruppen mit wechselndem Kriegsglück auf der rechten Rheinseite entlang der alten „Köln-Frankfurter Landstraße" ab Anfang Oktober 1795 ab, die Teilrückzüge der Franzosen insbesondere bei Neuwied erforderlich machten.

Es kam zu erneuten französischen Rheinübergängen bei Neuwied am 5. 6. 1796, 2. 7. 1796 und am 17./18. 4. 1797. Im Sonderfrieden von Basel (1795) zog sich Preußen vom Krieg gegen Frankreich zurück und überließ diesem das linke Rheinufer. Österreich gab im Frieden von Campo Formio (1797) Belgien und Norditalien an Frankreich ab und überließ den Franzosen außerdem das linksrheinische deutsche Gebiet.

Freiherr Clemens August von der Vorst-Lombeck zu Gudenau, der XXII. Drachenfelser Burggraf, hatte wegen der bevorstehenden Besetzung des Rheinischen Erzstifts und der Stadt Bonn als Präsident des Oberappellationsgerichts Bonn verlassen und sich nach Arnsberg zu dem dorthin verlegten Sitz des Gerichts begeben. Auch sein Sohn Max Friedrich hatte als adeliger Hofrat Bonn verlassen müssen und hielt sich seitdem bei seiner nach Recklinghausen verlegten Behörde auf.

Hermann Hüffer führt insoweit aus: „Wie schon erwähnt, mußte der Freiherr (Anm.: Clemens August) als Präsident des Oberappellationsgerichts seinen Wohnsitz nach Arnsberg verlegen. In den Peltzerschen Briefen wird er nebst seiner Gemahlin Maria Anna, Freiin von Spiess-Büllesheim, öfters erwähnt. Mit Behagen schildert Peltzer am 12. August 1797, mit wie edlem Anstande Frau von Gudenau bei einem Besuche der Herzogin Arenberg neben derselben an einem Tischen gesessen habe, während die Damen des westfälischen Adels sich scheu in den Ecken zusammendrückten. Die Art, wie der Präsident genannt wird, lässt erkennen, dass er Achtung und Zuneigung des Collegiums sich erworben hatte und unter schwierigen Verhältnissen seine amtliche Wirksamkeit nicht aussetzte".[547]

Abb. 92: Der Wülsdorfer Hof, der früher inmitten von Weinbergen am Fuß des Drachenfels lag; Siebengebirgsmuseum.

Auf der linken Rheinseite trafen ab Oktober 1794 Kontributionen und Beschlagnahmen besonders hart die Emigranten auf der rechten Rheinseite. Unter Strafandrohungen wurden die Emigranten aufgefordert, zurückzukehren, wenn sie sie ihre Güter nicht verlieren wollten.

Hermann Hüffer berichtet insoweit: „In der neu eingesetzten Bonner Municipalität hatten zwei Mitglieder, Bornheim und Wrede, das Vermögen der Emigranten zu beaufsichtigen. Am 19. November (1794) veröffentlichten sie schon eine Liste. Unter den 40 Namen erschienen neben dem Präsidenten von Spiegel, dem Grafen von Belderbusch, dem Minister Waldenfels, drei Herren von Gudenau, wahrscheinlich der Präsident nebst dem ältesten Sohne Max Friedrich und dem zweiten Sohn Josef Clemens, welcher als Domherr 1792 zu Trier und 1795 zu Hildesheim aufgeschworen wurde, während der dritte Bruder, Karl Otto, — geboren am 25. September 1771 — schon früh in

kaiserlichen Militärdienst getreten war. Von der ganzen Familie war also kein Mitglied zurückgeblieben, das für die gefährdeten Wohnhäuser und Besitzungen hätte eintreten können".[548]

Die Situation des XXII. Drachenfelser Burggrafen, der wegen seines Amtes Arnsberg nicht ohne weiteres verlassen durfte , war denkbar schlecht. Schließlich kehrte sein Sohn Josef Clemens nach Bonn zurück, um den Familienbesitz zu retten. Am 29. September 1795 „mußte Dr. Marcus, der Arzt des Herzogtums Westfalen, aus Arnsberg bezeugen, daß seine Excellenz der Herr Präsident von Gudenau wegen Krankheit nicht reisen könne, und Gudenau gibt unter dem 30. September die Erklärung: „Nachdem ich wegen meiner zerrütteten Gesundheitsumstände nunmehr nicht, so gern ich auch wollte, nach Bonn zurückkehren kann, so gebe ich meinem Sohne Josef Clemens als erklärtem Miterben und Eigenthümer

den Auftrag, für mich den Besitz der Güter zu ergreifen, die Verwaltung zu übernehmen und alles dasjenige zu erfüllen, was die Gesetze und die wegen dem Zurückkehren der Abwesenden von den Volksvertretern erlassenen Arrêtés bestimmt haben".[549]

In der Folgezeit bemühte sich Josef Clemens, die Rechte seiner Familie auf der linken Rheinseite wahrzunehmen.

Hermann Hüffer berichtet weiter: „Im Herbste 1797, als der unglückliche Ausgang des Krieges und der Friede von Campo Formio (17. October) die Hoffnungen auf die Herstellung des Kurstaates zerstörte, steigerten sich die Ansprüche der Franzosen. Schon Anfang 1798, ehe noch eine endgültige Abtretung von Seiten des Deutschen Reiches erfolgt war, hatte der Regierungscommissar Rudler die Departementsverfassung am linken Rheinufer eingeführt. Alle Beamten, die den geforderten Eid nicht leisten wollten, wurden entsetzt. Nach einem Erlaß der Centralverwaltung des neu errichteten Rhein- und Moseldepartements vom 5. März 1798 soll der auf die Güter der Ausgewanderten gelegte Sequester fortdauern; und selbst den kurfürstlichen Beamten soll kein Pass für das rechte Rheinufer, um dort ihr Amt auszuüben, ertheilt werden, so dass sie im Falle der Abwesenheit den gegen die Ausgewanderten getroffenen Massregeln unterliegen.

Diese Gefahr und die in Rastatt immer wachsende Wahrscheinlichkeit, dass das linke Rheinufer an Frankreich fallen werde, mögen denn auch für Gudenau ein Antrieb gewesen sein, seine Angelegenheiten in der Heimath selbst zu ordnen.

Am 12. März stellt in der That der in Arnsberg commandirende preussische Major von Sobbe den Pass aus, und am 21. März 1798 hat der Bürger Lombeck-Gudenau, nachdem er am 19. März vom rechten Rheinufer zurückgekehrt ist, in Gegenwart der Municipalverwalter Bürger Rospatt, Bornheim und Abshoven sich zu verantworten. In Gemässheit der Verordnungen vom 24. März und 22. Mai 1795 gibt er die Versicherung, dass er niemals Waffen gegen die Republik getragen, auch den feindlichen

169

Armeen und den Plänen der Feinde niemals Hülfe oder Beistand geleistet habe".[550]

Freiherr Max Friedrich von Gudenau übernimmt die Verwaltung der Besitzungen seines Vaters Clemens August

Bei der Rückkehr des XXII. Drachenfelser Burggrafen befanden sich seine beiden Söhne Josef Clemens und Max Franz bereits wieder auf der linken Rheinseite. Hermann Hüffer berichtet: „Dieser Maximilian Friedrich von Gudenau, geboren am 14. Mai 1767, tritt von nun an in den Vordergrund. In einer an Rudler gerichteten Eingabe vom 7. Juli 1798 führt er aus, sein Bruder sei noch vor den Eltern nach Bonn gekommen, habe von Maynard den freien Genuss seiner Güter erhalten und sei infolge dessen von der Districtsverwaltung am 9. November 1795 wirklich eingesetzt. Er selbst, fährt er fort, sei wie sein Vater kraft der von den Volksvertretern Gillet und Maynard am 15. Oktober 1795 bewilligten, in das Register der Municipalverwaltung eingetragenen Pässe zurückgekehrt. Er glaube dadurch allen Gesetzen der Republik und den Verfügungen der Volksvertreter genug gethan zu haben, und bitte den Commissar, ihn wie seinen Vater in dem freien Genuss ihrer Güter und der Rechte eines Bürgers der französischen Republik zu erhalten. In dieser Eigenschaft hatte er von jetzt an die Familie auf dem linken Rheinufer zu vertreten".[551]

Damals hatten sein Vater und sein Bruder Josef Clemens bereits Bonn wieder verlassen. Dies sollte in der Folgezeit wieder zu neuen Schwierigkeiten führen. Paßverlängerungen usw. wurden erforderlich und konnten nur mit Mühe erreicht werden.

Hermann Hüffer führt aus: „Als Max Friedrich am 25. Dezember sein Gesuch um einen Pass nach Düsseldorf, Duisburg und Arnsberg erneuerte und für „diese lange Reise" die Zeit von vier Decaden in Anspruch nahm, wurde ihm am 10. Januar 1800 wenigstens nach Düsseldorf und auf drei Decaden der Pass bewilligt. Am 25. März erhält er sogar, nunmehr auf einem gedruckten Formular, einen Pass nach Düsseldorf, Duisburg und Arnsberg auf sechs

Decaden. Der Präsident hatte schon am 19. Januar eine Verlängerung seines Urlaubs (Anm.: nach Arnsberg) um 12 Decaden erhalten. Vermuthlich ist er niemals dauernd in seine Heimath zurückgekehrt. Der Luneviller Friede (Anm.: 1801), die nun auch von Deutschland anerkannte Vereinigung des linken Rheinufers mit der französischen Republik, die Veränderung der sozialen Verhältnisse konnten dem langjährigen bevorzugten Beamten des letzten Kurfürsten nicht zusagen.

Als Max Friedrich 1800 mit der Freiin Ottilie von Mirbach-Harff sich vermählte, trat der Vater ihm die gesamten linksrheinischen Güter ab. In Düsseldorf, wo er in bescheidenen Verhältnissen sich niedergelassen hatte, erlebte er noch den Sturz des französischen Kaiserreiches, die Befreiung seiner Heimath und die Vereinigung der Rheinlande mit Preussen".[552]

Hardenberg führt aus, daß der „Vater Gudenau 1799 aus älterlicher Zärtlichkeit und zur Formierung eines eigenen etablissements seinem Ältesten all die rechtsrheinischen Güter und Rechtsansprüche zedierte".[553]

Max Friedrich Freiherr von Gudenau erteilt im Auftrag seines Vaters „das privilegium zur Anlegung einer Apotheke" in Königswinter 21. 7. 1801

Durch die „Zedierung der rechtsrheinischen Güter und Rechtsansprüche" war die Rechtsstellung des Freiherrn Clemens August von der Vorst-Lombeck-Gudenau, des XXII. Burggrafen von Drachenfels, als Pfandherr des Amtes Wolkenburg mit Königswinter nicht beeinträchtigt worden. Die Pfandschaft wurde jedoch durch seinen Sohn Max Friedrich verwaltet. Auskunft darüber gibt eine Urkunde vom 21. 7. 1801, aus der ersichtlich ist, wie stark damals die Stellung des Pfandherrn noch war. Die Urkunde hat folgenden Wortlaut:

„Clemens August Reichsfreyherr von Lombeck gudenau standherr zu Königswinter etc. etc.

Demnach uns der Johann Caspar Weber aus Osterode am Harz gebürtig gebethen hat

ihm ein privilegium zur Errichtung einer Apotheke in Königswinter zu ertheilen, derselbe auch sowohl wegen seines zeitherigen Wohl Verhaltens als seiner habenden pfarmazeutischen Kenntnisse hinlänglich auf eine Vorhergegangene strenge Prüfung gegründete Zeugnisse Vorgelegt hat.

So haben wir dieser seiner Bitte statt gegeben und ihm Castheke für sich und seine Deszendenten ertheilt. Ertheilen ihm andurch selbiges, befehlen einem jeden den es angehen mag sich danach zu richten, und soll daher auch dies privilegium beym Gerichtsprotokolle presentirt und eingetragen werden.

Urkund unserer eigenhändigen Unterschrift und beygedruckten freyadlichen Siegels.

Gudenau, den 21. Julius 1801

Max Friedr. Frhr. v. Gudenau

Aus Auftrag meines Vaters"[554]

Das Amt Wolkenburg mit Königswinter wird Bestandteil des Herzogtums Nassau-Usingen 1802/1803

In Ausführung der Bestimmungen des Friedens zu Luneville wurden im Reichsdeputationshauptschluß zu Regensburg (1803) zahlreiche deutsche Kleinstaaten aufgehoben, darunter auch die meisten geistlichen Gebiete. Dieses Schicksal traf auch das Kurfürstentum Köln, dessen Erzstift seit Herbst 1794 nur noch auf rechtsrheinischem Gebiet bestanden hatte. Teile dieses rechtsrheinischen Gebietes, nämlich Linz, Erpel, Unkel, das Amt Wolkenburg (mit Königswinter), das Amt Vilich (mit Schwarzrheindorf) und Deutz, wurden 1803 in das Herzogtum Nassau-Usingen eingegliedert. Bereits im Herbst 1802 ließ „Carl Wilhelm, Fürst zu Nassau" diese Orte und Ämter von seinen Soldaten besetzen. Diese politische Veränderung brachte jedoch keinerlei Beeinträchtigung der Rechts- und Besitzverhältnisse mit sich.

So blieb es auch bei der Belehnung der Familie von Gudenau mit der Burg Drachenfels und auch bei der seit 1425 bestehenden Verpfändung des Amtes Wolkenburg an die Burggrafen von Drachenfels.

Das Amt Wolkenburg mit Königswinter wird Bestandteil des Großherzogtums Berg 1806

Auf Betreiben Napoleons kam es 1806 zur Gründung des Rheinbundes und zur Niederlegung der Kaiserwürde duch den deutschen Kaiser Franz I.. Napoleon machte seinen Schwager Murat zum Großherzog von Berg. In der Urkunde vom 12. 7. 1806 heißt es u. a.: „Der Herzog von Berg nimmt den Titel eines Großherzogs an, und genießt die mit der königlichen Würde verknüpften Rechte, Ehrenbezeugungen und Prärogative. Der Herzog von Nassau tritt an den Großherzog von Berg die Stadt Deutz mit ihrem Gebiete, die Stadt und das Amt Königswinter und das Amt Vilich ab"[555]

Die Steinbrüche am Drachenfels werden wiedereröffnet 1805

Von Schönebeck hatte 1784 in Bezug auf den Drachenfels und die Wolkenburg u. a. ausgeführt: „Diese beyden Berge gehören in das Ländlein Drachenfels, eine Herrlichkeit, welche jetzt den Freyherrn von Lombel-Goudenau zustehet. Die Grausteinbrüche (Anm.: auf der Wolkenburg) sind an die Steinhauermeister verpachtet, dergestalt, daß diese von jedem Pferdekarn zwölf Stüber zahlen müssen. Ehedem gaben sie achtzehn Stüber: als sie sich aber wegen des vielen aufgehäuften Schuttes halben nun beschwerlichern und minder einträglichen Steinbrechen darüber beschwerten, wurden ihnen 6 Stüber nachgelassen".[556]
Die Königswinterer Steinhauer hatten sich 1804 an den Freiherrn Max Friedrich von Gudenau erfolgreich mit der Bitte gewandt, neue Steinbrüche am Drachenfels eröffnen zu dürfen. Aus einem Bericht des Königswinterer Maire (Anm.: Bürgermeisters) vom 10. 6. 1808 an den Minister des Inneren des Großherzog-

tums Berg zu Düsseldorf ergeben sich die Gründe, die 1805 zur Wiedereröffnung der Steinbrüche am Drachenfels geführt haben. In diesem Bericht heißt es u. a.:

„Wie im Jahre 1804 die dahier so lange Zeit zum Glück und Wohl der Einwohner in Flor gestandenen Steinbrüche am Berg Wolkenburg ausgearbeitet waren, daß keiner mehr dabei sein Auskonft fanden und dahier dieser Nützliche Erwerbszweig zum nachtheil für Königswinter sich zu verlieren scheine, hat der Frey Herr von Gudenau als pfandherr sich bewegen lassen, umb diesen schädlichen Zufall wieder nach Möglichkeit abzuhelfen, den Steinhauermeistern die erlaubnis zuertheilt, am Berg Drachenfels Neue anzulegen, die Aufsuchung solcher Neuer Steinbrüchen, ware aber mit sehr großen beschwernis für die Unternehmer verknüpft, weil zum anfang schon ein Steinen Weg mit viellen Kösten und beschwernis mußte angelegt werden, jedennoch in verschiedenen hinsichten keine gewisse Versicherung, daß diese Steinbrüche den gewünschten erfolg verbürgten. Da aber die Meistern keine andere auswahl hatten, ihr einziges Nahrungsmittel fortsetzen zu können, daher entschlossen sich die vier Mstrn Laurenz Genger, urban Mirbach, pet. Jos. Gänger und wilh. Riegel dieses gewagte werk mittels anlage zum besagten Steinenweg und aufräumung der Steinbrüche mit einem Kostenaufwand von 3 bis 4 hundert Thlr zu übernehmen und zu verwenden".[557]

Der Bericht vom 10. 6. 1808 gibt u. a. Auskunft darüber, daß man 1805 nicht mehr wie früher das Trachytgestein des Drachenfels auf Rutschen hangabwärts zu den Verladeplätzen am Rheinufer, sondern mit Karren auf einem eigens angelegten „Steinenweg" abtransportiert hat. Die Anlage dieses Weges war erforderlich, da der 1805 eröffnete Drachenfelssteinbruch am Nordwesthang des Bergkegels lag und zwar in Gegend des Fundaments des runden Nordturms der Unterburg der Burganlage Drachenfels. Bis zum Jahre 1805 war der frühere Ritterweg zu den Burgen Drachenfels und Wolkenburg auch als Karrenweg zum Abtransport des auf der Wolkenburg gebro-

chenen Gesteins benutzt worden. Der 1805 angelegte Steinenweg begann am alten Ritter- bzw. Karrenweg in Höhe des heutigen Haupteinganges des 1881/84 errichteten Schlosses Drachenburg, führte zunächst in südlicher Richtung und bog dann hangansteigend in westlicher Richtung ab. An dem Felsenvorsprung unterhalb des Fundaments des runden Nordturms der Unterburg bog der Steinenweg wieder in südlicher Richtung ab und fand dann sein Ende an einer leicht ansteigenden Plaine. Der Verlauf des 1805 angelegten Weges ist identisch mit dem Verlauf des heutigen Eselsweges.

In einer Karte des Jahres 1828 (Abb. 93) ist der 1805 angelegte Steinenweg eingezeichnet.

Am oberen Ende des Steinenweges sind zwei Steinbrüche eingezeichnet. Es ist nicht bekannt, wann der „alter Steinbr." in Betrieb gewesen ist. Der „neue Steinbr." ist 1827/28 und zwar wahrscheinlich in Gegend des 1805 eröffneten Steinbruchs in Betrieb genommen worden. Die im oberen Kartenteil eingezeichnete Schmiede dürfte 1827/28 erbaut worden sein. Möglicherweise stand das am oberen Ende des Steinenweges eingezeichnete Gebäude schon 1805/07.

In preußischer Zeit wurde die Ansicht vertreten, der 1805 eröffnete Steinbruch habe auf der Südwestseite des Bergkegels des Drachenfels gelegen. Dies dürfte jedoch nicht zutreffend sein. Die auf der Karte des Jahres 1828 eingezeichnete durchgehende schwarze Linie, die von unten links nach oben rechts zwischen dem „alter Steinbr." und dem „neuer Steinbr." verläuft, deutet den damaligen Verlauf der obersten Kante des Felssteilhanges an der Westseite des Drachenfels an.

Die Steinbrüche am Drachenfels werden geschlossen Oktober 1807

In dem bereits erwähnten Bericht des Maire von Königswinter vom 10. 6. 1808 heißt es u. a. weiter: „Da nun erst die Hoffnung heran nahete, daß für in der ungewißheit gemachte Kösten aufwand, etwas konnte zur belohnung verdient werden, so ergab sich, daß im September letzt verflossenen Jahr durch das Sprengen ein Stück Stein ehender und früher los wurde und herunter stürzte, als man es versehen und vermuthen konnte, daher noch keine Versicherung auch ware, mittels aufhäufung eines Steinschutthaufens der das abspringen zum abhang des Berges behindert, welches noch geschehen sollte, wodurch sich ergabe, dieser Stein herunter in die Weingärten stürtzte, obgleich dieser einen unbedeutenden Schaden angerichtet hat, welches der verursachte Mstr. Genger auf der Stelle sich zu ersetzen anerbothen und in der zukonft für dergleichen Fälle hinlängliche maßregeln kann genohmen werden. So hat es doch anscheinlich dem Vermuthen nach unter den in hiesiger nachbarschaft Steinebrechermeister gegeben, die diesen Vorfall benutzten umb ihr handwerks Neid gegen diesen Steinbruch in ausübung zu bringen und durch unrichtige angaben die Veranlaßung zu dem Verbothsbefehl des Herrn v. Ley (Anm.: Domänenverwalter) zu bezwecken, worin es heischet, daß die dort stehende Schloßruine beim ersten Sprengen den gantzen Schloß herunter zu stürtzen in Gefahr stehe wie ungegründet dieses abgegeben ist, kann ein jeder, der auch gantz ohne Kentnis ist, gleich sehen, daß dort, wo angefangen worden ist, noch lange Jahre kann gebrochen werden, und niehe der Schloßruinen im geringsten zu nahe kommt, wozu die Mstrn auch mit ihrem Vermögen sich verantwortlich zu machen verbinden wollen".558

Bei den „in hiesiger nachbarschaft tätigen Steinebrechmeistern" handelte es sich um Honnfer Steinhauermeister, die auf der Südseite der Wolkenburg Steinbrüche betrieben.

Gründe für das im Oktober 1807 ausgesprochene Verbot des Weiterbetriebs der Steinbrüche am Drachenfels

Aus Akten des Großherzogtums Berg ergibt sich, „daß dem (insoweit maßgeblichen) Steinhauermeister Genger die Fortsetzung eines ohne Erlaubnis am Drachenfels unternommenen Steinbruchbetriebes untersagt worden ist".531

Abb. 93: Kartenausschnitt aus dem Jahre 1828.

Darüber hinaus erfolgte das Verbot auch aus polizeilichen Gründen, um Schäden zu verhüten. Insoweit heißt es in der in französisch abgesetzten Begründung, daß das Verbot auch ausgesprochen worden ist, weil der Steinbruchsbetrieb „an einer Stelle erfolgt ist, wo die Gefahr bestand, daß die alten Ruinen des Schlosses, genannt „du dragon", einstürzten und daß die riesigen Gesteinsmassen mit dem alten Bauwerk zu Tal stürzten und so die große Fläche der Domänenweinberge am Bergabhang und das am Fuß des Berges liegende bäuerliche Gehöft (Anm.: Wülsdorfer Hof) zerstören würden".559

Erfolglose Bemühungen um eine Erlaubnis zur Wiedereröffnung der Steinbrüche am Drachenfels 21. 10. 1807 — 27. 2. 1810

Aus einem Aktenheft der Regierung des Großherzogtums Berg mit der in Französisch gehaltenen Überschrift „Monsieur Piautaz beantragt die Erteilung einer Konzession zum Betrieb eines Steinbruchs am Drachenfels" ergibt sich, daß der Generaldirektor Hardt am 21. 10. 1807 sich aus „polizeilichen Rücksichten" gegen die Erteilung einer Konzession zum Betrieb von Steinbrüchen am Drachenfels ausgesprochen hat. Der Inhalt des Aktenheftes gibt weiter auch Auskunft darüber, daß „in demselben Monat dem Steinhauermeister Genger die Fortsetzung eines ohne Erlaubnis am Drachenfels unternommenen Steinbruchbetriebes" aus den bereits oben wiedergegebenen Gründen untersagt worden ist.559

Monsieur Piautaz suchte nach dem ablehnenden Bescheid vom 21. 10. 1807 nach weiteren Möglichkeiten an das benötigte Steinmaterial zu kommen. Dies gelang ihm schließlich in Heisterbach. Renard berichtet insoweit: „Im J. 1809 fand sich in dem Unternehmer des von Neuss nach der Maas hin geplanten Nordkanals, Piautaz, ein Käufer die Kirche, der die Materialien mit 3 870 Talern bezahlte".560

Ein weiteres Aktenheft der Regierung des Großherzogtums Berg mit der in Französisch gehaltenen Überschrift „Der Unternehmer der Befestigungen von Wesel beantragt eine Konzession zum Betrieb eines Steinbruchs am Drachenfels" weist aus, daß der Innenminister des Großherzogtums am 18. 2. 1808 das Gesuch des Direktors der Weseler Festungswerke, einen „Steinbruchbetrieb am Drachenfels führen zu dürfen, aus polizeilichen Gründen abschlägig beschieden hat".559

Die Bemühungen um eine Wiedereröffnung der Steinbrüche am Drachenfels gingen aber auch noch nach dem 18. 2. 1808 weiter. Aus einem Schreiben des Jahres 1808 an den Maire von Königswinter ergibt sich, daß „Se. Exell. der Herr Minister des Innern auf den Polizei-Rapport vom Monath April die nähere Auskunft über das Verboth des Steinebrechens am Drachenfels und dermahligen Verlust dieses Erwerbszweiges zu begehren geruht hat".561

Diese Auskunft sollte binnen drei Tagen erteilt werden. Bei dem bereits auszugsweise wiedergegebenen Schreiben vom 10. 6. 1808 handelt es sich um diese Auskunft, über deren Inhalt Leven weiter ausführt:

„Bei genauer und wahrhafter Untersuchung würde sich ergeben, daß in jeder Rücksicht, eben so wenig gefahr beim Steinebrechen vom Drachenfels, als in den Rhöndorfer Steinbrüchen vorkäme. Daneben stellen die Mstrn. besonders Laurenz Genger und urban Mirbach vor, daß sie seit 3 Jahren beschäftigt gewesen seien die Steinbrüche am Drachenfels mit aufopferung ihres Vermögens in gang zu bringen, und nun durch das Verboth zu ihrem gäntzlichen Verderb sich ohne Steinbruch und das einzige Nahrungsmittel verlustig finden (Dann folgt noch ein unleserlicher Satz). Dies ist das angeben der Mstrn welches traurig genug einleuchtend und bedeut, daß der so lange Zeit dafür bestandene Steinhandel zum nachtheil der vielen Arbeiter, so sich von Jugend auf zu diesem Gewerb gewittmet haben, jetzt gäntzlich von hier verzogen, und all diese Leuth ohne beschäftigen setzet, welches zurpflichten aufforderd, im Monathbericht umb die beibehaltung der Steinbrüche am Drachenfels unterthänig bitten zu müssen".[561]

Aus einem der bereits erwähnten Aktenhefte der Regierung des Großherzogtums Berg ergibt sich, daß der Generaldirektor Hardt am 20. 2. 1810 den Steinbruchsbetrieb am Drachenfels als „als durchaus ordnungswidrig und schädlich" bezeichnet hat. Schließlich wies der Minister des Innern am 27. 2. 1810 ein Gesuch „des Duc de Feltre", dem Festungsbauunternehmer von Wesel den Betrieb von Steinbrüchen am Drachenfels zu gestatten, aus polizeilichen Gründen zurück.[562]

Damit endeten die Bemühungen um eine Wiederaufnahme der Steinbrüche am Drachenfels in französischer Zeit. Als das Gesuch des „Duc de Feltre" am 27. 2. 1810 abgewiesen wurde, war bereits das Lehnswesen im Großherzogtum Berg aufgehoben worden. Dies hatte zur Folge, daß alle Lehnsleute Volleigentümer der Besitzungen wurden, über die sie als Lehnsleute nur beschränkt verfügungsbefugt gewesen waren.

Der Königswinterer Notar
Clemens August Schaefer
erwirbt den Drachenfelser-Gudenauer Besitz
am Siebengebirge
26. 12. 1811

Freiherr Max Friedrich von Gudenau war zwar seit dem 1. 12. 1807 Maire der Mairie Villip, hatte es aber im Juni 1808 abgelehnt, auch noch die Mairie von Adendorf zu übernehmen. Hermann Hüffer führt insoweit aus: „Dass Gudenau zu seiner Mairie nicht auch noch eine zweite übernehmen wollte, war nicht allein in der Scheu vor einer vermehrten Arbeitslast begründet. Es scheint, daß überhaupt seine Abneigung gegen das französische Wesen wieder zugenommen hatte".[563] Dies mag mit ein Grund dafür gewesen sein, daß Max Friedrich von Gudenau, der 1813 nach Österreich übersiedelte, am 26. 12. 1811 dem Königswinterer Notar Clemens August Schaefer den Gudenauischen Familienbesitz am Siebengebirge für 20 000 Reichstaler verkaufte.

Es fällt auf, daß Clemens August Schaefer damals nicht nur die Kuppe des Drachenfels mit der Burgruine, sondern auch die Kuppe der Wolkenburg erworben hat, die nicht Bestandteil des Lehens Drachenfels, sondern nur im Wege der 1425 errichteten Pfandschaft den Drachenfelser Burgrafen zugefallen war.

Im Kaufvertrag vom 26. 12. 1811 wurden von dem Verkauf ausdrücklich ausgenommen „die Pacht der Steinbrüche unter dem Wolkenberg und Drachenfels und die Backofensteinbrüche dergestalt, daß, wenn die deshalb mit der bergischen Regierung bestehenden Streitigkeiten beendet seyn werden, dem Herrn Verkäufer freystehe, jene Steinbrüche für seinen Nutzen respective fortzusetzen und wieder anzufangen; jedoch soll dem Käufer vor jedem Dritten bey dem alsdann vorhabenden Verkauf gedachter Steinbrüche der Vorzug belassen werden, wenn er solche an sich zu bringen wünscht, und er das, was andere bieten, zu geben bereit ist".[564]

Der Verkäufer behielt sich am 26. 12. 1811 auch das Jagdrecht im gesamten Gebiet unter Zubilligung eines Vorkaufrechts für den Käufer Clemens August Schaefer vor.

Im Kaufvertrag folgen nach diesem Passus genaue Vereinbarungen über die Zahlung des Kaufpreises und des „Buntschillings".

Der weitere Inhalt des Vertrages zeigt, daß der Vater des Freiherrn Max Friedrich, also der XXII. Drachenfelser Burggraf Clemens August von der Vorst-Lombeck-Gudenau, seinem Sohn den Familienbesitz am Siebengebirge nicht uneingeschränkt unter völligem Rechtsverzicht übertragen hatte; denn unter k) des Kaufvertrages ist festgelegt worden, daß „der herr Verkäufer sich die Justifikation seines Vaters Burgherrn Clemens August von Gudenau dergestalt beybehält, daß ohne dessen Zustimmung der gegenwärtige Kaufkontrakt nicht gültig ist".[565]

Dem Käufer Clemens August Schaefer wurde im übrigen ein Rücktrittsrecht dahin eingeräumt, daß er bis zum 26. 12. 1812 erklären könne, „von dem gegenwärtigen Kaufkontrakt abgehen zu wollen".

Weiter wurde am 26. 12. 1811 vereinbart, daß dem Verkäufer „die Benutzung und frye Administration der Güter verbleibe und diese nur dann am ersten Jänner 1813 dem Verkäufer übergeben würden, wenn der Verkäufer nicht von seinem Rücktrittsrecht Gebrauch gemacht habe".

Nachdem am 2. 1. 1812 noch eine Abänderung des Vertrages in Bezug auf das Rhöndorfer Eigentum des Verkäufers vorgenommen worden war, ging das Eigentum an dem Siebengebirgs-Familienbesitz des Hauses Gudenau am 1. 1. 1813 auf Clemens August Schaefer über.

Das Schloß Gudenau im 19. Jahrhundert

Freiherr Max Friedrich von Gudenau „verkaufte am 9. 12. 1812 Gudenau nebst Zubehör seiner Schwiegermutter, der Freifrau Auguste von Mirbach zu Harff und siedelte im folgenden Jahre mit seinem ganzen Hauswesen nach Oesterreich über. Hier wurde zunächst eine kleine Besitzung Nicolaihof bei Mautern an der Donau, im Jahre 1815 die Herrschaft Ziadlowitz in Mähren angekauft, und der Freiherr fand reiche Gelegenheit, seine Erfahrungen und Lieblingsneigungen auf eigenem Grund und Boden zur Geltung zu bringen. Landwirtschaft, Baumzucht und Forstwesen blieben bis ins höchste Alter seine Lieblingsbeschäftigung".[566]

Hermann Hüffer führt aus: „Am 9. 11. 1812 verkaufte Max Friedrich Gudenau nebst Zubehör seiner Schwiegermutter. Von dem Sohne der Freifrau Auguste, Freiherrn Johann Wilhelm von Mirbach, wurde das Schloß am 17. Juli 1834 mit einem Grundbesitz von 1 092 Morgen an die Grafen Phillip und Theophil Anton von Hompesch verkauft, gelangte von diesen am 17. Dezember 1836 an die Familie Fiévet und am 5. August 1882 an den Commerzienrat Franz Karl Guillaume in Köln. Den in der Nähe von Gudenau gelegenen Sitz Odenhausen mit dem von Max Friedrich im Jahre 1800 reclamirten und am 30. Januar 1803 durch Beschluß des Präfecturates zurückerhaltenen Recht, 32 Klafter Holz jährlich im Kottenforst zu schlagen, hatte der Freiherr selbst 1813 dem späteren preussischen General Freiherr Fincke zu Flamersheim verkauft".[567]

Der Landsturm des Siebengebirges 10. 11. 1813

Nach dem Rückzug Napoleons aus Moskau (ab 19. 10. 1812) und aus Rußland kam es am 15./18. 10. 1813 zur Völkerschlacht von Leipzig, die das Zurückweichen der französischen Truppen nach Westen einleitete. Preußische und russische Truppen drangen zum Rhein vor.

„Im Königswinter wurde am 10. November 1813 der extreme Volkskrieg ausgerufen und organisiert in Gestalt des „Landsturms vom Siebengebirge". Gründer waren vornehmlich: der preuß. Major von Boltenstern, der Freiherr von Hallberg, der Fabrikant Bleibtreu, Hofkammerrat Veit, die Brüder de Claer u. a.. Vornehmlich lag die nationale Begeisterung bei den besitzenden und gebildeten Schichten".[568]

Aufgabe des Landsturms war es, das rechte Rheinufer zwischen der südlichen Gemeinde-

grenze von Honnef und der Siegmündung gegen französische Truppen abzusichern. Zunächst stand der Landsturm unter dem Kommando des Königswinterer Maire Freiherr von Schall, der bereits im Januar 1814 verstarb. An seiner Stelle übernahm Graf zu Lippe das Kommando über den Landsturm.

Der Landsturm bestand aus dem 1. Banner „Königswinter" mit 3 Kompanien aus Königswinter und 7 Kompanien aus Honnef, dem 2. Banner „Oberkassel" mit 4 Kompanien, dem 3. Banner „Vilich" mit 6 Kompanien, dem 4. Banner „Menden" mit 8 Kompanien und dem 5. Banner „Oberpleis" mit 9 Kompanien.

Major von Boltenstern und Johann Joseph Genger † 3. 1. 1814 † 7. 1. 1814

„Der preußische Major von Boltenstern war mit einer Streifabteilung (Partisanen-Detachement) aus preußischen Gardejägern, Ulanen und russischen Kosaken nach Königswinter gekommen.

Nachdem Blücher in der Neujahrsnacht 1813/1814 bei Caub den Rhein überschritten hatte, versuchte von Boltenstern am 3. 1. 1814 von Köln-Mülheim aus, mit 20 Gardejägern, 20 Kosaken und 150 bergischen Freiwilligen das noch von Franzosen besetzte Köln einzunehmen. Der Angriff wurde jedoch abgeschlagen. Von Boltenstern deckte als letzter den Rückzug. Als er schließlich zu Pferde den Rhein durchschwimmen wollte, wurde er von Schüssen getroffen und versank im Rhein.

„Auf Anweisung Boltensterns griffen am 3. 1. 1814 von der Rheininsel Nonnenwerth aus 30 preußische Gardejäger und 30 Landsturmmänner die französischen Truppen auf der linken Rheinseite an. Bei diesem Gefecht wurde Johann Joseph Genger schwer verletzt und verstarb am 7. 1. 1814. Genger war der Pächter des Wülsdorfer Hofes. Seine Familie erhielt später vom Preußischen Staat eine Geldentschädigung von 300 Francs. Außerdem wurde der Familie Genger die Hofpacht für das Jahr 1814 nachgelassen und der Pachtvertrag auf 24 Jahre verlängert".[569]

Das Landsturmdenkmal auf dem Drachenfels 18. 10. 1814

Das Amt Wolkenburg mit Königswinter wurde gemeinsam mit den anderen bergischen Orten und Gebieten in das provisorischen Generalgouvernement Berg übergeführt, als die französischen Truppen sich zum Rhein und weiter nach Westen zurückzogen. Nach dem Wiener Kongreß wurde das Rheinland und damit auch das Amt Wolkenburg mit Königswinter preußisch.

Auf Initiative maßgeblicher Königswinterer Bürger und mit Hilfe privater Spenden errichteten die Königswinterer Steinhauer aus Wolkenburger Gestein bereits 1814 auf dem Drachenfels ein Denkmal zur Erinnerung an Major von Boltenstern und Johann Joseph Genger. Es konnte bereits am 18. 10. 1814, dem ersten Jahrestag der Völkerschlacht von Leipzig, feierlich enthüllt werden.

Bereits am 27. 10. 1814 erschien in dem vom General-Gouvernement Berg herausgegebenen „Journal des Nieder- und Mittelrheins" der nachfolgende Bericht über die Denkmalsenthüllung auf dem Drachenfels:

„Auf der Höhe des Drachenfels wird bei dieser Gelegenheit (Feier des 18. Okt.) zugleich die Weihe der Denksäule begangen, welche der Landsturm des Siebengebirges dem tapferen kgl. preuß. Major von Boltenstern und dem muthigen Anführer der Landsturmsvorposten, J. J. Genger aus Königswinter, welche beide im Kampfe für unsere Freiheit fielen, dort errichtet hat.

Der Landsturm der ganzen Gegend, eine vortreffliche Schaar, vom besten Geiste beseelt, zum größten Theile wohl bewaffnet und geübt, mit Recht stolz auf die thätige Theilnahme, hatte sich versammelt und zog auf die Höhe der Burg, die ihre Ritter, wie so viele Anderen am Rhein hinauf, in früher Zeit dem deutschen Orden nach Ostpreußen gesendet hat, und nun von den Nachkommen eben dieser Geschlechter, die von Norden herabgekommen, wieder dem Feinde abgeschlagen worden.

Der Anführer der Schaar hielt eine Rede bei

dem Denkmal, vom jubelnden Volk umdrängt, der Landsturm zog dann in guter Ordnung mehrmals um die Säule herum, und so erhebt sie sich, den künftigen Jahrhunderten ein sprechender Zeuge von der Begeisterung der Zeiten, denen sie ihr Entstehen verdankt".[570]

In einer Ausgabe desselben Journals vom 10. 12. 1814 erschien ein Gedicht „Der Denkstein auf dem Drachenfelsen", das mit den Versen beginnt:

„Von des Altertums Nacht umfangen,

Steh' ich sinnend auf den steilen Höh'n".

Die ehemalige Schmiede des Domsteinbruchs wird entdeckt 1814

Wie bereits ausgeführt wurde, zog sich der Domsteinbruch im Laufe der Zeit bis an das südliche Plateau des Drachenfels. De Claer führt aus: „Bei der Errichtung des Obelisken (1814) fand man beim Aufgraben der Fundamente bei 5 Fuß Tiefe die Spuren einer alten Schmiede, bestehend aus verrosteten Eisenteilen, Zangen, und Hämmer. Wahrscheinlich die ehemalige Schmiede des zur Burg gehörenden Domsteinbruchs".[571]

Abb. 94: Stahlstich aus „Manuel du Voyageur sur les bords du Rhein", par Richard, 1845; Siebengebirgsmuseum.

Königswinter und das Siebengebirge werden preußisch 5. 4. 1815

Nach der Niederschlagung Napoleons tagte ab 1. 11. 1814 der „Wiener Kongreß". Diese Verhandlungen über eine Friedensregelung standen schließlich unter dem Eindruck der Landung Napoleons am 1. 3. 1815 in Frankreich. Der Schlacht von Waterloo (18. 6. 1815) folgte die endgültige Abdankung Napoleons am 22. 6. 1815. Im Wiener Kongreß wurden der größte Teil des Rheinlandes und auch andere Gebietsteile Preußen zugesprochen. Unter dem 5. 4. 1815 wandte sich der preußische König Friedrich Wilhelm III. an die Einwohner der Preußen zugesprochenen Gebiete u. a. mit den Worten:

„Und so, ihr Einwohner dieser Länder, trete Ich jetzt mit Vertrauen unter Euch, gebe Euch Eurem deutschen Vaterlande, einem alten deutschen Fürstenstamme wieder, und nenne Euch Preußen!

Kommt Mir mit redlicher, treuer und beharrlicher Anhänglichkeit entgegen.

Ihr werdet gerechten und milden Gesetzen gehorchen."

In der Proklamation heißt es u. a. weiter: „Ich werde Euch durch eine regelmäßige Verwaltung des Landes den Gewerbefleiß Eurer Städte und Eurer Dörfer erhalten und beleben. Die veränderten Verhältnisse werden einen Theil Eurer Fabrikate den bisherigen Absatz entziehen; Ich werde, wenn der Friede vollkommen hergestellt seyn wird, neue Quellen für ihn erschliessen".

Im Amtsblatt der Königlichen Regierung zu Köln vom 23. 4. 1816 wurde die Verwaltung des preußischen Rheinlandes bekannt gemacht. Der „Ober-Präsidial-Bezirk des Großherzogtums Niederrhein" wurde in die Regierungsbe-

zirke Koblenz, Aachen und Trier und der „Ober-Präsidial-Bezirk der Herzogtümer Cleve, Jülich und Berg" in die Regierungsbezirke Köln, Düsseldorf und Cleve unterteilt. Königswinter und das Siebengebirge, die im Großherzogtum Berg zum Arrondissement Mülheim gehört hatten, wurden in den Regierungsbezirk Köln einbezogen. Der Oberpräsident der gesamten Rheinprovinz nahm seinen Sitz in Koblenz.

Bereits am 20. 4. 1816 entstand der Siegkreis, dessen Landrat zunächst in Hennef/Sieg seinen Sitz nahm.

Lusthäus'chen und Sitze auf dem Drachenfels 1816

Schreiber berichtet 1816 über einen Besuch auf dem Drachenfels u. a.: „Wer das Siebengebirge besteigen will, nehme sich in Königswinter einen sachkundigen Führer. Die reichste und interessanteste Umsicht gewährt der Drachenfels, auf dessen Kuppe (dem sogenannten Platze) Lusthäus'chen und Sitze angebracht sind. Auch steht hier der erwähnte Obelisk, zum Andenken der braven Landwehrmänner, die im J. 1814, beym Rheinübergang der Verbündeten, den schönen Tod fürs Vaterland starben".[572]

Tod des letzten Drachenfelser Burggrafen Freiherr Clemens August von Vorst-Lombeck zu Gudenau 22. 7. 1817

"Unterzeichner erfüllt für sich und seine zwei in Oesterreich abwesenden Brüder, beide Kaiserlich-Königliche Kämmerer resp. Standesherren in Mähren und K. K. Obrist der Kavallerie, einer der Generaladjutanten Seiner Kaiserlichen Hoheit des Erzherzogs Carl etc., die höchsttraurige Pflicht, das Hinscheiden ihres theuersten, unvergeßlichen Vaters seinen Verwandten, Freunden und Bekannten im Großherzogtum Niederrhein hierdurch bekannt zu machen. Clemens August, Reichsfreiherr von Vorst-Lombeck-Gudenau, Herr der Reichsherrschaft Vilipp, Pfandherr des Amtes Wolkenburg und Königswinter, Burggraf zu Drachenfels, vormaliger Kurkölnischer Conferenz-Minister und Ober-Appellations-Gerichts-Präsident, Direktor der Ritterschaft des rheinischen Erzstiftes Cölln, Ober-Amtmann zu Rheinberg, Godesberg und Mehlem, Mitglied der Jülich'schen Unterherren, Senior dieser Ritter- und Landschaft etc., verschied hierselbst am 22. Juli d. J. in einem Alter von 82 Jahren, wovon er 53 Jahre mit der noch lebenden Marianne Freiin von Spiess in der glücklichsten Ehe lebte. Ueber 50 Jahre widmete er sein Leben dem Staate unter verschiedenen Dienst- und politischen Verhätnissen, bekleidete verschiedene Stellen unter den Regierungen der drei letzten Kurfürsten von Cölln, wovon der Letzte Kurfürst Maximilian Franz aus dem Hause Österreich ihn im Jahre 1792 zum Rang eines Conferenzministers erhob und zum Ober-Appellations-Gerichts-Präsidenten ernannte. Nur die

politischen Veränderungen und hohes Alter hatten denselben bei seinen letzten Tagen den Staatsdienst thätig aufzunehmen verhindert.

Düsseldorf, den 2. August 1817.

Joseph, Reichsfreiherr von Vorst-Lombeck-Gudenau, Dom-Kapitular zu Trier und Hildesheim".[573]

Von der mittelalterlichen Königswinterer Steinhauer-Zunft zur 1816 gegründeten Königswinterer Steinhauer-Gewerkschaft

Es ist unbekannt, wann die Königswinterer Steinhauer-Zunft gegründet worden ist. Von ihr stammt das Siegel mit der Umschrift "WOLKENBURGER STEINHAUER UND MAURER AMBT KÖNIGSWINTER" (siehe Abb.-Nr. 21), das auch die Königswinterer Steinhauer-Gewerkschaft benutzt hat.

Das Zunftwesen war im Großherzogtum Berg im Jahre 1806 abgeschafft worden. Damit war auch das Ende der Königswinterer Steinhauer-Zunft gekommen. Damals schlossen sich die Königswinterer Steinhauermeister zu einer Steinhauer-Gewerkschaft zusammen. Auskunft darüber gibt ein Briefwechsel zwischen dem preußischen Landrat Hymmen und dem Königswinterer Bürgermeister im Jahre 1817.

Die Königswinterer Steinhauergesellen hatten sich damals wegen der schlechten Entlohnung durch die Steinhauer-Gewerkschaft beschwert. Bereits am 3. 6. 1817 hatte der Königswinterer Bürgermeister dem Landrat in Bezug auf diese Beschwerden berichten müssen. Am 30. 6. 1817 schrieb der Landrat dem Königswinterer Bürgermeister wie folgt: "Auf Ihren Bericht vom 3t dieses rücksichtlich der gegen die Steinhauer-Gewerkschaft in Königswinter eingebrachten Beschwerden ersuche ich Sie auf Veranlassung der Königl. Regierung mich ehestens von dem Ursprung dieser Gewerkschaft und ihren jetzigen Verhältnissen, so wie auch in wiefern dieselben und die Steinbrüche in der dortigen Gegend von dem Königl. Oberbergamt zu Bonn reßortieren genau und umständlich zu unterrichten".[574]

Der Königswinterer Bürgermeister antwortete am 9. 7. 1817 wie folgt:

"In voriger Zeit bestand hier zu Königswinter, welcher Ort mit Ittenbach kurköllnisch war, eine Steinhauerzunft, die mit Annahme und Lossprechung von Lehrpurschen, Wanderschaft der Gesellen und Erlangung der Meisterschaft durch Fertigung eines Meisterstükkes und sonstigen Statuten alles mit einer sonstigen Innung gemein hatte.

Als nun Ende der 1780er Jahre die Steinbrüche auf der Wolkenburg aus Mangel an guten Steinen nachließen und mittlerweile Rhöndorfer-Steinhauer bey der Düsseldorfer Regierung um die Concession auf bergischer Seite am Wolkenburg Steine zu brechen einkamen und die Verwilligung hierzu gegeben wurde, bekam die Steinhauerzunft den ersten Stoß, weil die Rhöndorfer Steinhauer ohne Meister zu seyn ihr gewerbe gleich den hiesigen Meistern betrieben. Die Meister sahen sich, da die Wolkenburger Steinbrüche (an der Bergspitze) mit der Zeit ganz eingingen, und da Königswinter im Jahre 1806 ebenfalls bergisch wurde genötigt, mit den Rhöndorfer Steinhauern gemeinsame Sache zu machen wenigstens ebenfalls die am südlichen Abhang der Wolkenburg erweiterten Steinbrüche bei öffentlicher Ausbietung anzupachten, indem nun die Zunftgerechtsame aufhörten, und gewerbefreyheit eingeführt wurde. Jeder Pächter, bearbeitete seinen Steinbruch nach Bedürfniß, keine Preisbestimmungen der Steine bestanden und jeder Steinhauer suchte seinen Nutzen so gut er konnte.

Bey der im vorigen Jahre stattgefundenen Wiederverpachtung der Steinbrüche haben sich die Pächter derselben vereiniget, dieselben in gemeinschaft und bergmännisch bearbeiten zu lassen, wozu dieselben auch die Genehmigung des Königlichen Oberbergamtes zu Bonn durch das Bergamt zu Siegen erhalten haben sollen . . ."[575]

In einem weiteren Schreiben des Bürgermeisters von Königswinter vom 26. 1. 1822 heißt es u. a.:

"Übrigens muß ich wegen der gebildeten Steinhauergewerkschaft erinnern, daß diese nicht allein die Steinbrüche zu Königswinter, sondern die am Stenzelberg, zu Niederbachem und Hollerbach zu pachten und zu erwerben gewußt hat, wodurch für jetzt und immer jeder andere Steinhauer von aller Konkurrenz ausgeschlossen wird, derselbe ein der Gewerkschaft untergeordneter Arbeiter ist von derselben Laune und Lohnsätze abhängig bleibt und sich nicht zur Betreibung eines eigenen Gewerbes hinauf schwingen kann, wodurch Kunst- und Gewerbefleiß gelähmt wird und ein Monopol begünstigt würde, was mit den jetzigen Grundsätzen in geradem Widerspruch stehen würde ...“[576]

Hardenberg führt aus, daß die Steinhauer-Gewerkschaft „am 18. 10. 1817 notariell eingetragen und am 28. 2. 1818 vom Oberbergamt Bonn bestätigt worden ist“.[577]

Der Drachenfels wird Ausflugsziel ab 1814

Die gegen Ende des 18. Jahrhunderts einsetzende Romantik führte u. a. zu einem gefühlsmäßig bedingten Neuerlebnis der Natur und auch zu einer Steigerung des Nationalbewußtseins.

Rheingedichte und Reisebeschreibungen mit bildlicher Darstellung der Rheinlandschaft verstärkten den Wunsch, den sagenumwobenen Rhein mit seinen Burgruinen kennenzulernen. Bedingt auch durch die Errichtung des Landsturmdenkmals auf dem Drachenfels, zog es immer mehr Menschen zum Besuch des Drachenfels und damit gleichzeitig zur Erwanderung und Erforschung des damals noch äußerst unwegsamen Siebengebirges unter Zuziehung ortskundiger Führer. Das Ende der napoleonischen Zeit und die daraus resultierende Verstärkung von Handel und Wandel im Rheintal zog nicht nur die Bevölkerung der grösseren Städte, sondern auch zahlreiche Ausländer an den Rhein und zum Drachenfels.

Von ganz besonderer Werbewirksamkeit insoweit war das von Lord Byron verfaßte Gedicht „The castled crag of Drachenfels“ (Der turmgekrönte Drachenfels), dessen erste, ins Deutsche übertragene, Strophe wie folgt lautet:

„Weit droht ins Rheingefild
Der turmgekrönte Drachenstein;
Die breite Brust der Wasser schwillt
An Ufern hin, bekränzt vom Wein,
Und Hügeln, reich an Blüt' und Frucht,
Und Au'n, wo Traub' und Korn gedeihn,
Und Städten, die an jeder Bucht
Schimmern im hellen Sonnenschein:
Ein Zauberbild? — Doch fänd' ich hier
Zwiefache Lust, wärst du bei mir!“[578]

Wie schnell und stark sich die Zahl der Besucher des Drachenfels vergrößert haben muß, macht die nachfolgend wiedergegebene Annonce im „Bonner Wocheblatt“ vom 15. 5. 1818 deutlich:
„Auf dem Drachenfels zu Königswinter ist den 23ten May Pfingst-Montg, für jede dahin kommende Fremde alle Erfrischung zu haben.

Jakob Biesing.“

Am 18. 10. 1818 stiftete der preußische König Friedrich Wilhelm III. die Bonner Universität, deren Studentenzahl erst 11 Jahre später auf über 1000 anwuchs. Der Jahrestag der Völkerschlacht von Leipzig wurde von den Bonner Studenten am 18. 10. 1819 auf dem Drachenfels gefeiert. Einer der Teilnehmer war Heinrich Heine, der damals das nachfolgend wiedergegebene Gedicht verfaßte:

Die Nacht auf dem Drachenfels

Um Mitternacht war schon die Burg erstiegen,

Der Holzstoß flammte auf am Fuß der Mauern.

Und wie die Bursche lustig niederkauern,

Erscholl das Lied von Deutschland's heil'gen Siegen.

Wir tranken Deutschlands Wohl aus Rheinweinkrügen

Wir sah'n den Burggeist auf dem Turme lauern,

Viel' dunkle Ritterschatten ums umschauern

‚Viel' Nebelfrau'n bei uns vorüberfliegen.

Und aus den Türmen steigt ein tiefes Ächzen,

Es klirrt und rasselt und die Eulen krächzen;

Dazwischen heult des Nordsturms Wutgebrause. —

Sieh nun, mein Freund, so eine Nacht durchwacht' ich

Auf hohem Drachenfels, doch leider bracht' ich
Den Schnupfen und den Husten mit nach Hause“.[579]

Die patriotischen Bestrebungen der damaligen Studentenschaft, die u. a. auf die Wiedererrichtung des Deutschen Reiches hinzielten, erweckten damals das staatliche Mißtrauen. Joesten führt in Bezug auf die Feier des Jahrestages der Völkerschlacht auf dem Drachenfels aus, daß „dieses berühmte Oktoberfest“ vom 18. 10. 1819 zu einem Untersuchungsverfahren geführt hat, in das auch Heinrich Heine verwickelt war.[580]

In diesem Zusammenhang dürfte das „von Rector und Senat der Königl. Preußischen Rhein-Universität“ am 25. 10. 1819 auf Anweisung des „hohen Ministerii der Geistlichen- und Medicinal-Angelegenheiten“ erlassene Verbot der „Theilnahme an der unter dem Namen der Burschenschaften bekannten und allgemein verbotenen akademischen Verbindung“ zu sehen sein.[581]
Rückstuhl, der einige Jahre am Bonner Gymnasium tätig war, berichtet über einen Ausflug auf den Drachenfels im „rheinischen Unterhaltungsblatt“ ab 31. 3. 1822 u. a.:

„Die Gesellschaft war hinaufgestiegen und trat aus dem dunklen Schatten des Gebüsch in's Freie. Man war überrascht, nun sich plötzlich auf der Höhe zu befinden und nach keiner Seite hin mehr eingeschränkt zu sehen ... Nun wendete man sich dahin und dorthin, wie Jeden die Lust des Herzens trieb. Einige lagerten auf dem Rasen der Bergplatte, und schauten in die Weite, oder lasen in der Nähe die Inschriften des Monuments ... Die Burg ist freilich stark verwittert, das Dach ist lange weg und auch die meisten Mauern sind eingestürzt. Jedoch die vorhandenen Ruinen setzen noch in Erstaunen und stehen da, wie Wunder der Kunst. Gerade diejenigen Mauern blieben, die auf die schroffste Felsenecke hingestellt waren, und sie trotzten der Gewalt der Zeit und den sie umbrausenden Stürmen ...

Der Drachenfels ist dem Strom in den Weg getreten, und hat sich mit seiner Macht gegen die peitschenden und stoßenden Fluthen behauptet; der Strom mußte dann umbeugen und in einem Winkel um den Berg her gehen, deßwegen behält der Reisende, der auf dem Rhein fährt, oder die Straße auf dessen Ufer zieht, in einer Strecke von mehreren Stunden, wenn er von unten herauf, oder wenn er von oben herab kommt, den Drachenfels beständig im Auge. Die Burg und das Monument verändern sich ihm nicht; sie gelten ihm als untrügliches Wahrzeichen, woran er die Gegend immer wieder erkennt".[582]

Überblick über die Stärke des Fremdenverkehrs am Rhein im Jahre 1824

Einen interessanten Überblick über die Stärke des Fremdenverkehrs am Rhein gibt ein Bericht des „Bonner Wochenblatts" vom 26. 8. 1824:

„Ungeachtet die Witterung dieses Sommers im Allgemeinen zu Lustfahrten und Badereisen nicht sonderlich geeignet ist, so sah man dennoch am Rheine nie eine solche Zahl von Reisenden aller Nationen, wie in diesem Jahr. Karossen und Reisewägen von allen Farben und Gestalten, mit hohen und niedrigen Böcken, rasseln in jedem Augenblicke rheinauf- und rheinabwärts an uns vorüber und durch die Thäler hört man die muntern Posthörner tönen. Auch die gewöhnliche Rheinjacht trägt täglich auf ihrem Verdecke eine buntscheckige Reisegesellschaft zu Thal, der vielen andern Extra-Jachten nicht zu gedenken".

Reglement für die Eselsführer zu Königswinter 27. 7. 1841

Die Besucher des Drachenfels, die sich den „körperlichen Strapazen" einer Besteigung des Drachenfels und der anderen Berge des Siebengebirges nicht aussetzen wollten, machten seit Beginn des 19. Jahrhunderts dankbar Gebrauch von der ihnen gegebenen Möglichkeit eines Ritts per Esel auf die einzelnen Berge des Siebengebirges. Ein neues Gewerbe, das der „Eselsführer", entwickelte sich. Je stärker der Zustrom von Fremden zum

Siebengebirge wurde, umsomehr Königswinterer entschlossen sich zur Eselhaltung. Zahlen aus der ersten Zeit des Fremdenverkehrs sind nicht bekannt.

Einen Anhaltspunkt insoweit gibt jedoch das von dem Königswinterer Bürgermeister Mirbach am 27. 7. 1841 erlassene „Reglement für die Eselsführer zu Königswinter, welche ihre Thiere zur Besteigung der Gebirge benutzen lassen, entworfen auf den Grund der Autorisation der Königlichen Hochlöblichen Regierung zu Cöln, vom 30. Juni 1841, B. N. 11, 115; und nach der Anleitung des § 36 der Verwaltungs-Ordnung vom 13. Oktbr."[583]

Im Reglement wurden den Eselstreibern bestimmte Aufstellplätze zugewiesen. „Die aufzustellenden Esel mußten zum Bergbesteigen tauglich und durften nicht bösartig sein". Jeder Esel mußte „auf der Stirn eine beim Gebrauch freie und sichtbare Nummer auf einem kupfernen Schild mit der Aufschrift Königswinter tragen". Die Preise für die einzelnen „Bergbesteigungen" wurden 1841 genau festgelegt. Das Reglement bestimmte insoweit in § 4:

„Zur Verhütung von Ueberforderungen des Lohns für das Bergbesteigen wird bestimmt, daß für jede Tour hin und zurück inclusive Führer

a) nach dem Drachenfels	10 Sgr
b) nach Heisterbach	15 Sgr.
c) nach dem Oelberg oder Löwenburg	20 Sgr.
d) für einen ganzen Tag	30 Sgr.

entrichtet wird, und ein höherer Betrag nicht gefordert werden darf. Die Führer sollen indeß nicht verbunden sein, auf die Zurückkunft der Fremden beim Ritt nach dem Drachenfels länger als eine ganze Stunde zu warten. Während der für einen ganzen oder mehrere Tage gemachten Tour verliert der Führer den Anspruch auf die Reihenfolge, und tritt erst bei seiner Rückkunft wieder ein".

Gemäß § 6 des Reglements waren die Eselsführer verpflichtet, sich ruhig und anständig gegen das Publikum zu benehmen".

Im Laufe der Zeit wurden die Esel nur noch für

Abb. 95: Stahlstich von W. Tombleson; Siebengebirgsmuseum; 1832.

die Besteigung des Drachenfels eingesetzt. Weder die Erbauung des Kutschenweges zum Drachenfels (1871/1872) noch die ab 17. 7. 1883 auf den Drachenfels führende Zahnradbahn bildeten eine ernsthafte Konkurrenz der „Drachenfelsesel". Nach einer Statistik für das Jahr 1900 waren damals noch 36 Esel am Drachenfels im Einsatz.[584]

Die Kölner Dombauhütte wird eingerichtet 1824

Im Jahre 1823 hatte man mit Reparaturarbeiten am Kölner Dom begonnen. Bereits 1824 wurde im Zuge der sich damals andeutenden Möglichkeiten der Wiederaufnahme der seit etwa 1560 ruhenden Dombauarbeiten die Dombauhütte eröffnet. Verständlicherweise war die Königswinterer-Steinhauer-Gewerkschaft daran interessiert, Steine für die Dombauarbeiten zu liefern.

Insoweit stand der Gewerkschaft das Gestein des Stenzelberges und der Wolkenburg zur Verfügung. Der Abtransport des Gesteins des Stenzelberges war jedoch wegen des erforderlichen Transportes nach Dollendorf langwierig; ganz abgesehen davon, daß das Gestein wegen seiner Härte nur schwer zu bearbeiten war. Im Gegensatz hierzu war das Gestein der Wolkenburg, auf der immer noch gearbeitet wurde, nicht so gut. Außerdem ging das Gestein auf der Bergkuppe zu Ende. Es lag deshalb nahe, die Steinbrüche am Drachenfels wiederzueröffnen.

Anzeigenpflicht für die Fortsetzung und Eröffnung von Steinbruchbetrieben 13. 2. 1826

Das „Königlich Preuß. Ober = Bergamt für die Niederrheinischen Provinzen" zu Bonn erließ am 13. 2. 1826 eine „mittelst Rescripts vom 31. Januar 1826 genehmigte Bergpolizei-Verordnung zur Verleitung und Abwendung der in den Steinbrüchen des Bergamts = Bezirks Siegen zeither öfter vorgekomenen Unglücksfälle, und um den Fahrlässigkeiten Schranken zu setzen,

welche sich die Steinbruchsbetreiber bei dem Betriebe der Steinbrüche zu erlauben versuchen".

Diese bergpolizeiliche Verordnung sollte wenige Jahre später von einschneidender Bedeutung für die Königswinterer Steinhauer-Gewerkschaft werden. In Artikel 1 der Verordnung heißt es wie folgt:

„Alle Besitzer oder Unternehmer von Hauptsteinbrüchen (mit deren Produkt eine Partirung getrieben wird), welche ihre Gewinnung fortsetzen, oder eine neue eröffnen wollen, haben davon dem Königl. Bergamte zu Siegen unter genauer Angabe der Oertlichkeit des Bruches Anzeige zu machen. Von dieser Anzeige sind jedoch dispensirt alle Steinbruchsbetreiber, welche eine bergamtliche Konzession oder bergamtlichen Pachtkontrakt über den betriebenen Steinbruch in Händen haben."

Weiter heißt es in der Verordnung, daß die in Artikel 1 verlangte Anzeige für bereits in Betrieb befindliche Steinbrüche innerhalb von 2 Monaten ab dem 13. 2. 1826 und für alle neu zu eröffnenden Steinbrüche wenigstens sechs Wochen vor deren Eröffnung zu erfolgen habe. Die Verordnung legte weiter u. a. fest, daß die „nöthigen Sicherheitsmaßregeln" ergriffen und überwacht werden müßten. Alles wesentliche insoweit sollte von dem zuständigen Revierbergbeamten in einem Zechenbuch festgehalten werden. Unglücksfälle waren sofort dem „vorgesetzten Königlichen Bergbeamten" mitzuteilen, der „die Sache zu untersuchen, die zur Rettung oder zur Abwendung fernerer Gefahr nöthigen Vorkehrungen zu treffen" und ein Protokoll aufzunehmen hatte. In Artikel 12 der Verordnung heißt es:

„Alle Zuwiderhandlungen gegen den Inhalt dieser Verordnung sollen gesetzlich konstantirt und der kompetenten Behörde zur amtlichen Verfolgung und Bestrafung überwiesen werden, wie auch noch insbesondere die Steinbruchbetreiber bei Unglücksfällen, welche durch Mangel an der gehörigen Befolgung der gegenwärtigen Vorschrift entstanden sind, die gerichtliche Ahndung nach den Provinzial = Gesetzen zu gewärtigen haben".

Der Königswinterer Bürgermeister Clemens August Schaefer erwirbt des Steinbruchrecht auf der Kuppe des Drachenfels und der Wolkenburg 1826

Clemens August Schaefer war 1814 Bürgermeister von Königswinter geworden. An ihn wandte sich die Königswinterer Steinhauer-Gewerkschaft, da ihm im Kaufvertrag vom 26. 11. 1816 eingeräumt worden war, „jene Steinbrüche bei deren vorhabenden Verkauf vor jedem Dritten zu erwerben, wenn er das, was andere bieten, zu geben bereit sei".

Aus einem Bericht der „Königlichen Regierung, Abtheilung des Innern, zu Coeln" vom 14. 10. 1827 läßt sich — allerdings mit wesentlicher Verspätung — entnehmen, daß 1826 eine Veräußerung „der Steinbrüche am Drachenfels und an der Wolkenburg ernstlich" seitens „des Kaiserlich österreichischen Kammerherrn Freyherrn von Vorst-Gudenau Zuadlowitz zu Wien" wirklich beabsichtigt war. In dem Bericht vom 14. 10. 1827 heißt es insoweit:

„Dem Vernehmen nach ist schon ein ansehnliches Gebot ergangen und der Schaefer aufgefordert sich zu erklären, ob er von seiner Befugniß zum Vorkaufe Gebrauch machen wolle".[585]

Wie Hardenberg ausführt, wandten „sich die Gebrüder Schaefer an den Gudenauer Erbherrn in Österreich und erwarben für 4 000 Thlr. das Steinbruchsrecht an Drachenfels, Wolkenburg (soweit einst kurkölnisch) und an den Backofenkaulen. Zahlbar war die Summe in jährlichen Raten von 1 000 Thlr., die erste Rate wurde 1826 gleich bezahlt".[586]

Bürgermeister Clemens August Schaefer bietet der preußischen Regierung den Bergkegel des Drachenfels zum Kauf an 10. 8. 1826

Das an die preußische Regierung zu Köln gerichtete Schreiben vom 10. 8. 1826 hat folgenden Wortlaut:

„Hochpreißliche Regierung. Als Bürgermeister halte ich es für Pflicht, Eirer Hochpreißlichen Regierung die Anzeige zu machen, daß die

They are entirely volcanic, and are almost in every case crowned by a tower, chapel, or hermit's cell. The towers were strongholds of the archbishops of Cologne; one of them —that on the Löwenberg —was the place in which

Drachenfels.

Abb. 96: Xylographie, F. P. Leitch; Siebengebirgsmuseum.

Die preußische Regierung bittet
den Landrat des Siegkreises um Auskunft
über den Drachenfels
18. 8. 1826

Die Königliche Regierung, Abt. des Innern, zu Köln richtete am 18. 8. 1826 das nachfolgend wiedergegebene Schreiben an den Landrat des Siegkreises zu Hennef:

„Der ... Schaefer hat bei uns die Anzeige gemacht ... und erbietet sich zur käuflichen Abtretung des Berges ... Bevor wir uns darüber in weitere Unterhandlungen einlassen, können, fordern wir Sie auf, sich zu äußern, ob nicht der jedesmalige Besitzer des Drachenfelses die Verpflichtung hat, die Kuppe desselben sowohl, als die darauf befindliche Ruine gegen jede gewaltsame Zerstörung zu verwahren. Dem Vernehmen nach sollen deshalb Verfügungen vorhanden sein, die sich wahrscheinlich in Ihrer Registratur vorfinden werden, welche daher genau nachzusehen ist; auch sind sonstige Erkundigungen darüber einzuziehen".[588]

Bürgermeister Clemens August Schaefer
gestattet der
Königswinterer Steinhauer-Gewerkschaft
den Abbau und Abtransport
lockeren Gesteins am Drachenfels
23. 8. 1826

Dem Kölner Dombaumeister Ahlert war verständlicherweise daran gelegen, geeignetes Gestein für die Bauarbeiten am Kölner Dom zu erlangen. Da insoweit aus den verschiedensten Gründen das Drachenfelser-Gestein in Betracht kam, dürfte sich Ahlert an Bürgermeister Schaefer gewandt haben, der ihn am 23. 8. 1826 über das der Regierung in Köln unter dem 10. 8. 1826 gemachte Verkaufsangebot informierte. Diesem Informationsschreiben fügte Schaefer hinzu:
„Damit indeß die Arbeiten (Anm.: am Kölner Dom) nicht aufgehalten werden, habe ich der Steinhauer = Gewerkschaft die Erlaubnis erhielt, die vor mehreren Jahren losgebrochenen, noch unverwitterten Steine nach Gefallen zu bearbeiten und wegzunehmen, und hörte ich, daß hierdurch dem dringensten Bedürfnisse wird abgeholfen werden können".[589]

Steinhauer-Gewerkschaft dahier von mir den Drachenfels zu erwerben gedenkt, um daselbst Steinbrüche zu eröffnen, aus welchen der Dom zu Köln hergestellt und umgebaut werden soll.

Sowohl im Interesse der Stadt als Umgegend ist es, daß die vielbesuchte Ruine des Schlosses Drachenfels, sowie das dortige Monument aus dem letzten Befreiungskrieg durch den Betrieb der Steinbrüche nicht dem Verderben Preis gegeben werde, daher denn wohl die hohe Regierung die Erhaltung der Ruine und des Monumentes beabsichtigen möchte.
Ich biete demnach der Königl. Regierung den Bergkegel mit angemessener Umgebung zum Ankauf hiermit an.
Einer Hochpreißlichen Regierung unterthänig gehorsamer

Schaefer"[587]

Bürgermeister Schaefer erklärt dem Landrat, keinerlei Verpflichtung zum Schutz der Burgruine Drachenfels übernommen zu haben
4. 9. 1826

Mit Anschreiben vom 25. 8. 1826 hatte der Landrat des Siegkreises dem Königswinterer Bürgermeister Schaefer das Schreiben der preußischen Regierung zu Köln vom 18. 8. 1826 zugeleitet und dabei um Bericht gebeten, „wie es sich contractmäßig mit der Verpflichtung zur Unterhaltung der Ruine von dem jedesmaligen Besitzer verhalte". U.a. hieß es in diesem Schreiben: „Sollten frühere Verhandlungen darüber existieren, so sind solche vorzulegen. Vorzüglich der Kaufcontract".590

Schaefer antwortete auf dieses Schreiben unter dem 4. 9. 1826 wie folgt:

„Obschon ich auf die offizielle Mitteilung der Regierungs = Verordnung vom 18. August mich als Bürgermeister zu erklären nicht verpflichtet halten kann, da ich als Privater der Regierung die Erwerbung des Bergkegels angeboten habe, so will ich doch in honorem Ihrer Verfügung vom 25. ds. die gewissenhafte Aeußerung machen, daß mir als ehemaligem Rentmeister des Herrn von Gudenau, von keiner Verpflichtung des Besitzers vom Drachenfels, die Ruine zu unterhalten, etwas bekannt geworden ist, daß hier darüber keine Akten beruhen und ich auch beim Ankauf deshalb keine Verbindlichkeit eingegangen bin.

Zu der angeforderten Auflegung des Kaufcontractes kann ich mich vor der Hand aus guten Gründen nicht verstehen. Uebrigens habe ich im Jahre 1814 als damaliger Besitzer die Aufstellung des Monuments zugelassen".591

Die Königswinterer Steinhauer-Gewerkschaft erwirbt die Kuppe des Drachenfels und den kleineren bzw. westlichen Teil der Kuppe der Wolkenburg
7. 9. 1827

Ein geradezu dramatischer Kampf um die Burgruine Drachenfels nahm seinen Anfang,

als der „Steinhauermeister Heinrich Joseph Spindler und Konsorten" durch Vertrag vor Notar Rennen am 7. 9. 1827 den Bergkegel des Drachenfels und den kleineren Teil der Wolkenburger Kuppe für 8000 Taler erwarben. Die „größere Hälfte der Wolkenburger Kuppe verkaufte Bürgermeister Schaefer anderweitig am 24. 12. 1830 für 1000 Taler".592

Noch am 22. 11. 1831 sollte seitens der Regierung in Berlin in einem Bericht an „Seine Königliche Majestät" die Ansicht vertreten werden, daß „der Besitz des Steinbruchs am Drachenfels für den bisherigen Eigenthümer, Freiherrn von Gudenau, völlig unproductiv gewesen sei, weshalb es sehr unwahrscheinlich sei, daß der Spindler eine Summe von 8000 Thlrn. dafür bezahlt habe, vielmehr glaublich, daß dieser Preis fingirt sei und daß nur höchstens so viel Hundert von ihm gezahlt worden seien".592

In demselben Bericht wird weiter ausgeführt: „Auch die Thatsache, daß der Schaefer die Erwerbung dem Staate ohne Erfolg angeboten habe, sei entstellt. Der Schaefer habe obenhin bei der Regierung zu Cöln angefragt, ob sie das Grundstück kaufen wolle".592

Weiter wurde in dem Bericht vom 22. 11. 1831 darauf hingewiesen, daß der Regierung damals bekannt gewesen sei, daß die Gudenauer mit der kurkölnischen Regierung wegen des Drachenfels prozessiert hätten, weshalb man erst einmal die Rechtslage habe klären wollen.

Wörtlich heißt es im Bericht vom 22. 11. 1831 noch: „Dies gab die Regierung dem Schaefer zu erkennen, und verschrieb die alten Lehns = Akten von Düsseldorf. Der Schaefer erwiderte nichts, wartete das Resultat nicht ab, sondern verkaufte sogleich an den Spindler".592

Insoweit verdient es festgehalten zu werden, daß Schaefer die Kuppe des Drachenfels dem preußischen Staat bereits am 10. 8. 1826 zum Kauf angeboten hatte.

Das Ölgemälde (Abb. 97) wurde von Laurenz Schäfer aus Düsseldorf „nach einem 1813 hergestellten Aquarellportrait geschaffen. Es stellt Bürgermeister Schaefer in seinem 36. Lebensjahr in Empiretracht dar".593 Schaefer verstarb am 14. 11. 1837.

Die preußische Königsfamilie läßt sich über eine evtl. Gefährdung der Burgruine Drachenfels durch die wiedereröffneten Steinbrüche informieren
14. 10. 1827

Die Königswinterer Steinhauer-Gewerkschaft scheint unmittelbar nach dem Erwerb der Kuppe des Drachenfels die Wiedereröffnung der Steinbrüche an der Westseite des Berges betrieben und hierdurch in der Öffentlichkeit den Eindruck erweckt zu haben, daß der Steinbruchbetrieb zum Absturz der Burgruine führen werde. Zu diesem Zeitpunkt war der Eigentumswechsel noch nicht allgemein bekannt geworden. Auf Regierungsseite beschäftigte man sich noch mit dem Angebot des Königswinterer Bürgermeisters Schaefer vom 10. 8. 1826.

Der „Königliche General-Major und General-Adjutant, Ritter hoher Orden, Freiherr von Witzleben" forderte am 8. 10. 1827 die „Königliche Regierung, Abtheilung des Innern, zu Coeln" auf, über den Stand der Drachenfels-Angelegenheit nach Berlin zu berichten.

In dem daraufhin unter dem 14. 10. 1827 erstatteten Bericht der Regierung zu Köln heißt es u. a. wie folgt:

„Durch die Erweiterung der Steinbrüche würde nun allerdings der Ruine Drachenfels die Unterlage entzogen werden können und dadurch ihr Abbruch erforderlich gemacht werden. Indeßen ist dies, da die Ausbeutung auf diesem Punkte vorzüglich schwierig ist, und die dortigen Ruinen nicht durch Güte sich auszeichnen, vor der Hand noch nicht zu besorgen; und eben so wenig läßt sich voraussehen, daß der Eigenthümer der Oberfläche /: Bürgermeister Schaefer :/ beabsichtigen sollte, wegen eines unbedeutenden Gewinns an Baumaterial die Ruine abzutragen.

Von der anderen Seite ist jedoch nicht in Abrede zu stellen, daß die Erhaltung dieser schönsten Zierde einer malerischen Gegend nur dann völlig gesichert ist, wenn sie aufhört, Privat-Eigenthum zu seyn. Auch ist zu ihrer Erwerbung jetzt der günstigste Zeitpunkt, wo das Recht zum Steinbrechen mit dem Besitze der Oberfläche in einer Hand vereinigt werden kann.

Wenn Seine Königliche Hoheit daher den Ankauf beabsichtigen und geruhen sollten uns die Einleitung aufzutragen, so würden wir hoffen können, den Zweck ohne große Opfer zu erreichen".[594]

Der Landrat des Siegkreises wird angewiesen, die Erhaltung
der Burgruine Drachenfels sicherzustellen
1. 12. 1827

Die „Königliche Regierung, Abteilung des Innern, zu Coeln" teilte dem „Königlichen Wirklichen Geheimen Staats-Minister und Minister der Geistlichen- Unterrichts- und Medicinal-Angelegenheiten Freiherrn von Altenstein in Berlin am 1. 12. 1827 folgendes mit:

„Euer Exellenz berichten wir gehorsamst auf die heute eingegangene hohe Verfügung, daß mehrere Steinbrüche des Siebengebirges und unter andern auch die, welche die Ruine Drachenfels umgeben, zwar vor kurzem an die Steinhauer-Gewerkschaft von Koenigswinter verkauft worden sind, das Verfahren bey ihrer Benutzung aber dadurch nicht verändert worden ist, folglich auch der Burgruine jetzt keine größere Gefahr bevorsteht.

Sehr wahrscheinlich rühren die in den hiesigen und Bonner Zeitungen zuerst aufgekommenen beunruhigenden Nachrichten eben von jenen Steinhauern her, welche dadurch die Regierung bewegen wollen, zur Erhaltung dieser Zierde dortiger Gegend ihnen große Summen zu spenden, die mehr als hinreichend seyn sollten, den Kaufpreis des ganzen Objects zu berichtigen.

Obgleich nicht zu besorgen ist, daß sie bey Verfolgung dieses Zwecks sich an die Ruine vergreifen werden, so haben wir doch nicht unterlaßen, die Lokal-Behörde auf die hohe Verfügung vom 15ten December 1823 aufmerksam zu machen und dieselbe unter eigener Verantwortlichkeit anzuweisen, sich jeder Maßregel zu widersetzen, welche der Erhaltung der Ruine nachtheilig werden könnte".[595]

Abb. 97: Bürgermeister Clemens August Schaefer, Ölgemälde, Stadt Königswinter.

Das „Bonner Wochenblatt" beschäftigt sich mit dem Problem Drachenfels
2. 12. 1827

„In No. 210 der Bonner Zeitung erfahren die Bewohner der Gegend des Siebengebirgs, daß der Ankäufer der Kuppe des Drachenfels, weit entfernt sich eines Vandalismus schuldig machen zu wollen, vielmehr sich erbietet, für die sehr mäßige Summe von 8000 Thaler die Ruine unangetastet zu lassen.

Seit das Steinbrechen auf dem Siebengebirge nicht mehr Bergwerks = Berechtigung ist, vielmehr ein jeder Eigenthümer auf seinem Grund und Boden brechen kann, so viel er will, ist der Werth der alten Brüche, so wie der Preis der Steine selbst, bedeutend gefallen: und es möchte wohl die Frage seyn, ob der Eigenthümer beim Niederreißen der Ruine seine Rechnung finden wird.

Die Erhaltung dieser Zierde der Gegend erweckt allerdings Interesse, und es wäre zu wünschen, daß der Berg, so wie der Niederwald bei Rüdesheim, durch passende Anlagen verschönert würde: ein Unternehmen der Art, etwa zur Wirtschaft, würde beser seine Rechnung geben, als die Benutzung des Steinbruches, deren es dies und jenseits des Rheins eine Menge giebt, deren Steine weit weniger dem Verwittern unterworfen sind, als jene des Drachenfels.

Inzwischen liegen die 8000 Thaler nicht so los, und was nicht verhindert werden kann, wird geschehen; Einsender glaubt aber, daß die Gefahr noch nicht so dringend seye, gleich in den Sack greifen zu müssen, und daß überdies auch der Weg der Subscription, aller Wahrscheinlichkeit nach, wenig beibringen würde. Der Sinn für Natur = Schönheiten ist groß bei den Bewohnern der Rheingegenden, aber die Geldnoth noch größer".

Der Preußische Kronprinz Friedrich Wilhelm setzt sich für die Erhaltung
der Burgruine Drachenfels ein
2. 12. 1827

Kronprinz Friedrich Wilhelm hatte am 3. 7. 1815 das Siebengebirge und den Drachenfels besucht. Seinem damaligen Eindruck von der Schönheit der Landschaft und der das Rheintal beherrschenden Burgruine Drachenfels ist es u. a. zu verdanken, daß er sich Ende des Jahres 1827 ganz besonders um die Erhaltung der Burgruine bemühte, an deren Fuß das Landsturmdenkmal stand.

Am 18. 1. 1816 setzte man zur Erinnerung an den Kronprinzenbesuch am Südende der Stadt Königswinter „am Fahr" einen Gedenkstein, der folgende Inschrift trug:

Hier ruhte
der Kronprinz von Preußen
nach der Bergbesteigung aus
III. Jul. MDCCCXV[596]

183

Am 2. 12. 1827 ließ Kronprinz Friedrich Wilhelm durch seinen Hofmarschall von Marsow folgendes Schreiben dem Oberpräsidenten in Koblenz zukommen:

„Hochwohlgeborene Herrn!

Insbesonders Hochzuverehrender Herr Minister!

Im höchsten Auftrage Sr. Königl. Hoheit des Kronprinzen habe ich die Ehre Ew. Excellenz nachstehende ganz gehorsamste Mittheilung zu machen:

In der Berliner Haude und Spenerschen Zeitung vom 30ten November a. cs. befindet sich, im Artikel aus den Maingegenden vom 26ten, ein Auszug aus der Bonner Zeitung, betreffend die Veräußerung der Kuppe des Drachenfels nebst der Ruine.

Seine Königl. Hoheit der Kronprinz und die ganze Königl. Familie, insbesondere auch Ihre Königliche Hoheiten Prinz und Prinzeß Wilhelm, interessiren sich lebhaft für die Erhaltung der Ruine. — Se. Königl. Hoheit der Kronprinz ist der Meinung, daß die Prinzeß Friedrich der Niederlanden Königl. Hoheit auf der letzten Reise nach Brühl über diesen Gegenstand an Seine Majestät den König geschrieben, daß Se. Majestät auch in Folge dieses Befehl ertheilt habe, womöglich Maßregeln zur Erhaltung der Ruine zu treffen; Se. Königl. Hoheit kennt jedoch nicht das Resultat, und läßt hiermit Ew. Excellenz ersuchen, darüber gefälligst Höchstdemselben berichten zu wollen. —

Zugleich soll ich Ew. Excellenz eröffnen, daß die gesamte Königl. Familie gern zur Erhaltung genannter Ruine beitragen würde, daß jedoch der verlangte Preis von 8000 Thlrn. sehr hoch erscheine, und wahrscheinlich der Eigenthümer versuchen wolle, solchen zu ertrotzen, sich aber vielleicht viel billiger abfinden laßen würde, da die abgetragenen Steinmaßen nach Abzug der Kosten unmöglich so viel Rein = Ertrag geben können. Se. Königl. Hoheit der Kronprinz läßt daher Ew. Excellenz bitten, sich dieser Angelegenheit gefälligst annehmen, und recht bald darüber Vorschläge machen zu wollen.

Endlich läßt Se. Königl. Hoheit der Kronprinz Ew. Excellenz ersuchen, so viel wie möglich, und so weit es die bestehenden Gesetze gestatten, dem Unwesen der Zerstörung solcher geschichtlicher Denkmäler zu steuern, welches gewöhnlich nur aus Gewinnsucht hervorgehet. Die Sache hat allerdings große Schwierigkeiten, besonders da der größere Theil wohl Privat = Eigenthum ist; wenn indeß Ew. Excellenz Vorschläge zu machen hätten, durch welche ohne Verletzung von Privatrechten der erwünschte Zweck ganz oder auch nur theilweis zu erreichen wäre, so würden solche gewiß die allerhöchste Königl. Genehmigung und gesetzliche Kraft erhalten.

Es ist mir sehr ehrenvoll hierdurch eine Gelegenheit zu haben, mich Ew. Excellenz gütigen Andenken und Wohlwollen empfehlen zu dürfen, so wie ich mit ausgezeichneter Hochachtung die Ehre habe zu sein
Ew. Excellenz
ganz gehorsamster Diener
v. Marsow
Hofmarschall S. K. H. des Kronprinzen"[597]

Bereits unter dem 12. 12. 1827 erging die Antwort u. a. dahin, daß den Rheinischen Behörden „die schöne Ruine Drachenfels zu sehr am Herzen liege, als daß deren Zerstörung je zugegeben würde; es seien deshalb bereits die zuverlässigsten Anordnungen getroffen worden".

Prinz Friedrich von Preußen
wendet sich wegen der Erhaltung
der Burgruine Drachenfels
an den Oberpräsidenten der Rheinprovinz
8. 1. 1828

Von Düsseldorf aus richtete Prinz Friedrich von Preußen am 8. 1. 1828 folgendes Schreiben an den „Königl. Staatsminister und Oberpräsidenten, Ritter pp. Herrn von Ingersleben:

„Die Gefahr, in welcher sich der Drachenfels befunden hat, durch Speculations-Geist dem Vandalismus des 19ten Jahrhunderts zu verfallen, veranlaßt, daß ich mich mit meiner Besorgniß für ähnliche Fälle an Ew. Excellenz wende, um mit Ihnen Rücksprache zu nehmen, welche

Maaßregeln sich für die Zukunft wohl ergreifen ließen um die schönsten Zierden unserer Gegend vor gleicher Gefahr in Schutz zu nehmen.

Das Intereße, welches Ew. Excellenz selbst an die letzten Überreste jener historischen Denkmäler nehmen, ist mir bekannt, und gerne biete ich meine Theilnahme als eine treue Aliierte an, alles anzuwenden, sie gegen Zeit- und Speculationsgeist zu vertheidigen.

Man sagt, daß für diesmal noch der Drachenfels von seinem gänzlichen Untergange gerettet worden sei; aber hätte nun Gewinnsucht der gegenwärtigen Besitzern Absicht nicht verrathen, — hätten die Eigenthümer der andern Burgen über kurz oder lang eben so wenig Sinn für das woran die Geschichte des Landes und so vieler Familien sich knüpft? Wie bald würden unsere schönen Gegenden und ihr stolzer Strom nicht geplündert und dem Ansehen, was für uns von so vielen Erinnerungen und dem Fremden von so vielem Intereße ist.

Laßen Ew. Excellenz uns daher alles anwenden, das zu erhalten, was wir als National-Eigenthum betrachten müßen, und dankbar werde ich die Vorschläge annehmen, die Sie die Güte haben wollen, mir anzugeben, um mit Ihnen in diesem Sinne zu verfahren.

Übrigens benutze ich diese Gelegenheit mit Vergnügen, Ihnen die aufrichtigste Werthschätzung zu wiederholen, mit der ich bin

Ew. Excellenz

ergebener Freund

Friedrich Prinz von Preußen[598]

Der Oberpräsident antwortete unter dem 3. 2. 1828, daß er nach Einholung genauer Nachrichten der Meinung sei, daß zur Zeit keine Gefahr für die in Betracht kommenden Ruinen bestehe.

Die Königliche Regierung in Köln
ordnet die einstweilige Sistierung aller Steinbruchbetriebe am Drachenfels an
4. 5. 1828

Der Landrat des Siegkreises teilte am 1. 5.

Abb. 98: Alte Ansicht der Burgruine Drachenfels mit dem „Mönch", Anfang des 19. Jahrhunderts; Siebenge-birgsmuseum.

der „Mönch" oder „Kapuziner" bezeichnet wurde. Zu diesem Zeitpunkt war die am 4. 5. 1828 angeordnete Überprüfung der Steinbrüche am Drachenfels nach bergpolizeilichen Gesichtspunkten noch nicht erfolgt.

In einem amtlichen Bericht, der nachträglich im Zuge der Auseinandersetzung zwischen der preuß. Regierung und der Steinhauer-Gewerkschaft um den Betrieb von Steinbrüchen am Drachenfels erstellt worden ist, heißt es, daß „im Mai 1828 ein Felswerk, der Mönch genannt, an der Spitze des Berges, in Folge der Erschütterung des Sprengens, abgelöst wurde und durch seinen Sturz ohne Zweifel Unglück angerichtet haben würde, wenn der derselbe nicht zur Nachtzeit statt gefunden hätte". An anderer Stelle heißt es, einschränkend, daß „im Mai 1828, höchstwahrscheinlich nur in Folge der durch das Steinbrechen bewirkten Erschütterung, nicht weit von der Hauptruine große Maßen allen Mauerwerks einstürzten; glücklicherweise ereignete sich dies in der Nacht, wodurch die Gefahr von den unterhalb Vorbeipaßirenden abgewendet wurde".[600]

Demgegenüber vertrat die Steinhauer-Gewerkschaft die Ansicht, daß der Absturz des „Mönchs" nicht durch Sprengarbeiten, sondern nur dadurch verursacht worden sei, daß das Fundament des Gemäuers brüchig und verwittert gewesen und nur allein deshalb abgestürzt sei.

Aus diesen einander widersprechenden Angaben über die Gründe des Absturzes des „Mönchs" ergibt sich jedenfalls, daß der neuer-öffnete Steinbruch in südlicher Richtung noch nicht bis in die Höhe des Nordgiebels der Burgkapelle vorgetrieben worden war, als es zu dessen Absturz kam.

Dies folgt auch aus einer innerdienstlichen Stellungnahme des „Regierungs = Chef = Prä-sidenten Delius zu Cöln" vom 29. 4. 1828, die später noch seitens der Steinhauer-Gewerkschaft zu ihren Gunsten ins Feld geführt werden sollte. Dieser führte nämlich darin u. a. aus: „Ich habe neulich den Drachenfels besucht. Die Steinbrüche in der Höhe der Ruine sind wiederum in Betrieb gesetzt worden, der alte aus Quadern aufgeführte Thurm,

1828 unter Beachtung der ihm am 1. 12. 1827 erteilten Anweisung der Preußischen Regierung in Köln mit, daß „durch den Betrieb der Steinbrüche am Drachenfelsen sowohl die Ruine als vorzüglich auch die Sicherheit der unterhalb derselben liegenden Büsche und Weinberge, so wie das Leben der in letzteren beschäftigten Arbeiter und der am Fuße des Berges vorbeigehenden Menschen gefährdet werde".[599]

Daraufhin ordnete die Königliche Regierung zu Köln am 4. 5. 1828 die vorläufige Sistierung aller Steinbruchbetriebe am Drachenfels an und forderte darüber hinaus das Oberbergamt auf, an Ort und Stelle die Steinbrüche am Dra-chenfels nach bergpolizeilichen Gesichtspunk-ten zu überprüfen.[599]

Der „Mönch" stürzt ab
Mai 1828

Die Königswinterer Steinhauer-Gewerkschaft scheint sich nicht an die am 4. 5. 1828 ange-ordnete vorläufige Einstellung aller Steinbruch-betriebe am Drachenfels gehalten zu haben. Soweit es sich überblicken läßt, hatte die Gewerkschaft zunächst einen Steinbruch nörd-lich der Ruine der Kernburg der Burganlage Drachenfels am Westhang des Berges unter-halb der Ruine des Nordturmes und der Ruine des Flankierungsturmes der Unterburg eröff-net. Diese Steinbrucheröffnung hatte sich angeboten, da der 1805 angelegte „Steinen-weg" bis etwa an diese Stelle führte.
Im Mai 1828 stürzte der Nordgiebel der Burg-kapelle Drachenfels ab, der im Volksmund als

auf den es vornehmlich ankommt, wird aber dadurch nicht gefährdet und es können noch mehrere Jahre hingehen, ehe man für irgendeinen Theil der alten Ueberbleibsel etwas zu befürchten hat".[601]

Die Sage vom Drachenfelser „Mönch"

Mit dem Absturz des „Mönchs" verschwand ein markanter Bauteil der Burganlage Drachenfels, der lange Zeit hindurch Gegenstand einer Sage war. Peter Müller, der diese Sage 1898 veröffentlicht hat, ist allerdings irrtümlich davon ausgegangen, daß der „Mönch" auf dem Drachenfels „gegen Rhöndorf zu" gestanden habe, ein Fels gewesen, und 1898 noch existent gewesen sei.

Der Mönch

„Auf dem Drachenfels steht gegen Rhöndorf zu, über einem verlassenen Steinbruche ein Felsen, der die Gestalt eines Mönchen hat, welcher den Berg hinaufzuklimmen scheint. Von diesem geht die Rede, daß er ein Riese gewesen, welcher sich mit einem Zwerge um den Besitz des Berges gestritten habe. Sie waren endlich des Streitens müde, denn der Riese war stark und der Zwerg gewandt und verstand dazu manchen Zauber. Da wurden sie sich einig, in der Frühe des Tages mit Dämmerung bergan zu steigen; der, welcher zuerst die Sonne oben aufgehen sehe, solle Herr und Meister des Berges sein.

Der Zwerg machte sich in aller Frühe auf, aber der Riese streckte sich noch behaglich und dachte, den Kleinen würde er schon früh genug überholen. Endlich schüttelte er den Schlaf von den Gliedern und begann, trotz aller Hindernisse den Berg hinan zu laufen. Als er bald oben angekommen war, krähte ihm der Zwerg schon lustig entgegen, und da in diesem Augenblicke die Sonne aufging, hatte derselbe den Berg gewonnen. Der Riese, vor Zorn, daß ihm der Zwerg zuvorgekommen, verfluchte sich dermaßen, daß er augenblicklich in Stein verwandelt wurde und noch bis auf den heutigen Tag dasteht".[602]

Lokaltermin einer Kommission der Königl. Regierung von Köln und des Oberberg-Amtes am Drachenfels 28. 5. 1828

Der am 4. 5. 1828 angeordnete Lokaltermin zur Überprüfung der Drachenfelser Steinbrüche fand am 28. 5. 1828 statt. An ihm nahmen u. a. je ein Rat der Königl. Regierung von Köln und des Oberbergamtes Bonn teil. Das Ergebnis der Überprüfung wurde in einem Protokoll festgehalten, das durch je eine von dem Oberrevier-Steiger Behner erstellte Ansichts- und Grundrißskizze erläutert wurde.

Die Überprüfung ergab, daß „die Steinbrüche an der westlichen Seite des Berges unter allen Umständen und die der andern drei Seiten aber auch mehr oder weniger eine Bedrohung der allgemeinen Sicherheit von Menschen und Eigenthum darstellen, weshalb der Betrieb der Steinbrüche in polizeilicher Hinsicht nicht gestattet werden könne".[603]

Die Steinhauer-Gewerkschaft nimmt im „Bonner Wochenblatt" Stellung zum Absturz des „Mönchs" und kündigt die Ausgabe von Einlaßkarten zum Besuch des Bergplateaus an 8. 6. 1828

„Anzeige

Es hat sich schon mehrmalen zugetragen, daß von oben der Drachenfelser Ruine aus, lose Steinmassen absichtlich herunter geworfen wurden, die alsdann andere unten gelegene Steinstücke mit sich fortgerissen, und herunter bis in die Weinberge rollten.

Um einen solchen Unfuge, welcher insbesondere auf die unter der Ruine befindlichen, und dem Einsturz drohende Felsstücke nachtheilig und gefährlich wirken dürfte, für die Folge soviel wie möglich vorzubeugen, und um dem Verdachte und möglichen Vorwurfe zu entgehen, als werde solcher Frevelmuth durch uns, oder doch auf unsere Veranlassung verübt, — wie man dies in boshafter Absicht in Bezug auf die vor einiger Zeit ganz zufälliger Weise heruntergestürzte, und nur durch den Zahn der Zeit losgewordene alte Mauer (der Mönch)

genannt, zu unserem Nachtheil ausgestreut hat; — haben wir als unbeschränkte Eigenthümer des Drachenfelses und der darauf stehenden Ruine uns veranlaßt gefunden, ohnweit vom Eingang auf den Ruinenplatz, durch Anlegung eines zu verschließenden Thores, eine Sperre zu machen, welche von dem dabei angestellten Wächter nur denjenigen Personen geöffnet werden wird, welche mit einer, in Person beim Gastgeber Veit zum Drachenfels abzunehmenden kostenfreien Eingangskarte versehen sind, solche vorzeigen und abgeben werden.

Indem wir durch diese Maßregel insbesondere und vorzüglich zu bewirken suchen, diejenigen Individuen, welche zu dem vorgedachten Unfuge fähig seyn dürften, von der Drachenfelser Ruine entfernt zu halten, hoffen und wünschen wir jedoch, auch auf der andern Seite, daß die Fremden, welche zum Besuch des Drachenfelses eine Erlaubnißkarte sich einholen, und in ein zu dem Zwecke angelegtes Buch ihren Namen einschreiben werden, auch den mit der Austheilung der Erlaubnißkarten beauftragten Herrn Veit als Gastgeber mit ihrem Zuspruche beehren möchten, da wir diesem unserem Mitbürger eine solche Begünstigung vorzugsweise gönnen müssen, weil derselbe sich gegen uns bei jeder Gelegenheit durch eine herzliche Theilnahme an unserem Wohl und Wehe als ein liebevoller schätzungswerther Bürger bewiesen hat; welches wir eben nicht von jedem unserer anderen Mitbürger, und zwar von Jenen nicht sagen können, die durch falsche Anzeigen zu der neulich befohlenen Einstellung des am Drachenfels schadlos angelegten und zum Vortheil der Stadt Königswinter gereichenden Steinbruches mitgewirkt haben, und über den uns und einer Menge von Arbeitern dadurch erwachsenen Nachtheil frohlocken mögen.

Königswinter, den 3. Juni 1828

Die Steinhauer-Gewerkschaft

Theodor Bachem

Aus der Anzeige der Steinhauer-Gewerkschaft vom 3. 6. 1828 ist zu entnehmen, daß sie damals lediglich einen Steinbruch am Drachenfels eröffnet hatte und zwar auf der Westseite

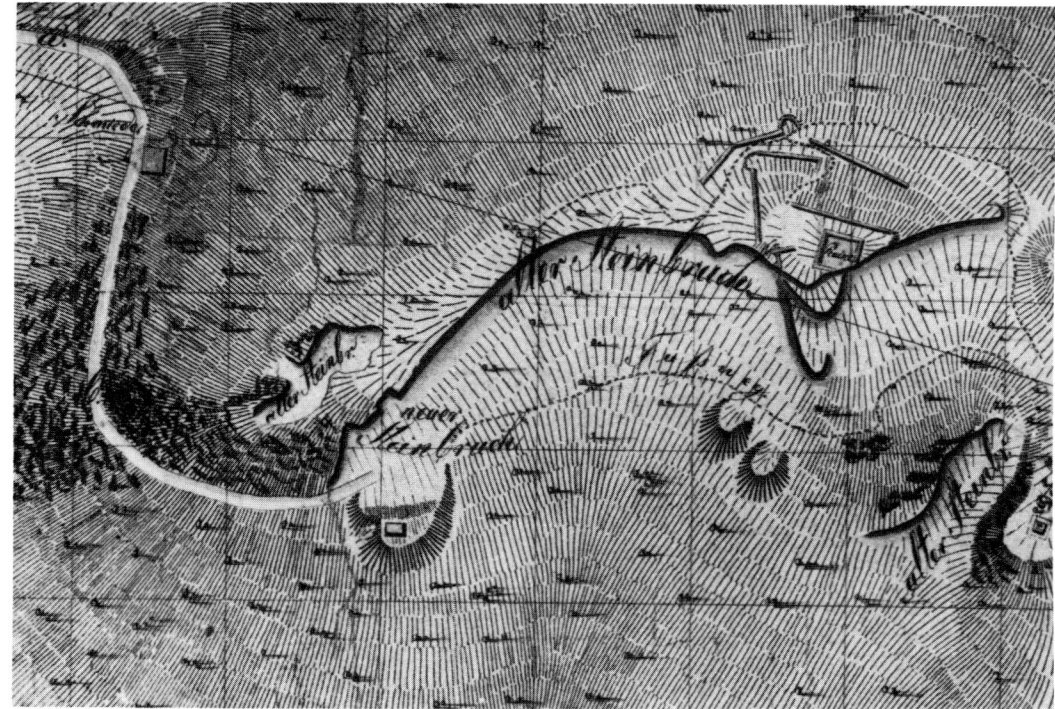

Abb. 99: Ausschnitt aus der Grundrißskizze, gefertigt von Behner, 28. 5. 1828; Siebengebirgsmuseum.

des Berges nördlich der Ruine der Kernburg. Es wurden in der Folgezeit tatsächlich Eintrittskarten zum Besuch des Plateaus des Drachenfels in dem Gasthaus des „Gastgebers Veit „zum Drachenfels" in der Hauptstraße ausgegeben. Dieses Haus steht noch heute. Es wurde in einem kleinen Bild in der am 7. 12. 1861 in Leipzig erschienenen „Illustrirten Zeitung" wiedergegeben.

Leserzuschrift
im „Bonner Wochenblatt"
15. 6. 1828

„Anfrage den Drachenfels betreffend. Wir wünschten auch von einer andern Seite zu erfahren, wie es sich überhaupt mit dem Steinherabwerfen, oder Herabfallen, verhält; und wer dann eigentlich die Riesen sind, welche die ungeheuren Felsblöcke herabgeschleudert

haben? Leute, welche ohne Geräthschaften mit bloßen Händen, ein solches Stück Arbeit fertig gebracht haben, hätten doch lange, ihrer Stärke wegen, bekannt seyn müssen.

Die Freunde der Ruine, welche bisheran zu deren Erhaltung mitgewirkt haben, glauben auf folgende Rechtsfragen aufmerksam machen zu müssen:

1. Ist nicht das Publikum durch verjährten Besitzstand berechtigt, die Spaziergänge des Drachenfelsen ungehindert zu benutzen, und sind Ankäufer in dieser Beziehung wirklich unbeschränkte Eigenthümer, oder sind nicht vielmehr die Spaziergänge ein Servitut des Berges?

2. Ist die Abschliessung des Berges nicht die Störung des Besitzstandes gegen das Publikum, gegen welche binnen einem Jahre unter den bekannten Rechtsnachtheilen eingeschritten werden muß.(Eingesandt)"

Steinbrucharbeiten
der Steinhauer-Gewerkschaft
am Drachenfels
14. 7. 1828

Auch im Juli 1828 ließ die Steinhauer-Gewerkschaft trotz der am 4. 5. 1828 angeordneten einstweiligen Einstellung der Steinbrüche am Drachenfels Steine brechen. Auskunft hierüber gibt ein Schreiben Königswinterer Stadträte vom 14. 7. 1828 an den Landrat des Siegkreises:

„Auf unsere Eingabe an Sie, Hochwohlgeboren vom 2. Juni finden sich die unterzeichneten Städträthe von unserem Herrn Beigeordneten Biesing dadurch kompromittirt, daß derselbe den auf unsere Eingabe an Ew. Hochwohlgeboren ausgewirkten Beschluß einer hohen Königlichen Regierung uns Unterzeichneten nicht mitgetheilt habe, sondern Eingabe sowohl als Beschluß bei den hiesigen Steinhauermeistern cirkulirt, so daß wir bloß vom Hörensagen ein Weniges wißen.

Zugleich glauben Unterzeichnete Ew. Hochwohlgeboren gehorsamst anzeigen zu müßen, daß das Steinbrechen und Sprengen auf dem Drachenfels ununterbrochen fortdauert, welche Angabe wir mit Zeugen zu erweisen, uns erbieten.

Hieraus ist nun klar zu ersehen, daß die hiesige Polizei, vielweniger der Herr Beigeordnete Biesing ihrer Schuldigkeit in keinem Falle Genüge leisten. Dadurch wird aber der Beschluß der hohen Königlichen Regierung nicht geachtet, und das Aufsehen Derselben durch Nichtbeachtung Ihrer Befehle gekränkt.

Da Unterzeichnete nun die große Gefahr ahnen, welche durch das fernere Brechen und Sprengen am Drachenfels entstehen kann; wir sowohl als alle Einwohner in unseren Weingärten Buschen und Straßen uns möglichs für Lebensgefahr zu schützen suchen, bitten wir Ew. Hochwohlgeboren gehorsamst, die Polizeiliche Aufsicht auf dem Drachenfels, um das fernere Brechen zu verhüten dem Herrn Beigeordneten Biesing zu entnehmen und solches gütigs Einem Anderen übertragen zu wollen.

Königswinter den 17. Juli 1828

Abb. 100: Gasthaus „zum Drachenfels"; Siebengebirgsmuseum.

Ew. Hochwohlgeboren gehorsamste Stadträthe"[604]

Die Eingabe der Stadträte vom 14. 7. 1828 scheint Erfolg gehabt zu haben. In einem Schreiben vom 1. 5. 1831, das Heinrich Joseph Spindler und Theodor Bachem als Bevollmächtigte der Steinhauer-Gewerkschaft an den preußischen König gerichtet hatten, führten diese nämlich u. a. aus, „die Einstellung der Steinbrüche sei nicht wegen der Conservation der Ruine, sondern nur zur allgemeinen Schadensverhütung angeordnet worden". Dies habe, so wurde im Schreiben vom 1. 5. 1831 weiter ausgeführt, die Steinhauer-Gewerkschaft veranlaßt, der Lokalbehörde die Anzeige zu machen, daß die Gewerkschaft, „um mögliche Gefahr zu beseitigen, die Abtragung einiger Stellen an der Ruine, und die Reparatur einiger andern beabsichtige. Hierauf sei aber schleunigst durch die Königliche Regierung in Cöln der Gewerkschaft am 17. 7. 1828 die Verfügung über dieses Privateigenthum untersagt worden".[605]

Der aus Bonn-Endenich stammende Beigeordnete Jakob Biesing hatte 1814 Philipina Mäurer geheiratet, deren Eltern Johann Andreas Mäurer und Adelheid Bennerscheid den Gasthof zum Berliner Hof am Rheinufer betrieben. Am 17. und 20. 12. 1829 bot Jakob Biesing den Tomberger Hof in Königswinter, in dem er eine

Brannntweinbrennerei betrieb, zum Verkauf an. Im Amtsblatt des Siegkreises vom 22. 5. 1830 wurde mitgeteilt, daß „der bisherige Steueramtssekretär Tobias Veit an die Stelle des in eine andere Bürgermeisterei verzogenen Jakob Biesing zum Beigeordneten der Bürgermeisterei Königswinter ernannt und als solcher eingeführt und vereidigt worden sei". Jakob Biesing führte damals bereits das Gasthaus „Zum Heidenweg" in Bonn-Endenich.

Arbeiten der Steinhauer-Gewerkschaft
an der Burgruine Drachenfels
August 1828

Folgt man einem Regierungsbericht vom 4. 12. 1831, der dem preußischen König erstattet wurde, dann sind die Steinhauer entgegen ihrer erklärten Absicht, die Burgruine Drachenfels nicht gefährden zu wollen, „im August 1828, wie es actenmäßig comstirt sey, ernstlich damit umgegangen, die Ruine selbst, wenigstens theilweise abzubauen, woran sie nur durch nachdrückliches Einschreiten der Behörden gehindert werden konnten".[606]

Ob diese Angaben denselben Vorfall anbetreffen, über den Heinrich Joseph Spindler und Theodor Bachem am 1. 5. 1831 berichtet haben, wird wohl nicht mehr zuklären sein.

Eine mit Rescript vom 30. 7. 1828
angeordnete Untersagung
von Steinbruchbetrieben am Drachenfels
wird im Amtsblatt
der Königl. Regierung zu Köln veröffentlicht
2. 9. 1828

Aufgrund des Ergebnisses des Lokaltermins am Drachenfels vom 28. 5. 1828 hatten die „Königliche Regierung zu Köln und das Königliche Ober-Bergamt zu Bonn dem Königlichen Ministerium des Innern zu Berlin" am 21. 6. 1828 anheim gestellt, die Wiedereröffnung und Fortsetzung der Steinbrüche an der Westseite des Drachenfels für immer zu untersagen.[607]

Daraufhin erließ das Königl. Ministerium des Innern am 30. 7. 1828 ein entsprechendes Rescript, dessen Begründung im Wortlaut identisch mit dem der Empfehlung vom 21. 6. 1828

war. Dieses Rescript wurde im Amtsblatt der Königl. Regierung zu Köln vom 2. 9. 1828 veröffentlicht und hat folgenden Wortlaut:

Verordnung

Auf Vorlegung der faktischen Verhältnisse des Steinbruchs = Betriebes am Drachenfelsen bei Königswinter bei dem Königlichen Ministerium des Innern und der Polizei, und auf die von dieser Hohen Behörde hieraus erkannte, mit dem Betriebe dieser Steinbrüche, besonders an der Westseite des Berges, verbundene große Gefahr, ist von dem vorgenannten Königlichen Ministerium, durch Rescript vom 30. Juli a.c. festgesetzt worden:

daß die Wiedereröffnung und Fortsetzung der Steinbrüche an des westlichen Seite des Drachenfelsens, welche überdieß ohne Beobachtung der unterm 13. Februar 1826 erlassenen Verordnung für die Steinbrüche im Bergamtsbezirk Siegen bisher betrieben worden sind, aus polizeilichen Gründen für immer untersagt seyn soll, so wie auch, daß vor Gestattung der Wiederaufnahme alter oder der Anlage neuer Steinbrüche an andern Stellen dieses Berges jedesmal die örtlichen Verhältnisse von der technischen Behörde untersucht und die Modalitäten, unter welchen ein solcher Betrieb zu gestatten, festgesetzt werden müssen.

Indem wir diese Verordnung hiermit zur Kenntniß der dabei interessirten Behörden und Privaten bringen, weisen wir zugleich hiermit sowohl die nach ihrem Dienstlichen Wirkungskreise dazu berufenen polizeilichen Verwaltungsbeamten, als auch die Bergbeamten des Reviers auf das Strengste an, nicht bloß durch die ihnen zu Gebote stehenden Zwangsmittel jede etwaige Übertretung der Verordnung gleich zu inhibiren, sondern auch die Cotravention selbst sofort zu konstatiren, und ihren respektiven vorgesetzten Behörden die formellen Frevel = Protokolle vorzulegen, damit auf deren Grund die gerichtliche Verfolgung und polizeiliche Bestrafung veranlaßt werden kann. Köln und Bonn, den 24. August 1828.
Königliche Regierung

Königliches Ober = Bergamt für die Niederrheinischen Provinzen"

Die Steinhauer-Gewerkschaft
verklagt die Königliche Regierung zu Köln
auf Schadensersatz vor dem Landgericht Köln
12. 9. 1828

Sowohl die einstweilige Sistierung aller Steinbrüche am Drachenfels vom 4. 5. 1828 als auch das Rescript vom 30. 7. 1828 (veröffentlicht am 2. 9. 1828) waren auf sicherheitspolizeiliche Gründe gestützt worden, deren Begründetheit die Steinhauer-Gewerkschaft von Anfang an bestritten hatte.

Auf das Rescript vom 30. 7. 1828 verklagte die Steinhauer-Gewerkschaft unter dem 12. 9. 1828 die Königliche Regierung zu Köln vor dem Kölner Landgericht auf Schadensersatzleistung. Die Klagebegründung ging dahin, daß die Gewerkschaft durch die Schließung des Steinbruchbetriebes rechtswidrig in ihrem Privateigentum verletzt worden sei, da die von der Regierung behaupteten sicherheitspolizeilichen Gründe überhaupt nicht vorlägen. Deshalb müsse die Regierung der Gewerkschaft allen Schaden ersetzen, der aufgrund des rechtswidrigen Verbots entstehe.[608]

Das Landgericht Köln hatte über diese Klage aufgrund der gesetzlichen Bestimmungen des Code Civil, des von Napoleon geschaffenen modernen Französischen Bürgerlichen Gesetzbuches zu entscheiden, das 1810 im Großherzogtum Berg eingeführt worden war. Nach der Eingliederung des Rheinlandes in den preußischen Staat hatte die preußische Verwaltung verständlicherweise versucht, das damalige preußische Recht auch in „Rheinpreußen" einzuführen. Dem hatten sich aber die Rheinländer widersetzt, da sie der Ansicht waren, daß der Code Civil in ganz besonderem Maße die Freiheit der Person, des Eigentums und des Rechtsverkehrs verwirklicht habe.

„Es kam schließlich dazu, daß die am 20. 6. 1816 eigens eingesetzte „Immediatjustizkommission" dem preußischen König den Vorschlag machte, das rheinische Gerichtswesen bis zur beabsichtigten Reform des preußischen Rechts auf der Grundlage der bestehenden französischen Gerichtsverfassung und unter Beibehaltung der ins Deutsche übersetzten französischen Gesetze zu ordnen. Mit Kabinettsorder vom 21. 6. 1819 entsprach König Friedrich Wilhelm III. diesem Vorschlag".[609]

Aufgabe des Landgerichts Köln nach Eingang der Klage der Steinhauer-Gewerkschaft war es, von Amtswegen zu prüfen, „ob die in der Klageschrift angeregte Streitsache zum Rechtsweg geeignet oder nach den gesetzlichen Vorschriften davon ausgeschlossen war". Eine entsprechende Prüfung hatte auch die Königliche Regierung zu Köln nach Eingang der Klageschrift der Steinhauer vorzunehmen.

Die Regierung in Köln muß damals sehr sicher gewesen sein, daß der Rechtsweg für die Klage der Steinhauer ausgeschlossen war; denn sie erhob damals nicht, wie es im übrigen öfter vorzukommen pflegte, den ihr gesetzlich gestatteten „Attributions-Conflict", sondern brachte lediglich einspruchsweise in der Klageerwiderung vor, daß „lediglich polizeiliche Gründe für den Erlaß des Rescripts vom 30. 7. 1828 maßgeblich gewesen seien, weshalb das Landgericht Köln sich für „incompetent" (d.h. für nicht zuständig) erklären möge".[610]

Wäre die Regierung besser beraten gewesen, so hätte sie damals ausdrücklich in einem „motivierten Beschluß" den „Attributions-Conflict" erhoben und unter Anführung der Gründe diesen Beschluß „dem öffentlichen Ministerio des Landgerichts Köln angezeigt mit dem Ersuchen, das Landgericht Köln von dem eingelegten Conflikt in Kenntnis zu setzen. Sobald der Conflikt auf diesem Wege zur Kenntnis des Landgerichts Köln gelangt gewesen wäre, hätte dieses das Rechtsverfahren einstweilen durch Vorbescheid, wogegen kein Rechtsmittel zulässig war, einstellen müssen".

Da die Regierung in der Klageerwiderung den Attributions-Conflict nicht erhoben hatte, hing es im Verlaufe des Verfahrens davon ab, ob das Landgericht dem in der Klageerwiderung der Regierung zum Ausdruck gebrachten Rechtsstandpunkt folgen werde oder nicht. Es mußte nämlich bei Nichterhebung des Attribu-

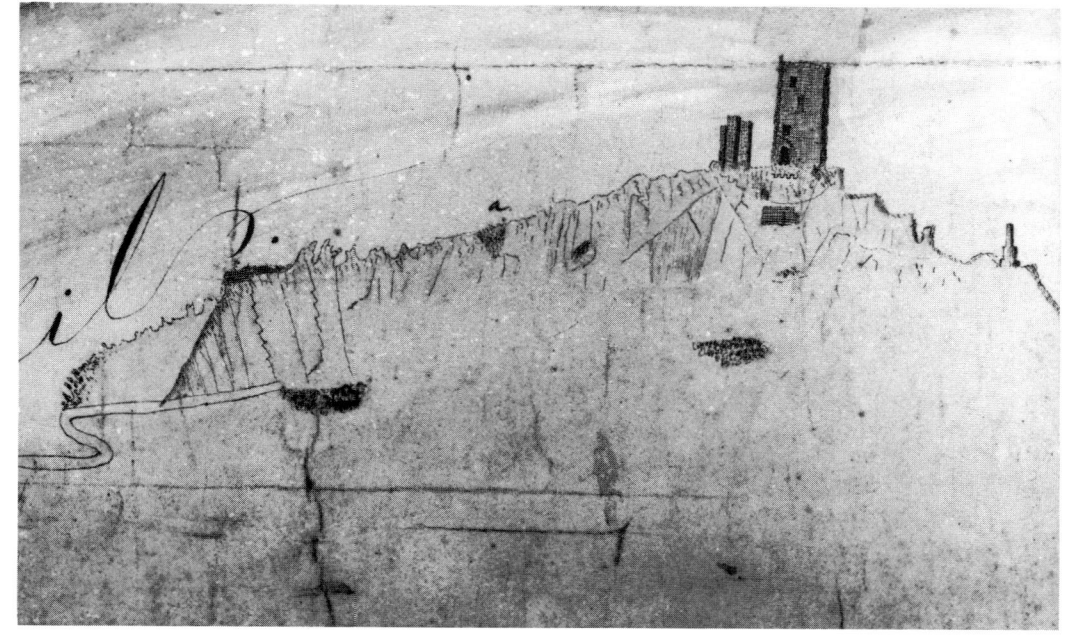

Abb. 101: Ansichtsskizze, gezeichnet von Behner, 28. 5. 1825; Siebengebirgsmuseum.

tions-Conflicts das Rechtsverfahren fortsetzen, wenn es den Rechtsweg für zuläßig hielt.

Das Landgericht schloß sich aber nicht der Rechtsansicht der Regierung an, sondern verwarf deren „Einspruch" durch Beschluß; es hielt also den Rechtsweg für zuläßig.[611]

Kompetenz-Konflikt zwischen dem Landgericht Köln und der Regierung nach Erhebung des Attributions-Konflikts durch die Regierung

Erst nach Verwerfung des „Einspruchs" der Regierung erhob die Regierung in der vorgeschriebenen Form den „Attributions-Conflict".[612] Daraufhin stellte das Landgericht Köln das Verfahren einstweilen durch Vorbescheid ein, während „das öffentliche Ministerium seinerseits sogleich den Justiz = Minister über den erhobenen Conflict unter Beifügung der Klage, der Conflicts = Einlegung und des darauf ergangenen gerichtlichen Vorbescheides informieren mußte" und auch informiert hat.

Das weitere Verfahren war in einer „Allerhöchsten Kabinetsorder" des Königs vom 30. 6. 1828 geregelt worden, durch die „die Kompetenz = Konflikte zwischen den Gerichten und den Verwaltungs = Behörden durch ein gesetzlich bestimmtes Verfahren gleichförmig beseitigt werden sollten." Hiernach mußte jeder einzelne Konfliktsfall, der nicht durch eine zwischen dem Minister der Justiz und dem Minister der betreffenden Verwaltung zu erledigen war, im gesamten Staatsministerium nach seinen faktischen und rechtlichen Verhältnissen vollständig erörtert und gründlich geprüft werden. In der Kabinettsorder heißt es weiter:

„Wenn hierdurch die Gewißheit erlangt ist, daß keine Momente übergangen sind, die ein richtiges Urteil über die streitige Anwendung des Gesetzes auf den vorliegenden Fall begründen, hat das Staatsministerium in einem motivierten gutachtlichen Bericht auf Meine unmittelbare Bestimmung anzutragen, auch, wenn nach der Ansicht desselben der Kompetenzstreit aus einer zweifelhaften Fassung des Gesetzes ent-

sprungen und durch eine deklaratorische Entscheidung, mithin im Wege der Gesetzgebung, zu berichtigen ist, den Entwurf der Deklaration zu Meiner weitern Verfügung Mir einzureichen.

Insofern nur über die Anwendbarkeit eines für unzweifelhaft zu achtenden Gesetzes auf den einzelnen Fall zu urtheilen ist, mithin keine gesetzgebende, sondern eine richterliche Funktion eintritt, behalte Ich Mir nach Verschiedenheit der Fälle und mit Rücksicht auf die größere oder mindere Erheblichkeit des Gegenstandes vor, entweder unmittelbar, erforderlichen Falls nach zuvörderst erstattetem Gutachten des Staatsrathes, zu entscheiden, oder die Entscheidung dem höchsten Gerichtshofe, mithin, nach Bewandniß des Ressorts, entweder dem Geheimen Ober = Tribunal, oder dem Rheinischen Revisionshofe, anzutragen. Uebrigens muß, sobald der Fall eines Konflikts eintritt, das Rechtsverfahren in der Sache selbst von Seiten der gerichtlichen Behörde suspendirt, und die Entscheidung des Kompetenz = Konflikts erwartet werden".

Nach der Erhebung des „Attributions-Conflicte" war es somit zunächst der Steinhauer-Gewerkschaft verwehrt, gerichtlich über die von ihr geltend gemachten Schadensersatzansprüche entscheiden zu lassen. Zu einer formellen Entscheidung des Kompetenz-Konflikts ist es im Verlaufe der folgenden Jahre nicht gekommen. Noch am 1. 5. 1831 konnte deshalb die Steinhauer-Gewerkschaft in einer Immediatsbeschwerde an König Friedrich Wilhelm III. vortragen, bisher sei immer noch nicht über den Kompetenz-Konflikt entschieden worden. Die Gründe hierfür sind nicht mehr feststellbar. Möglicherweise waren der Justizminister und sein ministerieller Gegenpartner am 1. 5. 1831 noch nicht zu „einer abschließenden vollständigen Erörterung und gründlichen Prüfung" gelangt.

Die Steinhauer-Gewerkschaft legt Beschwerde beim Königlichen Ministerium gegen das Rescript vom 30. 7. 1828 ein 7. 10. 1828

Ohne die Entscheidung des Kompetenz-Kon-

fliks abzuwarten, legte die Steinhauer-Gewerkschaft am 7. 10. 1828 beim Ministerium gegen das Rescript vom 30. 7. 1828 Beschwerde ein und „trug durch ihren Bevollmächtigten Spindler dem Königlichen Ministerium vor, sie sei ungerechterweise ohne das Vorliegen sicherheitspolizeilicher Gründe in der Ausübung ihres Privateigenthums beschränkt worden". Dies führte dazu, daß das Ministerium „durch Rescript vom 1. 12. 1828 eine nochmalige sorgfältige Überprüfung der Steinbrüche am Drachenfels anordnete".[613]

Amtlicher Lokaltermin am Drachenfels 24. 12. 1828

Das Rescript vom 1. 12. 1828 ging erst am 28. 12. 1828 bei der Regierung in Köln ein. Inzwischen hatte aber schon am 24. 12. 1828 ein Lokaltermin am Drachenfels stattgefunden. Dieser Termin war von einer aus Räten der Kölner Regierung und des Oberbergamtes Bonn gebildeten Kommission wahrgenommen worden. Anwesend war hierbei als Vertreter der Steinhauer-Gewerkschaft deren Bevollmächtigter Theodor Bachem. Bei diesem Termin ging es darum festzustellen, ob Steinbrüche an der Nord-, Ost- und Südseite des Bergkegels des Drachenfels ohne Gefährdung der Allgemeinen Sicherheit angelegt werden könnten. Die Steinhauer-Gewerkschaft hatte nämlich durch Heinrich Joseph Spindler beim Oberbergamt die Erteilung einer Erlaubnis zum Betrieb von Steinbrüchen an diesen Bergseiten beantragt.

Der Lokaltermin ergab „dasselbe Resultat, wie der frühere; man überzeugte sich, daß die Anlegung von Steinbrüchen auf allen Seiten des Berges mehr oder weniger mit Gefahr für Menschen und Eigenthum verbunden sei".[613]

Kabinettsorder König Friedrich Wilhelms III. über die Absicht des Ankaufs des Bergkegels des Drachenfels und einer evtl. Enteignung 23. 5. 1829

Aufgrund des Lokaltermins vom 24. 12. 1828 erstatteten die Königliche Regierung zu Köln und das Oberbergamt zu Bonn der Regierung in Berlin einen Bericht, in dem zum Ausdruck gebracht wurde, „wie wünschenswerth es sei, den Drachenfels und die Ruine in ihrer jetzigen Beschaffenheit zu erhalten wie dies aber zu erreichen unmöglich sey, so lange der Berg im Privat-Eigenthum sich befinde, daß alle Unterhandlungen zum Erwerb der Kuppe wegen der unverschämten Forderungen des Eigenthümers zu keinem Resultat geführt hätten, und wie demnach das einzige Mittel zur Conversation der schönsten Zierde des Rheins darin bestehe, daß der Eigenthümer derselben zur Abtretung an den Staat gesetzlich angehalten werde".[613]

Im Hinblick auf diesen Bericht vom 17. 2. 1829 ordnete König Friedrich Wilhelm III. durch Kabinettsorder vom 23. 5. 1829 an, daß der Bergkegel des Drachenfels einschließlich der Burgruine „zur Beförderung gemeiner Sicherheit" vom preußischen Staat zu Eigenthum erworben werden solle. Weiter bestimmte der König, daß Kaufverhandlungen mit der Steinhauer-Gewerkschaft gepflogen werden sollten, „bei deren Erfolglosigkeit aber, nach den Formen des in den Rheinprovinzen geltenden Gesetzes vom 8. 10. 1810 die gerichtliche Abschätzung und der Erwerb gegen Bezahlung des ermittelten Preises veranstaltet werden solle".[614]

König Friedrich Wilhelm III. bewilligt
10 000 Taler zum freihändigen Ankauf
der Bergkuppe des Drachenfels
23. 5. 1829

Noch vor Erlaß der Kabinettsorder vom 23. 5. 1829 hatte die Königliche Regierung dem König vorgeschlagen, sie zu einem freihändigen Ankauf der Bergkuppe des Drachenfels zu einem Betrage von 10 000 Talern zu ermächtigen. Diesem Antrag vom 13. 5. 1829 gab König Friedrich Wilhelm III. gleichzeitig mit dem Erlaß der Kabinettsorder statt. Diese beiden Entscheidungen wurden aber nicht publik gemacht, um die Verhandlungen mit der Steinhauer-Gewerkschaft nicht zu erschweren.[614]

Es kam in der Folgezeit auch zu Verhandlungen über den Ankauf des Bergkegels durch den preußischen Staat, die jedoch zu keinem Erfolg führten. Schließlich erfuhr die Gewerkschaft unter dem 24. 7. 1830, daß der König den Ankauf des Bergkegels des Drachenfels durch den Staat und die evtl. Durchführung eines Enteignungsverfahrens angeordnet hatte.[614]

König Friedrich Wilhelm III.
ordnet die Durchführung des
Enteignungsverfahrens an
3. 12. 1830

Der Versuch des freihändigen Ankaufs des Bergkegels des Drachenfels scheiterte. Schließlich ordnete der König auf Vorschlag der Regierung durch Kabinettsorder vom 3. 12. 1830 die Durchführung des Enteignungsverfahrens (des Expropriationsverfahrens) an. Da eine entschädigungslose Enteignung nicht in Betracht kam, mußte der in Betracht kommende Entschädigungsbetrag festgestellt werden. Dazu gehörten auch neue Vermessungsarbeiten am Drachenfels, die seitens der Gewerkschaft erschwert wurden. So verhinderte z. B. „Heinrich Joseph Spindler widersetzlich den mit der Aufnahme eines Plans von dem abzutretenden Terrain beauftragten Geometer an der Ausführung seiner Arbeit und der Plan mußte mit Mühe und Aufenthalt aus Katasterakten zusammengetragen werden".[615]

Das Königliche Landgericht zu Köln
weist den preußischen Fiskus in den Besitz
des Bergkegels des Drachenfels ein
15. 3. 1831

Die Durchführung des Enteignungsverfahrens nahm wegen der damit verbundenen Förmlichkeiten längere Zeit in Anspruch. Schließlich wies das Königliche Landgericht zu Köln auf Antrag der Regierung durch „Ratskammerbeschluß" vom 15. 3. 1831 den preußischen Fiskus in den Besitz des Bergkegels des Drachenfels ein.[615]

Die Steinhauer-Gewerkschaft
legt gegen die Entscheidung des Landgerichts
das Rechtsmittel der Opposition ein

Aus verständlichen Gründen akzeptierte die Steinhauer-Gewerkschaft, die sich darauf versteift hatte, mit der Lieferung von Drachenfelser Steinen für die Dombauhütte im Geschäft zu bleiben, die Entscheidung des Kölner Landgerichts vom 15. 3. 1831 nicht. Sie legt deshalb fristgerecht das Rechtsmittel der Opposition ein. Es ist nicht bekannt, wie dieses Rechtsmittel begründet worden ist.[615]

Immendiatsbeschwerde
der Steinhauer-Gewerkschaft
an den preußischen König
1. 5. 1831

Die Steinhauer-Gewerkschaft, die bei der Wahrung ihrer Eigentumsansprüche nur schlechte Erfahrungen gemacht hatte, scheint wenig Hoffnung auf einen günstigen Ausgang des Oppositionsverfahrens gehabt zu haben; denn schon am 1. 5. 1831 wandte sie sich mit einer formlosen sogenannten Immediatsbeschwerde an König Friedrich Wilhelm III. Die umfangreiche Beschwerdeschrift war von Heinrich Josef Spindler und Theodor Bachem als Bevollmächtigten der Steinhauer-Gewerkschaft unterzeichnet worden.

In geschickter Weise wurde an den Gerechtigkeitssinn des Königs und seiner Vorgänger appelliert und dieser gebeten, den Befehl zu erteilen, „daß der Steinbruchsbetrieb am Drachenfels unter den für alle Steinbrüche im Allgemeinen geltenden Vorschriften unverzüglich frey und unbehindert zu stellen sey. Für den Fall aber, daß eine Untersuchung und Ermittelung noch erforderlich erscheinen sollte: Zu solcher nähern Untersuchung, Ernennung von Sachverständigen, überhaupt zur Feststellung und Beurtheilung des Sachverhältnisses die untergebene Angelegenheit ausnahmsweise zum gewöhnlichen Rechtswege an die Gerichte zu verweisen".[616]

Zur Begründung dieses Antrages wurde darauf hingewiesen, daß die Regierung auf das Kaufangebot des Bürgermeisters Schaefer einfach nichts ernsthaftes unternommen, daß dann erst Spindler den Bergkegel des Drachenfels angekauft und ihn sodann der Gewerkschaft „korendirt" habe. Danach sei der Steinbruch am Drachenfels mit bedeutenden Kosten eröffnet und in Betrieb genommen worden. Dabei habe niemals die Absicht bestanden, den Bestand der Burgruine Drachenfels zu gefährden. Nachdem der Berg sich im Privateigentum der Gewerkschaft befunden habe und erhebliche Kosten aufgewendet worden seien, habe die Regierung sich auf einmal Sorgen um das Schicksal der Burgruine gemacht. Alle Hinweise der Gewerkschaft, daß sie alle Vorkehrungen zur Wahrung der allgemeinen Sicherheit ergreifen werde und daß sie den Bestand der Burgruine nicht angreifen wolle, seien von den Behörden unter dem Druck einer falsch orientierten Öffentlichkeit nicht beachtet worden. Auch der Hinweis, daß der „Mönch" nicht aufgrund der Sprengarbeiten abgestürzt sei, habe nichts genutzt. Die angeordnete Schließung des Steinbruchsbetriebes am Drachenfels sei nach allem allein aus Gründen „der Conversation der Ruine" und nicht aus Gründen der allgemeinen Sicherheit angeordnet worden. Man habe sich jedoch nicht getraut, dies zuzugeben, sondern erklärt, es gehe nicht um die Conversation der Burgruine, sondern allein nur um die öffentliche Sicherheit.

So seien durch die Schließung des Steinbruchbetriebes am Drachenfels „die bestehenden Gesetze, kraft deren ein jeder Privater auf seinem Eigenthum ohne Conceßion und unter bloßer vorhergegengenen Anzeige, Steinbrüche zu eröffnen und zu betreiben berechtigt sei, zum Nachteil der Gewerkschaft abgeändert und ausnahmsweise in der Westseite des Drachenfels die Steinbrucharbeiten für immer untersagt, auf allen übrigen Punkten aber mittelst specieller Conceßion für statthaft erklärt worden".

Als die Gewerkschaft daraufhin die Erteilung einer entsprechenden Konzession zur Eröffnung von Steinbrüchen an der Nord-Ost- und Südseite der Berges beantragt habe, seien die Behörden untätig geblieben. Auch sei die am 1. 12. 1828 seitens der Regierung angekündigte Lokalbesichtigung bei Anwesenheit von Vertretern der Gewerkschaft nie durchgeführt worden. Im Mai 1830 sei alles noch so wie im Dezember 1828 gewesen.

Durch den Attributionskonflikt habe man der Gewerkschaft das Recht verwehrt, ihren Eigentumsanspruch durch ein Gericht entscheiden zu lassen. Darüber hinaus sei der Attributionskonflikt noch immer nicht entschieden worden.

Selbst wenn die Steinbrucharbeiten den Bestand der Ruine gefährden sollten, was aber bestritten werde, so dürfe dies gerechterweise kein Grund für eine Untersagung des Steinbruchbetriebes am Drachenfels oder für eine erzwungene Eigentumsübertragung des Berges an den Staat sein. Solche Maßnahmen seien gesetzlich nämlich nur „im Falle einer Nothwendigkeit zum allgemeinen Wohl gesetzlich zulässig, nicht aber für den Fall des Vorliegens einer bloßen Annehmlichkeit" (wie z. B. der Erhaltung einer Burgruine).

Im übrigen sei es nicht zutreffend, daß die Gewerkschaft angemessene Kaufpreisangebote in der Erwartung abgelehnt habe, einen besonders hohen und unangemessenen Kaufpreis zu erzielen. Schließlich habe man den Bergkegel des Drachenfels und den kleinen Teil der Kuppe der Wolkenburg für 8 000 Taler erworben. Davon seien 7 000 Taler auf den Ankauf des Bergkegels des Drachenfels entfallen. An allgemeinen Unkosten für die Steinbrucheröffnung müsse man noch einen Betrag von 600 Talern hinzurechnen. Weitere 5 000 Taler seien für die Ausräumung der alten Steinbrüche, die Anlage von Wegen, die zum Teil in den Fels hätten gesprengt werden müssen, den Bau einer Schmiede und sonstige Anlagen aufgewendet worden. „Unter der Hand" habe man der Gewerkschaft aber nur 4 000 Taler angeboten."

Von besonderer Bedeutung sei, daß das Baumaterial für die Dombauarbeiten der letzten Jahre aus den Steinbrüchen der Gewerkschaft im Siebengebirge stamme. Man habe jedoch das Gestein der Wokenburg für zu wenig dauerhaft befunden und es deshalb erst gar nicht verwendet. Das Gestein des Stenzelberges „sei deshalb ausschließlich verwendet worden, jedoch sei es, theils weil es seiner besonderen Härte wegen schwer zu bearbeiten sei, theils auch der höhern Transportkosten wegen der größern Entfernung der Brüche zum Rhein zu kostspielig und unangemessen befunden worden".

Dagegen sei das Steinmaterial des Drachenfels, aus dem der ganze Dom errichtet worden sei, von geeigneter Qualität. Hinzu komme, daß die Transportkosten wegen der Nähe des Drachenfels zum Rhein besonders günstig seien. Nach der Eröffnung des Steinbruchs am Drachenfels sei die Dombauverwaltung nach Überprüfung von Proben des Drachenfelser Gesteins mit der Gewerkschaft in Verhandlungen getreten, „um ihren Bedarf aus den Drachenfelser Steinbrüchen zu entnehmen". Die Untersagung des Betriebs habe die zum Theil wirklich abgeschlossenen Kontrakte rückgängig gemacht, und so habe die Gewerkschaft sehen müßen, daß seitdem zum Dombau die Werksteine theils aus viel entlegenern Steinbrüchen des Inlandes, theils aber sogar aus dem Auslande, vom Main her bezogen worden seien".

Die Gewerkschaft könne mit der Konkurrenz nur dann Schritt halten, wenn sie die Steinbrüche am Drachenfels benutzen könne. Ohne diese müsse die Gewerkschaft ihr Geschäft, „welches mehrere hundert Familien ernähre und den Haupterwerbszweig des Städtchens Königswinter sammt deßen Umgebung bilde, täglich mehr seiner Auflösung entgegen gehen sehen. Ob irgend eine Geldsumme, sey sie auch noch so hoch, hier eine Vergütung geben könne, möge hieraus entnommen werden, ihrerseits ziehe die Gewerkschaft unbedingt die Belaßung des Steinbruchsbetriebes jedem Ersatz vor".

Nach allem stehe schließlich die Existenz vieler Familien auf dem Spiel, daß demgegenüber die Erhaltung einer Ruine, die überdies nicht gefährdet sei, außer jedem Verhältnis stehe. Die Notwendigkeit einer Schließung des Steinbruchbetriebes am Drachenfels könne nur für den Fall anerkannt werden, daß von ihm aus eine wirkliche Gefahr für Menschenleben ausgehe. Dies sei jedoch nicht der Fall.

Überprüfung der Sach- und Rechtslage auf Anordnung des preußischen Königs 1831

Die Steinhauer-Gewerkschaft hatte ihre Immediatsbeschwerde vom 1. 5. 1831 durch besonderes Gewicht verliehen, daß sie ihr insgesamt 19 Anlagen beigefügt hatte. König Friedrich Wilhelm III., an dessen Gerechtigkeitsempfinden in so dringender Form appelliert worden war, ordnete eine umgehende Überpfügung der Sach- und Rechtslage an.

Am 22. 11. 1831 gab der Minister des Innnern von Schuckmann die von ihm verlangte Stellungnahme zur Sach- und Rechtslage ab. In ihr brachte er zum Ausdruck, daß die Einstellung des Steinbruchbetriebes am Drachenfels unter Beachtung der Gesetze aus Gründen der allgemeinen Sicherheit angeordnet worden sei, und daß schon die Regierung des Großherzogtums Berg nicht gestattet habe, „daß die Steinbrüche, um welche es sich handele, an der Südwestseite des Drachenfels betrieben würden. Der von der Steinhauer-Gewerkschaft ganz besonders beanstandete „Jurisdictions-Conflict" sei das einzige Mittel gewesen, um gewalthätigen, zugleich die gemeine Sicherheit und die Existenz der Burg-Ruine bedrohenden Eingriffen der Beschwerdeführer Einhalt zu thun".

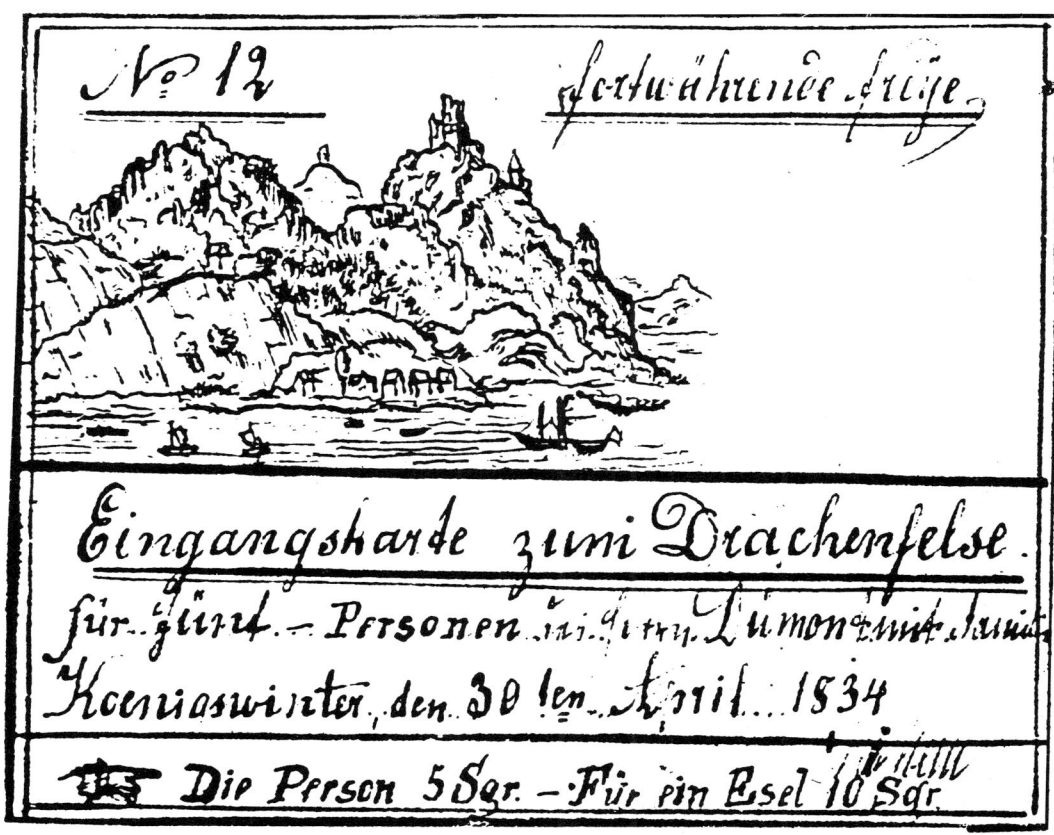

Abb. 102: Eingangskarte zum Drachenfels; Siebengebirgsmuseum.

Was den Vorwurf der unterbliebenen Lokalbesichtigung am Drachenfels anbetreffe, so sei vor dem Eintreffen der entsprechenden Anordnung bereits am 24. 12. 1828 ein solcher Termin in Anwesenheit von Theodor Bechem durchgeführt worden, weshalb man von einem nochmaligen Lokaltermin Abstand genommen habe. Der Termin vom 24. 12. 1828 habe klar ergeben, daß ein Weiterbetrieb der Steinbrüche am Drachenfels ohne Gefährdung der Burgruine einfach nicht möglich sei.

Im übrigen seien keine „Contracte" über Steinlieferungen für den Kölner Dom oder für andere Bauten aufgrund der Schließung des Steinbruchbetriebes am Drachenfels rückgängig gemacht worden, da das Drachenfelser Gestein „zu vielen baulichen Arbeiten ganz untauglich sei". Dies hätten Versuche zur Herstellung einzelner verzierter Werksteine ergeben. Deshalb sei am Kölner Dom lediglich Gesteinsmaterial des im Besitz der Steinhauer-Gewerkschaft befindlichen Stenzelberges verwendet worden. Weil aber das Stenzelberger Gestein zu hart sei, sei man dazu übergegangen, Gestein aus den „Niederwenniger Brüchen" zu verwenden.

Da das Drachenfelser Gestein allgemein als nicht brauchbar angesehen werde, seien auch andere Verträge mit der Steinhauer-Gewerkschaft nicht rückgängig gemacht worden; die Gewerkschaft könne ihren Lieferverpflichtungen darüber hinaus auch voll nachkommen, da „sie über Steinbrüche am Stenzelberg, zu Hennenbach, an der Wolkenburg und zu Lückerath

(Eifel) verfüge, weshalb der Geschäftsbetrieb sich z. Zt. noch laufend steigere".[618]

Nach der Verwerfung der von ihr eingelegten Opposition legt die Steinhauer-Gewerkschaft das Rechtsmittel der Appellation ein 17. 5. 1831

Das Königliche Landgericht zu Köln verwarf am 17. 5. 1831 die von der Steinhauer-Gewerkschaft eingelegte Opposition. Daraufhin betrieb die Regierung beschleunigt die Vollstreckung des nach streitiger Verhandlung erlassenen Urteils vom 17. 5. 1831, die die Steinhauer-Gewerkschaft durch Einlegung des Rechtsmittels der Appellation zum Stillstand brachte.[617]

Weitere Eingabe der Steinhauer-Gewerkschaft
an den preußischen König
November 1831

Am 22. 11. 1831 hatte sich das Gerichtsverfahren in der Appellationsinstanz befunden, weshalb man mit einer baldigen gerichtlichen Entscheidung rechnete.

Ende November 1831 ging eine weitere Eingabe der Steinhauer-Gewerkschaft beim preußischen König ein, die von den Gewerken Heinrich Joseph Spindler, Theodor Bachem, Laurenz Genger, Franz Markwalter, Gottfried Spindler und ... aus Königswinter und von dem aus Honnef stammenden Gewerken Joseph Dell unterzeichnet war.

Anlaß zu diesem undatierten Schreiben war die der Gewerkschaft zuteil gewordene Mitteilung, der König habe auf die Immediatsbeschwerde hin weitere Ermittlungen angeordnet und sich die Entscheidung vorbehalten. Die Gewerkschaft hatte ihrem Schreiben diesmal 5 Anlagen beigefügt. Es handelte sich um zwei Gutachten, eine Karte der Drachenfelser Steinbrüche und ein befürwortender Beschluß „aller Mitglieder des Stadtrathes". Von besonderer Brisanz war die beigefügte Abschrift des Schreibens des Regierungspräsidenten von Köln vom 29. 4. 1828, in dem dieser gegenüber dem Landrat in Hennef zum Ausdruck gebracht hatte, daß der „alte aus Quadern aufgeführte Thurm, auf den es im wesentlichen ankomme, durch die Steinbrüche am Drachenfels noch lange Jahre hindurch nicht gefährdet sei." Aus den beigefügten Gutachten sollte sich auch ergeben, daß die bisher von der Gewerkschaft geltend gemachten Entschädigungsforderungen keinesfalls übersetzt gewesen seien.

Der Inhalt des Schreibens der Gewerkschaft, das im wesentlichen ihr bisheriges Vorbringen in abgekürzter Form wiederholte, ließ das abgrundtiefe Mißtrauen der Gewerken gegenüber der Verwaltung erkennen.

Abschließend hieß es: „Möge eine baldige günstige Entscheidung diesen unsern dürftigen Mitbürgern und uns die Gelegenheit geben, unseres allerverehrten Königs Gerechtigkeit zu

preisen und unser Aller innigsten Dank darbringen zu dürfen."[619]

König Friedrich Wilhelm III. verlangt
vom Innenminister eine genauere Aufklärung
der Sach- und Rechtslage
13. 12. 1831

Unter dem 23. 11. 1831 hatte König Friedrich Wilhelm III. die weitere Eingabe der Steinhauer-Gewerkschaft dem Minister des Innern zur Überprüfung und Berichterstattung zugeleitet. „Auf diese Allerhöchste Kabinetsorder" erwiderte der Innenminister bereits am 4. 12. 1831, die erneute Eingabe der Gewerkschaft ändere nichts an seiner Stellungnahme vom 22. 11. 1831; das Schreiben des Regierungspräsidenten vom 29. 4. 1828 sei den Beschwerdeführern wohl schwerlich mitgeteilt worden und sei außerdem „aus seinem Zusammenhang gerissen."

Friedrich Wilhelm III. gab sich jedoch mit dieser Stellungnahme nicht zufrieden und erklärte dem Innenminister unter dem 13. 12. 1831, „er könne sich nicht bewogen finden, den Widerspruch der Gewerkschaft zurückzuweisen, da das angeordnete Expropriationsverfahren noch nicht sehr vollständig aufgeklärt sei."[620]

Insoweit brachte der König zum Ausdruck, daß die bisherigen Berichte die Behauptung der Gewerkschaft, der Steinbruch könne ohne Gefährdung der Sicherheit betrieben werden, „nicht genügsam entkräften". Das ergebe sich insbesondere aus dem Schreiben des Regierungspräsidenten vom 29. 4. 1828. Dieses Schreiben habe zu Recht bei der Gewerkschaft den Verdacht erregen können, „daß die genommene Maasregel nicht die Abwendung der Gefahr durch den Betrieb des Steinbruchs, sondern nur die Erhaltung der Ruine bezwecke". Friedrich Wilhelm III. war auch nicht entgangen, daß der frühere Hinweis, die Regierung des Großherzogtums Berg habe bereits den Steinbruchbetrieb an der Südwestseite des Drachenfels verboten, nicht von Bedeutung sein konnte, da die Steinhauer-Gewerkschaft ja nicht dort, sondern an der Nordwestseite des Berges den Steinbruch eröffnet hatte. Auf diesen Punkt hatte auch der

Beschluß der Königswinterer Stadträte hingewiesen.

Der König führte im übrigen aus, daß „die Bekanntmachung des Oberbergamtes vom 13. 2. 1826 keinesfalls als Gesetz angeführt werden könne", aufgrund dessen eine Expropriation möglich sei. Keinesfalls wolle er, so führte der König u. a. aus, „daß die Maasregel der Expropriation ohne ausdrückliche gesetzliche Berechtigung gegen das Privateigenthum vollzogen werde".[621]

Erneute Stellungnahme
des Ministers des Innern
von Schuckmann
23. 4. 1832

Es dauerte geraume Zeit bis der Innenminster zur Kabinettsorder des Königs vom 13. 12. 1831 Stellung nehmen konnte. Seiner erst am 23. 4. 1832 gefertigten Stellungnahme fügte der Innenminister eine aktenmäßige Gesamtdarstellung des Geschehensablaufs und neben anderen Unterlagen ein von ihm eingeholtes Rechtsgutachten des „General-Prokurators Ruppenthal aus Köln" bei.

In seiner Stellungnahme teilte der Innenminister zunächst mit, daß das innerdienstliche Schreiben des Regierungspräsidenten Delius vom 29. 4. 1828 dadurch in die Hände der Gewerkschaft gelangt sei, daß Landrat Scheven bei einem Besuch in Königswinter am 28. 5. 1828 seine Akten in seinem Schlafzimmer im Gasthaus „zum Drachenfels" auf einem Tisch zurückgelassen habe, als er sich zu einer Besprechung mit den Königswinterer Stadträten begeben habe; dies habe Theodor Bachem ausgenutzt, die Akten des Landrats durchzusehen und eine Abschrift des Schreibens des Regierungspräsidenten zu fertigen; dies habe Bachem vor kurzem dem Landrat gegenüber unumwunden zugegeben und erklärt, man habe zunächst nicht beabsichtigt, dieses Schreiben zu verwerten, es aber schließlich dann doch auf Rat des „Advokaten" der Gewerkschaft verwendet.

Unter Hinweis auf die übergebenen Unterlagen blieb der Innenminister dabei, daß die Schließung des Drachenfelser Steinbruchbetriebes zu Recht angeordnet worden sei und fügte hinzu, daß, „wenn auch die Ruine dazu veranlaßt habe, die Aufmerksamkeit der Behörden und des Publikums zu erhöhen, dennoch auch ohne sie die nemliche Vorschrift zur Entfernung gemeiner Gefahr nach Lage des Steinbruchs und dem Zustande des Gesteins hätte getroffen werden müssen".

Abschließend regte der Minister an, „die Beschwerde der Steinbruchs-Eigenthümer für unbegründet zu erklären und die Allerhöchste Order vom 23sten Mai 1829 vollziehen zu lassen."[622]

Stellungnahme des Oberbergamtes zu Bonn über die Gefährlichkeit von Steinbruchbetrieben am Drachenfels 20. 3. 1832

Der Innenminister hatte seinem Bericht an den König vom 23. 4. 1832 auch eine gutachtliche Äußerung des Oberbergamtes vom 20. 3. 1832 beigefügt.

In dieser gutachtlichen Äußerung wurde zum Ausdruck gebracht, daß ein Steinbruchbetrieb an der Ostseite des Bergkegels des Drachenfels die wenigsten Gefahren für Menschenleben und Grundstücke nach sich ziehen werde, andererseits jedoch zu einem baldigen Absturz der Burgruine führen müsse.

Für „am wenigsten gefährlich" wurde ein Steinbruchbetrieb an der Nordseite des Berges gehalten, da hierdurch weder die allgemeine Sicherheit noch der Bestand der Burgruine gefährdet werde.

Dagegen wurde die Weiterführung des von der Steinhauer-Gewerkschaft an der Westseite des Drachenfels nördlich der Burgruine eröffneten Steinbruchs aus Gründen der allgemeinen Sicherheit nicht für zulässig erachtet, da von hier aus Gestein in die darunter liegenden Weinberge und bis zur Landstraße stürzen könne. Andererseits werde durch einen solchen Steinbruch die Burgruine nicht gefährdet.

Für die Südseite des Bergkegels gelte wiederum das in Bezug auf die Ostseite Ausgeführte.

Abb. 103: Theodor Bachem im Jahre 1820 * 10. 4. 1789, † 28. 12. 1836.

Abschließend führte das Oberbergamt aus, daß „die Eigenthümer einen Steinbruchbetrieb an andern Punkten des Berges entfernt von der gefahrvollen Kuppe selbst nicht für zweckmäßig hielten".[623]

Die Rechtslage im Streit um den Drachenfels

König Friedrich Wilhelm III., dem als Staatsoberhaupt allein die Entscheidung darüber zustand, ob ein Privateigentümer aus Gründen des allgemeinen Wohles gezwungen werden könne, sein Eigentum dem Staat zu übertragen, stand nach Eingang der Stellungnahme des Innenministers vom 23. 4. 1832 vor einer schwierigen Entscheidung.

Maßgeblich für seine Entscheidung, ob der Bergkegel des Drachenfels zu enteignen sei

oder nicht, war Artikel 545 des Code Civil, in dem folgendes bestimmt war:

„Niemand kann gezwungen werden, sein Eigenthum abzutreten, es sei denn des öffentlichen Interesses wegen und gegen eine angemessene und vorgängige Entschädigung".

In Preußen galt insoweit sonst § 4 Tit. 11 des Preußischen Allgemeinen Landrechts, der bestimmte, daß „der Staat berechtigt sei, jemanden zum Verkauf seiner Sache zu zwingen, wenn dies zum Wohle des gemeinen Wesens nötig sei".

Der Innenminister hatte König Friedrich Wilhelm III. mit Schreiben vom 23. 4. 1832 u. a. ein von dem General-Prokurator Ruppenthal erstattetes Rechtsgutachten übersandt. Ruppenthal wies zu Beginn seines Gutachtens u. a. daraufhin, daß sowohl nach dem Code Civil als auch nach dem Preußischen Allgemeinen Landrecht „das Vorhandensein der Bedingung, die Nothwendigkeit der erzwungenen Abtretung, durch das Staatsoberhaupt ausgesprochen werden müsse. Wenn das Staatsoberhaupt das Vorhandensein einer solchen Bedingung einmal ausgesprochen habe, so könne dieses nicht weiter ein Gegenstand sein, dessen Prüfung die Staatsbehörden sich erlauben dürften; ihr Beruf sei nur auf die Vollstreckung nach den vorgeschriebenen Formen und auf die Ermittlung der dem Einzelnen für den Verlust seines Eigenthums gebührenden Entschädigung beschränkt."[624]

Im übrigen führte Ruppenthal u. a. aus, daß nach den Ermittlungen der Drachenfels sich bisher immer in Privathand befunden habe. Da die Rheinischen Gerichte entschieden hätten, daß das Steinbrechen nicht mehr ein Regal wie früher sei, bedürfe es zum Betrieb eines Steinbruchs keiner staatlichen Konzession mehr. Jeder Eigentümer sei deshalb berechtigt, auf seinem Grundstück Steine zu brechen. Eine Untersagung eines solchen Steinbruchbetriebes sei nur „aus Gründen des öffentlichen Wohles und zur Befestigung der allgemeinen Sicherheit möglich".

Ruppenthal, aus dessen Ausführungen eine

gewisse Animosität gegenüber Spindler und der Steinhauer-Gewerkschaft spricht, vertrat im übrigen die Ansicht, daß die Untersuchungen der technischen Behörde ergeben hätten, daß der Steinbruchbetrieb mit Gefahren für die öffentliche Sicherheit verbunden sei; insoweit komme es nicht darauf an, auf welcher Bergseite ein Steinbruch am Drachenfels betrieben werden solle. Dies sei nämlich unbeachtlich, da die Gewerkschaft den ganzen Bergkegel unbeschränkt nutzen wolle.

Bei einer Untersagung des Steinbruchbetriebs am Drachenfels bleibe die Gewerkschaft zwar Eigentümer des Bergkegels, könne aber nicht mehr zweckmäßig über diesen verfügen. Nach den milderen und billigen Bestimmungen des Preußischen Allgemeinen Landrechts müsse der Gewerkschaft im Falle des alleinigen Verbots des Steinbruchbetriebes für eine solche Eigentumsbeschränkung eine angemessene Entschädigung gezahlt werden, die der Code civil nicht vorsehe.

Praktisch habe die Kabinettsorder vom 23. 5. 1829 zu dem gleichen Ergebnis geführt, da der Gewerkschaft in ihr eine Entschädigung zugestanden worden sei. Da der Steinbruch nach allem nicht betrieben werden dürfe, sei es nicht unbillig, den Bergkegel des Drachenfels insgesamt anzukaufen.

Das Gutachten enthält im übrigen noch Vorschläge zur Ermittlung eines Entschädigungs- bzw. Kaufpreisbetrages.

König Friedrich Wilhelm III.
bestätigt die angeordnete Expropriation
und das Verbot von Steinbruchbetrieben am
Drachenfels
5. 5. 1832

Durch eine königliche Kabinettsorder vom 5. 5. 1832 wurde der Streit um den Drachenfels, jedenfalls dem Grund nach, beendet. Die Kabinettsorder war an die Steinhauer-Gewerkschaft „zu Händen des H. J. Spindler" gerichtet und hat folgenden Wortlaut:

„Nachdem ich auf die Beschwerde des Spindler und der Steinhauergewerkschaft über das wegen des Drachenfelsen angeordnete Expro-

priationsverfahren eine gründliche Prüfung veranlaßt habe, eröffne ich Ihnen, daß Ich mich nicht bewogen finde, das Expropriationsverfahren aufzuheben und nach ihrem Antrage den Betrieb des Steinbruchs am Drachenfels zu gestatten, oder die Sache ausnahmsweise in den Rechtsweg zu verweisen.

Die wiederholten technischen Ermittlungen haben erwiesen, daß der Betrieb des Steinbruchs an der Kuppe des Felsens auf keiner Seite ohne Gefahr für die allgemeine Sicherheit polizeilich zugelassen werden kann, vielmehr untersagt bleiben muß, in welchem Falle nach den Bestimmungen der dortigen Gesetze keine Entschädigung für den Verlust an Zinsen des Erwerbspreises geleistet wird.

Ich habe jedoch, Theils um in Anwendung eines mildern, den Zweck beförderndern Mittels den Eigenthümer nicht ohne Schadloshaltung zu laßen, Theils damit die Staatsverwaltung die erforderlichen Maßregeln zur Verhütung besorglicher Gefahren nach Zeit und Umständen uneingeschränkt ins Werk setzen könne, mithin im eigenen Interesse des Eigenthümers und im öffentlichen Interesse des allgemeinen Wohls in Stelle des Verbots, die Nothwendigkeit der Expropriation ausgesprochen und die Erwerbung desjenigen Theils des Felsen, von welchem die Gefahr für die allgemeine Sicherheit zu besorgen ist, von Seiten des Staates angeordnet, wobei es der Entschließung des Eigenthümers anheimgegeben wird, ob er das ganze Besitzthum dem Staate überlassen will. Mit dieser Maßgabe hat es bei Meiner Bestimmung vom 23. Mai 1829 sein Verbleiben. Die Beilagen anliegend zurück.

Berlin, den 5. Mai 1832

gez. Friedr. Wilh. III.[625]

Folgen
der Königlichen Kabinettsorder
vom 5. 5. 1832

Aufgrund der Entscheidung des Königs waren der Bergkegel des Drachenfels und die Burgruine in ihrem Bestand gerettet worden. Friedrich Wilhelm hatte sich nicht für ein reines Ver-

bot des Steinbruchbetriebs am Drachenfels, sondern bei Aufrechterhaltung des Verbotes für eine Expropriation entschieden und gleichzeitig durch die Nichtzulassung des Rechtsweges „den Attributions-Conflict" bzw. den „Competenz-Conflict" beendet.

Das Expropriationsverfahren konnte also weitergehen. Nach allem ist davon auszugehen, daß das Landgericht in Köln die Appellation der Steinhauer-Gewerkschaft vom 17. 5. 1831 im Verlaufe des weiteren Verfahrens verworfen hat. Wann dies geschehen ist, läßt sich anhand der vorhandenen Unterlagen nicht feststellen. Seinen Abschluß konnte das Verfahren aber nur durch eine gerichtliche Festsetzung des der Steinhauer-Gewerkschaft zu zahlenden Entschädigungsbetrages finden. Insoweit dürfte der Königlichen Kabinettsorder vom 5. 5. 1832 ein intensiver Streit um die Höhe des Entschädigungsbetrages gefolgt sein. Zu einer endgültigen Entscheidung des Gerichts ist es aber nicht mehr gekommen, da später der Bergkegel dem preußischen Fiskus durch normalen Kaufvertrag übertragen wurde.

An den Eigentums- und Besitzverhältnissen der Steinhauer-Gewerkschaft am Bergkegel des Drachenfels änderte sich, abgesehen von der endgültigen Einstellung des Steinbruchbetriebes, bis zum Verkauf des Bergkegels nichts.

50 Gendarmen
im Einsatz am Drachenfels

Die einstweilige und auch die endgültige Einstellung des Steinbruchbetriebes am Drachenfels hatte nicht nur bei den Gewerken der Steinhauer-Gewerkschaft, sondern auch bei den Steinbrucharbeitern zu großer Erbitterung geführt. Voller Empörung hatten sich die Steinbrucharbeiter zu einem nicht mehr festzustellenden Zeitpunkt am Drachenfels verschanzt. Möglicherweise ist dies im Sommer 1828 oder nach dem Bekanntwerden der Königlichen Kabinettsorder vom 3. 12. 1830 oder aber nach Erlaß der Königlichen Kabinettsorder vom 5. 5. 1832 geschehen.

Urkundliche Belege oder zeitgenössische

Berichte über das damalige Geschehen am Drachenfels sind bisher nicht bekannt geworden. Auskunft insoweit gibt heute nur noch eine Erzählung, die im Kreise der Familie Spindler von Generation zu Generation überliefert worden ist. Dem Heimatverein Siebengebirge liegt ein Schreiben von Frau Gerta Baetche geb. Spindler vom 15. 2. 1964 vor, in dem allerdings das Jahr 1835 als Datum des Gendarmeneinsatzes am Drachenfels angegeben wird. Insoweit muß es sich um eine aufgrund mündlicher Überlieferung fälschlich wiedergegebene Zeitangabe handeln, da die Steinhauer-Gewerkschaft sich bereits am 1. 7. 1835 aufgelöst hatte und der Kaufvertrag über den Bergkegel des Drachenfels erst 1836 abgeschlossen worden ist. Das Schreiben von Frau Baetche hat folgenden Wortlaut:

„Im Jahre 1835 kam eine Kabinettsorder von Friedrich Wilhelm III., wonach wir den Drachenfels, dessen Burgruine man stürzen wollte, gegen eine Entschädigung von 10 000 Thalern abgeben mußten. Wenn auch die Besitzer hiergegen vergeblich Einspruch erhoben, so war dies um so mehr bei den am Drachenfels beschäftigten Steinarbeitern der Fall, welche ihr Brot zu verlieren befürchteten und, Gewalt entgegensetzend, sich hinter Steinblöcken verschanzten, bis 50 von Köln heranrückende Gendarmen den Widerstand brachen."

In der Familie Spindler ist eine weitere Erzählung überliefert worden, über die der Königswinterer Hubert Spindler im „Echo des Siebengebirges" vom 8. 3. 1932 berichtet hat.

„Es sei hier ein Fall erzählt, den mir mein Vater in meiner Jugend erzählte, wonach einmal ein im Steinbruch am Drachenfels gelöster, kolossaler Steinblock bis in den Rhein sprang, vermutlich in die sogen. „Reihe". Diesen Steinblock hat man bei kleinem Wasserstand verarbeitet und damit ein kleines Schiff mit Steinen befrachten können."

Vermutlich betrifft diese am 8. 3. 1932 veröffentlichte Erzählung den Vorfall, der im Oktober 1807 zur Schließung des Steinbruchbetriebes am Drachenfels geführt hat.

Eingangskarten zum Drachenfels
für 5 Silbergroschen
ab 1832

Eine weitere Folge der Kabinettsorder vom 5. 5. 1832 war die von der Steinhauer-Gewerkschaft vorgenommene Absperrung des Drachenfelsplateaus durch eine Dornenhecke, deren Tor man nur gegen Vorlage einer Eingangskarte zum Preis von 5 Silbergroschen pro Person passieren konnte. Die Eingangskarten wurden bis 1834 „weiterhin im Hause des Gastgebers Veit zum Drachenfels „abgegeben. Durch Anzeige im „Bonner Wochenblatt" vom 11. 5. 1834 machte Theodor Bachem folgendes bekannt:

„Es wird hiermit zur allgemeinen Kenntniß gebracht, daß die Eingangskarten zum Drachenfelse in Rhöndorf bey Joh. Dell und in Königswinter bey Unterzeichnetem gelöst werden. Die am Thore des Berges, wo die Karten abgegeben werden, ohne eine solche vorkommen, haben, weil dort kein Entrée empfangen werden soll, auf eigene Kosten diese an besagten Stellen einholen zu lassen.

Königswinter, den 7ten May 1834

Th. Bachem"

In einem Artikel des „Echo des Siebengebirges" vom 23. 12. 1893 wird ausgeführt: „Das Betreten des Plateaus und die Besichtigung der Ruinen war in den letzten Jahren vor dem Verkaufe gegen Eintrittskarten gestattet, welche 50 Pfennig kostete und in dem heutigen Hause Marktstraße 138 gelöst wurde. Zur Beurteilung der Größe des damaligen Besuches der Bergkuppe dürfte dienen, daß die Einnahme aus dem Verkaufe von Eintrittskarten im Jahre 1834 mit 700 Thaler, was einem Besuche von 4200 Personen gleichkommt, angegeben wird."

Das Gasthaus auf dem Drachenfels
5. 8. 1833

Erste Auskunft über das Gasthaus auf dem Drachenfels und dessen Erbauung durch die Steinhauer-Gewerkschaft gibt eine Anzeige im „Bonner Wochenblatt" vom 5. 8. 1833:
Verpachtung der Gastwirtschaft auf dem Drachenfelse

Hierauf reflektierende können über Lokal und Bedingungen Einsicht erhalten bei

Bachem,

Mitglied der Steinhauer-Gewerkschaft

Königswinter, den 5. August 1833

Mit den Bau des Gasthauses auf dem Drachenfels dürfte die Steinhauer-Gewerkschaft bald nach dem Erlaß der Königlichen Kabinettsorder 5. 5. 1832 begonnen haben, um sich aus dem an sich unbenutzbaren Bergkegel zusätzliche Einnahmen zu verschaffen. Das noch laufende Expropriationsverfahren stand dem Bau der Gastwirtschaft nicht entgegen.

Bei der Aushebung des Fundaments des kleinen Gebäudes stieß man auf eine große Zahl von Särgen. De Claer berichtet insoweit: „Bei Gelegenheit des Baues fand man unter der Erde eine solche Menge von Särgen, daß man mit Recht vermuten konnte, hier den Kirchhof der Burgleute, Besatzung etc. zu finden. Die Herren von Drachenfels selbst pflegten in der Klosterkirche Heisterbach beigesetzt zu werden".626

Der erste Gastwirt auf dem Drachenfels
7. 5. 1834

Auskunft über den ersten Gastwirt auf dem Drachenfels, der die Gastwirtschaft angepachtet hat, gibt eine Anzeige aus dem „Bonner Wochenblatt":

„Einem geehrten Publikum die ergebene Anzeige, daß auf Sonntag den 11ten dieses die Restauration auf Drachenfels eröffnet wird.

Die getroffenen Einrichtungen haben das so merkwürdige Alterthum und die Schönste Aussicht aus der bisher verwachsenen Lage zu einem herrlichen Aufenthalte gestellt, wozu ich meine Restauration, durch sowohl billige als entsprechende Bedienung bestens empfehle.

Königswinter, den 7ten May 1834

P.D. Heil"

Im „Bonner Wochenblatt" vom 15. 5. 1834 machte Carl Genger folgendes bekannt:

„Ich mache hiermit die ergebene Anzeige, daß

ich oberhalb Königswinter auf dem sogenannten Wölsdorfer Hof, am Fuße des Drachenfelses, von wo aus zunächst die Löwenburg und vermitelst eines kleinen Seitenpfades auch der Drachenfels bestiegen werden kann, meine Wirtschaft etablirt, und durch gute und wohlfeile Weine, als auch durch eine prompte u. reelle Bedienung mich eines geneigten Zuspruchs zu erfreuen wünsche".

Das Gasthaus auf dem Drachenfels scheint in der ersten Saison nicht floriert zu haben. Um dem abzuhelfen, veröffentlichte Heil im „Bonner Wochenblatt" vom 24. 8. 1834 das nachfolgend wiedergegebene Gedicht:

Drachenfels, auf Deiner Höhe
Leb' ich glücklich und vergnügt,
Wenn ich in die Thäler sehe,
Wo man sich in Freuden wiegt.

Doch mich kann es nicht verdrießen,
Daß man sie mit mir nicht theilt;
Dann ich will nur hier genießen
Wo der Schöpfung Zauber weilt,

Wo ist wohl, ich will nicht lügen,
Eine Stelle, die Ihm gleicht;
Brocken, Weisenstein und Rügen,
Keiner der Ihn ganz erreicht.

Doch sie gewähren Freude,
Aber nur die eine nicht,
Daß das Aug' am Strom sich weide
und die Hand sich Trauben bricht.

P.D. Heil
Restaurateur auf dem Drachenfels

Als Heil gegen Ende Oktober 1834 das Gasthaus auf dem Drachenfels schloß und es wegen des schlechten Geschäftsganges nicht mehr weiterführen wollte, hatten ihn sein Humor und seine Dichtkunst nicht verlassen. Im „Bonner Wochenblatt" vom 30. 10. 1834 veröffentlichte er das nachfolgend wiedergegebene Gedicht:

Abschied vom Drachenfels nach geendigter Saison.

Erkohren hab' ich dich von sieben
Mein werther Drachenfels allein,

Dich werd' ich stets und immer lieben
und werde dein Vertrauter sein.

Doch ach von meines Schicksals Munde
Hör' ich den schweren Ausspruch thun:
Es hat geschlagen deine Stunde,
Für dich ist hier nichts mehr zu thun.

Ich will es nicht, doch muß ich scheiden,
Von dir du Zeuge mancher Zeit,
Denn Sturm und Schnee erscheint im Weiten
Und Reif deckt schon dein Felsenkleid.

Doch wird dein Bild stets vor mir schweben
Und sollte ich auch ferne seyn.
Du mach'st Epoch in meinem Leben,
Ich will mich deiner stets erfreu'n.

Und nun mein Dank für alle jene,
Die mich besucht zur Sommerzeit
Und sich erfreu't an manchem Schönen,
Was alles war für sie bereit;

Denn Speise, Wein und and're Gaben
Und was noch sonst das Herz erfreu't,
War so wie ich vernommen habe
So ziemlich zur Zufriedenheit.

Der Restaurateur
P.D. Heil

Wiedereröffnung des Gasthauses
auf dem Drachenfels
1. 5. 1835

Weit nüchterner als sein Vorgänger Heil ging sein Nachfolger M. Hisgen zu Beginn der Saison des Jahres 1835 ans Werk. Er, der es auch nur eine Saison auf dem Drachenfels aushalten sollte, kündigte die Wiedereröffnung des Gasthauses auf dem Drachenfels zum 1. 5. 1835 im „Bonner Wochenblatt" vom 21. 5. 1835 wie folgt an:

„Da ich die Wirtschaft auf dem Drachenfels bei Königswinter, eines der schönsten Punkte am Rhein, seit dem 1. d.M. eröffnet, bitte ich ein geehrtes Publikum und alle Freunde der Natur um einen recht zahlreichen gütigen Besuch; ich werde alles aufbieten sowohl durch Speisen, gute Getränke, sonstige Erfrischungen,

als durch reelle Bewirthung meine verehrlichen Gästen aufzuwarten".

Die Steinhauer-Gewerkschaft
löst sich auf
1. 7. 1835

Durch notariellen Akt vor Notar Clemens August Schaefer vom 1. 7. 1835 wurde die Steinhauer-Gewerkschaft von ihren Gewerken aufgelöst. Die dadurch erforderlich gewordene Auseinandersetzung der Gewerken sollte erst am 2. 11. 1837 ihren Abschluß finden.

Die Gründe der Auflösung der Gewerkschaft dürften vielfältig gewesen, aber nicht mehr voll aufzuklären sein. Im Vordergrund wird wohl der erfolglose Kampf um den Steinbruchbetrieb am Drachenfels und die lange Dauer des immer noch nicht abgeschlossenen Expropriationsverfahrens gestanden haben. Finanzielle und persönliche Gründe dürften hinzu gekommen sein. Hinzu kam, daß der Gewerkschaft offensichtlich seitens der Regierung wegen der verlangten Zahlung eines Eintrittsgeldes für den Zugang zum Bergplateau sowie des Zuganges zur Burgruine und auch wegen der Errichtung eines Gasthauses Schwierigkeiten gemacht worden sind.

Jedenfalls waren die Gewerken auch aus diesem Grunde im Zuge der lang andauernden Auseinandersetzung schließlich 1836 bereit, den Bergkegel des Drachenfels dem preußischen Fiskus zu verkaufen. Dies ergibt sich aus einer Abhandlung im „Echo des Siebengebirges" vom 28. 12. 1893, deren Verfasser anscheinend ein noch informierter Nachkomme eines der Gewerken der Steinhauer-Gewerkschaft gewesen sein dürfte.

In der Abhandlung wird u.a. ausgeführt: „Nachdem der Steinbruchsbetrieb untersagt war, nachdem die Besitzer die Absperrung vorgenommen hatten, nachdem ein Restaurationsgebäude auf der Höhe, welches noch gegenwärtig einen Hauptteil der Gebäulichkeiten darstellt, errichtet worden war, wollte man die Wege als öffentlich geltend machen usw., so daß schießlich, wenn auch ungern, die Besitzer zum Verkaufe zu haben waren."

Abb. 104: Farblithographie, Billmark, Paris, 1837; Siebengebirgsmuseum.

Gewerken der Steinhauer-Gewerkschaft verteilte." Der Bachem'sche Stamm erhielt 3 Teile des Verkaufserlöses, während je 1 Teil des Erlöses jeweils den Stämmen Spindler, Genger, Eschenbrenner, Dell und Markwalter zugeteilt wurde."628

Bericht der „Kölnischen Zeitung"
über den Ankauf des Bergkegels
des Drachenfels
durch den preußischen Staat
29. 4. 1836

In dem überschwenglichen Bericht der Kölnischen Zeitung vom 29. 4. 1836 klingen die Motive an, die König Friedrich Wilhelm III. zum Erlaß der Kabinettsorder vom 5. 5. 1832 veranlaßt haben mögen.

„Königswinter, 27. April 1836.

Es ist ein sehr erfreuliches Ereigniß für alle, welche ein Interesse an unserem stattlichen Drachenfels nehmen, daß der Gipfel = Kegel desselben mit seinen schönen Schloßruinen gestern durch den königl. Regierungs = Präsidenten Ruppentahl für eine sehr namhafte Summe von den bisherigen Privat = Besitzern, der hiesigen Steinhauerei Gewerkschaft, für Rechnung. Sr. Majestät des Königs angekauft worden ist.

Daß der Berg durch den Betrieb von Steinbrüchen nicht Gegenstand bedeutender Gefährlichkeit für die Gegend und Arbeiter werden möge, daß dieser großartige Felsenwächter am Eingange der doppelten Bergreihe des Bettes unseres Stromes nicht dadurch zugleich in seinen pitoresken Formen beeinträchtigt werden könne, und daß die alterthümlich vielfach denkwürdigen und das Auge des Reisenden fast wundersam ansprechenden Thurm = und Gebäude = Reste, welche mit seltener Kühnheit seine Spitze krönen, der Gefahr der Zerstörung durch Menschenhand thunlichst entzogen werden: dies sind die Gründe, welche unseren König zu der sehr liberalen Acquisition im Interesse des öffentlichen Nutzens bewogen haben.

Als Folge davon hört denn auch die lästige

Der preußische Fiskus
erwirbt den Bergkegel des Drachenfels
für 10 000 Taler
26. 4. 1836

Nach zahlreichen Verhandlungen erwarb der preußische Fiskus von den Gewerken der aufgelösten Steinhauer-Gewerkschaft mit notariellem Kaufvertrag vor Notar Kamp zu Bonn am 26. 4. 1836 den Bergkegel des Drachenfels einschließlich des Gasthauses zu einem Kaufpreis von 10 000 Talern.627 Aus einem Bericht der „Kölnischen Zeitung" vom 29. 4. 1836 ist zu entnehmen, daß der preußische Fiskus bei Abschluß des Kaufvertrages durch den ehemaligen Kölner General = Prokurator Ruppenthal vertreten wurde, der inzwischen Regierungspräsident in Köln geworden war.

Mit Abschluß des Kaufvertrages hatte das

noch schwebende Expropriationsverfahren außergerichtlich seine Erledigung in der Hauptsache gefunden. Es hätte sonst nur dann in rechtlicher und tatsächlicher Hinsicht zu einer wirksamen Expropriation führen können, wenn das Landgericht in Köln rechtskräftig eine Entschädigung für die Abtretung des Bergkegels festgesetzt haben würde. Dazu brauchte es nach dem Verkauf des Bergkegels an den preußischen Fiskus nicht mehr zu kommen. Die gesamten Kosten des Enteignungsverfahrens dürften nach den damals geltenden sehr liberalen französischen gesetzlichen Bestimmungen zu Lasten des preußischen Staates gegangen sein.

Bei Abschluß des Kaufvertrages vom 26. 4. 1836 vor Notar Kamp wurde bereits festgelegt, wie sich der Kaufpreis auf die einzelnen

Sperre und Abgaben = Erhebung von den Besuchern des Drachenfels, welche seit einigen Jahren von den bisherigen Eigenthümern eingeführt war, nunmehr auf. Frei, wie der Rhenane es seit Jahrhunderten seit der Zerstörung des Felsenschlosses gewöhnt war, kann also jetzt wieder jeder, der sich der schönen Natur des rheinischen Stromes und der Anschauung von dem Berggipfel erfreuen will, auf ihm lustwandeln, genießen die Gegegenwart und schwelgen in der Erinnerung der Vergangenheit.

Es war ein drückendes Gefühl, daß Thor und Riegel solche Genüsse der allgemeinen Theilnahme entzogen, daß eine Abgabe sie erst erkaufen mußte. Dank der Großmuth unseres Königs, der Umsicht und Fürsorge unserer Regierung, daß der schöne Bergkegel wieder frei geworden für Heimische und Fremde! Mehr als jemals wird der Drachenfels nun seine Besucher finden und damit die Anerkennung sich vermehren, daß Deutschlands weite Gaue wohl nur sehr wenige Puncte darzubieten haben, welche diesem, dem Stolze der Rheinlande, an malerischer Schönheit gleichkommen".

Abschluß der vermögensrechtlichen
Auseinandersetzung
der Gewerken der Steinhauer-Gewerkschaft
2. 11. 1837

Vor Notar Clemens August Schaefer, der der Steinhauer-Gewerkschaft am 7. 9. 1827 den Bergkegel des Drachenfels verkauft hatte und seit 1835 nicht mehr Königswinterer Bürgermeister war, fand am 2. 11. 1837 die vermögensrechtliche Auseinandersetzung der Gewerken der Steinhauer Gesellschaft ihren endgültigen Abschluß.

Wie die Urkunde Schaefers — No. 4831 d.R. — vom 2. 11. 1837, die sich in Privatbesitz befindet, ausweist, erschienen an diesem Tage vor ihm die noch lebenden Gewerken und die Erben der bereits verstorbenen Gewerken und legten „für den vorhabenden Zweck zu dem gegenwärtigen Acte ein von ihnen unterzeichnetes vorher aufgestelltes sogenanntes Verzeichniß der bei der jetzt aufgelösten alten Steinhauergewerkschaft in Königswinter noch ausstehenden Activ Forderungen und deren Verloosung in vier Theile vor, wonach diese Forderungen nach Wahrscheinlichkeit des Einganges derselben in schlechte, zweifelhafte und gute Forderungen klaßifizirt und aus denselben die vier Loose gebildet worden, deren Bestand diese Aufstellung jedes der vier Loose nachweiset, und welche vier Loose zusammen die Gesammtheit der zur Theilung gebrachten Forderungen bildet."

Theodor Bachem war bereits verstoben. Der in der Korrespondenz mit Regierung und König vielfach erwähnte Heinrich Joseph Spindler findet ebensowenig wie seine Erben in der Urkunde vom 2. 11. 1837 Erwähnung.

Die vor Notar Schaefer erschienenen Personen schlossen sich für die Verlosung in 4 Gruppen zusammen, unter denen alsdann die Verlosung durchgeführt wurde. Damit war die Auseinandersetzung der Gewerken und ihrer Erben beendet. Notar Schaefer verstarb am 14. 11. 1837.

Der preußische Fiskus verpachtet
das Gasthaus auf dem Drachenfels
an Moritz Mattern
16. 5. 1836

Auskunft über die Neuverpachtung des Gasthauses auf dem Drachenfels gibt die nachfolgende Mitteilung im „Bonner Wochenblatt" vom 22. 5. 1836:

Burg Drachenfels in Königswinter

Unterzeichneter gibt sich die Ehre, ein verehrtes Publikum zu benachrichtigen, daß der Drachenfels, der interessanteste Berg am ganzen Rheine und die schönste Aussicht gewährend, seit kurzer Zeit von der Abgabe für die Besuchenden befreit ist, so daß diese so romantisch gelegen Ruine von Jedermann frei besucht werden kann.

Da ich die Restauration daselbst seit dem 16. Mai d.J. übernommen habe, womit sehr schöne, freundliche, gut eingerichtete Schlafzimmer verbunden sind, so bitte ich, mich mit zahlreichem Besuch, so wie bis jetzt in meinem Gasthofe „zur Wolkenburg" in Königswinter,

Abb. 105: Stahlstich von Bamberger-Salathé, Mitte des 19. Jahrhunderts; Siebengebirgsmuseum.

welchen Gasthof ich ebenfalls fortführe, auch auf dieser Burg angedeihen zu lassen.

M. Mattern.

Im „Bonner Wochenblatt" vom 3. 1. 1837 gab Mattern folgendes bekannt:

„Jetzt erst im Stande meine Winter = Wirthschaft auf dem Drachenfels zur öffentlichen Kunde zu bringen, zeige ich allen Naturfreunden, die auch im Schnee die Schönheit der Natur bewundern wollen, ganz ergebenst an, daß auch den ganzen Winter hindurch à la charte gespeiset werden kann".

Eine weitere Anzeige im „Bonner Wochenblatt" vom 14. 5. 1837 wirbt für die Pfingsttage zum Besuch des Gasthauses auf dem Drachenfels:

Auf'm Drachenfels

Den geehrten Besteigern des Drachenfelses mache ich ganz ergebenst bekannt, daß ich mit allerhand Speisen, guten Weinen, Maitrank und andern Getränken reichlich versehen bin und die Pfingsttage nach bestmöglichen Kräften es an prompter Bedienung nicht werde mangeln lassen, und bitte nur um geneigten Zuspruch.

Auf'm Drachenfels den 12. Mai 1837.

M. Mattern, Gastwirth.

Überlegungen zur Erweiterung des Gasthauses auf dem Drachenfels 1837

Seitens der Kölner Regierung wurde „dem Königlichen Ober = Präsidenten der Rheinprovinz; Herrn Freyherrn von Bodelschwingh Velmede in Coblenz" unter dem 29. 3. 1837 im Hinblick auf eine Verfügung „der Königlichen General = Verwaltung für Domainen und Forsten" mitgeteilt, daß „bei den so zahlreichen Besuchen des Siebengebirgs schon oft das Bedürfniß eines größeren Umfanges des fraglichen Hauses fühlbar geworden sei", daß man aber aufgrund der bisherigen Untersuchungen nicht geglaubt habe, eine Erweiterung des Baues befürworten zu können. Auskunft gebe ein beigefügtes Gutachten.[629]

Diesem Gutachten war eine „Situationszeichnung" mit dem Grundriß des Gasthauses und

des in der Nähe liegenden Stallgebäudes beigefügt. Das Gasthaus verfügte hiernach über ein Erdgeschoß, über dem sich im Dachgiebel noch zwei ausgebaute Kammern befanden.

Die Gutachter waren zu dem Ergebnis gekommen, daß „die schlechte Fundamentierung und Konstruktion der beiden Gebäude deren Aufstockung nicht erlaube. Auch ein Zwischenbau zur Erweiterung des Gasthauses lohne nicht, da man von dort aus nur eine beschränkte Aussicht auf das Rheintal habe."[630]

Der Stahlstich von Bamberger-Salathé (Abb. 105) zeigt rechts unterhalb der Burgruine das einstöckige Gasthaus mit dem ausgebauten Dachgiebel.

In dem Gutachten, das dem Schreiben vom 29. 3. 1837 beigefügt war, heißt es abschließend: „Die einzige Stelle, an welcher ein angemessenes Gebäude mit der schönsten Aussicht, die auf dem Drachenfels zu haben ist, aufgeführt werden könnte, ist diejenige, auf welcher das bereits verfallene Monument zum Andenken zweier im Befreiungskriege gefallenen Rheinländer steht; sein Umsturz ist bald zu erwarten, denn die weichen Werksteine, aus welchen dasselbe besteht, sind theils gerißen, theils

Abb. 106: Kupferstich, Künstler unbekannt, etwa um 1840; Siebengebirgsmuseum.

verwittert, eine Reparatur des Monuments ist nicht wohl möglich, sondern nur eine totale reconstruction; sollte diese vorgenommen werden, so könnte wohl auch eine Versetzung an eine andere Stelle ohne allen Aufwand Statt haben; denn das Monument deckt keine Ueberreste der gefallenen Helden, soviel bekannt ist".[631]

Unter dem 20. 2. 1841 wurde das angeregte Projekt einer Erweiterung des Gasthauses u. a. mit folgender Begründung abgelehnt: „Abgesehen davon, daß des Königs Majestät schwerlich den Drachenfels des Schmuckes, den die Pyramide dem Bergkegel schon von fern her gewährt, werden beraubt wissen wollen, tritt jenem Vorschlage auch das Bedenken entgegen, daß die Gastwirthe in Königswinter und auch dem Felsen selbst durch die Entfernung des Monuments beträchtlichen Zuspruch verlieren und deshalb reclamiren würden; wovon dann ein Ausfall an der Pacht von 172 rthlr. incl. ⅓ Gold, welche die Domaine jetzt von dem Gasthause bezieht, die nächste Folge wäre."[632]

Neuer Domsteinbruch am Drachenfels 1840

Ernst Friedrich Zwirner übernahm 1833 die Kölner Dombauhütte. Zunächst ging es weiterhin darum, Reparaturarbeiten am Kölner Dom auszuführen. Mit einer Fortführung des Dombaus war jedoch zu rechnen. Im Zuge der Reparaturarbeiten wurde 1840 am Fuß des Drachenfels auf der Südwestseite des Berges ein neuer Domsteinbruch eröffnet. Es kam 1841 zur Gründung des Kölner Dombauvereins. Am 4. 9. 1842 legte König Friedrich Wilhelm IV. den Grundstein zum Weiterbau des Kölner Doms. Leven berichtet in Bezug auf den neuen Domsteinbruch am Drachenfels, daß dort „nach einer Statistik vom 19. 4. 1849, die das Bürgermeisteramt Königswinter an die vorgesetzte Behörde einreichen mußte, im vorhergehenden Jahr mit 10 Arbeitern 2 500 Cubikfuß Werksteine im Werte von 833 Thalern gefördert worden sind.[633]

Der neue Domsteinbruch lag in der Nähe „des Steinchens", der heutigen Eisenbahnunterführung in Bad Honnef-Rhöndorf. Das Foto (Abb. 107) zeigt den gegen 1870 wieder eingestellten Domsteinbruch mit dem davor liegenden Weinhaus „Domstein".

Das baufällige Landsturmdenkmal
auf dem Drachenfels
wird aus Sicherheitsgründen abgetragen
Frühjahr 1843

Zeitungsnachrichten, daß das Landsturmdenkmal auf dem Drachenfels „von unnützer Hand zerstört worden sei", veranlaßten die Regierung in Berlin bei dem Oberpräsidenten der Rheinprovinz in Koblenz Erkundigungen einzuziehen. Daraufhin wurde unter dem 6. 6. 1843 berichtet, daß das Landsturmdenkmal im Interesse der öffentlichen Sicherheit mit Zustimmung der „competenten Behörde" habe abgetragen werden müssen.[634]

Gründung eines Komitees
zur Wiedererrichtung
des Landtsturmdenkmals
12. 6. 1843

In Königswinter trat am 12. 6. 1843 unter Leitung des Königswinterer Bürgermeisters Mirbach ein Komitee zur Wiedererrichtung des Landsturmdenkmals zusammen. Es wurde eine entsprechende Resolution verbunden mit einem Spendenaufruf gefaßt, die abschriftlich allen bekannt gewordenen Interessenten zugesandt wurde. Die Regierung in Köln berichtete dem Oberpräsidenten der Rheinprovinz in Koblenz unter Übersendung einer Abschrift der Resolution, teilte mit, welche Beträge bisher gespendet worden waren, und bat „um Genehmigung der lobenswerten Absicht".[634]

Es sollten aber noch 14 Jahre bis zur Einweihung eines neuen Landsturmdenkmals vergehen.

Gedenkfeier des Landsturms
des Siebengebirges auf dem Drachenfels
18. 6. 1845

Die „Bonner Zeitung" berichtete am 28. 6. 1645 über die Feier des Landsturms des Siebengebirges:

Abb. 107: Der Domsteinbruch aus der Zeit zwischen 1840 und 1870.

„(Durch Zufall verspätet.) Klein an Zahl zwar aber achtungswerth an Gesinnung und Bewußtsein begingen auch die wackern Bewohner Königswinters und der nächsten Umgebung die dreißigste Denkfeier des 18. Juni in einer Weise, die öffentliche Meldung verdient.

Es hatten sich die sämmtlichen alten Krieger aus dem Jahre 1815 ohne Unterschied des Ranges und Standes zu einer den gefallenen und heimgegangenen Genossen geweihten kirchlichen Denkfeier in Königswinter und hierauf zu einem kameradschaftlichen Mahl auf dem Drachenfels, etwa 30 an der Zahl traulich zusammengefunden. Die Bewirthung erfolgte in einem eigens erbauten passend ausgeschmückten Zelt und es war ein besonderes Anliegen der Festordner gewesen, daß auch die unbemittelten Kriegsgenossen als Gäste

der Bemittelten an dem fröhlichen Mahle Theil nehmen mögten.

In der Tat fanden denn auch in der kleinen Schaar sich alle Stände vertreten und man sah den General und Gutsbesitzer mit dem schlichten Ackersmann und Handwerker in heiterer, nur am Rhein gekannten Zutraulichkeit und Ungezwungenheit verkehren. Daß es an wackern Trinksprüchen (worunter derjenige des in Königswinter privatisirenden Generals v. Delitz auf das Wohl des Königs sich auszeichnete) nicht gefehlt, bedarf keiner Versicherung, so wie es überdies von der wackern Gesinnung der schlichten Veteranen zeugte, daß von dem gastlichen Erbieten der Bemittelten am Ende, als es an's Ordnen der Zeche ging, nicht ein Einziger der unbemittelten Festgenossen Gebrauch machte.

Wie übrigens in unserm rebenbekränzten

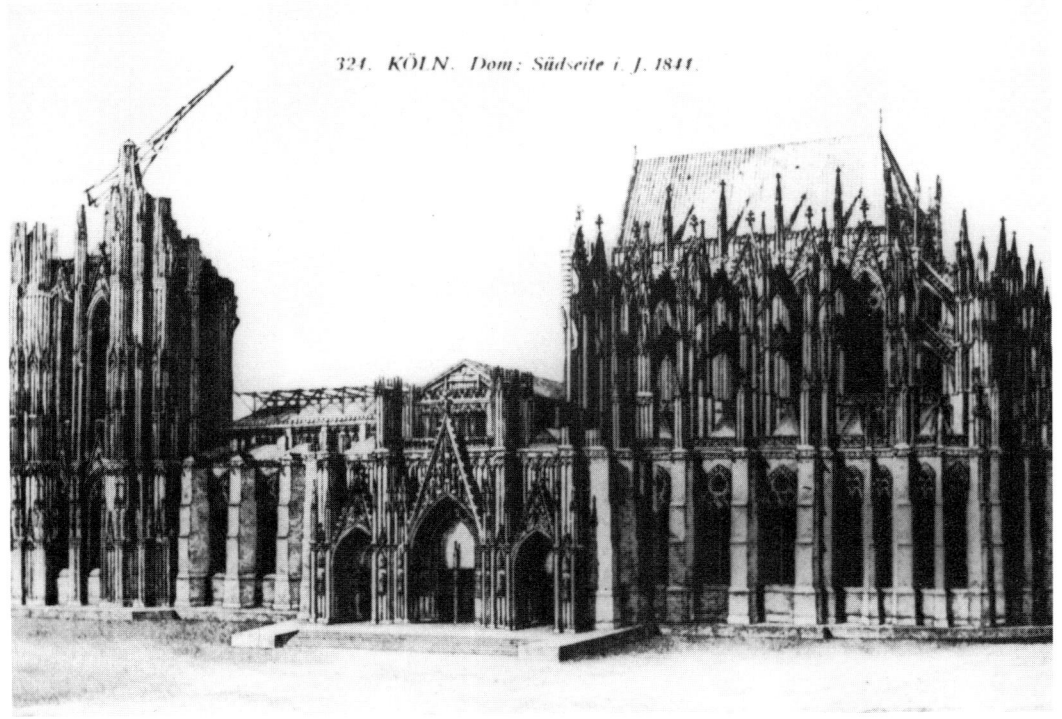

321. KÖLN. Dom: Südseite i. J. 1844.

Abb. 108: Die Abbildung zeigt den mittelalterlichen Domkran, der erst 1868 abgerissen wurde; Siebenge-birgsmuseum.
Der Dom wurde am 15. 10. 1880 in Gegenwart Kaiser Wilhelms des I. geweiht.

Rheinlande auch in einer Feier der ernsten und höheren Gefühle stets die heitere Laune nebenbei ihre Rechte geltend macht, so auch hier. Beim Besteigen des Drachenfelses in brennendster Mittagshitze machte einer der ergrauten aber noch lebensfrischen Krieger den Vorschlag, die gastliche Bergspitze in kunstgerechtem Vorschreiten stürmender Hand zu nehmen. Dieser Vorschlag fand fröhlichen Beifall und der friedliche Drachenfels bot für einige Minuten zur Ueberraschung der hier nie fehlenden Fremden den Eindruck feindseligen Kriegsgetümmels dar, dessen Täuschendes durch Kommandoworte, Kleingewehrfeuer und besonders durch die von oben herab lebhaft feuernden Geschütze anmuthig erhöht wurde. Daß nach der Burgveste endlicher heißer Einnahme aber auch der Vorsatz der Stürmenden in Erfüllung ging. Alles unerbittlich über die Klinge springen zu lassen, was an

Besatzung — die Tafel darbot, versteht sich von selbst.

So weilten die alten Kriegsgenossen in fröhlicher ungetrübter Traulichkeit bis zum späten Abend beisammen, des Wunsches und der Hoffnung, daß mit Gottes Hülfe noch recht langehin der schönsten Frucht jener großen Opferzeit, des goldenen Friedens, sich unser deutsches Vaterland in fortschreitender Wohlfahrt erfreuen möge".

Mit dem Aufkommen der Dampfschiffahrt setzt ein verstärkter Besucherstrom zum Drachenfels ein
1. 5. 1827—1844

Der seit dem 1. 5. 1827 eingerichtete Linienverkehr von Dampfschiffen auf dem Rhein hatte zu einer erheblichen Verstärkung des Fremdenverkehrs geführt. Das erste im Liniendienst

der „Preußisch-Rheinische-Dampfschiffahrt-Kölnische-Gesellschaft" eingesetzte Dampfschiff war die „Concordia". Bereits einen Monat später wurde die „Friedrich Wilhelm" in Dienst gestellt. Aufgrund des Einsatzes dieses neuen Verkehrsmittels nahm der Zustrom der Besucher des Siebengebirges und insbesondere des Drachenfels erheblich zu. Zunächst hatte Königswinter nur eine sogenannte Kahnstation, d. h. daß die Schiffspassagiere von Königswinter aus mit Kähnen bzw. Ruderbooten von den im Strom haltenden Dampfschiffen an Land gebracht wurden. Die erste Königswinterer Dampferanlegebrücke wurde 1840 in Betrieb genommen.

Unter der Überschrift „Eine alte Prophezeihung" berichtete das „Echo des Siebengebirges" am 29. 6. 1951: „Zu jener Zeit, als die ersten paar Dampfschiffe als viel bestaunte Wunder den Rhein hinauf und hinab fuhren, im Jahre 1844, wurde folgender damals unglaublich erscheinender Ausblick niedergeschrieben:

„Es umspielt den Drachenfels der mächtig brausende und sprühende Dampf auf Schiffen — bald wird er auch auf Wagen heransausen — und dieser Riese mit seinen Gesellen hat alle Lagen, Stellungen und Verhältnisse schon verrückt und wird sie immer mehr verrücken. Für den Drachenfels und Königswinter ein wahrer Golddampf. Denn wo sonst 10 Menschen in langsamen Stunden langsam heranwandelten oder heranfuhren, fliegen jetzt Tausende und Zehntausende in Minuten zusammen. Wie werden diese Berge und Täler von den Schaulustigen und Fremdenlustigen in den nächsten Jahrzehnten betreten werden! wie wird das kleine Königswinter, das sonst von seinen Weinbergen und Steinmetzen sparsam und kleinbegnüglich leben mußte, in eine prächtige blühende Stadt verwandelt werden! ja, wie ist sie in dem jüngsten Jahrzehnt schon verwandelt! Indessen wie auch alles Alte jetzt in Dampf aufgehe, und in dem Wirbel, der die Zeitgenossen ergriffen hat, umgerollt werde, ein Trost ist der: sie werden uns die ewigen Berge Gottes auf ihren Felsfüßen wohl stehen lassen".

Das vlämisch-deutsche Sängerfest
auf dem Drachenfels
16. 6. 1846

Mitte Juni 1846 fand in Köln das sogenannte
„erste deutsch-vlämische Gesangfest" statt.
Am 16. 6. 1846 unternahmen die Sänger mit
den Dampfern Concordia und Victoria eine
Fahrt nach Königswinter. Die „Illustrirte Zeitung" berichtete damals u. a.:

„Unter den glühenden Sonnenstrahlen den
Drachenfelsen zu besteigen, war wahrscheinlich keine kleine Mühseligkeit, allein

> Die Sänger erstürmten den drohenden Fels,
> Den Wogen umthürmen des kräftigen
> Quells,
> Die Augen wie Sonnen
> entflammen in Brand
> Sie trinken mit Wonnen das göttliche Land.
> Die Herzen umkreisen wie Adler so stark
> Mit heiligen Weisen die rheinische Mark".

Und so war es auch! Oben auf der Höhe, im
Angesicht einer der herrlichsten Scenerien
Deutschlands, entwickelte sich ein reiches
Leben. Da flossen von begeisterten Lippen
Worte voll Vaterlandsliebe, voll deutscher Kraft,
wieder sprach Benedix in seiner schönen
Begeisterung für Vater Arndt (Anm.: Auf der
Dampferfahrt hatte man dem auf dem Balkon
seines Hauses in Bonn stehenden Ernst Moritz
Arndt zugejubelt), dem des Volkes Macht,
nämlich seine Liebe, ersetzen müsse, was eine
andere Macht an ihm verbrochen; jubelnd
stimmten wir, um den Felsen, worauf er stand,
gereiht, in sein Hoch mit ein und ihm wie dem
wackern Schleswig-Holsteiner Bauditz, der aus
Deutschlands nördlichstem Grenzgau hierher
gekommen, um bei deutschen Stämmen Ver-
brüderung seiner Heimat zu vertreten, flocht
ein deutsches Mädchen Eichenkränze um die
Hüte. Auch noch Andere redeten, wie der
Augenblick es ihnen auf die Zunge legte, wieder Andere jubelten ihre Begeisterung in Lie-
dern aus und stiegen hinan zur Ruine, das
junge Geschlecht auf dem Staube des alten,
Fahnen schwenkend gegen den silbernen
Rhein, die bewaldeten Berge, die blühenden
Fluren."

Abb. 109: Illustrirte Zeitung; 1846.

König Friedrich Wilhelm IV.
bewilligt 1200 Reichstaler zum Wiederaufbau
des Landsturmdenkmals auf dem Drachenfels
12. 7. 1847
„Ich will auf die anliegende Eingabe des Comi-
tés für die Erneuerung des vaterländischen
Denkmals auf dem Drachenfels bei Königswinter den erbetenen Zuschuß zur Herstellung
dieses Denkmals nach dem von dem Regie-
rungs-Bau-Rathe Zwirner entworfenen, hier
beigefügten Plane im Betrage von 1200 rth.
bewilligen, wenn mit diesem Beitrage und dem
Betrage der veranstalteten Sammlungen die
Ausführung zu Stande gebracht werden kann
und die diesfällige Gewähr von dem Comité
übernommen wird. Auch will ich gestatten, daß
das zur Herstellung des Denkmals erforderliche Gestein aus dem Gestein des Drachenfels
entnommen werde, wenn dies nach dem
Urtheil von Sachverständigen ohne Gefährdung der Ruine und ohne sonstigen Nachtheil
geschehen kann.
Auf dem Denkmal soll, nach der auf der Zeichnung enthaltenen Andeutung das eiserne
Kreuz angebracht werden. Ich überlasse es
Ihnen, das Comité hiernach zu bescheiden und
demselben zu eröffnen, daß gegen die in der
Anlage vorgeschlagenen Inschriften des Denkmals Meiner Seite nichts zu erinnern, daß
jedoch, da ich zur Ausführung mehr als die
Hälfte der Kosten beitrage, auf dem Denkmal
auch Mein Name zu nennen sei. Die Ueberwei-
sung des Zuschußes mögen Sie beantragen,
sobald dem obigen Vorbehalte genügt sein
wird.

Sans souci, den 12ten July 1847
Friedrich Wilhelm[635]
Das Schreiben vom 12. 7. 1847 war an den
„Ober-Präsidenten Eichmann in Coblenz"

gerichtete. Die Abbildung Nr. 101 zeigt das von Zwirner entworfene Landsturmdenkmal.

Der Drachenfels im Jahre 1848

Bürgermeister von Königswinter war 1841 August Mirbach geworden, der dieses Amt bis 1890 ausgeübt hat. Seine Tochter Maria veröffentlichte im Jahre 1891 die kleine Schrift „Königswinter sonst und jetzt". Aus dieser Schrift ist der nachfogende Auszug entnommen.

„Aus dem alten Königswinter ist vielleicht noch das Jahr 1848 erwähnenswerth: denn der Wellenschlag der politischen Aufregung machte sich auch hier fühlbar. Am 19. Mai 1848 sollte in ganz Deutschland die Republik proklamirt und zu diesem Zwecke um Mitternacht Sturm geläutet werden. In Königswinter kam es freilich nicht dazu: nicht einmal ein Versuch wurde gemacht. Der Bürgermeister Mirbach und der Königliche Steuer- und Communal-Empfänger Veit hatten unterm 17. November 1848 durch öffentliche Bekanntmachung vor der in der National-Versammlung beschlossenen Steuerverweigerung gewarnt. Die zu Köln erscheinende Neue Rheinische Zeitung, Organ für Demokratie, stempelte sie dafür in ihrer Nr. 158 vom 2. 12. 1848 zu Hochverräthern. Einige Hitzköpfe drangen ins Amtslokal des Bürgermeisters und forderten ihn auf, sich zu erklären, ob er ein Demokrat, einer der Ihrigen sei. Die Antwort lautete: „Ich bin Bürgermeister von Königswinter und allzeit gut ‚königswinterisch' gesinnt". Dies schien die Leute zufrieden zu stellen; denn hierauf zogen sie sich zurück. Das Hauptereigniß des Jahres war die Abrasirung des Drachenfels; Einige aus dem Pöbel hatten ihn förmlich in Loose getheilt und sich das Holz angeeignet. Die Polizeimacht reichte nicht aus, das ganz zu verhindern und die nachgesuchte miltairische Hilfe kam zu spät. In den Städten gab es dringenderes für sie zu thun. Der Drachenfels selbst blieb ja unerschüttert stehen, wie ein Riese, mit dessen Bart die Zwerge spielen".

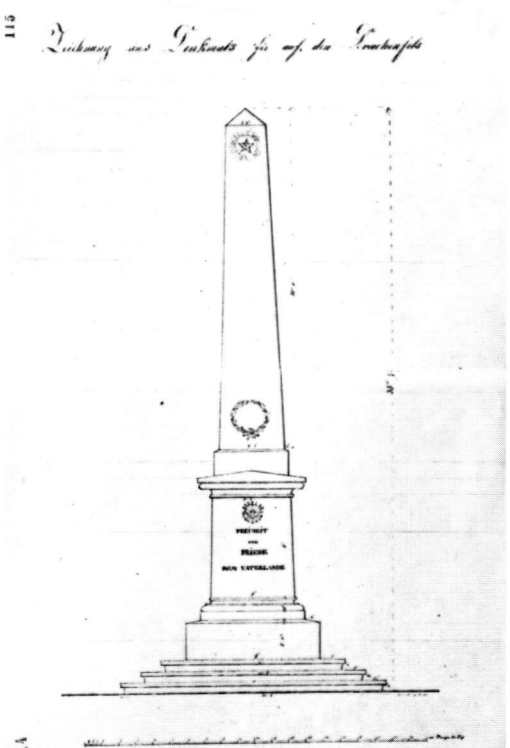

Abb. 110: Entwurf des Landsturmdenkmals, Zwirner, Landeshauptarchiv Koblenz.

Pläne zur Neugestaltung des Drachenfelsplateaus 7. 11. 1854

Am 20. 2. 1841 war der Plan einer Erweiterung des Gasthauses auf dem Drachenfels verworfen worden. Für das Jahr 1855 rechnete man mit der Fertigstellung der Eisenbahnlinie „Bonn-Rolandseck". Mit einer Steigerung der Besucherzahlen auf dem Drachenfels war deshalb zu rechnen. Trotzdem stand der preußische Finanzminister einer nunmehrigen Erweiterung des Gasthauses auf dem Drachenfels weiterhin entgegen. Mit Schreiben vom 7. 11. 1854 erklärte er jedoch sein Einverständnis zu einer angemessenen Verbesserung „der Wege-Anlagen, Promenaden und Pflanzungen".

Die Zuziehung eines Gartenbaukünstlers

lehnte der Minister jedoch ab, „weil dadurch den Anlagen ein anderer Charakter gegeben würde, der mit der großartigen Natur zu wenig harmoniren könnte".

Im Schreiben vom 7. 11. 1854 heißt es u. a. weiter: „Was sodann zur Verbesserung der jetzigen Bauanlagen, zur Erhaltung der Ruine, zur Sicherung des Publikums an der letzteren und am Plateau durch dauerhafte Geländer, vorwiegend zum Schutze der Fremden gegen den Sonnenbrand und Regen geschehen muß, hat die Königliche Regierung sofort veranschlagen zu lassen".[636]

König Friedrich Wilhelm IV. bewilligt 1200 Reichstaler zur Sicherstellung der Burgruine Drachenfels 5. 5. 1855

Mit Schreiben vom 5. 5. 1855 gab der „Minister der Geistlichen, Unterrichts- u. Medicinal Angelegenheiten" bekannt, daß „des Königs Majestät auf Antrag des Ministers zur Sicherstellung der Ruine auf dem Drachenfels im Siebengebirge die Summe von = 1200 rthlrn: = extraordinair zu bewilligen geruht habe".[636]

Aufruf des Komitees für den Aufbau „des vaterländischen Denkmals auf dem Drachenfels" 13. 8. 1855

„Euer Hochwohlgebohren

wird es ohne Zweifel bekannt sein, daß das vaterländische Denkmal, welches nach den Befreiungskriegen von patriotischen Bewohnern des Rheinlandes auf dem Drachenfels errichtet wurde, wegen gefahrdrohender Baufälligkeit niedergelegt werden mußte.

Dieses Denkmal, auf einem der schönsten Punkte des Siebengebirges, sollte der Nachwelt Zeugniß geben von der hochherzigen Begeisterung, mit welcher schaarenweise die Bewohner des Rheinlandes zur Befreiung des deutschen Vaterlandes gegen den Feind in Waffen traten.

Mit schmerzlichem Gefühle sah unsere Gegend, die sich bei der allgemeinen Volkserhebung mit besonderem Patriotismus auszeichnete, dieses Wahrzeichen deutscher Kraft und deutscher Begeisterung darniedersinken.

Schnell reifte bei mehreren patriotisch gesinnten Männern der Entschluß, das niedergelegte Denkmal durch ein neues, dauerndes zu ersetzen. Nahe und ferne fand diese Sache begeisterten Anklang, und erfreute sich durch Zeichnung freiwilliger Beiträge der lebhaftesten Unterstützung. Ein eigens dazu erwähltes Comité nahm diese Angelegenheit in die Hand.

Der Herr Geheim = Rath und Dombaumeister Zwirner hatte die Gefälligkeit, einen Werkplan zu entwerfen, und das Comité hatte das Vergnügen, diesen Plan von Seiner Majestät dem Könige mit einem Allergnädigst bewilligten Zuschusse von 1200 Thalern genehmigt zu sehen. Alle Vorbereitungen zum Beginne des Baues waren so weit gediehen, daß die Ausführung erfolgen sollte; da aber traten die unruhigen Zeiten hemmend entgegen.

Das Comité, das sich inzwischen an Stelle der durch Tod abgegangenen Mitglieder ergänzt hat, sieht es als seine unabweisbare Pflicht an, endlich an den so lange verzögerten Bau rüstige Hand zu legen; alle Dispositionen sind schon getroffen, um zur sofortigen Ausführung zu schreiten. Der zu 2200 Thalern veranschlagte Zwirner'sche Plan ist neuerdings durch Allerhöchste Cabinetsorder vom 7. Juli c. von Seiner Majestät bestätigt worden; gleicherweise haben Allerhöchst dieselben den oben genannten Zuschuß von 1200 Thalern genehm gehalten; aber die jetzt noch fehlende Summe von etwa 600 Thalern muß durch freiwillige Beiträge gedeckt werden.

In dem Bestreben unsererseits, diese Angelegenheit nach Kräften zu fördern, um in kürzester Frist den Bau beginnen zu können, beehren wir uns nun, auch an Euer Hochwohlgebohren patriotisches Gefühl vertrauensvoll zu appeliren und Sie ergebenst zu ersuchen, das fragliche vaterländische Unternehmen durch einen beliebigen Beitrag geneigtest unterstützen zu wollen.

Genehmigen Euer Hochwohlgebohren die Versicherung unserer vollkommenen Hochachtung.

Königswinter, den 13. August 1855.

Das Comité für den Aufbau des vaterländischen Denkmals auf dem Drachenfels

Bleibtreu, Bergwerksbesitzer, Mäurer, Gutsbesitzer.

Mirbach, Bürgermeister.

Schmitz, Domainenrentmeister. Spindler, Steinhauermeister.

J. P. Bachem, Steinhauermeister. Schmitz, Bürgermeister.

Groyen, Kaufmann. Dr. Ennen, Vicar."[637]

Felssicherungsarbeiten am Drachenfels
26. 10. 1855

König Friedrich Wilhelm IV. hatte am 5. 5. 1855 1200 Taler zur Sicherstellung der Burgruine Drachenfels bewilligt. Die „Bonner Zeitung" berichtete am 26. 10. 1855:

„Der „Augsb. Allg. Ztg." wird aus Königswinter geschrieben: Der Drachenfels, der besuchteste der sieben Berge, dessen Ruf durch alle Gaue Deutschlands verbreitet ist, zieht in diesem Augenblicke die Aufmerksamkeit nicht wie gewöhnlich durch die großartige Aussicht und Ansicht, welche er gewährt, sondern durch seine Hinfälligkeit auf sich. Vor Jahren stürzte ein Theil der Ruine, welche die höchste Spitze desselben schmückt und weithin über jene ausgedehnte prächtige Gegend hoch hervorragt, zusammen, und nun droht auch der Rest den Einsturz, um dieses herrliche Gebirg eines seiner größten Schmuckes zu berauben. Glücklicherweise hat man aber die Gefahren, die hier drohen, noch zeitig erkannt, und ist man jetzt im Begriff, durch große und mächtige Unterbauten den drohenden Unfall abzuwenden".

Die Neuerrichtung des Landsturmdenkmals auf dem Drachenfels kündigt sich an
26. 10 1855

Dombaumeister Zwirner hatte 1847 einen Entwurf für das neue Landsturmdenkmal gefertigt und vorgesehen, einen dem alten Landsturm-

Abb. 111: Im Vordergrund der 1855 im Bau befindliche mächtige Stützpfeiler; Siebengebirgsmuseum.

denkmal ähnlichen Obelisken zu errichten. Dieser Plan wurde jedoch geändert. Auskunft drüber gibt ein Bericht der „Bonner Zeitung" vom 26. 10. 1855, in dem es u. a. wie folgt heißt:

„Dahingegen wird ein neues monumentales Bauwerk den Drachenfels in der Folge schmücken, und daß dieses möglich wird, verdankt man wesentlich dem hohen Sinn für Kunst- und Naturschönheit Sr. Maj. des Königs. Bis zu den jüngsten Jahren war nämlich auf dem Drachenfels ein Denkmal errichtet, welches die Erinnerung an die patriotische Hingebung des siebengebirger Landsturms in den Befreiungsjahren 1813, 1814 und 1815 erhalten sollte. Das Denkmal, auch äußerlich unscheinbar, erlag sehr bald dem vernichtenden Zahn der Zeit und wird nunmehr durch ein anderes und würdigeres ersetzt werden.

Dasselbe ist in gothischem Baustyl concipirt, von dem Dombaumeister Zwirner erfunden und gezeichnet, und wird voraussichtlich in kurzer Zeit zur Ausführung kommen. Der Beitrag, den Se. Maj. dazu bewilligt haben, beläuft sich auf 1200 preuß. Thlr.

Wenn auf diese Weise für den Drachenfels gesorgt wird, so nimmt die „Wolkenburg", einer der dem Drachenfels am nächsten gelegenen sieben Berge, unsere Aufmerksamkeit ebenso lebhaft in Anspruch. In den Steinbrüchen, welche in der Mitte dieses Berges ausgebeutet werden, ist man so weit fortgeschritten, daß dieser Berg in nicht langer Zeit ganz zusammenstürzen dürfte, wodurch die ganze Rheingegend einen völlig unersetzlichen Verlust erleiden würde . . ."

Die Steinhauer Spindler und Bachem übernehmen den Bau des neuen Landsturmdenkmals 1. 3. 1856

Die „Bonner Zeitung" berichtete am 1. 3. 1856: „Den Nachrichten des vorigen Blattes über den Wiederaufbau des vaterländischen Monuments auf dem Drachenfels können wir hinzufügen, daß diese Angelegenheit bereits in thatsächlicher Erledigung begriffen ist. Das betreffende Comité hat den Bau nach einem sehr ansprechenden in gothischen Spitzbogenstyl gehaltenen Plan des Dombaumeisters Zwirner den hiesigen Steinhauermeistern Spindler und Bachem in Verding gegeben. Was die Inschriften des Monuments anbetrifft, so hat, wie wir vernehmen, das Comité es angemessen erachtet, denselben eine des Gegenstandes würdige allgemeine Fassung zu geben. Vorzugsweise „Der hochherzigen Volkserhebung in den Jahren 1813, 1814, 1815" geltend, wird das auf einem der schönsten Punkte des Rheinlandes wiedererrichtete Monument ohne Zweifel von jedem Patrioten als eine willkommene Erscheinung begrüßt werden, wohingegen die früheren mehr persönlich gehaltenen Inschriften nicht mit Unrecht Ausstellungen begegneten."

Wegen der beabsichtigten und dann auch durchgeführten Beschriftung des Denkmals

Abb. 112: Stahlstich, W. L. Leitch — F. W. Topham, 1841. Im Vordergrund erkennt man die Ruine des Gebäudes, das in der Grundrißskizze Abb. 99 eingezeichnet ist; Siebengebirgsmuseum.

sollte es später noch zu langanhaltendem Ärger kommen.

Der Eselsweg wird erbaut 1856/1857

Die Eisenbahnlinie „Bonn-Rolandswerth" war am 15. 10. 1855 eröffnet worden. Der Besucherstrom auf den Drachenfels hatte stetig zugenommen. Es wurde deshalb erforderlich, einen besseren Aufgang als den bisherigen zum Drachenfels zu schaffen.

Damals erreichte man von Königswinter aus den Drachenfels über den „Helteweg", der sich durch die Weinberge in Serpentinen nach oben zog, und in seiner Verlängerung an den beiden Kucksteinhöfen links vorbei zum Bergsattel zwischen Wolkenburg und Drachenfels führte. Am Bergsattel zweigte der Weg zum Drachenfels nach rechts ab, wo er das Plateau des Berges auf dessen Südostseite erreichte. Der andere Teil des Weges führte linksabbiegend zur Wolkenburg. Der gesamte Weg, beginnend am Südende der Stadt, der ehemalige Ritterweg zu den beiden Burgen, hieß auch noch gegen Ende des 19. Jahrhunderts „Karrenweg", bzw. „Filzweg". Diesen Namen führte er, weil die Karren mit den Steinladungen der Wolkenburg und zwischen 1805 und 1828 der Drachenfelssteinbrüche hier ihren Weg zum Rheinufer nahmen. An diesem Weg lag auf der Nordseite des Drachenfels eine kleine Erhebung, die die Bezeichnung „Filzberg" führte.

Man konnte aber auch etwa ab der heutigen Unterführung der Drachenfelsbahn, zwischen Burghof und dem 1881/1884 errichteten Schloß Drachenburg liegend, den von den Drachenfelssteinhauern errichteten „Steinweg" benutzen, der auf der Nordseite des Drachen-

Abb. 113: Fußweg zum Drachenfels vor der Anlage des Eselsweges, etwa 1843, Stahlstich Osterwald; Siebengebirgsmuseum.

fels bis zur nordwestlichen Bergnase führte, auf der die Ruine des Rundturms des nördlichen Teiles der Unterburg noch steht. Von hier aus führte lediglich ein schlechter Fußweg unterhalb der Burganlage zum Drachenfelsplateau. Die Abbildungen 112 und 113 zeigen diesen Fußweg, der auch auf der Grundrißskizze (Abb. 99) eingezeichnet ist.

Über die Anlage des Eselsweges berichtet die „Bonner Zeitung" unter dem 19. 10. 1856: „Die Ersteigung des Drachenfels ist durch eine neue bequeme Straße erleichtert und die Burgspitze dieses Berges, welche durch Erdbeben und durch das Sprengen in den Steinbrüchen bedeutend gelockert worden war, daher dem Einsturz drohte, ist durch Strebepfeiler neu befestigt und dürfte noch manches Jahrhundert der Witterung, ja noch schlimmeren Einflüssen Trotz bieten. Die Rheinländer verdanken der Sorgfalt der Königl. Regierung die Erhaltung dieses ersten Kleinodes. Auch die Ruine ist, wo sie den Einsturz drohte, gesichert, und die gefährlichen Abhänge mit Gittern und Geländern für den Beschauer zugänglicher gemacht worden."

Mit der erwähnten „neuen bequemen Straße" dürfte der untere Teil des Eselsweges gemeint sein, an dessen Beginn heute der Bahnhof der Zahnradbahn liegt. Diese neue Straße stieß am heutigen oberen Ende des Helteweges auf den „Ritter- bzw. Karrenweg" und folgte dann dessen Verlauf, bog dann aber als „Steinweg" nach rechts ab. Der obere Teil des Eselsweges wurde erst im April 1857 fertiggestellt. Die „Bonner Zeitung" berichtete am 22. 4. 1857 insoweit: „Der Drachenfels, der Glanzpunkt des Siebengebirges und der schönsten Rheinansicht, hat in der neuesten Zeit für die

Annehmlichkeiten seines Besuches bedeutend gewonnen. Durch die Fürsorge der kgl. Regierung zu Köln ist der frühere fast ganz unzugänglich gewesene Weg durch die alten Steinbrüche um die Kuppe des Drachenfels herum geebnet und weiter gemacht worden und daher jetzt vollkommen geeignet, um beim Aufsteigen zum Plateau benutzt zu werden; man gewinnt dadurch den Vortheil, das Rheinthal unausgesetzt im Auge zu haben."

Die „Bonner Zeitung" berichtet weiter: „Dieser neue Weg ist zu den Seiten mit jungen Nadelholz = Bäumen bepflanzt worden und jede Sorgfalt, die seine Benutzung empfehlen kann, hat bei ihm Anwendung gefunden. Der Gasthof auf dem Plateau ist erhöht worden, so daß er jetzt eine ziemliche Anzahl kleiner zierlicher Zimmer darbietet, welche denjenigen, die auf dem Berge des Nachts zubringen wollen, freundliches Unterkommen gewähren könnte.

Schon im vergangenen Jahr hat die k. Regierung die Ruinen auf dem Gipfel des Berges durch kräftiges Bauwerk stützen lassen, und man kann nun für lange Zeiten auf die Erhaltung der Burgtrümmer, welche so sehr zur Schönheit des Berges beitragen, rechnen.

Das interessante Erinnerungs = Monument für brave, im Befreiungskriege gefallene Männer, welches auf dem Plateau in einem großartigen Style wieder errichtet wird, liegt in den behauenen Steinen bereits fertig auf seiner Stelle und erwartete baldigst seine Auferstehung. Gewiß werden zahlreiche Freunde der schönen Natur der kgl. Regierung für diese gemeinnützigen Veranstaltungen dankbar sein."

Das neue Landsturmdenkmal
auf dem Drachenfels wird enthüllt
22. 8. 1857

Am Tage der Enthüllung des Denkmals teilte die „Bonner Zeitung" mit, daß das alte Landsturmdenkmal aus dem Jahre 1814 auf vier Seiten folgende Inschriften getragen habe:

„Dem hochherzigen J. J. Genger. Die Vorposten des Landsturms des Siebengebirge befehligend, wurde er tödlich verwundet auf der Insel Nonnenwerth den 3. Januar 1814."

„Dem tapferen von Boltenstern, Königl. Preuß Major. Kämpfend für das Vaterland fiel er bei Mülheim am Rhein den 3. Januar 1814."

„Preis und Ehre dem Höchsten". „Dank und Verehrung den gefallenen Streitern".

„Den Helden des Landsturms des Siebengebirges". „Freiheit und Friede dem Vaterland".

Das Komitee für die Wiedererrichtung des Landsturmdenkmals hatte dagegen mit Billigung des Königs folgende Inschriften für das neue Denkmal festgelegt:

„Zur Erinnerung

an die patriotische Hingebung des Rheinischen Volkes und an die Errichtung des freiwilligen Landsturms vom Siebengebirge in den Jahren 1813, 1814, 1815.

Neu errichtet in dankbarem Rückblick für die 47 Friedensjahre unter der gesegneten Regierung des

Königs Friedrich Wilhelm IV.

durch freiwillige Beiträge im Jahre 1857.

Freiheit, Ruhm und Friede dem Vaterlande. Preis und Ehre dem Höchsten.

Dank den gefallenen Streitern."

Nach den Vorstellungen des Komitees sollten „ferner an einer hoch erhabenen Fläche der Hauptfacade die Siebenpfeile als Symbol ausgehauen werden."[638]

Die „Siebenpfeile" waren das Emblem des Landsturms und dürften die sieben Haupttugenden „Tapferkeit, Gerechtigkeit, Mäßigkeit, Klugheit, Treue, Hoffnung und Liebe" verkör-

pert haben. „Bei der Gründung des Landsturms hatten die Damen de Claer die Fahne des freiwilligen Banners des Siebengebirges mit 7 kreuzweise übereinandergelegten Pfeilen gefertigt".[639]

Diese Fahne wird im Siebengebirgsmuseum aufbewahrt.

Als bekannt wurde, daß das neue Landsturmdenkmal keinen Hinweis auf die Namen Genger und von Boltenstern erhalten sollte, meldeten sich viele Kritiker, die darauf hinwiesen, daß außer Genger und von Boltenstern kein Mitglied des Landsturms des Siebengebirges gefallen oder verwundet worden sei, weshalb die vorgesehene Inschrift nicht der wahren Bedeutung des Denkmals entspreche.

Die „Bonner Zeitung" berichtete über die Enthüllung des Landsturmdenkmals u. a. wie folgt: „Königswinter, den 22. 8. 1857. Der Festzug setzte sich vom Berliner Hof aus in Bewegung, an der Spitze die Schulknaben, jeder mit einer Fahne versehen, hierauf die zwei Banner des Siebengebirges mit zahlreichem Gefolge, dann die Steinmetzen mit ihrer Fahne und endlich Hr. Reg. = Präsident v. Möller, der Geh. Regierungs = Baurath Zwirner, das Festcomite und eine große Anzahl von Theilnehmern. Auf der festlich geschmückten Höhe vor der seines Meisters würdigen Pyramide angekommen, übergab der Herr Geh. Baurath Zwirner in einer gediegenen Rede das Denkmal dem Comite."

Die Lithographie von Karstein (Abb. 117) zeigt das in neugotischem Stil errichtete Landsturmdenkmal, das eine Höhe von 14,40 m hatte, und das aufgestockte Gasthaus. Links unterhalb des Erkerunterbaus der Ruine der Kernburg erkennt man den Mauerrest der Ringmauer, der inzwischen verschwunden ist. Rechts neben dem Bergfried ist ein Teil des „Absperrgeländers" sichtbar, das im Bericht der „Bonnerzeitung" vom 19. 10. 1856 erwähnt worden ist.

HÔTEL R LE DRACHENFELS

Gasthof auf dem Drachenfel

HÔTEL ON THE DRACHENFELS

situé au bord du Rhin sur le plus beau point des sept montagnes.
mets à la carte et diné à toute heure.
Logis pour 20 personnes.

VON
M. MATTERN
gelegen am Rhein auf dem schönsten Punkt des Siebengebirges.
Speisen à la carte und diné zu jeder Tageszeit.
Logis für 20 Personen.

situated on the Rhin an the Finest head of the Siebengebirg.
reparts à la carte and dinner at any time.
Lodgings for 20 persons.

Abb. 114: Lithographie von August Karstein, nach 1857; Siebengebirgsmuseum.

Felssicherungsarbeiten
am Drachenfels
1858

Im April 1857 war man allgemein der Meinung

Abb. 115: Lithographie von Karstein, etwa 1858; Siebengebirgsmuseum.

gewesen, daß die damals fertiggestellten Fels-sicherungsarbeiten auf lange Zeit dem Bergke-gel des Drachenfels genügend Halt verleihen würden. Die „Bonner Zeitung" mußte aber schon am 21. 5. 1858 berichten: „Zur Erhaltung der Burg auf dem Drachenfels war schon vor Jahren der Bau gewaltiger Strebepfeiler unmit-telbar unter die Ruine nothwendig. Im verwi-schenen Winter hat sich herausgestellt, daß durch die Steinbrüche des vergangenen Jahr-hunderts die ganze Spitze des malerischen Felsens erschüttert worden ist, daß die gewal-tigen Trachitsäulen bedeutend auf die Seite gewischen, leicht umstürzen und in das Thal hinunterrollen könnten. Man hat deshalb am neuen Wege nach dem Denkmale, wo er um die Felsenecke biegt, und wo die Risse und Spalte am drohendsten schienen, eine neue Unterstützungsmauer aufgeführt, die noch weiß durch das junge Grün schimmert. Im Laufe des Sommers dürfte sich heraustellen, ob diese Arbeit genügt, oder ob zur Sicherung der Bergspitze und der unterhalb liegenden Gebäude noch weitere Vorkehrungen nothwendig sind."

Erfolgloser Plan der Erstellung eines Felsenreliefs an der Felsenwand des Drachenfels zum Gedenken an den Krieg 1870/1871 1871

Nach dem Kriege 1870/1871 erstanden zahlrei-che Kriegerdenkmale. Wäre man damals einer Anregung eines Herr „Ernst aus'm Weerth" gefolgt, dann wäre die Felswand des Drachen-fels für immer entstellt worden.

Das „Echo des Siebengebirges" veröffentlichte am 18. 2. 1889 einen Bericht Weerths, aus dem sich ergibt, daß man seinem Vorschlag ent-sprechend ernsthafte Überlegungen angestellt hat, zum Gedenken an den Krieg 1870/1871 an der Felsenwand des Drachenfels ein Relief zu schaffen. Im Jahre 1889 ging es darum, im Rheinland ein großes Denkmal zur Erinnerung an den am 9. 3. 1888 verstorbenen Kaiser Wil-helm I. zu errichten. Zahlreiche Städte bewar-ben sich um den Standort des Denkmals. In engere Auswahl kamen schließlich aber nur der dem Drachenfels nordwestlich vorgela-gerte Hardtberg, das „Deutsche Eck" am Zusammenfluß von Rhein und Mosel und ein nicht näher bestimmter anderer Platz in Koblenz. Das Denkmal entstand dann schließ-lich am „Deutschen Eck" in Koblenz. Im Zusammenhang mit dem damals entbrannten Kampf um den Standort des Kaiser Wilhem Denkmals brachte Weerth im „Echo" seinen nicht zum Zuge gekommenen Plan aus dem Jahre 1872 noch einmal in Erinnerung.

Im Einzelnen führte Weerth damals u. a. aus: „Wer auf dem Dampfschiff im Abendsonnen-schein von Remagen rheinabwärts fährt, dem fällt in ihrer rothen Gluth die steile, imposante Felswand des Drachenfels in's Auge, die sich in der ganzen Breite des Berges bis in die Weinberge der Domkaule hinabsenkt. An die-ser Stelle haftet die Sage von dem dort in grauer Vorzeit hausenden Drachen, den Siegfried, der jugendliche Held, als er durch Thatendurst getrieben vom elterlichen Königshaus in Xanten, Abenteuer suchend rheinaufwärts zog, hier antraf und erschlug. Die DrachenHöhle liegt seitwärts dicht an der Felsenwand. Wessen Phantasie malt sich da nicht den Heldenkampf des jungen Recken mit dem feuerspeienden Ungethüm aus, das bezwungen todt in die Fluthen hinabstürzte!

Wenn wir uns nun in dieser stundenweit sichtbaren, jedem Vorüberfahrenden durch ihre ernste Großartigkeit auffallenden Felsenwand, innerhalb einer die ganze Fläche umfassenden, tief eingreifenden Kasette die uralte Lokalsage vom Recken Siegfried dargestellt denken, wie der Held auf hochaufbäumendem Rosse mit emporgehaltenem Speer dem aus seiner Höhle aufschnaubenden Ungethüm zusprengt, um es mit sicherem Stoß zu durchbohren; und darunter anstatt aller Inschrifterklärung in großen goldenen Lettern nichts steht als die Zahl 1870, so spricht diese allein die volle Größe unserer nationalen Tugend aus. Unser Herzschlag wird sich heben, wir empfinden mit Jubel, wie hier die verherrlichte Lokalsage die Trägerin des neuen Siegfrieds = Sieges, des Sieges über den gallischen Hahn sich natürlich gestaltet.

Als ich diese meine Ansicht im Sommer 1871 meinem verehrten Freunde, dem feinsinnigen Hofbaurath Strack in Berlin, auf einem Spaziergang unter den Linden aussprach, erfaßte den Erbauer die Siegessäule eine solche Begeisterung für den Gedanken eines Felsenreliefs des Drachenfels, daß er mit mir ungeachtet aller Bedenken sofort zum kronprinzlichen Palais eilte, damit ich denselben dem mir stets so wohlgewogenen Kronprinzen darlegen sollte. Der Kronprinz war abwesend. Ich selbst verließ Berlin am nächsten Tage, um nach Italien zu gehen und trug zudem Bedenken, mit einem Vorschlag an die Öffentlichkeit zu treten, nachdem des Comitee für die Errichtung des Niederwald = Denkmals bereits gebildet und in voller Thätigkeit war. Dazu hielt mich auch das Gefühl der Verbindlichkeit zu dem Verein für die Verschönerung des Siebengebirges, dessen Mitglied ich war, davon ab, anderswo als in

Abb. 116: Die Fahne des Landsturms.

diesem Verein meine Vorschläge kund zu geben.

Ich that dieses in der Jahresversammlung des Siebengebirgs-Verschönerungs-Vereins vom Frühjahr 1872. Da ich aber mehr begeistert als klug mich nicht der maßgebenden Persönlichkeiten in den Verhandlungen vorher versichert, so fand mein Vorschlag auch nicht die Wärme der Auffassung, die ich erhoffte, und bei Einigen so wenig Verständniß, daß ein Mann der Wissenschaft die Ansicht vorbrachte, es sei doch weit schöner, eine Siegfried = Statue von Bronze, wie sie im Schmuckgarten der Burg Stolzenfels stehe — oben auf der Terrasse des Drachenfels zu errichten, als ein Felsenrelief auszuhauen.

Der Gang der Verhandlungen endete in der Wahl einer Sachverständigen = Commission zur Prüfung der Ausführbarkeit des Projectes, in welche außer Excellenz von Dechen als Vorsitzender und mir als Antragsteller, Dombaumeister Voigtel, Baurath Raschdorf, Bildhauer Mohr, der Besitzer des Grundstücks unterhalb des Felsens, Rentner P. J. Dahm in Bonn und Herr Spindler in Königswinter berufen wurden.

Die Commission versammelte sich auch wiederholt an Ort und Stelle, die Fragen der Gerüste, welche vom Kölner Dombau entliehen werden sollten, die Flächenbehandlung der Felswand und die Ausfüllung etwaiger Risse derselben, begegneten keinen Schwierigkeiten von Seiten der Fachleute. Herr Dahm stellte entgegenkommend die Benutzung des Terrains zur Verfügung. Bildhauer Mohr jubelte ob der gestellten Aufgabe. Unsere Phantasie versenkte sich in die Ausbildung des gewaltigen Bildwerks und seine Wirkung nach allen Seiten, besonders wie sie mit Zuhülfenahme von Farbtönen und Metallwaffen zu erreichen sei. Wir zogen die Drachenhöhle in seinen Rahmen hinein und sahen das Ungethüm aus derselben hervorfahren. Die Weinberge verwandelten sich zum Siegfrieds = Hain und Richard Wagener sollte darin die Einweihung des Denkmals durch einen Triumphgesang feiern. Alle diese begeisterten Anläufe fanden indessen bald ihr stilles Grab in der in Schlummer versinkenden Commission, weshalb ich mich zu meinem Bedauern, ohne den Versuch weiterer Bemühungen, aus dem Verein zu scheiden veranlaßt sah".

Der Kutschenweg zum Drachenfels
wird angelegt
1871—1872

Als die Überlegungen zur Schaffung eines Felsenreliefs am Drachenfels anstanden, war der Verschönerungsverein für das Siebengebirge — VVS — erst wenige Jahre alt. Er war am 4. 12. 1869 in Bonn im Hotel „Zum Stern" gegründet worden. Sinn und Zweck des Vereins war es, das durch die zunehmende Zahl von Steinbrüchen gefährdete Siebengebirge zu retten und den Naturfreunden zu erschließen. Ende

Abb. 117: Lithographie, Karstein, nach 1857; Siebengebirgsmuseum.

1888 wurde dem VVS die Genehmigung einer Geldlotterie mit 1½ Millionen Mark zum Zwecke der Erhaltung des Siebengebirges bewilligt. Durch Kabinettsorder vom 18. 1. 1899 wurde ihm das Enteignungsrecht für den Siebengebirgsraum verliehen.

Bereits am 17. 1. 1872 konnte die „Bonner Zeitung" berichten:

„Der Verschönerungs-Verein für das Siebengebirge hat in den zwei Jahren seiner Wirksamkeit bereits so viel Erfreuliches geschaffen, daß selbst diejenigen, welche anfänglich grundsätzliche Gegner aller „Verschönerungen" der Berge und Waldnatur gewesen, überrascht sind und ihre Anerkennung nicht mehr versa-gen können. Alle Fußpfade sind wegsam und auch bei anhaltendem Regenwetter betretsam geworden, an den Kreuzungen weisen Steine mit Inschriften den unbekannten Wanderer zurecht, an schattigen und aussichtsreichen Stellen laden Bänke zur Rast ein.

Der Haupterfolg der vorjährigen Arbeit ist die Planirung eines durchaus bequemen und nach dem Rheinthale hin offenen Fahrweges, der vom Wintermühlenhof (bis zu welchem von Königswinter, resp. vom Bahnhofe aus die Ittenbacher Chaussee zu benutzen ist) rechts abbiegt, am westlichen Gehänge des Hirschberges sanft ansteigt, sich dann der Wolkenburg zuneigt und am Tannenwäldchen unter dem Kegel des Drachenfels vorläufig abschließt, in diesem Jahre aber unter Betheiligung der Staatsbehörde, deren Eigenthum bekanntlich der Kegel ist, bis zur Restauration unter der Ruine fortgeführt werden soll. Sobald die Witterung es gestattet, wird das bereits fertige Planum dieser auch für Fußgänger sehr anmuthigen Fahrstraße mit Steinen beschüttet werden.

Sicherem Vernehmen nach hat der Verein, dem seitens des Staates freundlicher Vorschub geleistet wird, auch bereits Corporationsrechte erlangt, die ihn manche Schwierigkeit leichter überwinden lassen werden. Möge die Anerkennung des Publikums sich nun auch in einem neuen Steigen der Mitgliederzahlen bemerklich machen".

Das Protokoll des VVS vermerkt für 1872 u. a.: „Die Ausführung des Fahrweges nach dem Drachenfels und zwar bis zum Altengarten wurde dem Bauunternehmer Küppers von Aegidienberg unterm 13. Juli 1871 übertragen. Im Laufe des Jahres wurden für die Landankäufe zu diesem Wege verwendet Mark 2987,37 und dem Bauunternehmer eine Abschlagszahlung von 3000 Mark gegeben. Im Jahre 1872 wurde bereits die Ausdehnung dieses Weges bis zu dem Gasthause auf dem Plateau des Drachenfels genehmigt und auch diese Ausführung demselben Unternehmer unterm 22. Januar 1872 übertragen. Der Baurath Eschweiler stellte am 24. Juni 1872 das Revisions = Attest über die tüchtige Ausführung aus, wonach die Baukosten des 2,35 km langen Fahrweges Mark 12 509,25 betragen haben".

Der im Protokoll erwähnte „Altengarten" lag auf dem Bergsattel zwischen Drachenfels und Wolkenburg. Hier soll sich früher der zur Burg Drachenfels gehörige Burggarten befunden haben.

Über den Abschluß des Wegebaues führt das Protokoll aus: „Zu der im Domainenwald gelegen 412,5 m langen Strecke vom Altengarten bis zum Gasthofe, die im Domainenwald liegt, hat das Königliche Finanz = Ministerium unterm 2. December 1871 einen Zuschuß von Mark 900 bewilligt. Nach der Verhandlung vom 4. Februar 1873 hat der Verschönerungs-Verein diese Wegstrecke der Domainen-Verwaltung zum vollen Eigenthum übergeben, während dieselbe die Unterhaltung des Weges vom 1. Januar d. J. auf ihre alleinigen Kosten übernommen hat.

An Bau- und Unterhaltungskosten sind für diesen Weg 1872 verausgabt worden... Mark 9824, 92 und für Landankäufe zu demselben Mark 1741,67. Bei einigen Ankäufen ergaben sich Schwierigkeiten, welche durch Zahlung von Mark 434,29 erst im Jahre 1877 und von Mark 700 erst 1883 endgültig geregelt werden konnten. Die Ausgaben an Landankäufen für diesen Weg betragen daher zusammen Mark 5864,46."

Hotel Mattern auf dem Drachenfels
— Logis für 30 Personen —
13. 7. 1872

Rechtzeitig mit der Fertigstellung des Kutschenweges zum Drachenfels war der Gasthof auf dem Drachenfels durch einen Anbau erweitert worden. Moritz Mattern, der Sohn des 3. Pächters des Gasthauses auf dem Drachenfels, gab im „Bonner Wochenblatt" vom 13. 7. 1872 die nachfolgende Anzeige auf:

Hotel Mattern auf dem Drachenfels

Durch Neubau vergrößert und comfortable eingerichtet. Logis für 30 Personen à 20 Sgr. Restauration und Extra-Diners zu jeder Tageszeit. Neu angelegter Fahrweg bis an's Hotel. Wagen stehen an den Dampfboot- und Eisenbahn-Stationen bereit.

Gerücht über den Bau
einer Zahnradbahn auf den Drachenfels
24. 6. 1874

Das „Echo des Siebengebirges" berichtete am 24. 6. 1874 u.a.:

„Die in der Nummer 46 uns. Blattes gebrachte Nachricht, betreffend die Erbauung einer Eisenbahn nach dem Drachenfels, bedarf insofern einer Modification, als die Bahn vorerst nicht nach dem Drachenfels, sondern nach

Abb. 118: Das Hotel Mattern aus dem Jahre 1872; Siebengebirgsmuseum.

dem Oelberg gebaut werden soll und zwar hauptsächlich zu einem industriellen Zwecke, nämlich der raschen und billigeren Fortschaffung von Basaltsteinen aus den am Oelberg befindlichen sehr ergiebigen Steinbrüchen.

Wir erfahren indeß, daß der hier weilende Ingenieur der ausführenden Züricher Gesellschaft heute auch Versuchs = Nivellements bezüglich einer auf den Drachenfels führenden Bahnlinie begonnen hat, wodurch erwiesen ist, daß wenigstens das Project einer Drachenfels = Bahn wirklich existirt, und, wenn nicht allzu ungünstige Terrain = Verhältnisse sich ergeben, auch zur Ausführung gebracht werden soll".

Die sieben Kilometer lange Rigi-Zahnradbahn in der Schweiz wurde im Jahre 1871 fertiggestellt.

Das dritte Landsturmdenkmal
auf dem Drachenfels
1876

Auch das zweite Landsturmdenkmal auf dem Drachenfels hielt auf die Dauer den Witterungsunbilden nicht stand. Es wurde 1876 auf Kosten Kaiser Wilhelms I. in der alten Form wiedererrichtet.

Schon am 21. 9. 1877 mußte dem Oberpräsidenten der Rheinprovinz in Koblenz vorgetragen werden daß, „nachdem die Erneuerung des vaterländischen Denkmals auf dem Drachenfels bei Königswinter aus dem durch die Gnade Sr. Majestät des Kaisers und Königs bewilligten Gnadengeschenk im vorigen Jahr zur Ausführung gebracht worden, sich, um das Denkmal gegen Beschreiben und Einkratzen von Namen sowie vor sonstigen Muthwillen zu schützen, nachdem die Aufstellung einer Warnungstafel als unzureichend sich erwiesen, die Nothwendigkeit herausgestellt habe, dasselbe durch ein eisernes Gitter vor Beschädigung zu schützen".[640]

Baron von Sarter
erbaut das Schloß Drachenburg
1881 — 1884

Sarter war in Bonn als Sohn eines Gastwirts geboren. Durch Bankgeschäfte zu großem Reichtum gelangt, wurde er im Mai 1881 von Herzog Georg von Sachsen-Meiningen in den Freiherrnstand erhoben.

Noch in demselben Jahr begann Sarter, der den Adelstitel Baron führte, mit dem Bau des Schlosses Drachenburg auf dem sogenannten „Dünnholz", einer dem Nordhang des Drachenfels vorgelagerten kleinen Anhöhe. Die Bauarbeiten wurden zügig vorangetrieben.

Bereits am 28. 10. 1882 berichtete das „Echo des Siebengebirges": — Soeben, Nachmittag zwischen 4 und 5 Uhr, erdröhnen von der „Drachenburg" zahlreiche Böllerschüsse; sie gelten der Feier der Versetzung des letzten Steines am Hauptgebäude".

Durch den Bau des prächtigen Schlosses wurde die Siebengebirgslandschaft erheblich verändert. Neben der Bewunderung für das Bauvorhaben gab es auch Kritik, die andeutungsweise auch ihren Niederschlag in einem Artikel des „Echo" vom 4. 4. 1883 fand. Das „Echo" berichtete damals:

„Königswinter, 3. April. Verflossenen Sonntag saß im „Berliner Hof" hierselbst eine fröhliche Schaar Musensöhne bei duftiger Bowle. Die Herren hatten den Drachenfels besucht; es war natürlich, daß die „Drachenburg", die das Auge entzückt hatte, auch das Gespräch belebte und nicht lange dauerte es, da war eine poetische Widmung an den Bauherrn zu Stande gebracht, die demselben sofort nach Paris zuging. — Mit gütiger Erlaubniß des Letzteren lassen wir das Gedichtchen hier folgen:

„Du hast ein stolzes Schloß erbaut
Dort wo der Rhein vor allem schön;
Daß dort es grad' herunterschaut —
Wir haben es nicht gern geseh'n.

Abb. 119: Foto, etwa 1930, Schlösser; Seite 96.

Doch weil so brav der Brüder Dein,
Des Rheines Sohn, Du nicht vergißt,
Im Herzen auch des Vaters Rhein
Ein Platz Dir nun gegönnet ist.

Drum sei Dir nun in Lenzenspracht
Ein volles Glas von Maienwein
Von Musensöhnen dargebracht —
„Bleib' immer treu dem Vater Rhein!"

Eine Steintafel am Schloß Drachenburg trägt folgende Inschrift:
Drachenburg
Du stolze Burg, erbaut am schönsten Ort,
Bring Jedem Glück, bleib Deutschen Geistes Hort!
Wo Raub geherrscht und wilder Fehden Wüthen,
Entfalte nun der Friede seine Blüthen.
Erbaut 1882 — 1884

Die Zahnradbahn auf den Drachenfels
wird in Betrieb genommen
17. 7. 1883

Die Ankündigung im „Echo des Siebengebirges" vom 24. 6. 1874 sollte sich bewahrheiten. In verhältnismäßig kurzer Bauzeit ging der Bahnbau der Vollendung entgegen. Das „Echo" berichtete unter dem 7. 5. 1883:

Wie jetzt schon tagtäglich und namentlich an Sonntagen von nah und fern viele zum Drachenfels eilen, um die neuen Schöpfungen kennenzulernen, so werden in Zukunft Tausende und aber Tausende von allen Seiten herbeiströmen, um sich von der Bergbahn, der ersten ihrer Art in Deutschland, in wenigen Minuten zur luftigen Höhe tragen zu lassen und um gleichzeitig den Blick zu laben an der neuen, wunderbaren Perle, die mit der Drachenburg, dem Kranze der Rheinburgen eingereiht worden ist.

Die ursprünglich bestandene Absicht, die Bergbahn bereits unsern diesjährigen Pfingstgästen zur Verfügung zu stellen, konnte leider nicht erreicht werden, die Witterung war in den verflossenen Monaten den Grundarbeiten zu ungünstig, Menschenwille und Menschenkraft erlahmten an ihr, aber auch das noch unfertige gewaltige Werk wird in den Pfingsttagen bei Tausenden großes Interesse erwecken.

Ob der Naturfreund der Bahn ungeteilten Beifall zollen wird, das ist eine andere Frage. Nicht jeder, der Sinn für den Zauber der Waldeinsamkeit besitzt, wird es ihr vergeben, daß sie ihren Weg rücksichtslos in möglichst direktester Richtung, ich möchte fast sagen, durch das Herz des Berges nimmt. Zwischen Reitweg und Chaussee steigt sie empor, bald ersteren, bald letztere streifend oder durchschneidend. Mit ihrem Rauch und Gepolter, ihrem schrillen Pfiff und hastigen Jagen verpflanzt sie in den ruhigen Frieden des Berglebens ein Bild der rastlos arbeitenden nüchternen Industrie. Der Riese Dampf verscheucht Vogelsang und Träumereien; den lachenden blauen, sonnigen Himmel möchte er am liebsten mit seinem schwarzen Rauche überziehen und die köstlichste Sonntagsruhe zerreißt wie zum Hohn sein Gerassel und sein unmelodi-

Abb. 120: Schloß Drachenburg, Xylographie von Theuerkauf, etwa 1885; Siebengebirgsmuseum.

Bergbahn fand am 7. 7. 1883" statt. Der Betrieb der Bahn wurde am 17. 7. 1883 aufgenommen.

Am 4. 8. 1883 berichtete das „Echo des Siebengebirges": Königswinter, 2. August. Trotz der herrschenden trüben, regnerischen Witterung ist der Verkehr auf der Drachenfelsbahn ein sehr lebhafter. Seit dem 17. (Tag der Eröffnung) bis zum 31. Juli, also in 15 Tagen sind befördert worden:

„aufwärts	5554 Personen
abwärts	3943 Personen
	Summa 9497

das macht pro Tag durchschnittlich

aufwärts	370 Personen
abwärts	263 Personen
	zusammen 633

Den stärksten Besuch hatte sie Sonntag, den 22. Juli, an welchem Tage sie

aufwärts	833 Personen
abwärts	648 Personen
	zusammen 1481

beförderte".

Gerücht um die Errichtung
eines Fremdenhotels I. Ranges
auf dem Drachenfels
25. 6. 1887

Der ständig wachsende Zustrom von Besuchern des Drachenfels und der für den 31. 12. 1887 bevorstehende Ablauf des Pachtverhältnisses des Hotels auf dem Drachenfels ließen in Königswinter das Gerücht aufkommen, es solle ein großer Hotelbau auf dem Drachenfels errichtet werden. Das „Echo des Siebengebirges" berichtete am 25. 6. 1887:

„In diesen Tagen circulirte hier unter den Gastwirten, Metzgern, Bäckern und sonstigen Gewerbetreibenden eine Eingabe an den Gemeinderath, welche hervorgerufen worden ist durch das Gerücht, es solle auf dem Plateau Drachenfels ein großartiges Fremdenhotel I. Ranges, geeignet zur Aufnahme von mehreren hundert Logisten errichtet werden. Die Gewerbetreibenden von Königswinter in ihrer Mehrzahl, in erster Linie natürlich die Gastwirthe, befürchten im Falle der Verwirklichung jenes Gerüchtes eine ganz bedeutende Schädigung

scher Schrei. Mancher wird sich verstimmt von dem Poltergeiste abwenden, aber mancher dem die Natur statt des vollen, warmen Empfindens nur nüchterne Berechnung und praktischen Sinn gegeben hat, er wird sich der Bahn freuen, die ihn schnell und billig, wie es heißt für nur 1,— Mark heraufbefördert. Dabei wird er nicht müde und bleibt schön im Geleise, verschleißt keine Sohlen und leidet nicht Durst noch Hitze.

Betrachten wir die Sache wie sie ist: Nicht die Verschönerung des Berges ist der Zweck des Bahnbaues gewesen, sondern er ist einfach ein industrielles Unternehmen wie tausend andere und bietet dabei ein praktisches, billiges, bequemes und wohl auch gefahrloses Beförderungsmittel. Das zu erreichen hat man bezweckt und weiter nichts.

Dabei darf nicht vergessen werden, daß das neue Unternehmen manchem Arbeiter bei den

jetzt traurigen Zeitverhältnissen lohnenden Verdienst gebracht hat und daß es auch in Zukunft für unsere Stadt unstreitig von pekuniärem Vorteil sein wird, denn es wird selbstredend vieles zur Hebung des Fremdenverkehrs beitragen. Unsere Kutscher und Fremdenführer sowie die Besitzer der rotgesattelten Reittiere werden allerdings diesen Satz nicht so ganz unbedingt unterschreiben wollen, aber wir glauben und hoffen, daß ihre Befürchtungen, die sie hinsichtlich der Eisenbahn-Konkurrenz hegen, theilweise wenigstens übertrieben sind. Nach wie vor werden viele, trotz der Eisenbahn, sich gar gerne von dem treuen und geduldigen Tiere auf romantischen Pfaden durch die Berge tragen lassen und ebenso wird es auch in Zukunft nicht an solchen fehlen, die das Vergnügen, im offenen Wagen die Schönheiten unseres kleinen Paradieses zu genießen, vollauf zu würdigen wissen".

Die „Polizeiliche Befahrung der Drachenfels-

Abb. 121, Drachenfelsbahn; Siebengebirgsmuseum.

ihres Gewerbes, die speciell für die Hotels zweifelsohne auch zunächst eintreten würde. In der Eingabe ist die drohende Gefahr ausdrücklich motivirt und schließlich an die Gemeindevertretung die Bitte gerichtet, durch geeignete Schritte an zuständiger Stelle ihr vorzubeugen. Uns scheint eine derartige Gefahr noch sehr weit von einer greifbaren Gestalt entfernt zu sein, aber immerhin, Vorsicht schadet nicht".

Das Pachtverhältnis über das Hotel
auf dem Drachenfels
wird zum 1. 1. 1888
von dem Direktor des Hotels „Zum Stern"
in Bonn ersteigert
22. 10. 1887

Der Königliche Rentmeister Wagner aus Königswinter hatte mit Datum vom 3. 9. 1887 in allen maßgeblichen Zeitungen im Raum „Düsseldorf-Koblenz" ankündigen lassen, daß „das Domänen Wirthschaftsgebäude auf dem Drachenfels am Samstag, den 22. 10. 1887, Vormittags 11 Uhr im Berliner Hof zu Königswinter zur öffentlichen Wiederverpachtung auf 9 Jahre, mit 1. Januar 1888 anfangend, zum Mindestbetrag von 11 000 Mark jährlich, ausgestellt werde".[641]

Als Pachtbewerber kamen, wie aus der Ankündigung folgt, nur solche „Gastwirthe in Betracht, welche die nöthige Garantie rücksichtlich ihrer persönlichen Eigenschaften bieten, ein disponibles Vermögen von 35 000 Mark und die genügende geschäftliche Erfahrung genügend nachweisen können".

Im Versteigerungstermin vom 22. 10. 1887 bot Mattern als erster 11 000 Mark Jahrespacht. Ihm folgten mit 12 000 Mark der Gastwirt Edu-

ard Strang aus Köln, Jakob Mehl aus Godesberg mit 12 500 Mark, August von Pfingsten aus Koblenz mit 14 000 und Wilh. Jos. Buscher aus Koblenz mit 14 250 Mark. Nach zehn weiteren Geboten bot Carl Harmening, der Direktor des Hotels „Zum Stern" in Bonn, 18 500 Mark. Im Verlaufe der Versteigerung wurden dann weitere 80 Gebote abgegeben. Zuletzt bot Moritz Mattern, der langjährige Pächter des Hotels auf dem Drachenfels, eine jährliche Pachtsumme von 24 010 Mark. Er wurde jedoch noch von Strang mit 24 015 Mark, Mehl mit 24 020 Mark und Harmening mit 24 050 Mark überboten.

Nach Überprüfung der drei Meistbietenden wurde das Pachtverhältnis auf dem Drachenfels seitens der Regierung am 2. 12. 1887 Harmening mit 24 050 Mark zugeschlagen.[642]

Pachtvertrag über das Hotel
auf dem Drachenfels
mit dem neuen Pächter Harmening
9. 12./ 19. 12. 1887

Nachdem Harmening die erforderliche Kaution von 6 000 Mark gestellt hatte, wurde der Pachtvertrag über das Hotel auf dem Drachenfels zwischen der preußischen Regierung und Harmening am 9. 12./ 19. 12. 1887 abgeschlossen und zwar zu einer Jahrespacht von 24 050 Mark.[642]

Ein Vergleich zwischen diesem enorm hohen Pachtbetrag und dem Pachtbetrag von „172 Reichstalern inclusive 1/3 Gold", wie er sich aus einem Bericht vom 20. 2. 1841 ergibt (— 599), macht deutlich, in welchem Maße die Besucherzahlen und der Umsatz im Gasthof bzw. Hotel auf dem Drachenfels in ca. 46 Jahren angestiegen waren.

In § 10 des Pachtvertrages heißt es u. a.: „Der Pächter macht sich verbindlich, das Wirthschaftsgebäude mit durchaus guten Möbeln und Betten zu versehen, sowie den Gästen gute und preiswürdige Speisen und Getränke zu verabreichen, wohin auch der Ausschank von Bier in Flaschen und Gläsern gehört.

Namentlich hat Pächter dafür zu sorgen, daß auch das weniger bemittelte Publikum ein gutes offenes Glas Bier und eine dazu gehö-

rende Speise, wie kleine Weißbrötchen, Käse und dergleichen kleine Nahrungsmittel für einen möglichst geringen Preis erhalten kann".[642]

Übernahme des Pachtinventars des Hotels und des Bauminventars durch Harmening 3. 1./ 4. 1. 1888

Die Übergabe des Pachtinventars des Hotels erfolgte am 3. 1./ 4. 1. 1888. Von nicht geringer Bedeutung war auch die Übergabe der zum Hotel gehörenden Bäume. Unter dem 5. 1. 1888 wurde Rentmeister Wagner mitgeteilt, daß Harmening alles Inventar anstandslos übernommen und das entsprechende Protokoll unterzeichnet habe. In dem Bericht hierüber heißt es u. a.: „Da indeß bei der Uebergabe 25 Bäume gegen das im Jahre 1874 zuletzt aufgenommene Baum-Inventar fehlten, so muß ein neues Baum-Inventar angefertigt werden".[643]

Bei der Übernahme des Pachtobjekts war folgender Baumbestand vorhanden:

Abb. 122: Talbahnhof der Drachenfelsbahn; Siebengebirgsmuseum.

Abb. 123: „Illustrirte Chronik der Zeit"; 1885.

„1. längs- des Fuß- und Reitweges:

Ahorn-Bäume	27 Stück
Kastanien-Bäume	33 Stück
Eschen-Bäume	26 Stück
Kirschen-Bäume	4 Stück
Lärchen-Bäume	12 Stück
Linden-Bäume	14 Stück
Roth-Tannen-Bäume	48 Stück
Summe	164 Stück

2. An der Fahrstraße:

Ahorn-Bäume	7 Stück
Eschen-Bäume	35 Stück
Pappel-Bäume	12 Stück
Linden-Bäume	1 Stück
Summe	55 Stück

3. Auf dem Plateau:

Ahorn-Bäume	12 Stück
Linden-Bäume	15 Stück
Hainbuchen-Bäume	8 Stück
Kastanien-Bäume	9 Stück
Akazien-Bäume	6 Stück
Lärchen-Bäume	2 Stück
Summe	52 Stück

Summa Summarum 271 Stück."[643]

Dem Pächter oblag die entschädigungslose Unterhaltung und Ersetzung „des Baumbestandes auf dem Plateau sowie längs des Dominal-Reit-und Fahrweges".

Vorübergehende Sperrung
des Eselsweges
7. 1. 1888

Zuletzt waren im Jahre 1858 Felssicherungsarbeiten am Drachenfels durchgeführt worden. Am 7. 1. 1888 wurde es erforderlich, wie aus einem Bericht des „Echo des Siebengebirges" zu entnehmen ist, den Eselsweg zu sperren, „weil von einer den Weg begrenzenden Felswand sich Stücke abgelöst hatten, die theils auf den Weg, theils in die Tiefe stürzten".

Moritz Mattern, der bisherige Pächter
des Hotels auf dem Drachenfels,
erbaut das Grand Hotel Mattern
in Königswinter
17. 2. 1888

Das „Echo des Siebengebirges" berichtete unter dem 18. 2. 1888:

Abb. 124: „Illustrirte Chronik der Zeit"; 1885.

„Königswinter, 17. Febr. Unsere Stadt wird in nächster Zukunft um einen Gasthof am Rheinufer bereichert werden. Der bisherige Restaurateur auf dem Drachenfels, Herr M. Mattern, hat am Südende der Stadt, in der Nähe des Krieger-Denkmals ein Terrain von drei Viertel Morgen, den Bachem'schen Steinhauerei-Platz, erworben, um auf demselben ein Hotel zu errichten, dessen Bau sofort bei Eintritt günstiger Witterung in Angriff genommen werden soll. Der Punct ist reizend gelegen und bietet eine herrliche Aussicht rheinauf- und abwärts, sodaß die geplanten Garten-Anlagen und Terrassen zur Sommerzeit sich zu einem äußerst angenehmen Aufenthaltsort gestalten werden".

Der Hotelbau kam dann auch zur Ausführung. Das Hotel, am Südende des heutigen Torsoplatzes, wurde erst vor einigen Jahren abgerissen.

Photographiezelt
auf dem Drachenfels
29. 2./ 6. 3. 1888

Durch Vertrag vom 29. 2./ 6. 3. 1888 wurde dem Fotografen Eduard Fischer aus Königswinter gestattet, „auf dem Plateau des Drachenfelsens an der äußersten nördlichen Seite desselben nach der Ruine hin, und zwar an der Stelle, wo bisher das photographische Atelier gestanden hat, auch fernerhin ein solches Atelier auf einer Fläche von höchstens sechs Metern im Quadrat, welche strenge einzuhalten ist, aufzustellen".[644]

Am Zelt (Photographiezelt) durften keinerlei Schilder und Aufforderungen angebracht werden, „im Atelier zu erscheinen, um sich photographiren zu lassen". Erlaubt war lediglich über dem Zelt ein Schild mit der Aufschrift „Photographisches Atelier von Eduard Fischer".

Verkauf von Souvenirs
am und auf dem Drachenfels
1888

Unter dem 5. 6. 1888 wurde ein Antrag eines Buchhändlers aus Bonn, auf dem Drachenfels einen Verkaufsstand errichten zu dürfen, abgelehnt. Dieser Ablehnung lag eine Stellungnahme des Rentmeisters Wagner aus Königswinter vom 18. 5. 1888 zugrunde, in der Wagner u. a. folgendes ausgeführt hatte:

„Es ist nicht nur auf dem Drachenfels, sondern auch an den dahin führenden Wegen, so wie an der Station der Drachenfelsbahn, durch zahlreiche Verkaufsstellen den Fremden so viele Gelegenheit zum Kaufe von Bildern, photographischen Ansichten, Albums und sonstigen Erinnerungsgegenständen gegeben, daß eine Vermehrung derselben, wenigstens auf dem Plateau des Drachenfelsen durchaus nicht wünschenswert erscheinen kann.

Auf dem Plateau betreibt der Pächter C. Harmening den Verkauf auf eigene Rechnung in mehreren Stellen. Außerdem der Photograph Fischer an seinem Zelte für sich, wofür er 100 M. zu dem auf 300 Mark sich belaufenden Beitrag, welchen Pächter Harmening infolge Verkaufs oben bezeichneter Gegenstände an den Verschönerungsverein des Siebengebirges leistet, beiträgt".[645]

Am 8. 7. 1888 sprach sich Wagner gegen die Aufstellung eines Fernrohres aus, da „die Fremden, die sich für weitere Aussichten interessiren, meistens mit Ferngläsern versehen zu sein pflegen, und die Aufstellung eines Fernglases für das Publikum wohl eine Belästigung darstellt, welche in der unvermeidlichen Aufforderung zur Benutzung des Fernrohres liegen würde. Jedenfalls würde aber eine weitere Veranlassung zu Ausgaben geboten sein ... Es möchte überhaupt angemessen erscheinen, jede weitere Schaustellung, die nur Anregung zu Ausgaben für das den Drachenfels wegen seiner unvergleichlichen Aussicht besuchende Publikum geben, zu beschränken, oder doch nur insofern zuzulassen, als darin eine für das Publikum anerkannte Annehmlichkeit liegt und gleichzeitig dem Interesse der Wirthschaftsführung dient".[646]

Abb. 125: Eines der Souvenirs, die in der zweiten Hälfte des 19. Jahrhunderts am Drachenfels verkauft wurden; Siebengebirgsmuseum.

Postverkehr auf dem Drachenfels
in der Sommersaison 1888

Im „Echo des Siebengebirges" war Anfang 1889 mitgeteilt worden, daß „der Drachenfels mit der Schneekoppe, welche unter verschiedenen Ausflugsorten an erster Stelle mit 57 415 Postsendungen und 2 014 Telegrammen aufgeführt worden war, ungefähr Schritt halten könne".

Diese Nachricht veranlaßte den Königswinterer Postmeister Kleemann der Sache nachzugehen. Am 13. 2. 1890 konnte das „Echo" berichten:

„Durch die Freundlichkeit unseres Postmeisters Herrn Kleemann sind uns nun genaue statistische Angaben bezüglich des Drachenfels zugegangen, aus denen das interessante Factum hervorgeht, daß der Drachenfels die Schneekoppe noch übertrifft.

Es stellte sich nämlich der Postverkehr auf

dem Drachenfels während der Sommersaison 1888 wie folgt: Aufgegebene Briefsendungen (Briefe und Postkarten) 60 320, eingegangene Briefsendungen 21 184; — aufgegebene Telegramme: inländische 740, ausländische 44; angekommene inländische und ausländische Telegramme 162.

Diese Ziffern reden eine deutliche, erfreuliche Sprache, sie liefern einen überzeugenden Beweis von dem colossalen Fremdenverkehr, dessen sich unser unvergleichliches Siebengebirge und namentlich seine stolzeste Höhe, der Drachenfels, erfreut".

Aus einem Bericht des Rendanten Wagner aus Königswinter vom 18. 5. 1888 ergibt sich in bezug auf den Postkartenverkauf auf dem Drachenfels, daß der frühere Pächter Moritz Mattern „darüber nicht speziell Buch geführt und angegeben hatte, 500 bis 600 Mark von den abgesetzten Postkarten mit Ansichten vom Drachenfels erzielt zu haben, deren Zahl Mattern mit 20 — 30 Tausend jährlich angegeben hatte, die hauptsächlich der hiesige Buchdrucker Tillewein lieferte".[647]

Wie Wagner weiter berichtete, wurden die Karten für 5 ch pro Stück verkauft, „davon kommen 1 ch auf Herstellung, 2 ch für den verabfolgenden Kellner und 2 ch für den Pächter".

Sicherungsarbeiten
an der Burgruine Drachenfels
29. 7. 1891 — 14. 6. 1892

Das „Echo des Siebengebirges" berichtete am 1. 8. 1891 u. a. „Königswinter, 29. Juli. An der Drachenfelsruine finden gegenwärtig Reparaturarbeiten statt. Ein hohes Gerüst erhebt sich an der Westseite derselben, also gerade dort, wo die Felswand fast senkrecht abfällt und auf dem Gerüste sieht man in schwindelnder Höhe die Arbeiter beschäftigt, die Wunde zu heilen, die der Zahn der Zeit den alten Mauern beigebracht hat. So lange als möglich soll die schöne Ruine vor dem Verfall bewahrt bleiben und wir denken, daß sie noch recht, recht lange, allen Einflüssen der Witterung trotzend,

Abb. 126: Eine der Ansichtskarten, die gegen Ende des 19. Jahrhunderts auf dem Drachenfels verkauft wurden; Siebengebirgsmuseum.

Abb. 127: Veröffentlicht von Edmund Renard.

als eine verkörperte Sage aus alten Zeiten von ihrer stolzen Warte in das herrliche Rheinthal hinabschauen wird".

Über den Fortgang der Arbeiten an der Burgruine berichtete das „Echo des Siebengebirges" unter dem 16. 4. 1892:

„Königswinter, 14. April. Kaiserin Friedrich und Prinzessin Margarethe sind am Montag in Bonn eingetroffen, um an der Geburtstagsfeier der Frau Prinzessin Victoria, die am 12. cr. in ihr 27. Lebensjahr eingetreten ist, theilzunehmen.

Am Mittwoch Nachmittag unternahmen die Kaiserin Friedrich, Prinzessin Margarethe, Prinz von Schaumburg-Lippe und seine Gemahlin Prinzessin Victoria, begleitet von Freiherr von Seckendorf, von Bonn aus eine Wagenfahrt nach Königswinter. Hier ließen die hohen Herrschaften die Equipagen im Berliner-Hof und fuhren mit der Zahnradbahn auf den Drachenfels, wo sie vom Plateau aus die herrliche Aussicht genossen und dann hinauf stiegen zum hohen Wartthurm, wo gegenwärtig wieder Restaurations-Arbeiten zum Schutze der Ruinen vorgenommen werden sollen.

Der dort beschäftigte Maurermeister Herr J. Scheidgen von hier, welcher bei der Nachricht, daß die hohen Reisenden zur Ruine emporsteigen würden, schleunigst den Weg von den ihn versperrenden Steinblöcken säubern ließ, hatte die Ehre, von der Kaiserin Friedrich angesprochen zu werden. Die Kaiserin frug in der leutseligsten Weise nach den ausgeführten und noch auszuführenden Arbeiten und gab ihrer Befriedigung darüber Ausdruck, daß man bestrebt sei, das Alte zu erhalten. Herr Scheidgen durfte Ihrer Majestät auch die Grundzeichnung zur Einsicht vorlegen. Wiederholt sprachen die Kaiserin und ihre Begleitung ihre Bewunderung über die sich ihnen bietende prachtvolle Aussicht aus.

Den Rückweg abwärts machten die hohen Herrschaften zu Fuß und besuchten auf demselben auch die „Drachenburg", wo sie 25 Minuten verweilten".

Abb. 128: Federzeichnung, Ende des 19. Jahrhunderts. Rechts ist der bereits erwähnte Torturm mit der dahinter verlaufenden Ringmauer der Unterburg abgebildet. Links vom Burgeingang liegen die Reste des mächtigen Torhauses; Siebengebirgsmuseum.

Johann Ludwig Erber,
der erste Sänger vom Drachenfels
1873 — 24. 6. 1893

Als Sänger vom Drachenfels war Erber weltbekannt geworden. Als er 1892 erkrankte, war die allgemeine Anteilnahme an seinem Schicksal groß. Das „Echo des Siebengebirges" berichtete unter dem 20. 3. 1893:

„Die Gönner des Drachenfels-Sängers Erber wird es interessieren zu erfahren, daß derselbe heute, nach überstandener lebensgefährlicher Krankheit, wieder zum ersten Mal auf dem Drachenfels gesungen hat und zwar mit ungeschwächter Jugendkraft (nach dem ersten Hümpchen). Am 30. März d. J. feiert derselbe seinen 70. Geburtstag und zugleich sein 20jähriges Jubiläum als Sänger auf dem Drachenfels und will an diesem Tage beginnen, solide zu werden um an seinem Lebensabend auch den Abendgästen noch gerecht werden zu können".

Einige Tage vor dem 22. 6. 1893 erkrankte Erber an einer Lungenentzündung. Das „Echo des Siebengebirges" meldete am 27. 6. 1893, daß Erber am 24. 6. 1893 verstorben sei. Der „General Anzeiger für Bonn" brachte am 19. 7. 1893 folgenden Nachruf:

„Mittwochs-Frei-Conzerte"
auf dem Drachenfels
1. 5. 1892 — 24. 11. 1892
Auf dem Drachenfels fanden nach der Inbetriebnahme der Zahnradbahn sogenannte „Mittwochs-Frei-Conzerte" statt. Für die Saison 1892 wurde das erste Konzert für den 18. 5. 1892 „4 Uhr nachmittags" angekündigt. Das Konzert wurde ausgeführt „von der ganzen Capelle der Bonner Königs-Husaren in Uniform. Die Drachenfelsbahn fuhr damals von 7½ Uhr früh bis Abends 8½ Uhr".
Das „Echo des Siebengebirges" machte am 24. 11. 1892 bekannt, daß „bei der vorgerückten Saison und der früh eintretenden Dunkelheit die Mittwochs-Frei-Conzerte der Bonner Königs-Husaren auf dem Drachenfels nicht mehr stattfinden".

Felssicherungsarbeiten
am Drachenfels
22. 6. 1893

Das „Echo des Siebengebirges" berichtete am 24. 6. 1893 u. a.: „Königswinter, 22. Juni. An den Felspartien der Rheinseite des Drachenfels werden gegenwärtig Stützmauern errichtet, um das Abbröckeln und Niederstürzen von Felsblöcken zu verhindern.

Infolgedessen ist seit einigen Tagen der fiskalische Waldweg von der Drachenburg ab gesperrt. Die Fußgänger müssen den alten Karrenweg, welcher an der Drachenburg links abzweigt und zur Drachenfelser Fahrstraße führt, benutzen".

„Der Sänger ist dahingegangen,
Der uns so manchesmal erfreut,
Wie oft sang er von Hoffen, Bangen,
Von Schmerz und Lust, von Freud und Leid.
Wie oft besang er doch den Rhein
Im Sonnen- und im Mondenschein.

Fest stand er auf den luft'gen Höhen,
Die Laute hielt er in der Hand,
Gern mocht' er in die Ferne sehen
Wohl in das herrlich deutsche Land,
Wie wallet ihm das weiße Haar,
Wie blitzt sein Auge hell und klar.

Jetzt höret man die Saiten rauschen,
Er schlägt mit fester Hand sie an,
Und Alle, Alle mußten lauschen,
Und Alle sich dem Barden nah'n,
Er singt von Wein und Liebesgluth,
Von Weibertreu und Männermuth.

Abb. 129: Erber war als Sänger vom Drachenfels sehr bekannt; Siebengebirgsmuseum.

Er spielet, daß es weithin erklinget
Bis fern hinab in's tiefe Thal,
In seiner Rechten er dann schwinget
In voller Freude den Pokal,
Er leeret ihn mit einem Zug
Und denkt: Noch lange nicht genug!

Doch ob ihm auch das Haar ergrauet,
Sein Herz blieb immer frisch und jung,
Seht, wie sein Blick zum Himmel schauet,
Das Auge voll Begeisterung,
Die Muse, die ihn treu beschützt,
Hat ihn in allem Leid gestützt.

So manches Herz hat er erquicket,
Mit seinem Saitenspiel und Sang,
Wie Mancher war davon entzücket,
Wenn's tief ihm in die Seele drang,
Drum ward er auch so hoch geehrt,
So mancher Becher ihm geleert. —

Der Sänger hat jetzt ausgesungen,
Sein Saitenspiel ist leis verraucht,
Sein Schwanensang ist nun verklungen,
Nie mehr man seinem Liede lauscht;
Doch Jeder sagt noch Lob und Preis
Vom Drachenfels dem Sängergreis.

J. Derichsweiler

Erst 1894 sollte ein neuer Sänger vom Drachenfels gefunden sein. Das „Echo des Siebengebirges" berichtete am 10. 4. 1894: „Seit Freitag den 6. d. M. hat sich auf dem Drachenfels ein neuer Barde eingestellt. Ehrwürdig an Jahren wie sein Vorgänger präsentirt er sich mit langem weißen Barte, dem sammeten Jaquet, dem bekannten Schlapphut und der obligaten Guitarre. Der Tenor ist mit dem Bariton vertauscht. Er ist ein rheinisches Kind, in der schönen Musenstadt Bonn, wo es dem alten Erber vergönnt war, die letzten Jahre seines Lebens zu verleben, ist er geboren".

Aufstellung von drei Orientierungstafeln
auf dem Drachenfels
1894

Das „Echo des Siebengebirges" berichtete am 3. 3. 1894 u. a.:

223

„Auf Anregung des Verschönerungsvereins vom Siebengebirge werden demnächst auf dem Drachenfels-Plateau 3 Orientirungstafeln aufgestellt, welche die ganze herrliche Landschaft, soweit der Blick sie im weiten Kreise umfassen kann, im Bild wiedergeben. Die Tafeln bestehen aus Messingplatten, in welche die Landschaft eingeätzt ist. Das geographische Institut von L. Deichmann in Cassel hat sie in künstlerisch vollendeter Weise hergestellt".

Eine dieser Tafeln befindet sich jetzt im Siebengebirgsmuseum.

Die Wasserversorgung des Hotels auf dem Drachenfels vor und nach 1895

Man hätte annehmen können, daß eine Wasserleitung des Hotels auf dem Drachenfels möglichst umgehend dem jeweiligen Stand der Technik angepaßt worden wäre. Immerhin brachte das Hotel ja seit dem Abschluß des Pachtvertrages mit Harmening vom 10. 12. / 19. 12. 1887 eine jährliche Pacht von 24 050 Mark ein. Wie Maria Mirbach berichtet hat, „erfreute sich Königswinter seit 1889 der Annehmlichkeit einer Wasserleitung (mit Pumpstation)".[648]

Bereits 1891 hatte der Pächter Harmening der Regierung vortragen lassen, daß „der Mangel einer Wasserleitung sich fortdauernd sehr fühlbar mache und daß solche sich ohne allzugroße Schwierigkeiten im Anschluße an die in Königswinter bestehende, von der Wasser-Sammelstelle auf der Berghöhe (Anm.: auf dem Sauren Berg) aus mit einem Kostenaufwande von 8 bis 9 000 M in völlig ausreichender Weise zweckmäßig anlegen lasse. Eine Dampfmaschine, welche sehr leicht und zuverlässig von Beamten der Zahnradbahn bedient werden könne, müsse alsdann das Wasser täglich einmal bis auf die Höhe des Plateaus pumpen, was völlig genüge für den Wasserverbrauch. Er sei bereit, die Kosten der Wasserzuführung zu tragen".[649]

Aus einem Bericht der Königlichen Regierung vom 7. 12. 1891 ergibt sich, daß „der Direktor der Drachenfelsbahn bzw. der Allgemeinen Lokal- und Straßenbahn-Gesellschaft zu Berlin im Allgemeinen nicht abgeneigt war, beim Herrn Minister für Landwirtschaft Domänen und Forsten die Mittel zur Ausarbeitung des Projects einer Wasserleitung auf das Plateau des Drachenfels zu erbitten".[649]

Langwierige Verhandlungen schlossen sich an. Unter dem 19. 3. 1894 vermerkte die Königliche Regierung zu Köln, daß der Minister „mit Rücksicht auf die große Bedeutung einer Wasserleitung für die zukünftige Verpachtung der auf dem Drachenfels vorhandenen Wirthschaftsräume beschlossen habe, ungeachtet der von der Wittwe Harmening (Anm.: Diese war nach dem Tode ihres Mannes in das Pachtverhältnis eingetreten) ausgesprochenen Weigerung, die Anlagekosten der Leitung für die Dauer ihres am 31. Dezember 1896 endenden Pachtverhältnisses zu verzinsen, der Ausführung der fraglichen Anlage auf Grund des von der Firma Boerner u. Herzberg in Berlin ausgearbeiteten Projectes näherzutreten und die auf 2 800 M veranschlagten Kosten zur Verfügung zu stellen".[650]

Das „Echo des Siebengebirges" berichtet am 11. 4. 1894:

„Der Herr Minister der Landwirthschaft und Forsten hat die Genehmigung zur Anlage einer Wasserleitung nach dem Drachenfels ertheilt. Das Wasser wird der hiesigen städtischen Wasserleitung entnommen und aus einem Reservoir an der unteren Drachenfelsbahn-Station unter Benutzung der Dampfkraft der Locomotiven in ein Reservoir auf dem Plateau gepumpt. Das Project wurde nach den Vorschlägen und Angaben des Herrn Betriebsdirector Brandau aufgestellt und wird von der Firma Börner und Herzberg in Berlin ausgeführt".

Nach einem weiteren Bericht des „Echo" vom 13. 10. 1894 sollte mit den Arbeiten zur Erstellung einer Wasserleitung am 1. 11. 1894 begonnen werden und die Anlage am 1. 4. 1895 fertiggestellt sein. Tatsächlich wurde die Wasserleitung bereits am 16. 3. 1895 in Betrieb genommen.[651]

Mit der Inbetriebnahme der Wasserleitung endete ein jedenfalls in den letzten Jahren unhaltbarer Zustand, der allerdings schon kurz vor Abschluß des Pachtvertrages vom 10. 12. / 19. 12. 1987 eine wesentliche Verbesserung erfahren hatte. Aus dem Pachtvertrag ergibt sich nämlich, daß damals bereits eine Modernisierung der Wasserversorgung herbeigeführt worden war. In § 6 des Vertrages heißt es nämlich u. a.: „daß der Pächter Harmening verpflichtet sei, die Unterhaltung des neu angelegten Brunnens nebst Pumpe zu übernehmen".

Auskunft über die Lage des Brunnens gibt ein Bericht des „Echo des Siebengebirges" vom 20. 3. 1895, wonach das Trinkwasser für das Hotel auf dem Drachenfels bis zum 16. 3. 1895 „aus einer am Fuße des Bergkegels in der Nähe des Wärterhauses des Verschönerungs-Vereins gelegenen Pumpe mit Pferdefuhrwerk heraufbefördert werden mußte, weshalb eine ausgiebige Benutzung klaren frischen Wassers sehr erschwert war".

Über die Wasserversorgung auf dem Drachenfels vor dem 16. 3. 1895 gibt ein Protokoll Auskunft, das der Königliche Rentmeister Scheiff aus Königswinter am 22. 6. 1891 im Zusammenhang mit der Überprüfung von Feuerlöschmöglichkeiten erstattet hat. Nach dem Inhalt des Protokolls gab es damals auf dem Drachenfels zur Wasserversorgung drei „Regensärge". Einer von ihnen war hinter dem Pferdestall angebracht. Der zweite Regensarg befand sich „in der rechten Wand des Eingangstores". Dieses große Eingangstor, das bei der Vorbereitung des Neubaus des heutigen Hotels abgerissen worden ist, lag gegenüber der Haltestelle der Drachenfelsbahn. Durch dieses Tor erreichte man das Drachenfelsplateau.

Der dritte Regensarg, der „hauptsächlich zur Reservirung des für den Wirthschaftsbetrieb erforderlichen Wassers diente, befand sich in der Nähe der Küche". Als Scheiff am 22. 6. 1891 im Beisein des Pächters Harmening diese Regensärge näher untersuchen wollte, mußte er feststellen, daß die Regensärge hinter dem Pferdestall und in der rechten Wand des Eingangstores verschlossen und eingemauert waren, sodaß sie auf ihren Inhalt und das Fassungsvermögen nicht überprüft werden konnten. Nach den Erklärungen des Pächters Harmening war der Regensarg zur Wasserversorgung der Küche des Hotels stets hinreichend mit Wasser gefüllt. Harmening erklärte im übrigen, „daß bei mangelndem Regenwasser das Wasser aus der in der Nähe befindlichen Pumpe entnommen werde und daß Vorsorge getroffen sei, daß die Karre mit gefülltem Wasserfaß unter dem Thorweg aufgestellt sei und daß letztere sich in ein dort befindliches Zuflußrohr entleere, welches zum Regensarg hinführe".[652]

Der bereits erwähnte Brunnen befand sich am Bergsattel zwischen Wolkenburg und Drachenfels am sogenannten „Altengarten". Man kann sich vorstellen, wie schwierig die Wasserversorgung des Hotels vor der Anlage des Brunnens gewesen sein muß, der anscheinend erst kurz vor Abschluß des Pachtvertrages vom 10. 12. — 19. 12. 1887 angelegt worden ist.

Umgestaltung des Hotels
auf dem Drachenfels
25. 4. 1896

Das „Echo des Siebengebirges" berichtete unter dem 25. 4. 1896 u. a.:

„Im Gasthof auf dem Drachenfels hat die Wand des Speisesaales bis jetzt eine solche Anordnung der Fenster, daß man von den Gasttischen aus nicht das herrliche Panorama des Rheinthals geniessen kann. Wie wir hören, hat die Regierung nunmehr auf Antrag des Verschönerungs-Vereins für das Siebengebirge Maßnahmen getroffen, daß diesem Uebelstande abgeholfen werde. Die südliche Front soll in eine Glasfacade verwandelt werden. Die projectirte Aenderung ist als eine höchst erfreuliche Neuerung zu begrüßen, denn auch bei schlechtem Wetter wird es nach der Umänderung ein Hochgenuß sein, herrliche Stunden der Erholung auf der schönsten Berghöhe unserer Gegend zubringen zu können. Wir glauben, daß dies den Besuch des Drachenfels noch wesentlich steigern wird. Die Königliche Regierung hat sich überhaupt um den Drachenfels, dessen herrlich ins weite Land blikkenden Gipfel sie seiner Zeit vor der Zerstö-

rung durch den dort befindlichen Steinbruch bewahrte, große Verdienste erworben".

Neuer Pachtvertrag über das Hotel
auf dem Drachenfels
mit der Witwe Harmening
19. 5. 1896

Die Witwe des Pächters Harmening hatte nach dessen Tod zunächst die Weiterführung des Hotels auf dem Drachenfels übernommen. Nach reiflicher Überprüfung ihrer Befähigung zur Führung des Hotels wurde ihr dieses im Mai 1896 auf die Dauer von 6 Jahren verpachtet. Das „Echo des Siebengebirges" berichtete insoweit, „daß der festgesetzte Pachtpreis, wie verlaute, den bisherigen von Mk. 24 050 nicht erheblich übersteige".

Der chinesische Vizekönig Li-Hung-Tschang
auf dem Drachenfels
3. 7. 1896

Möglicherweise war Li-Hung-Tschang, „der Vertreter des Gebieters eines Reiches von 400 Millionen", der erste offizielle Nutznießer des umgebauten Hotels auf dem Drachenfels. Über seinen Besuch auf dem Drachenfels am 3. 7. 1896 berichtet das „Echo des Siebengebirges" u. a.:

„Die lange Wagenreihe setzte sich am Staatsbahnhofe in Königswinter in Bewegung und fuhr durch die prächtig geschmückten Straßen zum Drachenfelsbahnhof, der ebenfalls reichen und geschmackvollen Schmuck trug. Besonders schön präsentirte sich der für den hohen Herrn hergerichtete Wagen. Rothe Plüsch-Sofa's sowie ein bequemer Armsessel standen auf dem teppichbelegten Fußboden, Rosenguirlande schlangen sich um Thüren und Fenster. Ohne weiteren Verzug wurde nun die Bergfahrt unternommen. Zu dem Vicekönig gesellte sich sein Gefolge. Herr Landrath von Loe und Herr Bürgermeister Kreitz, auch Herr Direktor Brussatis wurden eingeladen, im Salonwagen Platz zu nehmen. Der zweite Wagen nahm die Stadtverordneten und die Herrn mit ihren Damen auf. Der Kölner „Liederkranz" in Stärke von 143 Sängern, war schon voraus gedampft und

empfing auf dem herrlichen, heute im reichsten Festkleide prangenden Bergplateau den hohen Gast mit dem Liede:

„Wem Gott will rechte Gunst erweisen,
Den schickt er in die weite Welt".

Der Vicekönig war augenscheinlich von dieser Ovation hoch befriedigt; er ließ den Sängern seinen herzlichen Dank ausdrücken und dem Präsidenten Herrn Urbach sagen, daß er noch nie einen Männerchor gehört habe und daß er nicht ermagel werde, zur Erinnerung an diese Begegnung, an die Vereinsfahne, die schon mit vielen Auszeichnungen geschmückt sei, demnächst ein Andenken heften zu lassen.

Während des Gabelfrühstückes, an welchem weit über 100 Damen und Herren theilnahmen, trug der Verein noch einige Lieder vor. Dann ließ der Vicekönig sich in einem Fahrsessel über das Plateau fahren und bewunderte das herrliche Panorama, was sich, von goldenem Sonnenglanz übergossen, vor seinen Augen ausbreitete. Er soll bemerkt haben, daß die Stunde, die er auf dem Drachenfels verbracht, zu den schönsten zähle, die er in Europa verlebt habe . . . Vom Photographen Herrn Smits wurde vor der Abfahrt ein Gruppenbild gefertigt, den Vicekönig, das Gefolge und die Zuschauer umfassend".

Plan einer Erweiterung des
Drachenfelsplateaus
15. 12. 1892 — 30. 10. 1897

Am 15. 12. 1892 hatte Brandau, der Betriebsdirektor der von der „Allgemeinen Lokal- und Straßenbahn-Gesellschaft" betriebenen Drachenfelsbahn, anscheinend im Zusammenhang mit der Planung der Wasserleitung auf den Drachenfels der Regierung einen Plan zur Erweiterung des Drachenfelsplateaus eingereicht. Auf diesen nicht mehr bekannten Plan hin schrieb die Regierung in Köln am 10. 1. 1893 an den Rentmeister Scheiff in Königswinter, daß „dieses Project gegenüber dem bereits bauseitig bearbeiteten Projecte nichts Neues biete, da für den Fall sich eine Erweiterung des Plateaus überhaupt als möglich erweisen sollte, in Aussicht genommen gewesen sei, die unter der Plateauerweiterung sich ergebende Constructionshöhe zur Herstellung von Restaurationsräumen auszunutzen; von der Erweiterung des Plateaus habe jedoch Mangels des nöthigen sicheren Baugrundes gänzlich abgesehen werden müssen".[653]

Eine Abschrift dieses Schreibens ging auch Brandau zu, der dem Rentmeister gegenüber am 18. 1. 1893 u. a. zum Ausdruck brachte, daß „der Mangel des nöthigen sicheren Baugrundes auf gewachsenem Felsen nicht einzusehen sei. Nur die Befürchtung der hohen Kosten könne zur gänzlichen Absehung von der nothwendigen Plateauerweiterung etc. führen. Die Frühjahr 1892 begonnenen Aufräumungsarbeiten mit 2 Leuten, bei mangelnder Erlaubniß des Anliegers, Dr. Dahm, könnten als maaßgebend nicht angesehen werden. Jedenfalls sei es ein Armuthszeugnis für die fortgeschrittene Technik, wenn sie von dieser nothwendigen Ausführung wegen unüberwindlicher Schwierigkeiten absehen wolle".[654]

Die nächsten Nachrichten über eine Erweiterung des Drachenfelsplateaus stammen aus dem „Echo des Siebengebirges". Es berichtete am 20. 3. 1895: „Vor mehreren Monaten meldeten Bonner Blätter, daß seitens des Verschönerungs-Vereins für das Siebengebirge der Regierung ein Plan zur Vergrößerung des Drachenfels-Restaurations-Saales bezw. Terrasse empfohlen worden sei. Nach diesem Plane sollte der Saal nach Osten und Süden hin mit einer Terrasse umgeben und diese mit der bestehenden Terrasse verbunden werden. An Stelle der jetzigen Fenster des Saales waren große zu den Terrassen führende Glasthüren gedacht. Dieses Projekt hat nicht die Zustimmung der Regierung gefunden. Die Regierung beabsichtigt, das frühere Projekt der Vergrößerung des Plateaus von dem Denkmal nach der Restaurations-Terrasse hin vorzunehmen und zwar mit der Änderung, daß das zu schaffende Terrain nicht auf Säulen zu ruhen kommen, sondern an den vorhandenen Felspartien seine Stütze finden soll".

Am 3. 9. 1897 berichtete das „Echo des Siebengebirges": „Bei Gelegenheit der Anwesenheit des Herrn Landwirthschafts-Ministers auf

dem Drachenfels war der zur Erweiterung des Plateaus des Drachenfelsen in Aussicht genommene Hügelvorsprung an der Stelle, wo der Reitweg auf das Plateau mündet, durch weiße Flaggen markirt. Wie verlautet, ist nun von einer Erbreiterung des Plateaus nach dieser Richtung Abstand genommen worden. Dagegen sollen auf's Neue Untersuchungen über die Möglichkeit der Ueberwölbung der sogenannten Domkaule links vom Denkmal nach dem Wirthschaftsgebäude angestellt werden".

Das „Echo des Siebengebirges" führte am 30. 10. 1897 u. a. aus: „Königswinter, 26. Oct. Die Erweiterung des Drachenfels-Plateaus wird bestimmt im nächsten Frühjahr in Angriff genommen werden. Zur Zeit ist Herr Bauunternehmer J. Scheidgen von hier im Auftrage der Regierung damit beschäftigt, Untersuchungen des Grund und Bodens für die Fundamentirungsarbeiten anzustellen. Die Vergrößerung des Plateaus soll nach der Südseite erfolgen, nachdem der Landwirthschaftsminister sich gegen die früher geplante Erweiterung nach der Westseite ausgesprochen hat".

Vorbereitungen für den Bau
einer dreiteiligen Terrasse
und eines großen Saales
auf dem Drachenfels
26. 11. 1898

Über den Fortgang der Planungen zur Erweiterung des Drachenfelsplateaus berichtete das „Echo des Siebengebirges" am 26. 11. 1898 u. a.:

„Aus Rhöndorf, 21. Nov., wird dem „B. Gen.-Anz." geschrieben: Eine größere Terrassen-Anlage nebst darunter liegendem Saal sollen bekanntlich auf dem Drachenfels im Anschluß an die bestehende Hotel-Terrasse neu errichtet werden. Der Bauplatz liegt auf der Rhöndorfer Seite nach der alten Domkaule hin, zwischen dem Denkmal und dem Hotel.

Die Ausführung hat sich bis jetzt verzögert, weil vorerst die Fundamentsverhältnisse untersucht werden mußten. Seitens des Bauunternehmers Scheidgen in Königswinter wurde im Auftrage der Königl. Regierung die am Bergab-

hange gelegene Schutthalde, aus der sich die Mauern erheben sollen, untersucht, zu welchem Zwecke bergmännisch gebaute Schächte hergestellt werden mußten. Bei 5 Meter Tiefe fand man festen Fels, der eine vollständige Sicherheit für die Standfähigkeit der Anlage bietet, welches auch bei einer Ortsbesichtigung seitens höherer Königl. Baubeamter festgestellt wurde. Da nunmehr auch der Minister der öffentlichen Arbeiten seine Zustimmung zu dem Plane ertheilt hat, so erübrigt zum Beginne der Arbeiten nur mehr der Bewilligung der Gelder.

Man hofft, daß im Laufe des nächsten Jahres mit dem Bau begonnen werden kann. Die Pläne zu demselben sind von dem Regierungsbaurath Rosbach in Aachen (früher Siegburg) entworfen. Darnach wird der Aufbau in eine dreitheilige Terrasse und einen großen Saal zerfallen, der unter der Terrasse liegt. Die drei Terrassentheile werden durch Freitreppen verbunden; sie fallen in der Richtung zum Rheine ab, so daß man von dem hinteren Theil über den vorderen hinwegsieht. Der Saal, zu welchem man mittelst einer breiten, bequemen, seitlich gedachten Hausteintreppe gelangt, gewährt rheinaufwärts eine großartige Aussicht durch die mächtigen Bogenöffnungen, welche mit Schiebefenstern versehen werden. Die ganze Anlage wird etwa 35 Meter lang und etwa 15 Meter breit, und wird aus mächtigen Quadersteinen errichtet. Der obere Abschluß erhält eine Zinnen-Bekrönung, welche von zwei entsprechenden Thürmen flankirt wird".

Erweiterung des Drachenfelsplateaus
1899/1900

Über die Durchführung der Arbeiten berichtete das „Echo des Siebengebirges" unter dem 14. 2. 1900:

„Königswinter, 11. Febr. Die „K. V.-Ztg." schreibt: Auf dem Drachenfels wird den ganzen Winter hindurch an der Vergrößerung des Plateaus rüstig weiter gearbeitet. Bekanntlich wird letzteres über die Domkaule hinaus rheinwärts bedeutend vorgeschoben und große Gewölbebauten, die einem Restaurationssaal dienen sollen, werden augenblicklich errichtet.

Abb. 130: Das Drachenfelsplateau nach Durchführung der Erweiterungs- und Bauarbeiten der Jahre 1899 und 1900; Siebengebirgsmuseum.

Das Steinmaterial zu diesen Bauten wird auf dem Drachenfels selbst gewonnen, und es berührt etwas sonderbar, daß die Regierung entgegen ihrer eigenen polizeilichen Verfügung augenblicklich selbst in unmittelbarer Nähe des Plateaus zu besagtem Zweck mehrere Steinbrüche in Betrieb gesetzt hat. Eine eigens aufgestellte Dampfmaschine hilft zur Zerkleinerung des Gesteins.

Von den zum Drachenfels aufwärts führenden Wegen ist augenblicklich der am oberen Ende Königswinters (Beim Restaurant Bellinghausen am Wolfgang Müller-Denkmal) gelegene Weg der empfehlenswertheste. (Der Aufstieg am Haardtberg ist augenblicklich in der Reparatur begriffen)".

Der Seitenhieb im Bericht der Kölner Volkszeitung gegen die Regierung galt der am 26. 10. 1899 erlassenen Polizei-Verordnung des Köl-

ner Regierungspräsidenten, wonach u. a. im Bereich des Siebengebirges „keine Fabriken, Steinbrüche und Ziegeleien neu hergestellt, betrieben oder wiedereröffnet" werden durften.

Verwendung von Drachenfelstrachyt
bei der Verbreiterung des Drachenfelsplateaus
21. 2. 1900
Der oben wiedergegebene Bericht der Kölner Volkszeitung führte zu einer Gegendarstellung im „Echo des Siebengebirges" vom 21. 2. 1900:
„Von durchaus competenter Stelle geht uns die Meldung zu, daß es sich nicht um einen Steinbruchsbetrieb, sondern um die Verarbeitung von lose umherliegenden Felsblöcken handelt. Es ist von der Königlichen Regierung auf das allerstrengste verboten, und es wird

von der Bauleitung scharf darüber gewacht, daß auch nicht das kleinste Felsstückchen gelöst wird. Thatsächlich ist das auch in keinem Fall geschehen.

Bei der Verwendung der alten Felsstücke wird zum Theil übrigens noch der weitere Zweck verfolgt, auf dem sehr beengten Plateau auskömmlichen Platz zur Unterbringung der Besucher sowie zur Aufstellung von Wagen zu gewinnen. Deshalb wird ein Theil der Schutt- und Steinhalde, die nördlich vom Plateau vor dem Fuße des Ruinenfelsens lagert, entfernt. Die Steine wandern in den Steinbrecher und von da aus in die Betonmaschine für den im Süden zu errichtenden Hallenbau. Der übrig bleibende Schutt wird zur Aufschüttung und Vergrößerung des Plateaus nach Westen zu benutzt. Alle diese Arbeiten stehen im Zusammenhang und werden nach ihrer Vollendung eine sehr beträchtliche Vergrößerung des Plateaus nach Norden, Westen und Süden ergeben".

Das alte Gasthaus auf dem Drachenfels
gegen Ende des 19. Jahrhunderts

Noch im „Echo des Siebengebirges" vom 23. 12. 1893 konnte ein „informierter Nachkomme eines der Gewerken der Königswinterer Steinhauer-Gewerkschaft" berichten, daß „das alte Restaurationsgebäude auf dem Drachenfels noch gegenwärtig einen Haupttheil der jetzigen Gebäulichkeiten darstellt".

Weitere Berichte oder Hinweise auf das alte Drachenfelser Gasthaus, das 1856/1857 um ein Stockwerk erhöht worden war, finden sich in Zeitungsberichten nach 1893 nicht mehr. Die wenigen nachfolgenden Berichte befassen sich nur noch mit der Vergrößerung des Drachenfelsplateaus und der Hotelanlagen.

Geschäftsleben am Eselsweg
und der Fortgang der Arbeiten
auf dem Drachenfelsplateau
28. 2. 1900

Der „General Anzeiger" berichtete am 28. 2. 1900: „Aus Königswinter wird uns geschrieben: Der Frühling naht heran, aber der langerhoffte Ausbau der elektrischen Bahn auf dem rechten Rheinufer, von der unser Städtchen so viel sich versprach und die auch der Bonner Rheinbrücke erst ihre volle Existenzberechtigung verleihen würde, gelangt immer noch nicht zur Verwirklichung. Von den geplanten Uferbauten rheinaufwärts in Königswinter ist auch kaum noch die Rede.

Dagegen rüsten die Besitzer der am Fußweg zum Drachenfels gelegenen Buden auf die Wiedereröffnung des Jahrmarktes, der dort von den Behörden trotz aller Belästigungen des Publikums geduldet wird.

Sehenswerth sind schon jetzt die Erweiterungsbauten auf der Hochfläche des Drachenfels. Mächtige Betonpfeiler reichen tief bis auf den Felsen hinab; aus Beton wird der Bau zumeist bestehen, und was da dem Boden entwächst, dürfte die alte Anziehungskraft des Drachenfels noch vergrößern. In zwei Etagen über einander werden die Besucher des Berges demnächst aus Loggien, wie von den Terrassen darüber, beim Maiwein die Aussicht auf das Honnefer Land und den Rhein genießen können. Die Terrasse ist gegen früher erheblich erweitert worden, und der Fiskus, wenn er auch das Geld zu den Erweiterungsbauten hergibt, kommt doch wie immer auf die Kosten, denn dem Wirth des Drachenfels werden die Zinsen auf die Pacht geschlagen".

Einzelheiten der Erweiterungsarbeiten
auf dem Drachenfelsplateau
und der Bauvorhaben
22. 3. 1900

Über weitere Einzelheiten der 1899 begonnenen Arbeiten auf dem Drachenfelsplateau berichtete der Bonner Generalanzeiger am 22. 3. 1900:

„Wir haben wiederholt darüber berichtet, daß der Staat eine bedeutende Vergrößerung des Plateaus auf dem Drachenfels herstellen läßt, welche teils gewonnen wird durch Entfernung der Schutthalde hinter der Fotographenbude und andererseits durch die Erbauung einer gewölbten Halle in der Dombaukuhle. Die Vergrößerung erstreckt sich auf eine Fläche von

mindestens 1 000 qm. Durch die Entfernung der Schutthalde hinter der Fotographenbude und durch die Aufführung einer Futtermauer am Eselswege wird ein Platz geschaffen, der dem Mangel an Wagenplätzen abhilft. Die alten Abortanlagen sowie die Fotographenbude und der Wagenschuppen werden ca. 20 m zurückgeschoben und diese untergeordneten Gebäude seitlich mit Anlagen geschmückt. Von allen Besuchern des schönsten Aussichtspunktes unseres Siebengebirges wird diese Vergrößerung gewiß mit Freuden begrüßt werden. War doch schon an manchen schönen Sonntagen das Plateau zu klein, um allen Besuchern ein bescheidenes Plätzchen bieten zu können. Hauptsächlich machte sich dieser Raummangel an Feiertagen, wie Pfingsten u.s.w. geltend.

Die jetzigen Bauten sind sehr interessant. Allen Besuchern des Drachenfels ist gewiß die Domkaule hinreichend bekannt. Die schluchtartige Vertiefung, welche sich an der Seite nach Rolandseck vom Drachenfels nach Rhöndorf herunterzieht. In diese mit Felsengeröll und seit Jahrhunderten abgelagertem Schutt angefüllte Schlucht wird augenblicklich unter der Oberleitung des Baurats Faust, Siegburg, eine mächtige mit Kreuzgewölben überspannte Halle von großer Ausdehnung erbaut. Die Vorderseite, welche man mit wuchtigen Quadermauerwerk, etwa gleich der alten Ruine, ausführt, wird in den Rahmen der Umgebung eine schöne lebhafte Abwechslung bringen. Da bereits die Vorderfront fertiggestellt ist, so gibt der Anblick von Rhöndorf aus ein interessantes Bild. Geradezu wuchtig erscheinen die colossalen Baumassen, unterbrochen durch drei Hauptfenster mit 5 m lichter Weite. Vier gewaltige Vorderpfeiler, welche bergmännisch bis auf den gewachsenen Felsen ausgehoben sind, wurden mittelst bester Betonmischung und Werksteinen ausgeführt. Dieselben sind mit Erdreich verbunden und tragen die Gesamtlast der Vorderfront. Die Kreuzgewölbe haben eine Spannweite von ca. 10 m. Auf diesen stehen die drei nach rückwärts immer um eine Freitreppe höher gelegenen Terrassen, sodaß bei dem Ausblick, ähnlich wie im Theater die hinteren Reihen über die Vorderen hinwegsehen können.

Ein herrlicher Blick nach Rolandseck und den Rheinaufwärts bietet sich hier dem Auge. Der mittelst Kreuzgewölbe hergestellte Salon weist eine Fläche von 200 qm auf, ohne die Wirtschaftsräume und Treppenhäuser. Dieser kühne und äußerst schwierige Bau, welcher ausschließlich aus Stampfbeton und Werksteinen hergestellt wird, sowie alle anderen zur Vergrößerung des Plateaus erforderlichen Arbeiten sind der in weiten Kreisen bekannten Baufirma Hüser u. Co in Oberkassel übertragen worden, deren vorzüglicher Ruf für eine sachgemäße und solide Ausführung bürgt. Der Bau wurde Mitte Oktober begonnen und ist heute bereits so weit gediehen, daß zu Ostern das künstliche Plateau freigegeben werden kann . . . Man gewinnt den Eindruck, daß diese Baumassen kommenden Jahrhunderten Trotz bieten werden".

In einem Bericht eines Siebengebirgsbesuchers im „Echo des Siebengebirges" vom 10. 8. 1901 heißt es unter der Überschrift „Vom Siebengebirge im August" u. a.:

„Am Ausgang des Nachtigallenthales, an der Hirschburg und Drachenburg vorbei, führte mich die Verschönerungs-Vereins-Fahrstraße auf das schon Dutzende Male besuchte Drachenfels-Plateau, welches die Regierung unlängst durch einen Terrassenbau vergrößern ließ, um dem enormen Fremdenzulauf genügen zu können. Hier zeigt sich, daß der Fiskus günstig speculirt".

Das Drachenfelsplateau
„erstrahlt erstmals in elektrischem Licht"
21. 12. 1901

Aus einem Bericht des „Echo des Siebengebirges" vom 30. 11. 1901 ergibt sich, daß damals die Schuckert u. Cie. AG damit beschäftigt war, eine elektrische Beleuchtungsanlage für das Hotel und das Plateau des Drachenfels zu errichten. Der elektrische Strom sollte auf dem Drachenfels selbst in einem Maschinengebäude „hinter der Bierhalle am Aufgang zur Ruine, erzeugt werden. Die Anlage war als Stromversorgung für 112 Glühlampen in den Gebäulichkeiten sowie für eine große Glühlampe und zwei Bogenlampen auf dem Drachenfelsplateau gedacht.

Wörtlich heißt es in diesem Bericht u. a.: „Eine weitere Vermehrung dieser Lampenzahl ist jederzeit möglich, eine Beleuchtung des sogenannten Eselsweg bis zur Drachenburg ist in Aussicht genommen. Durch die elektrische Anlage soll ferner eine amerikanische Spülmaschine, welche 4—5 Spülmädchen entbehrlich macht und den jetzt sehr bedeutenden Porzellanbruch erheblich vermindern wird, sowie eine Messerputzmaschine betrieben werden. Die ganze Anlage soll 13—14 000 Mark kosten und wird in höchstens drei Wochen fertig gestellt sein. Alsdann wird der Drachenfels, der bisher dem Petroleum eine kümmerliche Beleuchtung verdankte, in elektrischem Lichte erstrahlen".

Im Maschinenraum wurde „ein 4-pferd. Spiritus-Motor zum Betrieb der Dynamo-Maschine" installiert. Das „Echo" konnte am 25. 12. 1901 u. a. berichten: „Königswinter, 21. Dez. Das Drachenfels-Plateau erstrahlte am Abend des kürzesten Tages im Jahre zum ersten Mal in elektrischem Licht".

Abb. 131: Das Landsturmdenkmal aus dem Jahre 1914.

Der Erbauer des Schlosses Drachenburg
Baron Stephan von Sarter verstirbt
30. 3. 1902

Das „Echo des Siebengebirges" berichtete am 9. 4. 1902 u. a.: „Das in letzter Nummer d. Bl. verzeichnete Gerücht von dem Hinscheiden des Herrn Baron von Sarter, des Erbauers der Drachenburg hat sich leider bestätigt. Baron von Sarter starb am Ostermontag den 30. v. M. in seiner seit 25 Jahren inne gehabten bescheidenen Wohnung (Boulevard des Italiens 9) in Paris im 71. Lebensjahre, nachdem er etwa 14 Tage vorher an einer Lungenentzündung erkrankt war.

Baron von Sarter war von gefälligem und leutseligem Wesen; begeistert für alles Schöne und Gute, hat er seinem Wohlthätigkeitssinn hier bei den verschiedenen Gelegenheiten bekundet. Der hiesigen altehrwürdigen St. Sebastianus-Männer-Bruderschaft bezeigte er seine Sympathie durch Stiftung der beiden, in Edelmetall getriebenen prächtigen Königs-Pokale.

Mit der Erbauung der Drachenburg wurde im Jahre 1881 begonnen. Dieselbe ist unbestreitbar der erste Anlaß zu der kaum geahnten Werthsteigerung von Grund und Boden in unserem Siebengebirge gewesen. Die Stadt Königswinter hat allen Grund, das Andenken des heimgegangenen Baron von Sarter in Ehren zu halten".

Baron von Sarter war bis zu seinem Tode Eigentümer des Schlosses Drachenburg. Nach seinem Tode kam es zu erbrechtlichen Auseinandersetzungen. Das Schloß ging einem wechselvollen Schicksal entgegen. Inzwischen bildet das restaurierte Schloß einen wesentlichen Bestandteil der Siebengebirgslandschaft.

Pläne zur Wiedererrichtung
des Landsturmdenkmals
aus dem Jahre 1814
1901

Als das zweite Landsturmdenkmal auf dem

Drachenfels im Jahre 1857 erbaut wurde, hatte es Proteste gegeben, weil auf ihm die Namen „von Boltenstern und Genger" nicht aufgeführt worden waren.

Wie das „Echo des Siebengebirges" am 3. 4. 1901 berichtete, hatte General Hann von Weyhern in einer an den preußischen König gerichteten Bittschrift gebeten, das Landsturmdenkmal aus dem Jahre 1876 in einer „dem Andenken des tapferen Majors und Freischarführers unter Blücher Ferdinand Boltenstern von Boltenstern" und des Vorpostenkommandanten J. J. Genger gerecht werdenden Weise zu ergänzen.

Damals begannen Bestrebungen das Landsturmdenkmal aus dem Jahre 1814 in seiner ursprünglichen Form neu zu errichten. Schließlich konkretisierten sich diese Pläne. Man beabsichtigte, das neue Denkmal auf dem kleinen Platz direkt nördlich der Ruine der Kernburg Drachenfels unterhalb des „Kölner Fensters" hart am Abgrund zum Eselsweg zu errichten. Geldspenden kamen zusammen. Die Errichtung des Denkmals an dieser Stelle bedurfte der Erlaubnis des preußischen Königs, da der vorgesehene Denkmalsplatz auf staatseigenem Gelände lag, das der preußische Fiskus 1836 käuflich erworben hatte. Mit Kabinettsorder vom 8. 12. 1913 gab Kaiser Wilhelm II. die erbetene Bewilligung.

Bereits Anfang des Jahres 1914, als die erforderlichen Geldmittel aus privater Hand und auch durch Zuschüsse des Staates zur Verfügung standen, wurde das Königliche Hochbauamt in Siegburg mit der Ausführung der Arbeiten betraut. Die Bauausführung übernahm die Königswinterer Firma „G. Spindler Söhne". Als Material verwandte man dauerhaften Muschelkalk aus Kirchheim. Das neue Denkmal fiel jedoch wesentlich niedriger als das Landsturmdenkmal auf dem Drachenfelsplateau aus, das eine Höhe von 14,4 m hatte. Die Beschriftung des neuen, 4,60 m hohen Denkmals entsprach der des Jahres 1814. Eine Bronzetafel wies auf die Neuerrichtung des Denkmals hin.

Abb. 132: Modell der Burg Drachenfels, von der Wolkenburg aus gesehen, 1925, Siebengebirgsmuseum.

Feierliche Enthüllung
des wiedererrichteten Landsturmdenkmals
aus dem Jahre 1814
2. 5. 1914

Am 2. 5. 1914 traf sich eine festliche Versammlung auf dem Drachenfels zur Denkmalsenthüllung. Die Festrede hielt Regierungspräsident Dr. Steinmeister. Er brachte dabei zum Ausdruck, daß die 100jährige Wiederkehr der Gedenktage der Freiheitskriege willkommenen Anlaß gegeben habe, „dem Wunsch der Familien der beiden ruhmreichen Freiheitskämpfer nachzukommen, die Namen ihrer Vorfahren wieder verewigt zu sehen". Nach der Ansprache des Regierungspräsidenten erfolgte die Denkmalsenthüllung.

Das „Echo des Siebengebirges" berichtete am 5. 5. 1914 u. a.: „Mit heller Begeisterung stimmte die Festversammlung in das Kaiserhoch ein und aus kräftigen deutschen Männerkehlen erscholl das „Heil Dir im Siegerkranz", in welchen Gesang sich der Donner der Böller

mischte und drunten im Tale Kunde von der erfolgten Einweihung gab".

Zum Abschluß der Feier verlas der Regierungspräsident ein Telegramm an Kaiser Wilhelm II. mit der Meldung, daß die Denkmalsenthüllung vollzogen sei. Im Telegramm heißt es u. a.:

„Zugegen waren Mitglieder der Familien von Boltenstern und Genger, sowie zahlreiche Vertreter von Kriegervereinen der Umgegend mit ihren Fahnen und den noch vorhandenen alten Bannern des Landsturms vom Siebengebirge".

Der Blitz schlägt
in den Bergfried der Burgruine ein
27. 7. 1905

Das „Echo des Siebengebirges" berichtete 1905: „Bei dem heutigen Gewitter schlug der Blitz in die Ruine Drachenfels, mehrere

schwere Steine rollten bis auf das Plateau an die Bierhalle". Damals wurde der Bergfried durch Blitzableiter gesichert.

Absturz eines Felsblocks
am Drachenfels
5. 5. 1924

Über den Felsabsturz berichtete das „Echo des Siebengebirges": Gestern gegen 10 Uhr stürzte am Drachenfelser Weg, kurz unterhalb des Eselsstalles, wo die Warnungstafel steht, aus zirka 50 Meter Höhe ein Felsblock ab und versperrte den ganzen Weg. Der Block ist etwa 3 1/2 Meter lang, 2 Meter breit und 1,30 Meter hoch und hat schätzungsweise ein Gewicht bis zu 250 Zentner. Durch zwei sich in den Weg stellende Bäume wurde der Sturz gemildert und dadurch vielleicht ein großes Unglück verhütet, denn es wäre nicht ausgeschlossen gewesen, daß der Block bis zum Bahndamm heruntergerollt wäre. Nach dem Abhang zu hat man einen Weg hinter den Bäumen hergemacht, sodaß für das Publikum und auch für die Reittiere der Aufstieg zum Drachenfels in keinerlei Weise behindert ist".

Radrennen auf den Drachenfels
1921 — 1938

Das erste Radrennen auf den Drachenfels fand 1921 statt. Der Startplatz befand sich am oberen Ende der Bahnhofstraße zu Beginn „der Ittenbacher Landstraße" in Höhe des „Stapelkreuzes". Von hier aus führte die Rennstrecke über die Ittenbacher Landstraße und bog dann nach rechts auf den Kutschenweg zum Drachenfels ab, dem sie bis zum Bergplateau des Drachenfels folgte. Hier lag das Ziel in Höhe der Haltestelle der Drachenfelsbahn.

Der Bund Deutscher Radfahrer veranstaltete am 4. 6. 1924 die „Deutsche Bergmeisterschaft der Radfahrer" zum Drachenfels. An diesem Rennen nahmen über „100 Herren- und ungefähr 30 Geldpreisfahrer" teil. Gestartet wurde jeweils mit einer Minute Abstand. Schnellster „Berufsradfahrer" war damals Paul Passenheim aus Berlin mit „7 Min. zwei Fünftel Sekunde"; als schnellster Herrenfahrer benötigte Mandelartz aus Köln „9 Min. 33 zwei Fünftel Sek".

Weitere Radrennen auf den Drachenfels fanden im Juni 1925 aus Anlaß der Jahrtausendfeier der Rheinlande sowie in den Jahren 1935 — 1938 statt.

Jahrtausendfeier der Rheinlande
auf dem Drachenfels
27. 6. 1925

In Königswinter wurde die Jahrtausendfeier der Rheinlande am 27., 28. und 29. 6. 1925 begangen. Das „Echo des Siebengebirges" berichtete über den Vormittag des 27. 6. 1925 u. a.:

„Den Auftakt zur Jahrtausendfeier am Samstag bildete die Einholung des Kommandanten der Burg Drachenfels, Hauptmann Funck (Darsteller Herr Apotheker F. Wittke), welchem die Aufgabe zufiel, von dem Drachenfels Besitz zu

Abb. 133: Das 1936/37 entstandene zusätzliche Hotelgebäude; 1976.

ergreifen und auf der Ruine die Flagge des Burgherrn von Drachenfels, des Landesherrn (Kurfürsten von Köln) und die des Heiligen Römischen Reiches Deutscher Nation zu hissen.

Gegen halb 12 Uhr morgens erschien, in historischer Tracht gekleidet, eine von einem berittenen Herold geführte und von Spielleuten begleitete Besatzung vor dem Hause des Kommandanten, um ihn zur Besitzergreifung des Drachenfels abzuholen. Alsbald trat der Kommandant heraus und übernahm, nachdem er dem berittenen Herold mit kernigen Worten den Befehl erteilt hatte, zum Drachenfels zu reiten und alles, was ihm in den Weg komme, niederzureiten, die Führung der Besatzung, mit welcher er kurz nach 12 Uhr auf dem Drachenfels anlangte, woselbst ihm der Herold die Meldung machte, daß die Befehle ausgeführt und das Hissen der Flaggen vor sich gehen könne.

Man begab sich dieserhalb auf die Ruine, in

deren Innern ein 17 Meter hoher Fahnenmast angebracht war. Unter dem Salut der Böller und dem Feiergeläute der Glocken ging nun das Flaggenhissen vor sich. Als erste stieg die Flagge des Burgherrn empor, ihr folgte die Flagge des Landesherrn und zuletzt die des Heiligen Römischen Reiches Deutscher Nation. Beim Hochziehen der einzelnen Fahnen brachte der Kommandant ein Hoch aus auf die geliebte Vaterstadt, das Rheinland und das deutsche Vaterland, in welches die den Bergfried umringende Volksmenge begeistert einstimmte. Nach einem kleinen Festmahl, welches das Drachenfels-Hotel der Besatzung spendete und bei welchem ein edler Rheinwein kredenzt wurde, wurde die Flaggenhissung beschlossen".

Das Modell der Burg Drachenfels
im historischen Königswinterer Festzug
28. 6. 1925

Am Sonntag, den 28. 6. 1925 zog ein großer historischer Festzug durch Königswinter, in dem u. a. das maßstabsgerechte Modell der Burg Drachenfels mitgeführt wurde. Die Abmessungen hatte der Königswinterer Architekt Franz Josef Krings auf dem Drachenfels vorgenommen. Nach Angaben des Architekten hatte alsdann die Königswinterer Schreiner-Innung das Burgmodell erbaut.

Die Abbildung 132 zeigt dieses Modell, gesehen aus östlicher Richtung, also aus Richtung Wolkenburg. Man erkennt rechts im Bild den Rundturm am nördlichen Ende der Unterburg und links davon den aus der Ringmauer nach Osten vorspringenden Flankierungsturm, der im Modell fälschlich als Haus dargestellt worden ist. Mit Sicherheit hatte dieser Flankierungsturm eine zinnenbewehrte Krone.

Der Eselsweg und die Wasserleitung
auf den Drachenfels
1935—1936

Das „Echo des Siebengebirges" berichtete am 18. 4. 1936 u. a.:

„Der Aufstieg zum Drachenfels ist noch nie so angenehm gewesen als jetzt nach der Instandsetzung des Hardtberger Reitweges (Esels-weg). Die Drachenfelsstraße, vom Rhein ange-fangen bis zur Spitze des Berges, bietet dem Wanderer nunmehr ein Bild von Ordnung und Pflege ... Wie unbequem war der Drachenfel-ser Reitweg. Schmal und holperig, an beiden Seiten Bachläufe, so war es noch vor wenigen Jahren ... Vor allen Dingen ist der Weg jetzt vielfach erbreitert und überall in ebene Lage gebracht worden, hier gibt es keine abschüssi-gen Stellen mehr. Zum Auf- wie zum Abstieg ist er gleich gut gangbar, sodaß jetzt der Ein-heimische ihn nicht mehr fürchtet. Er hat bis zum Eintritt in den Wald gepflasterte Wasser-rinnen und auf dem Kuckstein gibt es sogar Bürgersteige ...

Die Wasserleitung, die seit 2 Jahren auf diesem Wege angelegt wurde, ist nach Verlegung eines elektrischen Kabels anstelle der bisheri-gen Hochspannung bis zum Pumpwerk unter-halb Bröhl auch leistungsfähiger gestaltet wor-den. Aufwärts vom Reservoir am oberen Kuck-stein bis auf den Drachenfels ließ der Fiskus Wasserleitungsrohre und elektrisches Kabel legen. Die neue Pumpstation für den Drachen-fels wurde in den Keller des Verkaufsstandes an der Haltestelle Drachenburg eingebaut, sodaß jetzt auch der Drachenfels moderne Wasserversorgung hat. Bisher lag die Wasser-leitung zum Drachenfels, die inzwischen veral-tet ist, neben der Zahnradbahn".

Ein zusätzliches Hotelgebäude entsteht auf dem Drachenfels 1936—1937

Im September 1936 erfuhr man durch Zei-tungsmeldungen, daß der preußische Fiskus ein modernes Hotelgebäude auf dem Drachen-fels zu errichten beabsichtige. Bereits gegen Ende September 1936 wurde damit begonnen, zahlreiche kleinere Gebäude, die nur in einem mittelbaren Zusammenhang mit dem Drachen-fels-Hotel standen, abzureißen. Hierdurch sollte der erforderliche Platz für den geplanten Hotelbau geschaffen werden, der allerdings nicht das alte Hotelgebäude ersetzen, sondern zusätzlich zu ihm geschaffen werden sollte.

Das alte Hotel verfügte damals über 35 Betten.

In dem Neubau, der auf der Ostseite des Berg-plateaus im Anschluß an das alte Hotel in nörd-licher Richtung geplant war, sollten 20 Frem-denzimmer mit insgesamt 40 Betten unterge-bracht werden.

Der Abriß veralteter kleiner Gebäude brachte eine Vergrößerung des Plateaus mit sich. Das "Echo des Siebengebirges" berichtete am 19. 9. 1936 u. a.: "Dann wird aber auch hinter den jetzt niedergelegten Gebäuden nach der Haltestelle der Zahnradbahn hin etwas vom Felsen weggesprengt werden, sodaß außer-halb des bisherigen Plateaus, vor der Torein-fahrt, ein Halteplatz für Droschken geschaffen wird, der bisher wertvollen Raum wegnahm am Aufgang zur Ruine.

Und weiter wird die große Mulde rechts vom Eselsweg, ehe dieser auf das Plateau mündet, da wo ein Eselsstall steht, mit dem überflüssi-gen Bauschutt angeschüttet werden. Dadurch entsteht die Möglichkeit, den Weg rheinseitig zu verlegen, sodaß hinter der jetzigen Bierhalle rheinwärts eine bedeutende Erweiterung des Plateaus durchgeführt werden kann.

Zwischen den Felsen, an denen der Eselsstall steht, und dem Plateau wurde bereits eine Lücke durch Mauerwerk ausgefüllt, die bei der Anschüttung als Stützmauer dienen soll. Damit das Mauerwerk auch "echt" ist, wurde es aus Drachenfelstrachyt errichtet und Traß mit Kalk und Sand als Bindemittel verwendet. Man rech-net, daß die ganzen Arbeiten bis zum März nächsten Jahres vollendet sind. Die Leitung der Arbeit hat Regierungsbaurat Geldblum vom Preuß. Staatshochbauamt in Bonn und die Bauausführung wurde der Firma Wider in Bonn übertragen. Im nächsten Jahr bzw. Herbst soll sodann auch der jetzige Hotelbau von Grund auf erneuert werden, damit der schönste Berg auch schöne und neuzeitliche Goaträume hat".

Planung eines neuen großen Hotels auf dem Drachenfels 1937

Über die Planungen zum Bau eines neuen gro-ßen Hotels auf dem Drachenfels berichtete das "Echo des Siebengebirges", daß dieser weitere Bau im Anschluß an den auf der Ostseite des

Berges errichtet werden solle. Zunächst müsse jedoch das alte Hotel abgerissen wer-den, das Modell des Neubaues sei bereits im Drachenfels-Restaurant ausgestellt.

Im einzelnen führte das "Echo" am 18. 8. 1937 u. a. aus. "Auf der Ostseite des Drachenfels an den bereits errichteten Neubau anschließend und längst der Südseite wird der Hauptbau im kommenden Herbst errichtet werden. Die Süd-front wird in einer Reihe 20 Fenster bekom-men. Rittersaal und Rheinterrasse bleiben unberührt stehen. Auch der Abstieg nach Rhöndorf, aber direkt anschließend wird ein Basteiartiger Bau errichtet, der in seinem Erd-geschoß bei auftretendem Regen Zuflucht-stätte für die im Freien sitzenden Gäste bieten soll. Der darüber liegende Raum bildet mit das neue große, die ganze Südfront umfassende Restaurant, unter dem die Küche und sonstige Wirtschaftsräume untergebracht werden".

Aus einem früheren Bericht vom 27. 7. 1937 ist zu entnehmen, daß ein zweistöckiger Hotelbau geplant war, der "auf drei schweren Funda-mentspfeilern ruhen sollte, die 15 m tief durch die alte Steinbruchshalde bis zum festen Untergrund reichen sollten". Weiter hieß es, das alte Hotel werde Anfang Oktober niederge-rissen.

Dazu ist zu vermerken, daß das zusätzlich in Bau genommene Hotelgebäude bereits Anfang Februar 1937 im Rohbau erstellt war. In diesem Zusammenhang berichtete das "Echo" am 4. 2. 1937, daß bei den Fundamentierungsar-beiten eine halbe Kanonenkugel gefunden wor-den sei.

Der Drachenfels soll untertunnelt werden 20. 7. 1939

In Königswinter war einige Zeit nach 1933 geplant, im südlichen Stadtteil zwischen Rhein-ufer und dem Westhang des Hardtberges ein großes "KdF.-Hotel" mit 5 000 Betten zu errich-ten. Dies machte es jedoch erforderlich, die Eisenbahnlinie zu verlegen.

Die "Köln. Ztg./Stadtanz." berichtete im Juli 1939 über die geplanten Verlegungsarbeiten:

„Zur Zeit ist man am Fuße des Drachenfels mit Vermessungsarbeiten für die Verlegung der Reichsbahnstrecke beschäftigt. Eine Verlegung und Verbesserung des Fernverkehrsstraße wird damit Hand in Hand gehen. Da der Drachenfels so weit zum Rhein vorschiebt, daß südlich von Königswinter nur ein schmaler Raum für Bahnlinie und Straße übrigbleibt, soll die Bahn durch den Drachenfels geführt werden. Der Plan geht dahin, daß das Bahngeleis, das oberhalb des Königswinterer Bahnhofs einen Bogen zur Rheinseite hin macht, von der Höhe der Turmhalle (Anm.: am Palastweiher) an geradeaus geführt wird. Die Bahn wird dann am sogenannten „Eselsweg" in einen Tunnel führen, der etwa 750 Meter lang sein wird, so daß sie oberhalb des Hauses „Felseck" wieder aus dem Berg heraustritt. Sie führt dann etwas mehr landeinwärts der jetzigen Linie weiter, und die schlimme Unterführung „Am Steinchen", wo so viele Verkehrsunfälle vorkommen, wird wegfallen".

Letztes Bergrennen der Radfahrer
auf den Drachenfels
6. 8. 1939

Die Veranstalter des Bergrennens der Radfahrer auf den Drachenfels hatten sich für das Jahr 1939 etwas Besonderes ausgedacht. Die Radfahrer sammelten sich in Königswinter in der Kronprinzenstraße. Von hier aus ging die Fahrt nach Bad Honnef an den Beginn der Schmelztalstraße. Bis hierhin war das Rennen neutralisiert. Mit Zeitwertung ging die Fahrt dann nach Aegidienberg und von dort aus über Oberpleis, Heisterbacherrott, Oberdollendorf und Longenburg zur Ittenbacher Landstraße. Der weitere Verlauf der Rennstrecke folgte dann dem Kutschenweg auf das Drachenfelsplateau. Nach Abschluß des Rennens fand die Siegerehrung „auf der Terrasse der Burgschänke auf dem Drachenfels" statt.

Das Landsturmdenkmal auf dem Drachenfels
aus dem Jahre 1876
wird in seinem oberen Teil zerstört
1944/45

Das 1876 auf dem Drachenfels errichtete Landsturmdenkmal wurde 1944/45 in seinem obe-

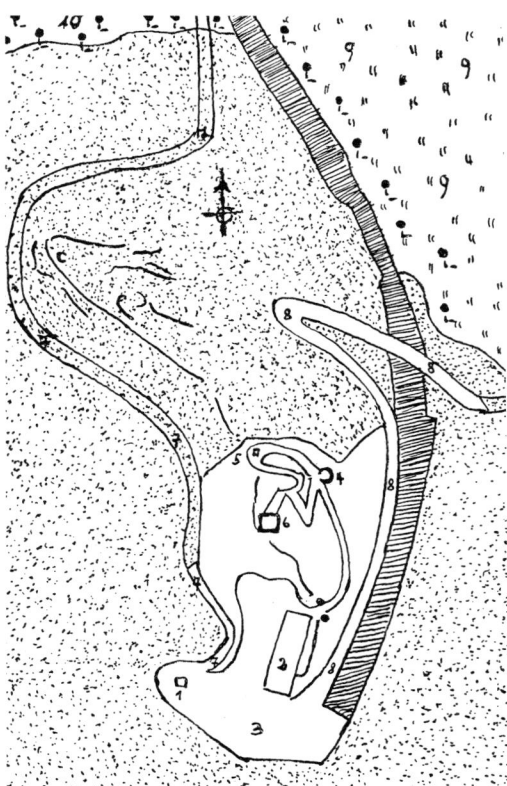

Abb. 134: Gefertigt nach Unterlagen des VVS. Erläuterung der Skizze: 1) Landsturmdenkmal aus dem Jahre 1876 auf dem westlichen Teil des Drachenfelsplateaus; 2) Hotelgebäude der Jahre 1936/37; 3) übrige Gebäude aus der Zeit vor und nach 1900; 4) Torturm der Unterburg; 5) Landsturmdenkmal aus dem Jahre 1914; 6) Bergfried der Kernburg; 7) Eselsweg, der im oberen Teil im Eigentum des Landes NRW und im unteren Teil im Eigentum des VVS steht; 8) Fahrstraße; 9) Gelände des Hotels Burghof; 10) Gelände des Schlosses Drachenburg. Die punktierte Fläche steht im Eigentum des VVS, die weiße in der unteren Kartenhälfte steht ebenso wie der Fahrweg (8) im Eigentum des Landes NRW und die schraffierte im Eigentum der „Bergbahnen im Siebengebirge AG."

ren Teil durch Artillerietreffer zerstört. „Am 16. 3. 1945 rückten gegen 11 Uhr die Amerikaner in die Stadt ein. Königswinter ist kampflos besetzt worden. Die Amerikaner rückten teils vom Gebirge (Drachenfels) und teils über die Straße von Rhöndorf her in die Stadt ein".[655]

Eigentumsverhältnisse am Bergkegel
des Drachenfels
23. 8. 1946

Bis zum Kriegsende oblag die bauliche Betreuung des Drachenfels dem preußischen Staatshochbauamt in Bonn. Durch Verordnung der britischen Militär-Regierung vom 23. 8. 1946 wurde das Land Nordrhein-Westfalen aus dem nördlichen Teil der Rheinprovinz und der Provinz Westfalen gebildet. Die Verfassung des neuen Landes wurde am 28. 6. 1950 errichtet.

An Stelle des preußischen Fiskus trat als Eigentümer des Drachenfelskegels der Fiskus des Landes Nordrhein-Westfalen. Das Staatshochbauamt des neuen Landes in Bonn übernahm nunmehr die bauliche Betreuung des Bergkegels des Drachenfels.

Das Eigentum des Landes Nordrhein-Westfalen am Bergkegel des Drachenfels erstreckt sich seitdem auf den Teil des Berges, den der Fiskus des Landes Preußen 26. 4. 1836 käuflich erworben hatte. Dazu kam noch der obere Teil des Fahrweges zum Drachenfels, den der VVS am 4. 2. 1873 dem preußischen Fiskus zu Eigentum übertragen hatte. Der VVS blieb weiterhin Eigentümer der oberen Hänge des Drachenfels mit Ausnahme des Geländes der Bergbahn zum Drachenfels, dessen Eigentümer die „Bergbahnen im Siebengebirge AG" ist.

Reittiere am Drachenfels
1904 — 1939 — 1949 — 1979

Aus einem Bericht der Stadtverwaltung Königswinter für das Jahr 1904 ergibt sich, daß damals den Drachenfelsbesuchern 12 Reitpferde und 42 Esel zur Verfügung standen. Im öffentlichen Fahrdienst waren 34 zweispännige Wagen eingesetzt.

Im Jahr 1939 gab es in Königswinter noch neun

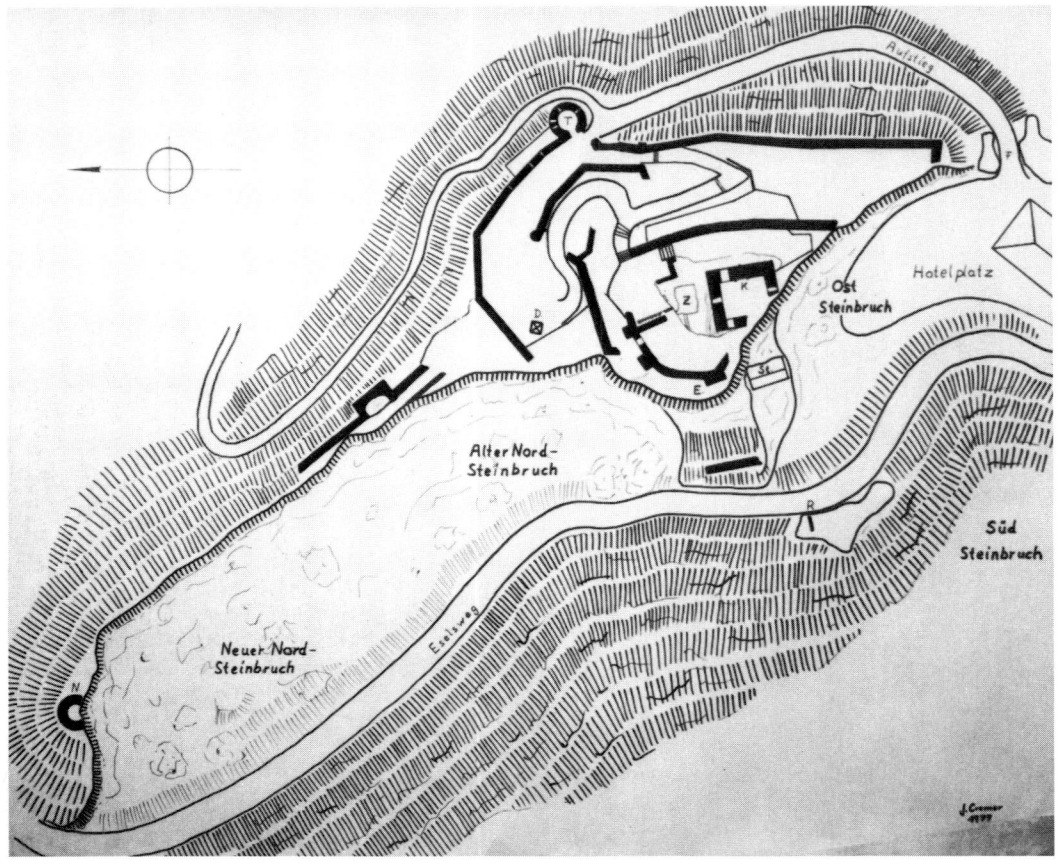

Abb. 135: Die noch vorhandenen Teile der Burganlage Drachenfels; 1977.

seite des Drachenfels von Rhöndorf aus, welcher in diesem Jahre durch die Felszacken und Klüfte bis zu dem Plateau am Gasthofe fortgeführt worden ist, das er auf vielfacher Treppe erreicht.

Ein eisernes Geländer sichert diesen Weg, wo es nöthig ist. Früher waren diese Stellen nur für geübte Kletterer und nicht einmal für alle zugänglich. Wer diesen Weg noch nicht kennt, wird staunen, wenn er ihn betritt".

Das Projekt einer Seilbahn
von Rhöndorf zum Drachenfels
1950 — 1951

Im Juni 1950 konnte man in zahlreichen Zeitungen erfahren, daß der Rhöndorfer Bäckermeister und Stadtverordnete Peter Profittlich den Bau einer Seilbahn von Rhöndorf auf den Drachenfels plane. Bereits am 15. 9. 1950 erklärte der Königswinterer Bürgermeister Kirfel, durch die Errichtung der geplanten Seilbahn würden lebenswichtige Interessen der Stadt Königswinter gefährdet. Auf einer Pressekonferenz auf der Rheininsel Grafenwerth brachte damals der Kölner Regierungspräsident zum Ausdruck, daß er niemals seine Zustimmung zum Bau der geplanten Seilbahn geben werde.

Das „Echo des Siebengebirges" berichtete am 12. 5. 1951, daß „das so oft und seit längerer Zeit heiß debattierte Projekt der Drahtseilbahn von Rhöndorf zum Drachenfels am 2. 5. 1951 im Stadtrat von Honnef mit 12 gegen 7 Stimmen abgelehnt worden sei. Der Stadtdirektor von Honnef habe im Namen des Regierungspräsidenten erklärt, dieser spreche sich nach wie vor aus landschaftlichen und verkehrstechnischen Gründen gegen das Projekt aus". Weiter konnte man im „Echo des Siebengebirges" vom 14. 7. 1951 erfahren, daß Regierungspräsident Dr. Warsch sich auf einer Pressekonferenz nochmals gegen das Projekt einer Seilbahn ausgesprochen habe, da eine solche Bahn „eine einschneidende Veränderung des Natur- und Landschaftsbildes am Drachenfels mit sich bringe". Nach einer Mitteilung des „Echo des Siebengebirges" vom 6. 10. 1951 wurden im Jahr 1951 insgesamt 300 000 Personen von der Drachenfelsbahn befördert.

Reittierhalter mit insgesamt 12 Pferden und 24 Eseln. Die Zahl der Tierhalter war 1949 auf sechs abgesunken. Sie brachten noch 12 Pferde und 18 Esel zum Einsatz. Z. Z. gibt es in Königswinter nur noch zwei Reittierhalter, von denen der eine vier Esel und der andere zehn Esel besitzt.

Der Rhöndorfer Drachenfelsweg
ab 1883

In Bad Honnef-Rhöndorf führt die Löwenburgerstraße von der Rhöndorferstraße am Brunnenplatz „Am Ziepchen" vorbei ins Löwenburger Tal und zur Löwenburg. Kurz hinter dem Brunnenplatz biegt der Fußweg zum Drachenfels nach links ab. Hangansteigend führt der Weg zunächst zum 1925 errichteten Ulanendenkmal und zieht sich von hier aus in Serpentinen am Südhang des Drachenfels nach oben. Im oberen Bergbereich liegt links vom Fußweg das Gelände des ehemaligen Domsteinbruchs.

Über die Errichtung des Rhöndorfer Drachenfelsweges berichtete das „Echo des Siebengebirges" am 6. 6. 1883: „Der vorgetragene Geschäftsbericht auf der General-Versammlung des Verschönerungs-Vereins für das Siebengebirge im Europäischen Hof zu Königswinter am 3. Juni 1883 gab Auskunft über die Vollendung früher begonnener Anlagen, wie des zierlichen Wärterhauses an der Drachenfels Straße am Fuße der Wolkenburg und des schon viel begangenen Fußweges an der Süd-

Abb. 136: Partie des Rhöndorfer Drachenfelsweges im oberen Bereich des Berges; Mai 1979.

Ein neues Postgebäude
ersteht auf dem Drachenfels
28. 7. 1951

Im Sommer 1951 erstand auf dem Drachenfels ein neues Postgebäude „aus Stein". Wörtlich berichtete das „Echo des Siebengebirges": „Die bisherige Bretterbude war schon lange vor dem Kriege baufällig und erneuerungsbedürftig. Der Poststempel Drachenfels ist besonders begehrt, zumal bei Ausländern. Ein eigener Posthalter wird in diesem Jahre nicht mehr angestellt werden, der Dienst wird einstweilen von Beamten des Postamtes Königswinter mit übernommen. Die Poststelle Drachenfels hat in diesem Jahr wieder ganz im

Kleinen angefangen, es gab nur an Sonntagen dort oben Briefmarken. Die Oberpostdirektion Köln, die über 60 Jahre den Drachenfels zu ihren Agenturen zählt, wird schon wissen, was allein an Briefmarken dort eingenommen wird".

Der Kölner Regierungspräsident
spricht sich
gegen das Projekt einer Seilbahn
von Rhöndorf zum Drachenfels aus
29. 7. 1953

Auf einer Mitgliederversammlung des VVS in Bad Godesberg im „Schaumburger Hof" erklärte Regierungspräsident Dr. Warsch, wie das „Echo des Siebengebirges" am 29. 7. 1953 mitteilte, u. a.: „In letzter Zeit ist die Drahtseilbahn von Rhöndorf zu Drachenfels wieder in die öffentliche Diskussion getreten, wodurch die Gemüter zum Teil erhitzt, zum Teil beunruhigt wurden. Es erscheint mir deshalb an der Zeit, einmal darauf hinzuweisen, daß man das Fell des Bären nicht verteilen soll, bevor man den Bären erlegt hat. Es ist nämlich wenig sinnvoll, einen Bauantrag einzureichen, wenn die Stellungnahme der Eigentümer nicht vorher positiv geklärt ist. Und es dürfte hier doch interessieren, klar und eindeutig zu hören, daß z. B. der Staatsfiskus nach wie vor nicht bereit ist, an der Angelegenheit der Drahtseilbahn mitzuwirken. Auch ist er nicht bereit, Grundbesitz und Eigentumsrechte preiszugeben. Diese Erklärung, bitte ich nicht nur als meine persönliche Meinung aufzufassen. Der Herr Ministerpräsident hat mich ausdrücklich ermächtigt, zu erklären, daß er der gleichen Auffassung ist, und meine Stellungnahme in jeder Beziehung billigt. . . Zum Schluß möchte ich der dringenden Erwartung Ausdruck geben, daß die Elektrifizierung der Zahnradbahn von Königswinter auf den Drachenfels mit größter Beschleunigung weiter- und zu Ende geführt wird, damit endlich die schreckliche Verrußung des Waldes aufhört".

Die Studiengesellschaft Seilbahn Rhöndorf
e. V. 1959

Die Tageszeitungen beschäftigten sich intensiv mit dem Ablauf des Geschehens, in das der in

Abb. 137: Blick vom oberen Rhöndorfer Drachenfelsweg auf einen der Siegfriedfelsen am Domsteinbruch; Mai 1979.

Rhöndorf wohnende Bundeskanzler Dr. Konrad Adenauer zuungunsten des Seilbahnprojekts eingegriffen haben soll. Jedenfalls ließ sich schließlich das Projekt eines Seilbahnbaues auf den Drachenfels nicht verwirklichen.

In Rhöndorf kam es zur Gründung einer „Studiengesellschaft Seilbahn Rhöndorf e. V.", deren Satzung am 22. 2. 1959 errichtet wurde. Maßgebliches Mitglied der Studiengesellschaft war Herr Peter Profittlich. Plan der Studiengesellschaft war schließlich nicht mehr die Errichtung einer Seilbahn auf den Drachenfels, sondern die einer Seilbahn ins Siebengebirge. Diese Seilbahn nach Art der Wallbergbahn am Tegernsee sollte viersitzige geschlossene

Kabinen von Rhöndorf aus zunächst zum Südhang der Wolkenburg und von dort aus unter Überquerung des Rhöndorfer Tales zum Gasthof am Fuß des Bergkegels der Löwenburg transportieren.

Auskunft über den Streckenverlauf gibt ein damals erstelltes Relief im Maßstab 1:5 000, das seinen Platz im Bauernzimmer des Café Profittlich in Rhöndorf, Drachenfelsstr. 21 fand, wo es auch jetzt noch steht. Eine Denkschrift der Studiengesellschaft schildert unter der Überschrift „Wie es begann" den Ablauf des Geschehens wie folgt:

„Der Plan, eine Seilbahn zur Personenbeförderung ins Siebengebirge zu bauen, ist nicht neu. Seit Jahren erschienen in Presse, Rundfunk und Fernsehen Berichte über dieses Projekt. Ein Bürger aus Rhöndorf hatte als erster den Gedanken dem Siebengebirge eine neue Attraktion zu bieten. Vor rund 10 Jahren begann sich in Deutschlands meist besuchtem Fremdenverkehrsgebiet der Besucherstrom wie in den Jahren vor dem Krieg wieder zu regen, und damals entstand zum erstenmal dieser Gedanke. Tausende von Menschen begannen den Rhein und das Siebengebirge wieder zu entdecken, erst recht, nachdem Bonn Bundeshauptstadt geworden war. Vielerorts wollte man zu jener Zeit dem Fremdenverkehr durch die Technik eine neue Note geben, zumal Fremdenverkehrs-Fachleute die Zeit des Massentourismus, der alle Bevölkerungsschichten erfassen sollte, voraussahen.

Das Seilbahnprojekt ins Siebengebirge wurde allerdings nicht besonders ernst genommen, weil vielleicht da und dort die Ansicht vorherrschte, ein solches Objekt sei mehr eine Spielerei, als ein notwendiges Verkehrsmittel. Dementsprechend war auch das Echo auf den Gedanken, den der Rhöndorfer Bäckermeister und Stadtverordnete Peter Profittlich als erster geäußert hatte. Hinzu kam eine von der Presse immer wieder betonte und hervorgehobene Pikanterie dieses Themas. Sie hatte ihren Ursprung in der Tatsache, daß in der Nachbarschaft jenes seiner Zeit vorauseilenden Projekts ein Mann wohnte, dem die Aufgabe zugefallen war, die Geschicke der damals neu

Abb. 138: Ausschnitt aus dem Relief mit dem geplanten Streckenverlauf der Seilbahn „ins Siebengebirge" bzw. zur Löwenburg.

gegründeten Bundesrepublik zu lenken und zu leiten: Bundeskanzler Dr. Konrad Adenauer. Sollte er es doch — einem on dit zufolge — sein, der die beschauliche Ruhe am Fuße des Siebengebirges einem, wie man meinte lärmenden Verkehrsmittel, für das es keine Notwendigkeit gab, vorzog. So sprach man also von Kontroversen des Rhöndorfer Bürgers mit dem prominenten Einwohner dieses Städtchens am Fuße der Sieben Berge. Daß dem nicht so war, kann wohl an dieser Stelle mit Fug und Recht behauptet werden, zumal der Bundeskanzler die Bemühungen seines Mitbürgers wohl nur aus der Perspektive des schmunzelnden Zeitungslesers betrachtet hat, dessen Sorgen eher der Politik und nicht einer Seilbahn angemessen sind.

Konkrete Formen nahm das Rhöndorfer Seilbahnprojekt erst am 15. April des Jahres 1953 an. An diesem Tage empfahl der Haupt- und Finanzausschuß dem Rate der Stadt Honnef am Rhein, die als einer der bekanntesten Kur- und Fremdenverkehrsorte des Rheinlandes gelten kann, gegen den Bau einer Drahtseil-

bahn vom Ortsteil Rhöndorf ins Siebengebirge keine Bedenken zu erheben. Der Ausschuß nahm die Empfehlung mit 10 Stimmen bei einer Gegenstimme und 2 Enthaltungen an. Zum erstenmal wurde bei dieser Gelegenheit auch davon gesprochen, daß es das Ziel aller zukünftigen Bemühungen sein sollte, die Seilbahn ins Siebengebirge und nicht — wie bei den ersten Diskussionen — zum Drachenfels zu führen. Eine Bahn dorthin hätte zweifellos nicht der Erfüllung eines Verkehrsbedürfnisses gedient, denn dieser meistbesuchte Berg Deutschlands verfügt bekanntlich über ein gut funktionierendes und ausreichendes Transportmittel, eine Zahnradbahn. Das südliche und zentrale Siebengebirge hingegen blieb bis heute für technische Einrichtungen zur Personenbeförderung unerschlossen".

Nach dem Tode von Peter Profittlich im Frühjahr 1963 trat sein Sohn Karl Heinz in die Studiengesellschaft ein. Ein neuer 1. Vorsitzender wurde am 11. 11. 1963 gewählt. Damals plante man, die Studiengesellschaft in eine AG umzuwandeln. Ein Mitglied der Gesellschaft trat an

Bundeskanzler Dr. Konrad Adenauer mit der Bitte heran, „das Patronat über die Gesellschaft" zu übernehmen. Zu einer Gründung der AG kam es in der Folgezeit nicht. Die Studiengesellschaft Seilbahn Rhöndorf e. V. besteht noch.

Felsabsturz am Drachenfels
Februar 1967

Anfang Februar 1967 stürzte, wie das „Echo des Siebengebirges" berichtete, „ein Felsenstück von der Größe eines halben Zimmers mit einem Gewicht von 4—5 Tonnen unterhalb der Burgruine Drachenfels auf den Eselsweg".

Damals wurden im Hang oberhalb des Eselsweges sogenannte Felsputzarbeiten durchgeführt. Da man annahm, daß diese für den Felsabsturz mitursächlich gewesen sein könnten, wurden die weiteren Arbeiten in der Felswand sofort eingestellt. Im Gegensatz zu den Reaktionen auf den Felsabsturz vom Februar 1924 begnügte man sich nunmehr nicht mehr damit, einen Weg um den abgestürzten Felsblock herumzuführen, sondern sperrte den gesamten Eselsweg oberhalb des heutigen Einganges zum Schloß Drachenburg. Den Fußgängern stand seitdem als Zugang zum Drachenfels der Weg bis zum Burghof und ein von dort aus relativ steil ansteigender Fußweg zur Fahrstraße zur Verfügung. Schon bald aber legte der VVS einen neuen Fußweg an, der den gefährdeten Teil des oberen Eselsweges auf der Ostseite des Drachenfelshanges umging.

Dieser kürzere Ersatzweg, der besonders steil war, begann oberhalb des Einganges zum Schloß Drachenburg an der Stelle, wo der Eselsweg nach Westen hin abbiegt. Von hier aus stieg der Ersatzweg, parallel zum Bahnkörper der Zahnradbahn verlaufend, zur Fahrstraße an und endete an dieser westlich der Überführung der Drachenfelsbahn. Der Verlauf dieses Ersatzweges läßt sich anhand der Abb. 134 verfolgen. Er begann in etwa im oberen Karteil bei der Ziffer „7" und endete am Fahrweg zwischen dem Bahnkörper der Drachenfelsbahn und der Ziffer „8" in der starken Kurve des Fahrweges zum Drachenfels.

Eine damals angeregte Wiederherstellung des

alten Ritter- und Karrenweges auf der Ostseite des Bahndammes der Drachenfelsbahn kam aus Kostengründen nicht in Betracht, zumal dieser ehemals schmale und stellenweise tief eingeschnittene Weg schon längst eingestürzt und überwachsen war. Seit der Sperrung des Eselsweges kann man mit Reittieren nur noch bis zum Haupteingang des Schlosses Drachenburg (in Höhe der Bahnunterführung zum Burghof) reiten.

Überlegungen und Untersuchungen
zur Sanierung des Bergkegels des Drachenfels
ab 1967

Die nach dem Felsabsturz vom Februar 1967 angestellten Überlegungen und Untersuchungen ließen befürchten, daß umfangreiche Felssanierungsarbeiten erforderlich sein würden, um einerseits die Drachenfelsbesucher vor Felsabstürzen und Steinschlag zu schützen und andererseits den Bergkegel einschließlich der Burgruine in seinem Bestand zu erhalten. Gewißheit insoweit brachten schließlich Untersuchungen des Geologischen Landesamtes Nordrhein-Westfalen (Krefeld) im Jahre 1970, bei denen „zwei Erkundungsbohrungen durch den Felsen gelegt und mit Bergsteigergruppen örtliche Untersuchungen der Steilhänge u. a. m. durchgeführt wurden. Das Ergebnis war: Die Verwitterung der Oberflächen ist meist nur wenige mm bis cm eingedrungen; in den Klüften dagegen haben Spaltwasser, Frost und Bewuchs mit bis zu 10 m langen Wurzeln Aufbruchgefahr und tiefer gehende Zerstörungen verursacht, und weit stärkere sind zu befürchten".[656]

Das Geologische Landesamt schlug folgende Sanierungsmaßnahmen vor:

1. Das Gestein soll durch viele einzuziehende, vorgespannte Anker zusammengehalten und gefestigt werden.
2. Zur Einleitung der Spannkräfte auf die Felsoberfläche sind Betongürtel erforderlich, die hier wie die druckverteilenden Endbereiche von Spannbetonkonstruktionen wirken.
3. Wegen der unhomogenen Festigkeit des Felsens im Vergleich zu Stahlbeton müssen die Ankerkräfte durch die Betongürtel groß-

flächig mit örtlichen Pressungen von 0,3 bis 0,6 N/mm² (3 bis 6 kp/cm²) auf den Felsen gebracht werden.
4. Zwecks Überwachung der Dauerwirksamkeit der Anker müssen die Spannkräfte nachprüfbar und die Anker auswechselbar sein.
5. Offene Spalten an der Oberseite und an den Seiten müssen mit Beton verfüllt, obere nackte Felsenflächen teilweise mit Betonkappen überzogen werden, um das weitere Einsickern von Regenwasser zu beschränken.
6. Nach felsstatischen Überlegungen wurden die voraussichtliche Anzahl, die vermutliche Länge sowie die Richtung der erforderlichen Anker in einer Übersicht gegeben.[657]

Die Hotelbauten des 19. Jahrhunderts
auf dem Drachenfels werden abgerissen
Frühjahr 1971

Die vorgeschlagenen erheblichen Felssicherungmaßnahmen waren notwendig, „um die Bergkuppe mit der Ruine vor dem Einsturz zu retten und die Felspartien im Bereich des Eselsweges vor weiterer Auflockerung zu sichern. Voraussetzung für diese Felssicherungsarbeiten war der ohnehin vorgesehene Abbruch des abständigen Altbaus aus dem 19. Jahrh., um über diesen Standort die Zufahrt für Material und Geräte zu den Felsbaustellen zu ermöglichen".[658]
Ehe man im Frühjahr 1971 daran ging, die alten Hotelbauten abzureißen, wurde das Hotelgebäude aus den Jahren 1936/37 in eine Burgschenke umgebaut, um eine Bewirtung der Drachenfelsbesucher auch während der Bauarbeiten sicherzustellen. Die Burgschenke konnte bereits im Januar 1971 ihrer Bestimmung übergeben werden. Nachdem die alten Hotelgebäude im Frühjahr 1971 abgerissen worden waren, stellte sich heraus, daß der Untergrund auf der Südseite des Drachenfelsplateaus nicht ohne weiteres für das vorgesehene neue Restaurationsgebäude geeignet war. Da ohne umfangreiche Fels- und Bodenuntersuchungen nicht an einen Neubau zu denken war, wurde zunächst die Sicherung der Burgruine in Angriff genommen.

Abb. 139 u. 140: Es erwies sich als besonders schwierig, eine geeignete Aufgliederung der Felsbereiche in Abschnitte auszumachen, in die man Gerüste stellen konnte.

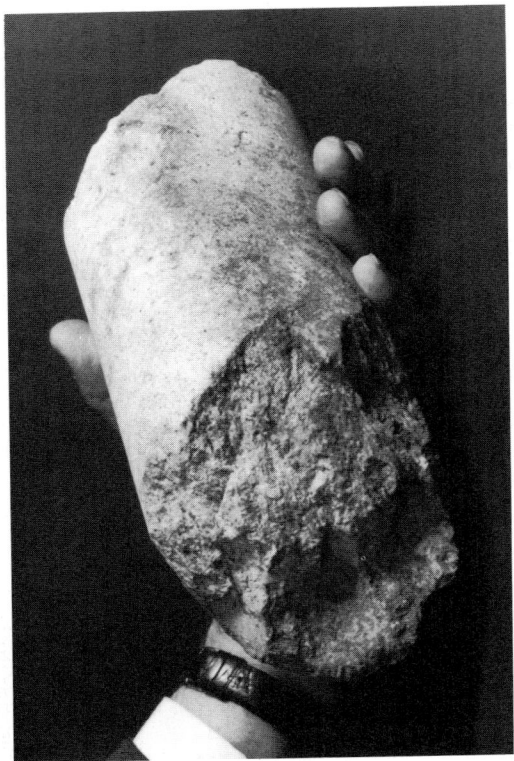

Abb. 141: Teil eines Gesteinskerns aus einer der Bohrungen am Drachenfels.

Felssicherungsmaßnahmen am Bergkegel des Drachenfels November 1971 — Ende 1973

Die Felssicherungsarbeiten, in die auch der Bergfried der Ruine einbezogen wurde, wurden in zwei Bauabschnitten durchgeführt. Der erste Bauabschnitt galt der Sicherung des im Eigentum des Landes Nordrhein-Westfalen stehenden Teiles des Bergkegels und der Burgruine. Im zweiten Bauabschnitt wurde der im Eigentum des VVS stehende Teil des Bergkegels oberhalb des Eselsweges saniert. Diese Arbeiten wurden Ende 1973 abgeschlossen.

In einer Presse-Information des Regierungspräsidenten Köln vom 6. 4. 1976 wird insoweit ausgeführt: „Insgesamt wurden für Felssicherungsmaßnahmen vom November 1971 bis Ende 1973 mehr als 3,5 Mio. DM aufgewandt,

1,7 Mio. DM flossen in die Sicherungsmaßnahmen im Bereich des Eselsweges. Dadurch konnten Felssturzgefahren eingedämmt und der Zugang zum Drachenfels über den Eselsweg wieder eröffnet werden. Wäre die Sicherung nicht vorgenommen worden, hätte die Kuppe aus Sicherheitsgründen mit erheblichem Kostenaufwand abgetragen werden müssen. Eine Maßnahme, die sicherlich auf ein nicht einhelliges Verständnis gestoßen wäre".

Vorbereitung der Felssicherungsmaßnahmen

Über die Vorbereitungen zur Durchführung der aufgrund des Gutachtens des Geologischen Landesamtes erforderlichen Felssicherungsarbeiten berichtet Thomaß:

„Zur Umsetzung dieser eher theoretischen und katalogartigen Angaben in die Bauausführung waren geeignete Vertrags- und Ausschreibungsunterlagen anzufertigen. Dazu waren geologische Gutachten auszuwerten und eine Vielzahl von Zeichnungen der Felshänge mit Schnitten und Eintragung der Betonanker erforderlich. Als besonders schwierig erwies sich die Aufgliederung der Felsbereiche in Abschnitte, in denen man Gerüste stellen konnte, sowie das Übertragen der geologischen Forderungen in einzelne, praktisch durchführbare Baumaßnahmen. Diese Arbeiten wurden dem Ingenieurbüro des Verfassers (Thomaß) übertragen, das auch die Bauleitung übernahm. Die so entwickelte Ausschreibung war anders als üblich, jedoch gelang es, alles so genau zu umschreiben, daß mit Einheitspreisen oder Pauschalen angeboten und berechnet werden konnte".[659]

Einschalung der Felswand

Die Durchführung der Felssicherungs- bzw. Bauarbeiten wurde der Bauunternehmung Kronibus KG aus Kassel übertragen, die ihre Arbeiten im November 1971 aufnahm. Thomaß berichtet über die ersten Arbeiten: „Nach Beräumung der Felswand mit einer Bergsteigergruppe, die sich abseilte, wurden die notwendigen Rüstungen in althergebrachter Weise in Holzkonstruktion abschnittsweise

Abb. 142: In der oberen Bildmitte die Reste des Rundturms der Unterburg.

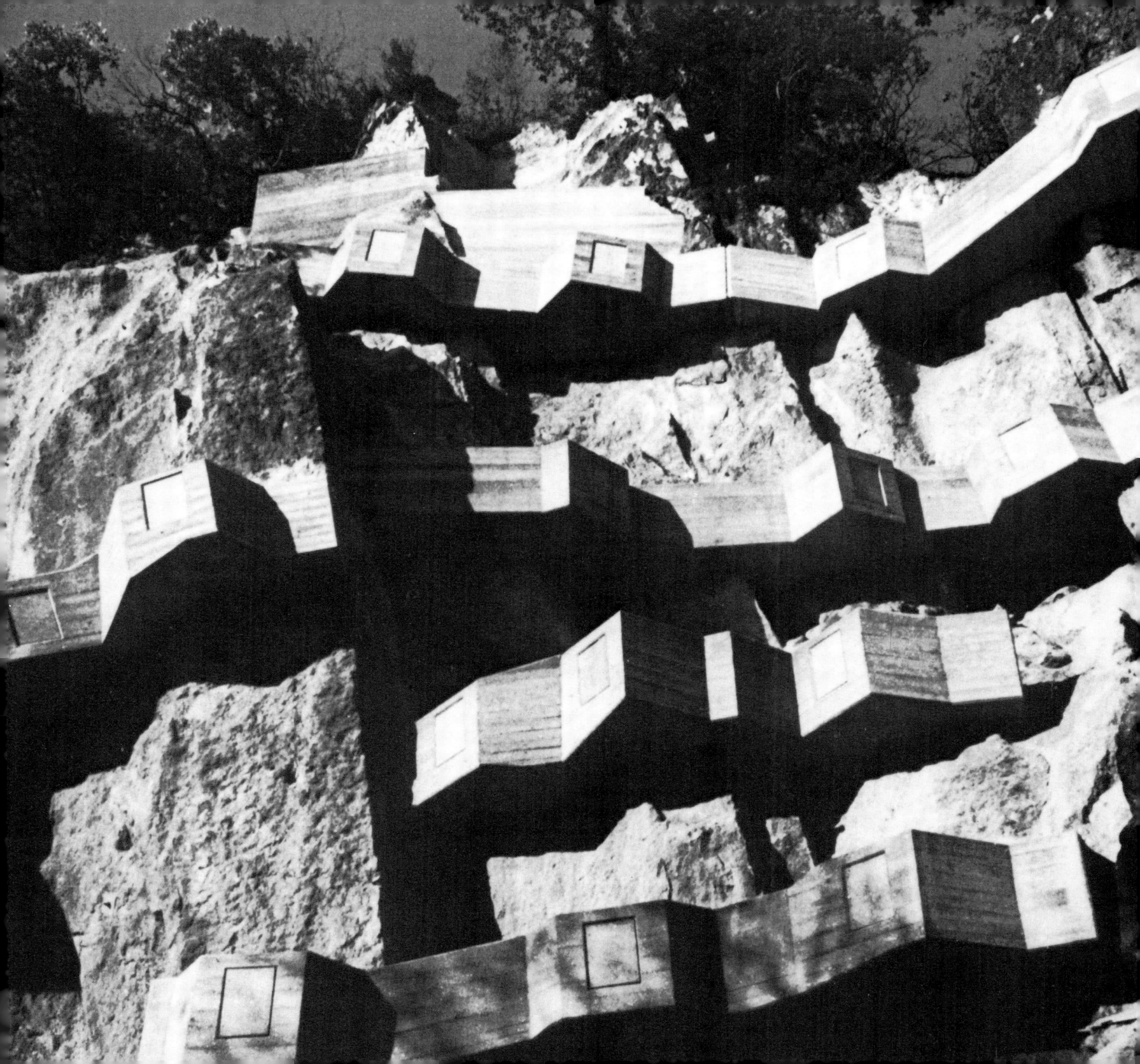

Abb. 143: Oben rechts die Südostecke der Ringmauer der Unterburg.

errichtet mit z. T. sehr schwierigen Fußausbildungen, Felsverankerungen usw. Die bis zu 40 m hohen Gerüste mußten bei Sturm sicher sein und alle Lasten und Stöße beim Durchbohren und Betonieren der Felsen aufnehmen. Die Kosten der Rüstung betrugen je m² Gerüstfläche zwischen 25,— und 40,— DM. Besonders schwierig und arbeitsaufwendig war das Anbringen der Schalung an die unebenen Felsflächen. Infolge ausgezeichneter Fachkenntnisse und handwerklicher Geschicklichkeit der Mannschaft ging dies jedoch verhältnismäßig schnell, und es entstanden dichtschließende, sehr saubere Schalflächen, wie sich an den Betonholmen später erkennen ließ".[660]

Zug- und Verpreßanker
am Drachenfels

Über die Verwendung von Zugankern und Ver-

preßankern zur Felssicherung des Bergkegels des Drachenfels berichtet Thomaß u. a.: „Der Einbau von Dauerspannankern mit rund 400 kN (40 Mp) Vorspannkraft und Längen bis über 40 m im Felsen war für Deutschland neu. Bisher hatte man nur Vorpreßanker im Tiefbau und nur für vorübergehende Zwecke verwendet, entsprechend DIN 4125, Entwurf 1969: Verpreßanker für vorübergehende Zwecke. Deshalb wurde Zustimmung im Einzelfall beantragt beim Innenministerium des Landes Nordrhein-Westfalen, Düsseldorf, das das Institut für Bautechnik, Berlin, einschaltete. Das Ergebnis waren die folgenden Auflagen:
1. Verwendet werden dürfen vorgespannte Felsanker der Josef Keller GmbH, Frankfurt, aus 1 bzw. 2 Spannstäben St 80/105 von 32 mm Durchmesser der Ilseder Hütte mit doppelseitig aufgewalzten Doppelrippen. Diese

Abb. 144: Der Bergkegel mußte gesichert werden. Die Sicherung des Bergkegels zog zwangsläufig auch Sicherungsarbeiten am Bergfried nach sich.

243

Genehmigung gilt für zwei verschiedenartige Ankertypen, und zwar:

a) Zuganker — hier Freispielanker genannt — sind Anker, die durch den ganzen Berg hindurchgehen und an jeder Außenseite einen Ankerkopf haben, ähnlich wie durchgehende Anker in einem Spannbetonbalken. Sie haben nur durch ihre beiden Anker festen Kontakt mit dem Felsen und bleiben sonst ohne Verbund in den Schutzrohren (deshalb Freispielanker). Jeder dieser Anker kann, falls erforderlich, jederzeit nach Lösen der Verankerung wieder ausgebaut werden.

b) Verpreßanker sind kürzere Spannglieder, die im Innern des Felsens auf etwa 5 m „Dackel"-Länge in Zementmörtel festgelegt und dann gegen den Betonholm in dem verbleibenden Bereich angespannt werden. Hier ist der frei bewegliche Bereich jeweils etwa 8 m. Diese Anker lassen sich nicht mehr ausbauen.

2. . . .

3. Für den Spannstahl wird ein mehrfacher Korrosionsschutz verlangt, und zwar: Phosphatierung nach vorherigem Sandstrahlen, darüber eine haftvermittelnde Kunststoffschicht aus Neoprene-Binder, ein angeschrumpftes, gewelltes Rohr von 1,5 bis 2,5 mm Wanddicke aus Hostalen der Farbwerke Hoechst und außen ein glattes Hostalen-Hüllrohr von 46 mm Durchmesser und 3 mm Wanddicke. Der Hohlraum zwischen den Rohren muß nach dem Einbauen und Vorspannen auf der gesamten Länge zwischen den Anschlußplatten ausgegossen werden mit Denso-Jet-Masse.

4. . . .

5. Alle Anker müssen Meßeinrichtungen erhalten zur dauernden Überwachung der Ankerkraft. Die Messungen sind vom Geologischen Landesamt durchzuführen, und zwar zunächst monatlich. Die Meßergebnisse sind dem entwerfenden Ingenieur in seiner Eigenschaft als Prüfingenieur für Baustatik mitzuteilen und entsprechend auszuwerten.

6. . . .".[661]

Bohrungen durch den Felsenkegel des Drachenfels

Die Rüstung an den Felswänden wurde abschnittweise vorgenommen. Danach „konnten alle Felsflächen örtlich eingesehen, überprüft und die notwendigen Arbeiten gemacht werden. Die Reihenfolge der Arbeiten war im Prinzip wie folgt:

Festlegen der Anker — bei Verpreßankern des Eintrittspunkts, bei Freispielankern des Ein- und Austrittspunkts — an den entsprechenden Stellen des Felsens, wobei sie je nach geologischer Notwendigkeit waagerecht, schräg nach unten oder oben sowie quer zur Felsaußenfläche verlaufen mußten.

Einmessen des Bohrlochs durch das Vermessungsbüro, das genau die Ansatzwinkel für das Bohrgerät lieferte. Die Bohrungen waren im allgemeinen ziemlich genau; die größten Abweichungen betrugen 20 cm, in einem einzigen Fall 50 cm, bei Bohrlochlängen über 40 m. Der Bohrlochdurchmesser war im Regelfall 76 mm, die Bohrgeschwindigkeit im Mittel 1,30 m/h".[662]

Zur Herstellung der Bohrlöcher für die Anker wurden sogenannte Kern- oder Hohlbohrungen durchgeführt. Solche Bohrungen pflegt man in der Regel bei größerem Lochdurchmesser vorzunehmen. In solchen Fällen dringt ein Stahlrohrzylinder in das Gestein ein. Dabei dringt der Gesteinskern in den Stahlrohrzylinder ein und wird dann aus dem Bohrloch als feste Gesteinsstange herausgenommen. Wird die Bohrung nicht bis zum Gesteinsende durchgeführt, so wird die Gesteinsstange abgebrochen und kann dann aus dem Bohrloch herausgeholt werden.

Bei den Bohrungen am Kegel des Drachenfels geben die Gesteinsstangen wichtige Anhaltspunkte für die Beschaffenheit des Gesteins im Berginnern.

Betonholmen am Drachenfels
10. 11. 1972

Das „Echo des Siebengebirges" berichtete am 10. 11. 1972, daß die Gerüste am Drachenfels gefallen seien und sich nunmehr bis zu 2 m hohe und bis zu 1 m dicke stahlbewehrte Betonbalken rund um die Felsenkuppe zögen.

Diese Nachricht bezog sich auf die Felswand im Bereich des Drachenfelskegels, soweit er im Eigentum des Landes Nordrhein-Westfalen steht. Thomaß führt über die Anbringung der Betonholmen und die Betonarbeiten u. a. aus: „Nach einer Anzahl erfolgreicher Bohrungen und Einführen der Kunststoffrohre zur Sicherung wurde der erforderliche Betonholm festgelegt, geschalt, bewehrt und betoniert. Dabei wurden im Bereich der Anker entsprechende Verstärkungen im Betonholm und Aussparungen für die Meßdosen angelegt. Um die Holmen auch ästhetisch möglichst gut dem Felsverlauf anzupassen und sie nicht aufdringlich erscheinen zu lassen, wurden über deren Verlauf und Gestaltung laufend Überlegungen angestellt zur Übereinstimmung von Ästhetik

Abb. 145: Der durch Beton und Anker gesicherte Bergfried; Mai 1979.

Abb. 146: Richtfest auf dem Drachenfels, 2. 8. 1975. Von links nach rechts: Stadtdirektor Schmitz, Friedrich Baron von Drachenfels, ein Nachkomme der kurländischen Edelherrn von Drachenfels, und Bürgermeister G. Hank. Von rechts nach links: Regierungsbaudirektor Hoffmann, Staatshochbauamt Bonn, Dr. D. Dennecke, Landwirtschaftsminister des Landes Nordrhein-Westfalen, der sich um die Erhaltung des Bergkegels des Drachenfels und der Burgruine besonders verdient gemacht hat.

und statischen bzw. felstechnischen Erfordernissen.

Bei Betrachtung der Wandflächen vom Gerüst aus konnten teilweise erst jetzt einzelne schlechte Stellen, große Klüfte, lockeres Gestein, brüchige Felsbereiche usw. entdeckt werden. Dazu wurden folgende Maßnahmen festgelegt:

Beseitigung von lockerem Spaltmaterial, Schließen von Klüften mit Beton, Schutz der Felsoberfläche in den Bereichen verwitterter Trachytflächen mit Spritzbeton. Dieser ist im Mittel 10 cm dick; er wurde im Torkretverfahren nach vorheriger Befestigung von Baustahlgewebe lagenweise aufgebracht. Vorher wurden zum Festhalten der neuen Deckschicht mehrere Klebeanker eingelassen; das sind vor-

gespannte kurze Anker ⌀ 20 mm, die mit Kunstharzmörtel in Patronen im Innern des Bohrlochs verankert werden. Diese Anker können im Gebrauchszustand eine Zugkraft von 60 kN (6 Mp) aufnehmen".[663]

Einbau
der Freispiel- und Verpreßanker

Über den Ankereinbau berichtet Thomaß: „Nach dem Erhärten des Betons und dem Ausbau der Schalung, ausgenommen die Bodenschalung, wurden die Spannglieder eingeführt und in der vorgesehenen Reihenfolge gespannt. Dabei kam es vor, daß die aufgebrachte Spannkraft nach einer gewissen Zeit nachließ, da sich oft innere Setzungen oder Verformungen ereigneten. Nach Erreichen der

gewünschten Spannkraft wurde diese einige Stunden belassen; erst wenn sie gleichmäßig blieb, wurden der Preßvorgang abgeschlossen und die Anker verschlossen. Erst dann wurde die Bodenschalung entfernt; denn bis dahin war sie notwendig, um den Holm am Felsen zu halten. Mit Abschluß des Vorspannens wurden die Meßdosen System Maihak M D S 56 eingebaut und zum Fernmessen elektrisch angeschlossen.

Beim Einbau der Verpreßanker wurde mehr Füllmaterial gebraucht, als nach der errechneten Bohrlochlänge und dem Bohrlochdurchmesser anzunehmen war, weil der Füllstoff durch die vielen, mehr oder weniger großen Klüfte in den Felsen abwanderte. Als normal war je Anker ein Zementbedarf von 500 kg erwartet worden; insgesamt wurden jedoch für 48 Anker rund 100 t Zement mehr verbraucht. Bei einer Ankergruppe verschwanden allein für einen Anker 20 t mehr Zement im Felsen. Dies veranlaßte die Geologen, hier über die vorgesehenen Anker hinaus noch drei weitere einzuziehen.

Insgesamt wurden in den beiden Bauabschnitten 40 Freispielanker von 10 bis 47 m Länge und 48 Vorpreßanker von 12 bis 14 m Länge eingebaut. Alle 37 Freispielanker des 1. Bauabschnitts erhielten die genannten Meßdosen, von den Vorpreßankern nur 10 Stück. Für die Betonholme und Einzelfundamente wurden eingebaut 550 m³ Beton B 300, außerdem 800 m² Spritzbeton von 10 cm Dicke. Alle Arbeiten erforderten insgesamt 6600 m² Spritzbeton von 10 cm Dicke. Alle Arbeiten erforderten insgesamt 6600 m² 15 bis 40 m hohe Arbeitsgerüste".[664]

Das „Echo des Siebengebirges" berichtete am 13. 7. 1973, daß seit einigen Wochen der Aufstieg zur Ruine wieder freigegeben sei. Damals schützte ein Maschendrahtzaun mit „bullaugenähnlichen Rundfenstern" die Besucher des kleinen Plateaus am Bergfried vor dem Abgrund.

Neubau des Drachenfels-Restaurants
August 1974 — 26. 3. 1976

Der Hotelbau aus den Jahren 1936/37 war 1970

Abb. 149: Blick auf die Löwenburg; Mai 1979.

Abb. 150: Altbau aus den Jahren 1936/37, Mai 1979.

in eine Burgschenke umgewandelt worden, „um den Gaststättenbetrieb während der Errichtung des Neubaues und der Felssicherungsarbeiten aufrecht erhalten zu können. Mit einem Kostenaufwand von annähernd 2,4 Mio. DM wurden die Hotelräume renoviert, die Burgschenke zu einem Restaurant zur späteren Selbstbedienung ausgebaut und entsprechende Küchen-, Versorgungs- und Nebenräume geschaffen. Alle haustechnischen Einrichtungen und Installationen (z. B. Heizung, Lüftung, Sanitär, Küche, Theke, Kühl- und Lagerräume) wurden erneuert bzw. ergänzt.

Nach Beendigung der Felssicherungsarbeiten, die jedoch in keinem unmittelbaren Zusammenhang mit den Um- und Neubauarbeiten im Restaurant stehen, konnte im August 1974 an

der Stelle des abgebrochenen Baus aus dem 19. Jahrhundert der Neubau des Drachenfels-Restaurants in Angriff genommen werden.

Dies machte jedoch vorab Gründungsarbeiten notwendig. Mit einem Kostenaufwand von 180 000,— DM mußten durch die Schutthalde eines ehemaligen Steinbruchbetriebes (Anm.: Domsteinbruch) 14 Schwerlastpfähle von 1,20 m Durchmesser (Nutzlast 100 — 400 t) zum Teil bis zu 10 m tief eingerammt werden, um die Lasten des Neubaus auf den sicheren Felsgrund des Drachenfels-Trachyt-Gesteins übertragen zu können. Nach dem Baugrubenaushub wurde das Projekt am 2. 8. 1975 mit einem Richtfest abgeschlossen. Am 26. 3. 1976 konnte das fertige Gebäude an den Pächter übergeben werden".[665]

Abb. 148: Blick von der Petersbergstr. in Bad Honnef-Rhöndorf. In der rechten unteren Bildhälfte das Ulanendenkmal, an dem der Rhöndorfer Drachenfelsweg vorbeiführt; 1977.

246

Abb. 147: Das neue Restaurant auf dem Drachenfels, 1977. Links neben dem Restaurant der eingerüstete Torso des Landsturmdenkmals aus dem Jahre 1876. Im Vordergrund die Rhöndorfer Marien-Kapelle aus dem Jahre 1716.

Abb. 151: Blick aus südöstlicher Richtung; 1977.

Abb. 152a: Der 1977/78 restaurierte Torso des Landsturmdenkmals.

Abb. 152b: Anlage eines Wirtschaftsweges am „neuen" Domsteinbruch; 1979.

Die Geschosse und Räumlichkeiten des neuen Drachenfels-Restaurants

Die Presse-Information des Regierungspräsidenten Köln enthält folgende Angaben: „Untergeschoß mit Personalräumen, Lager- und Kühlräumen, Heizungs-, Verteilerstation und Lüftungsanlage.

Auf der Ebene des Hauptweges zum Aussichtspunkt und zur Ruine liegt ein Sockelgeschoß mit Schenke (85 Sitzplätze, Stehtisch und Biertheke), 2 Andenken-Kiosken, einem „stummen Postamt" und überbauten Unterstellflächen für Regenwetter. Von der Fahrstraße, zu Fuß, mit der Kutsche oder der Bergbahn kommend bietet sich hier dem Drachen-

felsbesucher auf dem dem Sockelgeschoß vorgelagerten Aussichtsterrassenumgang der Blick auf das Rheintal.

Im Obergeschoß befindet sich das Hauptrestaurant, das in zwei Räume mit je 100 Sitzplätzen geteilt werden kann. Eine Besonderheit des Obergeschosses sind Sitzplätze in der Mitte des Raumes auf Podesten, so daß auch von hier über die Fensterplätze hinweg der Blick auf das Rheintal gegeben ist.

Im Westen schließt sich an das Restaurant in gleicher Ebene die überdachte Sonnenterrasse mit 140 Sitzplätzen an. Von der Terrasse aus kann man die schöne Aussicht genießen; daher ist sie besonders für den Aufenthalt von Schulklassen geeignet, deren Ausflugsziel der Drachenfels ist.

Den Gästen werden somit je nach Neigung in der Schenke mit 85 Plätzen, im Restaurant mit 2 × 100 Plätzen, auf der überdachten Terrasse mit 140 Plätzen, auf dem Ostbalkon mit 35 Plätzen, im Altbau mit 125 Plätzen sowie auf der Ostterrasse und im Biergarten mit ca. 200 Plätzen die verschiedensten Aufenthaltmöglichkeiten geboten.

Die reinen Kosten des Neubaus belaufen sich auf ca. 6,6 Mio. DM. Bei einer Bruttogeschoßfläche von ca. 2700 qm steht in 9600 cbm umbauten Raum eine Hauptnutzfläche von ca. 1860 qm zur Verfügung.

Für die Rohbaumaßnahmen wurden ca. 2,5 Mio. DM aufgewandt. Die Kosten des Innenausbaus und der Haustechnik belaufen sich auf 4,1 Mio. DM. Hinzu gerechnet werden müssen die Außenanlagen, Straßenerneuerung, Wasserleitung und Mobiliar, die mit ca. 700 000,— DM zu Buche schlagen, sowie die Gründungsarbeiten, die einen Kostenaufwand von 180 000,— DM verursacht haben.

Gemessen an den besonderen Schwierigkeiten bei der Durchführung der Baumaßnahme halten die Kosten durchaus einen Vergleich mit anderen Bauobjekten aus und liegen mit 260,— DM/cbm für das installationsfreie Gehäuse (Rohbau, Fassade und Dach) sehr günstig".[666]

Urkundenanhang

Nr. 1
Erste urkundliche Erwähnung
des Dorfes „Winetre"
25. 2. 1015

„Im Namen der heiligen und unteilbaren Dreifaltigkeit. Heinrich, durch die Gnade Gottes Kaiser der Römer, Augustus.

Wenn wir uns bemühen, die ehrwürdigen Stätten der Kirche Gottes in angemessener Weise zu ihrem weiteren Gedeihen zu fördern, so wird dies, wie wir glauben, uns und unserem Reiche unzweifelhaft zum größtmöglichen Nutzen gereichen.

Dementsprechend wollen wir der Gesamtheit aller jetzt lebenden und zukünftigen Christgläubigen durch diese unsere Urkunde bekanntmachen, daß wir, angeregt durch die Liebe Gottes und beeinflußt durch die Bitten unserer sehr geliebten Gemahlin, der Kaiserin und Herrscherin Kunigunde, und nicht zuletzt auch um unseres Seelenheils willen, einem gewissen in Bonn zu Ehren des hl. Apostelfürsten Petrus errichteten Kloster, in dem Klosterschwestern in aller Demut Gott dienen, ein im Flecken Winetre gelegenes Gut geschenkt haben. Dieser Flecken liegt im Auelgau in der Grafschaft des Grafen Ezzo. Das Gut selbst ist uns von Graf Wilhelm und dessen Bruder Boppo überlassen worden.

Eben dieses Gut mit allen seinen Zubehörungen, seinen Hörigen beiderlei Geschlechts sowie das dazugehörige bebaute und unbebaute Land, die dazugehörigen Weinberge, Wiesen, Weiden, Wälder, Jagdgründe, stehenden und fließenden Gewässer, Mühlen, Fischereirechte. Wege und Umwege, Ein- und Ausgänge, beanspruchten und zu beanspruchenden Rechte, wie sie auch immer bezeichnet sein mögen, übertragen wir durch diese Urkunde dem vorgenannten Frauenkloster zu Eigentum.

Kraft unseres Herrschaftsrechtes gehen die uns bisher insoweit zustehenden Rechte nunmehr in vollem Umfang auf das vorgenannte Kloster über, so daß dessen derzeitige Äbtissin und deren Nachfolgerinnen nach Gottes Willen ab sofort die volle Verfügungsgewalt über das gesamte Gut besitzen.

Damit nun dieses unser edelmütiges Geschenk in seinem Bestand nicht beeinträchtigt werden kann und dem vorgenannten Frauenkloster für immer erhalten bleibt, haben wir diese aufgrund unseres kaiserlichen Befehls verfaßte Urkunde siegeln lassen und mit unserem Handzeichen versehen.
(Zeichen des Herrn Heinrich, des unbesiegten Kaisers, Augustus)

Guntherius cancellarius vice Ercambaldi archicappellani recognovit".

Der lateinische Text der zu Bonn errichteten Urkunde ist veröffentlicht in „DIE URKUNDEN DER DEUTSCHEN KÖNIGE UND KAISER", herausgegeben von der Gesellschaft für ältere deutsche Geschichtskunde, 1957, III. Band, Seite 422, Nr. 333.

Die Urkunde ist frei ins Deutsche übersetzt.

Nr. 2
Übertragung der Burg Drachenfels
auf den Propst
des Bonner St. Cassius-Stifts
1149

„Im Namen der heiligen und unteilbaren Dreifaltigkeit wollen wir allen Christgläubigen und zwar den jetzt lebenden als auch den zukünftigen zur Kenntnis geben, daß ich, Arnold, aus Gottes Gnaden Erzbischof der Kölner Kirche, den Turm der Burg auf dem Drachenfels und auch einen Teil der übrigen Burggebäude mit vielen Mühen und Kosten erbaut habe. Als ich aber das Werk noch nicht ganz bis zur Hälfte fertiggestellt hatte, wurde ich unerwartet vom Schlagfuß getroffen und erkannte bald, daß mein Leben nicht mehr lange währen würde.

Aus diesem Grunde war ich weder in der Lage noch gewillt, das begonnene Werk zu vollenden. Hinzu kam, daß unser hochgeachteter Sohn Gerhard, Propst und Archidiakon der Bonner Kirche, gemeinsam mit den Kanonikern eben dieser Kirche sowie ihm und uns treuergebene Personen aus wirklicher Notwendigkeit mit inständigen und immerwährenden Bitten darauf drangen, daß ich diesem Propst und Archidiakon sowie seiner Kirche die vorgenannte Burg auf dem Drachenfels zum Schutze und zur Erhaltung seiner Güter und Besitzungen sowie derjenigen der Bonner Kirche übertragen möge.

Dabei erinnerte er uns daran, wie viele und schwere Klagen er bisher vor uns und der Kölner Kirche erhoben habe, weil diejenigen, denen wir unsere Burg überlassen hatten, die an den Drachenfels angrenzenden und ringsum liegenden Besitzungen der Bonner Kirche sowohl in den Dörfern als auch auf den Feldern und in den Weinbergen auf geradezu schändliche Weise geschädigt und zerstört hätten.

Nach reiflicher Überlegung haben wir es für nützlich und ehrenhaft gehalten, die Bitte des Propstes Gerhard und seiner Mitbrüder zu erfüllen. Letzten Endes erwächst uns nämlich kein Vorteil aus der Burg, die uns stattdessen vielmehr nur hohe Kosten verursacht und schwere Sorgen gemacht hat. Es war im übrigen auch nicht zu übersehen, daß die Burg auf dem Drachenfels nicht dringend benötigt wird, da wir ja die besonders starke Burg auf dem benachbarten Berggipfel (Anm.: die Wolkenburg) besitzen. Bedacht habe ich auch, daß das von uns in guter Absicht begonnene Werk einmal ins Gegenteil umschlagen und später vielleicht sogar noch viel Schlimmeres eintreten könnte. Schließlich war auch zu berücksichtigen, daß ein Teil des Berges, auf dem die Burg steht, der Bonner Kirche gehört, und daß Höfe, Dörfer und andere Besitzungen eben jener Bonner Kirche ringsum anschließen.

Unter Berücksichtigung aller dieser Umstände und in Übereinstimmung mit unseren getreuen Beratern haben wir mit unserer erzbischöflichen Autorität und Weisheit im Beisein hochgestellter Würdenträger öffentlich vor den Klerikern der Bonner Kirche und vor dem anwesenden Volk die Burg auf dem Drachenfels, die wir mit so vielen Mühen und Kosten errichtet haben, dem Altar der seligen Märtyrer Cassius und Florentius sowie dem Propst und Archidiakon Gerhard eben dieser Bonner Kirche und seinen Nachfolger für alle Ewigkeit übertragen.

Und damit diese Übertragung der Burg auf dem Drachenfels für immer gültig und wirksam ist, haben wir nunmehr auch in der Kölner Kirche im Angesicht von Klerus und Volk die Schenkung nochmals ausdrücklich bestätigt. Wir bestimmen insoweit, daß in der Bonner Kirche jährlich und in gebührender Form dieses Geschenkes, auch zu unserem Gedächtnis, fromm und ehrenvoll bis in Ewigkeit gedacht werden soll. Damit auch unsere Nachfolger an diese Schenkung gebunden sind und sie später nicht rückgängig machen können, habe ich mir im Angesicht der gesamten Kirche von dem vorgenannten Propst und Achidiakon Gerhard den Eid der Treue dahin leisten lassen, daß er selbst oder seine Nachfolger die Burg auf dem Drachenfels uns und unseren Nachfolgern zum Nutzen und der Kölner Kirche zur Ehre immer dann zur Verfügung stellen und uns mit Rat und Tat Hilfe leisten werden, wenn die Notwendigkeit dies gebieten sollte.

Um uns diese Schenkung möglich zu machen, hat uns Propst Gerhard aus seinem Vermögen und dem der Bonner Kirche 100 Gewichtsmark in Silber zur Verfügung gestellt, die ich meinem Verwandten Adalbert, dem Schirmvogt der Bonner Kirche gegeben habe, damit dieser, dem ich die Burg auf dem Drachenfels zu Lehen gegeben hatte, diese inzwischen freigegeben hat und keinen Anspruch mehr auf sie erhebt. Und damit dies alles legitim und rechtsverbindlich festgelegt ist, habe ich diese Urkunde durch Eindrücken meines Siegels signiert".

Der lateinische Text der vorstehenden Urkunde ist veröffentlicht in CODEX DIPLOMATICUS RHENO-MOSELLANUS, Urkundensammlung von Wilhelm Günther, 1822, Teil I. S. 318 — 322.

Die Urkunde ist frei ins Deutsche übersetzt.

Nr. 3
Der Kölner Erzbischof Reinald von Dassel bestätigt dem St. Cassius-Stift den Besitz der Burg Drachenfels
1167

"Im Namen der heiligen und unteilbaren Dreifaltigkeit. Ich Reinald, Kölnischer Erzbischof, allen Christgläubigen in Ewigkeit!

Bekanntermaßen ist uns mit dem uns übertragenen Amt das Patronat und der Schutz der einzelnen Kirchen in unserer Diözese anvertraut worden, damit keine von ihnen in ihren Rechten gefährdet wird. Eben deshalb legen wir nunmehr in dieser von uns gesiegelten Urkunde zum Schutze der Bonner Kirche bestätigend fest, daß dieser Kirche alles, was sie zur Zeit legitim besitzt, auch in Zukunft unversehrt erhalten bleiben soll.

... Wir bestätigen in diesem Zusammenhang auch die auf dem Drachenfels (Drakenvels) gelegene Burg, die der vorgenannte Propst Gerhard um einem hohen Preis erworben und dann mit großem Kostenaufwand in einen besseren baulichen Zustand versetzt hat.

Diese Burg soll unter den Bedingungen, zu denen sie der Bonner Kirche von unseren Vorgängern überlassen worden ist, bis in Ewigkeit mit der Bonner Propstei verbunden bleiben. Andererseits halten wir aber auch bekräftigend in dieser unserer Urkunde fest und befehlen wir ausdrücklich, daß die Burg auf dem Drachenfels ebenso wie alle anderen Burgen des seligen Petrus für uns und die Kölner Kirche immer dann offen zu sein hat, wenn dies erforderlich werden sollte und wir es wünschen. Die getreue Einhaltung dieser Öffnungspflicht ist jeweils von allen Pröpsten und Archidiakonen bei der Ableistung ihres Treueides zu beschwören. . ."

Der lateinische Text der vorstehenden Urkunde ist veröffentlicht in CODEX DIPLOMATICUS RHENO-MOSELLANUS, Urkundensammlung von Wilhelm Günther, 1822, Teil I, S. 387 — 390

Die Urkunde ist frei ins Deutsche übersetzt.

Nr. 4
Herrin Sophia von Drachenfels und Burgkaplan Heinrich
1219

"Ich Konrad, Kölnischer Dekan und Archidiakon, will durch diese Urkunde allen, die sie zu Gesicht bekommen, bekanntgeben, daß die Kirche des hl. Martin zu Lüttich den Zehnten von Mehlem (Milerheim) der Herrin Sophia, Heinrich, dem Kaplan auf dem Drachenfels, und seiner Mutter auf die Dauer von 3 Jahren für 30 „Libri" in Lütticher Währung überlassen hat. Dem füge ich noch hinzu, daß die vorerwähnten drei Personen in unserem und dem Beisein verläßlicher Personen ausdrücklich erklärt haben, daß sie an dem Mehlemer Zehnten weder ein Erbrecht bisher besessen haben noch in Zukunft besitzen werden".

Der lateinische Text der vorstehenden Urkunde ist veröffentlicht in Annalen des Historischen Vereins für den Niederrhein, insbesondere die alte Erzdiözese Köln, 1879, 34. Heft, S. 77

Die Urkunde ist frei ins Deutsche übersetzt.

Nr. 5
Sophia von Drachenfels und ihre Söhne Lambert und Wilhelm
1225

„Engelbert, durch Gottes Güte Erzbischof der Kölner Kirche, allen denjenigen, die diese Urkunde zu Gesicht bekommen, in Ewigkeit.

Wir machen durch diese Urkunde allgemein bekannt, daß zwischen der Kirche des hl. Martin zu Lüttich auf der einen Seite und Sophia sowie den Rittern Lambert und Wilhelm, den Söhnen eben jener Sophia von Drachenfels, auf der anderen Seite rechtliche Auseinandersetzungen über den Mehlemer Zehnten und die Mehlemer Besitzungen eben jener Kirche stattgefunden haben. Nachdem wir auf Wunsch der streitenden Parteien mit unserer Autorität eingeschaltet worden sind, haben sie sich schließlich doch auf freundschaftliche Weise vergleichsweise geeinigt.

In Erfüllung des Vergleichs haben die Ritter Lambert und Wilhelm in unserem Beisein vor dem Kapitel der Kölner Domkirche für sich, ihre Mutter und ihre Erben gegenüber der Kirche des hl. Martin spontan und feierlich erklärt, daß sie auf deren von ihnen in Mehlem innegehaltenen Besitzungen auf immer verzichten und zwar unabhängig davon, ob ihnen insoweit ein Recht zusteht oder zuzustehen scheint".

Der lateinische Text der vorstehenden Urkunde ist veröffentlicht in Annalen des Historischen Vereins für den Niederrhein, . . ., 1879, 34. Heft, S. 79 — 80.

Die Urkunde ist frei ins Deutsche übersetzt.

Nr. 6
Burggraf Heinrich von Drachenfels
August 1225

„Engelbert, durch göttliche Milde zum Erzbischof der Kölner Kirche auserwählt . . .

Nachdem wir die sowohl von der einen als auch von der anderen Seite vorgebrachten Gründe zur Kenntnis genommen und sie sorgfältig überdacht haben, bescheiden wir endgültig durch diese Urkunde, daß Burggraf Heinrich von Drachenfels (Henricus burgravius de Draeckenvelt) und seine Miterben kein Recht auf den Zehnten von Mehlem haben. Damit in dieser Angelegenheit nunmehr auf immer Frieden herrscht, haben wir angeordnet, daß die Kirche des hl. Martin zu Lüttich dem Burggrafen Heinrich und seinen Miterben 80 Mark zahlt, und daß Heinrich sowie sein Bruder Adolf alsdann freiwillig auf dem Zehnten von Mehlem, selbst wenn er ihnen zustehen sollte, verzichten".

Der lateinische Text des vorstehenden Urkundenauszuges ist veröffentlicht in Annalen des Historischen Vereins für den Niederrhein, . . ., 1879, 34 Heft, S. 80 — 81

Die Urkunde ist frei ins Deutsche übersetzt.

Nr. 7
Die Burgkapelle Drachenfels
1247

„Gottfried, durch Gottes Gnade Propst der Bonner Kirche, entbietet durch diese Urkunde allen Christgläubigen, die sie zu Gesicht bekommen sollten, den Gruß im Namen des Herrn Jesus.

Wir halten durch diese Urkunde zu Euer Kenntnis fest, daß der Konvent des Tales des Heiligen Petrus (Anm.: der Zisterzienserabtei Heisterbach) aufgrund unseres Wohlwollens auf ewig 2 Morgen Weinberge auf der Insel Ruleswerde (Anm.: Rolandswerth, jetzt Nonnenwerth) besitzt, die der Kapelle auf dem Drachenfels zugehörig sind (qui attinent capelle in Dragchenvels). Einer der Mönche soll diese Weinberge aus der Hand des Kaplans auf dem Drachenfels empfangen und diesem zunächst zum Ausgleich 4 Denare in Kölner Währung und alsdann in den folgenden Jahren nach

Zinsrecht jährlich 4 Denare zahlen. Auch nach dem Tode des Kaplans sollen die Mönche diese zwei Weinberge behalten, aber weiterhin jährlich nach Zinsrecht 4 Denare zahlen. Keinesfalls darf von dem vorgenannten Konvent ein höherer Betrag verlangt werden.

Damit diese Regelung rechtsgültig für die Zukunft festgehalten ist und nicht mehr abgeändert werden kann, haben wir diese unsere Urkunde mit unserem Siegel versehen".

Der lateinische Text der vorstehenden Urkunde ist veröffentlicht von Dr. F. Schmitz, Urkundenbuch Heisterbach, 1908, S. 190 — 191

Die Urkunde ist frei ins Deutsche übersetzt.

Nr. 8
Burggraf Gottfried verzichtet auf den
Mehlemer Zehnten
3. 2. 1258

„Gottfried, Kastellan von Drachenfels (de Drachenvelz), die Gebrüder „Ritter Lambert und Heinrich von Honnef" sowie deren Neffe Winemarus entbieten allen, die diese Urkunde zu Gesicht bekommen sollten, ihren Gruß im Namen des Herrn!
Durch diese unsere Urkunde machen wir für jetzt und für alle Zukunft bekannt, daß uns an dem Zehnten von Mehlem in seinem gesamten Umfang mit allen Zubehörungen, den der Dekan und das Kapitel der Kirche des hl. Martin zu Lüttich rechtmäßig in Besitz haben, kein von unseren Eltern erworbenes und an uns vererbtes Recht zusteht. Selbst wenn uns ein solches Recht zustehen sollte oder uns zuzustehen scheint, so haben wir doch nunmehr insoweit unsere Meinung vollkommen geändert und erklären hiermit ausdrücklich gegenüber der vorgenannten Kirche des hl. Martin zu Lüttich, daß nicht wir, sondern sie allein Inhaber des Zehnten von Mehlem in seinem gesamten Umfang und mit allen Zubehörungen ist.

Zeugen unserer in dieser Urkunde abgegebenen Erklärungen sind: Gottfried, Propst der Bonner Kirche und Archidiakon der Kölner Kirche, der Abt des Klosters der Zisterzienser im Tale des hl. Petrus (Anm.: Heisterbach), Johannes, der Kastellan „de ulkebor", die Rit-

ter Wipertus, Winemarus und Hermann von Königswinter, die Priester Heinrich, Gerhard und Hermann und noch andere Priester und weltliche Personen.

Zum Zeugnis der Rechtsgültigkeit unserer Erklärungen gegenüber der Kirche des hl. Martin zu Lüttich ist diese Urkunde mit unseren Siegeln und den Siegeln des vorgenannten Propstes und des vorgenannten Abtes gesiegelt worden.

Und wir, der vorgenannte Propst und der vorgenannte Abt, bestätigen, daß wir dieser Urkunde auf Wunsch der vorgenannten Ritter unser Siegel angehängt haben.

Diese Urkunde ist gefertigt worden am Tage des Märtyrers St. Blasius in der Kirche von Königswinter im Jahre des Herrn 1258".

Der lateinische Text der vorstehenden Urkunde ist veröffentlicht in Annalen des Historischen Vereins für den Niederrhein, . . ., 1879, 34. Heft, S. 82 — 83

Die Urkunde ist frei ins Deutsche übersetzt.

Nr. 9
Burggraf Gottfried verkauft
dem Kölner Domkapitel einen Weg
vom Domsteinbruch zum Rheinufer
26. 8. 1267

„Allen, die diese Urkunde zu Gesicht bekommen, machen wir G. Burggraf von Drachenfels zu wissen kund und halten wir so ausdrücklich schriftlich fest, daß wir zum Bau des Kölner Domes (ad structuram fabrice ecclesie Coloniensis) den Weg, der von dem Steinbruch des Kölner Domkapitels direkt zum Rheinufer führt, eben diesem Kapitel überlassen haben, damit die Werkstücke und Bruchsteine auf ihm zum Rheinufer geschafft werden können.

Die Überlassung dieses Weges ist kaufweise gegen Zahlung von 6 Mark in alten Denaren erfolgt, die uns durch Herrn Ulrich, den Kölner Kantor übergeben worden sind.

Das Kölner Kapitel soll diesen Weg, den es von uns gekauft hat, für immer behalten. Für die Zukunft, so versprechen wir in aller Form, werden wir, falls Klagen über Beeinträchtigungen der Benutzung des Weges, durch wen auch immer sie erfolgen sollten, an uns gelangen, sofort und gewissenhaft für eine ungehinderte Benutzung des Weges durch das Kölner Domkapitel sorgen".

Der lateinische Text der vorstehenden Urkunde ist veröffentlicht in Urkundenbuch für die Geschichte des Niederrheins, Dr. Theod. Jos. Lacomblet, 1846, II. Band, Seite 331

Die Urkunde ist frei ins Deutsche übersetzt.

Nr. 10
Burggraf Gottfried
schließt mit dem Kölner Domkapitel
einen Vertrag über die Nutzung
des Domsteinbruchs
31. 1. 1273

„Allen, die diese Urkunde zu Gesicht bekommen, wollen wir Gottfried, Burggraf von Drachenfels, bekanntmachen und gleichzeitig so auch bekennen, daß wir von dem Kölner Domkapitel und dem Kantor Ulrich, dem die Errichtung des Kölner Domes übertragen worden ist, 20 Mark Köln. zu vereinbarten Bedingungen erhalten haben.

Diese Bedingungen, mit denen wir einverstanden sind und die wir deshalb ausdrücklich hierdurch billigen, gehen dahin, daß das Domkapitel und der vorgenannte Herr Ulrich auf ihre Kosten mit sechs Männern auf unserem Berge Drachenfels Steine zum Bau des Kölner Domes brechen und nach Köln abtransportieren dürfen. Von diesen Leuten, die wir selbst aussuchen und auf unserem Berge beaufsichtigen werden, sollen drei Männer, die man allgemein Brecher (brechere) nennt, den Stein brechen. Die anderen drei Männer, die man allgemein als Vorschläger (vorslegere) zu bezeichnen pflegt, sollen die gebrochenen Steine an Ort und Stelle vorbearbeiten. Dieses Steinbrechen und der Abtransport der Steine ist dem Domkapitel und dem Kantor Ulrich, die selbst die Größe und die Qualität der zu brechenden Steine nach ihrem Belieben bestimmen können, auf die Dauer von vier Jahren gestattet und zwar beginnend mit dem Feste St. Petri Stuhlfeier des Jahres 1274.

Im übrigen ist vereinbart, daß das Domkapitel und der Kantor Ulrich, oder wen sonst das Domkapitel anstelle von Ulrich einsetzen wird, für den Fall, daß sie den Steinbruch für ein, zwei oder drei Jahre nicht betreiben sollten, berechtigt sind, diesen Ausfall in den nächsten Jahren, so wie es ihnen zweckmäßig erscheint, nachzuholen.

Wir legen hierdurch ausdrücklich fest, daß unsere Erben, wenn wir innerhalb der erwähnten vier Jahre versterben sollten, den mit dem Domkapitel und Herrn Ulrich geschlossenen Vertrag in vollem Umfang einzuhalten und zu erfüllen haben. Andererseits werden wir darauf achten, daß das Domkapitel und Herr Ulrich, oder wen sonst das Domkapitel an seine Stelle setzen wird, auf unserem Berge den Steinbruch nur im Rahmen des geschlossenen Vertrages betreiben werden.

Zum Zeugnis und zur Bekräftigung der getroffenen Vereinbarung, wie sie vorstehend schriftlich festgehalten ist, ist diese Urkunde mit dem Siegel des Burggrafen von Wolkenburg und dem Siegel unseres Bruders Friedrich, Kanoniker des Kapitels der Bonner Kirche, gesiegelt worden."

Der lateinische Text der vorstehenden Urkunde ist veröffentlicht in Urkundenbuch für die Geschichte des Niederrheins, Dr. Theod. Jos. Lacomblet, 1846, II. Band, S. 381 — 384

Die Urkunde ist frei ins Deutsche übersetzt.

Nr. 11
Urfehde des Edelherrn
Johann von Löwenburg
31. 7. 1288

„Durch diese Urkunde mache ich Johann — genannt Balg von Löwenberg — allen denjenigen, die diese Urkunde sehen oder von ihr hören sollten, bekannt, daß ich gegenüber den Kölner Bürgern in feierlicher Form Urfehde geschworen habe. Die von mir geschworene Urfehde geht dahin, daß weder ich noch meine Blutsverwandten, weder meine Freunde noch meine Nachkommen aus der Tatsache, daß ich in der Schlacht von Worringen von den Kölner Bürgern gefangen worden bin, irgendwelche

Rechtsansprüche im Zusammenhang mit diesem Ereignis gegenüber den Herrn „Herzog von Brabant, Graf von Berg, Jülich und Mark" sowie gegenüber den Kölner Bürgern geltend machen werden.

Insoweit habe ich auch geschworen, daß weder ich noch meine Blutsverwandten, weder meine Freunde noch meine Nachkommen gegenüber den vorgenannten Herrn und gegenüber den Kölner Bürgern in Bezug auf die Schlacht von Worringen und meine damalige Gefangennahme in irgendeiner Form Rache nehmen werden.

Weiter habe ich gegenüber den Kölner Bürgern auch geschworen, daß ich in Zukunft weder etwas Feindseliges in Bezug auf sie behaupten noch tätlich Feindseligkeiten gegen sie begehen werde. Entsprechend dem von mir geleisteten Eid werde ich die Kölner Bürger nicht nur warnen, sondern ihnen sogar helfen, wenn ich erfahren sollte, daß irgendjemand etwas Feindseliges gegen sie planen oder auch durchführen sollte.

Ich erkläre ausdrücklich, daß ich unehrenhaft handeln und auch zur Verantwortung gezogen würde, wenn ich die von mir geschworene Urfehde nicht einhalten sollte.

. . . Im Rahmen der von mir geschworenen Urfehde bestätige ich auch noch, daß ich verpflichtet bin, mich am Tage des hl. Aegidius den Kölner Bürgern wieder zu weiterer Haft zu stellen".

Der lateinische Text der vorstehenden Urkunde ist veröffentlicht in „Quellen zur Geschichte der Stadt Köln", Dr. Leonard Ennen, 1867, III. Band, S. 276

Die Urkunde ist frei ins Deutsche übersetzt.

Nr. 12
Burggraf Heinrich von Drachenfels
und sein Bruder Rutger
werden Lehnsmänner des Grafen Adolf von Berg
21. 1. 1289

„Ich Heinrich von Drachenfels — Burggraf und Ritter — mache durch diese Urkunde bekannt, daß ich von dem edlen Herrn Adolf, Graf von Berg, und seinen Erben 6 Mark dafür erhalten habe, daß ich Lehnsmann derselben geworden bin. Diese 6 Mark habe ich erhalten, damit ich und meine Erben dem vorerwähnten Herrn und Grafen Adolf sowie seinen Erben auf immer als Lehnsleute in Treue verbunden bleiben.

In dieser meiner Urkunde halte ich auch weiter fest, daß außerdem mein Bruder Rutger aus demselben Grunde für sich und seine Erben von dem vorerwähnten Grafen Adolf und dessen Erben 3 Mark erhalten hat.

Ich bekenne und verspreche außerdem, daß ich — Burggraf Heinrich von Drachenfels — dem vorerwähnten Herrn und Grafen Adolf für mich und meinen Bruder Rutger 300 Mark in Kölner Währung aus Anlaß unserer Gefangennahme zahlen werde. Damit diese Zahlung auch mit Sicherheit und zwar in Form von vereinbarten Raten erfolgt, habe ich diese Zahlungsverpflichtung in der vorstehenden und von mir gesiegelten Urkunde festgehalten. Die eben erwähnten Ratenzahlungen werde ich, wie ich nochmals ausdrücklich verspreche, an folgenden Zahlungsterminen pünktlich erbringen:

Innerhalb von 8 Tagen ab heute werde ich auf eigene Gefahr und eigene Kosten 125 Mark in Kölner Währung in Siegburg zur Auszahlung bringen. Weitere 125 Mark werde ich spätestens am Tage des Herrn Laetare (Anm.: 3. Sonntag vor Ostern) auszahlen und zwar ebenfalls auf eigene Gefahr und Kosten in Siegburg.

Die dann noch offenstehenden restlichen 50 Mark werde ich dem vorerwähnten Herrn und Grafen Adolf an einem von dem edlen Herrn Heinrich von Windeck, dem Bruder des vorerwähnten Grafen, noch zu bestimmenden Termin erbringen.

Außerdem — das verspreche ich hiermit ebenfalls — werde ich die von mir in Gefangenschaft gehaltenen Kölner Bürger unter der Bedingung wieder auf freien Fuß setzen, daß der vorgenannte Graf Adolf bis zu Sonntag Laetare zwischen den Kölner Bürgern und mir Frieden vermittelt und mir einen Ort angegeben hat, an den ich mich mit meinen Freunden

begeben kann. Sollte Graf Adolf den eben angegebenen Termin nicht einhalten können, kann er ihn um 3 oder 4 Wochen verlängern. Von diesem Termin oder Tage an werde ich von meiner bisherigen Einstellung gegenüber den Kölner Bürgern Abstand nehmen. Die Kölner Bürger ihrerseits können, wenn sie es wollen, bis zu diesem Tage mein obiges Versprechen annehmen.

Alsdann werde ich alles das, was der vorgenannte Herr und Graf Adolf, Herr Heinrich von Windeck sowie die Ritter Heinrich von Horst, Jakob von Uphoven, Engelbert und Hunginus in Bezug auf mich und die Kölner Bürger noch näher bestimmen werden, peinlich genau beachten und auch einhalten.

Zum Zeichen der Rechtsgültigkeit der von mir vorstehend eingegangenen Verpflichtungen habe ich diese meine Urkunde mit meinem Siegel versehen".

Der lateinische Text der vorstehenden Urkunde ist veröffentlicht in „Akademische Beiträge zur Guelch — und Bergischen Geschichte", herausgegeben von Andreas Lamey, 1781, III. Band, S. 191 — 192

Die Urkunde ist frei ins Deutsche übersetzt.

Nr. 13
Burggraf Heinrich von Drachenfels beurlaubt den Kölner Bürger Heinrich Gryn aus der Gefangenschaft
5. 1. 1290

„Wir — Rutger von Rheidt, Schultheiß Hermann von Siegburg, die Ritter Siegfried von Rheinkassel und Sibido Scharl sowie Wilhelm von Troisdorf, Lambert, ehemaliger Schultheiß zu Siegburg, und Tillmann, Sohn des ehemaligen Schultheißen Tillmann — machen durch diese Urkunde allgemein bekannt und bekennen so öffentlich, daß wir uns gemeinschaftlich für den in der Gefangenschaft des Burggrafen Heinrich von Drachenfels befindlichen Kölner Bürger Heinrich Gryn als Bürgen verpflichtet haben, dem Burggrafen von Drachenfels zu Händen der Ritter Hungin und Lambert von Honnef einen Betrag von 150 Mark in Kölner

Denaren zu den nachfolgend aufgeführten Bedingungen notfalls zu zahlen:

In Höhe des eben angegebenen Betrages verbürgen wir uns für den Kölner Bürger Heinrich Gryn, damit der Burggraf von Drachenfels (Dragginvels) diesen am 1. Sonntag nach dem Tage des Herrn „epiphanie" (Anm.: Fest der Erscheinung des Herrn, also der 6. Januar) auf die Dauer von 4 Wochen aus der Gefangenschaft beurlaubt und ihn an eben diesem Tage unter seinem Schutz und Schirm nach Siegburg geleitet, wo sich Heinrich Gryn in diesen 4 Wochen aufhalten und alsdann wieder dem Burggrafen von Drachenfels als Gefangener stellen wird.

Sollte Heinrich Gryn sich wider Erwarten — was wir aber nicht hoffen — nach Ablauf des ihm gewährten Urlaubs nicht wieder als Gefangener dem Burggrafen von Drachenfels stellen, dann werden wir uns auf Anweisung des Burggrafen in 3 noch von ihm zu bestimmende Quartiere zu Siegburg begeben. Dort werden wir solange verbleiben, bis der oben erwähnte Betrag von 150 Mark an den Burggrafen von Drachenfels zu Händen der Ritter Hungin und Lambert gezahlt worden ist.

Im übrigen ist in Bezug auf unsere Bürgschaft weiter vereinbart worden, daß wir berechtigt sind, jeweils einen anderen ehrenwerten Mann dann als Ersatzbürgen zu stellen, wenn sich einer von uns wegen schwerer Krankheit oder aus einem anderen wichtigen Grund entweder nicht in dem von dem Burggrafen von Drachenfels noch zu bestimmenden Quartier einfinden sollte oder nicht in ihm verbleiben kann. Dieser Ersatzbürge wird dann bis zur Behebung des Hindernisses oder bis zur Auszahlung der oben erwähnten 150 Mark in dem angegebenen Quartier verbleiben.

Wir stellen weiter klar, daß sich Graf Adolf von Berg verpflichtet hat, eben jenen Heinrich Gryn, falls dieser sich nach Ablauf des ihm bewilligten vierwöchigen Urlaubs dem Burggrafen von Drachenfels nicht wieder stellen sollte, gefangen zu nehmen und dem Burggrafen von Drachenfels zuzuführen. Für diesen Fall ist weiter vereinbart, daß wir — die Bürgen des Heinrich Gryn — von dem Burggrafen von Drachenfels nicht mehr aus unserer Bürgschaftsverpflichtung in Anspruch genommen werden können.

Sollte der Burggraf von Drachenfels den dem Kölner Bürger Heinrich Gryn gewährten vierwöchigen Urlaub verlängern, so gilt unser eben näher bezeichnetes Bürgschaftsversprechen in vollem Umfang selbstverständlich auch bis zum Ablauf des verlängerten Urlaubs.

Abschließend versprechen wir hiermit feierlich und in aller Form, daß wir das von uns abgegebene Bürgschaftsversprechen, so wie es in dieser Urkunde festgelegt ist, unbedingt und ohne jegliche Einschränkung erfüllen werden. Damit der Burggraf von Drachenfels aber auch die Gewißheit hat, daß wir unser Bürgschaftsversprechen einhalten werden, haben wir es klar und unmißverständlich in dieser Urkunde festgehalten, die der Ritter Lambert von Honnef auf unsere Bitte mit seinem Siegel versehen hat".

Der lateinische Text der vorstehenden Urkunde ist veröffentlicht in „Annalen des Historischen Vereins für den Niederrhein, insbesondere die alte Erzdiözese Köln", 1892, 55. Heft, Seite 19 — 20.

Die Urkunde ist frei ins Deutsche übersetzt.

Nr. 14
Der Kölner Erzbischof
Siegfried von Westerburg erkennt an,
Burggraf Heinrich von Drachenfels
aus Darlehen 300 Mark zu schulden
24. 6. 1291

„Wir Siegfried — von Gottes Gnaden Erzbischof der Kölner Kirche und Erzkanzler des Heiligen Reiches durch Italien — machen durch diese unsere Urkunde allgemein bekannt, daß wir uns gegenüber unserem besonders liebenswerten Freund Heinrich, dem Burggrafen von Drachenfels deshalb verpflichtet fühlen und tatsächlich verpflichtet sind, weil dieser uns zum Nutzen unserer Kölnischen Kirche ein Darlehen in Höhe von 300

Mark gewährt und auch ausgezahlt hat. Dieser Darlehensbetrag von 300 Mark, den wir dem vorerwähnten Burggrafen und seinen Erben schulden, soll aus den Einnahmen des halben Zolls zu Königswinter abgegolten werden. Sollte die Zollstelle von Königswinter nach Bonn oder anderweitig verlegt werden, so wird der Darlehensbetrag in seiner dann noch bestehenden Höhe dem Burggrafen von Drachenfels und seinen Erben ohne jegliches Hindernis und ohne jede Einrede sofort zur Auszahlung gebracht werden.

In Bezug auf das erwähnte Darlehen ist zwischen dem Burggrafen und uns weiter vereinbart worden, daß das Darlehen bis zum 20. 2. 1292 zurückgezahlt werden soll. Sollte das aus irgendeinem Grunde nicht möglich sein, dann gilt von diesem Tage an unser Dorf Unkel mit allen Rechten, auch mit den dazugehörigen Wiesen, Weiden, Wäldern und Büschen sowie allen sonstigen Zubehörungen dem Burggrafen von Drachenfels und seinen Erben als verpfändet. Dieses Pfandrecht soll so lange bestehen, bis der Darlehensbetrag von 300 Mark voll an den Burggrafen und seine Erben ausgezahlt ist.

Im übrigen bestimmen wir, Erzbischof Siegfried, unmißverständlich, daß unser eventueller Nachfolger sich an dieses unser Schuldanerkenntis und Schuldversprechen in vollem Umfang gebunden zu fühlen und es gegenüber dem Burggrafen und seinen Erben einzulösen hat, da das vorerwähnte Darlehen ausschließlich zum Nutzen der Kölner Kirche gegeben worden ist.

Zum Zeichen der Rechtsgültigkeit des in der vorstehenden Urkunde niedergelegten Schuldversprechens und Schuldanerkenntisses haben wir diese Urkunde mit unseren Siegel versehen."

Der lateinische Text der vorstehenden Urkunde ist veröffentlicht in „Das Gräflich von Mirbach'sche Archiv zu Harff" (bearbeitet von Leonard Korth), dieses veröffentlicht in den

„Annalen des Historischen Vereins für den Niederrhein, insbesondere die alte Erzdiözese Köln," 1892, 55. Heft, Seite 21—22.

Die Urkunde ist frei ins Deutsche übersetzt.

Nr. 15
Burggraf Heinrich von Drachenfels beurlaubt
den Kölner Bürger Heinrich Overstolz
aus der Gefangenschaft
27. 2. 1292

„Wir Wikbold, Archidiakon und Dekan der Kölner Domkirche, erklären und bezeugen durch diese Urkunde, daß wir uns gegenüber dem Burggrafen Heinrich von Drachenfels für den Kölner Bürger Heinrich Overstolz in Höhe von 100 Mark in Kölner Denaren dahin verbürgt haben, daß er sich bis zum nächsten Pfingstfest dem Burggrafen wieder als Gefangenen stellt.

Sollte der aus der Gefangenschaft beurlaubte Heinrich Overstolz sich bis zu diesem Termin dem Burggrafen von Drachenfels nicht gestellt haben, so werden wir — Wikbold und Herr Rutger, Dekan der Kölner Kirche St. Alban — uns nach Bonn begeben und uns dort nach näherer Anweisung des Burggrafen von Drachenfels so lange aufhalten, bis diesem die volle Summe von 100 Mark aufgrund unseres Bürgschaftsversprechens ausgezahlt worden ist.

Zum Zeichen der Rechtsgültigkeit dieses Bürgschaftsversprechens haben wir, Wikbold, die vorstehende Urkunde mit unserem Siegel versehen. Und ich, Pfarrer Rutger von St. Alban, habe die vorstehende Urkunde mit dem Siegel meiner Kirche gesiegelt, um klarzustellen, daß ich mich in dem obigen Sinne gegenüber dem Burggrafen von Drachenfels verbürgt habe."

Der lateinische Text der vorstehenden Urkunde ist veröffentlicht in „Das Gräflich von Mirbach'sche Archiv zu Harff" (bearbeitet von Leonard Korth), dieses veröffentlicht in „Annalen des historischen Vereins für den Niederrhein, insbesondere die alte Erzdiözese Köln", 1892, 25. Heft, Seite 22—23.

Die Urkunde ist frei ins Deutsche übersetzt.

Nr. 16
Gerhard von Blankenheim
wird aus der Gefangenschaft
des Burggrafen Heinrich von Drachenfels
entlassen
14. 3. 1300

„Allen, die diese unsere Urkunde zu Gesicht
bekommen sollten, wollen wir — Gerhard, Herr
zu Blankenheim, und sein erstgeborener Sohn
Friedrich — bekanntmachen und öffentlich
bekennen, daß wir es dem Wohlwollen und den
zahlreichen Bemühungen unseres verehrungswürdigen Vaters in Christus, des Herrn Erzbischofs Wikbold der Kölner Kirche, verdanken, daß wir, die wir gemeinsam mit einigen
unserer Ritter und Freunde von dem Burggrafen Heinrich von Drachenfels gefangen genommen worden sind, nunmehr endlich aus der
Gefangenschaft entlassen worden sind. Unser
verehrungswürdiger Herr Erzbischof hat sich
aber nicht nur mit vielen Mühen für unsere
Freilassung eingesetzt, sondern darüber hinaus uns in seiner Güte auch noch 300 Mark im
Hinblick auf das uns schon früher gewährte
Lehen gegeben, das wir aufgrund einer Belehnung seitens der Kölner Kirche innehaben.
Diese 300 Mark sind uns gezahlt worden, damit
wir dem verehrungswürdigen Herrn Erzbischof
und seiner Kirche in Zukunft noch besser dienen können."

Der lateinische Text der vorstehenden Urkunde
ist veröffentlicht in „Urkundenbuch für die
Geschichte des Niederrheins", Dr. Theod. Jos.
Lacomblet, 1853, III. Band, Seite 3.

Die Urkunde ist frei ins Deutsche übersetzt.

Nr. 17
Burggraf Heinrich von Drachenfels
und seine Frau Katharina
tauschen Grundstücke
mit der Abtei Rommersdorf
1. 5. 1303

„Allen, die diese Urkunde zu Gesicht bekommen oder von ihrem Inhalt Kenntnis erlangen
sollten, machen wir — Philipp, durch Gottes
Güte Abt der Prämonstratenser Abtei der Kirche der hl. Jungfrau Maria zu Rommersdorf

(Anm.: bei Koblenz) in der Trierer Diözese
sowie der gesamte Konvent dieser Abtei —
einerseits und wir — Burggraf Heinrich von
Drachenfels und dessen Frau Katharina —
andererseits zugleich für unsere Erben
bekannt und bekennen durch diese unsere
gemeinsame Urkunde öffentlich, daß wir miteinander aus Gründen der Zweckmäßigkeit
und zu unserem gegenseitigen Nutzen den
nachfolgend wiedergegebenen Tauschvertrag
geschlossen haben:

Wir — der Abt und der Konvent der vorgenannten Abtei — haben übergeben und übergeben dem Burggrafen Heinrich von Drachenfels und seiner Frau Katharina für diese und
zugleich auch für deren Erben im Tauschwege
für immer drei unserer Wiesen in der Gemarkung von Königswinter. Die erste dieser Wiesen trägt die Flurbezeichnung „An der Hevekulin", während die zweite dieser drei Wiesen die
Flurbezeichnung „Under Bucharts Burne"
trägt. Zwischen diesen beiden Wiesen liegt die
dritte der eben angegebenen Wiesen.

Außerdem haben wir übergeben und übergeben wir an unsere Vertragspartner für diese
und zugleich auch für deren Erben einen Teil
unseres Waldes, der die Flurbezeichnung „An
der Hevekulin" trägt.

Diese Übergabe im Tauschwege ist erfolgt und
erfolgt in der Weise endgültig so, daß uns in
Zukunft keinerlei Rechte an diesen drei Wiesen
und dem eben bezeichneten Waldstück mehr
zustehen.

Und wir — Burggraf Heinrich von Drachenfels
und seine Frau Katharina — haben übergeben
und übergeben für uns und unsere Erben dem
vorgenannten Abt und dem Konvent der vorgenannten Abtei im Tauschwege für immer unseren in der Gemarkung von Königswinter liegenden Weinberg mit der Flurbezeichnung „Hun-
der Husin" sowie unseren Wald mit der Flurbezeichnung „Anstark in Broyge". Diese Übergabe im Tauschwege ist erfolgt und erfolgt in
der Weise endgültig so, daß uns und unseren
Erben in Zukunft keinerlei Rechte an diesem
Weinberg und diesem Wald mehr zustehen.

Die tauschweise Hergabe der beiden Grundstücke ist erfolgt und erfolgt zu den oben
angegebenen Bedingungen mit der freiwillig
erteilten Zustimmung unserer Söhne Gobelinus und Rutger.

Wir, die Vertragsschließenden — Abt und Konvent der vorgenannten Abtei sowie Heinrich
und Katharina von Drachenfels — haben
gegenseitig die zum Austausch bestimmten
und oben angegebenen Grundstücke unter
Besitzaufgabe unseren Vertragspartnern
uneingeschränkt und mit allen dazugehörigen
Rechten für immer übergeben. Wir übergeben
sie hiermit nochmals ausdrücklich für immer
und sind uns darüber einig, daß es bei den in
diesem Vertrage neu geregelten Eigentumsver-
hältnissen auf immer bleiben soll. Dementsprechend werden wir den zwischen uns geschlossenen Tauschvertrag getreulich beachten und
werden wir weder von uns aus noch auf Betreiben anderer Personen — gleichgültig welche
Gründe ins Feld geführt werden könnten — die
Rechtsgültigkeit dieses Vertrages in Zweifel
ziehen oder angreifen.

Zum Zeichen der Rechtsgültigkeit des in dieser unserer Urkunde festgehaltenen Tausch-
vertrages haben wir — der Abt sowie der Konvent der vorgenannten Abtei und Burggraf
Heinrich von Drachenfels — mit unseren Siegeln diese Urkunde gesiegelt.

Die Urkunde ist gefertigt worden im Jahre des
Herrn 1303 am Tage der hl. Apostel Philipp und
Jakob in Gegenwart der nachfolgend aufge-
führten Königswinterer Schöffen: „Constantin,
gen. Dervot, Heinrich, Sohn des Vogtes,
Arnold, Sohn des Embricius; Hendrik, der
Fischer, und Thelmann, gen. Wise, sowie ande-
rer vertrauenswürdiger Personen."

Der lateinische Text der vorstehenden Urkunde
ist veröffentlicht in „Das Gräflich von Mirbach'sche Archiv zu Harff" (bearbeitet von
Leonard Korth), dieses veröffentlicht in „Annalen des Historischen Vereins für den Niederrhein, insbesondere die alte Erzdiözese Köln",
1892, 55. Heft, Seite 30.

Die Urkunde ist frei ins Deutsche übersetzt.

Nr. 18
Ein Streit zwischen Graf Wilhelm von Berg
und Burggraf Heinrich von Drachenfels
wird beigelegt
18. 11. 1303

„Allen, die diese Urkunde zu Gesicht bekommen oder von ihrem Inhalt Kenntnis erlangen sollten, machen wir, Graf Wilhelm von Berg, bekannt, daß wir uns mit dem Schildknappen Arnold von Wissersheim, der gemeinsam mit einigen Komplizen unseren Diener, den Lombarden Bertram aus Siegburg, gefangen genommen und längere Zeit in Haft gehalten hat, sowie auch mit dem Burggrafen und Ritter Heinrich von Drachenfels und dem Ritter Lambert von Honnef in Bezug auf zwischen uns bestanden habende Streitigkeiten und auch im Hinblick auf die vorerwähnte Gefangennahme des Lombarden Bertram geeinigt haben.

Dementsprechend haben wir, Graf Wilhelm von Berg, einerseits und die eben erwähnten beiden Ritter sowie der eben erwähnte Schildknappe andererseits uns dahin geeinigt, daß wir uns einander in Zukunft in Freundschaft verbunden fühlen und gegenseitig in aller Offenheit die eben erwähnten Streitigkeiten und alles das, was aus Anlaß der bereits erwähnten Gefangennahme des Lombarden Bertram an Taten geschehen und an feindseligen Worten gefallen ist, bedauern und als ungeschehen betrachten.

Deshalb nehmen wir, Graf Wilhelm von Berg, von unserem Plan, den wir im Hinblick auf die eben erwähnten Streitigkeiten in Bezug auf die vorerwähnten drei Personen gefaßt hatten, Abstand und richten an sie, die uns ausdrücklich darum gebeten haben, noch einmal die Frage, ob sie wieder von uns mit den Lehen belehnt werden wollen, die wir ihnen einmal eingeräumt hatten.

Wenn die drei vorgenannten Personen dies nochmals erbitten sollten, so werden wir sie wieder in dem früheren Umfang belehnen. Dies würden und werden wir jedoch nur unter der Voraussetzung tun, daß sie sich in Zukunft jeglicher Arglist und Feindseligkeit gegen uns enthalten.

Zum Zeichen der Rechtsgültigkeit der vorstehend von uns abgegebenen Erklärungen haben wir die vorstehende Urkunde eigenhändig mit unserem Siegel versehen."

Der lateinische Text der vorstehenden Urkunde ist veröffentlicht in „Das Gräflich von Mirbach'sche Archiv zu Harffs" (bearbeitet von Leonard Korth), dieses veröffentlicht in „Annalen des Historischen Vereins für den Niederrhein, insbesondere die alte Erzdiözese Köln", 1892, 25. Heft, Seite 22—23.

Die Urkunde ist frei ins Deutsche übersetzt.

Nr. 19
Burggraf Heinrich von Drachenfels
gewährt dem Kölner Domherrn Ludolf von
Dyck
ein Darlehen von 100 Mark
10. 4. 1305

„Allen sei bekannt gemacht, daß ich — der Kölner Domherr Ludolf von Dyck — gehalten und verpflichtet bin, dem edlen Herrn und Burggrafen Heinrich von Drachenfels, meinem Freund, aus besonderem Grunde 100 Pagamentmark in großen Turnosen zu zahlen. Die Rückzahlung dieser Schuldsumme ist mir entgegenkommenderweise bis zum Tage des Festes des hl. Martin gestundet worden.

Für die pünktliche Zahlung an diesem Tage habe ich den Bonner Schultheiß Johann von Virneburg, der ein Blutsverwandter von mir ist, als Bürgen gestellt. Dieser wird als Schuldner an meine Stelle treten, wenn ich — was Gott verhindern möge — nicht in der Lage sein sollte, meine Schuld pünktlich zu begleichen. Auf Anweisung des vorerwähnten Burggrafen wird sich Johann in einem solchen Falle unverzüglich in ein von dem Burggrafen zu bestimmendes ehrenhaftes Quartier in Bonn begeben und in diesem als mein Bürge jedenfalls zwei Monate verbleiben, falls der Burggraf von Drachenfels nicht vorher die ihm zustehenden 100 Mark erhalten haben sollte.

Länger als zwei Monate soll aber mein Bürge Johann nicht in diesem Quartier verbleiben, sondern alsdann in Bezug auf diese 100 Mark

den Burggrafen von Drachenfels nach dessen Willen befriedigen.

Sollte das meinem Bürgen aus irgendeinem Grunde aber dann nicht möglich sein, so ist der Burggraf von diesem Augenblick an, ohne daß ich mich dagegen wehren kann oder darf, berechtigt, zum Zwecke der Befriedigung seiner Forderung mein Vermögen — seien es meine Pferde oder etwas anderes — an sich zu nehmen.

Zum Zeichen der Rechtsgültigkeit meines vorstehend abgegebenen Schuldanerkenntnisses und Schuldversprechens sowie der von Johann von Virneburg eingegangenen Bürgschaftsverpflichtung ist die vorstehende Urkunde sowohl mit meinem als auch mit dem Siegel des Johann von Virneburg gesiegelt worden."

Der lateinische Text der vorstehenden Urkunde ist veröffentlicht in „Das Gräflich von Mirbach'sche Archiv zu Harff" (bearbeitet von Leonard Korth), dieses veröffentlicht in „Annalen des Historischen Vereins für den Niederrhein, insbesondere die alte Erzdiözese Köln", 1892, 55. Heft, Seite 32—33.

Die Urkunde ist frei ins Deutsche übersetzt.

Nr. 20
Burggraf Heinrich von Drachenfels
und das Gefecht von Junkersdorf bei Köln
8. 6. 1306

„Den besonnenen Vorstehern, Stadtvätern, Schöffen und der Gesamtheit der Bürger von Köln entbietet Heinrich — Burggraf der Burg auf dem Drachenfels — in geziemender Weise seinen höflichen Gruß.

Eurer Bedachtsamkeit und Besonnenheit Rechnung tragend, sei Euch hiermit mitgeteilt, daß Hermann Vynke — Sohn des Ritters Heinrich von Ossendorf aus dem Geschlecht Wredin — an dem Tage, an dem ich das Gefecht bei Junkersdorf mit meinen Gegnern, Euren Bundesgenossen, hatte, mich auf keinerlei Weise weder durch eine dem Gefecht vorausgegangene Beratung noch bei dem Gefecht selbst durch Beratung, tätige Hilfe oder sonstwie unterstützt hat.

Gemeinsam mit meinem Verbündeten Ritter Gobelinus von Merheim sowie meinen anderen Verbündeten bezeuge ich auf dringenden Wunsch des Hermann Vynke deshalb wahrheitsgemäß durch diesen meinen Brief, daß Hermann Vynke aber auch in gar keiner Weise an dem Gefecht von Junkersdorf beteiligt war.

Zum Zeichen dafür, daß das vorstehende Leumundszeugnis zu Recht zur Entlastung des Hermann Vynke erteilt worden ist, habe ich diesen Brief eigenhändig mit meinem Siegel versehen."

Der lateinische Text der vorstehenden Urkunde ist veröffentlicht in „Quelle zur Geschichte der Stadt Köln", Dr. Leonard Ennen, 1867, II. Band, Nr. 350.

Die Urkunde ist frei ins Deutsche übersetzt.

Nr. 21
Burggraf Heinrich von Drachenfels
und seine Frau Katharina
verkaufen dem Domkapitel 4 Morgen Weinberge
1306

„Wir, Burggraf Heinrich von Drachenfels und seine Frau Katharina, wollen durch diese unsere Urkunde allgemein bekanntmachen und so gleichzeitig auf diesem Wege für die nach uns folgenden Generationen schriftlich festhalten, daß wir beide nach reiflicher Überlegung und zwar sowohl mit Zustimmung unserer Kinder Rutger und Elise als auch im Einverständnis unserer anderen Erben dem verehrungswürdigen Dekan und den verehrungswürdigen Herrn des Kapitels der Kölner Domkirche im Hinblick auf die Errichtung des neuen Kölner Doms vier Morgen von unseren Weinbergen verkauft und übergeben haben.

Hierbei handelt es sich um die Weinberge, die an unserem Berge Drachenfels unterhalb des Loches gelegen sind, das man Drachenloch zu nennen pflegt. Dreiundeinhalb Morgen dieser Weinberge gehörten früher einem gewissen Hermann, genannt Dummeler, und dessen Sohn Everhard. Für diese von uns verkauften Weinberge, so wie sie sich in ihrer gesamten Fläche zu beiden Seiten sowie nach oben und unten hin erstrecken, haben wir von den oben erwähnten verehrungswürdigen Herrn aus der Dombaukasse 250 Mark in Kölner Denaren erhalten.

Wir halten insoweit urkundlich fest, daß es zu diesem Verkauf gekommen ist, weil der verehrungswüdige Dekan und die verehrungswürdigen Herrn des Kapitels der Kölner Domkirche an uns mit der Bitte herangetreten sind, ihnen die vorgenannten Weinberge zu überlassen, damit sie so endlich den Domsteinbruch auf unserem Berge Drachenfels, der oberhalb der erwähnten vier Morgen Weinberge liegt, auf lange Sicht besser und ergiebiger als bisher betreiben können. Dieser Steinbruch liegt in der Nähe des Ortes, der allgemein Tegenloch genannt wird, und erstreckt sich von dort aus in einem genau abgegrenzten Bezirk unseres Berges bis zum alten Kölner Domsteinbruch hin.

Nachdem nunmehr die vorerwähnten vier Morgen Weinberge dem Dekan und den anderen Herrn des Kölner Domkapitels verkauft und übereignet worden sind, können diese verehrungswürdigen Herrn in diesem Steinbruch, wann immer und so oft sie es für erforderlich erachten und in die Tat umsetzen wollen, für den Bau des neuen Kölner Doms Steine brechen und abtransportieren lassen.

Es bleibt aber trotz der soeben geschilderten Abmachung dabei, daß der verehrungswürdige Herr Dekan und die verehrungswürdigen Herrn des Domkapitels weiterhin eine jährliche Vergütung in Höhe von fünf Mark in Denaren, die zunächst unser hochverehrter Vater und dann wir nach dessen Tod erhalten haben, an uns für jedes Jahr zahlen müssen, in dem sie für den Bau des Kölner Doms auf unserem Berge Steine brechen lassen.

Außerdem haben die verehrungswürdigen Herrn des Domkapitels uns weiterhin, so wie es bisher gehandhabt worden ist, jährlich 2 Mark in Denaren für die von uns zu treffende Auswahl und Beaufsichtigung der Steinbrucharbeiter auf unserem Berge Drachenfels zu zahlen. Die Entlohnung dieser Steinbrucharbeiter obliegt jedoch dem Herrn Dekan und den anderen Herrn des Domkapitels.

Im Kölner Domsteinbruch sollen generell nur 7 Steinbrucharbeiter eingesetzt werden, von denen 4, die man allgemein Brecher zu nennen pflegt, den Stein brechen. Die anderen 3 Steinbrucharbeiter, die man als Vorschläger bezeichnet, sollen den gebrochenen Stein an Ort und Stelle vorbearbeiten.

Darüber hinaus sollen jedoch die vorgenannten verehrungswürdigen Herrn im Domsteinbruch auf unserem Berge Drachenfels soviel Steinbrucharbeiter — Brecher und Vorschläger — zu den ihnen insoweit geeignet erscheinenden Zeiträumen einsetzen dürfen, wie sie es für erforderlich halten. Hierüber müssen sich jedoch die vorerwähnten verehrungswürdigen Herrn vorher mit uns und unseren Erben gütlich geeinigt haben, wie es auch schon bezüglich der vorerwähnten 7 Steinbrucharbeiter geschehen ist.

Im übrigen halten wir durch diese unsere Urkunde ausdrücklich fest, daß die vorerwähnten verehrungswürdigen Herrn und die Provisoren der Fabrik des neuen Kölner Doms keine auf unserem Berg gebrochenen Steine an andere Personen, wer diese auch immer sein mögen, verkaufen dürfen.

Darüber hinaus stellen wir klar, daß die vorerwähnten Herrn aufgrund der in dieser unserer Urkunde festgehaltenen Vereinbarung in dem eben angegebenen Umfang auf unserem Berge auf die Dauer von zwei Jahren — ausgenommen das jetzt laufende Jahr — Steine brechen lassen dürfen.

Wir weisen noch darauf hin, daß die vorgenannten verehrungswürdigen Herrn, so wie es auch schon bisher in Bezug auf unseren Vater und uns gehandhabt worden ist, uns die vorgenannte Vergütung auch nach Ablauf des ihnen vorstehend zum Steinbrechen eingeräumten Zeitraumes auf die Dauer von ein, zwei oder drei Jahren zu zahlen haben, wenn wir dies für notwendig erachten und wünschen.

Abschließend halten wir ausdrücklich für uns und alle unsere Erben in Bezug auf die über die vorgenannten Weinberge und den vorgenannten Berg getroffenen Abmachungen verbindlich in aller Form fest und versprechen wir, daß weder wir noch unsere Erben gegen den in dieser unserer Urkunde aufgeführten Vertrag oder Teile desselben ohne zwingende und gerechtfertigte Gründe verstoßen werden oder zu verstoßen gedenken. Wir werden vielmehr den Vertrag genau einhalten und die vorgenannten edlen Herrn und ihre rechtmäßigen Nachfolger in allem getreulich unterstützen.

Zum Zeugnis für die Rechtsgültigkeit der in dieser unserer Urkunde festgelegten Vereinbarungen haben wir die Urkunde mit unserem Siegel versehen."

Der lateinische Text der vorstehenden Urkunde ist veröffentlicht in „Urkundenbuch für die Geschichte des Niederrheins", Dr. Theod. Jos. Lacomblet, 1846, II. Band, Seite 381—382.

Die Urkunde ist frei ins Deutsche übersetzt.

Nr. 22
Graf Adolf von Berg
löst das verpfändete Rheinamt
bei Burggraf Rutger von Drachenfels aus
28. 1. 1308

„Ich Rutger, Burggraf von Drachenfels, mache durch diese Urkunde allgemein bekannt, daß ich von dem edlen Herrn und Grafen Adolf von Berg, meinem Herrn, in Höhe einer meinem Vater und mir zugestanden habenden Forderung von 160 Mark, für deren Sicherstellung uns die Leute und das Amt — Rheinamt genannt — verpfändet worden waren, inzwischen voll befriedigt worden bin. Deshalb bestätige ich nunmehr ausdrücklich, daß mir keinerlei Rechte aus der vorstehend erwähnten Verpfändung des Rheinamtes mehr zustehen.

Zum Zeichen der Rechtsgültigkeit meiner vorstehenden Erklärung habe ich mit meinem Siegel diese Urkunde gesiegelt."

Der lateinische Text der vorstehenden Urkunde ist veröffentlicht in „Urkundenbuch für die Geschichte des Niederrheins", Dr. Theod. Jos. Lacomblet, 1853, III. Band, Seite 56.

Die Urkunde ist frei ins Deutsche übersetzt.

Nr. 23
Burggraf Rutger von Drachenfels
verspricht Herrn Lambert von Heinsberg
und Blankenberg Beistand
2. 11. 1315

„Ich Rutger, Burggraf und Ritter von Drachenfels, mache allen denjenigen, denen Einsicht in dieses heute von mir errichtete Schriftstück gewährt wird, bekannt, daß ich mich wegen des mir und meinen Vorfahren fortlaufend von dem edlen Herrn von Heinsberg und Blankenberg entgegen gebrachten Wohlwollens feierlich und ernsthaft verpflichte, dem vorgenannten Herrn mit allen meinen Kräften und auch mit meiner Burg auf dem Drachenfels gegen jedermann Beistand zu leisten. Aus Dankbarkeit werde ich meine Burg Drachenfels dem vorgenannten Herrn immer dann zugänglich machen bzw. sie ihm offenhalten, wann immer dies für ihn notwendig sein sollte.

Dieses Öffnungsrecht gilt jedoch nicht für den Fall eines Streites zwischen dem Herrn von Heinsberg und Blankenberg und meinem Herrn, dem Kölner Erzbischof, dessen Ministerial ich bin. Ich habe insoweit verbindlich allseitig klargestellt, daß, wenn der Herr Kölner Erzbischof mit dem vorgenannten Herrn von Heinsberg und Blankenberg in Streitigkeiten verwickelt werden sollte, was hoffentlich nie geschehen wird, dem Herrn Erzbischof weder von mir noch von meiner Burg Drachenfels Hilfe zuteil werden wird.

Insoweit habe ich aber auch klargestellt, daß, wenn der vorgenannte Herr von Heinsberg und Blankenberg in feindlicher Absicht in das Kölner Erzstift eindringen sollte, was hoffentlich nie geschehen wird, ich meinem Herrn, dem Kölner Erzbischof, dem ich generell in Treue verbunden bin, zur Verteidigung seines Territoriums Beistand leisten kann, ohne dadurch gegen mein heute dem Herrn von Heinsberg und Blankenberg gegebenes Beistandsversprechen zu verstoßen.

Dementsprechend werde ich aber auch dem vorerwähnten Herrn von Heinsberg und Blankenberg zur Verteidigung seines Territoriums auf dessen Ersuchen Hilfe leisten, wenn der Herr Kölner Erzbischof, was hoffentlich nie geschehen wird, in dieses Territorium einfallen sollte. In einem solchen Falle kann man mir nicht vorwerfen, daß ich mich gegenüber meinem Herrn, dem Kölner Erzbischof, treulos und arglistig verhielte.

Damit die zwischen dem vorerwähnten Herrn von Heinsberg und Blankenberg und mir getroffene Beistandsverpflichtung auf immer getreulich eingehalten wird, habe ich zum Zeichen ihrer Rechtsgültigkeit mit meinem Siegel die vorstehende Urkunde gesiegelt."

Der lateinische Text der vorstehenden Urkunde ist veröffentlicht in „Akademische Beiträge zur Gülch und Bergischen Geschichte", Ch. J. Kremer, 1769, I. Band, Seite 19.

Die Urkunde ist frei ins Deutsche übersetzt.

Nr. 24
Behinderungen des Domsteinbruchs
werden durch Vertrag
zwischen Burggraf Rutger von Drachenfels
und den Prokuratoren des Kölner Dombaues
beseitigt
1319

„Allen denen, die diese unsere Urkunde zu Gesicht bekommen, wollen wir Rutger, Burggraf von Drachenfels bekanntmachen, daß wir von den Prokuratoren des Kölner Dombaues 28 Mark in Kölner Pagamentdenaren im Jahre 1319 erhalten haben. Dieses Geld ist uns ausgezahlt worden, weil wir einmal den Steinbruch auf unserem Berge Drachenfels, in dem Steine für den Bau des Kölner Doms gebrochen werden, in eben diesem Jahre laufend unter Aufsicht gehalten haben. Zum anderen haben wir die vorstehend erwähnte Vergütung auch deshalb erhalten, weil wir keinem Menschen — wer immer es auch gewesen sein mag — gestattet haben, für andere als Dombauzwecke dort Steine zu brechen.

Insoweit haben uns jedoch die Prokuratoren des Kölner Dombaus gestattet, daß wir für unsere Zwecke dort 100 Fuß Steine brechen können und dürfen, wenn dies für uns notwendig sein sollte.

Wir versprechen und verpflichten uns, daß wir

mit aller Strenge verhindern werden, daß gebrochene Steine, Steinreste oder ähnliches in den Kölner Domsteinbruch geworfen oder geschüttet werden. Sollte das aber jemand doch einmal tun, so werden wir ihn zwingen, solche Steine und Abfälle aus dem vorgenannten Steinbruch so zu entfernen, daß er wieder vollkommen in Ordnung ist.

Weiter verpflichten wir uns, den Klagen, daß in diesem Jahr doch Verstöße dieser Art vorgekommen sind, dadurch abzuhelfen, daß wir auf eigene Kosten den Schaden beheben werden, damit die Fabrik des Kölner Dombaus ungehindert arbeiten kann.

Darüber hinaus versprechen wir voll guten Willens, daß wir auf keinerlei Weise die Fabrik des Kölner Dombaus beim Abtransport der Steine behindern, sondern die Fabrik sogar insoweit unterstützen werden.

Zum Zeichen der Rechtsgültigkeit der vorstehenden Erklärung haben wir mit unserem Siegel diese unsere Urkunde gesiegelt."

Der lateinische Text der vorstehenden Urkunde ist veröffentlicht in „Urkundenbuch für die Geschichte des Niederrheins", Dr. Theod. Jos. Lacomblet, 1846, II. Band, Seite 382.

Die Urkunde ist frei ins Deutsche übersetzt.

Nr. 25
Burggraf Rutger von Drachenfels,
Bürge des Kölner Erzbischofs
Heinrich von Virneburg
23. 10. 1319

„Heinrich — durch Gottes Güte Erzbischof der hl. Kölner Kirche und Erzkanzler des Heiligen Reiches durch Italien — entbietet seinem getreuen Burggrafen Rutger von Drachenfels seinen Gruß und wünscht ihm alles Gute.

Wie auch schon in anderen Angelegenheiten bitten wir Dich, dessen Rechtschaffenheit uns bekannt ist, den beiliegenden Brief mit Deinem Siegel zu versehen und Dich gegenüber dem Herrn von Valkenburg für den Inhalt dieses Briefes zu verbürgen.

Wir versprechen Dir insoweit in Treue Beistand zu leisten, falls dies erforderlich sein sollte."

Der lateinische Text der vorstehenden Urkunde ist veröffentlicht in „Das Gräflich von Mirbach'sche Archiv zu Harff" (bearbeitet von Leonard Korth), dieses veröffentlicht in „Annalen des Historischen Vereins für den Niederrhein, insbesondere die alte Erzdiözese Köln", 1892, 55. Heft, Seite 34.

Die Urkunde ist frei ins Deutsche übersetzt.

Nr. 26
Burggraf Rutger von Drachenfels
tilgt eine Schuld durch Weinlieferung
23. 3. 1322

„Wir — Johannes von Soeven und Gottschalk von Wiehl — bestätigen öffentlich, daß Herr Rutger von Drachenfels vor uns als Zeugen so, wie es in dieser Urkunde festgehalten ist, erklärt hat, aus bestimmten Anlaß gegenüber Herrn Arnold Aquila und dessen Erben zur Zahlung von 130 Pagamentmark bis zum nächsten Allerheiligenfest verpflichtet zu sein und zwar in Form der Lieferung eines guten Weines aus seinen Weinbergen, den die verehrten Herrn Ritter Adolf von Menden und Schildknappe Johann von Merheim für gut befinden müssen.

Als Bürgen insoweit hat Burggraf Rutger von Drachenfels den vorgenannten Herrn Adolf von Menden, den Ritter Wilhelm von Troisdorf, den vorgenannten Johann von Merheim sowie die Schildknappen Adolf, gen. von Berg, Lambert von Mondorf und Konstantin von Siegburg benannt.

Diese vorgenannten Bürgen haben sich gegenüber Herrn Arnold von Aquila und dessen Erben verpflichtet, sich auf Anweisung des vorgenannten Arnold von Aquila oder dessen Erben für den Fall, daß der Burggraf von Drachenfels sein oben erwähntes Versprechen nicht einhalten sollte, in ein ehrenhaftes Quartier zu Siegburg zu begeben und dort bis zur vollen Befriedigung der Forderung des Herrn Arnold von Aquila oder dessen Erben zu verbleiben.

Die Bürgen sind andererseits aber auch berechtigt, einen ehrenhaften Ersatzbürgen zu stellen, der an ihrer Stelle in dem noch anzuge-

benden Quartier zu verbleiben hat, bis der Burggraf von Drachenfels in vollem Umfang seiner in dieser Urkunde festgelegten Verpflichtung nachgekommen ist. Sollte einer der Bürgen oder einer der von ihnen an ihrer Stelle zu benennenden Ersatzbürgen sich nicht in das noch anzugebende ehrenhafte Quartier nach Siegburg begeben, was hoffentlich nicht eintreten wird, so handelt der entsprechende Bürge oder handeln die entsprechenden Bürgen arglistig und werden hierfür einstehen müssen."

Der lateinische Text der vorstehenden Urkunde ist veröffentlicht in „Das Gräflich von Mirbach'sche Archiv zu Harff" (bearbeitet von Leonard Korth), dieses veröffentlicht in „Annalen des Historischen Vereins für den Niederrhein, insbesondere die alte Erzdiözese Köln", 1892, 55. Heft, Seite 36—37.

Die Urkunde ist frei ins Deutsche übersetzt.

Nr. 27
Burggraf Rutger von Drachenfels
zahlt Pacht durch Weinlieferung
31. 10. 1325

„Durch diese Urkunde mache ich — Druda von Geldern, wohnhaft in der Trankgasse zu Köln — allen denjenigen, die diese Urkunde zu Gesicht bekommen oder von ihrem Inhalt Kenntnis erlangen sollten, bekannt, daß Herr Rutger, Ritter und Burggraf von Drachenfels, mir zwei Fuder Wein auf die mir zustehende Pacht zu Königswinter geliefert hat. Insoweit entlasse ich den Burggrafen aus seiner Verpflichtung, diese Pacht durch den vereinbarten Geldbetrag in Denaren zu zahlen.

Zum Zeichen der Rechtsgültigkeit der von mir vorstehend erteilten Quittung habe ich diese Urkunde mit meinem Siegel versehen."

Der lateinische Text der vorstehenden Urkunde ist veröffentlicht in „Das Gräflich von Mirbach'sche Archiv zu Harff" (bearbeitet von Leonard Korth), dieses veröffentlicht in „Annalen des Historischen Vereins für den Niederrhein, insbesondere die alte Erzdiözese Köln", 1892, 55. Heft, Seite 40.

Die Urkunde ist frei ins Deutsche übersetzt.

Nr. 28.
Burggraf Rutger von Drachenfels
gelobt Treue gegenüber den Kölner Erzbischöfen
und ihrer Kirche
14. 6. 1327

„Durch diese Urkunde habe ich, Burggraf Rutger von Drachenfels, öffentlich unter Eid feierlich versprochen und verspreche ich nicht nur für mich, sondern mit bindender Wirkung auch für meine Erben, daß wir niemals aus irgendeinem Anlaß oder Grund — gleichgültig, was auch immer sich in Zukunft ereignen wird — die Burg Drachenfels den Gegnern und Feinden meines Herrn, des Kölner Erzbischofs Heinrich von Virneburg, und der Kölner Kirche öffnen und sie in ihr aufnehmen werden.

Damit diese Feinde und Gegner meinem Herrn und der Kölner Kirche auch auf andere Weise mit Hilfe der Burg Drachenfels keinen Schaden zufügen können, werde ich die Burg weder gegen eine andere noch gegen sonst etwas vertauschen oder sie verkaufen. Meine Erben und ich werden die Burg Drachenfels auch nicht auf irgendeine andere Weise der Kölner Kirche entfremden, sondern sie meinem vorgenannten Herrn, seinen Nachfolgern und der Kölner Kirche getreulich erhalten.

Außerdem habe ich feierlich unter Eid versprochen und verspreche ich auch mit bindender Wirkung für meine Erben, daß wir — so wie es schon immer gehandhabt worden ist — meinem vorgenannten Herrn, seinen Nachfolgern und der Kölner Kirche sowie deren Freunden und Helfern unter der Voraussetzung die Burg Drachenfels öffnen werden, daß mir und meiner Familie seitens der Freunde und Helfer meines vorgenannten Herrn und der Kölner Kirche kein Unrecht zugefügt wird, d. h., daß eine solche Öffnung nur zu unserem Heil und nicht zu unserem Schaden erfolgen darf. Ich und meine Erben gewähren dieses Öffnungsrecht meinem vorgenannten Herrn, seinen Nachfolgern und der Kölner Kirche, ohne daß wir insoweit jemals Widerspruch erheben oder sonst Schwierigkeiten machen werden, in der Weise, daß sie dieses Öffnungsrecht wann und so oft in Anspruch nehmen können, als dies für

sie notwendig sein oder werden sollte. In einem solchen Falle können sie sich der Burg Drachenfels zu ihrer Hilfe immer in der Weise bedienen, daß sie die Burg jederzeit betreten, verlassen und wieder in sie zurückkehren können.

Damit dieses alles auch mit Sicherheit von mir und meinen Erben getreulich in der von mir beschworenen Weise eingehalten wird, habe ich freiwillig und ohne Zwang unter Eid auch erklärt und erkläre ich zugleich mit bindender Wirkung für meine Erben, daß wir jegliches Recht, das uns an der Burg Drachenfels zusteht, auf Dauer verlieren werden, wenn ich oder meine Erben — was hoffentlich nie eintreten wird — unter irgendeinem Vorwand oder auch aus Arglist meine vorstehend unter Eid abgegebene Verpflichtungserklärung ganz oder zum Teil nicht einhalten sollten.

In einem solchen Falle sind der edle Herr Heinrich von Löwenburg und die nachfolgend aufgeführten Herrn Ritter Kuno, Marschall von Alfter, Gerhard von Landskron, Tillmann von Rheinbach und sein Bruder Lambert sowie Heinrich von Hückelhoven, Heinrich von Bachem, Adolf, gen. Kratz, Abelus, gen. Durre, Heinrich von Rennenberg sowie die Gebrüder Heinrich und Wilhelm von Gymnich, meine Blutsverwandten und Freunde, berechtigt, meinen Herrn — den Kölner Erzbischof Heinrich von Virneburg — sowie seine Nachfolger und die Kölner Kirche gegen mich zu unterstützen und ihnen insoweit jegliche Hilfe zu leisten. Das bedeutet, daß ich arglistig handeln würde, wenn ich in solchen Fällen versuchen sollte, ihre Hilfe in Anspruch zu nehmen.

Zum Zeichen der Rechtsgültigkeit der vorstehend von mir abgegebenen Verpflichtungserklärung und zu ihrer Bekräftigung habe ich mein Siegel gemeinsam mit dem Siegel meiner oben aufgeführten Freunde und Blutsverwandten auf diese Urkunde gesetzt."

Der lateinische Text der vorstehenden Urkunde ist veröffentlicht in „Urkundenbuch für die Geschichte des Niederrheins", Dr. Theod. Jos. Lacomblet, 1853, III. Band, Seite 189.

Die Urkunde ist frei ins Deutsche übersetzt.

Nr. 29
Mechthild von Drachenfels
wird vom Kirchenbann gelöst
13. 11. 1330

„Ich, der Kantor der Kirche des hl. Bartholomäus zu Lüttich, bin von dem frommen Herrn und Abt des Klosters „Moustier-Neuf" zu Poitiers zum Richter bestellt worden, um für dieses Kloster durch Richterspruch Recht zu sprechen. Darüber hinaus habe ich auch die Rechte des Ordens von Grandmont im Auftrage des Kapitels dieses Ordens zu wahren.

In dieser Doppelfunktion entbiete ich sowohl dem Pfarrer von Königswinter (Kunigswinter) in der Diözese Köln als auch allen anderen Pfarrern, Presbytern, Priestern und Notaren, denen diese meine Urkunde zu Gesicht kommen sollte, meinen Gruß im Namen des Herrn und fordere sie alle auf, den nachfolgend aufgeführten apostolischen Weisungen unbedingt und getreulich Folge zu leisten.

Die Witwe des Ritters und Burggrafen von Drachenfels ist seinerzeit wegen ihrer beharrlichen Widerspenstigkeit in apostolischen Dingen gegenüber dem Prior und Konvent des vorgenannten Ordens von Grandmont zu Meinello in der Diözese Beauvais mit unserer und der Autorität unserer Vorgänger exkommuniziert worden.

Nunmehr erteilen die vorgenannten Institutionen durch mich der Witwe des Burggrafen von Drachenfels ausdrücklich die Absolution und lösen sie hiermit vom Kirchenbann. Dementsprechend befehle ich in meiner vorgenannten Doppelfunktion den vorgenannten geistlichen Personen, die hiermit ausgesprochene Absolution und Lösung vom Kirchenbann in allen Kirchen öffentlich bekannt zu machen."

Der lateinische Text der vorstehenden Urkunde ist veröffentlicht in „Das Gräflich von Mirbach'sche Archiv zu Harff" (bearbeitet von Leonard Korth), dieses veröffentlicht in „Annalen des Historischen Vereins für den Niederrhein, insbesondere die alte Erzdiözese Köln", 1892, 55. Heft, Seite 41—42.

Die Urkunde ist frei ins Deutsche übersetzt.

Nr. 30

Burggraf Heinrich von Drachenfels
wird einer Bürgschaft seines Vaters Rutger
für ledig erklärt
21. 2. 1331

„Wir, der Offizial der Kölner Kurie, halten durch
diese unsere Urkunde schriftlich fest, daß der
Lombarde Georgius Garreti, Bürger von Este
(Anm.: oder Asti), in unserem Beisein im eigenen und auch im Namen seiner Brüder und
Geschäftspartner den Burggrafen Heinrich von
Drachenfels in vollem Umfang von der Bürgschaft freigestellt hat, die dessen Vater Burggraf Rutger von Drachenfels seinerzeit den
eben erwähnten Bürgschaftsgläubigern gegenüber eingegangen ist.

Burggraf Rutger von Drachenfels hat die entsprechende Bürgschaftserklärung in einer
Urkunde abgegeben, die wie folgt beginnt:

„Durch diese unsere Urkunde machen wir
— Johannes, Thesaurar der Bonner Kirche,
und Rutger, genannt Balg von Drachenfels
— bekannt, . . .“

und wie folgt endet:

„Diese Urkunde ist gefertigt am 18. 2. 1307“.

Wir, der Offizial der Kölner Kurie, halten hiermit
ausdrücklich urkundlich fest, daß der vorerwähnte Georgius in unserem Beisein bindend
erklärt hat, daß er selbst, seine Brüder und
Geschäftspartner in vollem Umfang aus der in
der Urkunde vom 18. 2. 1307 schriftlich niedergelegten Bürgschaftserklärung des Burggrafen
Rutger von Drachenfels so befriedigt worden
sind, daß Burggraf Heinrich von Drachenfels
den eben erwähnten Bürgschaftsgläubigern
seines Vaters nichts mehr schuldet.

Zum Zeichen der Rechtsgültigkeit der in unserem Beisein ausgesprochenen Lösung des
Burggrafen Heinrich von Drachenfels von der
vorerwähnten Bürgschaftsverpflichtung ist
unsere heutige Urkunde in unserem Beisein mit
dem offiziellen Siegel der Kölner Kurie gesiegelt worden.

Diese unsere Urkunde wurde gefertigt im Beisein des Peregrin von Deutz, dem Sohn des
Ritters Robert von Deutz, als Urkundenzeu-
gen.“

Der lateinische Text der vorstehenden Urkunde
ist veröffentlicht in „Das Gräflich von Mirbach'sche Archiv zu Harff“ (bearbeitet von
Leonard Korth), dieses veröffentlicht in „Annalen des Historischen Vereins für den Niederrhein, insbesondere die alte Erzdiözese Köln“,
1892, 55. Heft, Seite 42—43.

Die Urkunde ist frei ins Deutsche übersetzt.

Nr. 31

Burggraf Heinrich von Drachenfels
pachtet einen Hof bei Limperich
4. 3. 1343

„Wir, Wilhelm von Arnsberg, Propst der Kirche
von Meschede, machen durch diese unsere
Urkunde bekannt, daß wir dem wackeren
Manne „Ritter und Burggraf Heinrich von Drachenfels“ unseren im Lande Löwenberg bei
Limperich gelegenen Hof verpachtet haben.
Das Pachtverhältnis erstreckt sich nicht nur auf
den Hof, sondern auch — wie es rechtens ist
— auf alles Zubehör des Hofes. Die Verpachtung erfolgt zu dem Pachtzins, den der Vater
des vorgenannten Burggrafen Heinrich bereits
als Pacht an unsere Vorgänger gezahlt hat, die
ihm seinerzeit schon diesen Hof verpachtet
hatten.

Zusätzlich stellen wir durch diese unsere
Urkunde in aller Form klar, daß der vorgenannte Ritter und Burggraf von Drachenfels die
rückständige Pacht aus vergangener Zeit, die
sein Vater und er uns noch schuldeten, nunmehr einschließlich der bis zum heutigen Tage
rechtmäßig angefallenen Vertragsstrafen
gezahlt hat.

Zum Zeichen der Rechtsgültigkeit unserer in
der vorstehenden Urkunde abgegebenen
Erklärungen haben wir ihr unser großes Siegel
aufgedrückt. Die Urkunde ist gefertigt zu Köln
bei Anwesenheit der ehrenwerten Männer Wilhelm Susaciensis, Hermann, dem Dekan der
Kirche von Meschede, Heinrich, gen. Brullin-
chus, und Johann, gen. Klaus.“

Der lateinische Text der vorstehenden Urkunde
ist veröffentlicht in „Das Gräflich von Mirbach'sche Archiv zu Harff“ (Bearbeitet von

Leonard Korth), dieses veröffentlicht in „Annalen des Historischen Vereins für den Niederrhein, insbesondere die alte Erzdiözese Köln“,
1892, 55. Heft, Seite 51—52.

Die Urkunde ist frei ins Deutsche übersetzt.

Nr. 32

Burggraf Heinrich von Drachenfels
wird mit dem Hof Vulenbach belehnt
4. 10. 1343

„Wir — Walram, von Gottes Gnaden Erzbischof der Heiligen Kölner Kirche, Erzkanzler
des Heiligen Reiches durch Italien — machen
allgemein durch diese unsere Urkunde
bekannt, daß wir dem wackeren Ritter Heinrich
von Drachenfels wegen seiner uns und unserer
Kirche erwiesenen und noch zu erweisenden
Verdienste den Hof Vulenbach und dessen
gesamtes Zubehör zu Lehen gegeben haben
und geben. Diesen Hof besaß vorher (Anm.:
der inzwischen verstorbene) Ritter Peregrinus
von Deutz, der Schwiegervater des Burggrafen
Heinrich von Drachenfels, zu Lehen. Durch die
Belehnung des Burggrafen Heinrich wird
jedoch nicht das Nießbrauchrecht beeinträchtigt, welches der Schwester des vorgenannten
Peregrinus namens Christine an dem vorgenannten Hof zusteht.“

Der lateinische Text der vorstehenden Urkunde
ist veröffentlicht in „Krumbstab schleußt niemand aus, HOC EST VOTIVA RELATIO COM-
PROMISSI FEUDALIS . . .“, Joann Pauli Kressi,
1718, Seite 199—200.

Die Urkunde ist frei ins Deutsche übersetzt.

Nr. 33

Burggraf Heinrich von Drachenfels
und seine Frau Christine genehmigen
die Schenkung des Weingutes
„An der Schale“ an die Abtei Deutz
2. 6. 1357

„Wir — Heinrich, Ritter und Burggraf zu Drachenfels, und seine eheliche Hausfrau Burggräfin Stine — machen kund, daß unsere liebe
Schwägerin und Tante Stine, Tochter des
Herrn und Ritters Ruprecht von Deutz, dem

Gott gnädig sein möge, den geistlichen und ehrwürdigen Mannen und Herren, nämlich dem Abt und dem Konvent von Deutz, ihr Erbe und Gut erblich übertragen hat, das sie „an der Schale" am Fuß des Drachenfels besessen hat. Unser liebe Schwägerin und Tante hat uns in aller Liebe viel Gutes getan. Deshalb haben wir, denen gewisse Rechte an dem vorgenannten Erbe und Gut zustehen, durch diese unsere Urkunde für uns und unsere Erben mit Hand und Halm zugunsten des Abts und des Konvents von Deutz auf unsere vorgenannten Rechte verzichtet und verzichten nochmals ausdrücklich auf sie. Wir behalten jedoch uns und unseren Erben das Waldstück in der Honnefer Gemarkung vor, das zum Gut zur Schale gehört. Dieses Waldstück hat uns nämlich unsere Schwägerin und Tante Stine versprochen und uns auch schon im voraus insoweit den Besitz überlassen

Zur Bekräftigung der Rechtsgültigkeit der vorstehenden Erklärung haben wir unsere Siegel an diese Urkunde gehängt."

Der Text der vorstehenden Urkunde ist veröffentlicht in „Urkundenbuch für die Geschichte des Niederrheins", Dr. Theod. Jos. Lacomblet, 1853, III. Band, Seite 479.

Die Urkunde ist frei übertragen.

Nr. 34
Domkanonikus Heinrich von Rennenberg
Amtmann des Amtes Wolkenburg
30. 11. 1344

„Wir — Walram, von Gottes Gnaden Erzbischof der Heiligen Kölner Kirche und Erzkanzler des Heiligen Römischen Reiches durch Italien — machen allen, die diese unsere Urkunde zu Gesicht bekommen oder von ihrem Inhalt Kenntnis erlangen sollten, kund, daß wir auf den Rat unserer Freunde und in guter Übereinstimmung mit unserem Kapitel unseren Freund, unseren Kanonikus am Dom zu Köln, Heinrich von Rennenberg zum Wohle, Schutz und Schirm unseres Erzstifts als Amtmann unseres Hauses und unserer Burg Wolkenburg eingesetzt haben und einsetzen. Diese Amtmannschaft erstreckt sich auf alles,

was zur Burg und zum Hause Wolkenburg gehört.

Das bedeutet, daß Heinrich von Rennenberg als Amtmann die Gerichtsbarkeit zusteht und daß ihm die Dörfer, Höfe und Insassen, die Wälder und Büsche, die Felder, Wiesen und Weingärten des Amtes Wolkenburg — seien sie groß oder klein oder wo auch immer gelegen — und der Zoll am Rhein sowie die Renten zu Much im Lande Blankenberg und Berg mit der Befugnis und in dem Umfang unterstehen, wie dies bisher bei unseren Amtmännern der Fall war.

Insoweit wird Heinrich von Rennenberg der Besitz des Hauses und der Burg Wolkenburg und alles das, was vorstehend schriftlich aufgeführt ist, übertragen. Er soll dies alles als ein gerechter Amtmann mit der Bedingung besitzen, daß er das Haus weiter zu bauen und in gutem baulichen Zustand zu halten hat, damit wir und unser Kapitel ihm später zu Dank verpflichtet sein können.

Wir behalten uns die Weinbede vor, bei deren Erhebung Heinrich von Rennenberg gemeinsam mit unserem Rentmeister oder dessen Vertreter anwesend sein soll. Bei dieser Gelegenheit soll ihm genügend Wein zum eigenen Verzehr im Hause zugeteilt werden, gleichgültig, ob die Bede groß oder klein ausfällt. Auch behalten wir uns den Richterspruch über Totschlag vor, über den wir selbst — jedoch im Beisein des Heinrich von Rennenberg oder seines Stellvertreters — das Urteil fällen wollen.

Im übrigen bestimmen wir, daß dem Amtmann Heinrich von Rennenberg für Schäden oder Unkosten, die er aufgrund seiner Amtstätigkeit erleiden oder haben sollte, durch einen eigens von uns dazu bestellten Amtmann Ersatz geleistet werden soll.

Solange Heinrich von Rennenberg aufgrund dieser unserer Urkunde die Amtmannstelle inne hat, sind wir, unsere Nachfolger und das Kölner Erzstift berechtigt, uns des Hauses insoweit zu bedienen, daß, wenn wir oder unsere Freunde und Amtleute unbewaffnet oder bewaffnet auf das Haus reiten wollen, wir dies ohne jede Einschränkung jederzeit und in

beliebig großer Zahl tun können. Dies gilt auch für den Fall, daß wir einige Reisige auf die Burg Wolkenburg legen sollten, um eine Fehde gegen irgendwelche Herrn durchzuführen. Für die aus einem solchen Anlaß anfallenden Kosten werden wir Heinrich von Rennenberg schadlos halten.

Falls es uns gelüsten sollte, mit unserem Gesinde auf das Haus bzw. die Burg zu reiten und dort zu verweilen, so obliegt es uns selbst, für die entsprechende Verpflegung Sorge zu tragen, damit Heinrich von Rennenberg keinen Schaden erleidet.

Wenn unser Amtmann Heinrich von Rennenberg versterben sollte, so fällt das vorgenannte Haus Wolkenburg mit allem seinem Zubehör einschließlich der von Heinrich von Rennenberg errichteten Baulichkeiten vollkommen frei und unbelastet an uns zurück, ohne daß uns gegenüber insoweit Zurückbehaltungsrechte geltend gemacht werden können.

Zum Zeugnis für den vorstehenden Urkundeninhalt und auch dafür, daß die vorstehend schriftlich niedergelegten Bestimmungen stets Gültigkeit haben, haben wir unser Siegel gemeinsam mit dem Siegel des vorgenannten Kapitels an diese Urkunde gehängt."

Der Text der vorstehenden Urkunde ist veröffentlicht in „Urkundenbuch für die Gechichte des Niederrheins", Dr. Theod. Jos. Lacomblet, 1853, III. Band, Seite 328.

Die Urkunde ist frei übertragen.

Nr. 35
Burggraf Heinrich von Drachenfels
und sein Bruder Rutger
schließen einen Auseinandersetzungsvertrag
4. 3. 1345

„Ich — Heinrich, Ritter und Burggraf zu Drachenfels — für mich auf der einen Seite und ich — Rutger, sein Bruder — für mich auf der anderen Seite machen allen denjenigen, die diese unsere ausführliche Urkunde zu Gesicht bekommen oder von ihrem Inhalt Kenntnis erlangen sollten, wahrheitgemäß bekannt, daß wir beide uns über Erbfolge, Besitzungen und

Einkünfte gütlich geeinigt haben. Zu dieser gütlichen Einigung, die in dieser unserer Urkunde schriftlich festgehalten ist, haben unsere Freunde und Verwandten durch ihren Rat beigetragen.

Bei diesen handelt es sich um die nachfolgend aufgeführten ehrsamen Leute:

„Herr Rorijch, Herr zu Oitgenbach, dessen Bruder Ernst, Kanonikus am Dom zu Köln und Propst der Kirche St. Petrus zu Mainz, Herr Schillinck von Bruyche, Deche zu Bonn, Herr Rorijch, Herr zu Rennenberg, Herr Heinrich von Virneburg, genannt von Rennenberg, Ritter Heinrich von Gymnich, Herr Hermann Zobbe von Ingendorf und Herr Johann Klaus von Drachenfels".

Diese unsere Freunde und Verwandten sind uns beiden in gleicher Weise wohlgesonnen und haben uns deshalb objektiv nach ihrem besten Wissen und Gewissen bei unseren Verhandlungen beraten, die zum Abschluß des in dieser Urkunde festgelegten Auseinandersetzungsvertrages geführt haben. Mit ihrer Hilfe haben wir uns schließlich so geeinigt, wie es wahrheitsgemäß Wort für Wort nachfolgend schriftlich niedergelegt ist:

„Also, daß ich, Rutger, für mich und meinen Lebensunterhalt den Zehnten zu Bonn und Dietkirchen, den man erhält von der Äbtissin des Stifts Dietkirchen zu Bonn, so wie er gelegen ist und anfällt, erhalten und behalten soll. Außerdem soll ich den Hof zu Limperich, der von dem Stift Meschede gepachtet ist, erhalten und behalten und zwar so, wie er gelegen ist. Den eben erwähnten Zehnten und den Hof zu Limperich soll ich zu dem vorstehend angegebenen Zweck erhalten und in Zukunft in Frieden behalten, ohne daß sie mir jemals streitig gemacht werden dürfen.

Darüber hinaus soll ich, Rutger, für mich das Haus auf der Burg Drachenfels behalten, das in der „nydersten burch" (Anm.: Unterburg) liegt und den Namen Nuwenrode führt. Dieses Haus darf ich jedoch nur unter der Bedingung behalten, daß ich in ihm niemanden — wer es auch sei — aufnehme und auch niemanden zu meiner Hilfe dort wohnen lasse, es sei denn, daß ich schwer erkranke und deshalb fremder Hilfe

bedarf. Eine solche Notlage muß jedoch vorher von meinem Bruder Heinrich sowie unseren vorgenannten Freunden und Verwandten festgestellt und wahrheitsgemäß anerkannt worden sein.

Andererseits soll ich, Burggraf Heinrich, das restliche Familiengut und Familienerbe, wie es vorhanden und gelegen ist, gemeinsam mit dem Vermögen und Gut, das später einmal nach meiner Mutter und Schwester anfallen wird, erhalten und behalten, ohne daß es mir von meinem Bruder Rutger oder von einem unserer Verwandten streitig gemacht werden darf und kann.

Was wiederum mich, Rutger, anbetrifft, so haben wir uns auf den Rat unserer Freunde und Verwandten auch noch dahin geeinigt, daß ich den vorerwähnten Zehnten und den Hof zu Limperich, die beide mir zu meinem Lebensunterhalt zugeteilt worden sind, niemals zu einem Teile oder insgesamt verpfänden, verkaufen oder auf andere Weise in fremde Hände geben darf.

Darüber hinaus haben wir uns auch dahingehend geeinigt, daß ich keine Heirat eingehen werde; es sei denn, daß mein Bruder Heinrich sowie unsere vorgenannten Freunde und Verwandten damit einverstanden sind.

Auf deren Rat haben wir außerdem vereinbart, daß, wenn ich, Burggraf Heinrich, ohne männliche Nachkommen bleiben sollte, was Gott verhüten möge, mein Bruder Rutger wieder in vollem Umfang in die Rechte eintreten und sie behalten soll, wie sie ihm bis zum Abschluß unseres heutigen Auseinandersetzungsvertrages zugestanden haben. Allerdings ist mein Bruder Rutger in einem solchen Falle verpflichtet, meine Frau Christine mit ihrem Hab und Gut während ihres Witwentums und auch unsere Töchter so lange auf der Burg Drachenfels wohnen zu lassen, als sie dies wünschen.

Schließlich haben wir — Burggraf Heinrich und sein Bruder Rutger — uns dahingehend geeinigt, daß, wenn wir einmal miteinander in Streit geraten sollten, wir uns in einem solchen Falle eilends an unsere vorgenannten Freunde und Verwandten zur Schlichtung eines solchen Streites wenden und alsdann deren Schieds-

spruch bedingungslos akzeptieren und ohne jegliche Wiederrede erfüllen bzw. beachten werden. Sollte es tatsächlich einmal zu Streitigkeiten zwischen uns kommen, so sind wir verpflichtet, sowohl auf der Burg Drachenfels als auch in einem Umkreis von einer halben Meile unbedingt Burgfrieden untereinander zu halten.

Alle in dieser Urkunde schriftlich niedergelegten Vorworte und Vertragspunkte haben wir — Burggraf Heinrich und sein Bruder Rutger — in leiblicher Treue festgelegt und bei allen Heiligen geschworen, sie beständig und unverbrüchlich ohne irgendwelche Einreden oder Einwendungen und ohne jegliche Arglist zu beachten und einzuhalten.

Sollte aber trotzdem einmal einer von uns gegen den in dieser Urkunde schriftlich niedergelegten Auseinandersetzungsvertrag entweder in seinem gesamten Umfang oder in einzelnen Teilen verstoßen und ein solches schmähliches Verhalten einwandfrei festgestellt sein, so ist der andere Bruder, der den Vertrag korrekt eingehalten hat, berechtigt, den Vertragsbrüchigen für meineidig, treulos und ehrlos an allen Plätzen sowie vor allen Herrn Rittern und vor allen Knechten zu bezeichnen. Trotzdem sollen in einem solchen Falle alle vorgenannten Vorworte und Punkte des Auseinandersetzungsvertrages weiterhin in vollem Umfang rechtswirksam bleiben. Derjenige von uns aber, der in arglistiger Weise gegen den Vertrag verstoßen hat, soll nach kirchlichem und weltlichem Recht für sein vertragsbrüchiges Verhalten zur Verantwortung gezogen werden."

Zur Bekräftigung des in dieser Urkunde wahrheitsgemäß niedergelegten Auseinandersetzungsvertrages und seiner Rechtsgültigkeit haben wir — Burggraf Heinrich und sein Bruder Rutger — unsere eigenen Siegel an diese Urkunde gehängt, die auch von unseren vorstehend aufgeführten Freunden und Verwandten gesiegelt worden ist.

Und wir — ... (es folgen namentlich die oben aufgeführten Freunde und Verwandten) — waren bei der Abfassung dieser Urkunde anwesend und bekennen ausdrücklich, daß

Herr Heinrich, Burggraf zu Drachenfels, für sich auf der einen Seite und sein Bruder Rutger für sich auf der anderen Seite auf unseren Ratschlag und in unserem Einverständnis und dem weiterer Freunde, die mit uns auf Wunsch der beiden Vertragspartner zu den Vertragsverhandlungen und bei der Abfassung der vorstehenden Urkunde hinzugezogen worden sind, den in dieser Urkunde niedergelegten Auseinandersetzungsvertrag in ihrer beider Willen — also freiwillig — ohne jegliche Arglist und unter Verzicht auf ein Widerrufsrecht geschlossen haben.

Zum Zeichen dafür, daß dies alles so geschehen ist, und zur Absicherung der Rechtsgültigkeit des vorstehenden Auseinandersetzungsvertrags haben wir zu den Siegeln der beiden Vertragspartner auch noch unsere Siegel an diese Urkunde gehängt.

Der Text der vorstehenden Urkunde ist veröffentlicht in „Das Gräflich von Mirbach'sche Archiv zu Harff" (bearbeitet von Leonard Korth), dieses veröffentlicht in „Annalen des Historischen Vereins für den Niederrhein, insbesondere die alte Erzdiözese Köln", 1892, 55. Heft, Seite 57—58.

Die Urkunde ist frei übertragen.

Nr. 36
Burggraf Heinrich von Drachenfels
versucht seinen Bruder Rutger
die Pfarrstelle zu Winterscheidt
zu verschaffen
25. 8. 1345

„Ich — Heinrich von Virneburg, Burgmann zu Blankenberg — mache allen Leuten bekannt, daß ich Herrn Heinrich, Ritter und Burggraf zu Drachenfels, einige Zusagen und Versprechungen in Bezug auf die Kirche von Winterscheidt gemacht habe. Inhaber des Patronatsrechts dieser Kirche sind auf der einen Seite der vorgenannte Heinrich von Drachenfels und auf der anderen Seite meine beiden Neffen Ritter Gerhard von Stein und sein Bruder Walraff.

Ich hatte seinerzeit dem Ritter und Burggrafen Heinrich von Drachenfels für den Fall des Freiwerdens der Pfarrstelle zu Winterscheidt ver-

sprochen und gelobt, meine beiden vorgenannten Neffen dazu zu bewegen, sich erstmals damit einverstanden zu erklären, daß die Winterscheidter Pfarrstelle nach dem Wunsch des vorgenannten Burggrafen von Drachenfels neu besetzt werde. Leider konnte ich aber dieses Versprechen nicht wahrmachen, da meine beiden Neffen die Pfarrstelle anders besetzt haben wollten. Dementsprechend ist die Pfarrstelle neu besetzt worden.

Weil ich deshalb in dieser leidigen Angelegenheit viele Mahnungen und Erinnerungen seitens des Burggrafen Heinrich von Drachenfels zu erleiden hatte, sind wir beide schließlich auf den Rat meiner vorerwähnten Neffen Gerhard und Walraff sowie auf den Rat guter Freunde zur Beseitigung der bisherigen Mißhelligkeiten voll des guten Willens zu einer gütlichen Einigung gekommen.

Hiernach soll ich dem Burggrafen Heinrich von Drachenfels jedes Jahr am St. Martinstag 25 Mark in der jeweils gängigen Währung zu Blankenberg so lange geben und bezahlen bis Rutger, der Bruder des vorgenannten Burggrafen von Drachenfels, die Pfarrstelle zu Winterscheidt erhalten hat. Von diesem Tage an entfällt meine vorstehend ausdrücklich schriftlich festgehaltene Zahlungspflicht. Sie soll aber auch dann entfallen, wenn der vorgenannte Rutger in den Ritterstand eintreten oder heiraten oder im weltlichen Stand verbleiben sollte.

Sollte Rutger die Pfarrstelle nicht annehmen oder sie aus irgendeinem Grunde wieder aufgeben wollen, so bin ich ebenfalls meiner vorstehend festgehaltenen Zahlungsverpflichtung ledig.

Damit nun Ritter und Burggraf Heinrich von Drachenfels sicher sein kann, daß ich mein Zahlungsversprechen auch einhalte, wie ich es ihm bereits mündlich versprochen habe, beweise ich ihm jetzt auch noch ausdrücklich schriftlich, daß er berechtigt ist, sich meines Hofes zu Edgoven (Anm.: bei Blankenberg) zu bemächtigen, wenn ich einmal die vorstehend erwähnten 25 Mark nicht am St. Martinstag oder nicht spätestens innerhalb der nächsten 8 Tage zahlen sollte. Er darf alsdann meinen Hof

zu Edgoven so lange behalten und nutzen, bis ich ihm das zustehende Geld bezahlt habe.

Wir sind im übrigen auch ausdrücklich darüber einig geworden, daß sich keiner von uns gegenüber dem anderen arglistig verhalten darf. Zur größeren Absicherung der Rechtsgültigkeit der vorstehend aufgeführten Abmachung habe ich — vorgenannter Heinrich von Virneburg — mein Siegel an diese Urkunde gehängt und meinen Neffen, den hochgeborenen Herrn Dietrich, Grafen zu Loin und Chiney, Herrn von Heinsberg und von Blankenberg, meinen lieben gnädigen Herrn gebeten, ebenfalls sein Siegel an diese Urkunde zu hängen. Dies habe ich getan, weil mein Hof zu Edgoven in seinem Lande liegt, aber auch deshalb, damit klargestellt ist, daß er den Ritter und Burggrafen von Drachenfels nicht daran hindern wird, sich meines Hofes zu Edgoven zu bemächtigen, wenn ich meinen vorstehend aufgeführten Zahlungsverpflichtungen nicht nachkommen sollte.

Und wir — vorgenannter Graf Dietrich — haben von den vorstehenden Erklärungen des Heinrich von Virneburg Kenntnis genommen und halten hiermit fest, daß die vorstehend schriftlich niedergelegte Einigung der beiden Vertragspartner in aller Freundschaft getroffen worden ist. Deshalb haben wir auch unser Siegel an diese Urkunde gehängt und so alles getan, um was wir von Heinrich von Virneburg ohne jegliche Arglist gebeten worden sind."

Der Text der vorstehenden Urkunde ist veröffentlicht in „Das Gräflich von Mirbach'sche Archiv zu Harff" (bearbeitet von Leonard Korth), dieses veröffentlicht in „Annalen des Historischen Vereins für den Niederrhein, insbesondere die alte Erzdiözese Köln", 1892, 55. Heft, Seite 60—61.

Die Urkunde ist frei übertragen.

Nr. 37
Burggraf Heinrich von Drachenfels —
Bürge des Godart von Sayn
21. 6. 1346

„Ganz allgemein machen wir — Suyskin, Sohn des Meyer aus Siegburg, und sein Schwager

Alexander, die wir beide Kölner Juden sind — allen denen, die diese unsere Urkunde zu Gesicht bekommen, bekannt, daß der ehrenwerte Herr Heinrich, Ritter und Burggraf von Drachenfels, sich seinerzeit uns gegenüber für eine Schuld unseres Hauptschuldners Godart von Sayn, Herr zu Homburg und Salantin, und zugleich auch für dessen mithaftende Nebenschuldner in Höhe von 800 Mark in Kölner Denaren verbürgt hat. Wir erklären nunmehr durch diese unsere Urkunde den vorgenannten ehrenwerten Herrn Heinrich ausdrücklich dieser Bürgschaftsverpflichtung für ledig, da er uns nunmehr den auf ihn als Bürgen entfallenden Teil der Schuldsumme gezahlt hat . . ."

Der Text der vorstehenden Urkunde ist veröffentlicht in „Das Gräflich von Mirbach'sche Archiv zu Harff" (bearbeitet von Leonard Korth), dieses veröffentlicht in „Annalen des Historischen Vereins für den Niederrhein, insbesondere die alte Erzdiözese Köln", 1892, 55. Heft, Seite 66.

Die Urkunde ist frei übertragen.

Nr. 38
Ein Streit zwischen
Burggraf Heinrich von Drachenfels
und dem Kölner Domkapitel über den Betrieb
des Domsteinbruchs wird verglichen
1347

„Durch diese unsere Urkunde machen wir — das Kapitel der Kölner Domkirche, die Kanoniker der Kölner Kirche und Prokuratoren der Fabrik des Kölner Dombaus namens Gerhard von Bylstein und Reinhard von Spanheim — im Namen jener vorgenannten Kirche einerseits und Burggraf Heinrich von Drachenfels für uns und alle unsere Erben andererseits allen denen, die diese unsere Urkunde zu Gesicht bekommen, hiermit bekannt, daß unter uns Meinungsverschiedenheiten und Streitigkeiten aufgekommen waren. Dazu ist es gekommen, weil wir, das Kölner Domkapitel und die Prokuratoren der Fabrik des Kölner Dombaus, die Behauptung aufgestellt hatten und auch jetzt noch behaupten, auf dem dem Burggrafen Heinrich gehörigen Drachenfels ebenso wie unsere Vorgänger das Recht zu haben und

gehabt zu haben, Steine zur Verwendung durch die Fabrik des Kölner Dombaus zur Erbauung des neuen Kölner Doms zu brechen und vorzubearbeiten, und daß der vorgenannte Burggraf Heinrich uns daran treuwidrig gehindert habe und uns auch jetzt noch insoweit behindert.

Dem haben wir, Burggraf Heinrich von Drachenfels, entgegen gehalten und behaupten wir auch jetzt noch, zu Recht die vorgenannten Herrn an der Benutzung des Domsteinbruchs gehindert zu haben, weil wir das Bestehen irgendwelcher Rechte der vorgenannten Herrn zum Betrieb des Domsteinbruchs am Drachenfels zum Bau des neuen Kölner Doms bestritten haben und auch jetzt noch bestreiten.

Wir, Burggraf Heinrich, waren und sind nämlich der Ansicht, daß die vorgenannten Herrn in der Vergangenheit keinesfalls auf irgendeine rechtsgültige Art und Weise oder sonstwie rechtswirksam den Besitz des Domsteinbruchs aufgrund einer allgemeinen oder speziellen Erlaubnis erlangt haben und zur Zeit besitzen. Deshalb treffen die von den vorgenannten Herrn in Bezug auf uns und den Domsteinbruch aufgestellten Beschuldigungen und Behauptungen nicht zu.

Obwohl wir — sowohl das Kölner Domkapitel und die Prokuratoren der Fabrik des Kölner Dombaus als auch Burggraf Heinrich von Drachenfels — unseren bisher jeweils vertretenen Rechtsstandpunkt ausdrücklich aufrecht erhalten, so haben wir uns doch nach Beratungen mit unseren Freunden und aufgrund von Verhandlungen zur Beilegung der zwischen uns bestehenden Zwistigkeiten nunmehr in einer Art und Weise verglichen, wie es sich aus dem nachfolgenden Text dieser unserer gemeinsamen Urkunde ergibt.

Dieser zwischen uns geschlossene Vergleich geht dahin, daß nunmehr wir — das vorgenannte Domkapitel, die vorgenannten Prokuratoren und unsere rechtmäßigen Nachfolger — in Zukunft frei und ohne weitere Behinderung seitens des vorgenannten Burggrafen und seiner Erben auf dem Berge Drachenfels durch die von uns dazu bestimmten Knechte und Gehilfen in dem für die Vollendung des Dom-

baus erforderlichen Umfang Steine brechen und vorbearbeiten dürfen und daß wir treulos und arglistig handeln, falls wir gegen die mit dem Burggrafen von Drachenfels nunmehr getroffene Vereinbarung verstoßen sollten.

Wir, Burggraf Heinrich von Drachenfels, erklären hiermit ausdrücklich, daß die vorgenannten Herrn auf unserem Berge Drachenfels in Zukunft frei und ohne jede Behinderung durch uns in dem für die Vollendung des Baues des Kölner Doms erforderlichen Umfange Steine brechen, vorbearbeiten und von dort abtransportieren lassen dürfen. Deshalb versprechen wir auch, daß wir die vorgenannten Herrn aber auch auf keinerlei Weise insoweit behindern werden, und erklären hiermit ausdrücklich, daß wir treulos und arglistig handeln, wenn wir dieses unser Versprechen nicht einhalten sollten.

Im übrigen halten wir, Burggraf Heinrich, für uns und unsere Erben ausdrücklich fest, daß die vorgenannten Herrn so oft und wann immer sie auf unserem Berge Drachenfels für die Fabrik des Kölner Dombaus zur Vollendung des Doms Steine brechen, vorbearbeiten und von dort abtransportieren wollen, uns und unseren Erben jährlich für jedes Jahr, in dem sie dies beginnen und so lange sie dies durchführen, 30 große Turnosen alter Art, wie sie der König von Frankreich geprägt hat, oder Geld im gleichen Wert schulden, wie es jeweils in Köln im Umlauf ist.

Unter den oben festgelegten Bedingungen und Voraussetzungen schulden die vorgenannten Herrn uns jährlich weiter auch 5 Mark — und nicht nur 2 Mark — aufgrund der Vereinbarung, die einst zwischen den Herrn des Domkapitels und unserem Ahnherrn Heinrich, dessen wir ehrend gedenken, getroffen worden ist. Diese Vereinbarung ist in einer Urkunde des Jahres 1306 ausführlich festgehalten. Damit der heutige Urkundeninhalt vollständig und klar verständlich ist, fügen wir den Text der Urkunde des Jahres 1306 mit in die nunmehrige Urkunde dadurch ein, daß wir nachfolgend ihren Text widergeben:

„Wir — Burggraf Heinrich von Drachenfels und seine Ehefrau Katharina — wollen durch diese unsere Urkunde allgemein bekanntmachen, . . .

(es folgt der Text der unter Nr. 21 mitgeteilten Urkunde) ... Wir werden vielmehr den Vertrag genau einhalten und die vorgenannten edlen Herrn und ihre rechtmäßigen Nachfolger in allem getreulich unterstützen."

Damit ab sofort kein Streit mehr entstehen kann, werden die vorgenannten Herrn des Domkapitels oder die Prokuratoren der Fabrik des Kölner Dombaus oder deren rechtmäßige Nachfolger uns — Burggraf Heinrich von Drachenfels — und unseren Erben 30 große Turnosen oder anderes Geld in entsprechendem Wert entweder selbst zahlen oder durch andere zahlen lassen. Tun das die vorgenannten Herrn jeweils vertragsgemäß, so werden wir sie in dem Betrieb ihres Steinbruchs auf dem Drachenfels weder behindern noch gedenken wir dieses Versprechen auf irgendeine Weise zu umgehen.

Wenn aber die vorgenannten Herrn des Domkapitels oder die Prokuratoren der Fabrik des Kölner Dombaus oder deren rechtmäßige Nachfolger in irgendeinem Jahr den Steinbruch auf unserem Berge Drachenfels nicht betreiben wollen, dann sind sie in dem betreffenden Jahr nicht verpflichtet, die vereinbarten 30 großen Turnosen an uns zu zahlen.

Es ist nunmehr im übrigen auch vereinbart worden, daß wir — das Kölner Domkapitel, die vorgenannten Prokuratoren oder deren zukünftige und rechtmäßige Nachfolger — von dem Berge Drachenfels Steine abtransportieren dürfen und zwar durch unsere Knechte und Gehilfen mit unseren Gespannen und unseren Karren, ohne daß der vorgenannte Burggraf oder seine Erben dem widersprechen oder in sonstiger Weise die Abfuhr behindern oder verhindern dürfen. Wir sind auch in keiner Weise verpflichtet, daran gebunden oder berechtigt, für den Abtransport der Steine Knechte und Gehilfen, Gespanne und Karren des vorgenannten Burggrafen oder seiner Erben insoweit in Anspruch zu nehmen. Das bedeutet jedoch nicht, daß wir uns nicht mit dem vorgenannten Burggrafen oder seinen Erben über eine Abfuhr der Steine mit deren Leuten, Gespannen und Karren gegen eine angemessene Bezahlung einigen könnten,

wenn uns der Abtransport mit unseren eigenen Leuten, Gespannen und Karren nicht möglich sein sollte.

Die oben näher schriftlich festgelegte Einigung wird in vollem Umfang von uns — dem vorgenannten Domkapitel, den Prokuratoren und deren rechtmäßigen Nachfolgern einerseits und dem vorgenannten Burggrafen sowie seinen Erben andererseits — in Ewigkeit getreulich eingehalten werden. Das versprechen wir hiermit ausdrücklich. Jeglicher Verstoß gegen diese Vereinbarung und jegliche Arglist insoweit erklären wir ausdrücklich für unzulässig.

Zum Zeichen der Rechtsgültigkeit der oben schriftlich festgelegten Vereinbarung haben wir — das Kölner Domkapitel, die vorgenannten Prokuratoren sowie Burggraf Heinrich und seine Frau Christine — für uns und unsere rechtmäßigen Nachfolger bzw. Erben diese unsere gemeinsame Urkunde mit unseren Siegeln versehen.

Darüber hinaus haben wir die verehrungswürdigen Herrn, nämlich den Bischof von Porto und Kardinal der Heiligen Römischen Kirche namens Johannes sowie den Kölner Archidiakon und Propst der Bonner Kirche, von dem wir Drachenfelser die Burg und den Berg Drachenfels zu Lehen erhalten haben, und den Herrn Erzbischof Walram von Köln gebeten, zum Zeichen ihres Einverständnisses mit dem obigen Vertrag und zur weiteren rechtlichen Absicherung desselben die vorstehende Urkunde mit ihrem Siegel zu versehen.

Wir — Johannes, Bischof von Porto aus Gottes Gnaden, sowie der vorgenannte Propst der Bonner Kirche, zugleich Herr der Burg und des Berges Drachenfels, und Erzbischof Walram von Köln — genehmigen den vorstehenden Vertrag so, wie er abgeschlossen worden ist, und haben zum Zeichen seiner Rechtsgültigkeit unsere Siegel an diese Urkunde gehängt."

Der Text der vorstehenden Urkunde ist veröffentlicht in „Urkundenbuch für die Geschichte des Niederrheins", Dr. Theod. Jos. Lacomblet, 1846, II. Band, Seite 383—384.

Die Urkunde ist frei übertragen.

Die Urkunde ist außerdem veröffentlicht in

„CODEX DIPOLMATICUS RHENO MOSELLANUS", Urkundensammlung von Wilhelm Günther, 1824, Teil III., Seite 502 ff.

Der Wortlaut der beiden Urkunden ist im wesentlichen gleich. In der von Günther veröffentlichten Urkunde heißt es jedoch, daß das Domkapitel 30 Schillinge in großen alten Turnosen des Königs von Frankreich zu zahlen hat.

Nr. 39
Die Gebrüder von Gymnich
vergleichen sich
mit Burggraf Heinrich von Drachenfels
über die Mitgift
ihrer Großmutter Hadwig von Drachenfels
25. 11. 1362

„Wir Emund van Gymnich ind Raeboyde gebrudere doin cunt allen luden dy dysen brief solen sien of horen leesen, dat wir genczlichen gesoint sijn mit heren Heynriche dem burchgreven zu Drachenvels unsme lieven neeven vur uns ind vur unse broedere ind susteren ind vur alle unse naecumelincghe ind erven van assulcher vorderungen as unse vader hatte an den vurgenanten burchgreve as van synre moder wegghen dy van Drachenvelz geboyren was, ind van assulcheme hilichspennynge as mit yr geloift was, int so wat reychts dat man van yren wegen an der heirschaf van Drachenvelz vorderen moechte as van unser vurgenanter vrouwen Hadewighe unser anichvrouwen weegen van Drachenvelz.

Vort geloywen wir Emund ind Raeboide gebrudere vurgenant wilcherleye ainspraiche der burchgreve vurgenant ind syne erven ind naecumelincge danne aff liedin van unse brudere ind susterin weegen of van unser erwen weegen, dat wir ind unsere erven ind syne erve danne aff entheeven solin ind zu maile schadelos halden in guden truwen sunder alle arglist.

Dis zu orcunde ind ganczer stedicheyt hain wir Emund ind Raeboyde gebrudere vurgenant unse segele gehancgen an disen brief. Gegeewen up senth Katharinen dach in den jairen unss heirrin dusent druhundert zwey ind seyszich."

Der Text der vorstehenden Urkunde ist veröffentlicht in „Das Gräflich von Mirbach'sche Archiv zu Harff" (bearbeitet von Leonard Korth), dieses veröffentlicht in „Annalen des Historischen Vereins für den Niederrhein, insbesondere die alte Erzdiözese Köln", 1892, 55. Heft, Seite 111—112.

Nr. 40
Burggraf Gottfried von Drachenfels verkauft einen Hengst für 70 Goldgulden
20. 12. 1388

„Ich, Johann von Virneburg, bekenne öffentlich durch diese meine Urkunde, daß ich dem ehrbaren und strengen Ritter, Herrn Gottfried von Drachenfels, und seinen Erben zu Recht für den Kauf eines Hengstes 70 Gulden aus gutem Gold und schwer von Gewicht schulde und schuldig bin.

Zur Sicherstellung dieser Kaufpreisforderung habe ich dem vorgenannten Gottfried von Drachenfels oder seinen Erben, wie es diese Urkunde ausweist, den Stall zu Virneburg „under der blyden" und zwar unten und oben, so wie er gelegen ist, und zwei Wiesen verpfändet. Die eine Wiese trägt die Flurbezeichnung „Durre wysse vur der Hiedesbaig," während die andere Wiese die Flurbezeichnung „under Boelenrait" führt.

Wenn ich oder meine Erben zu einem noch nicht bestimmten Zeitpunkt den Kaufpreis begleichen sollten, so sind der vorgenannte Gottfried oder seine Erben verpflichtet, mir oder meinen Erben den unmittelbaren Besitz an dem vorgenannten Stall und den vorgenannten beiden Wiesen unter Aufhebung der Pfandschaft in aller Güte und ohne jeden Widerspruch wieder einzuräumen.

Weiter sagen wir auch, daß das Heu zwischen dem vorgenannten Gottfried oder seinen Erben einerseits und uns oder unseren Erben andererseits geteilt werden soll, wenn ich oder meine Erben den Kaufpreis vor der anstehenden Heuernte zahlen sollten.

Wir sagen auch weiter, daß, wenn der vorgenannte Gottfried oder seine Erben einen Anbau an dem vorgenannten Stall errichtet

haben sollten, der bei Zahlung des Kaufpreises für den Hengst gerechterweise auf uns oder unsere Erben übergeht, wir oder unsere Erben die Baukosten dem vorgenannten Gottfried von Drachenfels oder seinen Erben zu erstatten haben.

Es ist auch vereinbart, daß ich oder meine Erben den vorgenannten Stall und die beiden vorgenannten Wiesen nur mit unserem eigenen Geld auslösen dürfen; jegliche Arglist insoweit ist vereinbarungsgemäß ausgeschlossen.

Wir sagen auch weiter, daß, wenn der vorgenannte Gottfried oder seine Erben eigene oder andere Dienstleute für die Bearbeitung der beiden Wiesen einsetzen bzw. eingesetzt haben sollten, wir die daraus herrührenden Verpflichtungen gütlich zu regeln haben; dessen dürfen der vorgenannte Gottfried oder seine Erben sicher sein.

Alle vorstehend schriftlich niedergelegten Einzelheiten der zwischen uns getroffenen Vereinbarung werden — das gelobe ich, Johann von Virneburg — von mir und meinen Erben in guter Treue fest und stetig gehalten werden, ohne daß wir gegen die getroffene Vereinbarung mit Taten oder Worten verstoßen werden. Jegliche Arglist insoweit ist ausgeschlossen und schließt die Anrufung eines geistlichen oder weltlichen Gerichts aus.

Damit diese urkundlich festgehaltene Vereinbarung auch tatsächlich Rechtsgültigkeit hat, habe ich, Johann von Virneburg, mein Siegel an diese Urkunde gehängt und die beiden ehrsamen Leute Herrn Johann, Ritter von Geisbusch, meinen Onkel, und Boesclais von Monreal gebeten, als Zeugen für die Richtigkeit des vorstehenden Urkundeninhalts ihr Siegel an diese meine Urkunde zu hängen.

Und wir, der vorgenannte Johann und der vorgenannte Boesclais, erklären hiermit, daß wir beide auf Bitten des Johann von Virneburg unsere Siegel an diese Urkunde gehängt haben."

Der Text der vorstehenden Urkunde ist veröffentlicht in „Das Gräflich von Mirbach'sche Archiv zu Harff" (bearbeitet von Leonard Korth), dieses veröffentlicht in „Annalen des

Historischen Vereins für den Niederrhein, insbesondere die alte Erzdiözese Köln", 1892, 55. Heft, Seite 188—190.

Die Urkunde ist frei übertragen.

Nr. 41
Burggraf Gottfried von Drachenfels und seine Frau Adelheid erwerben eine Erbrente von 200 Rheinischen Goldgulden
13. 3. 1393

„Wir — Wilhelm von Jülich, von Gottes Gnaden Herzog von Berg, Graf von Ravensburg und Herr zu Blankenberg sowie Anna von Bayern, aus derselben Gnade Herzogin, Gräfin und Herrin der vorgenannten Lande — machen durch diese unsere Urkunde allen Leuten kund und bekennen somit in aller Offenheit für uns, unsere Erben und Nachkömmlinge, daß wir ausweislich dieser Urkunde in guter Eintracht und in redlichem Willen unserem lieben Gottfried, Herrn zu Drachenfels, und seiner Ehefrau Adelheid sowie deren Erben eine jährliche Erbrente von 200 Rheinischen Gulden, gut und schwer an Gold und Gewicht, wie sie zur Zeit in Köln im Umlauf sind, verkauft haben und verkaufen. Den Kaufpreis von 2000 Gulden haben uns der vorgenannte Gottfried und dessen Frau bereits vor Abfassung dieser unserer Urkunde in voller Höhe bezahlt.

Wir geloben deshalb in guter Treue für uns, unsere Erben und Nachkömmlinge, den vorgenannten Eheleuten Gottfried und Adelheid sowie deren Erben die jährliche Erbrente von 200 Rheinischen Gulden oder in ebenso guten anderen Gulden zu zahlen. Die Auszahlung erfolgt jedes Jahr am Weihnachtstag oder spätestens an dem darauf folgenden Neujahrstag zu Königswinter in dem den vorgenannten Eheleuten gehörigen Haus Schruchelenberg auf unsere Kosten und auf unsere Gefahr. Diese 200 Goldgulden werden aus unseren Einkünften, Renten und Steuern gezahlt, die uns aus unserem Lande Sinzig zufließen.

Damit nun auch die Zahlung der jährlichen Erbrente genügend abgesicher ist, haben wir ausweislich dieser unserer Urkunde, die wir einzuhalten geloben, gestellt und stellen wir den vorgenannten Eheleuten Gottfried und Adelheid zehn Bürgen. Bei diesen handelt es sich um unsere lieben und getreuen Friedrich, Herrn zu Tomberg und Landskron, seinen Sohn Gerhard, unseren Hofmeister Wilhelm Stail von Houlstein sowie die Ritter Hermann von der Selldonck, Reinhard von Schoenroede, Rulman vom Turne, Ludwig von Rheydt und außerdem Johann von Revele, Johann von Attenbach und Gerhard Puncte von Remagen.

Diese vorgenannten 10 Bürgen haben sich in Bezug auf die von ihnen übernommene Bürgschaft mit uns in folgender Weise geeinigt:

„Wenn gesagt wird, daß wir, unsere Erben oder unsere Nachkömmlinge mit der Zahlung der jährlichen Erbrente von 200 Gulden zu einem der vereinbarten Zahlungstermine säumig und somit zum Beispiel dadurch vertragsbrüchig geworden sind, daß wir die in dieser unserer Urkunde festgelegte Zahlungsverpflichtung nicht eingehalten haben, dann soll jeder unserer Bürgen, ohne auf die Leistungen der anderen Bürgen zu warten, in Erfüllung der Bürgschaftsverpflichtung einen Knecht mit einem Pferd nach Köln in eine Herberge entsenden, die noch von den vorgenannten Eheleuten Gottfried und Adelheid oder ihren Erben angegeben werden wird. Den Lebensunterhalt dieser Knechte sollen die Bürgen auf eigene Kosten durch zur Verfügungstellung von gutbürgerlichen Mahlzeiten sicherstellen.

Wenn aber einer der zum Pfand gestellten Knechte ausfallen sollte, ist er umgehend durch einen anderen Knecht in dem Kölner Quartier zu ersetzen. Diese Pfandschaft soll, ohne daß die Bürgen von ihr auf irgendeine Weise befreit werden können, so lange andauern, wie die vorgenannten Eheleute Gottfried und Adelheid oder ihre Erben die ihnen zustehende Erbrente nicht erhalten haben.

Und wenn die Pfandknechte 4 Wochen in dem Kölner Quartier gelegn haben, ohne daß die Erbrente gezahlt worden ist, so mögen die vorgenannten Eheleute Gottfried und Adelheid oder ihre Erben nach Ablauf dieser Frist die Erbrente von 200 Gulden bei Juden oder Lombarden zu den dann üblichen Bedingungen lei-

hen. In einem solchen Falle sollen die Bürgen umgehend gemäß den Anweisungen der vorgenannten Eheleute Gottfried und Adelheid oder ihrer Erben der bürgschaftsweise übernommenen Zahlungspflicht nachkommen, bis die Erbrente einschließlich der entstandenen Unkosten so beglichen ist, daß die vorgenannten Eheleute von Drachenfels oder ihre Erben schadlos gestellt sind.

Sollte einer unserer Bürgen gegen die übernommene Bürgschaftsverpflichtung verstoßen und nicht leisten, dann soll er ab sofort mit uns zusammen für die Zahlung der jährlichen Erbrente und allen Schaden haften. Die Bürgen sollen aber nur in dem Umfang zur Leistung verpflichtet sein, wie es in dieser unserer Urkunde schriftlich festgelegt ist. Falls einer unserer Bürgen versterben oder ins Ausland gehen sollte, so werden wir umgehend für ihn einen anderen gleich guten Bürgen stellen".

Dies werden wir in einer Zusatzurkunde schriftlich festhalten, die an diese unsere Urkunde angehängt werden wird. Auch bekennen wir für uns, unsere Erben und unsere Nachkömmlinge, daß wir unseren derzeitigen Amtmann zu Sinzig anweisen werden, die vorgenannte jährliche Erbrente von 200 Gulden entsprechend der getroffenen Vereinbarung in Königswinter zu bezahlen. Sollten wir einen anderen Amtmann an dessen Stelle setzen, dann werden wir binnen eines Monats eine entsprechende Zusatzurkunde fertigen, die an diese unsere Urkunde angeheftet werden wird. Hiernach soll der neue Amtmann ebenfalls angewiesen sein, die jährliche Erbrente an die vorgenannten Eheleute Gottfried und Adelheid oder ihre Erben in der vorstehend schriftlich festgelegten Weise zu zahlen.

Und wir — die vorgenannten Bürgen ... — geloben in guter Treue, dem vorgenannten Herrn Gottfried, seiner Ehefrau Adelheid und deren Erben gehorsame Bürgen zu sein und als solche alles zu tun, was uns in der vorstehenden Urkunde mit unserem Einverständnis auferlegt worden ist. Alle Arglist insoweit ist ausgeschlossen. Wir sind auch nicht berechtigt, uns wegen unserer Bürgschaftsverpflichtung und der daraus herrührenden Folgen an

ein geistliches oder weltliches Gericht zu wenden. Das bedeutet, daß der vorgenannte Gottfried und dessen Frau Adelheid oder deren Erben voll auf der Einhaltung unserer Bürgschaftsverpflichtung bestehen können, ohne daß wir berechtigt wären, gerichtlich oder anderweitig insoweit Hilfe in Anspruch zu nehmen.

Zum Zeugnis für den Inhalt dieser Urkunde und ihrer Dauerhaftigkeit haben wir, Herzog und Herzogin von Berg, und außerdem wir Bürgen unsere Siegel an diese Urkunde gehängt."

Der Text der vorstehenden Urkunde ist veröffentlicht in „Das Gräflich von Mirbach'sche Archiv zu Harff" (bearbeitet von Leonard Korth), dieses veröffentlicht in „Annalen des Historischen Vereins für den Niederrhein, insbesondere die alte Erzdiözese Köln", 1892, 55. Heft, Seite 208—210.

Die Urkunde ist frei übertragen.

Nr. 42
Burggraf Gottfried von Drachenfels
stellt dem Trierer Erzbischof Werner
bewaffnete Freunde und Diener
für einen Ritt nach Welchland zur Verfügung
13. 5. 1394

„Ich, Gottfried, Ritter und Herr zu Drachenfels, mache kund und bekenne durch diese Urkunde, daß mir der ehrwürdige Vater in Gott, mein gnädiger Herr, der Herr Erzbischof Werner zu Trier, 200 große und schwere Gulden zum Ausgleich für Verluste gezahlt hat, die meine Freunde und Diener erlitten haben, als ich sie dem vorerwähnten Herrn Erzbischof zu dem Ritt seiner Freunde nach Welchland von Marssey über Colart zur Verfügung gestellt hatte. Bei diesen Verlusten meiner Freunde und Diener handelt es sich um 5 Hengste und Pferde, Harnische und Schäden, „wie sie sein möchten".

Nach der Zahlung der vorerwähnten 200 Gulden sage ich den vorgenannten Herrn Erzbischof, meinen Herrn, seine Nachfolger und das Stift von Trier für mich und meine Diener bezüglich der erlittenen Verluste „für quyt und ledig".

Nach Nachweis der Erledigung der Angelegenheit habe ich mein Siegel an diese meine Urkunde gehängt."

Der Text der vorstehenden Urkunde ist veröffentlicht in CODEX DIPLOMATICUS RHENO MOSELLANUS, Urkundensammlung von Wilhelm Günther, 1825, Teil III., Seite 908.

Die Urkunde ist frei übertragen.

Nr. 43
Ausgaben des burggräflichen Haushalts
in der Zeit vom 7. 8.—20. 12. 1395

7. 8. 1395:

4 Albus für frischen Fisch, 2 Albus für Eier und 1 Albus für Weißbrot.

9. 8. 1395:

4 Albus für frischen Fisch, 2 Albus für Eier, 2 Albus für Ingwer und Safran, 2 Albus für Heringe, 1 Albus für gewürztes Backwerk.

14. 8. 1395:

2 Albus für Heringe, 7 Schillinge für frischen Fisch; meiner Frau gegeben 1 Mark für Safran, 1 Albus für Galgantwurzeln, 12 Albus für ½ „punt" gestoßenen Ingwer, 3 Schillinge für Seife.

17. 8. 1395:

1 Albus für Brot, 4 Albus für 3 Hühner, 5 Schillinge für Wein, 1 Schilling für Schmalz, 1 Schilling für Käse.

18. 8. 1395:

11 Schillinge für frischen Fisch, 1 Albus für Butter, 1 Schilling für Zucker, 6 Schillinge für Plattenkuchen, 2 Albus für Brot, 4 Albus für 2 Flaschen Wein, 1 Schilling für Birnen und Nüsse. 1 Albus dem Heinrich Roen für einen Hut, 2 Albus dem Godart für das Holen des Sattels. 4 Mark für 2 Faß Butter und 1 Wagenkäse, 2 Albus für das Tragen an den Rhein, 1 Albus zum Weineinkauf, 4 Albus für 1 Getreidemaß, 1 Albus für den Verzehr auf der Heimreise. 4 Albus für 7 Viertel englisches Tuch aus Kersey. 3 Albus dem Fuhrmann, der die Butter und den Käse gefahren hat.

20. 8. 1395:

3 Schillinge für Heringe, 1 Schilling für Eier, als die Töchter des Burggrafen aus dem Internat des Klosters auf der Rheininsel zur Burg Drachenfels kamen.

25. 8. 1395:

5 Schillinge meinem Herrn für frischen Fisch, 5 Albus den Jungfern Styngin und Lyngin für Weißbrot, 3 Albus meinem Herrn für Weißbrot. 6 Schillinge für Wein, als der Hafer in Gimmersdorf geerntet wurde, 1 Schilling für Brot. 5 Mark und 3 Schillinge für 14 Tage Einzäunen in Mondorf, den Tag zu 4½ Schillingen, 7½ Mark für ½ Hundert Bandweiden zum Binden von Weinreben, 6 Mark für 1½ Fuder Faßreifen. 5 Mark und 4 Schillinge für einen Sack Salz, 3 Albus für den Sack. 1 Schilling für das Tragen an den Rhein, 1 Schilling für das Übersetzen der Faßreifen über den Rhein, 4 Albus Fuhrlohn für den Transport der Faßreifen und Bandweiden nach Königswinter. 10 Schillinge für Pergament, 4 Mark für 3 „punt" Pfeffer, wovon 2 „punt" nach Sieglar kamen. 6 Mark für 1½ „punt" Gewürzkräuter, wovon 1 „punt" nach Sieglar und ½ „punt" auf den Drachenfels kamen. Ich verzehrte für 3 Albus. 1 Mark für das Dreschen des Hafers in Gimmersdorf, 4 Mark an Schaffart, die man ihm jährlich schuldig ist. 6 Albus für frischen Fisch, als die Jungfer Elisabeth mit den Kindern des Burggrafen in Königswinter war, und 2 Albus für Eier sowie 1 Albus für gewürztes Backwerk. 8 Albus an Hermann Cabyn, der meine Frau nach Köln fuhr. 3 Mark und 9 Schillinge für 5 Viertel rotes und grünes Tuch, die Elle zu 3 Mark. 3 Rheinische Gulden an Jungfer Aillat von Eitz, die sie uns am 9. 2. 1395 geliehen hatte. 22½ Mark für das Tuch zu Weihnachten 1394, die meine Frau verauslagt hatte.

7. 9. 1395:

15 Mark und 8 Mörchen für 4 Omen und 4 Sester Wein, je Ohm 3 Mark. 7 Mark dem Schmied Coensgyn, die man aus der diesjährigen Steuererhebung schuldete. 15½ Mark für Bettzeug. 9 Mark an Hermann Luytzgyn für das Mähen der Wiesen, 5½ Mark und 3 Schillinge für das Misttragen in Mondorf. Wir verzehrten

für 4 Albus, als wir den Hafer in Mülheim am Rhein und in Mondorf holten. 1 Mark für die dreitägige Miete von Säcken, je Sack 3 Mörchen. 3½ Mark und 4 Mörchen Dreschlohn für 1 Mann an 16 Tagen im Schudenroid, je Tag 16 Mörchen.

17. 9.1395:

4 Schillinge, die ich dazu legte, als ich dem Meister Eberhard das Geld nach Köln brachte. Mein Verzehr machte 3 Albus aus. 4 Albus dem jungen Ittenbach für 2 Schuhe. 8 Albus den Faßbindern für Heringe und Bückinge. 34 Gulden dem Heinrich Eschweiler, den Gulden zu 20 Albus. 1 Mark dem Boten, der den Brief nach Düsseldorf brachte. 7 Mark für Faßreifen, 1 Mark für ein paar Seile, 2 Albus für den Transport der Faßreifen ab Köln. 5 Albus an Hermann Luytzgin für das Mähen an dem Weiher und im Obstgarten, 2 Albus für die 2. Mahd am Weiher. 1 Mark für dreitägiges Mähen des Hafers „up der Drencken". 8 Albus für 2 kleine Fäßchen.

19. 9. 1395:

2 Albus für Zwiebeln auf der Honnefer Kirmes. 5 Mark für das Misttragen am Rüdenet und an der „Dugburgh". 9 Albus dem Knecht, der in Soeven und in Winterscheidt bei der Ernte eingesetzt war.

29. 9. 1395:

14 Mark an rückständigem Lohn, die mir mein Herr schuldig war, habe ich von dem Steuereinkommen in Pissenheim einbehalten. 9 Schillinge dem Ysvart für 1 Paar Schuhe. 13 Albus Lohn der Schaffnerin auf meinem Hof.

8. 10. 1395:

Als mein Herr aus Anlaß der Remigius-Oktav auf der Burg Drachenfels war, gab ich 2 Schillinge für Bückinge, 2 Schillinge für frischen Fisch und 1 Schilling für Weißbrot aus.

12. 10. 1395:

3 Albus für Bier und 3 Schillinge für Nägel den Zimmerleuten in Mondorf.

13. 10. 1395:

8 Mark für das Binden der 3 großen Holzbütten

in Mondorf, 1 Albus als Draufgabe. 8 Mark für 9 Faßböden.

9. 10. 1395:

3 Albus gab ich für Verzehr aus, als ich für meinen Herrn das Halsband abholte. 14 Albus für 2 Malter Kalk. 7½ Mark für 6 Malter Hafer, das Malter zu 15 Schillingen. 5 Albus meinem Herrn für ein Paar Sporen. 14 Albus für das Hüten der Schafe in Soeven.

15. 10. 1395:

7 Schillinge für Pesch zum Abdichten der Fäßchen. 10 Albus für einen Karrensattel.

17. 10. 1395:

2 Florenen gab ich meinem Herrn in Königswinter. 21 Florenen gab ich dem Junker Haegh, den Gulden zu je 20 Albus, insgesamt 68 Mark und 4 Schillinge. 1 Mark dem Meister Rosenbaum für das Setzen der Steine an dem Hofweingarten. 1 Mark dem Mann, der an 4 Tagen die Abortanlage (heymelgeit) auf der Burg Drachenfels in Ordnung brachte, 3 Schillinge den Tag. 1 Albus für 4 Bindeseile, 13 Mark für 2 Fässer, die auf die Burg Drachenfels kamen. 9 Albus für eine Achse des Steinwagens und deren Anbringung. 3 Albus für eine Achse des Karrens und deren Anbringung. 1 Schilling meinem Herrn als Opfergeld für die Kirche. 2 Albus dem Kuhhirten für 2 Schuhe. 3 Sümmer Hafer fraß das Pferd meines Herrn, als er das ungebotene Geding am 28. 12. 1394 in Limperich besuchte. Hierfür bezahlte ich dem Meister Luytz 9 Albus, die er vorgelegt hatte.

23. 10. 1395:

18½ Mark für eine Tonne Heringe, 8 Mörchen an Lagermiete, 8 Mörchen für das Tragen der Heringe an den Rhein, 1 Schilling dem Makler. 1 Mark für Senf, 3 Albus für Pferdefutter, 17 Schillinge für Lappleder. Mein Verzehr machte 3 Albus aus. 17 Schilling für eine Trichter, mit dem man den Wein einfüllt.

22. 10. 1395:

2 Albus für Bückinge, 1 Albus für Heringe, 1 Albus für Weißbrot. 8 Gulden dem Trumpart, den Gulden zu 20 Albus. 4 Mark für einen Mann, der bei der Ernte in Mondorf eingesetzt war. 4 Schillinge für Bückinge, 1 Albus für

Käse. 3 Schillinge an Fährgeld für die Winzer. Wir verzehrten 3 Albus, als wir den Wein nach Königwinter brachten. 3 Schillinge meiner Frau für Weißbrot.

29. 10. 1395:

9 Schillinge für Heringe und Bückinge, als der Wein von Mondorf abgefahren wurde. 1 Schilling für das Umschmelzen von Kerzen, 10 Schillinge für das Anfertigen von Kerzen von den ersten Ochsen. 5 Mark den Schrödern, die den alten Wein aus dem Weinkeller schafften und dafür neuen Wein einlagerten. 3 Albus dem Konrad für 1 Paar Schuhe, 3 Albus meinem Herrn für Schuhe.

30. 10. 1395:

1 Albus bezahlte ich, als ich das Pferd meines Herrn zum Beschlagen über den Rhein brachte. 6 Schillinge für Heringe und Bückinge, als der Wein von Mondorf abgefahren wurde. Freitags und samstags vor Martini gab ich meinem Herrn 4 Schillinge für Bückinge, 1 Schilling für Senf, 3 Schillinge für Heringe und 1 Schilling für Weißbrot.

11. 11. 1395:

10 Albus dem Kuhhirten für einen Rock, 5 Schillinge für das Nähen dieses Rockes. 1 Mark der Schaffnerin im Rüdent.

20. 11. 1395:

2 Albus für Bückinge und Heringe sowie 1 Albus für Weißbrot gab ich aus, als Herr Pilgrim von Drachenfels, Abt zu Siegburg, in Königswinter war.

18. 12. 1395:

2 Albus für Bückinge, 2 Albus für Heringe sowie 4 Schillinge für Weißbrot gab ich aus, als Herr Pilgrim, Abt zu Siegburg, in Königswinter war.

20. 12. 1395:

Ich war 7 Tage unterwegs, als ich nach Pattern bei Jülich fuhr und dort das Korn einkaufte. 3 Tage war ich in Köln, als ich auf die Fertigstellung des Rockes meines Herrn mit dem Otterpelz wartete. Mein Verzehr machte 14 Albus aus."

Der Text des vorstehenden Auszuges aus den Ausgaberechnungen ist veröffentlicht in „Das Gräflich von Mirbach'sche Archiv zu Harff" (bearbeitet von Leonard Korth), dieses veröffentlicht in „Annalen des Historischen Vereins für den Niederrhein, insbesondere die alte Erzdiözese Köln", 1892, 54. Heft, Seite 9—21.

Der Text ist frei übertragen.

Nr. 44
Ausgaben des burggräflichen Haushalts in der Zeit vom 4. 1.—22. 12. 1395

4. 1. 1395:

1 Albus für Gewürzkräuter und 1 Albus für Eier auf die Burg Drachenfels, als die Schweine geschlachtet wurden.

15. 1. 1396:

4 Albus für gewürztes Backwerk in Limperich, 4 Mark für Fleisch. 4 Albus für Heringe den Knechten, die das Stroh von Söven brachten.

29. 1. 1396:

20 Mark meinem Herrn aus dem Steuereinkommen zu Bachem. 3½ Mark dem Schmied Coenczgyn für das Beschlagen der Maultiere. 13 Mark für 2 Eimer Öl an Herrn Jakob von Niederbachem.

15. 2. 1396:

3 Albus für das Beschlagen von ein paar Fäßchen, die von den Eseln getragen werden; 2 Albus für 50 Nägel, die auf die Burg Drachenfels kamen. 6 Albus für eine Hacke, 4 Albus für ein Haumesser (hape) zum Schlagen von Weinbergspfählen, 2 Albus für zwei Weinbergsmesser.

20. 2. 1396:

1 Mark den Schrödern, die den Wein wieder in den Keller schafften.

10. 3. 1396:

7½ Schillinge für Bückinge, als mein Herr, der Burggraf in Königswinter war.

4. 4. 1396:

1 Schilling meinem Herrn in Königswinter für Weißbrot.

23. 4. 1396:

6 Schillinge für eine Kanne und einen Krug, die nach Düsseldorf kamen. 2 Albus für die Anfertigung eines Blattes und 1 Schlosses des Harnischs meines Herrn; 3 Albus für das Polieren des Harnischs; 3 Albus für den Schneider für das Anfertigen des Waffenrockes; 2 Mark für eine Turnierdecke für das Pferd meines Herrn; 3 Albus meinem Herrn für Weißbrot, als er zum Turnier nach Düsseldorf fuhr.

24. 4. 1396:

7 Mark dem Speermachermeister Engelbrecht, 3 Albus für das Färben von 3 Federn, 1 Schilling Opfergeld meinem Herrn, 5 Schilling meinem Herrn für 1 schwarzen Hut.

25. 4. 1396:

4 Albus meinem Herrn für Lederriemen; 3 Schilling für 1 Koller; 3 Schillinge meinem Herrn, die er in Düsseldorf opferte; 3 Albus dem Pferdejungen für den Waffenrock; 1 Mark an Verzehr für die Knechte im Schiff, als wir in Düsseldorf waren; 1 Rheinischen Gulden dem Knecht, der das Roß brachte.

26. 4. 1396:

Als wir nach Düsseldorf fuhren, gab ich 16 Schillinge für Brot, Wein und Käse aus; 4 Schillinge für das Übersetzen des Hengstes meines Herrn in Zons; 9 Schillinge für Hafer und Heu für meines Herrn Hengst; 4 Schillinge für die Verpflegung der Knechte; 2 Schillinge für Wein, den wir in das Schiff trugen; 2 Albus für Weißbrot, 2 Albus für Eier, 6 Schillinge für Wein und 1 Albus für Käse, als wir nach Köln kamen.

28. 4. 1396:

6 Schillinge für ein Buch mit Schreibpapier; 2 Mark für Dachnägel; 1 Albus meinem Herrn für Holzschuhe.

29. 4. 1396:

9 Mark dem Schmied Coinsgyn für das Beschlagen der Maultiere; 17 Albus an Junker Heinrich für den Sarrock; 8 Albus für 2 „punt" Mandeln und 2 „Punt" Rosinen.

13. 5. 1396:

1 Albus „mynre vrouwen van Ulmen" als sie auf

das Werth fuhr. 5 Albus dem Kuhhirten für 1 Hemd und 1 Kittel.

26. 5. 1396:

3 Mark für das Anfertigen von 300 Stangen in Geislar.

29. 5. 1396:

1 Schilling für 1 Maifisch; 16 Mörchen für ½ Viertel Wein in der Wappenstickerei.

2. 6. 1396:

10 Albus für ½ Pfund gewürztes Backwerk; 1 Albus für Gewürze auf die Burg, als mein Herr auf den Drachenfels kam, wo ihn der Siegler besuchte; 3 Albus der Magd im Haus meines Herrn, des Abts Pilgrim.

25. 6. 1396:

2 Albus meinem Herrn für 2 Hühner; 6 Albus für ½ Malter Hafer für die Pferde meines Herrn; 1 Schilling für Kerzen.

28. 6. 1396:

1 Mark spendete ich dem hl. Antonius.

3. 7. 1396:

4 Albus dem Henne für 1 Kittel, 9 Schilling dem Aiff für 1 Kittel, 9 Schillinge dem Henschen für 1 Kittel.

25. 7. 1396:

3 Albus dem Jakob, als er den Brief nach Ulmen brachte. 13 Albus für 1 Kessel im Hof; 3 Albus für Kannen, als der Wein in Pissenheim gezapft wurde; 2 Albus für die Anfertigung von 2 Schlössern, die auf die Burg kamen.

10. 8. 1396:

3 Albus für 1 Schloß am Schrank auf der Burg; 9 Schillinge für das Bauen eines Ofens; 3 Albus für Heringe, 9 Schillinge für Weißbrot, als der Sand angefahren wurde.

24. 8. 1396:

2 Albus den Weinlesern für Heringe.

31. 8. 1396:

1 Mark für grünes Fleisch, 4 Albus auf die Burg und 2 Albus den Faßbindern.

17. 9. 1396:

4 Albus auf der Honnefer Kirmes für 1 kleines Fäßchen, 8 Albus für Zwiebeln.

1. 10. 1396:

9 Albus für 100 Bückinge, die in Mondorf gegessen wurden.

28. 10. 1396:

8 Mark für das Mähen der Wiesen, 4 Albus für Heringe den Zimmerleuten, als sie auf meinem Hof den Schuppen bauten. 4 Mark für das Dekken der Scheune in Geislar und 5 Mark für Lattennägel, die dabei gebraucht wurden; 4 Mark für die Reparatur des Hauses und der Scheune in Mülheim.

10. 11. 1396:

10 Albus für 5 Bütten, 10 Schillinge an Godart für einen Pelz; 4 Albus für das Scheren des Tuches und 3 Schillinge meiner Frau für 1 Paar Beinkleider.

30. 11. 1396:

17 Schillinge für das Röden des Weines in Muffendorf; 5 Schillinge für einen Flachshechel.

5. 12. 1396:

1 Mark für 2 Pferdefilzdecken.

20. 12. 1396:

1 Mark dem Ytscheit für rückständigen Lohn und außerdem 1 Kittel für denselben.

22. 12. 1396:

14 Albus an Hen Heinrichs, als er in Koblenz war, und 3 Albus, als er meines Herrn Mantelsack nach Köln brachte. 13 Schillinge für das Kerzenmachen zur Weihnacht.

Der Text des vorstehenden Auszuges aus den Ausgabenrechnungen ist veröffentlicht in „Das Gräflich von Mirbach'sche Archiv zu Harff" (bearbeitet von Leonard Korth), dieses veröffentlicht in „Annalen des Historischen Vereins für den Niederrhein, insbesondere die alte Erzdiözese Köln", 1892, 54. Heft, Seite 21—38.

Der Text ist frei übertragen.

Nr. 45
Ausgaben des burggräflichen Haushalts
in der Zeit vom 3. 1.—10. 1. 1397

3. 1. 1397:

5½ Mark für ein Schwein in Limperich, 2 Albus für gewürztes Kraut und 1 Albus für Senf.

25. 1. 1397:

1 Albus für Eier, als man die Schweine schlachtete, und 9 Mörchen für Senf.

28. 1. 1397:

1 Albus für das Anschlagen eines Hufeisens an meines Herrn Pferd.

14. 2. 1397:

240 Mark, die ich meinem Herrn in Königswinter auf der Burg gab.

6. 3. 1397:

2 Albus dem Schurleeder, als er das Fleisch nach Bonn brachte; 1 Krone für 7 Speere, 3½ Mark für 30 Nägel, 3 Schillinge für 1 Hammer, 6½ Mark für eine Wachskerze, 2 Mark für 4 Lot Safran, 4 Mark für 1 „punt" Ingwer, 16 Albus für 2 „punt" Pfeffer, 5 Albus für 4 „punt" Rosinen, 15 Schillinge für 3 „punt" Mandeln, 8½ Mark für 1 Korb Feigen mit einem Gewicht von 84 „punt", 3 Albus für Mehl für Backwerk, 5 Albus für 3 Viertel-Töpfe, 5 Mark für 1 Malter Weizen, 1 Mark für das Backen, 1 Albus für Petersilie, 4 Albus für Speck, 4 Albus für Zucker, 4 Albus für 3 Kannen, 1 Albus für Zwiebeln und 3 Schillinge für Milch. 5 Schillinge für 2 Ellen Tuch, die für eine Pferdezierdecke benötigt wurden; 5 Mark für einen Waffenrock; 3 Schillinge für das Beschlagen des Hengstes, 3 Schillinge für Lederriemen, 1 Albus für einen Halskragen. 1 Gulden für die Miete des Hauses, von dem aus man dem Turnier zusah. 10 Albus dem Pferdeknecht.

25. 3. 1397:

1 Schilling für Lauchsamen und 1 Albus für Zwiebelsamen; 16 Albus für ½ Fuder Faßreifen in Muffendorf.

8. 4. 1397:

14 Rheinische Gulden gab ich meinem Herrn in Poppelsdorf, 14 Mark der Frau Drude in Köln an der Marpforte für 1 Panzerrocktuch.

9. 4. 1397:

2 Albus meinem Herrn für Beichtgeld, 5 Albus für Verzehr im Hause meines Herrn, des Herrn Abt Pilgrim; 1 Schilling für arme Leute. 35 Mark der Frau, die uns Butter und Heringe zu Weihnachten geliefert hat. 10 Albus für 4 Mistkiepen.

14. 4. 1397:

4 Schillinge für 4 Schüsseln; 4 Albus Verzehr für mich. An Reisekosten bei dem Abholen der Schüsseln fielen 5 Schillinge an. 7 Albus für 200 Eier, 3 Albus dem Kuhhirten für 1 Hemd, 2 Albus für Garn zu meines Herrn Mantel und zu Kleidern für die Jungfern Greytgin und Lysgin.

27. 5.—2. 6. 1397:

800 Eier und 1 Viertel, das Hundert zu 4 Albus in der Karwoche und davor. Davon kamen 600 und 1 Viertel auf die Burg und 200 nach Mondorf, als die Scheune abgerissen und wieder aufgebaut wurde. Die Eier kosteten zusammen 5½ Mark. 11 Schillinge für ½ Malter Käse, als man die Scheune in Mondorf aufbaute, 19 Schillinge für 1 Malter Käse. Davon kamen 10 Schillinge auf die Burg und 20 nach Mondorf. 1 Albus dem Mann, der mir beim Schlagen einer Wagenladung Kiefernstämme half; 6 Albus für das Fahren des Bauholzes für die Scheune in Mondorf; 6 Albus den Fuhrleuten für Wein, 3 Albus den Zimmerleuten für Weißbrot.

20. 5. 1397:

2 Albus dem Ailf, als er den Hafer in Andernach holte, 8½ Schillinge für ½ Malter Käse und 10 Albus für 200 Eier, als man in Mondorf die Türen und das Tor der Scheune machte; 2 Mark für Nägel in Mondorf, 100 Stück zu 8 Schillingen; 15 Viertel Wein in Mondorf, das Viertel zu 4 Mörchen für die Dachdecker in Mondorf, zusammen 5 Albus.

17. 6. 1397:

2 Albus meiner Frau für Hammelfleisch, 5 Schillinge für 50 Eier den Dachdeckern in Mondorf, 2 Albus für Käse. 5 Schillinge den Töchtern meines Herrn im Internat des Klosters auf der Rheininsel für Weißbrot; 7 Albus an Hermann Loetzgin für das Schneiden der Latten, die uns Herr Kreicz von Oberpleis (Pleys) gab, 3 Schillinge für das Brechen von Ofensteinen „up der Drenken" an 1 Tag.

9. 7. 1397:

28 Mark für 1 Kuh und 1 Ochsen in Köln. 22 Albus für das Schröden des Weines in Geislar aus dem Keller; 1 Gulden für den Transport dieser Weine nach Königswinter; 21 Ungarische Gulden für den Wein in Muffendorf im Wert von 73½ Mark, danach nochmals 33 Mark; 10 Rheinische Gulden im Wert von 34 Mark und 2 Schillingen in Muffendorf; 8 Mark für 2 Fuderfässer; 2 Rheinische Gulden für den Transport der Weine nach Geislar und Mondorf.

3. 8. 1397:

9 Schillinge für 1 Blasebalg.

17. 8. 1397:

4 Mark für das Anfertigen von 2 Karrenrädern mit Achse, 1 Schilling Opfergeld meinem Herrn in Bonn; 2 Mark für 2 Dauben zu Weinfässern. 34 Mark für 1 Faß Butter und 22½ Mark für 1½ Wagenkäse, 3 Albus für deren Abwiegen und Transport an den Rhein, 3 Albus Verzehr durch mich.

24. 8. 1397:

16 Albus für das Beschlagen von 2 Karrenrädern. 6 Albus an Reisekosten, als Meister Stheffin Honre und ich wegen der Schiefersteine nach Kaub ritten; 15 Albus gaben wir für Verzehr aus; 4 Albus gaben wir für die Rückfahrt aus; 4 Mark dem Schiffer, der das Schiff steuerte; für die Schiefersteine bezahlte ich 15½ Rheinische Gulden und 4½ Schillinge; in Boppart mußte ich 1 Rheinischen Gulden an Zoll bezahlen; 19½ Albus zahlte ich in Kaub für das Einschiffen der Steine; 2 Mark zahlte ich den beiden Gesellen, die das Schiff wenden halfen; 4 Mark gaben wir für Verzehr aus; 5 Schillinge Anlegegeld zahlte ich in Boppart; 11 Schillinge fielen an Zoll an den 3 unterhalb von Boppart gelegenen Zollstellen an; 4 Schillinge zahlte ich an 2 Männer, die uns in Königswinter halfen.

14. 9. 1397:

3 Schillinge hatte ich an Verzehr in Linz, als ich dort die Schweine kaufen sollte; 4 Albus an Verzehr hatte ich, als ich die Schweine kaufte; 3 Albus zahlte ich als Draufgabe bei Vertragsabschluß; 4 Albus zahlte ich an Zoll für die Schweine; 2 Albus zahlte ich einem Mann, der die Schweine auf der Rheinfahrt versorgte; 3 Albus zahlt ich einem Mann, der die Schweine nach Sieglar trieb; die 100 gekauften Schweine kosteten 400 Mark; ich erhielt 17 Mark und 4 Schillinge.

23. 9. 1397:

3 Albus für Pesch; 3 Mark für 900 kleine Dachdeckernägel; 13 Albus für 4500 Nägel zum Anschlagen des Dachschiefers. 3 Albus für 2 kleine Schüsseln. 2 Mark für 6 Bütten.

29. 9. 1397:

3 Schillinge hatten wir an Verzehr in Bonn, als wir den Wein von Mondorf dorthin brachten; 2 Mark zahlte ich für die Schiffahrt und den Schiffer; den Schrödern zahlte ich 4 Mark für den Transport und die Unterbringung von 6 Fässern alten Weines im Weinkeller.

7. 10. 1397:

1 Albus „eyme de trat eyn bode wyns".

25. 10. 1397:

2 Albus für die Anfertigung von 2 Dachpfannen für das Haus.

1. 11. 1397:

36 Rheinische Gulden für 6 Ochsen; 1 Schilling für 1 Ziege; 1 Albus für das Übersetzen über den Rhein; 2 Albus Verzehr.

10. 11. 1397:

15 Mark für das Umgraben der Weingärten in Königswinter an 45 Tagen, den Tag zu 2 Albus; 28 Mark und 4 Schillinge für das Umgraben der Weingärten an 85 Tagen, den Tag zu 4 Schillingen; 29 Mark für das Hauen von Weinbergpfählen in Dollendorf, den Transport und das Einschlagen sowie das Anbinden der Reben. 3½ Mark dem Schmied in Berkum für die Anfertigung des Pfluges und von Geschirrteilen."

Der Text des vorstehenden Auszuges aus den Ausgabenrechnungen ist veröffentlicht in „Das Gräflich von Mirbach'sche Archiv zu Harff" (bearbeitet von Leonard Korth), dieses veröffentlicht in „Annalen des Historischen Vereins für den Niederrhein, insbesondere die alte Erzdiözese Köln", 1892, 54. Heft, Seite 38—51.

Der Text ist frei übertragen.

Nr. 46
Junker Heinrich von Drachenfels
heiratet Elisabeth Scherfgin zu Gudenau
Ehevertrag vom 23. 1. 1398

„In Gottes Namen! Wir — Hermann Scherfgin, Schöffe am Hohen Gericht zu Köln, und Hermann von Gudenau — machen allen Leuten, die diese offene Urkunde sehen oder von ihrem Inhalt Kenntnis erlangen sollten, bekannt und bekennen, daß wir mit Herrn Gottfried, Burggraf zu Drachenfels, und seiner Frau Adelheid ein Heiratsabkommen geschlossen haben. In diesem Abkommen haben wir unsere Nichte Elisabeth, eheliche Tochter des verstorbenen Herr Philipp Scherfgin, unseres lieben Bruders und Schwagers, dem Heinrich von Drachenfels, dem ältesten Sohn der vorgenannten Eheleute Gottfried und Adelheid, zur Ehefrau und Bettgenossin gegeben.

Wir haben dem vorgenannten Heinrich von Drachenfels zugleich mit unserer Nichte Elisabeth die Herrschaft Gudenau mit all ihrem Zubehör, weiter alles andere Erbgut und alle Besitzungen außerhalb von Köln ohne jegliche Einschränkung so übergeben, wie sie diesseits und jenseits des Rheins gelegen sind.

Dagegen soll unsere andere Nichte namens Katharina, die jüngere Tochter des vorgenannten seligen Herrn Philipp alles Erbgut und alle Güter innerhalb der Stadtmauern von Köln erhalten. Insoweit haben wir die Auflage gemacht, daß diese innerhalb von Köln gelegene Erbmasse und die Güter geschätzt werden, damit der vorgenannten Heinrich von Drachenfels und unsere Nichte Elisabeth dieses Erbe und diese Güter evtl. durch Bezahlung einlösen können, wenn dies ihnen in freundschaftlicher Weise gestattet werden sollte.

Weiter sagen wir, daß der nächstälteste Sohn des vorgenannten Gottfried und seiner Frau Adelheid unsere Nichte Elisabeth zur Frau haben soll, wenn der vorgenannte Heinrich von Drachenfels, was Gott verhüten möge, versterben sollte, ehe er die Ehe hätte vollziehen können. Im übrigen ist auch vereinbart worden, daß unsere Nichte Elisabeth im Rahmen der getroffenen Übereinkunft innerhalb von 3 Jahren ab heute die Ehe vollzogen haben soll. Sollte Elisabeth innerhalb der nächsten 3 Jahren vor der Vollziehung der Ehe versterben, was Gott verhüten möge, dann soll der vorgenannte Heinrich unsere Nichte Katharina zur Ehefrau haben.

Die vorgenannten Eheleute Gottfried und Adelheid von Drachenfels haben unserer Nichte Elisabeth und Heinrich nach Heirats- und Eherecht den Hof zu „Eyle" mit dem im halben Drachenfelshang gelegenen Weinberg Rüdenet und den Hof zu Kochenbach mit allem Zubehör gegeben. Weiter ist auch vereinbart worden, daß der vorgenannte Heinrich als ältester Sohn nach dem Tode seines Vaters die „Oberste Burg" Drachenfels, das Gericht zu Bachem und alles, was dazu gehört, erhalten soll.

Sollte Heinrich versterben, so soll der nächstälteste Sohn der vorgenannten Eheleute Gottfried und Adelheid, der dann unsere Nichte heiratet, diese Besitzungen erhalten.

Falls der vorgenannte Heinrich vor seiner Frau Elisabeth sterben sollte, so soll unsere Nichte nach Heirats- und Eherecht, wie es üblich ist, ihr Leben lang das vorgenannte Erbschaftsgut und die vorgenannten Besitzungen erhalten. Sollte aber Elisabeth vor ihrem Ehemann Heinrich versterben, so soll dieser die Herrlichkeit Gudenau, alles Erbgut und die gesamten Besitzungen behalten, wie es nach Heirats- und Eherecht üblich ist.

Sollten Heinrich und Elisabeth sterben, ohne Nachkommen aus ihrer Ehe zu hinterlassen, so sollen die gesamte Erbmasse und alle Güter wieder an den Stamm zurückfallen, von dem sie herrühren. In einem solchen Fall soll Herr Gottfried, Herr zu Drachenfels, alle Besitzungen seines Sohnes und unserer Nichte, die außerhalb der Stadtmauern von Köln liegen, als Nachlaßverwalter bis zur endgültigen Auseinandersetzung verwalten.

Die Einhaltung all dieser vertraglich festgehaltenen Einzelheiten sichern wir hiermit zu und geloben, sie in dem festgelegten Umfang in guter Treue einzuhalten, sie durchzuführen und zwar stetig, fest und unverbrüchlich. Alle Arglist und Verstöße jeglicher Art, die Anrufung eines geistlichen oder weltlichen Gerichts und sonstige Rechtsmöglichkeiten insoweit sind ausgeschlossen.

Und wenn diese Urkunde naß, löcherig oder an den zu ihr gehörenden Siegeln beschädigt werden sollte, so soll doch der Urkundeninhalt hierdurch nicht beeinträchtigt werden, sondern in vollem Umfang rechtswirksam bleiben.

Zum Zeugnis dafür, daß die vorstehende Urkunde die getroffene Vereinbarung wahrheitsgemäß wiedergibt, haben wir — Hermann Scherfgin und Hermann von Gudenau — unsere Siegel an diese Urkunde gehängt und haben wir den ehrbaren Burggrafen Heinrich zu Rheinbeck und unseren lieben Neffen Costin von „Lijsenkirchen" gebeten, daß sie ebenfalls zur Bestätigung der Richtigkeit des Urkundeninhalts ihre Siegel an diese unsere Urkunde gehängt haben.

Und wir — Burggraf Heinrich zu Rheineck und Costin von Lijsenkirchen — sind Zeugen, daß dies alles wahr ist".

Der Text der vorstehenden Urkunde ist veröffentlicht in „Das Gräflich von Mirbach'sche Archiv zu Harff" (bearbeitet von Leonard Korth), dieses veröffentlicht in „Annalen des Historischen Vereins für den Niederrhein, insbesondere die alte Erzdiözese Köln", 1892, 54. Heft, Seite 67 — 69.

Die Urkunde ist frei übertragen.

Nr. 47
Dietrich Huysten, Herr zu Ulmen,
und seine Frau Stine von Drachenfels
2. 9. 1398

„Ich — Dietrich Huysten, Ritter und einer der Herrn zu Ulmen — und ich — Stine, seine eheliche Hausfrau — machen durch diese unsere Urkunde bekannt und bekennen so öffentlich für uns und unsere Erben, daß Herr Gottfried, Burggraf und Herr zu Drachenfels, und seine

eheliche Frau Adelheid uns 1 500 gute Rheinische Gulden gezahlt haben. Die vorgenannten Eheleute Gottfried und Adelheid sind meine, Dietrichs, Schwiegereltern und meiner vorgenannten Frau Stine Eltern. Die vorerwähnten 1 500 Gulden aus gutem Gold und schwer von Gewicht sind von den vorgenannten Eheleuten Gottfried und Adelheid als Mitgift im Hinblick darauf gezahlt worden, daß sie mir ihre Tochter Stine zur ehelichen Frau gegeben haben.

Wir erklären hiermit dem vorgenannten Herrn Gottfried und seiner Frau Adelheid, daß sie und ihre Erben aufgrund der Zahlung der vorgenannten 1 500 Gulden von ihrer Pflicht, eine Mitgift zu zahlen, ab sofort für immer befreit sind. Diese Erklärung geben wir für uns, unsere Erben und unsere Nachkömmlinge ab.

Zum Nachweis der Rechtsgültigkeit der in dieser Urkunde abgegebenen Abfindungserklärung habe ich — der vorgenannte Dietrich Huysten — für mich, für meine Frau Stine und für unsere Erben mein Siegel an diese Urkunde gehängt.

Und ich, Stine, erkläre hiermit, daß ich, die ich kein Siegel besitze, das Siegel meines Mannes an dieser unserer Urkunde als mein eigenes Siegel anerkenne.

Wir — Dietrich und Stine — erklären außerdem noch, daß wir unseren lieben Onkel und Schwager Herrn Heinrich Roylman von Dattenberg gebeten haben, sein Siegel zum Zeugnis dafür, daß die in dieser unserer Urkunde enthaltene Abfindungserklärung tatsächlich von uns abgegeben worden ist, ebenfalls an diese Urkunde zu hängen.

Ich — der vorgenannte Heinrich Roylman — bekenne, daß alles der Wahrheit entspricht und daß ich deshalb die Urkunde mitgesiegelt habe".

Der Text der vorstehenden Urkunde ist veröffentlicht in „Das Gräflich von Mirbach'sche Archiv zu Harff" (bearbeitet von Leonard Korth), dieses veröffentlicht in „Annalen des Historischen Vereins für den Niederrhein, insbesondere die alte Erzdiözese Köln", 1892, 54. Heft, Seite 69 — 70.

Die Urkunde ist frei übertragen.

Nr. 48
Burggraf Gottfried von Drachenfels
und seine Frau Adelheid
verpachten einen Weinberg
21. 9. 1398

„Wir — Gottfried, Herr zu Drachenfels, und seine Frau Adelheid — machen allen Leuten durch diese unsere Urkunde bekannt und bekennen so für uns und unsere Erben, daß wir nach reiflicher Überlegung den Ailff Doysser, seine eheliche Hausfrau Grete und ihre Nachkommen vererblich und auf ewig mit unserem Weinberg belehnt haben, der die Flurbezeichnung „Hijldestein" trägt.

Diese Belehnung ist erfolgt und erfolgt in der Weise, daß die halbe Weinernte, die in diesem Weinberg jährlich erzielt wird, uns oder unseren Erben gehört, während die andere Hälfte den vorgenannten „Erbpächtern" zusteht.

Wir haben insoweit zur Bedingung gemacht, daß der vorgenannte Ailff, seine Frau und deren Erben den Weinberg bearbeiten, während unsere Knechte die Weinlese halten sollen. Damit die Erbpächter diese Bedingung auch erfüllen können, haben wir sie ebenfalls mit unserem Busch „In der Vogelskaule" und mit unserem Busch „In der Eysselssleypen" belehnt. Die Erbpächter sollen unseren vorgenannten Weinberg gut pflegen und düngen und zwar so wie es ehrbare Winzer zu tun pflegen.

Sollten die vorgenannten Erbpächter unseren vorgenannten Weinberg vernachlässigen, werden wir ihnen den Weinberg mit allem Zubehör wieder wegnehmen, ohne daß sie dem widersprechen dürfen.

Zum Zeichen dafür, daß die vorstehend schriftlich niedergelegte Vereinbarung in allen Einzelheiten für immer Bestand haben soll, habe ich — Gottfried, Herr zu Drachenfels — mein Siegel für mich, für meine Frau Adelheid und unsere Erben an diese Urkunde gehängt.

Dieses Siegel benutze ich, Adelheid, in solchen Fällen als mein eigenes".

Der Text der vorstehenden Urkunde ist veröffentlicht in „Das Gräflich von Mirbach'sche Archiv zu Harff" (bearbeitet von Leonard Korth), dieses veröffentlicht in „Annalen des

Historischen Vereins für den Niederrhein, insbesondere die alte Erzdiözese Köln", 1892, 54. Heft, Seite 70 — 71

Die Urkunde ist frei übertragen.

Nr. 49
Ausgaben des burggräflichen Haushalts
in der Zeit von 5. 1. — 22. 11. 1398

5. 1. 1398

An dem Tage, an dem man Herrn Philip Scherffgin beerdigte, fuhr ich nach Pattern; ich hatte an Verzehr 2 Mark zu zahlen.

25. 1. 1398

4 Mark für das Hauen von 6 Fuhren Weinbergpfählen; 3$^{1}/_{2}$ Mark den Schrödern, die die 5 Wagen beluden, die nach Sieglar kamen, und 6 Fässer Wein in meines Herrn Weinkeller schafften.

14. 2. 1398:

7 Albus für die Anfertigung von 2 Haumessern, zum Schlagen von Weinbergpfählen.

16. 3. 1398:

30 Mark der Schwester meines Herrn namens „Lisebet" aus dem Steueraufkommen von Bachem. 1 Gulden für $^{1}/_{2}$ Malter Erbsen.

2. 4. 1398:

10 Mark für das Hacken des Hofweingartens und für das Beschneiden der Weinstöcke an 30 Tagen, den Tag zu 4 Schillingen.

6. 4. 1398:

21 Mark für das Umgraben an 62 Tagen in Königswinter, den Tag zu 4 Schillingen; nochmals 4 Mark für das Umgraben an 20 Tagen, den Tag zu 14 Mörchen; 1 Schilling für mich; 19 Albus an Heringen für die Leute, die umgegraben haben. 6 Albus für Osterwecken 3 Schillinge für Fisch am Abend der Stromberger Kirmes.

24. 4. 1398:

14 Albus der Bäckerin für das Weißbrot

10. 5. 1398:

2 Mark für 2 Mörteleimer, 15 Schilling den Schrödern für den Transport von 3 Weinfässern zum Haus Gudenau.

1. 6. 1398:

2 Albus für 1 Kelle zum Anrühren des Mörtels.

14. 6. 1398:

9 Mark für das Bearbeiten der Weingärten in Königswinter an 54 Tagen, den Tag zu 1 Albus. 4 Mark für das Umgraben an 11 Tagen in der Winkelsgasse und in meinem Hofweingarten; 4 Schillinge für mich; 5 Albus für das Umgraben an 2$^{1}/_{2}$ Tagen, damit der Mist in die Erde kam; 10 Schillinge für das Aufpfropfen an 2$^{1}/_{2}$ Tagen, den Tag zu 4 Schillingen.

28. 6. 1398:

10 Schillinge für Pesch und Harz

16 Mörchen für Schüsseln auf der Heisterbacher Kirmes.

13. 7. 1398:

4$^{1}/_{2}$ Schillinge für Knoblauch in Mondorf; 10 Schillinge für Weißbrot und Brot; 14$^{1}/_{2}$ Albus den Schnittern für einen Sümmer Erbsen; 2 Albus den Fährleuten für das Übersetzen des Wagens über den Rhein; 9 Mark für die Arbeit von 9 Schnittern an 3 Tagen, den Tag zu 4 Schillingen; 19 Mark und 2 Schillinge für den Einsatz von 5 Schnittern, die 38 Morgen gemäht haben. 4 Albus für das Binden des Fasses, das zum Kalkholen benutzt wurde; 5 Schillinge für 1 Bogen Papier; 4 Albus an Verzehr, als wir den Kalkofen entluden. 3 Albus demjenigen, der das Holz anfuhr, als ich den Ofen deckte.

15. 9. 1398:

3 Mark für 9 Faßböden; 13 Schillinge für Lappleder; 15 Albus für 3 Dachpfannen, die auf die Burg kamen; 13 Albus an Tuch für Pferdedecken.

28. 9. 1398:

3 Schillinge für 2 Paar Holzschuhe, die unsere Töchter bekamen.

11. 10. 1398:

15 Mark für 4 Tafeln Blei.

21. 11. 1398:

3 Schillinge gab ich meinem Herrn in meinem Haus zu Königswinter; 3 Mark für 2 Fuder Stroh.

22. 11. 1398:

6 Albus für das Beschlagen der Pferde aus Gudenau, die in Königswinter eingesetzt waren.

Der Text des vorstehenden Auszuges aus den Ausgabenrechnungen ist veröffentlicht in „Das Gräflich von Mirbach'sche Archiv zu Harff" (bearbeitet von Leonard Korth), dieses veröffentlicht in „Annalen des Historischen Vereins für den Niederrhein, insbesondere die alte Erzdiözese Köln", 1892, 54 Heft, Seite 53 — 66.

Der Text ist frei übertragen.

Nr. 50
Burggraf Gottfried von Drachenfels
und seine Frau Adelheid
kaufen die Burg Gudenau
13. 5. 1402

„Wir — Gerhard von Bell, Sohn des Ritters und Vogtes Eberhard von Bell und seiner verstorbenen Frau Christine, und Elisabeth, des vorgenannten Gerhard Ehefrau und Tochter des verstorbenen Kölner Schöffen Philipp Scherffgin und seiner verstorbenen Frau Elisabeth — machen durch diese unsere Urkunde allgemein bekannt und bekennen so öffentlich, daß wir auf den Rat guter Freunde und einträchtig zur Vermeidung weiteren Schadens den frommen und ehrbaren Leuten „Herrn Gottfried, Burggraf zu Drachenfels und seiner Frau Adelheid" für diese und für ihre Erben in rechtmäßiger Weise unser Haus zu Gudenau mit dem Burglehen zu Ahr mit Kirchgift, Zehnten, Weinzapf und Dinghof zu Villip verkauft haben und verkaufen. Außerdem haben wir verkauft und verkaufen wir den Eheleuten Gottfried und Adelheid von Drachenfels und zwar auch für deren Erben das gesamte Zubehör zu den vorstehend aufgeführten Besitzungen und Rechten. Der Verkauf beinhaltet dies alles in dem Umfange, wie er uns von unserem gnädigen Herrn und Erzbischof zu Köln und seinem Erzstift zu Lehen gegeben worden ist.

Weiter haben wir durch diese unsere Urkunde verkauft und verkaufen wir dem vorgenannten Burggraf Gottfried und seiner Frau Adelheid und zwar auch für deren Erben unseren Hof zu Merl in seinem gesamten Umfange so, wie er uns von dem Propst der Bonner Kirche urkundlich und besiegelt zu Lehen gegeben worden ist.

Der gesamte Kaufpreis ist in angemessener Weise auf 4 000 gute und schwere Rheinische Gulden festgesetzt worden. Dabei hat Berücksichtigung gefunden, daß der vorgenannte Herr Gottfried und seine Frau Adelheid 2 600 Gulden am Haus Gudenau und seinem Zubehör verbaut und angelegt haben, wie uns im einzelnen belegt worden ist.

Dieser Betrag von 2 600 Gulden ist auf den Kaufpreis von 4 000 Rheinischen Gulden angerechnet worden. Die restliche Kaufpreisforderung von 1 400 Gulden haben der vorgenannte Burggraf Gottfried und seine Frau Adelheid dadurch beglichen, daß sie uns diesen Betrag bereits in bar ausgezahlt haben.

Aus diesem Grunde erklären wir, Gerhard und Elisabeth von Bell, und zwar zugleich auch für unsere Erben, daß der vorgenannte Herr Gottfried und seine Frau Adelheid sowie deren Erben uns die Restkaufpreisforderung von 1 400 Rheinischen Gulden nicht mehr schulden.

In Bezug auf das vorgenannte Haus Gudenau mit all seinem Zubehör, wie es vorstehend aufgeführt ist, haben wir vor dem ehrwürdigen Fürsten, unserem lieben gnädigen Herrn, Herrn Erzbischof Friedrich zu Köln, Herzog in Westfalen und Engern, in Anwesenheit seiner Burgmannen „Herr Wilhelm Beißel von Gymnich, Herr und Ritter Dietrich von Gymnich und dem Knappen Dietrich von Oedinghoven" ausdrücklich für uns und unsere Erben mit „Hand, Halm und Mund" in lauterer Weise und unwiderruflich für alle insoweit in Betracht kommenden Örtlichkeiten und Rechte samt ihrem Zubehör auf unser Geburtsrecht verzichtet und es Herrn Gottfried, Burggraf zu Drachenfels, seiner Frau Adelheid und deren Erben übertragen.

Dieser Verzicht und diese Übertragung beeinträchtigen jedoch nicht die insoweit unserem gnädigen Herrn, dem Erzbischof von Köln, seinen Nachfolgern und dem Erzstift zustehenden Rechte an dem Haus Gudenau und seinem Zubehör. Alle Arglist insoweit ist ausgeschlossen.

Zum Zeugnis der Rechtsgültigkeit der vorstehend einzeln aufgeführten Punkte haben wir, Gerhard von Bell und seine Frau Elisabeth, an diese unsere Urkunde mein, des Gerhard von Bell, Siegel für uns und unsere Erben gehängt, nachdem unser gnädiger Herr, der vorgenannte Herr Erzbischof, diese Urkunde gesiegelt hat.

Damit auch alle Einzelheiten der vorstehenden Urkunde auf immer Gültigkeit haben, haben wir denselben gnädigen Herrn und Erzbischof gebeten, den vorgenannten Herrn Gottfried, Burggraf zu Drachenfels, und seine Frau Adelheid sowie deren Erben mit dem Haus Gudenau sowie dem Burglehen zu Ahr und mit allem dazu gehörigen Zubehör zu belehnen und so diesen Kaufvertrag zu bestätigen und zu bekräftigen, damit er auf immer gültig ist. Wir haben den Herrn Erzbischof weiter gebeten, daß er zum Nachweis, daß alles einwandfrei und rechtlich bindend vereinbart worden ist, sein Siegel an diese unsere Urkunde hängt.

Und wir — Friedrich, Erzbischof zu Köln, Herzog in Westfalen und zu Engern — bekennen, daß der vorgenannte Gottfried, Burggraf zu Drachenfels, seine Frau Adelheid und deren Erben das vorgenannte Haus Gudenau sowie das Burglehen zu Ahr und alle ihre Zubehörungen, wie sie als Lehen dem vorgenannten Gerhard von Bell und seiner Frau Elisabeth zugestanden haben, mit unserem Einverständnis erworben haben.

Damit dies alles für immer Gültigkeit bis in Ewigkeit hat, haben wir an die vorstehende Urkunde unser Siegel gehängt. Nachdem dies geschehen ist, ist der Urkundeninhalt auch mit dem Siegel der vorgenannten Eheleute Gerhard und Elisabeth von Bell sowie außerdem mit den Siegeln unserer vorgenannten Burgmannen gesiegelt worden.

Und wir — Wilhelm Beißel von Gymnich, Ritter Dietrich von Gymnich und der Knappe Dietrich von Oedinghoven — haben ebenfalls unsere Siegel an diese Urkunde gehängt, um so zu bezeugen, daß der vorstehende Urkundeninhalt die getroffenen Vereinbarungen und Erklärungen in zutreffender Weise widergibt".

Der Text der vorstehenden Urkunde ist veröffentlicht in „Das Gräflich von Mirbach'sche Archiv zu Harff" (bearbeitet von Leonard Korth), dieses veröffentlicht in „Annalen des Historischen Vereins für den Niederrhein, insbesondere die alte Erzdiözese Köln", 1892, 55. Heft, Seite 259 — 261.

Die Urkunde ist frei übertragen.

Elisabeth von Bell, die inzwischen verwitwet war, bestätigte am 2. 1. 1420, daß ihr aus dem Verkauf des Hauses Gudenau gegenüber Burggraf Gottfried von Drachenfels keine Ansprüche mehr zustünden. (Annalen, 1892, 55. Heft, Seite 312).

Nr. 51
Burggraf Gottfried von Drachenfels und sein Bruder Abt Pilgrim verpachten ein Haus in Siegburg
27. 10. 1405

„Wir — die Gebrüder Pilgrim, Abt zu Siegburg, und Gottfried, Herr zu Drachenfels — machen durch diese unsere Urkunde allen Leuten bekannt und bekennen so urkundlich folgendes:

Unsere verstorbenen Eltern hatten ihr am Steinweg in Siegburg gelegenes Haus dem Hencken Schorne und seiner Frau Else, die beide Siegburger Bürger waren, in Erbpacht zu einem jährlichen Erbzins von 20 Mark in Kölner Pagament und von ein Halb Ohm Wein gegeben. Dieser Erbzins war auf dem Berg zu Siegburg zu leisten.

Das vorerwähnte Haus ist danach auf Heynchin von Rotheym und seine Frau Stine, die beide ebenfalls Siegburger Bürger sind, mit all den

Rechten übergegangen, wie sie dem vorgenannten Hencken und seiner Frau Else zugestanden haben.

Und weil dieses Haus durch Brand stark beschädigt worden ist und deshalb der vorgenannte Heynchin und seine Frau Stine die Zahlung des Erbzins verweigern und auch nicht gewillt sind, das vorgenannte Haus wieder aufzubauen, haben sie beide für sich und ihre Erben auf das vorgenannte Haus und ihr Erbrecht verzichtet. Sie haben dieses Haus mit den dazu gehörigen Rechten und auch mit den Rechten, die ihnen eventuell zustehen könnten, in rechtswirksamer Form vor den Schöffen von Siegburg an den Johann Ketzgin und seine Frau Nesen sowie deren Erben übertragen.

Damit das vorgenannte Haus wieder aufgebaut werden kann, haben wir, Abt Pilgrim und sein Bruder Gottfried, für uns und unsere Erben dem vorgenannten Johann, seiner Frau Nesen und deren Erben die Gnade erwiesen, daß sie den jährlichen Erbzins von 20 Mark ab St. Martinstag auf die Dauer von 8 Jahren nicht zu bezahlen brauchen. Sie müssen jedoch der Abtei auf dem Berge zu Siegburg das vorgenannte ein Halb Ohm Wein liefern.

Und wenn so die 8 Jahren verstrichen sind, sollen die vorgenannten Eheleute oder ihre Erben am nächstfolgenden St. Martinstag den jährlichen Erbzins von 20 Mark wieder zahlen und in allem so verfahren, wie es von unseren verstorbenen Eltern festgelegt worden ist.

Zum Zeichen der Rechtsgültigkeit unserer vorstehend schriftlich niedergelegten Erklärungen haben wir — Abt Pilgrim und Gottfried, Herr zu Drachenfels, die wir Brüder sind — die vorstehende Urkunde für uns und unsere Erben mit unserem Siegel versehen".

Der Text der vorstehenden Urkunde ist veröffentlicht in „Das Gräflich von Mirbach'sche Archiv zu Harff", (bearbeitet von Leonard Korth), dieses veröffentlicht in „Annalen des Historischen Vereins für den Niederrhein, insbesondere die alte Erzdiözese Köln", 1892, 54. Heft, Seite, 71 — 72.

Die Urkunde ist frei übertragen.

Nr. 52
Burggraf Gottfried von Drachenfels
zahlt seiner Tochter Greta
und deren Mann Dietrich von Grenzau
Mitgift aus
28. 5. 1406

„Ich, Dietrich von Grenzau, und Greta, meine Ehefrau, machen durch diese Quittungsurkunde (qwitantienbreiff) bekannt und bekennen, daß wir von Herrn Gottfried, Herr zu Drachenfels, meinem Schwiegervater und meinem Vater, 400 gute Rheinische Gulden als Mitgift erhalten haben, die er mir und seiner Tochter nach der Heirat zu geben gelobt hat.

Da mein Schwiegervater dieses Versprechen durch Zahlung der 400 Gulden eingehalten hat, wird durch diese Urkunde ausdrücklich bestätigt, daß er insoweit die versprochene Mitgift nicht mehr schuldet.

Zum Nachweis der Richtigkeit dieser meiner Urkunde habe ich mein Siegel an sie gehängt, das auch ich, Greta, als mein Siegel zu benutzen pflege".

Der Text der vorstehenden Urkunde ist veröffentlicht in „Das Gräflich von Mirbach'sche Archiv zu Harff" (bearbeitet von Leonard Korth), dieses veröffentlicht in „Annalen des Historischen Vereins für den Niederrhein, insbesondere die alte Erzdiözese Köln", 1892, 54. Heft, Seite, 72 — 73.

Die Urkunde ist frei übertragen.

Nr. 53
Erzbischof Friedrich von Köln
schlichtet einen Streit zwischen
Reinhard von Sechtem
und Burggraf Gottfried von Drachenfels
8. 7. 1407

„Wir — Friedrich, von Gottes Gnaden Erzbischof der hl. Kirche zu Köln, des Heiligen Römischen Reiches durch Italien Erzkanzler, Herzog in Westfalen und zu Engern ect. — machen allen Leuten durch diese unsere Urkunde bekannt und bekennen so, daß zwischen dem Ritter und Burggrafen Gottfried zu Drachenfels auf der einen Seite und dem Reinhard von Sechtem auf der anderen Seite Strei-

tigkeiten bezüglich des im Kirchspiel Villip anfallenden Zehnten bestehen.

Der vorgenannte Gottfried hat die Ansicht vertreten, daß dieser Zehnte von alters her dem Hause Gudenau zugestanden habe, so daß der vorgenannte Reinhard ihm den Zehnten von seinen Besitzungen im Kirchspiel Villip zahlen müsse. Ebenso ist der vorgenannte Gottfried der Meinung, daß ihm der Weinzapf und die Wege zu Villip durch das Haus Gudenau zugehörten. Das gelte, so glaubt der vorgenannte Gottfried, auch bezüglich der angelegten Hekken und Tore etc. zu Villip.

Wir sind von den streitenden Parteien gebeten worden, diese Streitigkeiten durch einen Schiedsspruch so zu schlichten, daß jeder von ihnen weiß, was er in Zukunft insoweit zu tun und zu halten hat. Wir haben deshalb unsere Freunde in das Dorf Villip entsandt, damit diese an Ort und Stelle durch Vernehmung von Zeugen ergründeten, was es mit dem vorgenannten strittigen Punkten auf sich habe. Insoweit haben die in Betracht kommenden Zeugen unter Eid ausgesagt, wie alles früher zu Villip gehandhabt worden ist. Darüber hinaus haben wir auch Urkunden überprüft, die unsere Vorgänger verfaßt haben. Daraus ergibt sich, daß der Weinzapf zu Villip früher einmal von uns und von unserem Erzstift zu Lehen gegeben worden ist.

Deshalb bescheiden wir nach Überprüfung der ganzen Angelegenheit die beiden streitenden Parteien so, wie es nachfolgend in dieser unserer Urkunde schriftlich festgehalten ist:

„Zum ersten, daß der vorgenannte Reinhard von seinem Gut zu Villip dem vorgenannten Gottfried den Zehnten jährlich geben, richten und aufsetzen soll; es sei denn, er könnte in rechtlich einwandfreier Weise beweisen, daß er zu einer solchen Zahlung nicht verpflichtet ist. Da nun der Weinzapf von uns zu Lehen gegeben worden ist, soll der vorgenannte Reinhard den Gottfried den Weinzapf ungehindert in der Weise ausüben lassen, wie dies bisher gehalten worden ist; es sei denn, er könnte vor unseren Burgmannen rechtlich einwandfrei beweisen, daß er den Weinzapf des Burggrafen Gottfried nicht zu dulden braucht.

Weiter soll der vorgenannte Reinhard die Wege so belassen, wie das von alters her üblich war und festgestellt worden ist.

Was die angelegten Hecken anbetrifft, so soll man die vor einiger Zeit von den streitenden Parteien gesetzten Grenzsteine entfernen und die ganze Angelegenheit so behandeln, wie dies von alters her geschehen ist.

Bezüglich der Tore bestimmen wir, daß Reinhard kein Tor haben soll; er mag jedoch wohl einen Ausgang in der Weise benutzen, wie es von alters her gehandhabt worden ist, jedoch nur so, daß dem vorgenannten Gottfried an seinem Erbe kein Schaden erwächst".

Gegeben und ausgesprochen zu Godesberg am 8. Juli des Jahres unseres Herrn 1407. Zum Zeichen der Rechtsgültigkeit dieses unseres Schiedsspruchs haben wir unser Siegel an diese Urkunde gehängt."

Der Text der vorstehenden Urkunde ist veröffentlicht in „Das Gräflich von Mirbach'sche Archiv zu Harff" (bearbeitet von Leonard Korth), dieses veröffentlicht in „Annalen des Historischen Vereins für den Niederrhein, insbesondere die alte Erzdiözese Köln", 1892, 54. Heft, Seite, 73 — 74.

Die Urkunde ist frei übertragen.

Nr. 54
Burggraf Gottfried von Drachenfels erlangt im Wege der Zwangsvollstreckung den Tomberger Hof zu Königswinter
30. 9. 1407

„Wir — die Königswinterer Schöffen Lambricht van Oessendorf, Johann Soevener, Johann gen. Fleysheuer, Heinz Vynckerney, Teile van Emme, Hermann Weckeysser und Hein Volroede — machen gemeinsam durch diese unsere Urkunde allen Leuten bekannt und bezeugen so schriftlich, daß uns bekannt ist, daß der ehrbare und gestrenge Ritter Gottfried, Herr zu Drachenfels, durch die geschworenen Boten des weltlichen Gerichts zu Königswinter den gesamten in unserem Gerichtsbezirk liegenden Hof des edlen Herrn Friedrich zu Tomberg und Landskron hat pfänden lassen.

Die so ausgebrachte Pfandschaft umfaßt nicht nur das Hofgebäude, sondern auch alle Hofrechte, alles Erbe und alle Güter an Ackerland, Weingärten, Wiesen, Büschen, Zinsen und Pachten und zwar ohne jegliche Ausnahme. Diese sind dem vorgenannten Herrn Friedrich teils von dem Hof der Jungfrauen zu Essen (adeliges Frauenstift zu Essen), teils von dem Hof der Herrn des Gotteshauses St. Aposteln (zu Köln) und teils von dem Hof der Jungfrauen des Gotteshauses zu Dietkirchen (Frauenstift zu Bonn) zu Lehen gegeben worden. Dabei handelt es sich um folgende Erben und Güter:

„druytzein moirgen buyssche an dem Hyttenbroich lancgs erve der hern van Heysterbach ind eychtenhalven moirgen buyssch an der Silverkuylen, ouch ligende neyst erve der heren van Heysterbach vurschreven, ind vuynff veirdel ind eyn pynt buyssch in der Saelwijden, ind veyr moirgen buyssch an dem Huynffer laege; item dirdenhalven moirgen ind ein veirdel weesen zu Roedelbach, ind zu Ytterbach tzween moirgen weesen genant die Burnwese, ind dirdenhalven moirgen ind ein veirdel weesen in der Pleysbach geleygen, ind dru veirdel weesen genant dye Roeseneuers; item nuyndenhalven moirgen buyssch aen dem Maelberche geleygen (*) ind eylff moirgen buyssch in Broechem geleygen, ind dirdenhalven moirgen buyssch geleygen hinder dem Mynre Stroemberche (**)

ind nuyntzein moirgen buyssch an dem Eckenbroech; item tzwein moirgen wyncgairtz ind ein halff veirdel lygende an dem Sprencgescheyt, ind seven veirdel wincgairtz an dem Keytzberche, ind eynen halven moirgen dreijsisch an dem selven wincgairden geleygen; item der hoff myt seyme gezymmer ind zubehoere ind myt der hoeffrechten geleygen zu Koeninxwinteren, ind tzwey malder eyven erfflicher gulden ind drijsisch hoenre erfflicher renten ind seisteyn schillinck ind veir pennynck erfflicher pennyngeltz ind druy punt waees erfflichs tzynss ind renten, ind tzwey voeder ind nuyntzein veirdel erfflichs wijnpaechtz".

* „aen dem Maelberche" = heute: „an dem Ölberg"

** „Mynre Stroemberche" = heute: „Nonnenstromberg"

Alle diese Erben, erblichen Güter, Zinsen und Pachten, wie sie vorstehend aufgeführt sind, hat der vorgenannte Herr Gottfried für eine Forderung in Höhe von 1 400 Rheinischen Gulden, gut und schwer von Gold und Gewicht, pfänden lassen. Diese Pfändung ist dem Herrn Friedrich vom Tomberg und Landskron durch die geschworenen Boten bekannt gemacht worden. Von ihnen wissen wir auch, daß diese Bekanntmachung in ordnungsgemäßer Weise erfolgt ist.

Daraufhin haben der Amtmann und wir den Ritter Gottfried, Herrn zu Drachenfels, zu drei Gerichtstagen vorgeladen, die dann auch in einem zeitlichen Abstand von jeweils 14 Tagen durchgeführt worden sind. Zu diesen drei Gerichtstagen ist der vorgenannte Herr Gottfried jeweils vor dem weltlichen Gericht erschienen und hat dabei, wie es rechtens ist, erklärt, daß die Pfändung wegen einer Forderung in Höhe von 1 400 Gulden erfolgt ist. Auf diesen Gerichtstagen sind keinerlei Einwendungen gegen die behauptete Forderung und gegen die vorgenommene Pfändung erhoben worden.

Daraufhin hat der Amtmann dem vorgenannten Herrn Gottfried urkundlich bestätigt, daß die Pfändung wegen einer Forderung in Höhe von 1 400 Gulden und auch wegen der Gerichtskosten in ordnungsgemäßer Weise erfolgt ist.

Damit waren die Voraussetzungen dafür geschaffen, daß dem vorgenannten Herr Gottfried die bereits erwähnten Erben und Güter des Herrn Friedrich zu Tomberg und Landskron zu unmittelbarem Besitz übertragen werden konnten.

Dementsprechend hat der vorgenannte Herr Gottfried diese Erben und Güter in seine Hand empfangen. Dies ist in rechtlich einwandfreier Weise auf dem Hof von Essen vor dem Schultheiß Johann Soevener und den Hofgeschworenen Teylen van Emme und Hennen Rost, auf dem Hof von St. Aposteln von dem Schultheiß Hennen aus Dollendorf und den Hofgeschworenen Hermann Weckeysser und Teylen Boess sowie auf dem Hof von Dietkirchen vor dem Schultheiß Henkin Schaeveirde und den Hofgeschworenen Johann Soevener und Hermann Weyckeysser geschehen.

Seit der Übertragung des unmittelbaren Besitzes auf den vorgenannten Herrn Gottfried hat dieser die tatsächliche Gewalt über die vorgenannten Erben und Güter in der vorgeschriebenen Zahl von Jahren und Tagen ausgeübt, wie uns bekannt ist. Dies haben uns aber auch die vorgenannten Hofschultheißen und Hofgeschworenen, die hierzu gehört worden sind, bestätigt.

Nach Ablauf der vorgeschriebenen Jahre und Tage ist der vorgenannte Herr Gottfried wieder vor Gericht erschienen. Durch seinen Fürsprecher hat er ausdrücklich erklären lassen, daß er die gepfändeten Erben und Güter in der vorgeschriebenen Zahl von Jahren und Tagen in unmittelbarem Besitz gehabt habe. Auch hat er fragen lassen, wie nunmehr mit der Pfandschaft verfahren werden solle.

Die Entscheidung hierüber hat der Amtmann uns, den Schöffen des weltlichen Gerichts, übertragen. Daraufhin haben wir den Amtmann gebeten, uns über den zu fällenden Schöffenspruch noch bis zum nächsten Gerichtstag beraten zu lassen. Dies wurde uns gestattet. Es ist uns dann aber nicht gelungen, Einigkeit über den zu fällenden Schöffenspruch zu erzielen.

Daraufhin hat uns der Amtmann, wie es rechtens ist, angewiesen, ein Rechtsgutachten der weisen Bonner Schöffen einzuholen.

Die Bonner Schöffen haben uns dann schließlich ihren erbetenen Spruch mitgeteilt.

Entsprechend der Weisung der Bonner Schöffen haben wir unseren Schöffenspruch dahin gefällt, daß der vorgenannte Herr Gottfried die vorgenannten Erben und Güter, wie es rechtens ist, in den Kirchen und auf allen Straßen zum Kauf anbieten solle. Dies ist dann auch geschehen.

Da niemand gekommen ist, der die Erben und Güter ankaufen wollte, haben wir Schöffen auf die Anweisung des Amtmannes gemeinsam mit den in Betracht kommenden Nachbarn und verständigen Leuten die vorerwähnten Erben

und Güter geschätzt und den Wert derselben auf 1 360 Gulden und 1 Ort festgelegt.

Der geschworene Bote des weltlichen Gerichts hat dies alles dem vorerwähnten Herrn Friedrich mitgeteilt und ihm kundgetan, daß er das vorgenannte Erbe und Gut, wie es rechtens ist, binnen 14 Tagen durch Zahlung einlösen könne.

Derselbe Herr Friedrich ist dann auch nach Königswinter gekommen, wo ihm der vorgenannte Herr Gottfried nachgewiesen hat, daß er in der Zeit, in der er den unmittelbaren Besitz der Erben und Güter gehabt hat, für diese an Baukosten und sonstigen Aufwendungen 39 Gulden, 3 Schillinge und 2 Pfennige aufgewendet habe. Darüber hinaus hat der vorgenannte Herr Gottfried auch erklärt, daß er bereit sei, diese aufgewendeten Geldbeträge von der Schuldsumme von 1 400 Gulden in Abzug zu bringen, da er die Erben und Güter ja genutzt habe.

Trotzdem sind die Erben und Güter nicht durch Zahlung ausgelöst worden. Deshalb haben wir übereinstimmend bei Anwesenheit des Amtmannes nach Recht und Gewohnheit des Königswinterer weltlichen Gerichts unseren Schöffenspruch gefällt und fällen wir ihn dahin, daß der Ritter Gottfried, Herr zu Drachenfels, nunmehr für sich und seine Erben die vorgenannten „Tomberger Erben und Güter" in Zukunft behalten und zu seinem Nutzen ohne jegliches Hindernis besitzen soll.

Insoweit machen wir jedoch die Einschränkung, daß durch dies alles die bereits erwähnten Lehnsrechte der vorgenannten drei Höfe nicht beeinträchtigt werden dürfen.

Außerdem haben wir entschieden und entscheiden wir, daß die vorgenannten Erben und Güter unter ganz bestimmten Voraussetzungen gegen Bezahlung des oben festgelegten Geldbetrages wieder ausgelöst werden können. Sollten nämlich Kinder des vorgenannten Herrn Friedrich oder Erben der vorgenannten „Tomberger Erben und Güter" noch unmündig oder in Unkenntnis der vorstehenden Angelegenheit außer Landes sein oder ein Vormund der Erben — nicht aber die Erben selbst — die

vorstehend aufgeführten Erben und Güter beanspruchen, so steht es ihnen nach Recht und Gewohnheit unseres Gerichts frei, sie durch Bezahlung auszulösen.

Zum Zeichen dafür, daß die in unserer Urkunde abschließend geregelte Angelegenheit für ewig gültig entschieden ist, haben wir, die vorgenannten Königswinterer Schöffen, gemeinsam das Siegel unseres Schöffenamtes an diese unsere Urkunde gehängt."

Der Text der vorstehenden Urkunde ist veröffentlicht in „Das Gräflich von Mirbach'sche Archiv zu Harff", (bearbeitet von Leonard Korth), dieses veröffentlicht in „Annalen des Historischen Vereins für den Niederrhein, insbesondere die alte Erzdiözese Köln", 1892, 55. Heft, Seite 273 — 277

Die Urkunde ist frei übertragen.

Nr. 55
Burggraf Gottfried von Drachenfels erlangt einen Teil der Herrschaft Ulmen
18. 3. 1409

„Ich, Johann von Karden, mache durch diese meine Urkunde allen Leuten, die sie zu Gesicht bekommen oder von ihrem Inhalt Kenntnis erlangen sollten, bekannt und bekenne so, daß meine Eltern Peter von Karden und Beatrix von Ulmen, denen Gott gnädig sein möge, urkundlich festgehalten haben, welche Forderungen und Rechte sie seinerzeit dem Dietrich von Rennenberg und dessen Erben übertragen haben. Diese damalige Übertragung ist mit meinem Wissen, Willen und Einverständnis erfolgt.

Da ich nun nach dem Tode meiner Eltern deren nächster Erbe in Bezug auf den Inhalt der vorstehend erwähnten Urkunde, des vorstehend erwähnten Rechtes und der vorgenannten Herrschaft bin, bekenne ich für mich und für alle meine Erben, daß ich die vorgenannte Urkunde, wie sie Wort für Wort und von meinen Eltern dem vorgenannten Dietrich von Rennenberg gegeben worden ist, von jetzt an gegenüber Herrn Gottfried, Herr zu Drachenfels, und seinen Erben in dem Umfang, wie es die

Urkunde ausweist, ohne jegliche Arglist stetig, fest und unverbrüchlich einhalten will.

Weil nun die vorgenannte Herrschaft von Ulmen mit den dazugehörigen Gütern, wie es urkundlich belegt ist, von dem ehrwürdigen Fürsten und Herrn, Herrn Erzbischof Friedrich und seinem Kölner Erzstift zu Lehen gegeben worden ist, so habe ich den vorgenannten gnädigen Herrn von Köln gebeten, daß er, da ich die Herrschaft und das Gut von Ulmen vor ihm und seinen Mannen in gehöriger Form aufgegeben habe, nunmehr den vorgenannten Herrn Gottfried und seine Erben insoweit belehne.

Wir Friedrich, Erzbischof zu Köln, bekennen hiermit, daß die obigen Angaben des Johann von Karden zutreffend sind und daß wir den vorgenannten Gottfried von Drachenfels, unseren lieben Rat und Getreuen, in dem Umfange, wie vorstehend ausgeführt ist, belehnt haben, da die Übertragung der Herrschaft von Ulmen einschließlich der dazugehörigen Güter mit unserem Wissen und Willen erfolgt ist.

Zum Zeichen dafür haben wir unser Siegel an diese Urkunde gehängt.

Und ich, Johann von Karden, habe in guten Treuen und unter Eid bezüglich des vorstehenden Urkundeninhalts für mich und meine Erben gelobt, alle die vorgenannten einzelnen Punkte und Artikel sowie die bereits erwähnte frühere Urkunde gegenüber Herrn Gottfried und seinen Erben ohne jegliche Zwietracht und Wirrung stetig, fest, und unverbrüchlich einzuhalten.

Zum Zeichen dafür, daß diese meine Urkunde auf ewig Bestand haben soll, habe ich mein Siegel neben das Siegel meines vorgenannten gnädigen Herrn an diese Urkunde gehängt."

Der Text der vorstehenden Urkunde ist veröffentlicht in „Das Gräflich von Mirbach'sche Archiv zu Harff" (bearbeitet von Leonard Korth), dieses veröffentlicht in „Annalen des Historischen Vereins für den Niederrhein, insbesondere die alte Erzdiözese Köln", 1892, 54. Heft, Seite 74 — 76.

Die Urkunde ist frei übertragen.

Nr. 56
Philipp, Herr zu Ulmen,
entsagt zugunsten des Burggrafen Gottfried
und ihrer beider Enkelin Lucia
auf alle Ansprüche auf das Haus Ulmen
21. 12. 1412

„Ich Philipp, Herr zu Ulmen, bekenne durch diese Urkunde für mich, meine Erben und Nachkömmlinge, daß ich das Haus, das früher mein Bruder Kuno von Frankenstein zu Ulmen besessen hatte, unabhängig davon, ob ich ein Recht an dem vorgenannten Haus gehabt habe oder in irgendeiner Weise gehabt haben sollte, dem Herrn Gottfried, Herrn zu Drachenfels, und Lucia, meiner und des vorgenannten Herrn Gottfried Enkelin, übertragen und übergeben habe.

Die Übertragung ist durch diese Urkunde erfolgt, in der ich insoweit auch für mich, meine Erben und Nachkömmlinge gänzlich und voller Lauterkeit auf das vorgenannte Haus für alle Ewigkeit verzichtet habe und verzichte.

Dies hat zur Folge, daß weder ich noch jemand anders den vorgenannten Herrn Gottfried oder unsere gemeinsame Enkelin Lucia im Besitz des vorgenannten Hauses behindern soll oder darf. Weiter bedeutet dies, daß weder ich noch meine Erben oder meine Nachkommen in Zukunft ein Recht zum Besitz des vorgenannten Hauses durch Anrufung eines geistlichen oder weltlichen Gerichts oder auf andere Weise, wie man sie auch immer nennen mag, geltend machen können. Alle Arglist insoweit ist ausgeschlossen.

Damit diese meine Urkunde für immer Bestand hat, habe ich mein Siegel an sie gehängt."

Der Text der vorstehenden Urkunde ist veröffentlicht in „Das Gräflich von Mirbach'sche Archiv zu Harff" (bearbeitet von Leonard Korth), dieses veröffentlicht in „Annalen des Historischen Vereins für den Niederrhein, insbesondere die alte Erzdiözese Köln", 1892, 94. Heft, Seite 76.

Die Urkunde ist frei übertragen.

Nr. 57
Burggraf Gottfried von Drachenfels
und sein Sohn Johann
stiften ein Ewiges Licht
im Münster St. Theobald zu Thann
6. 4. 1417

„Wir — Henselin Senger und Cunemann Burgkelin, derzeitige Pfleger und Baumeister unseres lieben Herrn und Himmelsfürsten Gotteshauses St. Theobald zu Thann — bekennen und machen durch diese unsere Urkunde allen, die ihren Inhalt zu Gesicht bekommen oder von ihm Kenntnis erlangen sollten, bekannt und zu wissen kund, daß wir mit dieser unserer Urkunde für uns und unsere Nachfolger mit dem Rat und dem Einverständnis des edlen und ehrenwerten Herrn und Ritters Konrad von Lupffen — Vogt, Verwalter und Rat zu Thann — verkauft haben und verkaufen Herrn Gottfried, Herrn zu Drachenfels, und seinem Sohn Johann sowie deren Erben ein Ewiges Licht, das Tag und Nacht zur Ehre Gottes vor dem vorgenannten Heiligtum unseres lieben Herrn und Himmelsfürsten St. Theobald brennen soll.

Dafür hat uns der vorgenannte Herr Gottfried 35 Gulden gezahlt, die wir im Namen und an Stelle unseres lieben Herrn Gotteshauses St. Theobald in Empfang genommen haben. Das bekennen wir ausdrücklich in dieser unserer Urkunde.

Insoweit haben wir gelobt, geloben und versprechen wir hiermit urkundlich, daß wir, die vorgenannten Pfleger und Baumeister, und auch außerdem der vorgenannte Verwalter und Rat zu Thann für uns und unsere Nachfolger dafür Sorge tragen werden, daß das vorgenannte Ewige Licht Tag und Nacht für den vorgenannten Gottfried, seinen Sohn Johann und deren Erben brennen wird.

Damit dies für alle Zukunft offenkundig ist, haben wir mit Wissen und Gunst des vorgenannten Vogts, Verwalters und Rats Konrad von Lupffen das Siegel unseres lieben Herrn und Himmelsfürsten Gotteshauses St. Theobald an diese unsere Urkunde gehängt".

Der Text der vorstehenden Urkunde ist veröffentlicht in „Das Gräflich von Mirbach'sche Archiv zu Harff" (bearbeitet von Leonard

Korth), dieses veröffentlicht in „Annalen des Historischen Vereins für den Niederrhein, insbesondere die alte Erzdiözese Köln", 1892, 54. Heft, Seite 77 — 78.

Die Urkunde ist frei übertragen.

Nr. 58
Burggraf Gottfried von Drachenfels und sein Sohn Johann stiften ein Ewiges Licht in der Benediktiner-Abtei Einsiedeln 4. 5. 1420

„Wir — Burkard, durch Gottes Gnade Abt des Gotteshauses Unserer Lieben Frau zu Einsiedeln — machen durch diese unsere Urkunde bekannt, daß wir von dem edlen, wohlgeborenen Herrn Gottfried, Herrn zu Drachenfels, in bar 35 Gulden aus Gold und schwer von Gewicht empfangen haben, die wir zu unserem und dem Nutzen unseres vorgenannten Gotteshauses verwendet haben.

Deshalb haben wir ihm, seinem Sohn Johann und ihren Erben ein Ewiges Licht durch regelrechten Kauf für immer überlassen, das Tag und Nacht zur Ehre Gottes, seiner lieben Mutter, Unserer Lieben Frauen, in der Kapelle zu Einsiedeln vor dem Bilde Unserer Lieben Frau brennen soll. Der vorgenannte Gottfried hat dieses Licht von uns mit der Bestimmung gekauft, daß es an dem vorgenannten Platz zu seinem eigenen Seelenheil, dem seiner Vorfahren, seines Sohnes Graf Johann und aller ihrer Erben leuchten möge.

Wir, der vorgenannte Abt Burkard, geloben mit dieser unserer Urkunde, daß wir dafür Sorge tragen werden, daß das vorgenannte Licht jetzt und in Zukunft, also ewiglich so brennen soll, wie es das jetzt schon neben den anderen ewigen Lichtern in der vorgenannten Kapelle Unserer Lieben Frau tut.

Um dies urkundlich festzuhalten, haben wir dem vorgenannten Gottfried und seinem Sohn Graf Johann und zwar zugleich auch für deren Erben diese unsere Urkunde ausgehändigt, an die wir für uns und unsere Nachfolger unser Abtsiegel gehängt haben".

Der Text der vorstehenden Urkunde ist veröffentlicht in „Das Gräflich von Mirbach'sche Archiv zu Harff" (bearbeitet von Leonard Korth), dieses veröffentlicht in „Annalen des Historischen Vereins für den Niederrhein, insbesondere die alte Erzdiözese Köln", 1892, 54. Heft, Seite 79.

Die Urkunde ist frei übertragen.

Nr. 59
Burggraf Gottfried von Drachenfels stiftet der Abtei Heisterbach 80 Gulden für vierteljährliche Jahrgedächtnisse 22. 6. 1421

„Wir — Abt und Konvent des Klosters des Ordens von Zisterz zu Heisterbach im Erzstift Köln — bekennen durch diese unsere Urkunde für uns und unsere Nachfolger für alle Ewigkeit, daß der fromme und strenge Ritter Herr Gottfried, Herr zu Drachenfels, für sein eigenes und das Seelenheil seiner Eltern zum ewigen Gedenken uns 80 Rheinische Gulden gegeben hat. Dies hat er getan, da er und seine Vorfahren ihr Erbbegräbnis in unserer Kirche genommen haben.

Von diesen 80 Gulden haben wir eine erbliche Weinrente von 4 Ohm im Dorf Königswinter gekauft, wo der Wein angebaut wird. Mit den Einkünften aus dieser Erbrente soll der Konvent unseres Klosters eine Pitanz verteilen. Insoweit ist seitens des vorgenannten Gottfried bestimmt worden, daß der Küster davon einen Rheinischen Gulden für Geleucht und andere Gerätschaften erhalten soll.

Und wir, Abt und Konvent, geloben für uns und unsere Nachfolger, an den 4 Quatembertagen eines jeden Jahres auf ewig eine hl. Messe zum Gedächtnis des vorgenannten Gottfried und seiner Vorfahren zu halten. Diese hl. Messe soll jeweils an dem Altar der hl. Maria Magdalena gelesen werden, vor dem sich das Erbbegräbnis des vorgenannten Gottfried und seiner Eltern befindet. Der Küster soll an diesen Tagen während der hl. Messe 4 Kerzen auf der Grabstätte brennen lassen.

Sollten wir einmal eine dieser hl. Messen zum Gedenken des vorgenannten Gottfried und seiner Eltern versäumen und sie nicht an dem

Tage halten, wie es in dieser Urkunde festgelegt ist, so werden wir und unsere Nachfolger das geloben wir — der vorgenannte Abt und der vorgenannte Konvent — dem vorgenannten Herrn Gottfried, Herrn zu Drachenfels, oder seinen Erben ohne jeglichen Abzug 4 Ohm Weinpacht aus all unseren vorgenannten Weinpachten zu Königswinter ohne Verzug und ohne jegliche Arglist liefern.

Zum Zeugnis dieser unserer auf ewig abgegebenen Verpflichtung haben wir, der Abt und der Konvent zu Heisterbach, unsere Siegel an diese unsere Urkunde gehängt".

Der Text der vorstehenden Urkunde ist veröffentlicht in „Das Gräflich von Mirbach'sche Archiv zu Harff" (bearbeitet von Leonard Korth), dieses veröffentlicht in „Annalen des Historischen Vereins für den Niederrhein, insbesondere die alte Erzdiözese Köln", 1892, 54. Heft, Seite 80 — 81.

Die Urkunde ist frei übertragen.

Nr. 60
Erzbischof Dietrich von Köln verspricht Freistellung des Burggrafen Gottfried von Drachenfels von zahlreichen Bürgschaften 11. 12. 1417

„Wir — Dietrich, von Gottes Gnaden Erzbischof der Heiligen Kölner Kirche, Erzkanzler des Heiligen Römischen Reiches durch Italien, Herzog von Westfalen und Engern etc. — machen bekannt und bekennen, daß wir Gottfried, Herrn zu Drachenfels, unseren lieben Rat und Getreuen vielfach als Bürgen in Anspruch genommen haben. Viele solcher Bürgschaftsurkunden hat er mit uns, für uns und unseretwegen mitbesiegelt und sich jeweils so für uns gebunden und verpflichtet.

Weil dies in so zahlreichen Fällen geschehen ist, geloben wir, der vorgenannte Erzbischof, für uns, unsere Nachfolger und unser Erzstift, denselben Gottfried, seine Erben oder wen sonst das von den Seinen anbetreffen sollte, von all den vorgenannten Bürgschaftsverpflichtungen ohne jegliche Arglist zu befreien und schadlos zu halten.

Zum Zeichen der Rechtsgültigkeit dieser unserer Erklärung haben wir unser Siegel an diese unsere Urkunde gehängt, die in Bonn gefertigt worden ist".

Der Text der vorstehenden Urkunde ist veröffentlicht in „Das Gräflich von Mirbach'sche Archiv zu Harff" (bearbeitet von Leonard Korth), dieses veröffentlicht in „Annalen des Historischen Vereins für den Niederrhein, insbesondere die alte Erzdiözese Köln", 1892, 54. Heft, Seite 78.

Die Urkunde ist frei übertragen.

Nr. 61
Der Kölner Erzbischof Dietrich von Moers verpfändet Burggraf Gottfried von Drachenfels das Amt Wolkenburg
13. 5. 1425

„Wir — Dietrich, von Gottes Gnaden Erzbischof der Heiligen Kirche zu Köln, des Heiligen Römischen Reiches durch Italien Erzkanzler, Herzog von Westfalen und Engern etc. — machen bekannt und bekennen, daß der fromme Ritter Gottfried von Drachenfels, unser Amtmann zu Wolkenburg, unser lieber Rat und Getreuer uns heute Auskunft erteilt und Rechenschaft gelegt hat über alle Dienste, Kosten, Verluste an Hengsten und Pferden, Harnischen, Zehrung und andere Ausgaben, die er seit 32 Jahren und noch länger geleistet, erlitten und gehabt hat im Dienste unseres seligen Ohm und Vorfahren Herrn Friedrich, Erzbischof zu Köln, in dessen Kriegen mit dem Grafen von Mark, dem Grafen Aloff von Kleve, dem Grafen Simon von Spannheim, dem Grafen Gerhard zu Blankenheim, Johann, Herrn zu Reifferscheidt, Reinard, Herrn zu Schonenforst, dem Grafen Johann von Nassau, den Herrn von Isenburg und manch anderen Feinden.

Die von dem vorgenannten Gottfried gelegte Rechenschaft ergibt zu unseren Lasten eine Summe von 7 000 Rheinischen Gulden, die ihm mein Vorfahr und Ohm schuldig geblieben ist. Diese Schulden sind auf uns und unser Erzstift übergegangen. Da Gottfried uns kürzlich auf unsere ernsthafte Bitte 1 000 Gulden und nunmehr heute auf unsere Bitte weitere 2 000 Gul-

den geliehen hat, schulden wir ihm jetzt insgesamt 10 000 Rheinische Gulden. Diesen Geldbetrag wollen wir Gottfried oder seinen Erben auf der Burg Drachenfels in barem Geld zurückerstatten.

Damit nun Gottfried eine Sicherheit für die Zahlung dieser 10 000 Gulden hat, haben wir ihm mit Wissen und Billigung unseres lieben und ehrbaren Dechen und des Kapitels unserer Kölner Domkirche für die vorgenannte Schuldsumme verpfändet unser und unseres Erzstifts Schloß, Burg, Land und Leute von Wolkenburg mit unserem Dorf Königswinter einschließlich eines jährlichen Betrages von 500 Gulden aus dem Königswinterer Steueraufkommen und schließlich den Landzoll zu Königswinter. Weiter sind in diese Verpfändung miteinbegriffen all unsere Mannen, Burgmannen, Dienstleute und andere Untersassen, Leute, Männer und Frauen, Christen und Juden. Außerdem sind in diese Verpfändung miteinbezogen alle Gerichte, Rechte und Einkommen in unserem Lande Wolkenburg.

Aufgrund dieser Verpfändung sind Gottfried oder seine Erben für die Dauer der Pfandschaft verpflichtet, auf ihre Kosten, ihren Gewinn und ihren Verlust das Pfand zu beschützen, zu verwalten, zu hegen und zu pflegen.

Dieses Pfandrecht sollen Gottfried oder seine Erben, ohne unseren Widerspruch und ohne jegliches Hindernis unsererseits, so lange ausüben bis ihnen die Schuldsumme in Höhe von 10 000 Gulden erstattet worden ist.

Im Hinblick darauf, daß Gottfried aufgrund der Verpfändung jährlich 500 Gulden aus dem Königswinterer Steueraufkommen zustehen und er außerdem unsere Renten und deren Zubehör für die Dauer der Pfandschaft erhält, wie wir es ihm nachgewiesen haben, ist er verpflichtet, unser Schloß Wolkenburg mit allem dazugehörigen Gesinde zu bewahren und zu beköstigen.

Eine von uns geleistete Abschlagszahlung auf die Pfandsumme von 10 000 Gulden soll weder etwas an den Rechten noch an den Verpflichtungen ändern, die aus der Pfandschaft herrühren.

Weiter soll Gottfried all unsere Mannen, Burgleute und Dienstleute sowie Untersassen, Christen und Juden, die zu unserem Schloß oder zu unserem Dorf Königswinter gehören, in Zukunft in ihren alten Rechten belassen und sie in der Ausübung derselben weder behindern noch beschweren.

Im übrigen sollen Gottfried, seine Erben oder seine Nachkömmlinge unser Schloß Wolkenburg mit allen Räumen, neu oder alt, in Dach und Fach auf redliche Weise in gutem baulichen Zustand so erhalten, daß kein Schaden eintreten kann. Darüber hinaus sollen sie auch unsere Burg und unser Schloß mit guten und getreuen Pförtnern, Turmknechten, Wächtern und Gesinde und auch unser Gericht im Lande Wolkenburg sowie im Dorf Königswinter mit guten Richtern, Schultheißen und Schöffen besetzen und bei Ausfall derselben dementsprechend ersetzen.

Weiter müssen uns trotz der Verpfändung unser Schloß Wolkenburg und das Dorf Königswinter mit seinen Befestigungen im Notfall zu unserer Hilfe immer dann zur Verfügung stehen, wenn wir in einer Notlage auf sie angewiesen sind und wir es wünschen. Aus einer solchen Inanspruchnahme soll Gottfried von Drachenfels kein Schaden entstehen. Wir werden insoweit alle Kosten tragen. Deshalb ist Gottfried auch verpflichtet, unser Schloß Wolkenburg und das Dorf Königswinter sowie die dazugehörigen Leute zu beschützen, zu beschirmen und ihnen so zu helfen, wie wir es bisher getan haben.

Die Verpfändung ist unter der Bedingung erfolgt, daß Gottfried von Drachenfels oder seine Nachkömmlinge das Schloß Wolkenburg und das Dorf Königswinter sowie überhaupt das Land Wolkenburg und alles, was dazu gehört, weder zu einem Teil noch insgesamt verkaufen, verpfänden oder uns auf andere Weise entfremden dürfen. Sollte etwas auf unrechte Weise aus der Pfandschaft abhanden kommen, so sind Gottfried, seine Erben oder seine Nachkömmlinge verpflichtet, den alten rechtmäßigen Zustand sofort wiederherzustellen. Sie sollen auch unser Schloß Wolkenburg und das Dorf Königswinter so bestellen, daß uns auf keinerlei Weise ein Schaden entstehen kann. Darüber hinaus dürfen Gottfried, seine Erben oder seine Nachkömmlinge oder jemand anders, der unser Schloß und unser Dorf Königswinter innehaben sollte, keine Ritter, keine Knechte, keine Stadt, keine Bürger oder sonst jemand dort Rechte ausüben lassen; es sei denn, daß wir solche Rechte übertragen haben.

Sollten wir einmal unsere Burg, unser Schloß Wolkenburg und das Dorf Königswinter durch Zahlung der Schuldsumme aus der Pfandschaft lösen wollen, dann sind wir jederzeit dazu berechtigt. Eine solche Auslösung setzt jedoch voraus, daß wir sie ein halbes Jahr vorher in einer offenen Urkunde bekannt machen, die am Tor der Burg Drachenfels abzugeben ist. Sollte das einmal geschehen, dann sollen Gottfried, seine Erben oder seine Nachkömmlinge die Burg, das Schloß und das Land Wolkenburg mit unserer Freiheit zu Königswinter gegen Zahlung einer Summe von 10 000 Rheinischen Gulden, die auf der Burg Drachenfels auszuzahlen ist, aus der Pfandschaft entlassen".

Der Text der vorstehenden Urkunde ist veröffentlicht in „Urkundenbuch für die Geschichte des Niederrheins" von Dr. Theod. Jos. Lacomblet, 1857, IV. Band, Seite 188 — 189

Die Urkunde ist frei übertragen.

Nr. 62
Godart, Sohn zu Drachenfels,
Herr zu Olbrück und Vogt zu Waldorf,
überträgt dem Trierer Erzbischof
für 10 Jahre ein Drittel der Burg Olbrück
5. 7. 1446

„Ich — Godart, Sohn zu Drachenfels, Herr zu Olbrück und Vogt zu Waldorf, Ritter — bekenne durch diesen Brief, daß ich wegen mancherlei Gnaden, Gunst und Förderungen, die der ehrwürdigste Vater in Gott, mein gnädiger lieber Herr, von Gottes Gnaden Erzbischof Jakob zu Trier, mir des öfteren erwiesen hat, demselben, seinen Nachfolgern und dem Stift von Trier aufgetragen und zugewendet habe für mich und meine Erben kraft dieses Briefes für die nächsten 10 Jahren ein Drittel meiner

Burg zu Olbrück, genannt die Vogtsburg, die mein eigen ist.

Und ich habe auch meinen vorgenannten gnädigen Herrn, den Erzbischof, seine Nachfolger und das Trierer Stift in das vorgenannte Drittel der Burg Olbrück durch meinen heutigen Brief eingesetzt und ihm gelobt, daß die Turmknechte, Pförtner und anderes Burggesinde, die zur Zeit auf der Burg sind oder später dort eingesetzt werden, ihm in Bezug auf das eingeräumte Drittel der Burg gehorsam sein werden, wie es sich nach dem Inhalt dieses Briefes gehört.

Und hat mein gnädiger Herr, der vorgenannte Erzbischof, im Hinblick auf diesen Brief den gemeinen Burgfrieden zu Olbrück gelobt und beschworen. Dies hat er mir in einem offenen und gesiegelten Brief ausdrücklich bestätigt.

Auch ich selbst habe für mich und die meinen dasselbe gelobt und geschworen.

Dies zur Urkunde habe ich mein Siegel an diesen Brief gehängt und zur größeren Sicherheit meine guten Freunde, die ehrenwerten Wilhelm von Eltz, Hofmeister, und Johann von der Leyen, den jungen, gebeten, daß sie ihr Siegel zu meinem Siegel an diesen Brief hängen."

Der Text der vorstehenden Urkunde ist veröffentlicht in „CODEX DIPLOMATICUS RHENO-MOSELLANUS", Urkundensammlung von Wilhelm Günther, 1825, IV., Seite 463 — 464

Die Urkunde ist frei übertragen.

Nr. 63
Ruprecht von Virneburg
als Vormund der Kinder Godarts von Drachenfels
und Heinrich Herr zu Drachenfels
schließen einen Vertrag
mit dem Kölner Domkapitel
22. 2. 1458

„Wir, Ruprecht — Graf zu Virneburg und Neuenahr, Herr zu Saffenberg, als Vormund der unmündigen Kinder des verstorbenen Herrn und Ritters Godart zu Drachenfels — und ich, Ritter Heinrich, Herr zu Drachenfels, machen bekannt, daß die ehrwürdigen und edlen Dom-

dechen und das Domkapitel zu Köln das Recht haben, in einem Erbsteinbruch am Berge Drachenfels Steine zu brechen, zu hauen und von dort abzufahren. Dies ist in verschiedenen Urkunden schriftlich festgelegt.

Aufgrund dieser Urkunden dürfen die vorgenannten Dechen und das vorgenannte Domkapitel am Berge Drachenfels zum Nutzen und zum Bau des Kölner Doms in dem erforderlichen Umfang Steine brechen, hauen und abfahren lassen.

Weiter ist insoweit urkundlich festgehalten, daß sie in jedem Jahr, in dem sie von dem vorgenannten urkundlich verbrieften Recht Gebrauch machen, uns und unseren Erben 30 Schillinge in alten großen Turnosen aus der Münze des Königs von Frankreich oder den entsprechenden Wert derselben in Münzen zu zahlen haben, wie sie jeweils in Köln gängig sind. Dies soll alles so geschehen, wie es bereits urkundlich zwischen den vorgenannten Dechen und dem vorgenannten Domkapitel einerseits und meinen, Heinrichs, Eltern und Vorfahren andererseits verschiedentlich festgelegt worden ist.

Da wir uns in einer Notlage befunden und deshalb die vorgenannten Dechen und das vorgenannte Domkapitel gebeten haben, uns die vorgenannten 30 Schillinge oder deren Wert auf 2 oder 3 Jahre im voraus zu zahlen, die dann von der jährlich zu zahlenden Rente in Abzug gebracht werden sollen, so bekennen wir, der vorgenannte Graf Ruprecht als Vormund der vorgenannten unmündigen Kinder und deren Erben, und ich, Heinrich, Herr zu Drachenfels, für mich und meine Erben, daß wir nunmehr von den vorgenannten Domdechen und dem vorgenannten Domkapitel durch den würdigen und edlen Herrn Heinrich, Graf zu Nassau, Dompropst zu Mainz und Propst zu Bonn, sowie den ehrbaren Herrn Bernhard von Burg, Kanoniker und Werkmeister des vorgenannten Doms, dementsprechend 100 gute Oberländische Rheinische Gulden im voraus auf die uns zustehende jährliche Rente erhalten haben.

Aufgrund dieser Zahlung dürfen die vorgenannten Domdechen und das vorgenannte

Domkapitel nach urkundlich verbrieftem Recht in den nächsten 3 Jahren, wann immer dies notwendig ist und sie dies wollen, Steine am Drachenfels brechen, hauen und abfahren lassen.

Wir und unsere Erben werden in diesen 3 Jahren den vorgenannten Domdechen und das vorgenannte Domkapitel und auch denjenigen, denen sie diese Arbeiten übertragen sollten, bei den vorgenannten Arbeiten nicht hindern und sie auch in keiner Weise behindern lassen.

Wenn die vorgenannten 100 Gulden höher im Kurs stehen und an Wert die vorgenannte Rente übersteigen sollten, dann sollen die vorgenannten Domdechen und das vorgenannte Domkapitel auch noch im 4. Jahr, wenn sie in ihm Steine brechen lassen wollen, unter Anrechnung auf die jährlich zu zahlende Rente Steine brechen, hauen und abfahren dürfen. Wir sagen aber auch, daß in dem Falle, in dem die 100 Gulden im Wert nicht so hoch sein sollten, wie an Rente in den vorgenannten Jahren zu zahlen war, die vorgenannten Dechen und das vorgenannte Domkapitel uns und unseren Erben den dann fehlenden Betrag nachzuzahlen haben.

Wenn dann die 100 Gulden, wie vorstehend urkundlich vereinbart ist, im Wege der Verrechnung erledigt sind, so soll diese Urkunde tot und machtlos und für jede Vertragspartei ohne jede Zwietracht und Arglist unschädlich sein".

Der Text der vorstehenden Urkunde ist veröffentlicht in „Das Gräflich von Mirbach'sche Archiv zu Harff" (bearbeitet von Leonard Korth), dieses veröffentlicht in „Annalen des Historischen Vereins für den Niederrhein, insbesondere die alte Erzdiözese Köln", 1892, 56. Heft, Seite 80 — 81.

Die Urkunde ist frei übertragen.

Nr. 64
Heinrich Herr zu Drachenfels
setzt sich
für verurteilte Verbrecher ein
23. 6. 1461

„Wir — Johann Bonne, Dietrich, Bastard von Gudenau, und Johann von Schwelm, Faßbinder von Königswinter — machen allen Leuten kund, daß wir von den Amtleuten und Dienern des ehrwürdigsten Fürsten und Herrn, des Erzbischofs Dietrich von Köln, Herzoges zu Westfalen und Engern etc. und auch durch Knechte und auf Befehl des strengen Ritters, Herrn Heinrich zu Drachenfels, ergriffen, gefangengehalten und von demselben Herrn Heinrich nach Poppelsdorf und Bonn in das Gefängnis unseres vorgenannten gnädigsten Herrn verbracht worden sind.

Dies alles ist geschehen wegen unserer lästerlichen Missetaten, die wir leider begangen haben. Ganz besonders ist dies der Fall, weil wir — Johann Bonne und der vorgenannte Dietrich — geholfen haben, einen Menschen zu Tode zu bringen und insoweit Mittäter sind. Hinzu kommt, daß dieser arme Mensch dem Tode noch nicht ganz verfallen war, und daß ich, Johann von Schwelm, das Seil getragen, übergeben und auch geholfen habe, einen ehrbaren Mann von der Mosel mit einer falschen Pfandschaft zu betrügen.

Weiter ist es so, daß ihm der Johann Scheillart und der Hermann Faßbender seine Weine weggeschaft haben, die sie ihm abgekauft, aber nicht bezahlt hatten.

Außerdem habe ich, Johann von Schwelm, geholfen, einen Mann, den Goebell von Bodendorf zu Honnef in einem Keller gefangen gehalten hatte, bei Nacht und Nebel gemeinsam mit Heyntzgijn Scheillart heimlich in einen Keller des Godart von Gudenau zu Königswinter zu verbringen. Hier hat dieser arme Mann so lange in Ketten gefangen gesessen, bis die Königswinterer Bürger ihn entdeckt und aus dem Keller befreit haben. Wegen dieser Sache ist der Heyntzgijn Scheillart bereits in Bonn verurteilt worden.

Wegen dieser Dinge sind wir — die drei vorgenannten — durch den Scharfrichter gefragt und gefoltert worden. Und wir haben auch vor den Schöffen bekannt und bekennen nunmehr auch ausdrücklich durch diese Urkunde, daß wir Leib und Ehre nach dem Schöffengerichtsurteil verwirkt haben und dementsprechend auch bestraft werden sollen.

Vor dieser uns bevorstehenden Strafe hat uns unser gnädiger und lieber Herr von Köln aus ganz besonderer Gnade und Barmherzigkeit auf Bitten des edlen Herrn Wilhelm, Graf zu Virneburg, und unseres vorgenannten lieben Herrn von Drachenfels sowie seiner Junker und Freunde im Gnadenwege bewahrt.

Dafür bedanken wir uns geflissentlich bei dem allmächtigen Gott und auch bei unseren vorgenannten gnädigen und lieben Herrn.

Darüberhinaus haben wir voll guten Willens ohne betrügerische Absicht für uns und unsere Erben in guter Treue versichert und mit ausgestreckten Fingern zu den Heiligen geschworen und gelobt und schwören wir nunmehr auch in dieser Urkunde, daß wir wegen unserer Gefangennahme und wegen allem, was mit uns geschehen ist, uns weder rächen noch unserem vorgenannten guten Herrn, seinen Nachfolgern und dem Kölner Erzstift noch unserem vorgenannten Herrn Heinrich zu Drachenfels, seinen Dienern und Knechten, seinem Land, seinen Leuten und seinen Untersassen, die sie zur Zeit haben oder in Zukunft haben werden ein Ungemach zufügen werden. Das werden wir weder mit Worten noch mit Taten und auch nicht heimlich oder öffentlich tun.

Ich, Johann von Schwelm, darf auch nicht mehr in Königswinter wohnen und meinen Wohnsitz auch nicht in den Ämtern von Bonn, Godesberg, Wolkenburg und auch nicht im Lande Löwenberg nehmen. Dies alles habe ich bereits gelobt und geschworen.

Im übrigen erklären wir alle ausdrücklich ohne jegliche Einschränkung, daß uns vollkommen klar ist, daß wir keine Gnade zu erwarten haben und auch nicht darum bitten können, sondern unverzüglich aufgrund des Urteils des Schöffengerichts vom Leben zum Tode gerichtet werden nach dem Willen unseres vorgenannten gnädigen Herrn, seiner Nachfolger, Amtleute und des vorgenannten Herrn Heinrich zu Drachenfels, wenn wir alle zusammen oder einzeln gegen einen der in dieser Urkunde festgelegten Punkte mit Worten, Werken oder sonst verstoßen sollten. In einem solchen Falle werden wir uns ohne jegliche Widerrede und ohne jegliche Arglist in unser Schicksal ergeben.

Damit dies alles entsprechend dem Inhalt dieser Urkunde für immer rechtsgültig ist, haben wir — Johann Bonne, Dietrich von Gudenau und Johann von Schwelm — die ehrsamen Schöffen von Königswinter Heinen Weyckesser, Arnold von Eme und Hans Schoultis sowie die anderen gemeinen Schöffen daselbst gebeten, daß sie für uns ihr „gemeyn scheffenamptz segell" an diese Urkunde hängen und so alle schriftlich festgelegten Einzelheiten als zutreffend bezeugen.

Und wir, die Königswinterer Schöffen, bekennen, daß der vorstehende Urkundeninhalt der Wahrheit entspricht, und daß wir insoweit gern den Bitten der drei vorgenannten Personen nachgekommen sind".

Der Text der vorstehenden Urkunde ist veröffentlicht in „Das Gräflich von Mirbach'sche Archiv zu Harff", (bearbeitet von Leonard Korth), dieses veröffentlicht in „Annalen des Historischen Vereins für den Niederrhein, insbesondere die alte Erzdiözese Köln", 1892, 56. Heft, Seite 98 — 99.

Die Urkunde ist frei übertragen.

Nr. 65
Godart Herr zu Drachenfels und Olbrück räumt mit Einwilligung seines Bruders Klaus dem Trierer Erzbischof
ein 10jähriges Öffnungsrecht
an den Burgen Olbrück und Königsfeld ein
Montag nach Weihnachten 1468

„Ich, Godart Herr zu Drachenfels und zu Olbrück, mache durch diesen Brief kund und bekenne so öffentlich, daß ich um vieler Gnaden willen, die der hochwürdigste Fürst und Herr, Herr Johann Erzbischof zu Trier etc., mir erwiesen hat und zwar insbesondere dadurch, daß er mich jetzt zu seinem Diener und in seine „Verspruchnis" gleich anderen aus seiner Ritterschaft für die nächsten 10 Jahre ab Datum dieses Briefes genommen hat, ..., daß ich demselben vorerwähnten gnädigen Herrn, seinen Nachfolgern und dem Trierer Stift für den Fall der Not nach ihrem Belieben ein Öffnungs-

recht zu Olbrück und Königsfeld gewährt und eingeräumt habe.

Sollte ein solcher Notfall eintreten, so dürfen sie zu Olbrück und Königsfeld mit wenig oder vielen Bewaffneten oder Unbewaffneten ein- und ausreiten und die Burgen ohne jegliche Einschränkung nutzen.

Durch eine solche Nutzung soll jedoch das Recht meiner und der Lehnsleute meines Bruders Klaus nicht beeinträchtigt werden.

Vor der Inanspruchnahme des Öffnungsrechtes soll der vorgenannte gnädige Herr, der Herr Erzbischof von Trier, jeweils einen rittermäßigen Mann nach Olbrück und Königsfeld schikken, der dort insoweit für ihn den Burgfrieden schwört.

Damit mein gnädiger Herr, seine Nachfolger und das Trierer Stift das ihnen gewährte Öffnungsrecht in dem vorstehend beschriebenen Umfang durch ihre Rottmeister und Diener im Falle der Not auch mit Sicherheit in Anspruch nehmen können, sollen ab sofort die Pförtner, Torknechte und das andere Burggesinde zu Olbrück und Königsfeld dem vorgenannten gnädigen Herrn oder den von ihm bestimmten Personen geloben und schwören, sie im Falle der Inanspruchnahme des Öffnungsrechtes zu Olbrück und Königsfeld ein- und ausreiten zu lassen und ihnen ohne jegliche Weigerung gehorsam zu sein.

Jedoch sollen mein gnädiger Herr, seine Nachfolger oder ihre Rottmeister und Diener von dem Öffnungsrecht nur so Gebrauch machen, daß mir und den Meinen kein Schaden daraus erwächst. Arglist insoweit soll ausgeschlossen sein.

Zur Urkunde des vorstehenden Inhalts meines Briefes habe ich mein Siegel an diesen Brief gehängt und den strengen Herrn Klaus, Herrn zu Drachenfels und Olbrück, Ritter, meinen lieben Bruder, gebeten, sein Einverständnis zu dem vorstehenden Inhalt meines Briefes zu geben und sein Siegel zusätzlich zu meinem Siegel an diesen Brief zu hängen".

Der Text der vorstehenden Urkunde ist veröffentlicht in „CODEX DIPLOMATICUS RHENO-

MOSELLANUS", Urkundensammlung von Wilhelm Günther, 1825, IV., Seite 600, 601

Die Urkunde ist frei übertragen.

Nr. 66
Klaus Herr zu Drachenfels und Olbrück schwört dem Kölner Erzbischof Urfehde
16. 1. 1469

„Ich, Ritter Klaus von Drachenfels, mache kund, daß ich längere Zeit ein Feind des hochwürdigen und hochgeborenen Fürsten und Herrn, Herrn Erzbischof Ruprecht von Köln, und seines Stifts gewesen und deshalb bei ihm in schwere Ungnade gefallen bin.

Aus diesem Grunde hat mein gnädiger Herr mein Haus Gudenau mit allem Zubehör, auch das Schloß, das Amt und die Pfandschaft zu Wolkenburg und Königswinter an sich genommen und war er der Absicht, mich weiterhin zu verfolgen.

Dann aber hat mein gnädiger Herr, aufgrund der dringenden Fürbitten etlicher meiner Freunde und im Hinblick auf mein demütiges und untertäniges Anerbieten und die von mir vorgenommene Einstellung der Fehde mich wieder in Gnaden aufgenommen. Dieselben Freunde haben mit seiner Gnaden und mit mir, auch unter Zuziehung anderer Personen, die ganze Angelegenheit erörtert und schließlich erreicht, daß mein gnädiger lieber Herr mich gnädiglich als einen seiner Diener unter bestimmten Bedingungen aufgenommen hat, wie sie nachstehend schriftlich festgelegt sind.

Hiernach soll ich, Klaus, mein Leben lang meinem gnädigen lieben Herrn, seinen Nachfolgern und dem Kölner Stift mit ganzer Treue dienen und gehorsam sein. Nach dem Willen seiner Gnaden soll ich ihm mit zehn bewaffneten Reisigen sowohl in Fehdezeiten als auch in friedlichen Zeiten dienen.

Und wenn mein gnädiger Herr sich überlegen sollte, mich in seiner Gnade zu täglichem Dienst an seinem Hofe anzunehmen, dann soll und will ich in einem solchen Falle mit fünf reisigen Pferden in seinen Hofdienst aufgenommen werden und dort als seiner Gnaden Diener ritterlichen Dienst leisten.

Da nunmehr mein gnädiger Herr mich dementsprechend in seiner Gnade und in aller Güte in seinem Dienst am Hofe aufgenommen hat, und wenn er sich mir gegenüber auch in Zukunft nach dem Inhalt dieser besiegelten Urkunde gnädig erweisen wird, dann will ich seiner Gnaden fleißig dafür danken.

Hiernach soll und will ich dem Wunsche seiner Gnaden gemäß ihm, seinen Nachfolgern und dem Stift von Köln mein Leben lang in Fehdezeiten und auch in friedlichen Zeiten mit zehn bewaffneten Reisigen dienen und auch bereit sein, mich zum täglichen Hofdienst bei ihm einzufinden und ihm zu dienen. Auch soll und will ich meinem gnädigen Herrn, seinen Nachfolgern und dem Kölner Stift getreu und hold sein, alles für ihr Wohl zu tun, sie vor Argem bewahren und ihnen zu dienen, wie es die Pflicht eines gehorsamen Untersassen und getreuen Dieners gegenüber seinem rechten Herrn gebietet.

Nunmehr hat mein gnädiger Herr von Köln mir, meinen Brüdern, meiner Schwester und unseren Erben alle zum Schloß Gudenau gehörigen Einkommen und Renten zurückgegeben, nicht aber das Schloß selbst mit dem dazu gehörigen Ackerland, Wiesen sowie Bau- und Brandholz, das er für das Schloß benötigt. Dieses Schloß mit dem dazu gehörigen Ackerland, Wiesen und dem erforderlichen Bau- und Brandholz will nämlich mein gnädiger Herr sein Leben lang in Besitz halten.

Und ich soll und will meinem lieben Bruder, Ritter Godart von Drachenfels, bitten, daß er diese Verzichtsurkunde mit mir besiegelt. Weiter bekenne ich, Ritter Klaus von Drachenfels, für mich, meine Brüder, meine Schwester und unsere Erben, daß wir, so lange mein gnädiger Herr lebt, auf das Schloß Gudenau mit dem dazu gehörigen Ackerland, Wiesen, Bau- und Brandholz verzichtet haben. Weder ich noch meine Brüder, meine Schwester und unsere Erben sollen und wollen insoweit meinen gnädigen Herrn in diesem Besitz weder stören noch ihm Schwierigkeiten bereiten.

Soweit der edle Herr Friedrich von Sombreffe,

Herr zu Kerpen, mein Feind gewesen ist, soll die Fehde abgestellt und sollen alle Gefangenen freigelassen werden. Auch die Streitigkeiten, die Junker Friedrich und die von Orsbeck mit mir haben, sollen mit Willen meiner Brüder, meiner Schwester und mit meinem eigenen Willen vor unseren gnädigen Herrn und seine Räte gebracht werden, deren Entscheidung wir befolgen werden.

Alles soll nach dem Inhalt des Sühnebriefs seiner Gnaden gehandhabt werden, den seine Gnaden mir ausgestellt hat. Insoweit habe ich dies alles in rechter und wahrer Treue versprochen, gelobt und leiblich bei Gott und den Heiligen geschworen, mein Versprechen ohne jegliche Arglist fest, stetig und unverbrüchlich einzuhalten und zu vollziehen.

Und dieser Sachen zu Urkunde und Bekenntnis habe ich, Ritter Klaus von Drachenfels, mein Siegel an diese Urkunde gehängt und habe weiterhin meinen Bruder Godart von Drachenfels gebeten, daß er zu besserem Zeugnis und Kunde diesen Brief mit mir besiegelt."

Der Text der vorstehenden Urkunde ist veröffentlicht in „Urkundenbuch für die Geschichte des Niederrheins" von Dr. Theod. Jos. Lacomblet, 1857, IV. Band, Seite 430/431.

Die Urkunde ist frei übertragen.

Nr. 67
Ritter Klaus zu Drachenfels und Olbrück
läßt die Reichsacht über die Dörfer
des Landes Löwenberg verhängen
18. 6. 1471

„Wir — Graf Johann von Sulz, Hofrichter des allerdurchlauchtigsten Fürsten und Herrn, Herrn Friedrichs, des Römischen Kaisers zu allen Zeiten, Mehrer des Reiches zu Ungarn, Dalmatien, Kroatien etc., König und Herzog zu Österreich und zu Stier etc. — bekennen anstatt und als Stellvertreter der Gewalt unseres allergnädigsten Herrn auf seinem Hof zu Rottweil öffentlich und machen so allgemein bekannt, daß der strenge Herr Klaus, Herr zu

Drachenfels und Olbrück, Ritter, auf dem Hofe zu Rottweil die Schultheißen, Schöffen und die gesamten Gemeinden der Dörfer des Landes Löwenburg mit Namen Honnef, Dollendorf, Küdinghoven, Oberkassel, Rheidt und Sieglar vor Gericht verklagt und sie so alle rechtens durch Urteil des Gerichts in die Acht des Hofes zu Rottweil getan und verschrieben hat. Sie sind auch aufgrund seiner Klage in dem Amtbuch des Hofes von Rottweil in Bezug auf diese Klage öffentlich ausgeschrieben worden und zwar acht Tage vor Abfassung der heutigen Urkunde. Das bestätigen wir ohne Bedenken durch unseren Eid.

Deshalb verkünden wir mit der Gewalt unsers allergnädigsten Herrn und Römischen Kaisers, daß wir die eben genannten Personen und Gemeinden ohne jegliche Ausnahme aus dem Frieden genommen und in den Unfrieden versetzt haben. Aus diesem Grunde verbieten wir ihnen die Ziehung von Einkommen aus Pfründen und übereignen diese und ihre Güter dem vorgenannten Kläger.

Dies machen wir hiermit allgemein und auch ihren Freunden kraft dieser Urkunde bekannt, die wir mit dem Siegel des Hofgerichts zu Rottweil versehen haben."

Der Text der vorstehenden Urkunde ist veröffentlicht in „Das Gräflich von Mirbach'sche Archiv zu Harff", (bearbeitet von Leonard Korth), dieses veröffentlicht in „Annalen des Historischen Vereins für den Niederrhein, insbesondere die alte Erzdiözese Köln", 1892, 56. Heft, Seite 134—135.

Die Urkunde ist frei übertragen.

Nr. 68
Eine Fehde zwischen Graf Philipp von Virneburg
und Wilhelm von Bruynsberg einerseits
und Herrn Klaus Herr zu Drachenfels
sowie Gerhard Quaide andererseits
wird vorübergehend beendet
26. 7. 1477

„... Weiter ist vereinbart, daß die Fehde und Zwietracht im Stift von Köln zwischen allen vorgenannten Parteien und allen denjenigen, die mit der Fehde zu tun gehabt haben oder irgendwie daran beteiligt waren, in einem starken und aufrichtigen Frieden ab sofort bis zum nächsten St. Remigiustag nicht mehr weitergeführt werden sollen.

Weiter sollen bis dahin alle Gefangenen auf beiden Seiten geschützt sein, seien es die Reisigen in ihren Häusern, seien es die Bürger und Hausleute auf den Burgen. Es soll auch alles ungeprägte Geld, mag es von Gefangenen oder aus Brandschatzungen stammen, ungeprägt bleiben. Keine Partei soll während des vereinbarten Friedens andere mit irgendwelcher Gewalt zu einem Eid zwingen oder veranlassen.

Jede der Parteien soll in der Zeit bis zur Fällung einer endgültigen Entscheidung durch die dazu auserwählten Freunde über die ganze Angelegenheit vollkommen unbesorgt sein dürfen.

Dann soll in der noch zu fällenden Entscheidung eine stete Sühne zwischen den Parteien veranlaßt und in die Tat umgesetzt werden. Wenn diese Entscheidung gefallen ist, sollen alle Gefangenen, die von beiden Seiten während der Zwietracht gemacht worden sind, frei sein und soll ungeprägtes Geld ungeprägt bleiben.

Auch ist vereinbart, daß die besondere Fehde zwischen dem edlen Herrn Philipp Graf zu Virneburg und Herrn Wilhelm von Bruynsberg einerseits und zwischen Herrn Klaus Herrn zu Drachenfels, Ritter, und Gerhard Quaist andererseits auch in einem Frieden in dem oben angegebenen Zeitraum ihr Ende haben soll. Dieser Frieden soll durch die noch zu fällende Entscheidung der dazu auserwählten Freunde endgültig werden.

Wenn dann die Fehden zwischen allen Parteien durch die Räte und Freunde unseres gnädigen Herrn von Jülich endgültig beendigt sind und ein dauerhafter Frieden herrscht, dann soll es davon keinerlei Ausnahme geben.

Deshalb ist das Siegel seiner Gnaden des Herzogs von Jülich an drei dieser gleichlautenden Urkunden vom 26. 7. 1477 gehängt worden, die den vorgenannten Parteien auszuhändigen sind."

Der Text der vorstehenden Urkunde ist veröffentlicht in „Urkundenbuch für die Geschichte des Niederrheins" von Theod. Jos. Lacomblet, 1857, IV. Band, Seite 488—489.
Die Urkunde ist frei übertragen.

Nr. 69
Erzherzog Maximilian von Österreich
belehnt Klaus von Drachenfels und Olbrück
mit einer Rente von 100 Gulden
9. 10. 1478

„Wir — Maximilian, von Gottes Gnaden Erzherzog zu Österreich, Burgund und Brabant, Graf zu Flandern und zu Tirol etc. — bekennen für uns und unsere Erben sowie unsere Nachkommen im Wege der Bekanntmachung durch diese Urkunde öffentlich, daß wir in wohlwollender Weise die getreuen und willigen Dienste beurteilt haben, die uns unser besonders lieber Klaus von Drachenfels bisher und zwar insbesondere gegen den König von Frankreich geleistet hat und in Zukunft wohl noch leisten mag.
Deshalb haben wir ihm aus besonderer Gnade für den Fall, daß er weiterhin in gutem Willen in unseren Diensten beharren sollte, jährlich hundert Rheinische Gulden — gerechnet 20 Stüber für jeden Gulden — zu einer regelrechten Pension zu geben, zugesagt und versprochen.

Wir versprechen nochmals und sagen ausdrücklich durch diese Urkunde zu, daß wir ihm dieselben 100 Rheinischen Gulden oder Stüber in entsprechendem Wert jährlich zum St. Johannistag zur Sonnenwende eines jeden Jahres, ohne jeglichen Widerspruch und ohne uns auf einen Irrtum zu berufen, auszahlen werden, ohne daß er sich eigens darum bemühen müßte.
Doch wenn wir denselben von Drachenfels mit einer ziemlichen Anzahl von Reisigen zu uns bitten, dann soll er sich mit diesen auch bei uns an unserem Hofe einfinden und uns dann dort, oder wo wir seiner in unseren Geschäften bedürfen, mit derselben Zahl Reisiger dienen.

In einem solchen Fallen wollen wir ihn für seine Leute mit Sold und in anderer Weise so entschädigen, wie unsere Dienstleute getreulich und unvergessen gehalten werden.

Gegeben in unserer Stadt Brüssel am Freitag nach St. Dionysiustag nach Christe Geburt im vierzehnhundertachtundsiebzigsten Jahr".

Der Text der vorstehenden Urkunde ist veröffentlicht in „Das Gräflich von Mirbach'sche Archiv zu Harff", (bearbeitet von Leonard Korth), dieses veröffentlicht in „Annalen des Historischen Vereins für den Niederrhein, insbesondere die alte Erzdiözese Köln", 1896, 56. Heft, Seite 149—150.

Die Urkunde ist frei übertragen.

Nr. 70
Kaiser Friedrich III. gestattet
dem Kölner Erzbischof Hermann von Hessen
trotz verkündeten Landfriedens
die Ritter Klaus und Johann von Drachenfels zu
verfolgen
19. 3. 1486

„Wir — Friedrich, von Gottes Gnaden Römischer Kaiser, zu allen Zeiten Mehrer des Reiches, zu Ungarn, Dalmatien, Kroatien etc. König, Herzog zu Österreich, Steiermark, Kärnten etc., Graf zu Habsburg, Tirol etc., Landgraf zu Elsaß etc. — bekennen und machen kund, daß uns der ehrwürdige Hermann, Erzbischof zu Köln, unser lieber Neffe und Kurfürst, vorgebracht hat, daß er vor etlicher vergangener Zeit gegen Klaus von Drachenfels wegen dessen Verhaltens habe vorgehen müssen. Dieser habe nämlich gegen die eidlich gelobte Verpflichtung, dem Kölner Erzbischof als seinem Landesherrn in aller Verbundenheit zu dienen, gemeinsam mit etlichen seiner Räte, Diener und Untersassen und mitsamt seinem Bruder Johann von Drachenfels, mit dem er in ungeteilter Erbengemeinschaft verbunden ist, verstoßen. Wie der vorerwähnte Erzbischof und Kurfürst vorgetragen hat, hat er sich dieserhalb in einer großen Notlage befunden und sich gegen Klaus von Drachenfels und dessen Anhang zur Wehr setzen müssen.

Der vorerwähnte Erzbischof hat weiter vorgetragen, unser lieber, hochgeborener Onkel und Fürst Herzog, Johann von Kleve, und auch Dietrich von Battenberg hätten mit ihren Anhängern unter Mißachtung allen Rechts das kurkölnische Schloß Alpen in ihre Gewalt gebracht. Diese Streitigkeit sei durch den Schiedsspruch des durchlauchtigsten Fürsten und Römischen Königs Maximilian, unseres Sohnes, einer gütlichen Einigung zugeführt worden, wie dies auch urkundlich festgehalten worden ist.

Dem aber seien unser lieber Onkel, Herzog Johann, sowie Dietrich von Battenberg und die auf ihrer Seite in die Sache verwickelte Personen nicht nachgekommen. Deshalb seien er, unser lieber Neffe, der Erzbischof und Kurfürst von Köln, und sein Erzstift voller Sorge, daß ihnen zur Abstellung dieses Übels die Hände durch den am 16. Januar zu Frankfurt von uns und den Kurfürsten des Reiches beschlossenen Landfrieden gebunden seien. Dieser Landfriede ist Gott zum Lobe um des gemeinen Friedens willen und zum Nutzen des Reiches unter Androhung von Strafen und Bußen für den Fall des Verstoßes gegen denselben beschlossen worden.

Deshalb, so hat unser lieber Neffe, der Erzbischof und Kurfürst von Köln, vorgetragen, sei es ihm und seinem Erzstift nicht möglich, gegen den vorgenannten von Drachenfels, Johann von Kleve, Dietrich von Battenberg und deren Anhänger in Zukunft zur Wiederherstellung seiner und der Rechte des Erzstifts vorzugehen, weshalb erheblicher Schaden entstehen werde und erhebliche Unkosten anfallen würden. Aus diesem Grunde hat er uns demütiglich angerufen und gebeten, ihm insoweit gnädiglich entgegenzukommen.

Dem haben Wir uns auch aus anderen Gründen nicht verschließen können und haben daher gesetzt, verordnet und deklariert, daß der vor wenigen Tagen beschlossene Landfrieden unseren lieben Neffen und Kurfürsten von Köln sowie seine Räte, Diener, Helfer, sein Land und seine Leute sowie alle, die auf seiner Seite stehen, nicht hindern soll, gegen die Gebrüder von Drachenfels, ihre Helfer sowie Sympathisanten und auch gegen unseren Onkel und Fürsten von Kleve, Dietrich von Battenberg und ihre Helfer wegen des Schlosses Alpen fehdemäßig vorzugehen. Insoweit soll der Landfrieden unseren Neffen, den Erzbischof und Kurfürsten von Köln, nicht daran

hindern, wegen des von den Drachenfelsern, ihren Anhängern und Helfern durch Raub und Missetaten zugefügten Schadens das Erforderliche zu unternehmen, ohne daß dem vorgenannten Erzbischof und Kurfürsten von Köln und seinen Helfern die Verhängung der im Landfrieden bestimmten Bußen und Strafen droht.

Jedoch soll diese unsere Deklaration dem verkündeten Landfrieden, der sonst in seinem gesamten Umfang weiterhin gültig bleibt, keinerlei Abbruch tun. Der Landfrieden soll und muß vielmehr sonst in vollem Umfang in Zukunft beachtet werden.

Dies alles haben wir erklärt und bestimmt und zum Zeichen der Rechtsgültigkeit unseres so schriftlich festgehaltenen Willens unser kaiserliches Siegel an diese unsere Urkunde gehängt."

Der Text der vorstehenden Urkunde ist veröffentlicht in „Urkundenbuch für die Geschichte des Niederrheins", Dr. Theod. Jos. Lacomblet, 1857, IV. Band, Seite 537—538.

Der Text ist frei übertragen.

Nr. 71
Kardinal Julian,
Legat des apostolischen Stuhls für Frankreich und andere Gebiete,
verspricht dem Johann von Drachenfels eine Kanonikerstelle an St. Severin zu Köln
5. 2. 1480

„Julian — durch Gottes Gnade Bischof der Heiligen Römischen Kirche zu Sabina, Kardinal von St. Peter ad vincula, Großpönitarier unseres Herrn Papstes, Legat des Apostolischen Stuhles für Frankreich und andere Gebiete — entbietet dem geschätzten Kleriker der Kölner Diözese Johann von Drachenfels den Gruß im Namen Christi.

Deine edle Herkunft, Dein ehrhafter Lebenswandel, Deine lobenswerte Rechtschaffenheit und Dein tugendhaftes Verhalten, über das uns glaubwürdige Informationen vorliegen, verdienen unser Wohlwollen.

Deshalb und aufgrund der Fürsprache der

hochedlen Katharina, der Tochter des im Herrn verstorbenen Herzogs von Geldern, wollen wir Dir, der Du von edlen und ritterlichen Vorfahren abstammst, wegen Deiner vorerwähnten verdienstvollen Eigenschaften unsere ganz besondere Gnade erweisen.

Sollten gegen Dich evtl. eine Exkommunikation, ein kirchliches Interdikt oder gerichtliche Strafen verhängt worden sein oder solche Strafen auf Veranlassung eines Privatmannes aus unbekannten Gründen ausgesprochen worden sein, so erteilen wir Dir durch diese unsere Urkunde insoweit die Absolution mit der Folge, daß Du nicht nur im einzelnen, sondern auch insgesamt wieder aller Gnaden der Kirche teilhaftig wirst, die Du Dir erwünschst und die Du erwartest.

Aufgrund dieser in unserer Urkunde erteilten Absolution wird Dir der Genuß aller Gnadenmittel zuteil werden. In diesem Sinne übertragen wir Dir durch diese Urkunde kraft der unserer kanonischen Autorität gegebenen Macht eine Kanonikerstelle an der Kirche des hl. Severin zu Köln. Allerdings müssen wir insoweit dem Rechnung tragen, daß zur Zeit eine solche Kanonikerstelle nicht frei ist. Sollte eine solche jedoch frei werden, was binnen vier Wochen entweder Dir selbst oder einem von Dir eigens zu diesem Zweck bestellten Stellvertreter mitgeteilt werden wird, so kannst Du diese Stelle nach Erhalt unserer Urkunde mit allen Rechten und Zubehörungen unter Berufung auf unsere uns als Legat zustehende Autorität, die wir Dir zur Verfügung stellen, in Anspruch nehmen.

Insoweit haben die dem bisher entgegen gestanden habenden Bestimmungen des Vaters in Christus, des Kölner Erzbischofs, und unseres in Christus hochgeachteten Kapitels der vorgenannten Kirche keine Gültigkeit mehr; es sei denn, daß entweder Du oder Dein Stellvertreter jene Kanonikerstelle nicht annehmen wollen.

Darüber hinaus geben wir unserem in Christus hochgeachteten Dekan der Kölner Kirche sowie den offiziellen Stellen der Kölner und der Utrechter Kirche durch diese unsere Urkunde die Weisung, daß, wenn sie selbst oder einer von ihnen entgegen dem Inhalt unserer Urkunde zu handeln gedenken, sie doch Dir oder Deinem Stellvertreter aufgrund des in dieser in unserer Urkunde begründeten Anspruchs die Stelle eines Kanonikers in jener Kirche des St. Severin einräumen und Dir die Stelle und den Platz eines solchen Kanonikers im Kapitel und im Kirchenchor in seinem gesamten Rechtsumfang übertragen müssen.

Wenn also eine solche Kanonikerstelle freiwerden sollte oder frei werden wird, so soll sie Dir mit allen Rechten und Zubehörungen aufgrund der mit unserer Autorität erteilten Weisung eingeräumt werden.

Zuwiderhandlungen gegen diese unsere Anordnung werden wir mit der uns zustehenden Autorität in der gebührenden Form ahnden . . .“

Der lateinische Text der vorstehend auszugsweise mitgeteilten Urkunde ist veröffentlicht in „Das Gräflich von Mirbach'sche Archiv zu Harff“, (bearbeitet von Leonard Korth), dieses veröffentlicht in „Annalen des Historischen Vereins für den Niederrhein, insbesondere die alte Erzdiözese Köln“, 1892, 56. Heft, Seite 153—155.

Die Urkunde ist frei übertragen.

Nr. 72
Die Gebrüder Johann und Godart von Drachenfels
kapitulieren
mit den Burgen Drachenfels und Wolkenburg
vor dem Kölner Erzbischof
2. 11. 1493

„Wir Hermann, durch Gottes Gnade Erzbischof der Heiligen Kirche zu Köln etc., und wir, die Gebrüder Johann und Godart von Drachenfels machen folgendes kund:

Nachdem wir, Erzbischof Hermann, für uns auf den Rat unserer Freunde beschlossen haben, den bösen, unziemlichen und mutwilligen Handel, den Heinrich von Drachenfels an unserem Rat, Diener und Untertan Ritter Klaus von Drachenfels begangen hat, zu bestrafen, und uns dieserhalb vor das Schloß Drachenfels in der Absicht gelagert haben, es zu erobern und

in unsere Hand zu bringen, bekennen wir, Erzbischof Hermann, nunmehr für uns, unsere Nachfolger und das (Kölner) Stift einerseits und wir, Johann und Godart, für uns und unsere Erben andererseits, daß wir uns einig sind, daß das vorgenannte Schloß aufgrund gütlicher Übereinkunft gemäß einer gesonderten Abrede nicht verteidigt werden soll. Diese Abrede hat folgenden Wortlaut:

Item soll mein gnädiger Herr von Nassau Herr zu Bielstein für unseren gnädigsten Herrn von Köln mit Zustimmung der Gebrüder Johann und Godart von Drachenfels den dritten Teil des Schlosses Drachenfels mit aller Herrlichkeit und mit allem Zubehör ohne jegliche Ausnahme in Besitz nahmen.

Die beiden anderen Teile, zu deren Besitz sich Johann und Godart berechtigt fühlen, soll Herr Vincenz von Schwanenburg, Ritter und Marschall etc. dergestalt in Besitz nehmen, daß er sie dem Domkapitel meines gnädigen Herrn von der Stunde an übergibt, in der das Kapitel dies verlangt; jedoch mit dem Unterschied, daß unser gnädigster Herr von Köln binnen des darauf folgenden Monats die beiden Gebrüder von Drachenfels vor seiner Gnaden Domkapitel, Grafen, Ritterschaft, Städte und die „gemeyn landtschaft“, insgesamt etwa 30—40 Personen, die mit dem Handel nicht verwandt und außerdem unparteiisch sind, bescheiden.

Vor diesem Gremium soll unseres gnädigsten Herrn Forderung und Ansprache in Bezug auf das vorgenannte Schloß gegen die beiden Gebrüder von Drachenfels zur Kenntnis genommen werden. Alsdann sollen die beiden Gebrüder von Drachenfels darauf ihre Antwort geben und ihre Unschuld an dem Handel nachweisen.

Und wenn auf diesem Landtag daraufhin erkannt werden sollte, daß die beiden Gebrüder von Drachenfels an dem Handel nicht beteiligt waren und deshalb unschuldig sind, unserem gnädigen Herrn in Bezug auf das Schloß Drachenfels nicht „pflichtig“ und nichts schuldig sind, so sollen meine gnädigen Herrn vom Domkapitel die zwei Teile des Schlosses den beiden Gebrüdern von Drachenfels wiedergeben.

Falls sich aber herausstellen sollte, daß diese beiden Herrn mitschuldig sind, so sollen sie sich seiner Gnaden unterwerfen. Mit den zwei Teilen des Schlosses, die meine gnädigen Herrn vom Domkapitel zu diesem Zeitpunkt in Besitz haben, soll alsdann nach dem noch zu fällenden Spruch des Landtages verfahren werden.

Im Anschluß daran sollen die entsprechenden notwendigen Schriftstücke von unserem gnädigen Herrn, von unseren gnädigen Herrn des Domkapitels und auch von den beiden Gebrüdern von Drachenfels gefertigt und gesiegelt werden.

Dies alles ist vereinbart und gefertigt auf Allerseelentag im Jahre unseres Herrn „duysent veirhundert und drie und nuynzigsten“. Diese Zettel mit all ihren Punkten, Artikeln und ihrem Inhalt wollen wir, Erzbischof Hermann, und wir, die Gebrüder Johann und Godart, in wahrer Treue und aufrichtigem Glauben halten, vollziehen und dagegen keinerlei Ausreden oder Einsprüche geltend machen, auf welchem Wege dies auch immer möglich sein sollte. Insoweit ist jegliches arglistiges Verhalten oder Unterlassen vertraglich ausgeschlossen.

Dem zur Urkunde haben wir, Erzbischof Hermann, unser Siegel an diese Urkunde gehängt. Da alles in dieser Angelegenheit auch mit Wissen und gutem Willen unseres ehrwürdigen, lieben und andächtigen Dechen und des Kapitels unserer Domkirche zu Köln durchgeführt und erledigt worden ist, haben wir sie gebeten, das Siegel ihres Kapitels zum Zwecke der Bestätigung der Richtigkeit des Urkundeninhalts neben unser erzbischöfliches Siegel zu hängen.

Ebenso haben wir, Johann und Godart von Drachenfels, jeweils unser eigenes Siegel an diese Urkunde gehängt“.

Der Text der vorstehenden Urkunde ist veröffentlicht in „Urkundenbuch für die Geschichte des Niederrheins“, Dr. Theod. Jos. Lacomblet, 1857, IV. Band, Seite 571—572.

Der Text ist frei übertragen.

Nr. 73
Das Kölner Domkapitel
bewilligt die Rückgabe der Burg Drachenfels
an Johann von Drachenfels
Sonntag nach St. Ursula 1508

„Wir, Chorbischof und Kapitel der Domkirche zu Köln machen kund und bekennen so im löblichen Gedächtnis des hochwürdigsten und hochgeborenen Fürsten und Herrn, Herrn Erzbischof Hermann zu Köln, daß zwischen seiner Gnaden Domkapitel und Stift einerseits und Johann von Drachenfels, seinen Brüdern, Helfern und Helfershelfern andererseits eine Zeitlang Streit und Unwillen wegen des Schlosses Drachenfels und Pfandschaft des Schlosses und Amtes Wolkenburg geherrscht und angehalten haben. Deshalb hatte unser gnädigster Herr selig einen gütlichen Tag zu Köln im Predigerkloster am Tage der elftausend Jungfrauen auf den Abend bestimmt. Nach dem Willen des allmächtigen Gottes ist dann seine fürstliche Gnaden am Tage der vereinbarten gütlichen Zusammenkunft von dieser Erde verschieden, so daß eine gütliche Einigung an diesem Tage nicht herbeigeführt werden konnte. Aus diesem Grunde haben die Grafen, Edelleute, Ritterschaft und Städte sich friedlich an diesem Tage versammelt und dabei beschlossen, uns die Streitigkeiten bezüglich des Schlosses Drachenfels und der Pfandschaft des Schlosses und Amtes Wolkenburg zur Entscheidung zu übertragen. Nachdem nunmehr die Entscheidung in unseren Händen liegt, haben wir Chorbischof und Kapitel, die zur Wahrung des Nutzens und der Wohlfahrt des Stifts verpflichtet sind, entsprechend dem Wunsch der vorgenannten Grafen, Edelleute, Ritterschaft und Städte zur Verhinderung weiterer Kosten, Schäden und Zwietracht uns mit dem vorgenannten Johann ausgesühnt und vertragen. Dies ist geschehen in dem Umfang, wie er nachfolgend schriftlich festgelegt worden ist:

Demnach sollen und wollen wir — das Domkapitel — Johann von Drachenfels innerhalb des nächsten Monats für all seinen erlittenen Schaden 1000 Goldgulden zahlen, die von den Städten des Stifts Köln aufgebracht werden sollen oder wie man sie sonst am besten aufbringen

kann. Weiter sollen wir Johann von Drachenfels sofort wieder den Besitz des Schlosses Drachenfels und der Pfandschaft des Schlosses Wolkenburg zukommen lassen und ihm diese Zug um Zug gegen Leistung des „huldungs eydes" und Abgabe des feierlichen Versprechens, daß er dem Kapitel der Kölner Domkirche und dem demnächst zu wählenden Herrn Erzbischof sowie dessen Nachfolgern gegenüber ein solches Wohlverhalten an den Tag legen wird, wie es sein seliger Vorfahr Johann von Drachenfels und sein Bruder Heinrich früher getan haben. Diese Unterwerfungserklärung soll Johann von Drachenfels auch schriftlich abgeben.

Im übrigen sollen wir — das Domkapitel — zusammen mit den Edelleuten, der Ritterschaft und den Städten des Stifts uns mit allem Fleiß an den zukünftigen Herrn Erzbischof von Köln wenden und ihn bitten, daß Heinrich von Drachenfels wieder in das Stift Köln zurückkehren kann und in Gnaden aufgenommen wird.

Außerdem sollen wir ab sofort bis zur Wahl des zukünftigen Herrn Erzbischofs von Köln dem Heinrich von Drachenfels im Stift Köln Straffreiheit und freies Geleit in dem Maße gewähren, wie es uns „ongeneierlich moegich ond machtich" ist.

Dagegen soll Johann von Drachenfels mitsamt seinen Helfern alle Gefangenen, die sich noch in ihren Händen befinden, ohne jegliches Entgelt auf freiem Fuß setzen. Weiter soll Johann auf alles gebranntschatzte ungeprägte Geld verzichten, „ausgeschieden" die 100 verlangten Hornschen Gulden, die ihm von dem „van Goystorp" gegeben werden sollen und dazu noch jene 200 Hornschen Gulden, deren Zahlung ihm vor der heutigen gütlichen Einigung und Entscheidung zugesagt worden ist. Sonst soll weiter nichts ausgeschieden sein.

Damit soll die Fehde, die Johann von Drachenfels bisher mit der Hilfe seiner Helfer und Helfershelfer gegen das Stift von Köln gehabt und geführt hat, ganz ausgesühnt und geschlichtet sein. Und wenn so die tausend Gulden dem vorgenannten Johann bezahlt sind und er in das Schloß Drachenfels und in die Pfandschaft des Schlosses Wolkenburg nach Inhalt der

Hauptpfandverschreibungen, wie vorstehend eingesetzt und zugelassen ist, dann soll das Domkapitel dem Johann von Drachenfels und seinen „Zuständern" ein „gemein Schuldbrief" gegeben werden, damit diese unsere heutige Verschreibung tot und machtlos und Johann uns diese Verschreibung wieder zu unseren und unseres Domkapitels Händen aushändigen kann. Insoweit ist jeder Versuch von Zwietracht und Widerrede und auch alle Arglist und Gefahr ausgeschieden.

Zur Wahrheit des Inhalts dieser Urkunde haben wir — Chorbischof und Kapitel — unser Kirchenspiegel — genannt „ad Causas" — an diese Urkunde gehängt.

Gegeben in dem Jair unsers Heren dusentvunffhundertund Eycht uff Sondage neist nach der Eylffdusent Junffern daige".

Der Text der Urkunde ist veröffentlicht von de Claer, 1878—1880, Seite 60—61.

Die Urkunde ist frei übertragen.

Nr. 74
Burggraf Dietrich
Herr zu Millendonk und Drachenfels —
einer der fünf Regimentsherrn von Königswinter
1558

„zum ersten: daß wir geschworen gefragt worden, warfür ein ehrwürdig Capittul zu St. Apostelen in Cöllen zu Königswintheren erkandt werde. Darauf wir erkandt und erkennen alleß übermitz gegenwärtigen Briefs, daß ein Ehrwürdig Capitul zu St. Apostelen in Cöllen mit dem Ehrwürdigen Herrn Probsten St. Cassii Kirchen zu Bonn, fort dem Herren zu Drachenfels sambt deren Ehrenvesten Philipen von Hauß und godderten wylack von Bernsaw und der Abdissinnen zur Zeit des weltlichen freien stiffts zu Essen, mitregierende Herren zu Königswintheren seindt, und dasselbe also und dergestalt, daß nemlich ein Probst zu Bonn ein Jahr, und das ander ein Ehrwürdig Capitul zu St. Apostelen binnen Cölln, fort dem Herren zu Drachenfeldts das dritte Jahr, das vierte gemelten Philips von Hauß goderten Wylach von Bernsaw zugleich, und unterscheiden, daß fünfte ein Aebtißin zu Essen und danach das sechste Jahr wiederum ein Probst zu Bonn, und also alle und jedes Jahr einer von den obgemelten Herren vor einen regierenden Herren gehalten werden, und daß eines jeden Herren Jahr und Regierung, wie vorgeschrieben, auf den negsten Montag nach dem Fest der geburth St. Johannis Baptiste, zu mit Sommer anfange und sich herwiederum nach umgank des Jahrs auf denselbigen tag endige, und dann des nechsten Herren Regierung anfange, welchem also von obgemeldten Jeder Zeit regierenden Herren in seinem Jahr, und weil derselbe im Regiment ist, die massen gewicht ehlen und preisen, zugehören, und die übertretern zur gebührlicher Strafe anzuhalten haben."

Der Text der Urkunde ist veröffentlicht in „Heimatbuch — Festschrift, 1976, Seite 68.

Nr. 75
Die Burgkapelle des hl. Pankratius
auf dem Drachenfels
Appertinentia des Pancratij-Hoffgedings

„Imo halt s. pancratii Capellen hoff sechszehn geschworen undt haben iedes jahr drey hauptgeding: Das erste den donnerstag nach stromberger kirmes, das andere des donnerstags nach st. Joannis Baptista, dad dritte den donnerstag nach Martini.

Auf ieden dinglichen dag wird den herren zu Drachenfeltz oder dem Capelan im undt auf'n hoff erkant vor hochheit und gerechtigkeit, wie folgt:

Erstlich ein schlössige schlaffkammer, wan der Capelan zu herbst dahin kombt, darauff ein beth, wie daß behört;

auf der kammer ein fink, ein eich, ein schepkessel, ein füllkahn undt ein tisch mit einer weisser deck. so der capelan wilt essen, soll er es bestellen.

Auff alle erkentnus soll der geschworen haben ein schink, einen keß, ein brodt, ein viertell wein, Undt wan diese geding gehalten werden, seyndt ohn jemandes kösten frey.

Wirdt ferner erkandt, wer zins oder pfachten schuldig ist, der soll vor dem sondag s. Martini bezahlen, sonsten gehen auff den tag die erste klag, auff alle mißzahlung ohne schaden, biß zu vierzehn dagen soll der hoffsbott den komer ansegen ohne kösten. Wer darnach nit gehorsam leist, soll der hoffsschulteiß die zweyde klag thuen, so läufft die klag duppel, so rechnet der geschworen die erste klag 3 alb ieder persohn, die zweyde klag ieder persohn 6 alb. biß zu umblauff sechs wochen und drey tag. Wan der ungehorsamer auff ieden termin citirt wird, undt nach umblauff der 6 wochen soll der schulteiß seinem hoffsherren das guth zu erkennen lassen.

Undt welcher geschworen auff einen dinglichen dag ungehorsam ausblaibt, so soll der hoffschulteiß den hoffsbotten nehmen undt pfenden vor VIII rader heller undt dem botten ein rader heller. So aber einer sich dargegen strefft, soll der schulteiß zwei geschworen nehmen undt den botten darzu undt hollen die pfendt. so soll ein ieder vor verdienst haben von dem ungehorsamen ein veirtell weins, undt dem botten ein viertell weins. Wan dannoch einer wäre, der darwider strebt, undt solches nicht gestehen würdt, so soll der hoffherr die güther an sich nehmen als wan sie mit hoffrecht ausserronnen wären."

Der Text der Urkunde ist veröffentlicht in „Geschichte der Pfarreien des Dekanates Königswinter", German Hubert Christian Maaßen, 1890, Seite 242—243.

Nr. 76
Der polnische König Sigismund
verwendet sich bei dem Kölner Erzbischof
für die Gebrüder Philipp II.
und Theodor von Drachenfels
in der Erbschaftsangelegenheit Drachenfels
10. 4. 1615

„Sigismund, durch Gottes Gnade König von Polen, Großherzog von Litauen, Rußland, Preußen, Massovien etc., nicht zuletzt kraft Erbfolge König der Schweden, Goten und Vandalen, entbietet in Christus seinen Gruß dem hervorragenden Herrn Ferdinand, durch Gottes Gnade Erzbischof von Köln, Bischof zu Lüttich, Hildesheim und Friesland, Erzkanzler des Heiligen Römischen Reiches durch Italien, Kurfürst bei Rhein, Herzog von Ober- und Niederbayern, unserem liebwerten Verwandten und Verschwägerten, und wünscht ihm alles Glück und langandauernde Gesundheit.

Ich wende mich mit diesem Schreiben an Euch, liebwerter Verwandter und Verschwägerter, wegen der in unserem vorerwähnten ererbten Königreich lebenden Gebrüder Philipp und Theodor von Drachenfels.

Sie erwarten und erhoffen aus Gründen der Gerechtigkeit ihre rechtliche Gleichbehandlung in der Erbschaftsangelegenheit nach ihren Vorfahren durch Euch zu erlangen. Wir haben uns nicht zuletzt wegen der Verdienste der beiden Gebrüder von Drachenfels entschlossen, uns bei Euch für sie zu verwenden, die sich auf ihre schon alten Rechte mit ihrem Anliegen stützen.

In dieser Angelegenheit sähen wir es gern, wenn Ihr bei der Beurteilung der Angelegenheit auch die Tüchtigkeit der beiden Gebrüder berücksichtigen würdet.

Was Ihr auch immer bei der Untersuchung der Angelegenheit berücksichtigen werdet, so wollt Ihr doch auch die edle Herkunft und die großen Verdienste der beiden Gebrüder von Drachenfels nicht außer Acht lassen, die sie sich in unserem Dienst und für unseren Staat erworben haben.

In unserer Dankbarkeit, die wir gegenüber den beiden Gebrüdern von Drachenfels empfinden, wünschen wir ihnen vollen Erfolg in der Erbangelegenheit und unterstützen wir voller Wohlwollen das Anliegen der beiden.

Wir erflehen bei Gott für Euch eine stete Gesundheit und andauerndes Wohlergehen.

Gegeben am 4. 10. 1615

Sigismundis Rex."

Die lateinische Originalurkunde befindet sich im Hauptstaatsarchiv Düsseldorf, Kur Köln Lehen 44 I.

Der Text ist frei übertragen.

Nr. 77
Der kurländische Edelmann Rudolf von Drachenfels
macht Erbrechte an Burg
und Herrschaft Drachenfels geltend
31. 1. 1638

„Hochwürdigster durchlauchtigster hochgeborener gnädigster Kurfürst und Herr-!

Euer Hochwürden und Kurfürstlichen Gnaden sind meiner ganz untertänigsten und bereitwilligsten Dienste gewiß. Ohne Euer Hochwürden und Kurfürstliche Gnaden mit diesem Schreiben behelligen oder belästigen zu wollen, und deroselben in schuldiger Untertänigkeit ergeben, habe ich keinen Umweg einschlagen wollen und mich direkt an Euch gewendet.

Es wird Euch, ehrwürdiger Kurfürst, vielleicht nicht unverborgen, aber doch aus den Archiven, Lehnsbüchern und anderen Umständen nachprüfbar sein, daß das am Rhein gelegene Haus Drachenfels meinen nunmehr in Gott ruhenden Vorfahren, welche Erbburgherrn des Kölner Stifts gewesen sind, vor vielen hundert Jahren in gewöhnlichem und wirklichem Besitz zugestanden hat. Dieses Haus ist später dem Herrn von Milendonk nach dem Tode meiner Vorfahren durch Heirat zugeflossen, der es daraufhin mehrere Jahre in Besitz gehabt hat.

Diese Zuweisung schmerzt mich nicht wenig. Meine Vorfahren sind nämlich seit geraumer Zeit in Livland und im Herzogtum Kurland ansässig gewesen, nachdem mein Vorfahr Heinrich von Drachenfels sich mit seiner Frau, einer geborenen von Palandt, dorthin begeben hatte. Von diesen beiden haben wir unseren Ursprung genommen. Hätten sie ihre Ansprüche besser in acht genommen, wie es in einem Lande mit unterschiedlichen Räten notwendig gewesen wäre, so hätten sie diese Ansprüche auch durchsetzen können. Wegen der mit den moskowitisch-polnischen Wirrungen bedingten schwierigen Zeit des ritterlichen Deutschen Ordens war ihnen das aber nicht möglich. Damals waren sie durch entsprechende Verpflichtungen wie auch auf Veranlassung des polnischen Königs in livländischen Angelegenheiten sowie durch moskowitische und andere Kriege nicht in der Lage, die Angelegenheit

des Hauses Drachenfels unverzüglich zu betreiben. So konnten sie damals wegen der auf ihnen lastenden Sorgen die notwendigen Berichte und den damit verbundenen Schriftwechsel mit Euch nicht so intensiv betreiben, wie dies unumgänglich gewesen wäre. Hinzu kam, daß es wegen der bereits erwähnten Kriegsexpeditionen nicht einfach war, das Kölner Stift zu erreichen, die erforderlichen Verfahrensweisen zu beachten und die Inbesitznahme des vorerwähnten Stammhauses derer von Drachenfels gerichtlich geltend zu machen.

Dies alles wäre aber nach dem Tode des letzten Herren des Hauses aus dem Drachenfelser Stamm, insbesondere nach dem Tode meines Vaters und seiner Brüder erforderlich gewesen. So kam es, daß das Stammhaus Drachenfels den hinterlassenen Töchtern und nicht meinem Vater, Freiherrn in Livland bzw. dessen Kindern zufiel.

Nunmehr habe ich mich in dieser Angelenheit untertänigst an Euch, Euer Kurfürstliche Gnaden, gewandt. In untertänigster Referenz trage ich vor, daß das Stammschloß mir und meinen Brüdern und nicht anderen Kindern aus dem Drachenfelser Stamm zugehört. Es scheint mir deshalb nicht verfehlt, daß Ihr, hochwürdiger Kurfürst, uns das Stammhaus zu Besitz gebt. Wir bitten Euch deshalb untertänigst mit der erforderlichen Referenz, mir und meinen Brüdern des Stammhaus auszuhändigen. Diese rechtmäßige Anforderung, die durch die Interzession des polnischen Königs unterstützt wird, möge Euch dazu bereitfinden lassen, mir und meinen Brüdern das Stammhaus ohne weiteren Prozeß und ohne lange Verzögerung auszuhändigen, ohne daß wir nur abgefunden werden wollen. Aus gutem Rechtsgrund soll alles wieder restituiert und uns eingeräumt werden.

Wenn Du nun mir und den Meinigen, den verwaisten Abkömmlingen, das Stammhaus aushändigen solltest, so mag den jetzigen Besitzern eine gewisse Summe Geldes vergleichsweise als Abfindung ausgezahlt werden. Dabei muß aber berücksichtigt werden, daß sie das

Stammhaus lange Zeit in Besitz und auch genutzt haben.

Solltest Du noch Zweifel haben, so sind wir bereit, Dir die Richtigkeit unserer Behauptungen zu beweisen. Unser Vorfahr Freiherr von Drachenfels hat sich nämlich bereits in vielen Schreiben darum bemüht, das Schloß wiederzuerlangen. Wir werden auch beweisen, daß er seinem Bruder Rudolf von Drachenfels, der sich in königlichen bzw. spanischen Diensten befunden hat, schon vor ca. 40 Jahren eine genügsame Vollmacht und die hierzu gehörigen Urkundenbelege gegeben hat. Darüber hinaus werden wir auch beweisen, daß derselbe bei dero Kurfürstlich-Kölnischen Regierung und auch bei dem Herrn von Milendonk vorgesprochen hat, um die Richtigkeit des Anspruchs der Livländischen-Drachenfelser Linie auf das Stammhaus nachzuweisen. Er wollte dem Herrn von Milendonk damals (1614) dies alles ohne Prozeß klarmachen. Ich selbst habe mich von Frankreich und den Niederlanden aus zu dem Herrn von Milendonk begeben und ihn mit meinen und den Ansprüchen meiner Brüder vertraut gemacht. Er erwiderte mir damals, daß er nicht anderes wisse, als daß ein aus Livland stammender Drachenfelser in dieser Angelegenheit in vollem Umfang abgefunden worden sei, was aber nicht zutreffend ist. Soviel bis dato erwiesen ist oder auch künftig wird erwiesen werden können, entspricht diese Behauptung des Herrn von Milendonk nicht den Tatsachen. Deshalb hat auch der König von Polen in gnädigster Weise für uns interzidiert, wie sich aus dem beiligenden Schreiben ergibt. So ich aber mit eingefallener Böhmischer Unruhe weder hab' genügend „nismuniert" noch besagte Anforderung ferner vorgewiesen, so konnte von Euer Hochwohlgeboren und Kurfürstlichen Gnaden bisher keine Resolution eingeholt werden . . ."

Die Originalurkunde, die noch Höflichkeitsfloskeln und einen Appell und das Gerechtigkeitsempfinden des Kölner Erzbischofs und Kurfürsten enthält, befindet sich im Hauptstaatsarchiv Düsseldorf, Kur Köln Lehen 44 I.

Der Text ist frei übertragen.

Nr. 78

Die Einkünfte des Altars des hl. Pankratius werden dem Pfarrer von Ittenbach zugewiesen
20. 5. 1667

„Demnach Ihro churfürstl. Durchlaucht zu Cöllen herzog Maximilian Henrich in Bayern, unser gnädigster herr ohnlänst hin aus Erzbischöflicher macht der gemeinde zu Ittenbach, welche vorher zu der pfarre Königswinter gehörig gewesen, wegen der weit abgelegenheit gnädigst erlaubt, eine filialkirche zu erbauen, und dazu einen absonderlichen pastoren zu halten;und dan hochgnädigster Ihrer Curfürstlicher Durchlaucht der bericht geschehen, was massen zum obgemeld, auch its besagten pastoris allda in loco keine lebensmittel vorhanden, hochgedachte Ihro Curfurstliche Dhlt. aber sich gnädigst erinnert, was massen hie bevor die zu der verfallender Drachenfelsischer Capellen gehörige rhenten und gefällen einen zeitlichen pastoren zu berührtem Königswinter interimsweise zugewendet werden, dieser auch ohne allsoche Drachenfelsische rhenten und gefällen mit genugsamen mitteln versehen: als verordnen mehr hochgmlt. Ihro Curfl. Dhlt. hiemit, und kraft dieses, daß von nun an mehr erwähnte der capellen zu Drachenfels gewesene rhenten und gefällen oben erwehnter und angehender pfarr zu Ittenbach zu unterhaltung des pastoris zugewendet und incorporirt sein sollen.
Bonn den 20. Mai 1667.
L. S.
Sig. Maximilian Heinrich Curfurst zu Collen gez.
Caspar Larix."

Die Urkunde ist veröffentlicht in „Geschichte der Pfarreien des Dekanates Königswinter", German Hubert Christian Maaßen, 1890, Seite 241—242.

Nr. 79

Der Königswinterer Notar Clemens August Schaefer
erwirbt den Drachenfels-Gudenauer Besitz am Siebengebirge
26. 12. 1811

„Zwischen dem Herrn Max Friedrich von Gudenau als Verkäufer für eines, und dem Herrn Clemens August Schaefer von Königswinter als Käufer andern Theils ist folgender Kaufkontrakt abgeschloß worden:

a. dem Käufer werden erb = und eigenthümlich überlaßen alle Gudenauische in der Königswinterer, Rhöndorfer und Ittenbacher Gemarkung gelegenen Häuser, der Burghof, alle Weingärten und Weinberge, Wiesen, Äcker, Gärten, Grünland, Baumgärten, Büsche, Heiden und überhaupt alles in den dreyen gedachten Gemarkungen liegende, dem Herrn Verkäufer zugehörige, von ihm oder seinen Pächtern und Leuten benutzte Grundstücke — ferner wird verkauft die Pacht und den Pachtwein zu Königswinter und Rhöndorf zu bezinsen, weiter die drittel Weingärten sammt den dazugehörigen Büschen, endlich die Bezinsung der Güter, Häuser und sonst die Grundpachten und Renten sowohl zu Ittenbach und Königswinter, so wie auch alles Kelter = und Ackermobiliar in diesen Häusern und dem Burghofe, welche Gegenstände Rechte und Grundstücke dem Ankäufer zwar bekannt sind, worüber jedoch ein besonderes Verzeichnis dem Käufer mitgetheilt.

b. Von diesem Kauf bleibt ausdrücklich ausgeschlossen die Pacht der Steinbrüche unter dem Wolkenberg und Drachenfels und die Backofensteinbrüche dergestalt daß, wenn die deshalb mit der Bergischen Regierung bestehenden Streitigkeiten beendet seyn werden, dem Herrn Verkäufer freystehe, jene Steinbrüche für seinen Nutzen respective fortzusetzen und wieder anzufangen; jedoch soll dem Käufer vor jedem Dritten bey diesem alsdann vorhabenden Verkauf gedachter Steinbrüche der Vorzug belassen werden, wenn er solche an sich zu bringen wünscht, und er das was andere bieten, zu geben bereit ist.

c. gleichergestalt wird das Recht der Jagd in dem ganzen Bahn, wo sie bisher vom Hause Gudenau ausgeübt wurde, nicht nur überhaupt, sondern auch namentlich auf den ad a. verkauften Gründen für immer vorbehalten, doch soll im Veräußerungsfalle der Jagd dem Käufer wie ad b. vorgesehen ist, das Vorzugsrecht zustehen.

d. Für sämmtlich also verkauftes Gut und Pachten und Mobiliargegenstände wird der Käufer erlegen die Summe von 20 000, schreibe zwanzigtausend Reichsthaler Spezies jeden zu 60 Stüber berechnet, dergestalt, daß diese Summe nur in klingender Münze und in keiner Art von Papiergeld, was auch künftig deshalb verordnet werden mag, bezahlt werden darf.

e. Die Zahlung geschieht in Königswinter oder Düsseldorf nach der dort ortüblichen Auswahl und Gefahr und Kosten des Käufers und zwar sollen die Münzensorten ohne irgend eine reduction in francs folgender Gestalt angenommen werden:

Die französische Krone zu 120, die Brabanter Krone zu 116 Stüber, die französischen Louisdors zu 8 ½ Thlr., die Dukaten zu 4 Reichsthaler, die Souverain d'or zu 11 ⅔ Reichsthaler.

f. Dem Verkäufer steht es übrigens frey zu verlangen, daß die Zahlung ganz in Gold geschieht und zwar in einer der oben festgesetzten Sorten nach seiner Auswahl.

g. Der hier oben bestimmte Buntschilling wird a dato des ersten Jänner 1813 mit fünf vom hundert jährlich verzinst, welche Zinsen in Münzsorten und Werth, wie ad e. d.f. bestimmt ist, bezahlt werden.

h. Die Abtragung des Buntschillings geschieht dergestelt, daß darvon künftigen ersten Julius achtzehnhundertdreyzehn zweitausend und vierhundert Reichsthaler mit den darzu erfallenen Zinsen, den ersten Jänner 1814 aber 4400 Reichsthaler und so weiter jeden ersten Jänner ebensyme bis zur völligen Abtragung des Capital erlegt wird.

i. Das mit den verkauften Gütern haftende ehemals an das Hospital Allerheiligen in Köln schuldige Capital von dreytausend Reichsthaler übernimmt der Käufer zu zahlen sammt den a prima Januarii 1813 lautenden Zinsen, sobald der wegen dieses Capital zwischen der französischen und Bergischen Regierung bestehende Streit gehoben ist, und wird dem Käufer dieses Capital als abschlägige Zahlung auf die Zinsschillinge gustiret werden.

k. Der Herr Verkäufer behält sich die Justifikation seines Vaters Burgherrn Clemens August

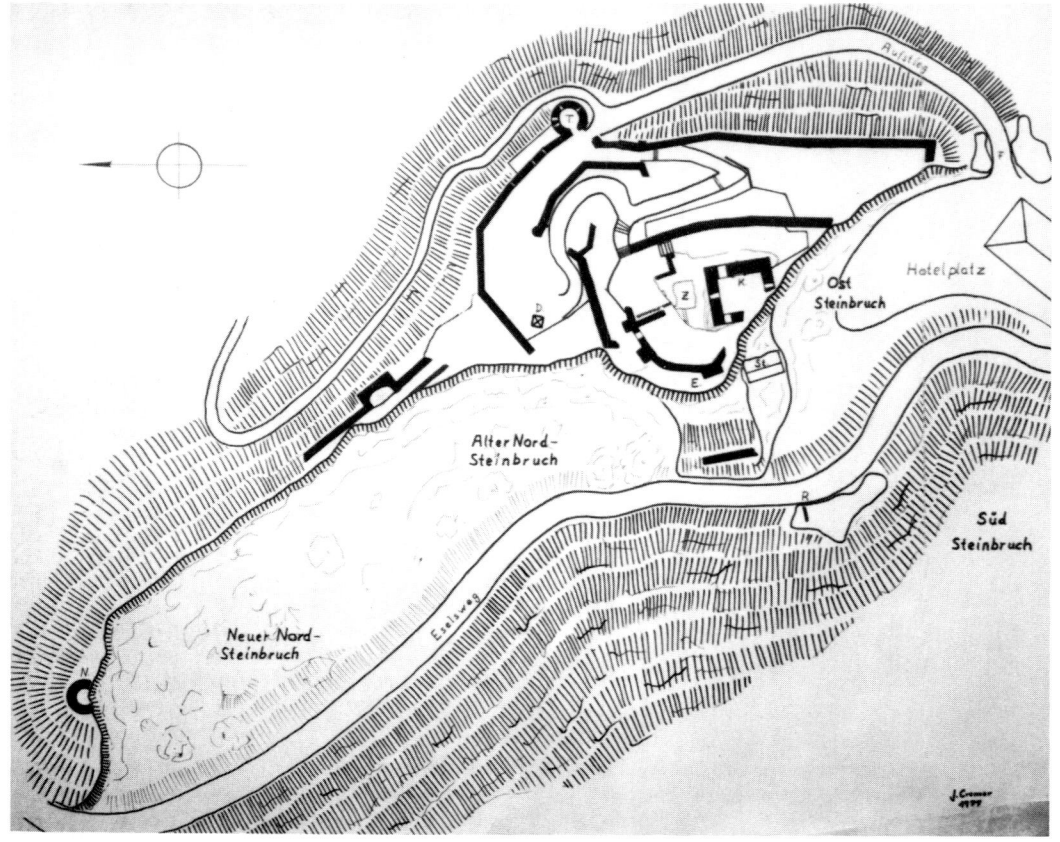

Abb. 153: N = Nordturm, E = Erkerunterbau, St = Stützpfeiler
R = Römerstein, F = Felsentor, T = Tortum, D = Landsturmdenkmal, 1914, Z = Zisterne, K = Kamin.

von Gudenau dergestalt bey, daß ohne dessen Zustimmung der gegenwärtige Kaufkontrakt nicht gültig ist.

l. Da auch der Verkäufer die hier eben zur Abtragung des Buntschillings bestimmte lange Terminen nur in der Rücksicht gegeben hat, weil jemand sich verbindlich gemacht hat, ihm dieselben zu leihen, so verbindet sich der Käufer diesem ihm zu benennenden Darleiher des Verkäufers Gut zu Hypothek und seiner Kosten zu stellen.

m. Alle durch den gegenwärtigen Kaufkontrakt noch etwa im Großherzogthum Berg bestehen-

den oder veranlagt werdenden Nebenkosten trägt der Käufer.

n. Schließlich ist vorbehalten worden, daß dem Herrn Verkäufer ein Rücktrittsrecht innerhalb eines Jahres dergestalt gestattet sein soll, daß, wenn er vor dem 26. Dezember achtzehnhundertzwölf erklärt, vom gegenwärtigen Kontrakt abgehen zu wollen, ihm dieses unbenommen bleibt.

o. Die Benutzung und freie Administration der Güter verbleiben deswegen auch dem Herrn Verkäufer und wird er selbige nur am ersten Jänner 1813, dem Käufer übergeben, wenn der

Verkäufer nicht von dem Rücktrittsrecht indeßen Gebrauch gemacht haben wird.

Deßen allem zur Urkunde ist gegenwärtiger Kaufkontrakt zweymal, und zwar einmal für Verhandlungen über unbewegliche Sachen auf bestimmtes Stempelpapier von achtzig Reichsthaler für den Käufer und das andere gegen 1 Gebühr von zehn Stübern für den Herrn Verkäufer gleichlautend ausgefertigt, vorgelesen, sodann von beiden Kontrahenten unterzeichnet worden.

So geschehen und ausgefertigt zu Königswinter am sechsundzwanzigsten Dezember achtzehnhunderteilf.

M. Fr. Goudenau

Cl. Aug. Schaefer

Joh. Josef Schaefer als Bürge seines Bruders

Die Echtheit der vorstehenden Unterschriften als nemlich des Herrn Notars Schäfer und Rentmeisters Schäfer wird von mir auch beurkundet.

Königswinter, den 2. Jänner 1812

gez. Unterschrift

Kantons = Notar

Ratifiziert, jedoch mit Ausschluß des § 9 in der 14ten Linie irrig eingeflossenen Wortes „Rhöndorf", der § 9 in der 17ten Linie irrig enthaltenen Worten „und sonstigen Grundpachten und Renten" sowohl in 29ten „Ittenbach als Königswinter". Die decembris 1811.

Die bei dieser Ratifikation gemachte Einschränkung nehme ich an.

Königswinter, den 2ten Jänner 1812

Cl. Aug. Schaefer."

Die Urkunde befindet sich im Archiv des Siebengebirgsmuseums in Königswinter.

298

Burgrundgang

Abb. 154: Blick aus Richtung Drachenfelsplateau auf den ansteigenden Eselsweg (rechte untere Bildhälfte). Rechts oberhalb des Weges liegt das Fundament des nördlichen Rundturmes der Unterburg. Auf der zum Rheinufer hin abfallenden Plaine endete der 1805 angelegte „Steinenweg". Hier stand das von der Steinhauer-Gewerkschaft errichtete Gebäude (s. Abb. 93, 99, 101, 112); Mai 1979.

Abb. 155: Blick vom Eselsweg auf die noch erhaltene Westseite des Fundaments des runden Nordturms der Unterburg (obere linke Bildhälfte); 1977.

Abb. 156: Blick vom Eselsweg auf die noch mit einem Buckelsteinmantel versehene Innenseite der östlichen Ringmauer der Unterburg (oberer linker Bildteil); 1977.

Abb. 157: Die mit einem Buckelsteinmantel versehene Innenseite der östlichen Ringmauer der Unterburg (s. Abb. 156, 72). Vor dieser Ringmauer lag die Unterburg, die sich nach rechts bis zur Kernburg und nach links bis zum runden Nordturm hinzog; Mai 1979.

Abb. 158: Blick vom Eselsweg auf die Ruine der Kernburg und die rechts im Bild vorspringende kleine Aussichtsplattform mit dem Erkerunterbau; 1977.

Abb. 159: Blick aus westlicher Richtung auf die Burgruine; 1977.

Abb. 160: Blick vom westlichen Hotelplatz vor dem 1936/37 errichteten Hotelgebäude auf den Erkerunterbau und den Steinmantel des 1855 errichteten mächtigen Stützpfeilers (St); 1977.

Abb. 161: Blick vom westlichen Hotelplatz auf den noch erhaltenen Mauerrest der Ringmauer an der Südostecke der Unterburg. Von dieser Mauerecke aus zieht sich das Fundament der Ringmauer hangaufwärts und parallel zum Burgaufstieg hin; 1977.

Abb. 162: Felsentor an der Nordseite des 1936/37 errichteten Hotelgebäudes; 1977. Der Rheinische Antiquarius führt hierzu 1860 aus: „Ursprünglich trug die Platte auf der Südseite des Berges, etwa 200 Fuß unter der Spitze, welche der Bergsteiger zuerst erreicht, und worauf jetzt ein modernes Wirthshaus steht, auch wohl schon ein Wirthschaftsgebäude, wenigstens bemerkt man hier altes Gemäuer. Geht man weiter durch einen Felsenpaß, welcher ebenfalls, wie es scheint, befestigt und durch ein Thor geschlossen war, so gelangt man nach wenigen Minuten des Steigens an die äußere Burgpforte, welche die erste Ringmauer durchbricht."[667]

Abb. 163: Blick von der Wolkenburg auf den Osthang des Bergkegels des Drachenfels. Vom Hotelgebäude aus den Jahren 1936/37 zieht sich der Burgaufstieg nach rechts hin. Rechts vom Bergfried der hohe Gebäuderest mit dem „Kölner Fenster". Schwach erkennbar rechts unterhalb des Gebäuderestes der kleine Obelisk des Landsturmdenkmals aus dem Jahre 1914; 1977.

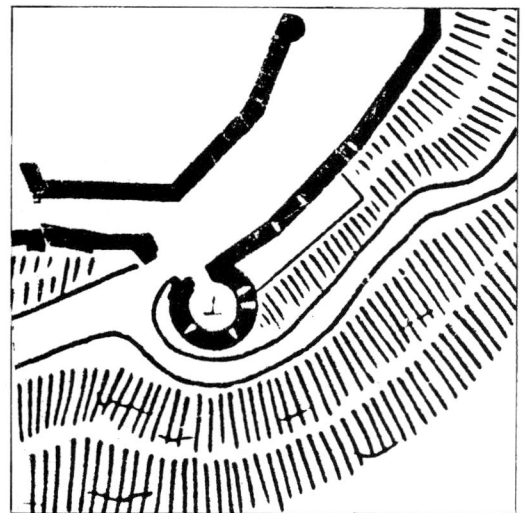

Abb. 164: Von links her führt der Burgaufstieg zum Toreingang der Unterburg. Rechts vom Toreingang der Torturm. Links vom Toreingang das Fundament der Ringmauer der Unterburg. Zwischen dem Ende der Ringmauer und dem Torturm befand sich der Burgeingang. Dem Torturm gegenüber liegt der Gebäuderest des Torhauses.

Abb. 165: Rechts der Torturm. Links davon liegt der Gebäuderest des mächtigen Torhauses; 1977.

Abb. 166: Blick vom Burgaufstieg auf die Südostecke des Torhauses und den Bergfried. Die nur noch zu einem geringen Teil vorhandene Südwand des Torhauses führte bis zur eigentlichen Kernburg auf der Bergspitze; 1977.

Abb. 167: Blick vom Burgaufstieg auf den Torturm;
Mai 1979. Der Rheinische Antiquarius führt 1860 aus:
„Das Thor ist, obgleich der Bogen eingestürzt, noch
kenntlich, ein rechts daranstehender runder Halb-
turm trägt Schießscharten zur Vertheidigung desselben und der anstoßenden Ringmauer, welche sich in
einem Bogen um die Ostseite des Berges herum-
zieht und zahlreiche Schießscharten zeigt."[668]

Abb. 168: Blick aus dem Innern der Unterburg auf
den Toreingang. Links im Bild der vergitterte Zugang
zum Torturm. Neben dem Torrest befindet sich etwa
in Höhe der Gitterspitzen und unten jeweils eine Öffnung für die Aufnahme von Sperrbalken, die das
nach innen zu öffnende Tor zusätzlich sicherten;
1977.

Abb. 169: Blick vom Burgeingang auf die Ruine des Torhauses. Links neben der Schießscharte treffen von rechts her die nordöstliche Mauer und von links her die südöstliche Mauer des Torhauses in einem stumpfen Winkel zusammen; 1977.

Abb. 170: Südöstliche Wand des Torhauses. Im Mauerwerk kaum erkennbar ein Ausgußstein; 1977.

Abb. 171: Ausgußstein in der Südostwand des Torhauses; 1977. Bei dem Ausgußstein dürfte es sich nicht um eine sogen. Pechnase handeln, aus der früher siedendes Pech auf die Angreifer geschüttet wurde, sondern um einen Küchenausgußstein. Hundeshagen berichtet 1832: „Im Jahre 1788 stand noch die östlich gegen das tiefe Thal gewendete lange und hohe Außenmauer des Wohnhauses, und stürzte damals von selbst in die Tiefe hinab. In jüngster Zeit ist nächst dabei und gegen die nordöstliche Ecke der Burg der Schutt aufgeräumt worden, wobei man auf das Lokal der Küche, den Backofen und die Regencisterne traf, einen großen Handmühlenstein und mehrere eiserne Kanonenkugeln fand."[669] Bei der von Hundeshagen erwähnten „langen und hohen Außenmauer des Wohnhauses" dürfte es sich um die Mauer eines auf der Ostseite der Kernburg gelegenen Gebäudes handeln. Der Hinweis auf die Küche erlaubt den Schluß, daß der Ausgußstein (Abb. 171) der Küchenabwasserbeseitigung gedient hat.

Abb. 172: Innenseite der östlichen Ringmauer der Unterburg, links vom Torturm; 1977. Rechts über der fensterähnlichen Schießscharte befinden sich zwei sogen. Rüstlöcher. Diese und noch andere Rüstlöcher in der Ringmauer machen deutlich, daß sich früher von Zeit zu Zeit an der oberen Innenseite der Ringmauer ein hölzerner Wehrgang befunden hat. Ein solcher Wehrgang wurde jeweils dann angebracht, wenn die Burg in kriegerischen Zeiten in einen besonders guten Verteidigungszustand gesetzt werden sollte. In einem solchen Falle wurden zur Herrichtung des Wehrganges von der Innenseite der Unterburg her Holzbalken in die Rüstlöcher, die bis zur Außenseite der Ringmauer reichten, eingesetzt und so weit nach vorn geschoben, daß sie aus der Außenwand der Ringmauer etwas hervorragten. Auf der Innenseite der Ringmauer wurden Bohlen und Bretter auf die tragenden Holzbalken aufgelegt und so der Wehrgang hergestellt. Ob auch eine an sich übliche Überdachung desselben vorgesehen war, läßt sich nicht mehr feststellen. Die Mauerkrone der Ringmauer der Unterburg am Drachenfels war in kurzen regelmäßigen Abständen mit Zinnen bestückt. Auf dem Wehrgang stehend konnte die Burgbesatzung den angreifenden Feind durch die Zwischenräume der Zinnen unter Beschuß nehmen. Im Schutz der mindestens mannsbreiten Zinnen konnte die Burgbesatzung ihre Waffen schußbereit machen. Die Lage der Rüstlöcher läßt erkennen, wie hoch etwa die Ringmauer war. Die Burgverteidiger mußten sich nämlich, auf dem Wehrgang stehend, über die Mauerbrüstung nach vorn beugen können, um Angreifer, die bis zum Mauerfuß vorgedrungen waren, unter Beschuß zu nehmen. Das Ersteigen der Ringmauer wurde den Angreifern durch die auf der Außenseite der Ringmauer vorragenden Holzbalken erschwert. Das Ersteigen der Mauern war nämlich nur mit Hilfe von Sturmleitern möglich, die zunächst bis zum Mauerfuß geschafft werden mußten. Hier wurden die Leitern mit Hilfe von Rollen, die an einem Leiterende angebracht waren an der Mauer hochgeschoben. Die vorstehenden Holzbalken des Wehrganges erschwerten zwangsläufig das Hochschieben der Sturmleitern bis an die Mauerbrüstung. Die gesamte Ringmauer der Unterburg auf dem Drachenfels war ebenso wie alle anderen Mauerteile, Türme und einzelne Gebäude mit Zinnen bestückt. Erhalten sind lediglich noch die Zinnen des Bergfrieds der Kernburg. Rechts neben der Sohle der fensterartigen Schießscharte (s. Abb. 172 und 173) ist übrigens ein Mauerstein so ausgehauen worden, daß man einen Zügel hindurchziehen und festbinden konnte.

Abb. 173: Blick in südöstlicher Richtung auf die Innenseite der Ringmauer mit 3 Rüstlöchern und einer fensterähnlichen Schießscharte. Rechts im Bild ein Teil des Torturmes; 1977.

Abb. 174: Blick auf den Torturm aus nordöstlicher Richtung, rechts davon die Ringmauer, in deren oberem Teil sich ein Rüstloch befindet; 1977.

Abb. 175: Blick aus südöstlicher Richtung auf die Ringmauer. Über den beiden fensterähnlichen Schießscharten einige Rüstlöcher; 1977.

Abb. 176: Nordostecke des Torhauses mit Mauerturm, der der Verstärkung des Mauerwerks diente; 1977.

Abb. 178: Blick aus nördlicher Richtung auf den linksliegenden Mauerturm (s. Abb. 176, 177). Rechts vom Weg ist ein Teil der Nordmauer des Torhauses sichtbar. In der Nähe des Weges lag der Toreingang des Torhauses, durch den man zur Kernburg gelangte. Im Hintergrund der mächtige Mauerrest an der Südostecke des Torhauses; 1977.

Abb. 177: Oberer Teil des Mauerturms an der Nordostecke des Torhauses; Mai 1979.

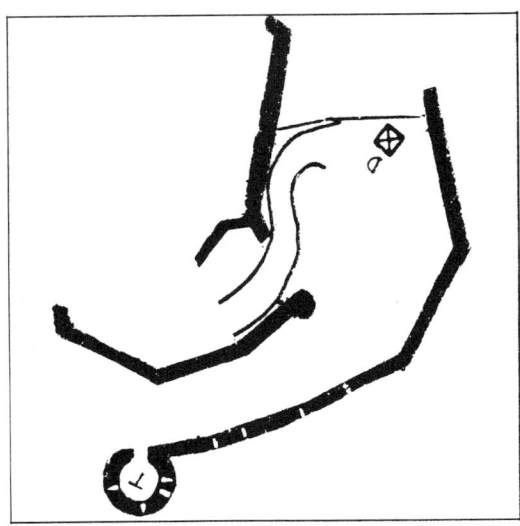

Abb. 179: Unten links der Torturm mit der zunächst in nördlicher Richtung verlaufenden Ringmauer der Unterburg. In der Mitte der Skizze die Mauer des Torhauses. Im oberen Skizzenteil die Nordwand des Torhauses. Rechts davon das Landsturmdenkmal.

Abb. 180: Blick aus östlicher Richtung auf das Landsturmdenkmal. Vorn rechts die z. T. erneuerte Ringmauer. Hinter dem Landsturmdenkmal fällt die Felswand steil ab. In Gegend des rechts befindlichen Gitters bog die Ringmauer in nördlicher Richtung ab und zog sich bis zum runden Turm am Nordende der Unterburg hin. Auch hier fällt die Felswand steil in westlicher Richtung ab (s. Abb. 156); 1977.

Abb. 182: Blick von der Südostecke des Flankierungsturmes der nördlichen Unterburg zum Plateau des Landsturmdenkmals; 1977.

Abb. 181: Blick vom nördlichen Begrenzungsgitter des Plateaus am Landsturmdenkmal auf die tieferliegende stark verfallene Südostecke des Flankierungsturms des nördlichen Teiles der Unterburg; 1977.

Abb. 183: Blick vom Plateau am Landsturmdenkmal auf die Nordmauer des Torhauses, deren Buckelstein-mantel abgefallen ist; Mai 1979.

Abb. 184: Blick vom Plateau am Landsturmdenkmal auf das „Kölner Fenster", rechts oberhalb der Nord-mauer des Torhauses; Mai 1979.

314

Abb. 185: Blick aus dem Innern des Torhauses in
nordwestlicher Richtung. Rechts der Mauerturm
(s. Abb. 178), auf dessen Innenseite ein Kragstein
eingelassen ist. Dieser weist aus, daß der Eingang
zum Torhaus früher tiefer lag; 1977.

Abb. 186: Blick von der Südostecke des Torhauses
auf den Torturm der Unterburg; 1977.

315

Abb. 187: Blick aus nördlicher Richtung auf das Innere der Südostwand des Torhauses. Oben zwei mächtige Kragsteine, die die Decke trugen. Am Ende der Südostwand sind Teile des Ansatzes der zerstörten Südwand des Gebäudes zu erkennen; 1977.

Abb. 188: Blick aus nordöstlicher Richtung. Im Vordergrund rechts unterhalb des Bergfrieds die Südostecke des Torhauses. Von dort verläuft die Außenmauer des Torhauses nach rechts bis zum nordöstlichen Mauerturm; 1977.

Abb. 189: Blick vom Plateau der Kernburg auf die südöstliche Innenwand des Torhauses (s. Abb. 187). Im Hintergrund der Nonnenstromberg; 1977.

Abb. 190: In der Kernburg. Rechts von den Treppenstufen der Gebäuderest, in dem sich das „Kölner Fenster" befindet. Links steigt der Fels zum Fuß des Bergfrieds an. Hier liegt im Fels eine Vertiefung, die möglicherweise Teil einer Zisterne war (s. Abb. 23); 1977.

Abb. 191: Gebäuderuine mit dem „Kölner Fenster"; 1977.

Abb. 192: Blick aus dem „Kölner Fenster" auf die Reste des runden Turms am Nordende der Unterburg (obere Bildhälfte); 1977.

318

Abb. 193: Südseite des Bergfrieds, etwa in der halben Höhe ein Kragstein; Mai 1979.

Abb. 194: Blick von der westlichen kleinen Aussichtsplattform der Kernburg auf die Felspartie, auf der früher die Ringmauer der Unterburg verlief (siehe u. a. Abb. 78); 1977.

Abb. 195: Blick von der westlichen kleinen
Aussichtsplattform durch den Westeingang des
Bergfrieds auf einen Teil des Kamins; Mai 1979.

Literatur- und Quellenverzeichnis

Aachener Geschichtsverein
Zeitschrift des Aachener Geschichtsvereins, 1887, IX. Band.

Aitzinger
Rerum Vaticinijs accomodata Historia, 1584, Aitzinger

Annalen
Annalen des Historischen Vereins für den Niederrhein, insbesondere die alte Erzdiözese Köln

Antiquarius
Denkwürdiger und nützlicher rheinischer Antiquarius, welcher die wichtigsten und angenehmsten geographischen, historischen und politischen Merkwürdigkeiten des ganzen Rheinstroms, von seinem Ausfluße in das Meer bis zu seinem Ursprunge, darstellt. Mittelrhein, 1858—60, 67.

Archiv Niederrhein
Archiv für die Geschichte des Niederrheins, Dr. Theod. Jos. Lacomblet, 1865, V. Band.

Baron Drachenfels
Familiengeschichtliche Nachrichten für das Geschlecht der Barone und Freiherrn von Drachenfels, Verfasser: Friedrich Baron von Drachenfels, Bonn-Bad Godesberg.

Bergischer Geschichtsverein
Zeitschrift des Berg. Geschichtsvereins, 1881, 17. Band.

Berres, Rheinausbau
Der Rheinausbau im Siebengebirgsbereich und sein historischer Hintergrund, Frieder Berres, Königswinter, 1971.

Bundeshauptstadt
Vom Römerkastell zur Bundeshauptstadt, Kleine Geschichte der Stadt Bonn, Edith Ennen und Dietrich Höroldt, 1976.

Burgenkunde
Burgenkunde, Otto Piper, 1967.

de Claer
Geschichte der Burgen Drachenfels und Wolkenburg nebst betr. Stammtafeln der Bewohner, geschrieben zu der Herbstzeit der Jahre 1878, 1879 und 1880, abgeschrieben von August Heinen, Königswinter, Juli 1955.

von Claer
Familiengeschichte von Claer, verfaßt in den Jahren 1929—1932 von Alexander von Claer, neu aufgelegt von Wichard von Claer in Frankfurt a. M., 1979.

Codex Diplomaticus
Codes Diplomaticus Rheno-Mosellanus, Urkundendensammlung, Wilhelm Günther, 1822.

Der Drachenfels, 100 Jahre
Der Drachenfels 100 Jahre Eigentum der preußischen Regierung am 26. April 1936, Arbeitsgemeinschaft zur Pflege der Heimat, „Echo des Siebengebirges", 1936.

Der Drachenfels — seine Conversation
Der Drachenfels — Seine „Conversation vermittelst Expropriation", Theo Hardenberg, Rheinische Heimatpflege, 1968.

Echo
Echo des Siebengebirges, Heimatblatt für Königswinter und Umgebung, Bekanntmachungen und Ankündigungen aller Art.

Ennen
Quellen zur Geschichte der Stadt Köln, Dr. Leonard Ennen, 1867, II. und III. Band.

Felten
Steinbrüche und Steinverwertung des Siebengebirges, Dr. Wilhelm Felten, Heimatblätter des Siegkreises, Zeitschrift des Geschichts- und Altertumsvereins für Siegburg und den Siegkreis, 1928, Heft I.

Flink
Das Siebengebirgs-Museum Königswinter, Dr. Robert Flink, Heimatblätter des Siegkreises, 1963, Heft 83.

Genealogisches Handbuch
Genealogisches Handbuch der Kurländischen Ritterschaft, bearbeitet von Oskar Stavenhagen, Archivdirektor und Wedig Baron v. d. Osten-Sacken, Görlitz.

Jan Heelu
Chronique en vers de jan Heelu, ou Relation de la Bataille de Woeringen, publiée par J. F. Willems, 1836

Heimatbuch
Heimatbuch — Festschrift, „Königswinter und das Siebengebirge", Geschichte — Berichte — Gedichte, Heimatverein Siebengebirge e. V. Königswinter, 1976.

Heimatkunde
Heimatkunde des Kreises Sieg, Peter Müller, 1898.

Heinekamp
Siegburgs Vergangenheit und Gegenwart, Rudolf Heinekamp, 1897.

Hüffer
Aus den Jahren der Fremdherrschaft. Die Familie von Gudenau, Hermann Hüffer, Annalen des Historischen Vereins für den Niederrhein, 1895, 61. Heft.

Hundeshagen
Die Stadt und Universität Bonn am Rhein, Dr. B. Hundeshagen, 1832.

Issele
Religionsgeschichte der Cölnischen Kirche, unter dem Abfall der zweien Erzbischöfen und Churfürsten Hermann von Wied und Gebhard

Grafen von Truchses. Übersetzung des lateinischen Werkes des Arnold Meshovs und Michael von Issele, herausgegeben von Balthasar Neuwirth, 1764.

Jansen
Die Regesten der Erzbischöfe von Köln, Wilhelm Jansen, 1973, V. Band, 1977, VI. Band.

Joesten
Erinnerung an Bonn und das Siebengebirge, Dr. Joseph Joesten, 1903.

Kölner Stadtrechnungen
Die Kölner Stadtrechnungen des Mittelalters, Dr. Richard Knipping, 1898, II. Band.

Korth, Drachenfels
Die ältesten Haushaltsrechnungen der Burggrafen von Drachenfels, Leonard Korth, Annalen des Historischen Vereins für den Niederrhein, 1892, 54. Heft.

Korth, Archiv
Das Gräflich von Mirbach'sche Archiv zu Harff, veröffentlicht in Annalen des Historischen Vereins für den Niederrhein, ab 1892.

Kressi
Krumbstab schleußt niemand aus, HOC EST VOTIVA RELATIO COMPROMISSI FEUDALIS . . . Joan Pauli Kressi, 1718.

Lamey
Akademische Beiträge zur Guelsch- und Bergischen Geschichte, Andreas Lamey, 1781, III. Band.

Langen
Die Burg Drachenfels, Stadtarchivar Langen, Arbeitsgemeinschaft zur Pflege der Heimat, Echo des Siebengebirges, 1937.

Ledebur
Die Edelherren, Burggrafen und Freiherren von Drachenfels, Dr. Leopold Freiherr von Ledebur, 1865.

Leven
Beiträge zur Geschichte der Steinbruch- und Steinmetzbetriebe am Siebengebirge, Heinrich Leven, Heimatverein Siebengebirge e. V. Königswinter, in „Echo des Siebengebirges„, 1955/56.

Ley
Kölnische Kirchengeschichte, Conrad Albrecht Ley, 1917.

Limburg
Der Deutsche Orden und der Drachenfels, Hans Limburg, Preußenland, Mitteilungen der historischen Kommission für Ost- und Westpreußische Landesforschung und aus den Archiven der Stiftung Preußischer Kulturbesitz, Jahrgang 5/1967, Nr. 4.

Lossen
Der Kölnische Krieg, Max Lossen, 1897, II. Band.

Maaßen, Dekanat Königswinter
Geschichte der Pfarreien des Dekanates Königswinter, German Hubert Christian Maaßen, Pfarrer in Hemmerich, 1890.

Maaßen, Dekanat Bonn
Geschichte der Pfarreien des Dekanates Bonn, II. Theil. Bonn Land, Maaßen, Pfarrer in Hemmerich, 1899.

Merian, Topographia
Topographia Archipiscopatum Mogungtinensis, Trevirensis et Coloniensis, Matthaeus Merian, 1646.

Merian, Theatrum
Irenico-polemographia sive Theatri Europaei continuati septennium, Matthaeus Merian, 1643.

Mirbach
Königswinter sonst und jetzt, Geschichte der Stadt Königswinter, Maria Mirbach, 1891.

Nederlandse Vereniging
Nederlandse Geologische Vereniging aus Oldenzaal, Schreiben Anderson vom 6. 2. 1966.

Neu, Schwarzrheindorf
Die Geschichte der Doppelkirche von Schwarzrheindorf, Festschrift „825 Jahre Doppelkirche in Schwarzrheindorf", 24. 4. 1976, Prof. H. Neu.

Neu, Ramersdorf
Die Deutschordenskommende in Ramersdorf, Prof. H. Neu, 1961.

Nose
Orographische Briefe über das Siebengebirge und die benachbarten zum Theil vulkanischen Gegenden beyder Ufer des Nieder-Rheins, Carl Wilhelm Nose, 1789.

Podlech
Geschichte der Erzdiözese Köln, E. Podlech, 1879.

Presse-Information
Eröffnung Neubau „Restaurant auf dem Drachenfels", Regierungspräsident Köln, Presse-Information, 6. 4. 1976.

Renard
Die Kunstdenkmäler des Siegkreises, Edmund Renard, 1907.

Regesten der Erzbischöfe
Die Regesten der Erzbischöfe von Köln im Mittelalter, Dr. R. Knipping, 1913, III. Band, II. Hälfte, 1915, IV. Band.

Röder, Röm. Steinbruchtätigkeit
Römische Steinbruchtätigkeit am Drachenfels, Dr. Josef Röder, Bonner Jahrbücher, 1974.

Röder, Röm. Steingewinnung
Römische Steingewinnung am Rüdenet am Drachenfels, Dr. Josef Röder, Rheinisches Landesmuseum Bonn, 1971, Heft Nr. 2.

Rückstuhl
Ein Tag am Siebengebürg, Carl Rückstuhl, Rheinisches Unterhaltungsblatt, ab 31. 3. 1822, Heft Nr. 13 ff.

Schlösser
Beiträge zur Geschichte der Pfarrei Königswinter, Dechant L. Schlösser, 1932/33.

Schmitz, Heisterbach
Urkundenbuch der Abtei Heisterbach, Dr. Ferdinand Schmitz, 1908.

Schmitz, Neusser Krieg
Der Neusser Krieg, Dr. Ferdinand Schmitz, Rheinische Geschichtsblätter, 1895.

Schönebeck
Mahlerische Reise am Nieder-Rhein. Merkwürdigkeiten der Natur und Kunst aus den Gegenden des Nieder-Rheins, Konstantin von Schönebeck, 1784.

Schulz
Das malerische und romantische Rheinland in Geschichten und Sagen, Schulz, 1838.

Seilbahn
Denkschrift der Studiengesellschaft Seilbahn Rhöndorf e. V.

Schreiber
Handbuch für Reisende am Rhein von Schafhausen bis Holland, Alois Schreiber, 1816.

Stickel
Burkhard Stickels Tagebuch seiner Kriegs- und anderen Verrichtungen auf dem europäischen Festlande, im Mittelmeer und in Afrika von 1566—1598, nach einer Handschrift des königlichen Staatsarchivs, herausgegeben von E. v. Kausler in Württembergische Jahrbücher für Statistik und Landeskunde, 1866.

Thomaß
Sicherungsmaßnahmen für den Drachenfels bei Bonn, Dipl. Ing. Siegfried Thomaß, Bad Honnef, Sonderdruck aus: Beton- und Stahlbetonbau, 1977, Heft 8.

Uhlig
Die Entstehung des Siebengebirges, Dr. Joh. Uhlig, 1914.

Unser Land
Unser Land, Blätter für Heimatkunde des General-Anzeigers für Bonn und Umgegend/ Bonner Nachrichten, 18. 4. 1935.

Urkundenbuch Niederrhein
Urkundenbuch für die Geschichte des Niederrheins oder des Erzstifts Köln, der Fürstenthümer Jülich und Berg, Geldern, Meurs, Cleve und Mark, und der Reichstifte Elten, Essen und Werden, Dr. Theod. Jos. Lacomblet, 1846, II. Band, 1853, III. Band und 1857, IV. Band.

Urkunden
Die Urkunden der deutschen Könige und Kaiser, herausgegeben Von der Gesellschaft für ältere deutsche Geschichtskunde, 1957, III. Band

VVS
Verschönerungsverein für das Siebengebirge, Protokoll der Jahresmitgliederversammlung 1872.

Weinsberg
Das Buch Weinsberg, Kölner Denkwürdigkeiten aus dem 16. Jahrhundert, Friedrich Lau, 1898, IV. Band.

Wisplinghoff
Urkunden und Quellen zur Geschichte der Abtei Siegburg, Erich Wisplinghoff, 1964, I. Band.

Vieten
Zur Erdgeschichte des Siebengebirges, Prof. Dr. Klaus Vieten, Heimatbuch — Festschrift 1976.

Zeitungen
Bonner Wochenblatt, Bonner Zeitung, General Anzeiger, Illustrirte Chronik der Zeit; Illustrirte Zeitung; Kölnische Volkszeitung.

Archive
Archiv des Rhein-Sieg-Kreises.
Archiv des Siebengebirgsmuseums, Königswinter.
Archiv der Stadt Bad Honnef.
Archiv der Stadt Königswinter.
Hauptstaatsarchiv Düsseldorf, Kurköln, VII 16 a, Kurköln Lehen, 44 I.
Institut für Zeitungsforschung, Dortmund.
Landeshauptarchiv Koblenz, Abtl. 403/9745.
Staatsarchiv Dresden, Buch IX, Seite 122/123.
Stadtarchiv Bonn.
Stadtarchiv Stuttgart.
Zentralarchiv Merseburg
Zentrales Staatsarchiv, Dienststelle Merseburg, Geheimes Zivilkabinett, 2. 2. 1. Nr. 20643.

Bibliotheken
Bibliothek des Instituts für Geschichtliche Landeskunde der Rheinlande an der Universität Bonn.
Bibliothek des Rheinischen Landesmuseums, Bonn.
Bibliothek des Siebengebirgsmuseums, Königswinter.
Universitätsbibliothek Bonn.

Abbildungen
Klaus Arenz, Königswinter: 59.
Archiv des Siebengebirgsmuseums: 22, 29, 30, 31, 32, 40, 41, 43, 44, 47, 48, 53, 56, 63, 67, 76, 85, 87, 100, 102, 116, 122, 129.

Hilger Behr, Königswinter: 4, 148.
Winfried Biesing, Königswinter: 7, 8, 9, 10, 11, 12, 13, 14, 16, 17, 27, 33, 35, 37, 49, 71, 72, 73, 81, 83, 89, 107, 134, 152b), 155, 156, 162, 165, 166, 170, 172, 175, 176, 178, 181, 182, 185, 186, 187, 189, 191, 192, 194.
Jochen Cremer, Königswinter-Ittenbach: 15, 18, 23, 24, 25, 26, 74, 79, 82, 90, 91, 131, 135, 149, 151, 153, 158, 159, 160, 163, 164, 168, 169, 171, 173, 174, 179, 180, 188, 190.
Foto Groote, Bad Honnef: 1, 2, 3, 5, 6, 19, 21, 34, 36, 39, 42, 45, 46, 51, 52, 55, 57, 60, 62, 66, 68, 77, 78, 93, 94, 98, 99, 101, 103, 104, 105, 106, 110, 112, 115, 119, 123, 124, 125, 127, 133, 138, 140, 141, 146, 147, 161.
Foto Kuntz, Königswinter: 28, 38, 65, 69, 70, 75, 88, 92, 97, 108, 109, 111, 113, 117, 118, 121, 126, 128, 130, 132.
Hauptstaatsarchiv Düsseldorf: 86.
Institut für Zeitungsforschung, Dortmund: 58.
Jochen Klein, Köln-Kalk: 20, 80, 136, 137, 145, 149, 150, 152a), 154, 157, 167, 177, 183, 184, 193, 195.
Landesbildstelle Rheinland, Düsseldorf: 54, 61, 64, 95, 96, 114, 120.
Herberg Menden, Königswinter-Niederdollendorf: 84.
Rheinisches Bildarchiv, Köln: 50, 54.
Siegfried Thomaß, Bad Honnef: 139, 140, 142, 143, 144.

Kartenzeichnungen
Winfried Biesing: 47, 75, 134.
Jochen Cremer: 135, 153, 164, 179.

Anmerkungen

1 Uhlig, Seite 31, 32
2 Neu, Schwarzrheindorf, Seite 6
3 Röder, Röm. Steinbruchtätigkeit, Seite 514
4 Röder, Röm. Steingewinnung, Heft Nr. 2/1971
5 Röder, Röm. Steinbruchtätigkeit, Seite 542
6 Röder, Röm. Steinbruchtätigkeit, Seite 542
7 Röder, Röm. Steinbruchtätigkeit, Seite 542
8 Berres, Rheinausbau
9 Berres, Rheinausbau
10 Urkundenanhang, Urk.-Nr. 1
11 Röder, Röm. Steinbruchtätigkeit, Seite 509
12 Ley, Seite 156
13 Urkundenanhang, Urk.-Nr. 2
14 Renard, Seite 115
15 Renard, Seite 113—114
16 Urkundenauszug aus der lateinischen Urkunde, diese veröffentlicht in Codex Dipolomaticus, I. Teil, Seite 371, 372
17 Urkundenanhang, Urk.-Nr. 3
18 Langen, 11. 12. 1937
19 Urkundenbuch Niederrhein I., Seite 322
20 Weyden, Seite 112
21 Ledebur, Seite 70
22 Urkundenanhang, Urk.-Nr. 4
23 Urkundenanhang, Urk.-Nr. 5
24 Urkundenanhang, Urk.-Nr. 6
25 Ledebur, Seite 32
26 Ledebur, Seite 14—15
27 Urkundenanhang, Urk.-Nr. 7
28 de Claer, Seite 2
29 Flink, 1963
30 Annalen, 1888, 27. Heft, S. 146—147
31 Urkundenbuch Niederrhein, II. Band, S. 308—309
32 Urkundenbuch Niederrhein, II. Band, S. XXIII
33 Urkundenbuch Niederrhein, II. Band, S. 331
34 Urkundenbuch Niederrhein, II. Band, S. 258—259
35 Urkundenanhang, Urk.-Nr. 8
36 Urkundenanhang, Urk.-Nr. 9
37 Urkundenanhang, Urk.-Nr. 10
38 Codex Diplomaticus, II. Teil, S. 498
39 Regesten der Erzbischöfe, IV. Band, S. 8
40 Urkundenbuch Niederrhein, II. Band, Seite XXIII
41 Regesten der Erzbischöfe, III. Band, II. Hälfte, S. 141
42 Podlech, S. 219

43 Regesten der Erzbischöfe, III. Band, II. Hälfte, S. 168
44 Regesten der Erzbischöfe, III. Band, II. Hälfte, S. 169
45 Regesten der Erzbischöfe, III. Band, II. Hälfte, S. 170
46 Jan Heelu, Seite 260—261.
47 Urkundenanhang, Urk.-Nr. 11.
48 Urkundenanhang, Urk.-Nr. 12.
49 Urkundenanhang, Urk.-Nr. 13.
50 Urkundenanhang, Urk.-Nr. 14.
51 Urkundenanhang, Urk.-Nr. 15.
52 Ledebur, Seite 41.
53 Urkundenanhang, Urk.-Nr. 16.
54 Urkundenanhang, Urk.-Nr. 17.
55 Urkundenanhang, Urk.-Nr. 18.
56 Neu Ramersdorf, Seite 12.
57 Neu, Ramersdorf, Seite 12.
58 Neu, Ramersdorf, Seite 19.
59 Neu, Ramersdorf, Seite 15.
60 Neu, Ramersdorf, Seite 15.
61 Regesten der Erzbischöfe, IV. Band, Seite 7.
62 Urkundenanhang, Urk.-Nr. 19.
63 Schmitz, Heisterbach, Seite 283—285.
64 Urkundenhang, Urk.-Nr. 20.
65 Urkundenanhang, Urk.-Nr. 21.
66 Ledebur, Seite 42.
67 Urkundenanhang, Urk.-Nr. 22.
68 Regesten der Erzbischöfe, IV. Band, Seite 129—130.
69 Regesten der Erzbischöfe, IV. Band, Seite 132.
70 Wisplinghof, Seite 366—367.
71 Urkundenanhang, Urk.-Nr. 23.
72 Urkundenanhang, Urk.-Nr. 24.
73 Urkundenanhang, Urk.-Nr. 25.
74 Urkundenanhang, Urk.-Nr. 26.
75 Urkundenanhang, Urk.-Nr. 27.
76 Urkundenbuch Niederrhein, III. Band. Seite 186
77 Urkundenanhang, Urk.-Nr. 28.
78 Urkundenanhang, Urk.-Nr. 29.
79 Urkundenanhang, Urk.-Nr. 30.
80 Urkundenanhang, Urk.-Nr. 31.
81 Urkundenanhang, Urk.-Nr. 32.
82 Jansen, VI. Band, Seite 189
83 Urkundenanhang, Urk.-Nr. 33
84 Schmitz, Heisterbach, Seite 388—389

85 Urkundenanhang, Urk.-Nr. 34
86 Berg. Geschichtsverein, 1881, 17. Band Seite 120
87 Schmitz, Heisterbach, Seite 51.
88 Schmitz, Heisterbach, Seite 407.
88 Urkundenbuch Niederrhein, III. Band, Seite 328.
89 Urkundenanhang, Urk.-Nr. 36.
90 Urkundenanhang, Urk.-Nr. 35.
91 Urkundenanhang, Urk.-Nr. 39.
92 Urkundenanhang, Urk.-Nr. 37.
93 Annalen, 1892, 55. Heft, Seite 66.
94 Urkundenanhang, Urk.-Nr. 38.
95 Annalen, 1892, 55. Heft, Seite 68—69.
96 de Claer, Seite 30.
97 de Claer, Seite 30.
98 Wisplinghoff, Seite 478.
99 Heinekamp, Seite 89.
100 Wisplinghoff, Seite 599—560.
101 Wisplinghoff, Seite 566.
102 Annalen, 1892, 55. Heft, Seite 123—124.
103 Kölner Stadtrechnungen, II. Band, Seite 75.
104 Aachener Geschichtsverein, 1889, Seite 67—71.
105 Urkundenanhang, Urk.-Nr. 40.
106 Urkundenanhang, Urk.-Nr. 41.
107 Annalen, 1892, 55. Heft, Seite 272.
108 Annalen, 1892, 55. Heft, Seite 272.
109 Urkundenanhang, Urk.-Nr. 41.
110 Urkundenanhang, Urk.-Nr. 42.
111 Annalen, 1892, 54. Heft, Seite 3.
112 Annalen, 1892, 54. Hefte, Seite 3.
113 Annalen, 1892, 54. Heft, Seite 3—6.
114 Annalen, 1892, 54. Heft, Seite 6—7.
115 Annalen, 1892, 54. Heft, Seite 5.
116 Felten, Seite 71.
117 Urkundenanhang, Urk.-Nr. 43.
118 Urkundenanhang, Urk.-Nr. 44.
119 Urkundenanhang, Urk.-Nr. 45.
120 Annalen, 1892, 55. Heft, Seite 108—111.
121 Annalen, 1892, 55. Heft, Seite 113—115.
122 Maaßen, Dekanat Bonn Seite 367—368.
123 Annalen, 1892, 55. Heft, Seite 120—121.
124 Annalen, 1892, 54. Heft, Seite 67.
125 Urkundenanhang, Urk.-Nr. 46.
126 Urkundenanhang, Urk.-Nr. 49.
127 Urkundenanhang, Urk.-Nr. 43.
128 Urkundenanhang, Urk.-Nr. 43.
129 Urkundenanhang, Urk.-Nr. 47.

130 Urkundenanhang, Urk.-Nr. 48.
131 Schmitz, Heisterbach, Seite 37.
132 Schmitz, Heisterbach, Seite 765.
133 Urkundenanhang, Urk.-Nr. 49.
134 de Claer, Seite 76.
135 Annalen, 1892, 55. Heft, Seite 258—259.
136 Urkundenanhang, Urk.-Nr. 50.
137 Maaßen, Dekanat Bonn, Seite 366.
138 Maaßen, Dekanat Bonn, Seite 308.
139 Maaßen, Dekanat Bonn, Seite 341.
140 Maaßen, Dekanat Königswinter, Seite 203.
141 Maaßen, Dekanat Bonn, Seite 367.
142 Annalen, 1879, 33. Heft, Seite 106—108.
143 Maaßen, Dekanat Bonn, Seite 367.
144 Maaßen, Dekanat Bonn, Seite 349.
145 Ledebur, Seite 46.
146 Wisplinghoff, Seite 566—568, 573.
147 Wisplinghoff, Seite 574.
148 Wisplinghoff, Seite 559—560.
149 Heinekamp, Seite 95.
150 Annalen, 1876, 22./23. Heft, Seite 293.
151 Wisplinghoff, Seite 578.
152 Wisplinghoff, Seite 583.
153 Wisplinghoff, Seite 585.
154 Heinekamp, Seite 96—97.
155 Heinekamp, Seite 97.
156 Urkundenanhang, Urk.-Nr. 51.
157 Annalen 1876, 30. Heft, Seite 90.
158 Hundeshagen, Seite 248.
159 Heinekamp, Seite 100—101.
160 Annalen, 1892, 55. Heft, Seite 325.
161 Annalen, 1892, 55. Heft, Seite 270—271.
162 Urkundenanhang, Urk.-Nr. 52.
163 Urkundenanhang, Urk.-Nr. 53.
164 Heimatbuch, Seite 68.
165 Urkundenanhang, Urk.-Nr. 54.
166 Schlösser, Seite 60.
167 Urkundenanhang, Urk.-Nr. 55.
168 Urkundenanhang, Urk.-Nr. 56.
169 Annalen, 1892, 55. Heft, Seite 320.
170 Annalen, 1892, 55. Heft, Seite 321—322.
171 Annalen, 1892, 55. Heft, Seite 293.
172 Annalen, 1892, 55. Heft, Seite 293.
173 Annalen, 1892, 55. Heft, Seite 296.
174 Annalen, 1892, 55. Heft, Seite 295.
175 Annalen, 1892, 55. Heft, Seite 298.
176 Annalen, 1892, 55. Heft, Seite 303—304.
177 Urkundenanhang, Urk.-Nr. 57.
178 Urkundenanhang, Urk.-Nr. 58.
179 Urkundenanhang, Urk.-Nr. 59.
180 Heimatbuch, Seite 114—115.
181 Urkundenbuch Niederrhein, IV., Seite 47.
182 Urkundenbuch Niederrhein, IV., Seite 53.
183 Urkundenbuch Niederrhein, IV., Seite 68—69.
184 Urkundenbuch Niederrhein, IV., Seite 87—88.

185 Urkundenanhang, Urk.-Nr. 60.
186 Ley, Seite 313.
187 Podlech, Seite 308.
188 Podlech, Seite 309.
189 Annalen, 1892, 55. Heft, Seite 324.
190 Annalen, 1892, 55. Heft, Seite 326.
191 Urkundenanhang, Urk.-Nr. 61.
192 Annalen, 1892, 55. Heft, Seite 328.
193 De Claer, Seite 33.
194 Urkundenbuch Niederrhein, IV. Seite 240.
195 Annalen, 1892, 55. Heft, Seite 334.
196 De Claer, Seite 32.
197 Schulz, Seite 124.
198 Heimatkunde, Seite 68.
199 Annalen, 1892, 55. Heft, Seite 335.
200 Annalen, 1892, 56. Heft, Seite 11.
201 Annalen, 1892, 56. Heft, Seite 12.
202 Annalen, 1892, 56. Heft, Seite 14.
203 Annalen, 1892, 56. Heft, Seite 16.
204 Ledebur, Seite 53.
205 Annalen, 1892, 56. Heft, Seite 63.
206 Urkundenbuch Niederrhein, IV., Seite 236—240.
207 Urkundenbuch Niederrhein, IV., Seite 261—265.
208 Annalen, 1892, 56. Heft, Seite 17.
209 Annalen, 1892, 56. Heft, Seite 33.
210 Annalen, 1892, 56. Heft, Seite 47.
211 Annalen, 1892, 56. Heft, Seite 46.
212 Annalen, 1892, 56. Heft, Seite 46.
213 de Claer, Seite 34 u. Urkundenanhang, Urk.-Nr. 62.
214 de Claer, Seite 34.
215 Antiquarius, Seite 13.
216 Annalen, 1892, 56. Heft, Seite 64.
217 Annalen, 1892, 56. Heft, Seite 23.
218 Annalen, 1892, 56. Heft, Seite 24.
219 Annalen, 1892, 56. Heft, Seite 46.
220 Annalen, 1892, 56. Heft, Seite 50.
221 Annalen, 1892, 56. Heft, Seite 63.
222 Annalen, 1892, 56. Heft, Seite 64.
223 Annalen, 1892, 56. Heft, Seite 65, 66.
224 Annalen, 1892, 56. Heft, Seite 64.
225 Annalen, 1892, 56. Heft, Seite 67—68.
226 Annalen, 1892, 56. Heft, Seite 77.
227 Annalen, 1892, 56. Heft, Seite 73.
228 Annalen, 1892, 56. Heft, Seite 74.
229 Annalen, 1892, 56. Heft, Seite 74.
230 Annalen, 1892, 56. Heft, Seite 74.
231 Annalen, 1892, 56. Heft, Seite 78.
232 Annalen, 1892, 56. Heft, Seite 80.
233 Urkundenanhang, Urk.-Nr. 63.
234 Annalen, 1892, 56. Heft, Seite 82.
235 Annalen, 1892, 56. Heft, Seite 84—85.
236 Annalen, 1892, 56. Heft, Seite 87—88.
237 Annalen, 1892, 56. Heft, Seite 95.
238 Annalen, 1892, 56. Heft, Seite 96.

239 Urkundenanahng, Urk.-Nr. 64.
240 Annalen, 1892, 56. Heft, Seite 100.
241 Annalen, 1892, 56. Heft, Seite 104.
242 Annalen, 1892, 56. Heft, Seite 104.
243 Ley, Seite 321.
244 Podlech, Seite 333.
245 Urkundenbuch Niederrhein, IV. Seite 398.
246 Annalen, 1892, 56. Heft, Seite 108.
247 Annalen, 1892, 56. Heft, Seite 110.
248 Annalen, 1892, 56. Heft, Seite 115.
249 Annalen, 1892, 56. Heft, Seite 120.
250 Annalen, 1892, 56. Heft, Seite 114, 115.
251 Annalen, 1892, 56. Heft, Seite 115.
252 Annalen, 1892, 56. Heft, Seite 118, 119.
253 Annalen, 1892, 56. Heft, Seite 119.
254 Annalen, 1892, 56. Heft, Seite 119.
255 Annalen, 1892, 56. Heft, Seite 120.
256 Annalen, 1892, 56. Heft, seite 124.
257 Annalen, 1892, 56. Heft, Seite 125.
258 Urkundenanhang, Urk.-Nr. 36.
259 Urkundenanhang, Urk.-Nr. 65.
260 Urkundenbuch Niederrhein, IV, Seite 549.
261 Urkundenbuch Niederrhein, IV, Seite 549—550.
262 Podlech, Seite 336.
263 Ley, Seite 321—322.
264 Podlech, Seite 334.
265 Podlech, Seite 334, 335.
266 de Claer, Seite 34—35.
267 Ledebur, Seite 53.
268 Urkundenanhang, Urk.-Nr. 66.
269 Urkundenbuch Niederrhein, IV., Seite 434.
270 Podlech, Seite 335.
271 Urkundenanhang, Urk.-Nr. 66.
272 Annalen, 1892, 56. Heft, Seite 122.
273 Schlösser, Seite 16.
274 Annalen, 1892, 56. Heft, Seite 133.
275 Schlösser, Seite 17—19.
276 de Claer, Seite 57.
277 de Claer, Seite 38.
278 Urkundenanhang, Urk.-Nr. 67.
279 Annalen, 1892, 56. Heft, Seite 138.
280 de Claer, Seite 35.
281 Annalen, 1892, 56. Heft, Seite 147, 148.
282 Annalen, 1892, 56. Heft, Seite 156.
283 Annalen, 1892, 56. Heft, Seite 139, 140.
284 Ley, Seite 322.
285 Urkundenbuch Niederrhein, 1892, 56. Heft, Seite 453.
286 Schmitz, Neußer Krieg, 2. Heft, Seite 39.
287 Podlech, Seite 337—338.
288 Ley, Seite 322, 323.
289 Schmitz, Neusser Krieg, 4. Heft, Seite 98, 99.
290 Schmitz, Neusser Krieg, 5. Heft, Seite 144.
291 Schmitz, Neusser Krieg, 6. Heft, Seite 162.
292 Podlech, Seite 341, 342.

293 Urkundenbuch Niederrhein, IV., Seite 483, 484.
294 Urkundenbuch Niederrhein, IV., Seite 486—489.
295 Urkundenanhang, Urk.-Nr. 68.
296 Ley, Seite 324.
297 de Claer, Seite 37.
298 Annalen, 1892, 56. Heft, Seite 147, 148.
299 Urkundenanhang, Urk.-Nr. 69.
300 de Claer, Seite 36 und Annalen, 1892, 56. Heft, S. 161.
301 Annalen, 1892, 56. Heft, Seite 159.
302 Antiquarius, 1860, III. Abt. 8. Band, 1. Lief., Seite 15.
303 de Claer, Seite 36.
304 Podlech, Seite 345.
305 Urkundenanhang, Urk.-Nr. 70.
306 Annalen, 1892, 56. Heft, Seite 172; de Claer, Seite 36.
307 Urkundenbuch Niederrhein, IV., Seite 549, 550.
308 Annalen, 1892, 56. Heft, Seite 182; de Claer, Seite 36.
309 Annalen, 1892, 56. Heft, Seite 147, 148.
310 Annalen, 1892, 56. Heft, Seite 150.
311 Urkundenanhang, Urk.-Nr. 71.
312 Annalen, 1892, 56. Heft, Seite 155.
313 Annalen, 1892, 56. Heft, Seite 156.
314 Annalen, 1892, 56. Heft, Seite 160.
315 Annalen, 1892, 56. Heft, Seite 164, 165.
316 Annalen, 1892, 56. Heft, Seite 160.
317 Annalen, 1892, 56. Heft, Seite 171.
318 Annalen, 1892, 56. Heft, Seite 171.
318 Annalen, 1892, 56. Heft, Seite 172.
319 Annalen, 1892, 56. Heft, Seite 172.
320 Annalen, 1892, 56. Heft, Seite 162.
321 Annalen, 1892, 56. Heft, Seite 161.
322 Annalen, 1892, 56. Heft, Seite 168.
323 Annalen, 1892, 56. Heft, Seite 173, 174.
324 Annalen, 1892, 56. Heft, Seite 174.
325 Annalen, 1892, 56. Heft, Seite 174.
326 Annalen, 1892, 56. Heft, Seite 177.
327 Annalen, 1892, 56. Heft, Seite 178.
328 Annalen, 1892, 56. Heft, Seite 180, 181.
329 Annalen, 1892, 56. Heft, Seite 185.
330 Annalen, 1892, 56. Heft, Seite 177.
331 Maaßen, Dekanat Königswinter, Seite 205.
332 de Claer, Seite 17.
333 de Claer, Seite 38.
334 Urkundenanhang, Urk.-Nr. 72.
335 Ledebur, Seite 56, 57.
336 Urkundenbuch, Niederrhein, IV., Seite 579, 580.
337 Antiquarius, 1860, Seite 18.
338 de Claer, Seite 59, 60.
339 de Claer, Seite 60.
340 Baron Drachenfels 1967, Nr. 10.
341 de Claer, Seite 58.
342 Annalen, 1892, 56. Heft, Seite 225.

343 de Claer, Seite 16.
344 de Claer, Seite 16, 17.
345 Maaßen, Dekanat Bönn, Seite 369.
346 Annalen, 1892, 56. Heft, Seite 192.
347 Annalen, 1892, 56. Heft, Seite 213.
348 Annalen, 1892, 56. Heft, Seite 218.
349 Annalen, 1892, 56. Heft, Seite 22.
350 Annalen, 1892, 56. Heft, Seite 226, 227.
351 Antiquarius, 1860, III. Abtl., 8. Band, 1. Lief. Seite 18.
352 Urkundenanhang, Urk.-Nr. 73.
353 De Claer, Seite 61.
354 De Claer, Seite 61.
355 De Claer, Seite 61.
356 De Claer, Seite 62.
357 De Claer, Seite 62.
358 Annalen, 1892—56. Heft, Seite 232.
359 De Claer, Seite 62.
360 Annalen, 1892, 56. Heft, Seite 244.
361 Ledebur, Seite 58.
362 Limburg, Seite 49.
363 De Claer, Seite 64.
364 De Claer, Seite 37.
365 Annalen, 1892, 56. Heft, Seite 246.
366 De Claer, Seite 39.
367 Limburg, Seite 51.
368 Limburg, Seite 52, 53.
369 De Claer, Seite 38.
370 De Claer, Seite 41.
371 Limburg, Seite 52, 53, 54.
372 De Claer, Seite 62—63.
373 De Claer, Seite 64.
374 De Claer, Seite 64.
375 De Claer, Seite 64.
376 Annalen, 1892, 56. Heft, Seite 256.
377 De Claer, Seite 63.
378 De Claer, Seite 41.
379 Echo, 12. 9. 1903.
380 Ledebur, Seite 59—60.
381 De Claer, Seite 43.
382 Annalen, 1892, 56. Heft, Seite 261, 262.
383 Annalen, 1892, 56. Heft, Seite 273.
384 Annalen, 1892, 56. Heft, Seite 274.
385 Felten, Seite 71, 72.
386 Annalen, 1892, 56. Heft, Seite 281.
387 Ledebur, Seite 71.
388 Maaßen, Dekanat Bonn, Seite 370.
389 Annalen, 1892, 56. Heft, Seite 277.
390 Annalen, 1892, 56. Heft, Seite 279—280.
391 Annalen, 1892, 56. Heft, Seite 284.
392 Antiquarius, 1858 Seite 419.
393 Antiquarius, 1858, Seite 421.
394 Antiquarius, 1858, Seite 422.
395 Maaßen, Dekanat Bonn, Seite 370.
396 Annalen, 1892, 56. Heft, Seite 290.

397 Annalen, 1892, 56. Heft, Seite 303.
398 Annalen, 1892, 56. Heft, Seite 303.
399 Annalen, 1892, 56. Heft, Seite 304.
400 Antiquarius, 1858, Seite 422.
401 Annalen, 1892, 56. Heft, Seite 294.
402 Annalen, 1892, 56. Heft, Seite 293.
403 de Claer, Seite 43.
404 Annalen, 1892, 56. Heft, Seite 304.
405 Annalen, 1892, 56. Heft, Seite 304.
406—410 Annalen, 1892, 56. Heft, Seite 305.
411—412 Annalen, 1892, 56. Heft, Seite 303.
413 Annalen, 1892, 56. Heft, Seite 305, 306.
414 Annalen, 1892, 56. Heft, Seite 306, 307.
415 Annalen, 1894, 57. Heft, Seite 348.
416 Annalen, 1892, 56. Heft, Seite 296.
417 Urkundenanhang, Urk.-Nr. 74.
418 Heimatbuch, Seite 62.
419 Schmitz, Heisterbach, Seite 598—600.
420 Schmitz, Heisterbach, Seite 612, 613.
421 Schmitz, Heisterbach, Seite 624.
422 Annalen, 1892, 56. Heft, Seite 314.
423 Annalen, 1892, 56. Heft, Seite 316.
424 Ley, Seite 415.
425 Ley, Seite 416.
426 Ley, Seite 416.
427 Ley, Seite 417.
428 Annalen, 1892, 56. Heft, Seite 333.
429 Podlech, Seite 397.
430 Stickel, Seite 366.
431 Stickel, Seite 368, 369.
432 Stickel, Seite 368—369.
433 Aitzinger, Seite 354.
434 Heimatbuch, Seite 86.
435 Heimatbuch, Seite 86.
436 Heimatbuch, Seite 83.
437 Staatsarchiv Dresden, Buch IX, Seite 122, 123.
438 Hauptstaatsarchiv Düsseldorf, Kurköln, VII, 16 a.
439 Heimatbuch, Seite 87.
440 Stickel, Seite 370—371.
441 Heimatbuch, Seite 119.
442 Aitzinger, Seite 354—355.
443 Heimatbuch, Seite 87.
444 Schmitz, Heisterbach, Seite 14.
445 Weinsberg, IV, Seite 5.
446 Weinsberg, IV ? Seite 45.
447 Podlech, Seite 412.
448 Heimatbuch, Seite 441
449 Maaßen, Dekanat Königswinter, Seite 199, 200
450 Schmitz, Heisterbach, Seite 649, 650, 651
451 Urkundenanhang, Urk. Nr. 75
452 Ledebur, Seite 61
453 Maaßen, Dekanat Bonn, Seite 370
454 Annalen, 1892, 56. Heft, Seite 348
455 Antiquarius, 1860, Seite 32, 34
456 Maaßen, Dekanat Königswinter, Seite 206

457 Antiquarius, 1860. Seite 34
458 Maaßen, Dekanat Königswinter, Seite 206
459 Maaßen, Dekanat Königswinter, Seite 206
460 Genealogisches Handbuch, Seite 41
461 Ledebur, Seite 65—66
462 Genealogisches Handbuch, Seite 39
463 Genealogisches Handbuch, Seite 39
464 Genealogisches Handbuch, Seite 39, 40
465 Genealogisches Handbuch? Seite 40
466 Urkundenanhang, Urk. Nr. 76
467 Genealogisches Handbuch, Seite 40
468 Genealogisches Handbuch, Seite 40
469 Urkundenanhang, Urk. Nr. 77
470 Hauptstaatsarchiv Düsseldorf,
    Kurköln Lehen, 44 I
471 Hauptstaatsarchiv Düsseldorf,
    Kurköln, Lehen, 44 I
472 Genealogisches Handbuch, Seite 40
473 Genealogisches Handbuch, Seite 40
474 Genealogisches Handbuch, Seite 42
475 Genealogisches Handbuch, Seite 41
476 Genealogisches Handbuch, Seite 40
477 Bundeshauptstadt, Seite 122, 123
478 Podlech, Seite 422
479 Podlech, Seite 423
480 de Claer, Seite 3
481 de Claer, Seite 71
482 Schlösser, Seite 25
483 Maaßen, Dekanat Königswinter, Seite 207
484 Ledebur, Seite 62
485 de Claer, Seite 71—72
486 Maaßen, Dekanat Königswinter, Seite 544—545
487 Heimatbuch, Seite 113
488 de Claer, Seite 45
489 Archiv Niederrhein, Seite 490
490 Maaßen, Dekanat Bonn, Seite 370
491 Archiv Niederrhein, Seite 490
492 Antiquarius, 1860, III. Abtl., 8. Band, 1. Lief.,
    Seite 133—134
493 Schmitz, Heisterbach, Seite 730
494 Maaßen, Dekanat Bonn, Seite 370
495 Maaßen, Dekanat Königswinter, Seite 241
496 Maaßen, Dekanat Königswinter, Seite 240
497 Urkundenanhang, Urk. Nr. 78
498 Maaßen, Dekanat Königswinter, Seite 242
499 Maaßen, Dekanat Königswinter, Seite 240
500 Maaßen, Dekanat Königswinter, Seite 243, 244
501 Heimatbuch, Seite 112, 113
502 Maaßen, Dekanat Königswinter, Seite 206
503 Antiquarius, 1860, III. Abtl., 8. Band, 1. Lief.,
    Seite 134
504 Antiquarius, 1860, III. Abtl., 8. Band, 1. Lief.,
    S. 134
505 Schlösser, Seite 34, 35
506 Ley, Seite 436

507 Schlösser, Seite 35 Antiquarius, 1867, 13. Heft,
    Seite 35
508 Antiquarius, 1867, 13. Heft, Seite 412
509 Schlösser, Seite 36
510 Antiquarius, 1867, 13. Heft, Seite 414
511 Archiv Niederrhein, Seite 491 u. 492
512 de Claer, Seite 20
513 Antiquarius, 1860, III. Abtl., 8. Band, 1. Lief.,
    S. 133
514 Antiquarius, 1860, III. Abtl., 8. Band, 1. Lief.,
    S. 135—136
515 Maaßen, Dekanat Bonn, Seite 370 u. 371
516 Archiv Niederrhein, Seite, 495
517 Maaßen, Dekanat Bonn, Seite 371
518 de Claer, Seite 46
519 de Claer, Seite 14, 15
520 Archiv Niederrhein, 1865, V. Band,
    Seite 495, 496
521 Archiv Niederrhein, 1865, V. Band, Seite 496
522 Annalen, 1895, 65. Heft, Seite 21
523 de Claer, Seite 23c
524 von Claer, Seite 111—112
525 von Claer, Seite 116, 117
526 von Claer, Seite 120
527 von Claer, Seite 134
528 von Claer, Seite 138
529 von Claer, Seite 133, 134
530 von Claer, Seite 134
531 von Claer, Seite 137
532 von Claer, Seite 138
533 von Claer, Seite 140
534 von Claer, Seite 139
535 Schlösser, Seite 55 u. 56
536 Schlösser, Seite 56
537 Schlösser, Seite 56
538 Annalen, 1895, 61. Heft, Seite 22
539 Schlösser, Seite 57—59
540 Schlösser, Seite 60, 61
541 von Claer, Seite 146—147
542 von Claer, Seite 241—242
543 Heimatbuch, Seite 113
544 Heimatbuch, Seite 151
545 Heimatbuch, Seite 151, 152
546 Unser Land, 18. 4. 1935
547 Annalen, 1895, 61. Heft, Seite 23
548 Annalen, 1895, 61. Heft, Seite 25
549 Annalen, 1895, 61. Heft, Seite 28
550 Annalen, 1895, 61. Heft, Seite 29, 30
551 Annalen, 1895, 61. Heft, Seite 31, 32
552 Annalen, 1895, 61. Heft, Seite 34—35
553 Der Drachenfels — Seine Conversation,
    Seite 287
554 Archiv des Siebengebirgsmuseums
555 Heimatbuch, Seite 41
556 Heimatbuch, Seite 110

557 Leven, 5. 11. 1955
558 Leven, 5. 11. 1955
559 Zentralarchiv Merseburg
560 Renard, Seite 58
561 Leven, 5. 11. 1955
562 Zentralarchiv Merseburg
563 Annalen, 1895, 61. Heft, Seite 45
564 Urkundenanhang, Urk. Nr. 79
565 Urkundenanhang, Urk. Nr. 79
566 Annalen, 1895, 61. Heft, Seite 55, 56
567 Annalen, 1895, 61. Heft, Seite 55 u. 56
568 Heimatbuch, Seite 215
569 Heimatbuch, Seite 220, 221
570 Echo, 10. 4. 1901
571 de Claer, Seite 3
572 Heimatbuch, Seite 240.
573 Echo, 28. 6. 1899.
574 Leven, 24. 12. 1955.
575 Leven, 24. 12. 1955.
576 Leven, 31. 12. 1955.
577 Der Drachenfels — Seine Conversation,
    Seite 281.
578 Heimatbuch, Seite 289.
579 Heimatbuch, Seite 293.
580 Heimatbuch, Seite 293.
581 Bundeshauptstadt, Seite 203.
582 Heimatbuch, Seite 256—258.
583 Heimatbuch, Seite 280.
584 Heimatbuch, Seite 378.
585 Landeshauptarchiv Koblenz.
586 Der Drachenfels — Seine Conversation,
    Seite 288.
587 Der Drachenfels, 100 Jahre Eigentum,
    24. 4. 1936.
588 Der Drachenfels, 100 Jahre Eigentum,
    24. 4. 1936.
589 Der Drachenfels, 100 Jahre Eigentum,
    24. 4. 1936.
590 Der Drachenfels, 100 Jahre Eigentum,
    24. 4. 1936.
591 Der Drachenfels, 100 Jahre Eigentum,
    24. 4. 1936.
592 Zentralarchiv Merseburg.
593 Echo, 26. 6. 1907.
594 Landeshauptarchiv Koblenz.
595 Landeshauptarchiv Koblenz.
596 Echo, 23. 1. 1895.
597 Landeshauptarchiv Koblenz.
598 Landeshauptarchiv Koblenz.
599 Zentralarchiv Merseburg.
600 Zentralarchiv Merseburg.
601 Zentralarchiv Merseburg.
602 Heimatkunde, Seite 79.
603 Zentralarchiv Merseburg.
604 Archiv des Siebengebirgsmuseums.

605 Zentralarchiv Merseburg.
606 Zentralarchiv Merseburg.
607 Zentralarchiv Merseburg.
608 Zentralarchiv Merseburg.
609 Heimatbuch, Seite 246.
610 Zentralarchiv Merseburg.
611 Zentralarchiv Merseburg.
612 Zentralarchiv Merseburg.
613 Zentralarchiv Merseburg.
614 Zentralarchiv Merseburg.
615 Zentralarchiv Merseburg.
616 Zentralarchiv Merseburg.
617 Zentralarchiv Merseburg.
618 Zentralarchiv Merseburg.
619 Zentralarchiv Merseburg.
620 Zentralarchiv Merseburg.
621 Zentralarchiv Merseburg.
622 Zentralarchiv Merseburg.
623 Zentralarchiv Merseburg.
624 Zentralarchiv Merseburg.
625 Heimatbuch, Seite 277.
626 de Claer, Seite 3.
627 Leven, 12. 11. 1955.
628 Leven, 7. 1. 1956.
629 Landeshauptarchiv Koblenz.
630 Landeshauptarchiv Koblenz.
631 Landeshauptarchiv Koblenz.
632 Landeshauptarchiv Koblenz.
633 Leven, 19. 11. 1955.
634 Landeshauptarchiv Koblenz.
635 Landeshauptarchiv Koblenz.
636 Landeshauptarchiv Koblenz.
637 Landeshauptarchiv Koblenz.
638 Landeshauptarchiv Koblenz.
639 Heimatbuch, Seite 221.
640 Landeshauptarchiv Koblenz
641 Archiv des Siebengebirgsmuseums
642 Archiv des Siebengebirgsmuseums
643 Archiv des Siebengebirgsmuseums
644 Archiv des Siebengebirgsmuseums
645 Archiv des Siebengebirgsmuseums
646 Archiv des Siebengebirgsmuseums
647 Archiv des Siebengebirgsmuseums
648 Heimatbuch, Seite 333
649 Archiv des Siebengebirgsmuseums
650 Archiv des Siebengebirgsmuseums
651 Echo, 20. 3. 1895
652 Archiv des Siebengebirgsmuseums
653 Archiv des Siebengebirgsmuseums
654 Archiv des Siebengebirgsmuseums
655 Heimatbuch, Seite 426
656 Thomaß, Seite 1
657 Thomaß, Seite 1, 2
658 Presse-Information
659 Thomaß, Seite 2
660 Thomaß, Seite 3
661 Thomaß, Seite 2
662 Thomaß, Seite 3
663 Thomaß, Seite 3, 4
664 Thomaß, Seite 4
665 Presse-Information
666 Presse-Information
667 Antiquarius, 1860, Seite 5
668 Antiquarius, 1860, Seite 5
669 Hundeshagen, Seite 247